国家出版基金项目
NATIONAL PUBLICATION FOUNDATION

当代中国社会道德理论与实践研究丛书

主编 吴付来

日常生活行为伦理学

肖群忠 等 著

Ethics of
Daily Behavior

中国人民大学出版社
·北京·

总　序

　　加强思想道德建设，凝聚道德力量，是中国特色社会主义文化建设和精神文明建设的重要内容与中心环节，是建设社会主义核心价值体系的必然要求。正如习近平总书记所指出的："国无德不兴，人无德不立。必须加强全社会的思想道德建设，激发人们形成善良的道德意愿、道德情感，培育正确的道德判断和道德责任，提高道德实践能力尤其是自觉践行能力，引导人们向往和追求讲道德、尊道德、守道德的生活，形成向上的力量、向善的力量。只要中华民族一代接着一代追求美好崇高的道德境界，我们的民族就永远充满希望。"

　　我们党和国家历来重视道德建设。特别是改革开放以来，我们党先后通过了《关于社会主义精神文明建设指导方针的决议》、《关于加强社会主义精神文明建设若干重要问题的决议》以及《公民道德建设实施纲要》。习近平总书记在多次讲话、多篇文章中都强调加强道德建设的重要性，党的十九大报告也对道德建设做出了全面的论述和部署："加强思想道德建设。人民有信仰，国家有力量，民族有希望。要提高人民思想觉悟、道德水准、文明素养，提高全社会文明程度。广泛开展理想信念教育，深化中国特色社会主义和中国梦宣传教育，弘扬民族精神和时代精神，加强爱国主义、集体主义、社会主义教育，引导人们树立正确的历史观、民族观、国家观、文化观。深入实施公民道德建设工程，推进社会公德、职业道德、家庭美德、个人品德建设，激励人们向上向善、孝老爱亲，忠于祖国、忠于人民。"道德的力量是国家发展、社会和谐、人民幸福的重要因素，思想道德建设解决的是整个中华民族的精神支柱和精神动力问题。

实现中华民族伟大复兴的中国梦，需要道德建设的保驾护航。当前中国的发展既面临机遇，也面临挑战。然而，在多元文化的冲击下，人们的道德观念和行为准则正在不断发生变化，原先的道德基础受到严重冲击。在此情况下，道德建设需要全体国民集体参与，需要全体国民成为道德的守护者、监督者和表率。只有全面地了解、反映当代中国社会道德的现状以及遇到的新问题，并结合相关理论提出解决对策，才能真正提高全体国民的道德素质，才能不断改善社会和国家的道德环境，才能实现中华民族伟大复兴的中国梦。

道德建设是一个实践问题，更是一个理论问题。面对世界范围内各种思想文化交流、交融、交锋的新形势，加快建设社会主义文化强国、增强文化软实力、提高我国在国际上的话语权，迫切需要哲学社会科学更好地发挥作用。伦理学作为与人类道德发展密切相关的哲学分支学科，需要跟上时代进步的步伐，从理论上解决实践提出的问题。

为此，在加强社会主义道德建设的宏观背景下，为推动社会主义道德建设，弘扬社会主义核心价值观，实现中华民族伟大复兴的中国梦，推动伦理学的研究和发展，我们策划了"当代中国社会道德理论与实践研究丛书"。这套丛书是一套开放的丛书，首批出版 10 卷，集中研究当代中国社会最关切的伦理道德的理论与实践问题，对市场经济条件下陌生人之间的伦理、日常生活伦理、公务员道德建设、信息伦理和网络社会伦理、消费伦理、福利伦理、分配正义以及规范性和道德推理问题进行系统的研究与探讨。丛书的主要内容集中于以下几个方面：

首先，建立社会主义市场经济体制是我国经济体制的根本性创新，是全面建设小康社会的重要途径，市场经济条件下陌生人之间的关系有哪些规律，人们日常生活伦理有哪些特点等，这套丛书首先对这些问题进行了研究和探讨。

其次，政德建设是当代中国最具先导性的道德建设领域之一，对全社会的道德建设具有重要的引领作用，这套丛书不仅对公务员道德状况进行了研究概述，而且对中国特色政德建设的一般规律、重要问题进行了探究。

再次，当今时代，信息伦理和网络社会伦理的公德问题日益突出，这套丛书对数字化生存的道德空间、网络道德建设问题表达了重要关切，进行了深入探讨。

又次，消费、福利、分配是经济伦理的重要内容，随着我国建设小康社会进程加快，人们物质生活水平逐步提高，收入分配差距日渐拉大，经济领域中的消费、福利、分配问题日益成为伦理学研究和关注的对象。因此，这套丛书对这三个问题进行了系统的研究。

最后，社会道德建设归根结底离不开道德规范的有效性和道德行为选择的理性化，这套丛书专门从伦理学基本原理研究角度选择了这两个与道德建设密切相关并具有一定学理深度的理论问题进行研究，探讨了规范性和道德推理问题。

这套丛书得到了中国人民大学伦理学与道德建设研究中心的学术支持，得到了国家出版基金的资助，中国人民大学出版社学术出版中心的编辑为丛书的出版付出了艰辛的努力，在此一并致谢。书中难免存在疏漏，恳请学界同仁批评指正。期待这套丛书作者和编者的辛勤努力能够得到广大读者的理解与回应，产生良好的社会影响。

吴付来

2018 年 9 月 15 日

序言：追寻贴近民众实践的生活伦理学

　　哲学是时代精神的精华，伦理学是思想世界的价值硕果，它可以为时代提供前进方向，可以为民众的生活与实践提供合理化的建议，可以为人们的人生幸福提供思想智慧，因此，我常常因为30多年的伦理研究和思考而感到由衷的喜悦与快乐！

　　30多年来，中国社会全面对外开放、对内改革，社会生活发生了翻天覆地的变化，作为一名与这个时代同行的伦理学思考者和工作者，我常常思考如何能够更加科学准确地诠释这个时代的伦理生活，以实现伦理学理论的重大突破与创新。这不仅有利于推动伦理学学术进步，而且有利于为民众的日常生活与伦理实践提供科学的诠释和合理化的建议，这也是我由衷的一种学术使命感和责任感。我提出并倡导"生活伦理"① 的研究，转眼间已经10年了，我和我的团队围绕这个问题进行了相关研究，目前取得的成果就是这本《日常生活行为伦理学》。

　　早在2 000多年前，苏格拉底就指出，"未经反思的生活是不值得过的"。马克思说："人们为了能够'创造历史'，必须能够生活。但是为了生活，首先就需要吃喝住穿以及其他一些东西。因此第一个历史活动就是生产满足这些需要的资料，即生产物质生活本身。"② 并进而指出："现代历史著述方面的一切真正进步，都是当历史学家从政治形式的外表深入到

---

　　① 肖群忠."生活伦理"论.中国人民大学学报，2006（1）.
　　② 马克思恩格斯选集：第1卷.北京：人民出版社，1995：79.

社会生活的深处时才取得的。"① 马克思的这两段话表明了生活对于社会历史发展的基础作用，并指明了学术进步的正确方向。

随着社会的变迁、时代的进步，民众日常生活的重要性日益凸显，这促使人们不禁要发出这样的时代伦理诘问：伦理是为了生活，还是生活是为了伦理？或者再具体一点说：是伦理源于民众的生活并为了更好地指导民众的生活，还是生活屈从于既有的教化伦理，让这种教化伦理约束民众的生活呢？显然，不仅民众鲜活的生活要求我们去研究、解释、评估、引导，而且连党和政府也发出了伦理要面向生活、贴近生活、指导生活的号召，可见，对"生活伦理"进行系统研究或者创立一门贴近中国百姓生活实践的"生活伦理学"，不仅是时代的迫切需要，而且是伦理学走向进步的必由之路，甚至是伦理学实现研究范式重大转型的催化剂。

什么是生活？它虽然被人习而不察但却包含着人生之道、行为之方、心灵之素、处世之道与社会风气。生活是人谋生的活动以及人对其存在意义和价值、合理活动方式的追求。生活之价值与意义的探索，必然使人们形成一定的人生观、价值观和生活观，也必然以一定的观念、规范、文化传统、生活方式的形式固定下来，这些观念、规范、文化传统、生活方式，就是生活伦理。因此，伦理源于生活，是生活观念与价值规范的凝结。什么是日常生活？日常生活是指那些日复一日所发生的平常的生活。它显然不同于人的政治生活、制度生活，这种日常生活按马克思的说法是人类的"第一个历史活动"②。生活与伦理的关系如何？显然，生活对于伦理来说具有存在的优先性，而伦理则赋予生活价值与意义。生活是事实存在，伦理是价值意义。生活是伦理的来源，伦理提升生活的意义。日常生活与伦理有着非常直接而密切的联系，而且通过风俗直接交集在一起，伦理在最初产生时，就是一种习俗。日常生活伦理就是指直接产生于日常生活中的，与习俗、行为方式、生活方式保持高度一致的伦理观念和行为规范。日常生活伦理的特点有：（1）具有基础性与先在性；（2）其实然性与应然性高度统一；（3）具有习而不察的自发性与世俗性；（4）具有经验

---

① 马克思恩格斯全集：第12卷. 北京：人民出版社，1972：450.
② 马克思恩格斯选集：第1卷. 北京：人民出版社，1972：32.

性与具体性。所谓日常生活伦理就是从民众合理生活方式中凝结的价值观念、行为规范、道德品质、社会风尚。生活伦理的形成经由了两种途径：(1) 生活伦理化（集俗成礼）；(2) 伦理生活化（化礼入俗）。

所谓生活伦理，就是存在于民众实际生活中的，人们主要根据生存方式和实际需要，从生活实际经验中得来并实际应用于生活的伦理。所谓教化伦理，就是由统治阶层倡导，居于社会正统地位，用于教化民众而以此维系社会秩序的伦理观念，是来自上方的、由上向下灌输的、希望人们普遍遵守的伦理。教化伦理与生活伦理具有如下几个方面的差异：(1) 二者的主体不同。教化伦理的主体是国家，其实际代表者主要是官员、意识形态的教化工作者。生活伦理的主体则只能是民众。(2) 二者的根本目标和基本立场不同。"为了社会"还是"为了人的生活"，这是教化伦理与生活伦理在根本目标上的不同。教化伦理是由社会利益和统治阶级的利益决定的，它是社会、国家及其统治者为了维护其利益而对民众提出的价值观念导向和行为义务要求。教化伦理所要达到的目标主要是秩序与和谐。它的基本立场具有鲜明的意识形态性，也就是说教化伦理总是站在社会、国家及其统治者的立场，为其倡导的主导价值观念和道德规范进行辩护。生活伦理的基本立场是广大民众的日常生活需要和物质、精神利益。这种生活伦理所要追求的目标是安宁和幸福。(3) 二者的伦理精神和价值取向不同。教化伦理的伦理精神和价值取向是"礼义为上"，具有鲜明的道义论特点；生活伦理的伦理精神和价值取向则是幸福主义的，具有鲜明的功利论色彩。(4) 二者调节的社会生活领域不同。教化伦理具有某种公共性、群际性、族际性、国际性，也就是说教化伦理调节的是人与团体、国家、社会、世界之间的道德关系。生活伦理则具有私人性、人际性，有的学者把它称为主体间性或交互主体性，也就是说生活伦理主要调节的是民众在私人生活和私人交往过程中人与人或者说是个人与个人的直接人际关系。(5) 二者在表达形式和传承方式上不同。由于教化伦理是社会利益与统治者利益的自觉表达，而且它往往是以系统的、理论的形式予以表达的，所以它是典型的社会意识形式。生活伦理则是在民众的生活中直接产生的，是民众生活方式的直接体现，又由于它是以非系统的、常识的形式予以表达的，所以它是以民众社会心理的形式存在的。从文化积累和传承的角度来看，它们的承载方式和传播方式都是不同的。以中国文化为例，在古代，教化伦理主要体现在士大夫的宏篇巨著中，得到了国家权力的肯定并被国家用政治和法律的手段加以推行。如儒家伦理的"三纲五常"在汉代以后就具有了这样一种教化伦理的正统地位。民间生活伦理则主要存在于民间流传的谚语、传说、家训、童蒙读物、戏曲鼓词、民间信仰，以及民间文人的一些切近生活的言论等民间文化形式中。

社会日益世俗化、民众日常生活的重要性日益凸显，这些要求我们必须重视对民众日常生活伦理的研究，不要站在以往圣人为民众立法的高高在上的立场上，也不要自以为掌握着道德真理而摆出一副要教化民众的架势，现代道德中的主体之间是一种平等的关系，现代伦理意识是一种在平等主体对话协商基础上形成的价值共识。一种伦理体系，如果严重脱离民众的实际生活，就将成为伪善。因此，当代中国伦理学要想进步，真正发挥指导民众生活的作用，就必须实现立场和视角的转换。生活是伦理和道德产生与发展的源泉，若离开生活本身而从某一既定的伦理体系与道德原则出发来解读现实生活，就会本末倒置。加强对民众日常生活伦理的研究，将是中国伦理学新的突破点和生长点。

伦理学，作为哲学之价值论的核心，作为一种实践理性，就更应首先从事实与价值统一的层面面向生活、关注生活、描述生活、诠释生活，寻求生活的意义，指出生活的目标，揭示生活的价值，建构生活的规范，实现生活的目的，指导现实的人生。道德面向并贴近生活而不仅仅是面向并贴近政治，面向并贴近民众而不仅仅是面向并贴近官方，面向并贴近实践而不仅仅是思想观念的倡导，这也许正是我国当代道德建设的真正突破口。道德要源于日常生活并指导日常生活，这才是道德建设和伦理学研究的真正出路。

在我们看来，生活伦理学的研究内容大致可包括如下三个方面：（1）日常生活行为伦理；（2）日常生活交往伦理；（3）民众价值心理研究。如果要简单地给上述三个方面各一个关键词的话，那就是行为、交往与价值心理。这三个方面是一个由浅入深、由现象到本质的，相互联系的逻辑体系。生活伦理首先要面向生活行为，对生活行为现象进行伦理分析与诠释，以指导民众建立健康合理的生活方式。人的生活是社会生活，因此，人有其生活和交往的不同场域与交往对象，生活伦理应该从群体的视角和实存现状的角度来研究这些交往伦理，做出描述、分析、评估和引导。人的生活和交往都是在一定的深层价值观指导下进行的，分析当代中国人的价值心理，帮助人们厘清价值冲突，以正确的价值观指导民众的生活，这将是生活伦理学的归宿和目的。

从上述对生活伦理学研究之内容的描述中，我们感到这个研究主题与计划是很庞大的，人际间的交往伦理与社会群际性的交往伦理是有交叉的，对指导人们实践的价值心理与价值观念的厘清也有相当的难度。因此，后二者的研究工作尚待来日。当前，我们把生活伦理学的研究首先定位到"日常生活行为伦理学"，即上述的第一个方面。日常生活行为总是具体的、外显的，因而也是较易把握的。我们的中心问题就是：日常生活行为是由哪些伦理传统、习俗规范影响与指导的？日常生活行为体现了哪些文化传统与伦理规范？在时代与生活发生了变化的当代，究竟什么样的价值观念与伦理规范才可以重新引导、规范我们的日常生活行为，才可以使我们更有价值、尊严与合乎伦理地生活，才可以使生活更美好、更幸福？

日常生活是指那些日复一日地发生的、平常的生活。日常生活，是维系人的生命存在和延续发展所不可缺少的、庸常的、反复的生命活动，即日常实践或日用常行。按赫勒的理解，所谓日常生活，是"指同时使社会再生产成为可能的个体再生产要素的集合"①。这一看法注意到了日常生活与个体之生存、延续的联系。我们每个人要维持自己的生存，都离不开衣、食、住、行。寒冷时没有衣服穿，我们就会冻病甚至冻死；饥饿时没有食物吃，我们就会饿死；没有房子住，我们就会流落街头、无家可归。如果失去了腿脚而不能行走，我们的生活就会留下很多遗憾；如果没有现代交通工具，我们就会行之不远。其实，我们的生活不仅离不开衣、食、住、行，而且离不开语言或者言语，即说话。有意识、有表达、有交往的生活才是人的生活，人区别于动物之处就在于人"会说"。如果不是残疾人，1~2岁就会说话了，不仅会喊自己的爸爸妈妈，而且会表达生活的

---

① [匈]阿格妮丝·赫勒. 日常生活. 衣俊卿，译. 重庆：重庆出版社，1990：3.

意愿和需要，如"我饿了"等。人要生存和发展，无论对工作的意义如何看，一般都要先有个工作，否则我们就可能无所事事。我们不仅需要工作，也需要休闲；不仅需要休闲，还需要娱乐。这一切都以身体健康为前提，健康是生命存在的正常状态；如果失去健康，我们的生命存在和生存质量就会受到威胁。因此，健康既是我们追求的人生目标，也是一种专门的生命活动，如锻炼身体、养生是为了更健康，医疗则是通过治疗疾病来维护人们的健康。我们在娘胎中被孕育，一朝来到这个世上，由此就开始了我们的人生之旅，它既有起点，又有终点。正是基于对日常生活之生命存在状态和生命活动的上述理解，我们的"日常生活行为伦理学"研究包含了服饰、饮食、居住、行旅、言语、工作、休闲、娱乐、健康、生死十大领域的研究探讨，并取得了相应的成果。目前，言语伦理与健康伦理的研究工作还在进行中，我们希望本书再出增订本时能补齐。

这项研究历时五年，实际加上酝酿准备历时已经有十年了。研究过程与快乐同在！正如歌德所说，"理论是灰色的，生活之树常青"！面向生活的伦理学研究总是令研究者充满关怀，其中的实践价值和社会认可的获得总令研究团队中的成员感到快乐！在研究团队中，除了一位北京大学毕业的博士属于学友外，其他八名成员均是我在中国人民大学指导的已经毕业或者在读的博士，这保证了研究工作的有效性。所有分论题的研究都受到了我的学术思路的指导和影响，所有的研究写作计划都是在我的指导下制订的，毕业的学生和学友会经常交流研究思路与写作计划，在读的博士研究生则是在我的直接指导下进行研究工作的。这个项目很好地与博士研究生人才培养结合起来了，其中，服饰、饮食、工作、娱乐等章都是以一本博士论文为基础浓缩而成的。有些已经毕业的学生，不仅以此课题作为自己长期的学术研究方向，而且以此方向培养自己的学生；不仅在重要学术刊物《文化与哲学》上发表了论文，而且以此论题获得了国家社科基金的资助。"饮食伦理"一章的作者在不同年份以此论题为中心，拓展研究，分别获得了教育部社科基金青年项目和国家社会科学基金的资助。研究团队中的其他成员共发表了20多篇相关学术论文，这些阶段性成果体现了社会对相关研究的认可，令我们感到欣慰。

本书是我在自己学术生涯中所完成的一项由我领头而多人合作的集

体成果。最初，我总是担心学生写不好，但实践证明，这是一次比较成功的学术合作。今天，当本书完成之时，我心里无比欣慰。一方面，这么范围广泛的研究，以我一人之力，很难完成。另一方面，也确实应该相信新一代年轻学者的能力，实践证明他们值得信赖。虽然各章的思想、学术与文字水平不可能完全一致，但年轻学者的文献积累、学术态度、驾驭能力和文字表达都还是有相当功力的。每一个问题都是一个问题领域，通过这种合作，为学生确定了一定时期的学术研究方向和特长，他们都有可能在该领域成为开拓者，因为很多论题在国内都是开研究之先河，他们也给出了比较好的答卷。在这些答卷中，有的以研究精深、系统见长，有的以具有哲学反思和批判性精神见长，有的以经史合一、言之有据见长。这是一件令人愉快的事。虽然团队成员各自研究，但全书秉持的生活伦理学的文化—道德观视野是相同的，经史合一方法是相同的，思考主题和思想关怀是相同的。全书的学术质量和学术责任应该由我负责，在组织、引导、监督研究的全过程中，我一直力求学术态度上的科学严谨，以期取得较高的学术质量。虽然很多内容还有改进的空间，但我对本书在问题、体系、方法和各分论域内容的创新方面还是比较有信心的。

本书对伦理与生活的关系特别是伦理与日常生活的关系这个重大问题进行了研究，以独特的学术视角和创新精神提出了一种全新的日常生活行为伦理学的理论体系。与以往教化伦理学的致思方向和学术风格全然不同，这种全新的日常生活行为伦理学是面向民众的、生活的、实践的；是科学的、诠释的、反思的；是既"说事"又"说理"的，其应然的"道理"是从传统或者现代的"事实"中概括出来的，其"事实"是"道理"的基础，"道理"是"事实"的"应然"，而不像以往的教化伦理只是一味地给人们讲"应然"之理。这是因为"生活"本身就是生存的事实和意义的探索的统一，这也是我们经史合一方法的最大特点所在。因此，我们的研究不仅有视角的转化，而且包含方法论上的变革。我们的研究把叙事描述与诠释分析相结合，把历史透视与现实观照相结合，把社会观察与文化分析相结合，把价值批判与规范建构相结合。通过视角和方法的变革，欲实现下述研究目的：（1）探寻生活的意义；（2）追求健康的生活方式；（3）形成生活伦理的价值观念和规范；（4）指导民众的日常生活。希望我们的研究成果能对推动中国伦理学的研究范式转型，对促进伦理学的学术品质和科学精神发挥，对提升中华民族的道德素质，对提升民众日常生活的伦理文明程度，发挥一些助益作用！

2018 年 3 月 16 日于北京

目 录

导　论

　　早在 2 000 多年前，苏格拉底就指出，"未经反思的生活是不值得过的"。他认为哲人应该思考的问题是："什么样的生活才值得过?"或者"什么才是美好的生活?""什么样的生活才值得过"这个问题，用今天的提问方式来表达就是："我们该怎样生活?"这是哲学、伦理学的根本问题。生活哲学与伦理学就是要通过对这一问题的思考和研究，推动人们形成正确的生活观念和生活方式，从而实现幸福美好的生活。

　　马克思说："人们为了能够'创造历史'，必须能够生活。但是为了生活，首先就需要吃喝住穿以及其他一些东西。因此第一个历史活动就是生产满足这些需要的资料，即生产物质生活本身。"① 并进而指出："现代历史著述方面的一切真正进步，都是当历史学家从政治形式的外表深入到社会生活的深处时才取得的。"② 这两段话告诉我们，一切学术研究和著述都应以诠释、指导生活为基础，为旨归。伦理学作为一门以人和人的道德为研究对象的人文学科，更应该面向生活、深入生活;只有如此，才能取得真正的学术进步，从而为提升人民的生活品质和人生幸福做出贡献。

　　正如歌德所说，"理论是灰色的，生活之树常青"!

① 马克思恩格斯选集：第 1 卷. 北京：人民出版社，1995：79.
② 马克思恩格斯全集：第 12 卷. 北京：人民出版社，1972：450.

第一节　生活、文化与伦理

生活，我们天天都在过，但似乎习而不察，生活是什么？生活与日常生活是完全等同的吗？从人生总体角度来看，我们生活的意义与价值何在？是生活为了符合伦理，还是伦理为了促进生活幸福？文化与伦理的关系如何？这些问题都是我们生活伦理学所要回答的前提性问题。

一、生活及其本质

何谓生活？简单说，"生活"就是生命的存在以及为了谋求生命存在与寻求人生价值而展开的人生活动。

谋生就是谋求生命的存在，即生存，生命的存在一定不是静态的，而是动态的，因此，人要谋求生命的存在、价值与意义，就必须进行谋生的活动。作为文化承载者和有意识的主体，人肯定还要追求活着的意义与价值，因此，"生活"一词就必然包含人们对生活的意义、合理的生活方式的追求。综上所述，生活不仅是一种谋生的客观生命活动，而且是一种对生活的意义、合理的生活方式的追求。这才是人的"生活"。如果仅有"活命"和"谋生"，那么就难以区分人的"生活"和动物的"生存"；反过来说，是生活的"意义""价值""观念""方式"这些精神性的、文化性的要素使人的"生活"区别于动物的"生存"。

因此，在研究"生活"时，我们一定要研究客观的社会生活和人的观念之间的互动关系。唯有有意识自觉、价值引导的"生活"，才是人的"生活"。因此，也可以说，"生活"是人谋生的活动以及对其存在的意义、价值、合理生活方式的追求。"生活"这个词的核心含义是：生存与意义。"生存"就是活着或存在，它是前提；"意义"则体现着生活的价值与本质。那么，什么是"生活的意义"，这个问题常常包括如下疑问：我们活着是为了什么？什么样的生活是值得过的？生活指向一个什么目的？

生活的意义是什么？这是众多哲学家和普通民众一直在思考的问题。人作为万物之灵，其存在与活动的根本特点就在于人是有意识的动物，人可以探索、创造价值与意义，因此，对生活之意义和价值的探索、创造，正是人与其他万物的不同之处。对生活之意义和价值的探索、创造，必然会使人们形成一定的人生观、价值观和生活观，这些也必然会以一定的观念、规范、文化传统、生活方式的形式固定下来。这些观念、规范、文化传统、生活方式，在我们看来就是生活伦理。因此，伦理源于生活，是生活观念与规范的凝结。

要理解把握"生活"这个范畴，似乎还应该把握"生活"的若干特征：

第一，人是生活的主体。理性自觉与意义追求是人的生活的特质。生活是人的生活，生活只能由人来完成、来主导，人通过生活才能成为"人"，人在生活中存在，在生活中发展。在一定意义上一切生物都要谋求生活，即个体生存与种族繁衍。动物的生存是完全依靠本能以适应自然的生活，而人的生活则是一种理智与理性的生活。所谓理智与理性的生活，就是指人对外在的生存条件不是被动地适应，而是通过主动地改造自然、创造物质与精神财富来服务并改善自己的生活。在这种为了生活、服务生活的过程中，所创造出的物质与精神成果就是社会文明，这其中不仅包括社会的物质成果，而且包括社会的精神成果。这种精神成果，不仅包括智力性的科学技术成果，而且包括对善的生活、合理生活方式的理解与追求。因此，所谓人的理智与理性的生活就是一种合乎科学规律、善的价值观念的生活。

第二，意义和价值的追寻与建构是生活的本质。追寻合理的生活方式，不仅是人类群居的需要，而且是人追求善良、健康的生活的内在需要。用中国哲学话语来讲，就是"成物"与"成己"。所谓"成物"，就是创造外在于自己的人类物质文明与精神文明成果，对人类社会文化发展做出自己的贡献。所谓"成己"，就是在这种"成物"的创造过程中，使人自身内在的心智能力和道德人格得到发展与提升，人在行善利他的行为过程中使自己成为一个道德高尚的人，即慈善家、道德家、君子或圣贤。这种"成物""成己"的创造文化、文明的生活，按中国古代经典《左传》所提出的"三不朽"观念来讲，"成物"可表现为"立功""立言"，"成己"可表现为"立德"。

生活是人的生命活动的动态展开过程，是人生的过程和体验，它与人的生存和发展是直接同一的。人是一种有意识的存在，这个存在既包含对过去的记录和反思，也包含以未来为指向的规划和憧憬。一个丧失对过去的全部或部分记忆的人，与一个不能规划或想象未来的人一样，只能过一种非常不完整的生活。与更充实的人生相联系的是人生计划，它是一个人的一组连贯的、系统的目标和意向，包含着一个人的持久价值承诺。在这个意义上，人必须有过一种好生活的理想，有对幸福的期待和追求，有自我完善的憧憬和目标，要不断实现从现实的我到理想的我的超越。意义和价值是未来、理想赋予我们的，如果一个人的生活和人生没有了目标，那么就在某种程度上失去了意义和价值，或者说这种意义和价值就会有所减少。生活不仅要有目标，而且要有目标的实现和愉快的感受，这是幸福的组成部分。前者可能是幸福的客观要素，而后者则是幸福的主观体验。身体健康、丰衣足食、美丽的家园、良好的人际关系、安全公正的社会、健康的心智、快乐的心态、自我价值与尊严的实现，这些幸福的要素都是我们每个人所期盼和向往的，它们使我们的人生和生活有了目标与价值。

虽然生活的表现形式是丰富多彩的，但是人的生活却有共同的本质、普遍的准则。生活的本质是人在自然和社会空间中，通过享受、占有、内化并创造人类物质文化、精神文化和制度文化，围绕人的生命存在和发展，所实现的有人生意义和价值的、能动的活动。人的生命存在是生活的基点，对人生意义和价值的追求是生活的展开过程，而人的生命意义和价值的实现则是生活的归宿。生活的社会性决定了生活需要伦理的指导和调节。

二、生活与伦理

生活与伦理的关系如何？是生活为了伦理，还是伦理为了生活？

显然，生活对于伦理来说具有存在的优先性，而伦理则赋予生活意义和价值。生活是事实存在，伦理是价值意义。生活是伦理的来源，伦理提升生活的意义和价值。伦理作为对人之意义和价值的追求，其目的肯定是使人们过上更好的生活。对意义和价值的追求，以人的存在为前提，是人的生活的本质所在。

在生活与伦理的关系上，伦理以生活为前提，伦理源于生活，伦理是一定民族之文化核心价值观、生活方式的集中体现。一定的伦理如果脱离了其生活本源，就会成为人们生活中的一种异己力量，必然是没有生命力的。"活"先于"善"，生活先于伦理，伦理"参与"生活而不仅仅"规范"生活。人为了"活"，有时可能会被迫放弃或违背"善"，这可能是一种客观存在，但倡导生活要有伦理，其本意在于让伦理影响、规范并引导生活。

强调生活之于伦理的这种先在性，就在于强调伦理源于生活，在发挥作用方面，一定要注重伦理生活化，也就是伦理原则和伦理规范一定要贴近生活、贴近民众、贴近实践。伦理原则和伦理规范不脱离生活，才能内在于生活，才有生命力，才会实际发生作用。伦理原则和伦理规范不要高高在上，总是外在地强行规约生活。存在先于本质，生活必然先于伦理。"如果将人的本质规定类比为道德，将人的存在类比为生活，那也就可以得出人的生活先于人的道德之见解，而人正是通过后天的道德生活实践来生成和塑造自己的道德本质的。"①

伦理需要融于生活，或者说生活中应该渗透着伦理。换句话说，生活虽然是伦理之源，但却需要接受伦理原则和伦理规范的指导。但这种指导最好不是强加于生活的，而是生活内在需要的。伦理原则和伦理规范必须落实于生活实践。"道德是为了人，是为了人的生活，是为了人生活得幸福。远离人、远离生活、远离幸福的道德，必然是异化的道德，人、生活、幸福也必然远离它，抛弃人、抛弃生活、抛弃幸福的道德，也必然被人、被生活、被幸福所抛弃。"② 美国当代著名哲学家和伦理学家弗兰克纳认为，"社会必须记住：道德是用来帮助人们善的生活的，而不是要对他们进行不必要的干涉。道德为人而设，不是人为了道德"③。

另外，生活确实也离不开伦理的指导，伦理使人的生活更合理、更能

① 易小明，李伟. 道德生活概念论析. 伦理学研究，2013（5）：62.
② 同①64.
③ ［美］威廉·弗兰克纳. 伦理学. 关键，译. 北京：三联书店，1987：243.

体现人性的光辉、更能实现人的幸福。一个不讲伦理的人，他的生活不可能是美好的。没有伦理原则和伦理规范的指导与约束，生活就没有和谐，就没有光明。"在社会中，没有人认为流氓、无赖可以出人头地，流氓、无赖们自己也不会这么认为。不公正的生活很容易成为缺乏保障和让人忧虑的生活。如果有人靠偷盗、诈骗发迹，那么他的财富最终极易化为乌有。"①

伦理使我们纯粹的"自然生活"提升为"伦理或德性生活"。人们基于纯粹生理需求满足的生活是一种"自然生活"，而有人类文化与伦理指导的生活则是一种属人的、有意义的、有价值的"伦理生活"。自然人经过"人化"后，在某种意义上说，人的纯粹自然性已经在相当程度上被"人化"了。但也不可否认，处于不同人生境界的人，其"人化""文化""道德化"的程度是不同的。现代大哲学家冯友兰先生曾经在其《新原人》一书中把人生境界分成"自然""功利""道德""天地"四个层次。他认为，处于自然境界的人对生活的自觉性不高，"少知寡欲""不著不察"，过着一种原始自然的生活。处于功利境界的人，其行为都有他们所确切了解的目的，但这种目的都是获利，而且都是获私利。处于道德境界的人，他们都知道人的生活离不开他人与社会，人要取得生活资料，就必须尽伦尽职。处于功利境界的人，其行为目的是求利，处于道德境界的人，其行为目的是行义，即遵照"应该"以行。行义之人，其行为不以求自己的利为目的，而是利人助人。处于天地境界之人的觉悟更高，他们认为自己是宇宙的一分子，生活与道体完全合一，彻底觉解，知天乐命。

生活是生命的存在与延续，伦理是生活的意义和价值的规范体现。直面生活不仅要反思生活，而且要提升生活。伦理离不开生活，生活需要伦理来提升。生活只有经过文化、伦理的塑造与引领，才是真正人的生活，才是有意义的、有价值的生活。文化、伦理的价值就在于塑造与引领生活。

生活伦理的探讨与建设是为了伦理生活，但它并不等于伦理生活。追

---

① ［英］西蒙·布莱克本. 我们时代的伦理学. 梁曼莉，译. 南京：译林出版社，2013：97.

求理想是为了理想的生活，追求伦理是为了伦理生活。伦理生活是人的生命活动中已经具有伦理价值并符合伦理规范的善生活。它主要表现为两种形式：道德思考与道德习惯。① 道德思考反思、批判现实并建构理想道德生活，而道德习惯则反映、体现现实生活。在人的伦理生活中，道德思考与道德习惯是统一的。为了追求理想的伦理生活，人们不断反思并改造现实的伦理生活，这构成了人类伦理生活的动态过程。

三、日常生活

生活这一概念虽包含着上述丰富的含义和本质，但在狭义上往往是指与"政治生活"相区别的"日常生活"。"不同的社会对于何为'日常生活'有着不同的观点。然而，它们都大致将'日常'定义为日复一日所发生的事情，它们是那些源于寻常'却没有明显标志的事情'。"② "我们可以将日常生活状况有效地称之为'生活世界'（life world），这个术语是在即将进入 20 世纪时由现象学派哲学家埃德蒙德·胡塞尔（Edmund Husserl）创造的。"③

日常生活是指那些日复一日地发生的、平常的生活。日常生活，是维系人的生命存在和延续发展所不可缺少的、庸常的、反复的生命活动，即日常实践或日用常行。按赫勒的理解，所谓日常生活，是"指同时使社会再生产成为可能的个体再生产要素的集合"④。这一看法注意到了日常生活与个体之生存、延续的联系。我们每个人要维持自己的生存，都离不开衣、食、住、行。如果寒冷时没有衣服穿，我们就会冻病甚至冻死；饥饿时没有食物吃，我们就会饿死；没有房子住，我们就会流落街头、无家可归。如果失去了腿脚而不能行走，我们的生活就会留下很多遗憾；如果没有现代交通工具，我们就会行之不远。其实，我们的生活不仅离不开衣、

---

① ［英］M. 奥克肖特·巴比塔. 论人类道德生活的形式. 张铭，译. 世界哲学，2003（4）.

② ［英］戴维·英格利斯. 文化与日常生活. 张秋月，周雷亚，译. 北京：中央编译出版社，2010：11.

③ 同②14.

④ ［匈］阿格妮丝·赫勒. 日常生活. 衣俊卿，译. 重庆：重庆出版社，1990：3.

食、住、行，而且离不开语言或者言语，即说话。有意识、有表达、有交往的生活才是人的生活，人区别于动物之处就在于人"会说"。人要生存和发展，无论对工作的意义如何看，一般都要先有个工作，否则我们就可能无所事事。我们不仅需要工作，而且需要休闲、娱乐，而这一切都是以身体健康为前提的，健康是生命存在的正常状态；如果失去健康，我们生命的存在和生存质量就会受到威胁。因此，健康既是我们追求的人生目标，也是一种专门的生命活动，如锻炼身体、养生是为了更健康，医疗则是通过治疗疾病来维护人们的健康。我们在娘胎中被孕育，一朝来到这个世上，由此就开始了我们的人生之旅，它既有起点，又有终点。人的日常生活，我们都会切切实实地感受到它的存在，一年四季，春夏秋冬，日出而作，日落而息，中国汉族人正月初一要过年，正月十五要闹元宵，五月初五要包粽子，八月十五要吃月饼。清明节、冬至、大年三十还要去给祖先上坟。同时，每个生命个体一般都要经历出生、成年、婚嫁、丧葬等人生历程，生、老、病、死也是每个人不可避免的。正是基于对日常生活的生命存在状态和生命活动的上述理解，我们的"日常生活行为伦理学"研究才包含服饰、饮食、居住、行旅、言语、工作、休闲、娱乐、健康、生死十大领域。

人们为了生存和发展，就要为了吃、穿、住、行等基本物质生活去奔波、奋斗、交往。这种日常生活是人的生存和发展的基本条件，按马克思的说法，这种日常生活是人类的"第一个历史活动"，也就是说人的日常生活是人的其他历史活动的起点。

制度生活是指人在特定的制度体系中展开的生活。在制度体系中，人的生活方式和人生观念受到制度、社会给定的规范的约束，生活的意义和价值往往通过与社会制度和规范相符的程度来加以判断，这些制度不仅具有规范的意义，而且具有法律的意义。制度生活往往不具有自在性，不是人的自在生活，而是一种社会制约性的生活，制度生活要求人们遵循制度和规范。日常生活是人的一种自在性的、自主性的生活，是在非制度约束情景中的生活。日常生活具有明显的自生性、习惯性和情感性等基本特征，这种生活"缺少创造性思维和创造性实践的空间，人的行为以重复性的实践为特征，他直接被那些世代自发地继承下来的传统、习惯、风俗、常识、经验、规则以及血缘和天然情感等所左右"①。尽管日常生活也受到社会制度和规范的影响，但在日常情景中，日常生活总是试图摆脱社会规范给定的约束。制度生活比日常生活更具有思维和理性的色彩，制度生活往往具有模式化、稳定性的特征，而日常生活则更具有情感性和情景性的特征，更具有活力，因而往往是生机盎然的、丰富多彩的。当然，日常生活并不是完全随心所欲的，它同样具有生活的规则，只是不像制度生活那样认可制度或规则的理所当然。

日常生活确实具有某种客观的既成性、自在性。所谓既成性，是指日常生活中的个体，在出生来到这个世界时，就面临着国家、民族、家庭等既成的客观环境，这不仅是他只能认同、接受而无法选择的，而且他还会无形地受到这些既成客观环境的影响，这些既成客观环境塑造着他的生活习惯、日常趣味，制约着他的行为方式。所谓自在性，既指独立于人的目的性，也指与自觉相对的非反思性。但这并不意味着否认日常生活完全没有反思性，只是日常生活这种习而不察的特点，较之在一定意识形态或者制度指导约束下的高度自觉性而言，反思性与自觉性要稍微弱一些，这是对日常生活的主体来说的。对于一名日常生活的研究者来说，揭示人们日常生活行为背后习而不察的文化原因，则是一种非常自觉的研究活动。

西方文化比较强调生活世界与理念世界或者终极关怀的疏离，比如宗教，大多是以否定现实世界的日常生活从而超越现实世界，进入极乐世界为旨归的。可是，中国哲学却非常强调日用即道的观念，即强调人生、人伦之理就存在于日常生活世界之中。人生之道、人伦之理并不远人，"道不远人，人之为道而远人，不可以为道"（《中庸》），本来就没有什么道，人走得多了，就成为道路了。道，是人所共由之。因此，生活极高明的道理就存在于人的日常生活与人伦交往中。因此，"极高明而道中庸"，极高明的道，必须贯彻、完成于人伦日用中。

日常生活虽然离不开人与人的交往，但却体现了对个体生命存在的维护、对个体生命价值的肯定与确证，或者说，日常生活主要以个体为承担者。人不能不食人间烟火，一个人一天不吃饭还可以，如果几天不吃饭，

① 衣俊卿. 现代化与日常生活批判. 北京：人民出版社，2005：总序 4.

生命就可能出现衰弱现象。这种维护生命存在的日常生活，相较于人的政治生活、科学生活、艺术生活，具有先在性。虽然各民族和地区的日常生活大体上差不多，但正如格奥尔格·齐美尔所指出的，"即使是最为普通、不起眼的生活形态，也是对更为普遍的社会和文化秩序的表达"①。"换言之，每一个群体的生活世界是由这个群体的文化所塑造的。个人的生活世界，是由他们所属的不同群体中所有相互交织的文化力量组成，并且由他们生活于其中的社会语境所构建。"② 人类是文化的存在，人类的行为取决于人类不同的观念和态度——文化，也就是人类长期以来生活于其中的社会和（或）养育人类成长的特定社会群体所形成的文化。"一个特定的群体如何思考和做某一件事，是由该群体的文化而非本能决定的。"③ 反过来说，日常生活在自身延续的同时，也以习俗、常识、惯例、规范、传统等形式使一定民族与人群的文化成果得到了传承。因此，生活伦理学应该对人们的日常生活进行文化的诠释分析和价值评估。

四、日常生活与伦理

在空间维度上，日常生活是由社会行动联结而成的，它不仅是生存、谋生的行动，而且包含人际间性的交往活动，可分为个人之"日用常行"和人际间的"人伦关系"两个方面。两个方面的重合构成了"日常生活世界"的基本图景。正如德国学者许茨所说："它从一开始就是一个主体间际的文化世界。它之所以是主体间际的，是因为我们作为其他人之中的一群人生活在其中，通过共同影响和工作与他们联结在一起，理解他们并被他们所理解。它之所以是一个文化世界，是因为对于我们来说，这个日常生活世界从一开始就是意义的宇宙，也就是说，它是一种意义结构（a texture of meaning）。"④ 这就是说，一方面，日常生活是实践的、行动

---

① ［英］戴维·英格利斯. 文化与日常生活. 张秋月，周雷亚，译. 北京：中央编译出版社，2010：4.
② 同①15.
③ 同①7.
④ ［德］阿尔弗雷德·许茨. 社会实在问题. 霍桂桓，译. 北京：华夏出版社，2001：36－37.

的、交往的现实生命活动。另一方面，这种实践的、行动的、交往的现实生命活动，在很大程度上是由传统、习俗以及其中所蕴含的价值意义决定的，这两方面的交集使"日常生活世界"结构得以形成和维持。

日常生活中的人，首先是以个体性的"我"而存在的。生命、生活总是"我"的生命、生活，别人取代不了"我"的活动、选择与决定，"我"的生、老、病、死必须由"我"来承担。当然，人的存在和生活肯定也是社会性的、交往性的或者说人际间性的。"我"之生命存在，是由父母的生产活动而产生的，因此，"我"一来到这个世界，就要面对自己和父母的关系，如果"我"父母生了不止我一个，那么"我"就还要面对兄弟姐妹的长幼关系。"我"长大了，结婚了，就会面对夫妻关系；"我"在社会上讨生活、求发展，就要面对师生、朋友、同事、上下级等关系。这些日常活动与交往，离开了伦理的规约与指导，将无法顺利进行。

日常生活与伦理有着非常直接而密切的联系，而且通过风俗直接交集在一起，因为伦理在最初产生时就是一种习俗。习俗就是指人们在日常生活中逐步积累起来的生活方式与行为习惯。人类社会在不发达的发展阶段，人的生活主要是求生存的日常生活，因此，这种社会条件下的伦理还不像后世发达社会中的伦理那样具有高度的自觉性。在这种条件下，风俗与伦理有更多的重合性，因此，日常生活与习俗、伦理有着密切的联系。后来社会文明发达了，产生了制度、政治、知识等更加自觉的非日常生活与意识形态（教化）伦理，但传统、习俗、常识、戒律等伦理形式还是与日常生活有着密切的联系。

日常生活伦理与习俗的密切联系，使它与历史传统也有着密切的联系，并且，它所继承的因素较多，变化的因素就较少。在传统中国的日常生活世界，日常生活伦理奉行"道在日用常行间"，这意味着，日常生活的言行举动无不与伦理要求联系在一起，洒扫应对进退之中无不要求符合礼仪礼节，从寻常百姓的待人接物到皇亲国戚关乎社稷的祭祀朝拜，都无不为庞大的礼仪制度所覆盖。当然，这也是相对的，人类文化的进步，一方面需要保留传统与习俗，另一方面也需要与时俱进、移风易俗。新习俗也在一定程度上体现了当代人的价值信念和生活方式，因此，日常生活与伦理总是密切联系在一起的。

五、日常生活伦理的特点

日常生活伦理就是指这种直接产生于日常生活中的，与习俗、行为方式、生活方式保持高度一致的伦理观念和行为规范。它具有如下一些特点：

第一，日常生活伦理具有基础性与先在性。日常生活伦理在人们的生活中具有基础性与先在性，是我们每个人都不可能须臾离开的。在人们的生活中，这种日常生活伦理，对生活于一定历史文化中的个体来说，具有某种基础性与先在性，按罗尔斯的说法是一种"社会整体的契约"[①]，对人们的观念与行为选择发挥着极其重要的型铸作用。正是这种基础性与先在性，使日常生活伦理更具客观性，更具普遍的约束力，而基于反思自觉的信仰与教化伦理则具有更多的应然倡导性。适应、遵循基于社会文化传统的日常生活伦理，是每个人在日常生活中的基本文明素质。

第二，日常生活伦理的实然性与应然性高度统一。"在日常生活中，'是什么'的问题与'应如何'的问题往往并不彼此相分。以常识而言，作为日常生活的调节者之一，常识不仅提供了对日常事实的解释，而且也构成了引导人们如何做的行为规范。同样，习俗、惯例、传统等等，也既涉及对世界的理解或规定，又包含着日常生活中应如何做的要求。从饮食起居的生活习惯，到洒扫应对等日用常行，都可以看到'是什么'与'应如何'的统一：对生活需要的意识以及对社会伦理关系的把握，往往同时也规定了相应的行为方式。"[②] 伦理规范、习俗或习惯通常就是日常生活世界得以保持延续性和同质性的基本内容，它们原本就与日常生活世界相生相长，这说明，日常生活伦理，较之意识形态的教化伦理，具有实然与应然的高度统一性、知行合一性。意识形态立足教化，因此，可能具有更多的应然指向性，从而有可能疏离生活。我们的生活固然离不开一定社会的核心价值观与主流伦理的引领、规约，但确实也需要一种更加亲民的日常生活伦理。当然，日常生活世界并非自然就是规范化的、秩序化的，

[①] ［美］约翰·罗尔斯. 正义论. 何怀宏，等译. 北京：中国社会科学出版社，1988：510.

[②] 杨国荣. 道论. 上海：华东师范大学出版社，2009：256.

由于日常生活是异质成分驳杂混存的，稳定的生活秩序需要不断进行修补、调整才能得以保持，所以日常生活世界道德秩序的建构所做的工作是进行还原性的、合理性的理论论证，这恰恰也是日常生活行为伦理学所要做的工作。

第三，日常生活伦理具有习而不察的自发性与世俗性。日常生活伦理规范多是日常生活中普遍流行的、习以为常的价值观念与行为规范，是日常生活中的"集体无意识"。因此，对于道德主体来说，日常生活伦理虽然已经成为普遍的行为模式，但在意识上却不是非常自觉的，并且会被无意识地认为，践行这些伦理规范是理所当然的。正因如此，日常生活伦理世俗性强，超越性差，实用性与灵活性强，普遍性与原则性弱，会因不同主体、关系、情境而改变伦理态度与规范原则。但这并不是说它就没有任何基本的、普遍的德性与规范，按照赫勒的看法，"遵守诺言、讲真话、感恩和基本的忠诚是日常生活伦理的基本原则。尽管这四种德行在无数场合被抛弃，但它们依旧代表着日常生活必不可少的方面，舍此我们几乎没有机遇成功地驾驭日常生活的激流"①。

第四，日常生活伦理具有经验性与具体性。从学理化或者制度化方面来比较，意识形态的教化伦理自觉性、抽象性高，日常生活伦理则总表现出质朴、具体的特点。日常生活伦理规范既然是规约具体日常生活的，那么它肯定会表现出一时一事何者当为、惯为的具体性，这种经验的、庸常的具体规范更能指导具体的实践，更能在主体间产生"将心比心""推己及人"的共感与共识，从而得到主体的普遍认同，因此，就更能有效地塑造、建构、指导、规约人们的日常生活。

六、文化与伦理

生活对伦理的先在性，伦理对生活的依赖性与引导性，要求我们以文化的视角来看待伦理的来源和本质。"文化只是'人生'，只是人类的'生活'。唯此所谓人生，并不指个人人生而言。每一个人的生活，也可说是人生，却不可说是文化。文化是指集体的、大群的人类生活而言。在某一地

①　[匈] 阿格妮丝·赫勒. 日常生活. 衣俊卿，译. 重庆：重庆出版社，1990：92.

区、某一集团、某一社会，或某一民族之集合的大群的人生，指其生活之各部门，各方面综合的全体性而言，始得目之为文化。"① 生活是文化之源，文化是生活之魂。每个民族、文化共同体的生活都是与其文化传统高度一致的。人不仅是文化的存在，而且"文化"地生活着。民众是生活的主体，从生活的角度看文化，它无非就是一定民族和人群的全部生活方式。正如钱穆先生所说："文化是民族的生命，没有文化，就没有民族。文化是一个民族生活的总体，把每一民族的一切生活包括起来，称之为文化。……这个生活，就是它的生命；这个生命的表现，就成为它的文化。"② "没有哪个人类社会能够脱离具有一定观念、价值观、规范、信仰以及思考方式的人的存在。换一种方式来说，每一个社会都部分地由文化构成，并在其基础上运行，并且每个社会都需要文化。"③ 文化包含特定群体的观念、价值、信仰的模式以及这个群体典型的思考和行为方式。这种文化塑造了特定群体的生活、思想、行为方式和人格，反过来，这个群体的生活、思想、行为方式和人格又会不断地被强化、被传承，因此，这二者是相辅相成的、不可分离的。当个体在某个特定群体中逐渐成长时，这种禀性会被个体主动习得或通过"社会化"方式进入个体脑海。

人的生活是由文化决定的而不是由本能决定的。西格蒙德·弗洛伊德用"文明"一词来描述约束我们的文化规范和价值。在他看来，文化规范和价值促使人们放弃了混乱的性行为、无节制的大小便、随机暴力行为的自然倾向。文明或文化已经控制了我们，因为它已经成功地灌输给我们一种关于是非判断的道德感。当我们羞愧于对他人产生性欲的想法时，当我们为入厕之事感到尴尬时，当我们克制不对他人暴力相向时，我们都会感到文明或文化的存在。"生物本性"的"魔鬼"想让我们做自己喜欢做的事，尽管可能会给我们自己或他人带来坏的结果；"文化"的"天使"则向我们告知，如若放弃我们本能想要做的事，我们就会变成值得自己和他人尊敬的人。我们确实是真正的"人类"而非仅仅是"动物"。文化使我

① 钱穆. 文化学大义. 北京：九州出版社，2012：4.
② 钱穆. 从中国历史来看中国民族性及中国文化. 北京：九州出版社，2011：13.
③ ［英］戴维·英格利斯. 文化与日常生活. 张秋月，周雷亚，译. 北京：中央编译出版社，2010：6.

们成为真正意义上的文明人，文化对于人之存在、生活的影响是巨大的。正如泰勒所说："文化可以使一个人因为某些食物被打上不洁净的烙印而饿死，尽管该事物的营养对一个人是有效的。文化可以使一个人为了扫除污点而剖腹或枪杀自己。文化的力量大于生死。"①

　　文化对生活的影响是全方位的，深层的文化观念可能影响到我们的人生观、政治选择与决策。但是，我们在目光往下看时，在以贴近民众生活的视角往下看时，就会发现文化对人的生活方式、道德行为的影响主要体现在日常生活领域。台湾学者蒋勋在其《生活十讲》一书中指出："文化往往不是呈现在上层的礼教中，却点点滴滴渗透在生活不知不觉的行为中。"② 因为上层的礼教已经为一定社会的意识形态所系统表达，是自觉有为的。按照马克思的观点，一个社会的主导文化是与这个社会中的统治阶级相联系的，并由其创造。从这个意义上看，在一定社会占据统治地位的、反映统治阶级意志的主导文化，实际上是意识形态的同义词。可见，文化虽然包含意识形态，但却不等同于意识形态。文化对日常生活的影响是无处不在的、自发自在的、润物细无声的。生活世界尽管是由文化力量塑造的，但却被我们体验为"自然的"，我们大多数人都没有意识到我们存在于文化之中这一事实。显然，意识形态的主体是占据一定统治地位的统治阶级及其代言人，而文化的主体则是社会、民族、群体中的所有人，这个范围大小显然是不同的。另外，意识形态是一种相对系统的、自觉的理论形态，而日常生活中的文化传统则可能表现为习俗、惯例、常识等，具有习而不察的特点。

　　文化的含义与范围是广泛的，即使就精神文化的狭义而言，文化也包括了宗教、艺术、道德、法律、科学、技术等方面，那么，文化与伦理究竟是什么关系呢？文化与伦理同属人类，它们在本质上是同一的，在范围上是一种种属关系。可以说，文化是伦理的土壤与根基，伦理是文化的核心与灵魂。伦理产生、形成于一定的文化土壤与基础之上，伦理决定文化的根本方向与本质特色。

---

①　祝和军. 中国传统文化的价值追求. 光明日报，2014-04-12.
②　蒋勋. 生活十讲. 桂林：广西师范大学出版社，2010：9.

虽然文化的范围很广泛，但如果我们把文化从本质上理解为一定人群与民族的全部生活方式的话，那么，就可以得出这样的结论，即伦理或道德是文化的核心与灵魂，因为伦理或道德是一定民族文化中的价值观念与行为方式的规范概括。这是文化学上的一般共识，对于中国文化，这一点显得特别突出。尽管在西方文化中，宗教也可能对日常生活发挥了重要的作用，例如赫勒就认为，宗教似乎是西方人日常生活的组织者或主要组织者。[①]

文化与伦理的这种关系，要求我们必须认识到伦理的最终源头是生活与文化，而不仅仅是社会意识形态，对伦理这样的解释可能范围更广，更符合历史的真实。另外，这种解释也使我们认识到，文化的核心与灵魂是伦理，从而促使我们明确文化建设的关键是伦理建设。一个民族，如果缺失了伦理，其文化就会丧失灵魂和价值指引；特定的个体，如果缺乏伦理，就会缺乏内在精神、教养、格调和品位。

中国伦理是中国人民在自己的生存生活条件下，创造的一套关于何谓好生活、好社会、好人生的价值观念—规范系统，并在自己的实践中将之凝结成自己的行为和生活方式。在各民族的文化中，一般说来，价值观念—规范系统都是该民族文化的核心与灵魂，这一点在中国文化中体现得更为突出，可以说是中国文化较之西方与印度文化的一种特点。一般认为，西方文化是一种倡导科学与理性的智性主义文化，印度文化是一种神性主义文化，而中国文化则是一种人文性的、道德性的"德性"主义文化，道德本位、道德至上是中国文化的鲜明特点。

李泽厚先生从发生学的角度描述了这三大文化的上述特点，他说："先秦各家为寻求当时社会大变动的前景出路而授徒立说，使得从商周巫史文化中解放出来的理性，没有走向闲暇从容的抽象思辨之路（如希腊），也没有沉入厌弃人世的追求解脱之途（如印度），而是执着人间世道的实用探求。以氏族血缘为社会纽带，使人际关系（社会伦理和人事实际）异常突出，占据了思想考虑的首要地位。"[②] 梁漱溟先生、韦政通先生都认为道德是统括中国文化的根本，是各种文化现象的根基。梁先生说："融

① ［匈］阿格妮丝·赫勒. 日常生活. 衣俊卿，译. 重庆：重庆出版社，1990：101-102.
② 李泽厚. 中国古代思想史论. 北京：人民出版社，1986：304.

国家于社会人伦之中，纳政治于礼俗教化之中，而以道德统括文化，或至少是在全部文化中道德气氛特重，确为中国的事实。"① 韦先生则说："在中国文化中，有'一本万殊'的理念，于是坚信一切文化都有一个共同的基础，这基础就是道德。中国传统中讲道德，不像西方人讲道德只限制在人生的范围内，而是弥漫在文化的一切领域。因此，中国的政治理想是'德治'，文学理想是'文以载道'，经济的理想是'不患寡而患不均'，其他如教育、法律，也莫不以道德为基础。"② 钱穆先生甚至认为中国文化是以道德为最高领导精神的。他说："中国文化是以'道德精神'为其最高领导的一种文化。由道德精神具体落实到政治。这一种政治，亦该是道德性的政治。再由政治控制领导着经济。这一种经济，亦该是道德性的经济。至于文学艺术，莫不皆然，其最高领导者，还是道德精神。"③

在中国人的生活和人生实践中，形成了中国伦理。在中国文化的丰厚土壤中孕育了中国伦理，因此，中国文化是中国伦理的文化根基和母体，中国伦理是中国文化的核心与灵魂。中国人衣、食、住、行的日常生活无不受到文化与伦理的影响和指导。以衣服来讲，《春秋左传正义》曰："中国有礼仪之大故称夏，有服章之美谓之华"；《书经》曰："冕服采章曰华，大国曰夏"，《尚书正义》注："冕服华章曰华，大国曰夏"。中国文化把服章之美与自己华夏民族的自豪感紧紧联系在一起。中国四合院的住宅方式体现着中国伦理的等差精神，"男行左，女行右，车行中央"以及相关车乘制度无不是中国伦理政治精神的体现，甚至"人家骑马我骑驴，回头看还有挑脚汉"的俚语也反映着中国人的价值观、道德观和人生智慧。

中国人的制度生活也受到伦理的影响，政治是伦理政治，伦理是政治和权利的基础，"明德"是亲民、至善的基础，修身是齐家、治国、平天下的基础，内圣是外王的基础，正所谓"国不以利为宝，而以德与善为宝"。

伦理道德在中国人的精神生活中更是起到了决定性的作用。梁漱溟先

① 梁漱溟. 中国文化要义. 上海：上海人民出版社，2003：27.
② 韦政通. 中国文化概论. 长沙：岳麓书社，2003：58.
③ 钱穆. 文化学大义. 北京：九州出版社，2012：75.

生认为，中国文化是以道德代宗教的，道德在精神生活中的主导与强势作用使宗教的必要性大大减弱，道德直接规定了人们的行为和生活方式，甚至把道德的价值推到极致的境界，实际上，它已然变成一种道德宗教。人们视道德为绝对与神圣，自然就未能给宗教留下更多的精神空间，而是让宗教支持道德。一般认为，中国后世社会人们的精神生活就是将儒家的道德规范与道教的神佑鬼惩和佛教的三世两重因果合在一起，共同制约着中国人的精神生活。艺术虽有其相对的独特价值，但却要求"诗言志""文以载道"，以服从礼乐教化为目的。中国的教育更是以德教为本，正所谓"孝者，德之本也，教之所由生也"（《孝经·开宗明义》）。

七、文化—道德观的合理性

伦理学是一门研究伦理道德现象的学问，对道德之本质与基础的合理解释是伦理学的基本理论问题，事关学科的解释路径和方法问题。任何科学的理论和诠释方法，与客观对象越接近，就越有科学性、真理性，因此，对伦理与文化特别是中国伦理与中国文化的上述客观关系的揭示，是正确理解伦理本质及其解释路径的前提。

伦理学作为一门现代学科，形成于20世纪初，一般认为中国古代是没有严格学科意义上的"伦理学"的，我们虽然有以道德为核心内容的儒家学派，有关于伦理的丰富思想，但却没有这样一门学科。一般认为，"伦理学"这个词是严复在翻译赫胥黎《天演论》时的另一译名：《进化论与伦理学》。还有一种说法是，"伦理学"是直接从日语翻译过来的。中国人写的最早的一部中国伦理学思想史是蔡元培先生的《中国伦理学简史》，中国人写的较早的伦理学著作为刘师培先生的《伦理学教科书》。20世纪前半叶，中国的伦理学学科有一定的发展；20世纪50—80年代，中国的伦理学学科基本处于相对落后甚至停滞状态。20世纪80年代后的中国伦理学，以如何解决道德本质和基础为最根本的问题。笔者认为，主要存在这样三种解释路径：哲学反思的西学解释路径、意识形态论的马克思主义解释路径、文化史观的解释路径。笔者认为对伦理与中国伦理的更为合理、科学的解释路径是文化—道德观。

西方哲学反思的伦理观，即认为伦理是建立在理性反思基础上的人的行为方式，诚如苏格拉底所说，未经反思的生活是不值得过的。西方文化是一种智性主义文化，西方哲学特别看重理性反思对于生活的意义，这是西方的哲学和文化传统。柏拉图的理念论哲学认为物质世界之外还有一个非物质的理念（本体）世界。理念世界是真实的，而物质世界是不真实的，是理念世界的模糊反映。这种观念若以中国人的常识理性来看，是本末倒置的。笛卡尔认为"我思故我在"，正是因为我思考或者我怀疑所以我才存在。当然西方文化中也不乏诗人歌德"理论是灰色的，生活之树常青"这样清醒的生活理念。西方哲学的这种重智主义传统，使西方伦理成为一种非常重视知性反思的伦理，人的一切行为都要在理性的面前重新审视，甚至把反思和知识看作行为实践的前提与必备条件。西方虽然也有"信、爱、望"的基督教三主德，但是在世俗"四主德"中，即"智慧、勇敢、节制、公正"四德中，智德是基础的。在柏拉图看来，理性是僧侣、贵族、哲学家的心理禀赋，智慧是这些人的德性品质，而意志与情欲则是军人、百姓的心理品质，他们的德性品质分别应该是勇敢与节制，只要第一个阶层的人成为统治者并且其他三个阶层的人各安其分、各守其责，城邦与社会就会变得公正。显然，伦理是以理性认知和实践智慧为基础的。

　　从伦理学思维的角度看，古希腊罗马时期虽有一些生活化倾向，但在近代，各种伦理学理论却都试图给人的复杂生活与行为做出一种统一的理论解释。功利论伦理学力图论证人们的行为都是利益最大化的结果，康德的道义论力图证明道德的理性主义基础和规范的普遍性，但实践证明这两种主要的伦理学理论都只是解释人们伦理生活和实践的理论知识，人们在实践中并不是按其中一种理论来生活与实践的。人们的行为既可能被利益驱动也可能被道义、情感等因素驱动。康德抽象或者理想的道德理论图式虽然高扬了道德的崇高性与形式上的普遍性，但在实践中却是苍白无力的，这种一元化的哲学反思的伦理解释，确实增加了人们的伦理知识，但却难以完全解释生活，最终又不得不回到基于历史和文化传统的"美德伦理学"和基于实践条件的"境遇伦理学"中去，由此可见，仅把伦理作为哲学反思和知识论的对象显然是不够的。正如万俊人教授所说："如果脱开具体的道德文化传统或道德谱系，伦理学的知识最多也只能是一种纯形式的知识，不具有任何实质性的内容，因而很难对人们的道德实践发生普遍的实质性价值影响。"①

在西方哲学的影响下，中国哲学不仅采取了一种"反向格义"的方法，而且把西方哲学的话语方式和理想模型作为剪裁中国思想的工具与方法。伦理与中国伦理也被当代大多数学者仅仅看作思想认知和理性思考的对象，因此，鲜有"中国道德生活史"（这几年开始有了），而多有"中国伦理思想史"的著作。这种思想史只记述了一些思想家关于伦理的思想，基本没有记述实际发生的中国人民的道德生活史，只高扬儒家"义以为上"的理论，很少看到国民性中重视人伦日用甚至急功近利的现象。伦理学长期被当作哲学的二级学科，所用方法主要具有哲学反思、理性认识的知识论特征。伦理作为文化，即群体生活方式，最终是要实践的，它不仅仅是为了认识和获得知识，不能本末倒置。认识和获得知识是为了更好地生活，生活不是认识和获得知识的注脚。行一定是先于知的，而不是先知才能行的。文化经验、实践理性、价值系统一定是先于个人而存在的，不管你是否认识到，你总要先面对并接受这个群体的文化传统，先做起来才会成为群体的一员。即使你是群体的先知先觉者，认识并欲改变一些文化传统，你的这种新理念也要得到他人的普遍同意才会成为新的传统和文化。伦理作为一种实践理性具有强烈的实践品质，只知不行是片面的做法。总之，深受西方哲学认识—知识论方法影响的部分伦理学人，总是以追求知识为目的，而这与中国文化和中国伦理重生活、重实践、重人格、重成人的目标追求是大异其趣的。并且，以此方法来研究中国伦理，只能看到思想的零枝碎叶，不能全面掌握中国人的文化与生活。

在当代中国伦理学的发展中，还有一种关于道德本质的理论，即坚持马克思主义立场、观点的意识形态论："道德是一种特殊的社会意识形态，受社会关系特别是经济关系的制约。"② 道德本质上是一种建立在社会经济基础之上的意识形态，是统治阶级整体利益的自觉表达，是实现社会整

---

① 万俊人. 正义为何如此脆弱——悠斋静思下的哲学回眸. 北京：经济科学出版社，2012：162.

② 罗国杰，主编. 伦理学. 北京：人民出版社，1989：46.

合、政治治理的主要手段。这是当代中国伦理学的主流观点。笔者认为，道德的本质是指道德是什么、它的基础是什么，而不是指道德在社会中处于什么地位以及发挥了什么作用。在阶级社会中，由于阶级的对立，掌握经济政治权力的统治阶级主要把道德当作社会意识形态和上层建筑，并将其作为实现其思想控制和政治统治的手段。马克思的意识形态概念主要是一种社会结构的分析性概念，意思是说在阶级社会中，道德是经济基础—上层建筑这个基本结构中的一种社会意识形态，但这不能被理解为对"道德是什么？"这样一个根本性问题的回答，它只能说明道德在社会结构中处于社会意识形态的地位。这种意识形态的道德论其实只是一种宽泛意义上的、唯物史观意义上的道德观。从唯物史观的角度看，说道德处于社会结构中的上层建筑地位，能发挥意识形态的作用，这并没有错，符合马克思主义的物质—经济第一性的唯物论，也符合物质决定意识、意识反作用于物质的辩证法。但如果把作为人类文化重要组成部分的道德仅仅看作社会结构中的意识形态，那就过于简单化了。因为人的生活不仅包括制度化的政治生活，也包括每天都在发生的日常生活、集团生活、社会生活。道德的社会政治作用并不能取代它指导其他生活领域的作用。如果仅仅以政治道德来指导全部日常生活，那么就会出现问题。社会意识形态是不能穷尽丰富的人类生活实践的。我们不能把意识形态当作剪裁丰富社会生活的唯一尺度。一切从意识形态出发，把丰富变化的社会生活都拉到意识形态面前加以审判，并以此判定是非、决定取舍，这必然走向教条主义，产生以政治取代道德或者保守地说以政治道德取代全部道德（如生活道德、职业道德、社会公德、婚姻家庭道德等）的后果。

　　笔者长期较为自觉地坚持文化—道德观，曾在《道德究竟是什么？》一文中指出："道德是主体基于自身人性完善和社会关系完善的需要而在人类现实生活中创造出来的一种文化价值观念、规范及其实践活动。基于对道德本质的这种理解，我们认为道德有如下几个特点：第一，文化性。这是说道德本质上是人类的一种文化现象和文化创造，它主要体现为一种观念文化或精神文化，但可以通过制度文化和人类实践加以确证和体现。道德在阶级社会中主要发挥了社会意识形态的作用与功能，这只是道德文化发展的一种特殊历史现象。第二，价值性。道德是人类实践精神的，即价值的掌握世界的方式，道德意识本质上是一种价值意识、价值观念和价值精神，一般价值意识在道德领域体现为主体的观念、行为对他人、社会的有利或有害的善恶意识，因此，道德是以善恶作为评价观念与实践的标准的，善与恶的矛盾是道德领域的特殊矛盾。第三，应然性。道德不仅是一种文化现象、文化创造，是一种善恶价值观念，而且也是一种应该和正当的规范意识和行动指令，它不仅是思想观念也是行为准则。应然性、正当性是道德的重要特征，它是道德的理想性和导向性的体现，也是道德的实践性的先导和前提。第四，实践性。道德不仅仅是一种社会意识形式或社会意识形态，它作为一种人类在实践中创造出来的文化价值观念和规范，必然源于实践，离不开实践并要指导实践，它是实践精神这就意味着，它是寓于实践中的精神，精神指导下的实践，精神与实践的密不可分、二位一体，知行统一甚至是知行合一，鲜明的实践性是道德的重要特点。总之道德就是这样一种具有文化性、价值性、应然性、实践性的社会文化现象。"①

文化—道德观即是一种以文化视角来看待道德的理论观点。笔者认为，这种文化—道德观对道德本质的理解更符合历史与生活的真实，对于中国伦理来说就更是这样。以这种文化—道德观来研究中国伦理，自有其优势。

笔者认为，坚持西方哲学反思的道德观，虽有利于提高对道德现象的认知水平、自觉意识，但却可能导致知识、思想与生活、实践的脱离，导致"极高明"的哲学玄思与"道中庸"的日常生活的脱节。伦理生活固然离不开知，但其最终要落实到行。因此，中国伦理修养坚持知行合一，坚持"博学、慎思、审问、明辨"与"笃行"的统一。伦理不仅是思考的对象，更是生活实践本身。

意识形态的道德观虽重视道德对社会政治治理的作用，但有把人类丰富多样的伦理生活片面政治化的危险，不仅对道德的认识有局限性，而且在实践中可能会片面化，这种情况已经为当代中国人的道德生活实践所证明。社会主流道德的作用式微，是客观的存在状态。一方面，可能由于社会价值观与道德观的内容发生了实质性的变化；另一方面，可能就是因为单向度的政治道德不能适应已经变化了的丰富社会生活，因为政治生活

---

① 　肖群忠. 伦理与传统. 北京：人民出版社，2006：9-10.

不再是所有民众的价值追求，人民群众生活的日常性日益突显。因此，指导民众日常生活的、更为广泛的文化—道德观必然应运而生，以适应民众的需要。道德源于民众鲜活的生活实践，道德的形成不是自上而下的单纯论证和教化，而是民众在实践中通过互动、协商、契约、履行而逐步形成的。离开了民众的生活实践，道德将会成为无源之水。

因此，在笔者看来，文化—道德观的合理性及诠释路径的优势主要体现为，它更符合人类伦理生活的真实，因此就更具有真理性与合理性。它的优势，简单地说，就是有利于伦理更加贴近生活、贴近民众、贴近实践。

伦理实际上是一定民族群体所创造的凝结着其价值观念与行为规范的一种生活方式。或者说，伦理就是人们生活方式中所体现出来的价值观念与行为规范。生活需要并产生伦理，生活需要伦理的规范与指导。理论是灰色的，生活之树常青。生活不仅包括处于社会上层的政治生活，而且包括民众的日常生活，衣、食、住、行中有伦理，工作、休闲中有伦理，人际交往中有伦理，家庭生活、职业生活、社会生活都需要伦理指导，同样在这种丰富多彩的生活中也会形成相应的生活伦理规范和生活方式。文化即是群体的生活方式所凝结的价值观念，因此，在一定意义上说，文化即是伦理或者说伦理是文化之魂。因此，文化、伦理与生活之间有高度的一致性和融合性，它们是相互规定、相互支持的，是内在地联系在一起的。因此，我们以文化即群体生活方式的视角来诠释伦理道德，是更加符合人类伦理的真实生活的，因而具有更多的真理性和合理性。

伦理不是一种纯粹认知理性，而是一种实践、价值理性；伦理不仅是认知的，而且是实践的。韦政通先生有言：

> 西洋的哲学偏向的是精确的概念定义，清晰的逻辑推理、严密的理论证明等，而中国哲学这方面比较差，中国的哲学跟西洋的很不同。中国哲学注重的是精神修养，无论是儒家还是道家，都有这样的偏向。西方哲学与精神修养没有什么关系（神学例外），它注重的是抽象理论和逻辑思考。[①]

---

① 韦政通. 韦政通八十前后演讲录. 武汉：华中师范大学出版社，2009：111.

　　中国人讲伦理学，一开始就和西方哲学讲的伦理学是两码事，性质上有根本的区别。中国人的伦理，我们叫做规范性的伦理，它是要用行为去实践的伦理；西方人的伦理学，主要问题不在实践，西方的传统里面，道德的实践问题是属于宗教负责的。①

　　我们当代的新儒家，受西方的影响，思想力求系统化、哲学化。这个也很重要，因为你受到西方的挑战，必须把中国哲学变成抽象的思考，也要变成系统化，要能翻译成英文给西方人看。但是新儒家把真正的儒家精神丢了。丢在哪里？就是丢在道德修养上没有重视。儒家要在社会上产生影响，现在的新儒家影响在哪里？那就是影响在学院少数读书的人，而且是对儒家有兴趣的人，影响是非常之有限，因为它是以知识为主的。一个儒家要在社会上有影响力，它需要有淑世人格的感召力，这一代的新儒家是缺乏的。过去那些大儒，像王阳明、像朱熹、像程颐、程颢，像孟子、荀子，他们当时有很大的影响力，他们的影响力不是靠写书，而是靠对社会有种教化的责任。②

　　从上面引述的韦政通先生的相关论述中可以看出，我们不能仅以西方哲学反思的、知识逻辑的形式来诠释中国伦理，而应以文化—道德观来诠释中国伦理，这样会更加突出中国伦理的实践性品质。因为文化在我们看来就是群体生活方式，生活必然是实践的而不仅仅是反思的、知识的，终日思考不如起而行之，这是中国文化和道德精神所倡导的。

　　文化—道德观的诠释路径还有一个更明显的优势就是，强调了人民群众作为文化主体的积极性与创造性。哲学反思的主体似乎只是一些高高在上的哲学家，意识形态的道德观往往把统治阶级及其代言人作为道德创造与教化的主体，民众似乎只是他们教化的客体和对象，他们既然把道德作为实现社会政治治理的手段，自然就要把民众作为教化的对象。而文化—道德观却认为，所有民众都是文化与伦理的创造者、参与者、实践者。我们既不需要圣人立法，也不需要统治者教化，"从来就没有什么救世主……要创造人类的幸福，全靠我们自己"（《国际歌》）。人民是文化的主人，是

　　① 韦政通. 韦政通八十前后演讲录. 武汉：华中师范大学出版社，2009：36.
　　② 同①127-128.

道德的主人，他们在自己的生活中探索、实践，总结、概括，协商、交流，形成源于自己的生活并能指导自己的生活的价值观念与行为规范，这就是以他们为主体的生活伦理，这种生活伦理必然会指导他们过上伦理的、和谐的、幸福的生活。

第二节　日常生活伦理

日常生活伦理是如何形成的？它的内容是什么？它与教化伦理的差异和联系是什么？它有什么样的价值追求？这些都是日常生活伦理学要研究的基本问题。

一、日常生活伦理及其形成

日常生活伦理，简称生活伦理，是民众合理生活方式中所凝结的价值观念、行为规范和道德品质、社会风俗。

日常生活伦理是民众在长期的生活实践中逐步创造、积累而发展起来的。人活在世上，需要衣、食、住、行等物质生活以维持生存，需要人与人、人与群体之间的协调关系以保障生存，需要精神的依托以得到心理的安适，这些因素构成了人的生活状态。一个社会中的人们，在一定的自然与社会环境及生活状态下，由生活经验的积累、知识和智慧的凝结，形成一定的生活方式。人们的生活方式有物质的、社会的、文化的三个层面：人们日常生活所需要的物质生活资料的生产方式、交换方式及使用和消费方式等，形成了人们的物质生活方式；人们之间的交往方式、人际关系、互动方式及风俗习惯等，形成了人们的社会生活方式；人们的宗教信仰、文化娱乐、信息交换等，形成了人们的文化生活方式。这些生活方式被人们日复一日地重复，其内含的规则规范和价值取向长期积淀凝聚，反映到人们的意识观念中，就形成了一系列比较稳定的价值观念和行为规范，这就是源于民众生活的日常生活伦理。可见，日常生活伦理是从民众普遍奉行的生活方式中产生的，因此，生活方式和日常生活伦理，一为外显的，一为内在的，互为表里，相互契合。前者是民众具体的生活样式，后者是这种生活样式的规则和意义。

日常生活伦理的形成经由了两种途径：一是生活伦理化（集俗成礼），一是伦理生活化（化礼入俗）。

生活中一些合理的观念、行为、生活方式经过长期的经验积累，被特定族群的人所普遍认可，这在中国古代就是集俗成礼，即生活伦理化。"俗"在《说文解字》中被解释为："习也。"郑玄在《周礼注》中解释说："土地所生，习也。"也就是说，"俗"即风俗习惯，是产生于一定的地方和时代的，具有习惯性、自发性、习以为常性、约定俗成性。俗先于礼，礼本于俗，这才有"礼从俗""礼失求诸野"的说法。生活先于伦理，伦理源于风俗。这就是"伦理"这个词具有"习惯、风俗"之意的原因。中国最早的史书《尚书》就有天子"观民风俗"的记载。当然，俗要成为一定时空范围内人们的价值观念和行为规范，就需要相沿成习。比如，中国古代妇女之缠足，在我们今天看来，显然是压抑人性的陋习，但当时的人们却并没有感到它是陋习，还将之看作美和善，否则就不会有那么多女性忍着痛苦从小就缠足了。正因为"三寸金莲"被时人看作美的，所以当时的女性不缠足才可能被看作不道德的、没有教养的。又比如，在今人看来，男人留辫子可能是非常丑陋的，但在清末民初剪辫子时，有的人哭天喊地，像丧了娘似的，可见传统习俗的力量是很大的。文化观念的善恶、美丑一定是由特定人群的价值观念决定的。

通过教化甚至制度安排，使精英思想和上层文化、业已形成的道德规范，渗透、深入到民众的生活中，转化为民众的日常生活方式和行为习惯，这就是化礼成俗，即伦理生活化。虽然俗先于礼，礼源于俗，但俗一旦成为礼、升华为典章制度，就具有规范的功能。也就是说，社会的精英文化与大众文化、大传统与小传统之间是互相影响的。"所谓礼俗，即是以礼化俗，使社会风习遵循礼治的轨道，这是治理社会的方略，也是采自风俗而对民间生活的调适。从这个意义上说，俗是礼之源，礼是俗之纲；俗是礼之表，礼是俗之质。礼和俗相互渗化力量之强劲，几乎使礼与俗难分难解，因此中国传统文化也可称为礼俗文化。"① 精英文化通过以礼化

---

① 刘志琴. 礼俗文化的再研究//梁景和，主编. 中国社会文化史的理论与实践. 北京：社会科学文献出版社，2010：110.

俗的过程把观念形态推向下层民众，从而使世俗生活理性化，形成了一种世俗理性。这种世俗理性，就是我们所说的日常生活伦理，就是通过精英文化渗透于民众的生活并被民众所接受的价值观念与行为规范。孝亲忠君、仁义礼智信、"三从四德"等儒家道德经过上千年的宣传教化，成为我国封建社会时期民众的日常生活伦理。生活方式高度伦理政治化，这是中国传统文化和中国人传统生活方式的重要特征。生活与观念之间相互胶着，难分难解，甚至混为一体。"孔子论学，大至德和礼，小至吃饭、行路、待客、排座次、放碗筷、喝汤、吃肉，都不厌其详地谆谆教诲。日用器物的消费本是满足人们生存、发展和享受的欲望，在中国却与地位、伦理融为一体，日用器物对消费者来说兼有物质待遇和精神待遇的双重价值。""礼制在中国不仅是道德信仰和思想观念，也是日用消费品分配的准则和人际交往的规范。权力通过日用器物的等级分配，物化为各个阶层生活方式的差异，就其构成来说，它具有生活方式、伦理道德、等级序列一体化的内容，正是这三位一体的文化结构，构成中国传统的生活模式。"①中国的传统历史经验告诉我们，只有实现自上而下的教化伦理和自下而上的生活伦理的统一，才能真正发挥伦理指导民众之生活的作用。

二、日常生活伦理与教化伦理

日常生活伦理是存在于民众实际生活中的，是人们根据生活方式和实际需要，从生活实际经验中得来并实际应用于生活的伦理。教化伦理是由统治阶层倡导，居于社会正统地位，用于教化民众而以此维系社会秩序的伦理观念，是来自上方的，是由上向下灌输的，要求人们普遍遵守的伦理。二者既有差异，又有联系。

(一) 日常生活伦理与教化伦理的差异

第一，二者的主体和社会作用不同。教化伦理的主体是国家，其实际代表者主要是官员、意识形态的教化工作者。生活伦理的主体则只能是民

---

① 刘志琴. 中国人生活意识的觉醒//梁景和，主编. 中国社会文化史的理论与实践. 北京：社会科学文献出版社，2010：138.

众。教化伦理是一部分人用于教化另一部分人的伦理，而生活伦理则源于民众主体各自生活经验的积累，不具备不平等意义上的教化性。教化伦理往往把民众作为道德教化的客体，某些官员、意识形态的教化工作者往往以教化主体的身份居高临下，实际上其中有些人并不一定是该伦理的真诚信奉者但却仍然在从事某种虚伪的道德教化工作。生活伦理则高扬人的主体性，为的是使人们过上更幸福美好的生活。为了生活，实质上是为了人的存在和发展，为了使每个人成为独立的人；尊重生活，实质上是尊重人，尊重人的地位、生命、幸福和价值。人是生活的主体，一切被称为生活的东西都是属于人的。关注人的生命的存在，关注人的生活方式及其意义，成为人对自身的终极关怀。主体性是日常生活伦理追求的价值目标。生活的主体是人而不是社会，所谓社会生活其实是指人在社会历史条件下的存在，建构完美社会的根本目的是为人的幸福美好生活创设条件。

第二，二者的根本目标和基本立场不同。"为了社会"还是"为了人的生活"，这是教化伦理与日常生活伦理在根本目标上的不同。教化伦理是由社会利益和统治阶级的利益决定的，它是社会、国家及其统治者为了维护自身的利益而对民众提出的价值观念导向和行为义务要求。教化伦理所要达到的主要目标是秩序与和谐。它的基本立场具有鲜明的意识形态性，也就是说教化伦理总是站在社会、国家及其统治者的立场，为其倡导的主导价值观念和道德规范进行辩护。日常生活伦理，其利益基础是广大民众的日常生活需要和物质利益、精神利益。日常生活伦理追求的目标是安宁与幸福。每一个民众都有生存和安全的基本需要，这种需要的满足需要以吃、穿、住、行为基本条件，在此基础上还有归属、交往甚至更高的发展和自我实现的需要，即有追求幸福生活的需要和权利。日常生活伦理就是要为民众的这种合理需要和追求提供道义上的支持与指导。因此，日常生活伦理的基本立场是非意识形态的，是直接源于、基于民众的生活需要和生活实践的。

人的生活是一切社会的原初性根基，社会只是生活的必要手段，生活的质量才是生活的目的。人并不全是为了社会机制而生活。仅仅为了社会机制而生活，人就会变得麻木和虚伪，难以获得幸福。当然，社会是获得秩序和社会福利的手段，尽管生活总是需要社会这一形式，但人的生活在本意性目的上却不是为了服务社会。相反，社会必须服务于人的生活，因为社会的形成是为了人有序地生活。好的社会与好的生活往往是一致的，但好的社会并不一定是好的生活的目的；相反，好的生活是好的社会的目的。

第三，二者的伦理精神和价值取向不同。教化伦理的伦理精神和价值取向是"礼义为上"，具有鲜明的道义论特点。日常生活伦理的伦理精神和价值取向则是幸福主义的，具有鲜明的功利论色彩。教化伦理就是要人们遵礼行义，只有遵循社会主导的价值观念和行为规范即"礼"，才能维护社会的秩序；只有倡导人们对他人、团体、国家多尽义务，这个社会才会少纷争而多和谐。日常生活伦理作为民众生活方式的直接体现，必然是幸福主义的。民众作为真正的生活主体，必须为自己的生存、生活去活动、奋斗，因此首先就要追求自己的现实利益，追求自己的幸福生活，其首要价值取向是功利、利益和幸福。荀子有一段话真实而生动地体现了民众这种日常生活伦理的内容和追求："以从俗为善，以货财为宝，以养生为己至道，是民德也。"（《荀子·儒效》）荀子明确地提出了"民德"这一概念，可见它是不同于官方道德的。另外，他不仅指出了民众价值观形成的自发性、从众性，而且指出了民众的生活伦理以"货财"即经济实利为宝，以"养生"即自己的身体健康为最重要的价值，这些思想准确而深刻。

教化伦理与日常生活伦理的这种差异实际上已经得到历史的证明。对于义利问题，我国代表统治阶级利益的官方正统文化如儒家学说就倡导重义轻利，而民间的俗文化或者说民众实际的生活实践却重视人伦日用，重视实际利益，这是中国民众最基本的国民性之一。在我国古代那么艰苦的生存条件下，要让民众不重视利益、不量入为出、不省吃俭用、不计算功利、不礼尚往来、不等值交往、不送还"人情"，那是不可能的。也许正是因为这种功利性的国民性的存在，才有重义轻利这种价值导向存在的必要性和合理性。

第四，二者调节的社会生活领域不同。教化伦理具有某种公共性、群际性、族际性、国际性，也就是说教化伦理调节的是人与团体、国家、社会、世界之间的道德关系，因此，教化伦理更多地体现为一种政治生活中的政治伦理。日常生活伦理具有私人性、人际性，有的学者把它称为主体间性或交互主体性，也就是说日常生活伦理主要调节民众在私人生活和私人交往过程中的个人与个人的直接人际关系。因此，日常生活伦理更多地体现了人与人之间的特殊性和情感联系。

第五，二者在表达形式和传承方式上不同。教化伦理是社会利益与统治者利益的自觉表达，并且往往以系统的、理论的形式予以表达，因此是典型的社会意识形式。日常生活伦理是从民众的生活中直接产生的，是民众生活方式的直接体现，并且往往以非系统的、常识的形式予以表达，因此是以民众社会心理的形式存在的。从文化积累和传承的角度看，它们的承载方式和传播方式也不同。以中国文化为例，在古代，教化伦理主要体现在士大夫的鸿篇巨著中，是得到国家权力肯定并用政治和法律的手段加以推行的。日常生活伦理主要存在于民间流传的谚语、传说、家训、童蒙读物、戏曲鼓词、民间信仰以及民间文人的一些切近生活的言论等民间文化形式中。社会的教化伦理观念存在于站在意识形态立场上自觉为这种教化伦理宣教的理论工作者的鸿篇巨著中，当然也充斥于主流传媒的弘扬主旋律的文化传播中。日常生活伦理则体现在谚语、大众艺术等大众文化中，如近20年来广泛盛行于社会坊间的诸多顺口溜、谚语、手机短信等中。电视剧《编辑部的故事》中的一句台词"钱不是万能的，但没有钱却是万万不能的"在民间广为流传，得到了广泛认同，这真实地反映了民众新时期的金钱观、义利观。这种例子还有很多，但限于篇幅不能尽举，只想借此说明日常生活伦理的确是一种客观存在，而且与教化伦理很不相同。

（二）日常生活伦理与教化伦理的联系

人不仅以个体的人而存在和生活，而且要过群体生活。人不仅要关心自己的幸福，而且要多为别人的幸福尽自己应尽的义务。真实的生活不仅要追求功利、利益，而且要符合道义。道义是我们实现功利的人间正道，也是幸福生活的内在价值基础。人不仅有日常的私人生活，而且有社会的公共生活。人的生活不仅要依靠常识做出选择，而且要自觉接受社会的主流价值观念，在自己的理性面前对其加以审视并用以指导自己的长远选择。生活这样的内在统一，决定了一个社会的完整道德结构应该是日常生活伦理与教化伦理的统一。因此，日常生活伦理与教化伦理不仅有差异，而且有联系。

一方面，教化伦理要以民众的日常生活伦理为基础。教化伦理如果严重脱离民众的生活实际和伦理觉悟水平，就会变成空洞的说教。比如，在过去"左"的年代，一味地用大公无私的共产主义道德来要求全社会，这种严重脱离社会主义初级阶段民众实际的教条式灌输，最终难以落实并且引起了民众的反感。教化伦理要尽可能地根据民众的生活实际，体现并维护民众的利益和要求。如果不是这样，教化伦理的效果就会很差，甚至起到相反的效果。在一定程度上讲，社会的道德失范、道德真空、道德伪善都是教化伦理严重脱离日常生活伦理所造成的，因此，建设日常生活伦理刻不容缓。

另一方面，日常生活伦理要自觉认同教化伦理的价值导向和规范作用。日常生活伦理以民众个体为主体，体现出某种分散性、利益追求的盲目性，在道德性质上既可能是义利兼顾的，也可能是利己不损人的，还可能是损人利己的（如"人不为己，天诛地灭"所表达的就是完全利己主义的价值取向）。作为一种直接形成于"过日子"中的社会心理和行为趋向，日常生活伦理必然带有某种趋利的自发性、盲目性，如果离开了教化伦理的整合、引导和规范，就会失之片面，从而滑向非道德主义。甚至，日常生活中的一些习俗、人之常情，也会向政治生活、公共生活渗透，其中有些可能是正面的，有些则可能是负面的。比如，中国人向来重视人情来往、重交情、讲面子。这在私人交往与情感关系中无可厚非。但是，如果公私不分，这种日常生活中的人情法则就会侵蚀公共政治与制度生活，从而出现公事私办、以情废义、潜规则通行、贪腐、以权谋私等不良现象。因此，日常生活伦理应该接受教化伦理的引导与约束。

三、日常生活伦理的几个价值追求

（一）生命和生活的完善

生活行为必有其生命主体，生活行为是生命展开的过程，生活行为的自我完善追求就是对生命与人生完善的追求。生命与生活离不开道德。一切有利于增进生命和人格完善的行为，就是日常生活伦理中生命完善的德行，如健康、养生、运动是有益于延续人生过程并增进人生幸福的行为，因此是生命完善的德行。

日常生活伦理是主体人生论的，而非社会政治论的。它所关怀的是主体人生与生活幸福，而非社会秩序与社会治理。日常生活伦理是主体生命的和谐与人生的艺术。所谓生命的和谐，即个体的身心、心理的知情意的和谐，是人和社会上其他人生命的和谐。

所谓人生的艺术，就是让生命和谐、生活幸福。它基于人的生命自觉和自我完善的内在需要，而不是基于纲常伦理的外在约束。日常生活伦理是生命自我完善的内在力量，它是"德者得也"的内在德性，是完善的人生和有道德需要的人的最有趣味的事。社会政治伦理学往往更加关注社会秩序与政治秩序，它能为人们的生活与幸福提供一个"好社会"的社会环境和基本保障，但人们在此环境与保障之下，能获取什么，能否实现人生幸福，则取决于个人。正如英国剑桥大学哲学教授西蒙·布莱克本所说："政治秩序不是万能的：它不能保证人们没有抑郁、没有疾病、没有失望地生活；但它能保障人们远离暴力、免受歧视、不被随意抓捕，免受残酷的或侮辱性刑罚、不公平审判以及其他厄运。你（就某些话题）陈述自己的观点或（有时）和平示威时，它用法律保护你的权利。就此来看，道德、政治或社会秩序给人们提供基本保障。而人们在此基本保障之下能获取什么、能否实现人生幸福则取决于人本身。"① "道德哲学的主流同样研究幸福或自我实现等更积极的概念也在情理之中。"②

个人是日常生活伦理的主体，个人的人生幸福只能靠自己去争取，自我完善也只能靠自己去努力实现。成为好人，过美满幸福的好生活，这固然离不开社会提供的环境与保障，但也离不开主体自身的努力。相对于对一个好社会的追求，日常生活伦理更加重视对成为好人、过好生活的

---

① ［英］西蒙·布莱克本. 我们时代的伦理学. 梁曼莉，译. 南京：译林出版社，2013：81.

② 同①84.

追求。

　　日常生活伦理强调主体应该具有做好人、过好生活的善的责任与能力。在伦理学的古典传统那里，如在印度的《奥义书》作者、中国的孔子、西方的柏拉图以及基督教的创始人那里，主要关注的是人的精神状态，也就是关于正义或和谐的个体状态。现代伦理似乎更强调权利，道德主权成为维护自己权利的辩护词。"像其他许多社会主义思想家一样，马克思认为，'权利'意识的核心在于原子式的和个人主义的道德体系。它强调个人需求，却忽略了个人赖以生存的社会的普遍利益。"①

　　（二）日常生活交往之道

　　道德不仅包含心灵之素、行为之方的个人德性要素，而且包括待人接物的处世之道，道德就是协调人与人之交往关系的行为规范。虽然这些规范包括处理人与团体、族群、国家、世界之关系的原则和规范，但大多数的规范却体现在人际间性的日常生活交往之道中，这是道德经常发生作用的领域。另外，人的生活虽然有个体性的行动，但人的生活行为却是在与他人的交往过程中实现的，因为人是社会性的动物。

　　吃饭、喝水是人维持生命存在的个体活动，但同时也是一种文化的交往活动。在平淡的岁月里，我们有时会花钱与别人吃饭、喝茶、聊天，追求在一起的人的生活。我们的穿衣，不仅有抵御风寒的自然养生意义，而且有展现个性的审美意义，更有"女为悦己者容"和日常生活交往之道的文明礼貌与道德意义。比如，在中国文化环境中，人家举行婚礼，你总不能穿一身白色衣服去吧？人家举行丧礼，你总不能穿一身大红衣服去吧？因为住，我们总要与邻居以及社区其他的人打交道。你不能很晚了还在家里唱歌而影响他人睡觉吧？行，在现代社会，就更是一个交往之道的伦理问题，如在城市生活中，无论步行还是开车，都要守交通规矩，否则，就会危及生命安全。另外，去旅游，就要遵守旅游区的传统习惯、风俗道德。看来，我们的衣、食、住、行这些日常生活行为，大多是在与人打

① ［英］西蒙·布莱克本. 我们时代的伦理学. 梁曼莉，译. 南京：译林出版社，2013：92.

交道的过程中实现的，因此，遵守日常生活交往之道，是日常生活伦理的追求！

除了衣、食、住、行，实际上人的生命活动形式还有工作、休闲、娱乐以及生死，这些行为都是要与人打交道的，也是会对人际交往产生影响的，因此，也就需要日常生活交往中的合道德的规范来加以调节、约束。

人的大多数生命活动与生活行为都是在人伦关系中发生的，或者说都会对他人产生影响。因此，在一切生命活动与生活行为中，每一个生命与生活主体都要考虑自己的角色身份，考虑自己对他人应该承担的义务，以及自己的行为是否合宜正确、是否守礼文明。

（三）社会风俗的善美

生活行为不仅产生于人与人的交往中，而且作为一种群体行为，可能会因时代、民族、国家、文化传统的不同而不同。日常生活伦理不仅追求人格德性、人伦礼义，而且追求良风美俗。风俗从广义上讲，可以被看作一个社会在政治、经济、文化、伦理态度等各个方面综合表现出来的习俗风尚。风俗实际上是一定社会价值观、道德观、行为方式、社会心理的显性综合表现。风俗具有群体性特点，具有约定俗成的特点，所谓"百里不同风，十里不同俗"说的正是风俗这种实然性、多样性的特点。但是，从价值论上分析，风俗必有善恶、美丑之分。是否良善是衡量社会风俗的价值标准，另外，风俗对大众的行为也会产生积极或消极的影响。因此，对社会风俗进行价值批评，追求社会风俗的美善，是日常生活伦理追求的目标之一。

我国古代思想家和统治者都把化民成俗、移风易俗看作政治治理的重要目标，汉代大儒董仲舒在其《举贤良对策》中说："南面而治天下，莫不以教化为大务。立大学以教于国，设庠序以化于邑，渐民以仁，摩民以谊，节民以礼。故其刑罚甚轻而禁不犯者，教化行而习俗美也。"应劭在《风俗通义·序》中说："为政之要，辨风正俗，最其上也。"宋人楼钥在《论风俗纪纲》中云："国家元气，全在风俗。风俗之本，实系纪纲。"明人郑晓在《论风俗》中说："世之所谓风俗者，施于朝廷，通于天下，贯于人心，关乎气运，不可一旦而无焉者。"清朝黄中坚在《论风俗》中说："天下之事，有视之无关于轻重，而实为安危存亡所寄者，风俗是也。"把风俗好坏上升到关乎国家安危的高度，这是高度的自觉认识。这与我国执政党经常说的党风是关系到党生死存亡的表述是一致的。

社会风俗一般来说表现为政风和民风两个方面，以政治哲学的角度看，社会风俗主要是指向执政者的，这不仅意味着执政者要发挥风行草偃的模范带头作用，而且要以正确的价值导向引领风俗和风尚变化即化民成俗、移风易俗。君子之德风，小人之德草，上之化下，风化行而习俗美，故称为风俗。当然，日常生活伦理学虽然非常重视政风，但主要着眼点还是从社会文化的角度关注社会和民众的时尚风气，对之进行价值批评，从而达到"移风使之雅，易俗使之正"（刘昼《新论·风俗》），使人民群众形成健康的生活方式，社会形成良善美俗。《荀子·乐论》载："乱世之征：其服组，其容妇，其俗淫，其志利，其行杂，其声乐险，其文章匿而采，其养生无度，其送死瘠墨，贱礼义而贵勇力，贫则为盗，富则为贼。治世反是也。"今天我们读荀子这段话，感到它有很强的现实针对性。日常生活伦理旨在引导人民群众过上一种良善雅美之生活，因此，对日常生活行为中所体现的风俗进行反思批判，并在此基础上指出风尚时俗发展的正确方向。近年来，由官方和民间共同推动的餐桌光盘行动，就是饮食伦理方面的社会风俗的一大进步，甚至，随着与西方人打交道越来越多，分餐制由于比较卫生文明，也为越来越多的国人所接受。批判陋习、反思现实习俗、建构文明新风尚，使我们的社会生活更健康、文明，这是日常生活伦理的价值追求之一。

第三节　日常生活伦理学

长期以来，马克思主义伦理学占据主导地位。随着社会的变迁、时代的进步，民众日常生活的重要性日益凸显，过去那种脱离民众生活的、意识形态的教化伦理似乎离民众渐行渐远，从而使人们不禁发出这样的时代伦理诘问：是伦理为了生活，还是生活为了伦理？或者再具体一点说：是伦理源于民众的生活并为了更好地指导民众的生活，还是生活屈从于既有的教化伦理，让这种教化伦理约束民众的生活？显然，不仅民众鲜活的生活要求我们去研究、解释、评估、引导，而且党和政府也发出伦理要更加面向生活、贴近生活、指导生活的号召，可见，研究或者创立一门面向中国民众之生活实践的日常生活伦理学，不仅是时代的迫切需要，而且是伦理学走向进步的必由之路。

一、客观社会背景

对日常生活伦理进行研究的想法，不是笔者突发奇想、主观臆造出来的，而是中国社会生活的客观演变所使然，也受到国内外社会文化史学者的相关研究的启发。

从客观上看，主要是中国当代社会生活已经出现了明显的公共领域与私人领域、政治生活与日常生活的分离。

时下，中国社会已经转变为以经济建设为核心的社会，我们的社会更加开放。民众的政治生活、制度生活与日常生活日益分离，日常生活成为民众生活的主要形态，公共领域与私人领域的区隔成为现代公民社会的重要特征，人们有自己的家居生活（房子是自己买的，不再是单位分的房子）、日常私人交往，甚至其职业生活也不再是过去高度政治化的"单位"文化了，人们的精神生活不再是高度关注政治，而是关注自己的日常生活。

现代民众生活的日常性日益凸显。民众不仅仅是政治生活的附庸，更是自己生活的主人，有自己的经济生活、职业生活、个人家居、休闲娱乐生活、社交生活等，这种民众生活具有个体性、私人性、民间性、公共性。因此，社会的伦理道德必须尊重这种民众生活的特性和权利，需要创建适应这种民众生活、体现现代意识并与民众生活实践联系紧密的道德体系。道德不仅体现在一些政治原则的大道理中，而且体现在民众的人伦日用的实际生活中。道德作为一种实践理性，其作用与功能就在于对民众的日常生活有所指导，换句话说，它的真理性与合理性正是从日常生活中形成的，并在日常生活中得到强化。道德真理并不总是一些抽象的政治原则，而是充满着朴素性的生活真理和为人之道、人际之方。因此，我们在道德建设中，必须树立道德要面向民众日常生活的观念，要从民众的现实生活实践中建设符合现代社会需要的新的日常生活伦理，道德只有源于日常生活并能指导日常生活才能使自身焕发生机和活力。

"在计划经济体制下，日常生活道德和意识形态道德是成为一体的，道德附着在政治上，借助行政命令而发挥其功能；在市场体制下，政治中心化地位逐渐减弱，以往的道德体系也逐渐边缘化，这就使得道德部分地回到了日常生活领域，不再是单一的国家政府问题，而变成了全社会的问题，不仅具有政治意义，而且更具有生活意义。只有把握了意识形态道德和日常生活道德的辩证关系，才能更好地掌握它们对社会行为的调节、批判和整合功能，以及它们的变化发展过程。"① 在这样的社会条件下，我们的道德如果还仅停留在一般性的倡导集体主义、为人民服务、热爱祖国等高度政治性和原则性政治道德的层面上，那必然就会离民众的日常生活越来越远。在此，我们并不是说这些道德原则是不好的，这些道德原则体现着我们社会的性质、价值导向，是应该长期坚持的，但如果不能把它们具体化，把它们落实到民众的日常生活中，那么其作用的发挥就很难真正落到实处。

在近三十多年来，人们从经验的观察与体验中，似乎觉得道德在当代社会生活中的作用式微了，这种感受恐怕是客观的现实。这是为什么？是什么原因造成了这种结果？在笔者看来，是因为社会转型了，但我们的道德理论和道德建设的方式都未能及时实现相应的转型，所以我们的道德与当代的社会生活存在着很大的隔膜感，难以发挥其规范、指导民众生活和实践的作用与功能。

二、学术文化背景

随着我国社会生活状况的演变，受西方哲学界关注生活世界思潮的影响，我国思想文化界开始关注并研究日常生活伦理，哲学界、伦理学界也有同仁关注。笔者提出这一新的研究视角、领域并倡导伦理学研究视角的转向，主要受到社会文化史学界的某些学者的启发。

---

① 宁健，娄章胜. 试论社会转型时期的日常生活道德建设. 桂海论丛，2002（2）：57.

（一）核心概念"生活伦理"直接受到社会文化史学界的相关研究的启发

所谓"生活伦理"，也可称"世俗民间伦理"，最初是由日本著名思想史家沟口雄三提出来的。他把广义的中国儒教按不同的层次、对象、范畴划分为十个方面，其中把"民间伦理"，即渗透于民间生活中的文化观念、群体意识，作为一个方面，并将其分解为三个层面：一是由为政阶层注入的、来自上方的教化伦理，二是平民维持自身生活需要的、来自下方的生活伦理，三是表现在社会职业观念上的职业伦理。这种富有原创性的解释概念为当代学者李长莉所吸收借鉴，她认为可以将中国传统社会伦理的基本结构区分为教化伦理与民间生活伦理，继而对民间生活伦理的若干规定做出了自己的诠释并用这个诠释框架来研究近代伦理观念与社会变迁的关系。

她认为，自汉代实行"独尊儒术"以后，直至清代，儒家伦理一直被历代统治者奉为正统教化伦理，这种以家族主义和小农经济为基础，有利于维护官僚专制制度下的社会等级秩序的道德伦理体系，在官僚士大夫阶层的提倡和教化下，渗入民间的实际生活之中，居于主导地位。与此同时，在民间的实际生活中，还存在着来自人们生活需要和生活经验的、不同于正统教化伦理的民间生活伦理。民间生活伦理尽管往往受到排斥，或居于末流，但却一直在人们的实际生活中发挥着一定的影响。特别是在社会变动、政治统治松弛、正统教化伦理的控制力和影响力随之减弱的时候，民间生活伦理就会活跃起来，焕发出生命力。需要说明的是，这里所指的现实中的民间生活伦理并不是全然与正统儒学分开的。儒学的一些观念本就与民间的生活经验相重合，或者已融入民众的生活伦理之中，只是后来统治阶层特意提倡某些内容，才使得在一些观念上正统教化伦理与民间生活伦理显分二途。①

关于传统伦理类型，其他学者也有类似的观点。如余英时认为，"日常人生化在原始儒家中也不是毫无根源的"，"从历史上观察，儒家

---

① 李长莉. 十九世纪中叶上海租界社会风尚与民间生活伦理. 学术月刊，1995（3）.

的日常人生化最迟在明清时代已经开始萌芽"，"明代中叶以后，儒家的基础动向是下行而不是上行，是面对社会而不是面对朝廷"①。陈来把儒家伦理分为精英儒家伦理和世俗儒家伦理，他认为"明清间蒙学读物中大量反映的世俗儒家伦理，除了精英文化向下传播过程所必然发生的俗化之外，也是以这一时期理学内部的世俗化转向为基本背景的"②。刘志琴认为，中国古代思想特别是儒家思想十分重视生活价值与生活伦理，百姓日用之学是儒家的经典之教。她主要从道与器的内在统一上论述了中国传统思想重视生活价值与生活伦理的观点，并根据有关统计指出，"服""食""器用"的用词，在《论语》和《孟子》中的出现频率，甚至高于儒家一贯崇奉的"礼"和"德"，这也是儒家高度重视生活价值的反映。③

　　"生活伦理"这种概念是由思想史学家提出来的，但笔者觉得它对伦理学理论的进步是一个非常重要的解释概念。伦理学者们已经从不同的角度注意到了这种道德类型的客观情形，分别从历史与现实的不同角度进行了分析、诠释，如笔者早在 20 世纪 80 年代末就以中国传统道德雅文化与俗文化、官方文化与民间文化的分类界定之。④ 最近重新再次检索资料时发现，有的学者提出这个问题比笔者早了近 4 年。另外，当代学者张博颖立足当代中国市场经济社会的现实基础，以"国家伦理"与"市民社会伦理"的概念对道德类型进行了分析。⑤ 学者们分析的视角各不相同，有的是从思想史的角度分析的，有的是从文化史的角度分析的，有的则直接立足当代道德生活中出现的新情况来分析。

　　道德类型理论是伦理学的基础理论，在伦理思想史上提出了各种不同的分类标准，如从道德主体的角度把道德分为社会伦理与个人伦理，从道

　　① 余英时. 中国思想传统及其现代变迁. 桂林：广西师范大学出版社，2004：132-135.
　　② 陈来. 中国近世思想史研究. 北京：商务印书馆，2003：448.
　　③ 刘志琴. 百姓日用之学是儒家的经典之教//孔学论文集：一. 马来西亚孔学研究会编，2002.
　　④ 肖群忠. 开拓中国传统道德俗文化研究的新领域. 西北师大学报（社会科学版），1989（2）.
　　⑤ 张博颖. "市民社会"视域中的公民道德建设. 道德与文明，2004（2）.

德的时空维度把道德分为传统道德、现实道德、理想道德，从道德的社会功能和价值取向的角度把道德分为个体进取性美德伦理与人际、群际、族际、国际等社会协调性伦理规范，从历史发展和文化特性的角度把道德分为传统社会的服从型道德规范与现代社会的主体自律型伦理，等等。道德类型理论的丰富化，一方面反映出社会道德生活本身的丰富多样性，另一方面也体现着思想家们对社会道德生活认识的不断深化。每一次道德类型理论上的突破都在某种程度上体现出社会道德生活的新变化，以及思想家们对这种新变化的认识和把握。在我国近现代，梁启超先生提出公德与私德这种道德类型理论，其目的就是要改造我国旧道德重私德而轻公德的片面性，从而激发国民的社会责任感和公德意识，以实现其少年中国的国民性改造方案——新民说。我国伦理学在近二十年来的发展过程中，关于道德类型问题，在不同时期提出了不同的创新理论，从而推动着社会道德观念的进步。比如在20世纪八九十年代，关于道德的本质和类型，就有规范约束论与主体能动论的争论，这种争论最后虽然未形成一个统一的看法，但却推动了我国伦理生活领域的思想解放，推动了我国当代社会伦理观念的变革。另外，在20世纪80年代有些学者提出的协调性道德与进取性道德的道德类型理论也有很强的解释力，这种理论认为我国传统道德长期以来只是强调协调性而忽视进取性，这不能不说是我国传统道德结构的偏失，对民族发展和社会进步起到了消极影响。这种理论不仅在学术界有较大影响，而且对年轻一代的道德实践产生了很大影响，促使年轻一代不仅注重自身的协调性美德而且更加重视自己的进取性美德。近年来，有很多学者提出个体伦理与制度伦理的道德类型理论，认为我们过去的伦理学只是从社会对个体要求的角度研究道德问题，而从来没有研究国家、团体对个人有无道德责任的问题，只研究个体应该承担的义务却从不研究制度是否具有正当性的问题，据此认为在现代社会要特别注意研究制度伦理，这样的道德结构才是全面的、科学的。有学者把道德分为公民伦理（或公共生活伦理）与生活伦理（或日常生活伦理）①，也有学者从社会活动领域的角度把道德分为意识形态化伦理（包括经济伦理、行政伦理

---

① 廖申白. 公民伦理与儒家伦理. 哲学研究，2001 (11).

和文化伦理）和非意识形态化伦理（包括家庭伦理、日常伦理和公共伦理）两部分。① 另外，还有上面提到的某些学者提出了国家伦理与市民社会伦理的道德类型理论。这些理论对认识、反思我国当前的道德生活，促进伦理学进步都是非常有启发意义的。还有学者将道德分为学理化道德、制度化道德、常识化道德三种，并认为"正是常识化道德才左右着一个社会最基本的生活方式"②。其实，这里的常识化道德就是指我们所说的日常生活伦理。总之，道德类型理论只要是科学的，就能对伦理学的学术进步和人民群众的道德实践产生深刻的影响，从中也可以清楚地看到道德类型理论在伦理学中的基础性和重要性。

教化伦理与生活伦理的道德类型理论，在笔者看来是一个非常科学的、深刻的解释范畴，教化伦理与生活伦理的道德类型理论以其对历史事实的客观准确概括和科学解释而具有思想上的冲击力。它不仅符合我国古代思想文化与道德生活的实际，而且对近代中国历史有很强的解释力。不仅如此，当代中国是古代中国和近代中国的延续，这一理论解释框架对认识当代中国的道德生活和道德建设也具有很强的借鉴意义，是我们剖析当代道德生活的锐利工具，是伦理学实现理论研究转型和学术进步的新的思维维度与方法论。

（二）研究视角、对象与方法受到社会文化史学者的直接启示

1988 年，刘志琴提出社会史和文化史相结合的"社会文化"概念之后，1990 年李长莉发表《社会文化史：历史研究的新角度》一文③，提出社会文化史主要研究历史上人们的社会生活方式与思想观念之间的相关关系，其重心是对历史上某一时期社会的整体精神面貌做出描述和解释。这是一种用社会史方法来研究历史上的文化问题的方法，或者说是一种从文化视角来研究历史上的社会问题的方法。

关于社会文化史的研究对象，学者们在 1992 年的"社会文化史研讨

---

　① 晏辉. 论一种可能的伦理致思范式. 北京师范大学学报，2002（2）.
　② 于树贵. 道德生活界说. 道德与文明，2006（4）：5.
　③ 李长莉. 社会文化史：历史研究的新角度//梁景和，主编. 中国社会文化史的理论与实践. 北京：社会科学文献出版社，2010：24.

会"上形成了三种观点：第一种观点认为，社会文化史的研究对象是历史上人们在社会生活中所反映的价值观念和行为准则；第二种观点认为，社会文化史的研究对象是上层文化与下层文化的相互渗透、精神文化的社会化过程，以及大众文化与社会生活中的文化意识；第三种观点认为，社会文化史的研究对象可分为社会结构、人际关系、生活方式、风俗习惯、价值观念、社会心理六个方面，以及这六个方面的互动、连动关系。① 总之，李长莉把社会文化史定义为："它是一门社会史和文化史相结合的新兴交叉学科，要综合运用历史学、社会学、文化学、文化人类学、社会心理学等人文社会科学方法，研究社会生活、大众文化与思想观念相关关系变迁的史学分支学科。"②

社会文化史的研究给人们的启发，不仅表现在它提出了"生活伦理"这个核心概念，而且还表现在它的研究视角是面向民众和下层的，这改变了以往史学研究的立场，它实际上是自下而上看历史，站在民众的立场来观察整个社会，扬弃了制度史甚至精英思想史。

刘志琴正确指出，中国传统文化是以伦理为本位的，但在以往的研究中，人们往往重点关注的是在意识形态领域占统治地位的思想或者是文化精英的思想，"对于散在社会生活衣食住行各个领域，乃至各地区的风俗习惯即所谓的小传统的研究却少有涉猎。大传统是由思想家提炼的思想体系或制度化的意识形态，它高于生活又指导生活成为传统文化中的主流，具有系统性、导向性和稳定性，依靠权力的干预和灌输，制约和规范小传统的发展；小传统却由于根植于民众的生活，贴近社会的实际，富有多样性、易变性和自发性而与大传统有一定距离，从而又有相对的独立性。所以就一般的族群来说，大小传统之间相互依存，对流是经常的，但它们的差异也是明显的。……大传统与小传统本是人类学家雷德斐在《农民社会与文化》一书中提出的概念，它的本意是指少数有思考能力的上层人士创造的文化系统为大传统，而下层农民在生活中自发形成的社会风习是小传

① 李长莉. 社会文化史：一门新生学科——"社会文化史研讨会"纪要. 社会学研究，1993（1）.
② 李长莉. 社会文化史的兴起//梁景和，主编. 中国社会文化史的理论与实践. 北京：社会科学文献出版社，2010：89.

统，这与上层文化与下层文化、精英文化与民间文化有相似的含义"①。

社会文化史学者这种研究视角和研究立场的转移对伦理学研究是很有启发意义的，对中国传统伦理文化的研究、现代伦理学理论研究是有直接借鉴作用的。我们以往从视角和取材上都只研究中国传统伦理文化中的经典思想家和文化精英的思想，而不研究各个历史时期和地区的民众的实际发生的道德生活、生活方式、价值心理，因此对中国传统伦理文化的把握是不全面的甚至是失之偏颇的。因为这两种文化是有差异的，有时甚至是冲突矛盾的。比如，在中国传统伦理文化中，儒家学说无疑占据核心地位，儒家学说坚持崇义贬利、以义制利、义以为上，但如果我们仅此就以为中国所有老百姓的国民性都是义以为上甚至舍生取义的，中国满大街都是圣人，那就离历史真实太远了，实际上中国人的国民性是非常重功利、讲实际的。因此，我们要深化对中国传统伦理文化的研究，就必须在过去只注重精英文化、官方文化的基础上，重视对民间文化、大众文化的研究。

从现代伦理学理论研究方面来看，社会日益世俗化、民众日常生活的重要性日益凸显，这要求我们必须重视民众日常生活伦理的研究，不要站在过去圣人为民众立法的高高在上的立场上，也不要自以为掌握着道德真理而摆出一副要教化民众的架势，现代道德中的主体是一种平等的关系，现代伦理意识是在一种平等主体对话协商基础上形成的价值共识；一种伦理体系如果严重脱离民众的实际生活，那将成为伪善。因此，当代中国伦理学要走向进步，真正发挥指导民众生活的作用，就必须实现立场和视角的转换。

三、研究立场和视角的转换

生活是伦理和道德产生与发展的源泉，离开生活而从某一既定的伦理体系与道德原则出发来解读现实生活，就是本末倒置。加强对民众日常生活伦理的研究，将是中国伦理学新的突破点和生长点。伦理学作为哲学价值论的核心，作为一种实践理性，应该从事实与价值的统一上面向生活、

① 刘志琴.礼俗文化的再研究//梁景和，主编.中国社会文化史的理论与实践.北京：社会科学文献出版社，2010：109.

关注生活、描述生活、诠释生活，指出生活的目标、揭示生活的价值、建构生活的规范，从而指导现实的人生。

我们首先应该以纯粹客观的态度面对生活，进行实证研究，搞清楚我们的生活状态和生活方式究竟发生了什么样的变化，其社会成因是什么，支撑我们当代社会民众的日常生活的价值心理和价值规范是什么，这些价值心理和价值规范形成的社会原因是什么，它们是合理的还是不合理的，是有价值的还是无价值的，然后才能对此进行价值评价，进而才能确立新的价值规范和行为律令，建立符合民众生活实际和价值追求的新的生活伦理。

道德作为人类生活中的一种价值观念和规范意识，其评价标准仍然是它是否代表绝大多数人的最大利益、是否代表社会文化的前进方向，而不是简单地以社会与统治阶级的经济利益和政治制度为尺度。道德的应然和正当，其价值根据只能是人性的自我完善和社会关系的完善，而不单纯是一定统治阶级利益的实现。当然，有时这种社会进步趋势与某些先进阶级、政党的利益和目标会一致，但我们在思维上必须把这当作两回事，因为毕竟也有不一致的时候，甚至有实际上不一致却被统治阶级的意识形态说成一致的时候，从而导致社会的伪善并阻碍社会和道德的进步。道德区别于其他精神文化的特点就在于它具有鲜明的实践性，这要求我们的道德建设和伦理学研究一定要贴近生活、贴近民众、贴近实践。

长期以来，我们仅把道德理解为一种社会意识形态，是社会、阶级整体利益的自觉表达和宣示，是社会的道德价值导向和规范控制。改革开放前，我们的社会主要是一个政治化社会，我们强调道德要为政治服务，在那种单一的社会结构中，人们的生活被完全纳入国家的政治和制度生活中，没有公共空间和私人空间的区隔，连找"对象"这样非常私人化的事也有政治和组织力量的介入。在这样的社会环境中，我们所宣扬的社会主义或共产主义道德与当时的社会生活有高度的契合，因此，道德在社会生活中的作用就似乎显得非常重要和有力。

我们以往对道德的本质与结构等根本理论问题存在着很大的误区。道德的结构应是多层次的，它不仅包括社会政治与制度生活层面的价值导向、规范体系，而且包括源于民众生活并指导民众生活的日常生活道德，甚至还包括个人的终极价值信仰伦理。民众的日常生活伦理虽然是非常具体的常识道德，但它才是真正在民众日常生活中发挥作用的规范性力量。我们过去长期认为道德就仅是社会的政治原则和价值导向，这导致源于民众生活的、体现合理生活方式的生活伦理未被重视。道德不仅是社会和阶级的意识形态，不仅是社会整体利益的表达，而且理应是民众利益的体现，是民众的文化创造，是民众在自己的日常生活中对其合理生活方式的概括和提升。比如，在时下的餐饮消费中，吃不完打包回家就是一个文明的新观念、新做法，这正是在改革开放的新形势下，我们汲取西方文明的好习惯并发扬中国传统的俭德而形成的新的、文明的生活方式。只有在民众的日常生活中，我们才能把建设节约型社会落到实处，才能把勤劳节俭的民族精神发扬光大。

从历史的经验看，我国儒家道德之所以能在传统社会发挥那么大的作用，就是因为它能够很好地把社会政治制度层面的价值导向和民众的日常生活结合起来。传统道德之所以被那么多人信奉、实践，就在于它与民众的生活实践有紧密的联系，国家政治伦理原则恰恰是从这种家族社会的日常生活规范中提升出来的，因此它有着广泛的群众基础，比如，"三纲五常"不仅是封建社会统治者所提倡的道德规范，而且是为民众所忠诚践履的道德规范。

儒家道德本来就是基于人伦亲情而产生的一种日常化的、人伦日用性的道德，是民众日常生活方式的概括表达，我们研读儒家"三礼"中的某些篇章，会深刻地感受到其中的道德要求是多么具体鲜活，比如古代的孝道总是首先表现在对父母的"昏定晨省""冬温夏清"的日常生活礼仪和生活起居关怀的具体实践中。日本小学生至今在出门与回家时，还有用固定的语句向父母打招呼以表示礼貌和尊重。近来，我们在看韩国电视剧时还能看到儿媳妇遇到公公下班回来，站在房门口恭恭敬敬迎接的镜头。他们的这些做法不都是对我们儒家道德传统的继承吗？难道对我们没有启示吗？

另外，传统社会在道德建设上，除了观念倡导、社会与学校教化、家庭教育外，还通过制度强化、乡规民约、宗族训导、日常生活规范、习俗传统等把道德全面生活化，并使道德在生活化中得以强化。至今还在韩国实行的成年礼、笈礼等，不就是我们古人的冠礼、笈礼吗？这对培养孩子的成人意识和责任感显然是有益的。清明时节上坟必然会强化人们的家族意识和孝祖孝亲意识。前一阵新闻报道说，宁波在文化庙会上让小孩子穿上汉服，举行所谓"开笔礼"，有的人认为这是作秀，确实也可能有一点作秀的成分，但如果把它日常生活化而不是表演化、仪式化，那么对于形成尊师重教的良好社会风气也不无裨益。实践证明，道德区别于其他精神文化的特点就在于它具有鲜明的实践性。因此，这要求我们的道德建设必须注意在实践中重视养成教育，不要光讲大道理，还要坚持知行合一，一定的道德只有在生活实践中被反复强化，变成习惯与习俗，才可能最终形成并发挥作用。我们过去长期坚持的让青少年到了清明时节去扫烈士墓，就有助于培养青少年的崇高感、感恩意识。前些年，某些学校让孩子回家替爸爸妈妈洗脚的事情，引起了不同的争论。在笔者看来，这些重视实践体验的养成教育对于道德教育是有积极作用的。

总之，道德面向并贴近生活而不仅仅是面向并贴近政治，面向并贴近民众而不仅仅是面向并贴近官方，面向并贴近实践而不仅仅是思想观念的倡导，这就是我国当代道德建设的真正突破口。道德要源于日常生活并指导日常生活，这才是道德建设和伦理学研究的真正出路。

道德建设必须源于生活、深入生活、指导生活。正如上述，一个完整而健康的道德结构应该是国家教化伦理与民众生活伦理的和谐共处、能动互动。一个社会的伦理道德，如果只服务于一定的政治需要，只发挥其教化百姓、维护社会稳定的作用，那么是不够的，它必须对民众的日常生活有切实的指导。

从这个意义上反省新中国成立以来的道德建设，其存在着单纯倡导国家教化伦理的偏差。我国的社会主义道德是在马克思主义理论的指导下，由战争年代的革命道德发展、演变而来的。在马克思主义理论的指导下，中国共产党基于武装斗争的需要，采取高度统一的共产主义和集体主义的政治道德，这在战争环境中是非常必要的。在计划经济时期，政治成为社会生活的主旋律，国家即社会，社会即国家，国家与社会处于高度统一之中，政治权力渗入日常生活、私人领域的很多方面，在这种社会背景下，政治化的国家教化伦理（或称国家道德意识形态）代替了个体的日常生活伦理。曾几何时，不顾我国当时社会发展尚处于社会主义初级阶段的现实和大众道德的层次性特征，人为、生硬地推行那种政治性的国家教化伦理，使其成为社会的普遍伦理要求。这种道德结构，一旦面临今天变化了的社会新情况，就会出现道德的真空。改革开放以后，特别是随着社会主义市场经济的发展，我国逐步实现了从计划经济向市场经济的转型，加之政企分开，小政府大社会的政治体制改革，我国的社会政治关系发生了重要变化。随着经济成分和利益主体的多元化，独立于国家行政干预的私人领域、（民间）社会生活正在产生和扩展，中国的市民社会正在崛起。同时，随着国家与社会的分离，国家行政权力渐渐从人们的日常生活、私人领域退出，这必然使仅仅依靠过去的单一的国家政治教化伦理来指导多元而丰富的民众生活实践变得不可能。

这种情况要求我们的伦理学研究与道德建设一定要面向生活、面向民众、面向实践，研究变化了的客观情况，根据这种变化了的利益关系和社会生活实践要求来建构新的与社会主义市场经济相适应的道德体系。这种道德体系只有建立在从私人领域、民众日常生活的相对独立性与国家伦理导向和整合等方面进行全方位考虑的基础上，才是为社会和民众的生活实践所需要的。

正因为我们长期以来秉持一种国家教化伦理的意识形态立场，我们的理论思维的视角只盯着上面的需要而不面对客观的社会现实和民众的需要，所以我们的理论体系只能是对同现行经济、政治体制相一致的主流价值观念与规范体系的系统论证和辩护。这种经济、政治体制内部已发生了很大的变化，社会生活也发生了很大的变化，我们却仍然固守传统的观念，并认为这是放之四海而皆准的真理，不能与时俱进、革故鼎新，导致我们的伦理理论与社会现实严重脱节，伦理理论变成干巴巴的教条，难以发挥应有的社会作用。

要实现国家教化伦理与日常生活伦理的统一，我们必须转变过去那种纯粹建立在意识形态立场基础上的思维方法，树立起伦理学的真正科学的思维方法。那么，伦理学的真正科学的思维方法是什么？意识形态的思维方法是什么？作为一种思维方式，科学的伦理学思维方法要求我们首先面对客观存在的事实，以纯粹的认识态度去描述、诠释客观存在的道德文化现象。意识形态的思维方法则预设并承认一定的意识形态观点的正确性，然后再去做论证工作，或者因一种社会需要去为人们的行为建构价值目标和行为规范。总之，两种思维方法的根本差别在于，是对现实生活采取一种纯粹客观的认识态度还是主体有利益立场和价值观点的预设。笔者认为科学的伦理学思维方法是诠释、反思、创新，而意识形态的思维方法主要是论证、维护、教化。诠释是一种科学的方法，它首先是面对客观对象的，并以理性的态度对对象进行科学的描述、分析、诠释。相反，意识形态的思维方法则力求对既存的意识形态价值体系进行合理性、应然性、正当性的论证。反思就是不断地换方向、换角度、换位置，对社会的价值体系进行再审视、再认识、再思考。反思的过程同时也是批判的过程。意识形态的思维方法则立足维护既有的价值体系，立足对既有价值体系的传播和教化。伦理学的理性批判不是要全盘否定，而是要创新、超越，从而构建新的理论价值体系，这正是伦理学的生命力所在。

中国当代伦理学要实现自身革命性的突破和进步，就必须淡化其固有的意识形态的思维方法，而强化其科学的思维方法。没有这一思维方法的变革，伦理学理论就会继续落后于社会现实，并且永远难以获得真正的科学形态。论证而不诠释、维护而不反思批判、教化而不创新，这就是我国主流伦理学难以获得长足进步的根本原因。导致这一情况产生的主要原因是，我们长期以来对道德做了片面性的理解，把道德等同于单一的国家教化伦理，把道德作为国家政治的附庸，甚至以政治取代道德，而不知道道德的真正作用是指导民众的生活实践。

如果说论证、维护的思维方法阻碍了我们伦理学的进步的话，那么单纯的教化则使我们长期以来在伦理学理论上难以突破、难以创新。伦理学研究要取得突破性进展，就必须面向生活、深入生活，首先对民众的生活状态和变化了的生活方式做出实证研究，在此基础上归纳提炼出真正符合民众需要的道德价值体系，最后才能够反过来指导民众的生活。中国伦理学的真正希望就在于坚持伦理要源于生活、指导生活的正确道路。

另外，社会文化史的研究方法也为伦理学研究提供了有益的借鉴。史学首先是面向史实的，社会史学首先是面向社会生活和生活方式之变迁的，社会文化史学又为人们的社会行为、社会生活提供了深层次的文化价值心理分析和解释，这些都为我们的伦理学研究树立了面向生活的客观态度，以及价值诠释的社会文化综合分析方法。这两点都可以为真正科学的伦理学所继承，我们需要的只是在此基础上继续前进。伦理学作为一门价值科学，要建立在客观描述、文化分析的基础上，同时还应该进行价值批判评估和应然的价值建构，以发挥伦理学作为价值学科的引导生活、提升生活的作用。

四、日常生活伦理学的研究内容、目的和方法

（一）日常生活伦理学的研究内容

日常生活伦理学的内容大致可包括如下三个方面：（1）日常生活行为伦理；（2）日常生活交往伦理；（3）民众价值心理研究。如果要简单地给上述三个方面各一个关键词的话，那就是行为、交往与价值心理。这三个方面组成一个由浅入深、由现象到本质的，相互联系的逻辑体系。生活伦理首先要面向生活行为，对生活行为现象进行伦理分析与诠释，以指导民众养成健康合理的生活方式。人的生活是社会生活，因此，人有其生活与交往的不同场域和交往对象，日常生活伦理应该从群体的视角和实存之现状分析的角度来研究这些交往伦理，做出描述、分析、评估和引导。人的生活与交往都是在一定的深层价值观指导下进行的，分析当代中国人的价值心理，帮助人们厘清价值冲突，以正确的价值观去指导民众的生活，这将是日常生活伦理学的归宿和目的。

从上述对日常生活伦理学的研究内容的描述中，我们感到这个研究主题与计划过于庞大，人际间的交往伦理与社会群际性的交往伦理是有交叉的，对指导人们实践的价值心理与价值观念的厘清也有相当的难度。因此，后二者的研究工作尚待来日，当前我们把日常生活伦理学的研究首先定位到"日常生活行为伦理学"即上述第一个方面，日常生活行为总是具体的、外显的，所以是较易把握的。本书的中心问题是：日常生活行为是受哪些伦理传统和习俗规范影响、指导的？日常生活行为体现了哪些文化传统与伦理规范？在时代与生活发生了变化的当代，我们应该弄清楚究竟

什么样的价值观念与伦理规范才可以重新引导、规范我们的日常生活行为，才可以使我们过更有价值、尊严与合乎伦理的生活，才可以使生活更美好、更幸福？

(二) 日常生活伦理学的研究目的

第一，探寻生活的意义。人不仅要活着、要生存，而且要追求生活的意义和价值。追求生活的意义和价值，是人的本性，这种意义和价值的探寻，其目的仍然是使生活变得更美好、更幸福。追求理想是为了过理想的生活，追求生活的伦理是为了生活得更合理、更道德、更文明。

第二，追求合理的生活方式。有价值的生活就是一种合理的生活，但什么样的生活是有价值的，什么是合理的生活方式，这正是日常生活伦理学要讨论的问题。比如，吃饭点菜，是点够吃就好还是为了面子而不惜浪费？吃不完剩下了，是将其倒掉还是打包带走？哪一种更符合文明？更合理？同事在一起吃饭是要撑面子请客、一个人掏腰包还是要采取 AA 制？经过探讨，我们就可以形成有关这些方面的正确价值观念，从而形成合理的行为方式和生活方式。

第三，形成日常生活伦理的价值观念和行为规范。经过对合理生活方式的不断探讨和积累，我们就会逐步形成日常生活伦理的正确的价值观念和行为规范，并使其逐步地为大多数人所接受，这样就形成了新的日常生活伦理的价值观念和行为规范。这种价值观念和行为规范不是某个圣人为大家制定出来的，而是民众在日常生活中通过文化选择、长期积累而逐步形成的，所以有广泛的群众基础和可行性。

第四，指导民众的日常生活。这种日常生活伦理的价值观念和行为规范一旦形成，就变成一种新的礼制，即风俗习惯、道德观念，指导并约束民众的日常生活。人们会把遵守这种价值观念和行为规范的行为视为道德的行为，而把不遵守这种价值观念和行为规范的行为视为道德上的恶，从而使日常生活伦理发挥指导民众日常生活的作用，以追求好的生活和幸福的人生。

(三) 日常生活伦理学的研究方法

第一，叙事描述与诠释分析相结合。面向生活的日常生活伦理学，要想立足民众的客观生活事实和状态，就要采取客观叙事描述的方法，这不仅要求我们要运用田野调查、亲身体验等人类学方法，而且要求我们善于借鉴吸取社会史、文化史、人类学的相关研究成果，使日常生活伦理学的研究建立在客观材料和事实的基础之上。同时，要善于运用文化学的多视野角度对这种事实进行文化成因的综合诠释分析，分析民众生活与交往的历史传统、价值信仰，从而给出合理性解释。

第二，历史透视与现实观照相结合。人的生命是一个不断展开的动态过程，一个民族和地区的人的生活方式也是一个历史形成和变迁的过程，虽然本书的主要研究对象是当代中国人的日常生活伦理，但是要了解今天的中国人，就必然要透视中国人和中国文化的过去，因为今天是由昨天发展而来的。对一种生活方式的成因要有全面透彻的了解，就一定不能离开对历史的透视。但我们的日常生活伦理学不是纯粹的道德生活史研究，而是力图建构一种日常生活伦理学的理论体系，并力图对当代中国人的日常生活给出分析解释、价值批判和重估，从而对当代中国人的日常生活有所引导，并使我们的生活变得更加合乎伦理、更加美好。因此，日常生活伦理学的研究不仅要关注历史中的生活现象，而且要关注当代人的生活。通过对时代和生活的体悟，来把握时代和生活的脉搏，找出时代和生活的病症，找到一种保持人之为人、保持人的尊严和自主、保持人的创造性和超越性、保持人生活的艺术性的生活方式。

第三，社会观察与文化分析相结合。如上所说，日常生活伦理学的提出，受到社会文化史研究的启示，因此，在方法上，我们必然受到社会学与社会史方法的影响，要关注民众的社会生活现象、行为、状况，要运用社会学的调查研究方法，以求对民众的真实生活状况有所了解、把握。同时，要研究行为与观念间的互动关系，因此要对这种生活状况进行文化学特别是精神文化方面的分析与诠释，从行为中发现其背后的文化观念成因，促进观念的进步，反过来再指导民众的生活，使其与时俱进，更合情合理，即更符合生活伦理。这也很好地体现了道德作为一种实践理性的知行合一的特点。

第四，价值批判与规范建构相结合。如果我们仅仅满足于叙事和描述，那还仅是一种事实科学的方法，但伦理学是一种价值科学，在事实的基础上，必然对一定的生活事实给出价值批判，即它是好的还是坏的，是善的还是恶的，是应该的还是不应该的，是合情合理的还是悖情违理的。

通过价值批判有了一个价值认识的是非结论后，最终还是要回到"如何过更好的生活?""我们应该如何正确地行动?""我们应该做什么样的人?"等问题上来，所以日常生活伦理学最终必须回到一定的规范建构上来。当然，这种规范建构必须建立在一定的事实分析、价值批判的基础上，而不是某些人主观臆断、拍脑袋想出来的。价值批判与规范建构相结合，体现了伦理学作为价值学科和规范学科的特殊性质，所以此方法必不可少。

第一章　服饰伦理

衣、食、住、行是人类进入文明社会以后的基本生活需要。相较于其他三者，"衣"更能表现人之为人的本质属性，是人类区别于其他物种的最初的、最重要的外显形式。可以说，人类以衣着来护体、遮羞，就意味着人类进入了文明时代，甚至有学者称"中国人有了服饰，同时也有了文化"①，而西方学者也认为，"在人类活动中，也许没有比选择穿着更鲜明地反映我们的价值观念和生活方式了"②。因此，日常生活行为伦理学的首要课题就是研究服饰伦理。

第一节　服饰伦理导论

什么是人类的服饰生命活动？人类何以产生服饰行为？服饰是如何起源与演变的？服饰伦理的意蕴是什么？这些问题是我们首先要加以讨论的。

一、服饰的起源与内涵

19 世纪苏格兰著名作家、历史学家托马斯·卡莱尔曾说："任何感觉

---

① 华梅. 服饰与中国文化. 北京：人民出版社，2001：3.
② ［美］玛里琳·霍恩. 服饰：人的第二皮肤. 乐竟泓，等译. 上海：上海人民出版社，1991：1.

到存在的东西，任何灵魂到灵魂的代表，就是衣服，就是服装，应时而穿，过时而弃。因此在这样一个意味深长的有关服装的话题中，如果理解正确，就包含了人类所思、所梦、所做、所成其为人的一切。整个外部世界和它执有的一切都只不过是服装，所有科学的本质都处在服装哲学中。"① 这一观点对服装的价值和意义给予了高度肯定。服饰是人类进入文明时代以来最显著的"文明"表现形式，人类自从有了真正意义上的"服饰"，就跨入了文明时代。

服饰不仅有御寒、保护的实用功能，而且是人类发挥审美想象的重要载体，也是人类遮羞、掩饰和表达自己的重要方式。自从人类经历从猿到人的转变成为真正意义上的"人"之后，服饰就不仅成了人类区别于动物并高于动物的重要标志，而且成了人类生存和生活的必需品。随着人类文明程度的提升，服饰的社会功能日益凸显。尤其在现代社会，服饰主要被用来作为一种标志物，象征和体现穿着者的身份、地位、职业、个性、修养等，同时蕴含着社会政治、经济、文化风尚、道德水平等内涵。

从人类早期来看，"服"与"饰"是分开的，并未像现代"服饰"一词般糅合在一起。从中西方考古发现来看，古人的"服"非常简陋，往往是动物皮毛或植物纤维；"饰"则异常发达，古人会将其所能接触到的一切自然物都制作成装饰品点缀在身体上，比如金属、石头、花木、兽骨、兽尾、鸟喙、羽毛、果实、龟壳等。就汉语言来说，我国最早使用"服饰"一词的文献是《周礼》。《春官·典瑞》中有"典瑞掌玉瑞、玉器之藏，辨其名物与其用事，设其服饰"之说。这里的"服饰"一词，《周礼注疏》中释为"缫藉"，指玉器的衬垫和装饰，如同人的衣服和装饰。"服饰"作为衣服和装饰的内涵，在《汉书》《后汉书》等典籍中已经出现。在现代汉语中，"服饰"包括"服"与"饰"两个方面。在我国最大的综合性词典《辞海》中，"服饰"的释义为"衣着装饰"。"服"和"饰"两个单字都既可做名词，又可做动词。在日常生活中，人们通常是在名词意义上使用的"服饰"一词。实际上，"服饰"更是人类的一种生命活动，是一种有人生意义和社会意义的价值活动，指称人们穿着打扮和装饰自己

---

① ［挪威］拉斯·史文德森. 时尚的哲学. 李漫，译. 北京：北京大学出版社，2010：2.

的行为，其主体或者载体是人体。服装只有在与人体结合并适当表现时才能真正发挥功能，体现价值。

总的来说，"服饰"的内涵和范围十分宽泛，可泛指人类穿着、装饰及打扮自己身体的一切生命活动，或者说可泛指人类对人体"自然状态"外观增加与减少的一切改变活动。服饰既包括日常生活中所有与人类遮盖、装扮身体有关的有形物质的各种物品（如衣服、鞋帽、袜子、手套、围巾、领带、箱包、舆舟、佩刀、佩玉、扇子、阳伞等），又包括超越物质样态的表现形式和行为活动（如文身、理发、修剪指甲等），即我们人类生活基本需要的"衣、食、住、行"中"衣"的生命价值活动。

二、服饰伦理的意蕴

自古以来，服饰品及服饰行为在人类社会历史和现实生活中，包含着丰富的精神内涵和文化意蕴。人们总是在一定的世界观、人生观和价值观的指导下，穿着打扮自己。"服饰"作为一种历史的和现实的存在，始终传达与承载着丰富的伦理价值和道德意义，对人类的存在与生活产生着密切影响。

服饰是人类用来维护社会道德秩序的第一个工具。当原始人类在漫长的生活实践中意识到有必要对性行为予以约束，提出"禁止乱伦"的戒律时，服饰就成了帮助人们维护这一原始道德规范的第一个有力工具。杂乱的性关系往往引起后代的生殖缺陷和亲族争斗，原始人类凭着观察、直觉和猜测，严禁母子、父女或同胞兄弟姐妹等亲属之间的性行为，不准部落或氏族成员之间直接暴露性器官，从而减少彼此间可能产生的性诱惑和性冲动。因此，"遮羞布"作为服饰的第一种形式，发挥着伦理功能。人类从炫耀生殖能力和生殖器官的时代走入遮羞蔽体的时代，服饰成了人类社会实践活动中不可缺少的必要事物。可以说，"'遮体'这一原始的服饰现象是紧密地和道德联系在一起的"①。

伦理如同一张大网，将处于社会中的每一个人类个体都笼罩其中，而且社会文明程度越高，服饰受伦理规约水平越高。随着人类改造自然和自

---

① 孙世圃. 中国服饰史教程. 北京：中国纺织出版社，1999：6.

我能力的不断加强，服饰逐渐演变成直观反映一个地区或国家道德标准规范化程度的显性标识，而且越是文明发达的地域，服饰与伦理的联系越紧密，比如"四大文明古国"之一的中国就曾以"上国衣冠"自居。

服饰伦理是服饰文化中的一个属概念，是服饰文化诸多社会功能的核心。服饰伦理研究的根本目的在于帮助和促使人们能够更符合伦理，即更善、更美地穿着和装饰自己，提高人类整体的生活质量和生活水平。人是社会的人，人的生活是社会性的，其服饰活动必然体现社会的伦理价值与道德观念。合乎伦理的穿着打扮，不仅是伦理的，而且是德性的、审美的，从而能促进我们生活得更加幸福。

服饰伦理是人类进入文明社会以来，在服饰活动和行为中体现出的价值观念、社会风尚、行为准则、个体道德风格等，对主体的自我塑造、人际交往和社会风气的影响。因此，我们对服饰伦理的研究是从人类个体自身、人际以及整个社会三个维度进行的。

第二节　个体服饰伦理

个体服饰行为至少蕴含着三个方面的伦理意涵，即护身养生、角色自觉和德性修养。

一、护身养生

伦理学是探寻"如何生活得好"的学科。人们要想"生活得好"，首先要好好活着。人类自身的完好存在，是人类自身及人类社会延续、发展的基础。服饰具有保护身体、颐养生命的伦理价值，对身体和生命的重视与保养，是人类得以更好地存活于世的前提。适当的服饰装扮，不仅能够防止与克服地域、气候、生存以及工作环境等自然、非自然条件对人体可能造成的伤害和影响，对疾病的预防和治疗起到帮助或促进作用，而且能颐养情志、修养身心，达到"天人合一"、人与自然和谐相处的理想状态。颐养生命，使身体健康、精神面貌良好，这本身就是道德的。

在中国传统服饰文化中，与道法自然的道家道教服饰观、礼以文饰的儒家身体服饰观和先暖后丽的墨家身体服饰观相比，医家护身养生的身体服饰观最为引人注目，也最具有代表性。作为中医特有的概念，"养生就是根据人体生命规律，运用各种调养措施颐养生命、增强体质、预防疾病，以期达到健康长寿目的的活动"①。在这种思维指导下的服饰行为，要与自然和社会环境保持和谐统一，才能防患于未然，达到护身养生、延年益寿的功效。在以儒家文化为主导的传统礼制社会中，等级冠服制度与中医养生思想和实践也会互相产生影响。正如林永青与赵百孝两位学者所说，"着装只有顺天时，应地气，和人事，才能达到养生的目的"②。

西方身体服饰观富于变化且多元，大致经历了从身体的自然态到禁抑，再到逐渐解放，直至充分开放的历史过程：从古埃及、古希腊和古罗马时期，经历中世纪的"黑暗时代"到近代对身体在禁抑与解放之间的拉扯，直到现代身体的解放。这四个主要时期，服饰与身体的关系经历了巨大变化，不同地域的文化对待身体的态度呈现出多元化特征，有些身体观甚至是针锋相对的，比如基督教禁欲主义和旨在解放身体的享乐主义所持的身体观就是互相抵牾的。

中西方传统服饰伦理分别受到遮蔽身体的耻感文化与突显身体的审美文化、天人合一的整体观与物我两分的人本观的不同影响，形成了两种对比鲜明的服饰护身养生思想：顺其自然的养生观与积极进取的健身观。

首先，从服饰样式来说，中国传统服饰以"宽衣博带"为基本样式，衣服与身体之间似乎总是存在着一个空间，除非进行特殊活动或行为，如从事劳作、武术、体育活动时，会穿着被称之为"短衣襟小打扮"的短襦、半臂、对襟小衫或短裤及带有绑腿的裤子等，但比起西方一度流行的男式紧身裤或女式紧身衣，这些所谓的"短小"服饰则是相当宽松舒适的。自古埃及时期起，由于地理环境和自然气候等原因，服饰总是暴露出

---

① 王彩霞，主编. 中医学基础. 上海：上海科学技术出版社，2013：175.
② 林永青，赵百孝. 从古代典章制度浅析《内经》中"被服章"的含义. 中国中医基础医学杂志，2007，13（8）：564.

部分身体或显露出体型，用写实的手法真实地衬托和表现身体。除了在基督教盛行的中世纪时期服饰趋于保守之外，男女性别的身体特征不同程度地通过服饰得以暴露、凸显和强化。相较于中国传统服饰舒展的样式，西方服饰对身体极尽塑造之能事，想方设法把身体塑造成"理想"的形态，从而反映出西方积极有为的文化心态。

其次，从剪裁手法来看，中国传统服饰采用平面剪裁法，这种手法可尽可能地保持布料原貌，结构简单流畅，剪裁"一气呵成"。这种剪裁方式制作出的衣服依赖人体才能最终成型，也就是说，只有穿在身上才能看出衣服的形态，否则衣服看起来就只是 T 字形的两块布片，这种服饰从根本上凸显出人的重要性。西方服饰采用立体剪裁法，注重衣服与人体之间的协调，把人体分解成几个部分，先按照不同身体部分的特征制作各个独立的"部件"，再把各个部件组装起来，最终构筑出一个立体的人形形态。借用李当岐教授的结论来说，二者的特点就是"前者充分尊重人的存在，衣服造型依赖于人体才能完成其最终的造型，成型程度较低，多属'半成型类'；而后者则往往无视人的存在，衣服本身就是一种'人形'的'壳'，许多时候是强迫人去适应这个人造的'壳'，其成型程度较高，多属'成型类'。前者强调'天人合一'，强调自然，在一定程度上是消极的；而后者则强调人的主观能动作用，强调改造自然和'人为'的效果，在这个意义上是相对积极的"[1]。

最后，从运动方式来看，中国文化秉承天人合一、身心一元的指导思想，倡导顺应自然、和谐中庸的护身养生观，以静为主，即使中医理论也倡导"运动养形"。与中国这种运动方式有着本质的不同，西方的运动方式是积极进取的。西方在古希腊时期就提出了"健康"的概念，以刚健有力、积极进取的体育锻炼来塑造强健的身体和完美的体型。由此，这两种运动方式对服饰的要求不同，中国传统体育运动，如太极拳、武术、舞狮、赛龙舟等，所要求穿着的服饰遵循人与自然和谐统一的原则，"以宽松、含蓄、保守、没有棱角、线条平滑而柔顺来表现对'善'的注重"[2]；

① 李当岐. 中西方服饰文化比较. 装饰，2005（10）：23.
② 陈波. 中西体育服饰差异的研究. 体育科学研究，2004（1）：17.

西方竞技体育运动服饰则注重塑造人体、符合人体机能和视觉审美的需要，张扬个性、展示激情，彰显出主体的勇敢、智慧与机敏。

中西方传统身体服饰与健康观念存在着明显的差异，中国的顺应自然、节制自律、以静为主、适度运动的休养身心方式与西方刚健有为、积极进取、挑战自我、战胜自然的健身方式有着本质的不同，使中西方服饰在护身养生功能上有不同表现。但是，不论中西方服饰在护身养生功能上的具体表现有多么不同，服饰对人体护身养生的价值和意义从服饰诞生起就一直伴随着人类。

二、角色自觉

角色自觉是指个体对自己穿着打扮上有关性别、性格、角色、身份等的自觉意识。"自我"是一个相对独立的概念，对社会其他成员来说是独立的，然而"自我"无时无刻不存在于社会集体观念中，是在与社会、他人的交往过程中逐渐形成和调整的，"所以，自我概念是个性社会化的结果。任何概念的形成，均与社会环境关系密切，即离不开社会的影响"①。人们对自我角色的觉知也是如此。每个社会成员在社会或家庭中都扮演着不同的角色，这些角色在社会文化发展中日益赋予个体在服饰观念和行为上特殊的、固定的意义表现与特征；同时，个体对自我角色的认知和觉醒程度制约与影响着其服饰行为的具体表现。

依据社会学理论，按照角色获得方式，社会角色可划分为先赋角色与自致角色。先赋角色"指建立在本人无法控制或改变的因素，如家庭出身、性别、肤色、年龄、种族等基础上的社会角色"；自致角色与先赋角色相对，"指通过个人可以控制或改变的因素而获得的社会角色"②。本书采用该划分标准，但为了表述方便，以"性别认知"来指"先赋角色"，而将自致角色称为"社会角色"。由此，服饰在角色自觉上的体现至少包括两个方面：一是对自然生理自我的觉知，即对自我性别和身体特征等的觉知；二是对自我所处社会、家庭及行业等不同角色的认知。

---

① 黄士龙. 现代服装文化概论. 上海：东华大学出版社，2009：144.
② 邓伟志，主编. 社会学辞典. 上海：上海辞书出版社，2009：15.

（一）性别认知意义

伦理最早起源于两性禁忌，而服饰伦理的起源与发展也与两性有关。从中国传统儒家思想来看，人伦造端于夫妇。《礼记·中庸》中指出："君子之道，造端乎夫妇，及其至也，察乎天地"；《礼记·昏义》中也指出："男女有别而后夫妇有义，夫妇有义而后父子有亲，父子有亲而后君臣有正。故曰：'昏礼者，礼之本也'"。因此，男女两性对自我性别的认知在儒家看来就成了非常重要的伦理问题。男女有别，首先要在服装上加以区别。时至今日，我们在描述和赞美一位美丽的女性时，曼妙妩媚的身姿总是与合身得体的服饰同样重要；在描绘一个男性形象时，服饰也是整幅图景中不可缺少的部分。服饰是人体形象必不可少的组成元素，帮助我们在成长过程中建立自我认知并能影响自我在人群中表现出的个体特征，是个体性别角色特征最显著的表达。社会中的个体正是通过不同的服饰装扮来学习认知自身性别角色，表达自己性别认知程度的。

在婴幼儿时期，人类从身体到大脑的各个器官都无法成熟到可以脱离父母或他人的抚育而独立生存的地步，对性别和自身尚无自觉，此时穿戴的服饰通常由父母或抚养者（特别是母亲）决定。现代社会中，几乎每个孩子从出生起就不会一直处于裸体状态，医生或母亲给孩子洗澡后，通常会立刻给孩子穿上衣服，哪怕只是软绵温暖的褓褓。对于现代文化来说，粉红色是女婴专属，天蓝色则是男婴的专属。我们也常常会据此来辨别婴幼儿的性别，可谓常识。① 通过基本服饰特征来辨别婴儿的性别比根据实际生理特征来辨别性别要容易得多，甚至很多时候对于成年人来说也是如此。父母通过给孩子穿着不同样式、颜色的服饰，来传递孩子的性别身份信息，表达对孩子的美好祝愿，投射自己的心理期待。孩子则通过服饰的帮助来认知和鉴别自己的性别，"而且服饰还促使儿童扮演其角色，帮助

---

① 不过这种常识确立的历史并不是很长。在第一次世界大战之前，这种男女婴儿穿着颜色"常识"刚好相反，即男孩儿穿粉色，因为根据当时的推销文献的观点，粉色是最强有力、最具有决断力的颜色；女孩儿则适合穿蓝色，因为这是优雅和精致的色彩。（［英］乔安妮·恩特维斯特尔. 时髦的身体：时尚、衣着和现代社会理论. 郜元宝，等译. 桂林：广西师范大学出版社，2005：178）

他（她）学会男性的（或女性的）人格表现的适当模式，这种模式受到他所诞生于其中的文化的限制"①。不论个体在社会中所处地位、承担责任及身份角色有何不同，其性别角色始终是不变的。当然，出于个人意愿的变性行为除外。这种对个体早期服饰性别认知模式的塑造，对个体以后的自我性别认知起着重大作用。

到目前为止，大多数地域的社会传统文化对男性和女性的表现特征与品行要求都大致相似。中国传统文化用男女比附"天地""日月"，对应于"阳阴"的概念，认为男性为天、为日，呈"阳"性，以高大威猛、阳刚果决、强壮有力、勇敢坚强、敢作敢为等为主要特征；女性则为地、为月，呈"阴"性，以温和柔顺、贤淑秀丽、聪慧慈爱、矜持端庄为主要特征。诺思拉普将这一中国传统概念引入服饰与人格的一致性研究，指出"它们代表着相反的极端，'阳'是指强壮、力量、威严、确信等等，'阴'是指优美、文雅、温和、谦恭"②。可见，自古以来，中西方文化对男女性别差异就有着类似的期待，因此，在服饰上也体现出明显的性别差异：男性服饰以简单大方、刚劲有力、干净整洁、色调深沉暗淡为主要特征，女性服饰则通常与此不同或相反，表现出款式丰富、色彩艳丽、线条柔美的特征。为了凸显这种两性差别，中西方文化都设置了成年礼来强调其重要性。在各种成年礼仪式中，换装成为重要环节，如中国传统习俗中，女子成年要"及笄"，男子成年则要戴冠。

现代服饰延续了这种性别差异的认知思维定式，在样式和剪裁等方面，男女服饰表现有所不同，如：男性通常穿着裤子和衬衫，裙子则儿乎为女性专属；男性常以不修边幅为傲，女性则惯于养成讲究服饰装扮的嗜好；男性往往短发留须，女性则常常长发化妆等。这些表现如此明显，让我们仅从服饰样式上就能分辨出男女。

阳刚与阴柔的不同服饰装扮特点源自社会、文化、道德观念等对男女

① ［美］玛里琳·霍恩. 服饰：人的第二皮肤. 乐竟泓，等译. 上海：上海人民出版社，1991：164.
② 同①237.

性别角色的不同期待和要求,"这些形式,直至成年后,这一服装认定之倾向行为,还是会很顽强地表现出来"①。

(二) 社会角色自觉

英国著名戏剧家威廉·莎士比亚在作品《皆大欢喜》中写道:"全世界是一个舞台,所有的男男女女不过是一些演员,他们都有下场,也都有上场的时候。一个人在一生中会扮演好几个角色……"② 除了天赋的自然属性,人类还具有社会属性,处于社会中的每个个体都在不同的时间、地点和场合"扮演"着不同的社会角色。社会角色是个体在社会关系中所处的特殊地位或身份,以及与之相对应的一整套权利、义务以及行为方式与规范。不同的社会角色对个体有着不同的特定要求,长期稳定的社会角色要求使扮演同一角色的个体表现出一致或相似的着装形象,以形成一种认知和思维上的惯性。同时,人们对这些扮演特定角色的个体也有着相对稳定的角色期望。对于那些在社会结构中占据特殊地位、承担特殊使命的个体来说,服饰是标注其社会角色特征的重要组成部分。

在我们的惯性认知中,医生总是穿着白大褂、挂着听诊器,军人总是穿着绿军装、手握钢枪,邮递员总是背着大大的绿色邮包、穿着绿色的职业装,教师和知识分子总是衣着朴素整洁、鼻梁上常常架着一副眼镜……这些日常生活中经常出现的形象是我们在幼年时期就能够习得的经验。孩童通过玩游戏,对不同角色的服饰和行为进行模仿来试图感受与认识不同的社会角色,这种模仿首先是通过服饰的模仿来达成的,也就是说,在儿童的眼中,服饰具有改变角色形象的特殊功能:当穿上某种具有特殊代表意义的服饰时,似乎就具有了某种身份、职业、地位或责任。"从儿童时代的早期开始,社会的每个个体都在学习和排练将来在生活中所要扮演的社会角色,服装对于成功地体现这些角色是很重要的,就像戏装对于演员一样。"③

---

① 黄士龙. 现代服装文化概论. 上海:东华大学出版社,2009:144.
② [英] 莎士比亚. 莎士比亚经典喜剧. 朱生豪,译. 北京:京华出版社,2006:324.
③ [美] 玛里琳·霍恩. 服饰:人的第二皮肤. 乐竟泓,等译. 上海:上海人民出版社,1991:275.

在中国传统等级社会中，服饰往往直接"等同于"穿着者的身份，甚至在许多情况下，服饰的身份标识作用高过角色主体本身。按照有关专家的研究，在儒家礼义传统中，仁爱孝义是人的美好品德，助人为乐、扶危济贫更是圣贤之士的义举，然而，举行祭礼所用的、专属自己的祭服是绝不能借为他用的。这是由于祖先故去后，生前穿着的用于祭礼的服饰是与祖先等同的。甚至服饰可以直接被当作祭拜的对象，这种祭祀方式被称为"衣冠祭"。不仅如此，在中国古代，官员必须按照官职的高低来穿着、佩戴相应的官服和配饰，样式、装饰、颜色到设计都必须严格遵守规定，如果不按官职官制穿着，一经发现就会受到惩治，严重的甚至会被剥夺生命。即便到了现代社会，官员或公务员上班的时候如果穿着汗衫、短裤、拖鞋、超短裙、露背装、透视装等，也会让人觉得不伦不类，不符合其职业形象。再比如军装，军装作为制服和职业装的一种，从设计到颜色都给人一种威武、肃穆的印象，不仅能展现特殊职业从业者独有的气质，而且会使穿着者内心升腾起自豪感和责任感。军装上的装饰，如肩章及胸牌，更是其职衔身份的明确标志，如将官、校官、尉官和士官及年资军衔，都划分出清晰明确的上下级关系，下级军官见了上级军官，必须主动行军礼。可见，服饰不仅能够赋予个体角色责任，同时也加深了个体对自我角色定位的认知和自我角色意识。

俗话说："人靠衣装，佛靠金装。"服饰提供了一种场景的暗示，标注着穿着者所应遵守的行为规范和道德准则。同时，服饰对于个体获取社会角色的认同起着重要的作用。"人类创造的服装已经具有了驾驭人的能力"[1]，在某种程度上，我们甚至可以说"服饰造就了人"[2]。服饰在自我形象塑造、确立和保持等方面发挥着非常重要的作用，在个体塑造和确立新的社会角色方面，服饰的作用则更为凸显。这是社会成员个体在逐渐吸收、接纳乃至迎合社会群体整体需要、要求及规范的反映，体现出个体自我对社会群体要求及自身角色的认知程度。与此同时，每个个体在社会中

---

① 袁仄. 人穿衣与衣穿人. 上海：中国纺织大学出版社，2000：8.

② ［美］玛里琳·霍恩. 服饰：人的第二皮肤. 乐竟泓，等译. 上海：上海人民出版社，1991：186.

的角色都不是单一的，在各种角色身份转换过程中，服饰会随之发生改变，以适应身份、环境以及时间的变化。

三、德性修养

中国传统文化之所以把"衣"放在四大基本需要之首，或许是因为一个生命从呱呱落地"穿"上第一件衣服时，就开始了德育历程。儒家传统文化依托于民众日常生活，服饰在以儒学为主导思想的中国传统社会，在维护社会伦理体系、进行社会教化方面扮演着非常重要的角色，是维护正常社会生活秩序的必要工具。

（一）体现人性尊严

"从文化学的观点看，人类发明服装是件很伟大的事，这不仅是因为实用，还在形貌上使人类远远高出任何动物，从一个方面显示出文明是人类的专利"[1]，而"从人类文化发展史来看，从不穿衣到穿衣是文明的重要标志，说明人类已高居于一切动物之上"[2]。上升为文明之物的服饰极大地彰显出人类"超越"其他生物的"独特"价值和"尊贵"地位，而赋予服饰伦理意义和德性内涵，可谓是双重展现人性尊严的人类特有活动。在公共生活中，人们服饰行为所蕴含的伦理精神和道德价值正是人类尊严的展现，同时也是维护人性尊严的手段。这在服饰伦理问题中表现为：个体在服饰观念和行为中自觉遵守公共领域的服饰伦理规范与道德原则，展现出人类这一理性存在区别于其他生物的人性"灵光"。

人类从赤身裸体、茹毛饮血的时代逐渐走进文明时代，穿着服饰的目的从御寒蔽体到追求象征和符号意义，这本身就是人类道德从无到有并在社会中发挥作用的历史写照。在西方基督教文化中，人类羞耻心的诞生与服饰的起源有着密切的关系。以儒家文化为主导的中国传统社会，更是将服饰作为道德的"体面"。甚至可以说，人与服饰和道德是同一的。现代社会的文明交往活动，一旦缺少服饰的参与，即使言行举止上小心谨慎、

---

① 诸葛铠. 文明的轮回——中国服饰文化的历程. 北京：中国纺织出版社，2007：8.
② 同①20.

彬彬有礼，还是会让人觉得莫名其妙。

　　服饰就是人类生命价值的体现，也是为了更好地实现生命价值的工具。有目的地穿脱服饰的行为是人类社会属性的具体表现，是人类区别于动物的本质属性的体现，而为了道德目的穿着服饰的行为更是人之为人的重要标志，也是对道德在人类社会生活中的重要作用和存在价值的外在美化。

　　（二）寄寓道德情感

　　服饰不仅有道德教育的功能，而且是人们寄寓道德情感的重要载体。道德情感上的喜、怒、哀、乐、爱、恨、悲、苦往往通过服饰流淌出来，幻化成不同的图形花样，被人们一代又一代穿着并传承下来，演变为各地区、各时代不同的风俗，直到今天还在我们的生活中留有痕迹。服饰几乎是人类社会中使个体内在情感与外在社会道德最为自然和谐的联结方式。

　　生、死都是人生大事。在婚礼、诞生、贺寿等喜庆场合下，参加者穿上鲜艳喜庆的服饰，表达对当事人的祝贺之情，这是古今中外各种文化中符合伦理与人情的着装礼仪原则。丧礼是中国传统礼仪中最为隆重的礼仪之一，丧服则是丧礼的重要组成部分。在世者根据与亡者的亲疏远近关系来准备丧服，或称为"孝服"。长者故去，后辈应尽可能地穿得粗鄙不适，以表达对先长的敬畏之心与哀悼之情。这就是中国传统丧礼的"五服制度"，是中国典型的"移物寄情"仪礼服俗之一。

　　这种通过服饰寄寓道德情感的方式并不仅见于中国传统社会，西方也有类似的传统。世界各国的人们都喜欢穿着或给孩子穿上海军服，海魂衫更是大受追捧，因为它不仅象征着浩瀚蔚蓝的大海和蓝天，而且表达了人们对海军将士英勇无畏地遨游于风云变幻、处处危险的大海里的勇敢精神和坚毅品质的赞美与崇拜，寄寓着对海军这一神圣职业的尊敬与向往。

　　（三）展现文明教养

　　在中国传统文化中，服饰既是道德教育的手段，又是展现道德教育结果的载体，得体的服饰配以礼貌的言行是一个人文明教养的展现。

中国儒家非常重视道德教育，作为人类成长过程中最先触及生命、最为贴近身体的服饰，自然而然被其优先选择为实施道德教育的工具。服饰贯穿人类生命的整个过程，与主体形成紧密的互动关系，在培育品格、修养德性、塑造礼仪规范习惯、提高道德水平等方面有特殊功效。符合社会伦理的服饰行为是一个人文明教养的具体表现。

着服饰以修德的代表是儒家。春秋时期的儒家创始人孔子，以继承和发扬"周礼"为宏愿，以崇德好礼为世人所知，冠服礼仪是其精神思想的重要承载。早在儒家仁礼思想体系形成之前，古人就已非常重视服饰对个体的约束警戒与德性修养作用，最具代表性的是周代帝王的"冕服制度"。根据《周礼》等相关资料记载及学者研究，"冕服"在周朝前已有雏形，发展至周朝趋于完备。"十二章纹"的每一个纹饰都有特定的德性内涵：不仅标志着帝王及其统治阶层拥有至高无上的权力和权威，而且作为一种象征符号，敦促和警示穿着者严守为政之道、恪守本分、严于律己。穿着者只有展现出与服饰相应的德性，表现出自身的道德修养和文明素质，才能真正"衣以符名""名以符实"。

冕冠在冕服制度中居于重要地位。戴在头上的冕冠处于人体最高处，因此具有特别丰富的道德寄寓。对冕冠的记载见于《礼记·玉藻》："天子玉藻，十有二旒，前后邃延，龙卷以祭。""冕"是一块前圆后方的板子，以细布丝帛包裹后制成前低后高的前俯之势，即后部比前部高出一寸固定在冠上，意喻"国王应关怀百姓"[1]，也"是为了警示戴冠者，虽居显位，也要谦卑拱让"[2]。冕上缀有十二条（根据祭祀礼仪的重要性，也有九旒、七旒、五旒、三旒者）用十二块朱、白、苍、黄、玄五色玉石以五彩丝绳串成的珠帘，遮挡在帝王面前，即为"玉藻"，"象征着五行相生及岁月运转"[3] 以及"王者不视非和、不视邪"[4]。冕用玉笄固定在冠上。冠呈筒状，冠体两侧有对称的两个小圆孔，玉笄从一侧圆孔穿过发髻后，从另一侧穿出，并以丝带系在玉笄两端，从下颌绕过，使冕冠固定在发顶。在两

① 黄能馥. 中国服饰通史. 北京：中国纺织出版社，2007：16.
② 赵联赏. 古代帝王冕服的文化隐义. 文史杂志，2014 (1)：42.
③ 同①.
④ 孙汝洁. 周代冕服与周礼. 管子学刊，2006 (4)：99.

耳上方的冠内侧，各悬一条齐耳长丝绦，丝绦末端各缀一枚玉石或锦球，名为黈纩，或曰"瑱""充耳"，以此提醒君王不要轻信谗言。成语"充耳不闻"即源于此。

成年男子所戴之"冠"亦皆蕴含伦理意义。《礼记·冠义》有言："凡人之所以为人者，礼义也。礼义之始，在于正容体，齐颜色，顺辞令。容体正，颜色齐，辞令顺，而后礼义备。以正君臣，亲父子，和长幼。君臣正，父子亲，长幼和，而后礼义立。故冠而后服备，服备而后容体正，颜色齐，辞令顺。故曰：'冠者，礼之始也。'是故古者圣王重冠。"冠具有深意且颇受重视，所以只有成年男子可戴。"冠礼"是中国传统社会男性社会成员人生中具有特别意义的仪式。实际上，成人礼在中西方古代社会文化中都被赋予了重要意义，其中重要一环就是服饰的改变。儒家传统经典《仪礼·士冠礼》中详细记载了男子成人礼的过程，其中不仅有烦琐、细致的流程说明，而且给出了包括内外衣、鞋袜、冠的颜色和材质等的具体要求。这对男性的成长具有不可替代的激励、鼓舞和认同作用，是成年男性开始承担社会、家庭责任与义务的标志。类似的还有中国古代女子的成人礼——"及笄"，象征着女性从儿童成长为成人，可以婚配出嫁，作为社会成员参加社会劳动，可以为家庭、部族的延续和发展承担相应的责任与义务。拥有了成年人身份，穿着成年服饰的女性就开始了更严格的服饰道德教育历程。

从现代道德教育理论来看，可将传统社会以衣着服饰寄予德育作用的机制解释为：将已经形成的固定价值观念和心理预期通过不同的服饰投射到个体，通过观念上和设计形式上的限制直接束缚行动，使穿着者尽可能地按照服饰所蕴含的道德寄寓来约束自己的言行，模仿和顺从"期望"（包括被动的和主动的期望）的"理想形象"，从而符合社会期待并达到预期形象。传统中国女性佩戴玉镯、发饰步摇、穿百褶裙就是服饰教育的典型。中国人爱玉，不仅因为玉石温润光泽、晶莹净透，恰似高洁无瑕的理想人格境界，更是因为玉石虽坚硬但却要避免与硬物碰撞，从而可制约行为举止。玉镯佩戴于双腕，即使皇族显贵无须事事躬亲，佩戴时仍须小心谨慎，久而久之，就训练出端庄大方的仪态和优雅舒缓的举止，有助于养成女性谨言慎行的美好德行。步摇是汉族的一种传统头饰。所谓步摇，即

"步则动摇"（《释名·释首饰》）。随着女性行动幅度的大小，步摇呈现出不同程度的摆幅，"如步摇大动，即为不雅之举"①，旁人可依此衡量女性行走姿态是否端庄轻缓，是否符合"妇德"的要求。盛行于明末清初的百褶裙，与步摇有着异曲同工之妙。

总的来说，儒家的理想人格形象是"文质彬彬，然后君子"，虽然在条件不具备的情况下质更重于文，但是真正的君子应文质兼具，从内在修养到外在形象都符合"礼义"要求，体现出个体与其身份地位相应的道德修养和文明教养。服饰要与仪容和言谈举止相称，只追求衣饰的华丽而仪容不整、言行粗鄙、举止无礼，是会招致非议与指责的，这种价值观至今仍在我们日常生活中通过社会舆论和习俗发挥着规约作用，影响和约束着人们的言行举止。

第三节　人际服饰伦理

人际服饰伦理是人们在交往过程中遵守与践行的服饰伦理价值观念和道德行为规范体系。人际服饰伦理在日常生活各个领域中发挥着不同的作用，对提升个体道德水平、社会的人际和谐与道德风尚具有不可替代的重要作用。

一、日常交往中的服饰伦理

日常交往活动是基于血缘和地缘关系而形成的人际交往活动，是以"杂谈闲聊、礼尚往来等日常语言为媒介，以血缘关系和天然情感为基础"② 的主体间关系，对象包括家人和朋友。

中国传统社会是熟人社会，血缘关系和地缘关系构成人们日常人际关系网络的全部。人们日常生活中的交往对象都是自己的亲人或长期居住在

---

① 诸葛铠. 文明的轮回——中国服饰文化的历程. 北京：中国纺织出版社，2007：119.
② 衣俊卿. 现代化与日常生活批判——人自身现代化的文化透视. 北京：人民出版社，2005：15.

一地的邻居或乡亲；血缘关系之外的人际关系由地缘关系弥补。由于安土重迁的传统习俗，地缘关系总能与血缘关系发生交叉，所以在中国古代人们的日常生活几乎就是其生活的全部，主要诉诸伦理道德的调节手段，这种"人际关系的血缘家庭的亲情本质也必然导致人际关系性质上的道德性"①。

（一）别嫡庶以明亲疏上下

中国传统社会是在氏族社会的基础上发展而来的，带有浓厚的血缘亲情色彩，奉行嫡长子继承制，因此，传统服饰体现了嫡庶亲疏上的区别。

天子为维护其世袭统治地位，把土地和财产等物质生产资料分封给他的宗族和亲属，并设立宗法制度以划分嫡庶尊卑，因此"中国古代的政治是'家族本位的政治'"。可以说，中国古代社会中的家族不仅是组织劳动生产的基本单位，而且是国家政治统治的基本单位。家族"小宗宗子率其群弟以宗大宗，大宗宗子率其群弟以宗诸侯，诸侯率其群弟以宗天子，俨如小枝附大枝，大枝附树干，井然有序"②，奉行严格的嫡庶亲疏的尊卑等级秩序，服饰伦理规范的制定也是如此。《礼记·内则》中记载："适子、庶子，只事宗子、宗妇。虽贵富，不敢以贵富入宗子之家；虽众车徒，舍于外，以寡约入。子弟犹归器、衣服、裘衾、车马，则必献其上，而后敢服用其次也。"可见，在同一家族中，嫡长子没有享用上的服饰待遇，其他庶子或别子即便有经济能力也不能"服用"。《服饰与伦理》一书记述了末代皇帝溥仪描述的清朝皇家对明黄色享有垄断式专用权的记忆："不仅老百姓绝对禁止用这种明黄色，连他的弟弟溥杰也不能用这种颜色。"③ 这是由于集全部权力于一身的皇帝，与其兄弟不仅是手足关系，而且是君臣关系，作为"臣下"的弟弟即使贵为皇亲国戚，也不能僭越服制，使用皇帝服饰的专用图案和颜色。

---

① 肖群忠. 中国古代人际关系：现象、特点及其现代意义. 西北师大学报（社会科学版），1994（9）：15.

② 史凤仪. 中国古代的家族与身份. 北京：社会科学文献出版社，1999：37.

③ 华梅，王春晓. 服饰与伦理. 北京：中国时代经济出版社，2010：42.

服饰还能划定血缘的范围和亲疏远近关系。最典型的是中国传统凶服的五服制度。所谓五服制度，是指以"九族"为基础，服丧者根据与死者血缘亲疏远近的不同穿着五种不同的服饰，用以区别族内的等级尊卑关系。《仪礼·丧服》中详细记载了这五种服饰的具体形式，根据由亲至远分别为：斩衰、齐衰、大功、小功和缌麻。所谓"九族"即以自己为基点，向上和向下各推衍四代，包括高祖、曾祖、祖、父、己、子、孙、曾孙、玄孙。在"九族"中与死者血缘关系越近就越要重孝加身。比如，斩衰为与死者血缘最亲近的服丧者所穿，采用最为粗糙的麻布制成，剪裁之处不加修整，露出参差不齐的边缘，这种丧服适用三种关系，即孩子（包括儿子与未嫁女）为父亲、诸侯为君主、父亲为长子，都要服丧三年，维护的是父、君以及嫡长子继承制这三者的至尊地位；最轻等级的缌麻适用于对从曾祖父母和族叔伯兄弟及族内兄弟姐妹等，穿最精细的熟麻布做成的丧服，服丧三个月即可。血缘越近，亲情越深；血缘越远，亲情越浅。因此，只有"五服"之内的才是真正的亲人，出了"五服"，血缘关系结束，血缘亲情就十分淡薄。对于出了"五服"的人来说，男女之间可以通婚，也不必参与本宗族中婚丧嫁娶等事务。传统丧服制度对广大百姓的日常生活影响深远，至今还在民间流传。近现代以来，一些传统风俗保留较好的地方在置办丧事时，大致还会依照传统丧服制度置备丧葬服饰。

这种尊卑有序、亲疏有等的服饰伦理秩序在传统封建专制"家长制"下，对调节家族和家庭内部及其延伸出的关系产生了巨大作用，使每个人都能从服饰上判断出一个家庭成员在家族中所居的地位及所应当承担的责任和义务，从而通过自律与他律来规范自己的言行，以维护正常的人际交往秩序。

（二）辨尊卑以明人伦关系

人伦关系在封建宗法制的古代中国具有至关重要的地位。在"亚圣"孟子看来，明确人伦关系是实行"仁义"之道的思想前提，也是统治者实行"仁政"而"王天下"、保社稷的必要条件。由此，通过服饰表现社会成员之间明确的尊卑关系就显得尤为必要。《周易》中记有"黄帝、尧、舜垂衣裳而天下治，盖取诸《乾》、《坤》"的词句，意思是说黄帝、尧、舜制定了衣裳制度并示范百姓，用以辨别贵贱，昭示乾尊坤卑，以此来治理天下。[①]在夏商时期，不同阶级的人就开始了以服饰区分上下尊卑的"尝试"，为后世统治者奠定了确立等级服饰制度的基础。到了周朝，服饰礼仪制度逐渐建立并进一步确立，被作为政治制度的一部分纳入规章典籍，用以规矩上下尊卑、维护和巩固政权。这种服饰有着森严等级制度的"传统"与我国社会形态和文化演进历程有直接关系。

汉朝董仲舒提出系统化、完整化的三纲五常制度，把包括服饰在内的物质享受"特权"与特定的等级身份"绑定"，提出"饮食有量，衣服有制，宫室有度，畜产人徒有数，舟车甲器有禁。生则有轩冕之服位贵禄田宅之分，死则有棺椁绞衾圹袭之度。虽有贤才美体，无其爵不敢服其服；虽有富家多赀，无其禄不敢用其财"（《春秋繁露·服制》），将商周以来儒家逐渐确立起的等级名分制度发挥到极致。这种等级名分制度后经白虎观会议确认，最终被确立为封建"大一统"社会的根本伦理纲领和道德规范，使儒家思想得到"独尊"地位。随着君臣、父子等级制度的确立，服饰方式亦被明确固定下来。

在家族人际关系中，服饰也要遵从纲常关系，不得在服饰消费和装饰上违礼。一家之主拥有家庭和家族内的绝对权力，这种绝对权力突出地体现在服饰上，其他任何家族成员都要尊重和服从。家庭外部的君臣、朋友关系是家庭内部父子、夫妻和兄弟关系的延伸。在这样一个庞大的、以亲情联结的人际关系网中，服饰作为辨明尊卑的外显性标志，有利于人们在日常交往活动中对自己的身份、地位以及与之对应的道德责任和义务产生清晰的意识，尤其维护着男性在家庭和家族中的绝对权力与至高地位。因此，对女性进行人际交往时的服饰伦理要求就异常严格，规定"女子出门，必拥蔽其面；夜行以烛，无烛则止"（《礼记·内则》）。这种尊卑有序的服饰伦理秩序在封建专制的"家长制"下，对家庭和家庭内部的和谐产生了巨大作用，有利于维护人际交往秩序。

实际上，并不只有中国传统社会维护家庭内部的男性权威，迄今所知，人类历史上最早的成文法典《乌尔纳木法典》中就有明确维护男性家

---

① 李学勤，主编. 十三经注疏·周易正义. 北京：北京大学出版社，1999：300.

长在家庭中拥有绝对特权地位的记载。到了两河流域文明的亚述时期，女性的地位比之苏美尔和古巴比伦时期更加低下，当时的法律规定自由妇女和已婚妇女外出必须戴面纱，"面纱被视为已婚妇女的重要标志，奴隶和妓女是不允许戴的，而妾女只有在陪伴正房夫人出行的时候才允许佩戴"①。这一习俗至今在中东地区流传。这一风俗与中国传统社会道德风尚严苛时期，贵族女性流行戴帷帽、面纱之类的风俗一样，体现出男女两性在家庭和社会地位上的尊卑不等。

(三) 彰礼仪以显人伦精神

中国自古有"礼源于俗"一说，而俗乃"习也"(《说文解字》)，即礼仪源于人们在生存环境中长期养成的日常生活习惯。实际上，中国古代礼仪尤其是日常行为礼仪，在很大程度上源于传统服饰形制。

如前所述，黄帝、尧、舜"天下治"时期，只提到衣和裳。衣与我们现在所理解的上衣意思一致，裳则类似于现代的裙子或大号围裙。在商周时期，裳是人们用以遮蔽下体的主要服装。由于古代纺织技术不发达，布帛幅度较窄，因此裳通常由两片或多片布帛缝缀而成，分为前后片，通常后片比前片大，上端折成折裥，这样在身体两侧各形成一道缝隙，可以开合，如厕时只须将裳撩起来即可。这是当时人们服饰穿着的基本配置，在此后相当长时期，都没有我们现在意义上有腰、裆、裤管结构的裤子，但有类似现在常见的护膝式的"绔"——只有两条裤管，套在膝盖以下部分，保护胫部，又称"胫衣"。这种衣、裳、绔的组合将身体完全遮蔽，在中原地区以农耕劳作为主要生产方式的生产活动中，肢体动作幅度不大，基本满足护体和遮羞的需要。但由于裆部没有其他遮蔽，在日常生活中不注意，仍有暴露下体的危险。穿这样的衣、裳，必须"站有站相、坐有坐相"，因此，古人形成了一整套在行动坐卧中必须遵守的、严谨的日常礼仪规范制度。

这种缺乏遮蔽的汉族传统服饰直接决定了日常生活伦理必须在男女

① 袁仄，蒋玉秋，李柏英. 外国服装史 (修订版). 重庆：西南师范大学出版社，2012：27.

交往活动中有所顾忌，即所谓"男女之大防"。幼年男女从发髻上已有区分，规定"男角女羁"（《礼记·内则》），也就是说，孩子满三月余，选吉日为孩子剃头，男孩子脑门两边留发，女孩则在头顶中间纵横各留一行，以区别男女。七岁开始，男女在服饰上正式区别开。《礼记·内则》有言"男女不通衣服"，且"男女七岁不同席"。到了七岁上下，男女性别差异逐渐显著，"不通衣服""不同席"就成为设"男女之大防"的必要手段。成年以后，不同性别的衣服都不能挂在一起，以免在拿取时营造出男女接触的机会而发生不雅之事。"男女之大防"是古代中国通行的"规则"，除非在生命攸关之时、经权之间可不顾"男女授受不亲"之礼，否则丝毫不可僭越。这种"大防"意识至今在受中华文化影响的地域还在发挥着作用，如现代中国和韩国。虽然从服饰来说，大多选取西装作为正式场合的基本礼仪服饰，但异性之间见面一般不握手，通常通过鞠躬、点头、微笑、道安表示问候。即便握手也只是出于社交礼貌，象征性地短暂接触半个手掌，很少会双手全部握紧，而异性一见面就拥抱则几乎不可见。

这种男女有别的人际交往伦理在婚姻中也适用。尽管夫妻比其他几种基本关系更为亲密，但在传统中国婚姻观念里，男女结成夫妻乃是为家族延续香火，为宗族繁荣昌盛恪尽义务，承担着家庭责任和家族责任。因此，即使在"家庭"之内，夫妻也要以礼相待，遵从"夫为妻纲"的伦常根本，于是就有了孟子突然回家撞见妻子箕踞而坐便向母亲提出休妻请求的典故。

在欧洲中世纪，私人生活往往是贵族和富人的特权。基督教禁欲主义对整个中世纪欧洲社会思想的控制，使得在卧室之外裸露身体被视为下流、无耻的行为，因此，对于拥有私人空间的人们来说，只有在卧室甚至床上才有裸露身体的机会。在最严格的道德控制下，贵族成员在卧室常常也只是将正式装束换成睡衣，睡衣的款式并不比在卧室以外穿着的正式装束多露出多少身体，甚至还会戴上睡帽、穿上睡鞋。因此，中世纪贵族和富人们的私人生活，充满了道德戒律的约束，在服饰问题上非常保守。尽管到 14、15 世纪，女性逐渐露出部分身体，如肩部和胸部，但仍会用帽子、手绢或围巾作为其脆弱而虚伪的道德防线，显示其装束上的慎重和品德上的教养。

这些形式化的洒扫应对、尊卑揖让的"礼仪",彰显出人际交往活动中文明礼貌的道德精神之"礼义"。服饰礼仪不仅体现出人们在人际交往活动中和谐相处的需要,而且展现出个体道德修养、文明素质以及整个社会的伦理精神风貌。

二、职业生活中的服饰伦理

职业生活中的服饰伦理是指基于社会分工或劳动分工而形成的不同职业,根据其职业精神、需求和特点等而设计、制作,由同一行业从业者在从事工作时共同穿着的服饰所体现出的,与其职业活动紧密相关、具有其职业特征的伦理准则和道德规范的总和。所谓职业,是指"人们由于社会分工和生产内部的劳动分工,而长期从事的具有专门业务和特定职责,并以此作为主要生活来源的社会活动"[1],至少包括三个基本内涵:(1)职业划分源于社会分工和生产内部的劳动分工,这是职业形成和划分的前提;(2)从业者长期或相对稳定地从事或承担某种特定社会责任、专门业务及具有特殊规定义务的社会活动;(3)从业者以此作为获取生活主要来源和"扩大社会关系和实现自身价值的重要途径"[2]。因此,对职业服饰的界定至少要符合上述三个基本内涵。宗教人士、学生和囚犯是身份而非"职业",故而,宗教服饰、学生校服、囚犯制服及旅行团或夏令营配备的统一服饰等,不属于这里讨论的职业服饰。

职业服饰的穿着具有相对明确的时间、地点和场合的限制,即特定工作时间、地点和场合穿着的专门服饰,这使其与日常服饰伦理及社会时尚服饰相较而言具有特殊性。这种特殊性"是由各种职业的具体利益和义务以及具体活动的内容、方式等决定的,是在长期的特殊职业实践中逐步形成的",并表现出不同职业群体或个人长期在不同特征的职业岗位上形成的活动方式、思维习惯、伦理观念等"比较稳定地影响着人们在一定职业活动范围内的具体道德关系和道德行为,以致会影响到人们整个品德和人

---

① 罗国杰. 伦理学(修订本). 北京:人民出版社,2014:247.
② 王易,邱吉,主编. 职业道德. 北京:中国人民大学出版社,2009:3.

格的形成"①。

(一) 昭示职业使命与职业责任

职业服饰是一种职业为了区别于其他职业，根据自身行业特色专门设计制作的、具有标志性的服饰。职业服饰直接说明了一个职业（行业）或企业的存在，反映出一个职业（行业）或企业的特征，而穿着同样职业服饰的人形成了一个具有符号意义的团体。可以说，职业需求和职业理念（或企业理念）决定了职业服饰的设计特点及职业服饰的伦理内容。职业服饰成为不同职业最明显的识别标记，代表某一职业长久以来形成的行业内外公认的伦理规范和道德义务。

早在中国古代，人们就能很熟练地通过服饰判断穿着者的职业。北宋时期的著作《东京梦华录·民俗》中就记载了当时各行各业从业者的着装规矩和礼仪："其卖药卖卦，皆具冠带。至于乞丐者，亦有规格。稍似懈怠，众所不容。其士农工商，诸行百户衣装，各有本色，不敢越外。谓如香铺裹香人，即顶帽披背；质库掌事，即着皂衫角带不顶帽之类。街市行人，便认得是何色目。"可以看出，在当时的开封城，人们可以很容易通过职业服饰的特征来分辨着装者所从事的职业及其应承担的责任和义务。这种严格的职业服饰规则在中国古代封建社会是非常突出的，这源于高度政治化的日常生活模式，是伦理型社会的一大特征。

南宋时期的吴自牧在他的散记中也记述了类似的历史画卷。《梦粱录》第十八卷"民俗"篇记："且如士农工商诸行百户，衣巾装着，皆有等差。香铺人顶帽披背子。质库掌事裹巾着皂衫角带。街市买卖人，各有服色头巾，各可辨认是何名目人。"② 辨别人们所从事的职业不是最终目的，真正目的是确定"名分"并以"礼"（法家认为是"法"）节之，从而实现"百姓昭明，协和万邦"（《尚书·虞书》）的"大同"社会政治理想。不同职业的人根据身份划分为不同等级，处于社会中的不同地位并享有相应待遇，对应着不同的伦理责任和道德义务。通过外在礼法制度的维护、制约

---

① 罗国杰. 伦理学（修订本）. 北京：人民出版社，2014：248.
② （南宋）吴自牧. 梦粱录. 傅林祥，注. 济南：山东友谊出版社，2001：249.

和教育，这些伦理责任和道德义务逐渐内化为每个人自觉遵守的道德良心，使每个"从业者"各按其名、各守其位，"固着"在其"职位"上，自觉遵守社会伦理，维护社会和谐稳定的良性发展状态。这种以服饰别"名分"的思想在相当长历史时期对维护社会安定发挥了重要作用，成为中国民族文化精神和道德心理的重要组成部分，也是中国传统伦理规范体系建构和实践中必不可少的前提与基础。

在现代社会，职业服饰伦理越来越成为职业形象和企业伦理文化构建的重要部分。按照现代职业划分，相当一部分职业的服饰妆容已制式化，抹去了主体的个性因素和身体特征，甚至在一定程度上模糊了性别、种族和面容特征，使穿着者作为整个集体或集团中的一员出现，尽可能以"标准化"的言行举止和精神面貌投入到工作中。除了由于管理需要，通过配饰如肩章、袖章、胸牌、领巾、帽子等根据技能和特长划分行业内部的等级上下之外，同一职业（或企业）的服饰往往具有统一样式，使同一集团展现出内部小有差别但总体上一致的行为气质和人文精神。因此，人们可以直观地从一个人独特的服饰装束上推测出他所从事的职业，并对某种职业所蕴含的道德内涵产生"刻板印象"，从而对该职业者的伦理行为和道德素养寄予期待。最具有代表意义的形象是医生和军人。其他职业服饰根据各自行业及具体职位的实际需要和伦理诉求也展现出各自不同的特征，如厨师穿着白色的短上衣、戴着高帽，如果让其换上医生的"白大褂"，就不仅工作不便，而且会给顾客带来认知混乱；"餐厅普通服务员可以穿红戴绿，而领班的服装色彩一般比较素雅，大多偏向于冷色系或中性色系，以体现庄重感与可信度"①。对已形成普遍认同的职业服饰形象来说，任何与此不相符的形象或行为都会造成人们认识的混乱：或者怀疑穿着者的身份，或者质疑着装者的职业技能或道德水平。因此，职业服饰伦理的首要功能是展现职业伦理风貌。同时，对于一个职业团体来说，从业者虽然在性别、年龄、肤色、国籍、民族等方面有不同，但只要穿上职业服饰，就会因从事相同的职业而形成统一或相似的思维模式和伦理观念。这种"整齐划一"的思维模式和伦理观念会使从业者迅速融合在一起，从而

---

① 邹游. 职业装设计. 北京：中国纺织出版社，2007：6.

形成"合力"，增强行业或企业内部的凝聚力和向心力。

（二）增强职业荣誉感和责任感

职业荣誉感是职业道德情感的核心，"是指人在职业活动中履行了社会义务之后，对其职业行为的社会价值所作出的肯定评价以及从业者对这种肯定评价的自我意识"①，"职业荣誉在职业活动中发挥了积极的作用"②。职业荣誉是与社会主流道德相一致的社会价值评价，具有价值导向作用，能够在价值物质化和多元化的市场经济体制下，引导和激励人们按照有利于行业和谐及社会整体发展需要的宗旨，自觉做出道德选择。从业者只有对本职业产生职业道德荣誉感，才会生发出积极的价值取向，对本职工作产生真挚情感，进而培养出对工作积极浓厚的兴趣与认真负责的态度，形成职业责任感。

赫洛克认为，"原始人穿衣服的目的主要是穿着者想赢得人们的尊敬和赞誉"③。在实际工作中，从业者都渴望得到赞扬，都希望社会舆论对自己的本职工作给予肯定的评价。穿着职业服饰就代表个体具有一定的资格、身份，受过相应的教育，具有某一职业所应具备的知识、技术、能力和素养。因此，穿着职业服饰很容易使从业者产生职业自豪感和荣誉感。"穿着各式制服的人几乎都具有强烈的自豪感。这种自豪感，比起那些大学一毕业就应召入伍当水兵的人更强烈。制服，不管表明穿着者的地位高低，都向人们宣告穿着者拥有一份工作，而这份工作不大可能是临时性的，同时还表明穿着者是某家成功企业的成员，因而会赢得某种尊敬。制服将人与成功联结在一起"④，特别是一些本身就具有高尚性和神圣性，曾经和正在为人类自身及社会发展做出贡献的职业，如医生、军人、教师、法官、警察等。人们通常会将职业道德要求与从业者形象等同起来，给予社会舆论认同和赞誉以及充分的信任甚至依赖，这让从业者在穿着职

---

① 汪荣有，徐迎红. 职业道德引论. 北京：中央编译出版社，2004：39.
② 同①.
③ ［美］伊丽莎白·赫洛克. 服饰心理学——兼析赶时髦及其动机. 孔凡军，等译. 北京：中国人民大学出版社，1990：21.
④ ［美］保罗·富赛尔. 品味制服. 王建华，译. 北京：三联书店，2005：7.

业服饰时，更有强烈的职业自豪感和荣誉感。

职业服饰是职业伦理教育中的重要组成部分。穿着职业服饰的人都有过这样的心理体验：感到自己是组织中的一员，具有强烈的归属感和责任感，希望自己能够身穿这身具有代表意义的服饰为本职业增光添彩。特别是那些具有特殊使命意义的职业服饰，会使从业者责任意识油然而生，从而按照职业形象行事。无怪乎许多退役或转业的军人会感慨"脱下军装我还是个兵"，警察们也会说"要对得起身上这身警服"。

（三）有助于提高个体道德水平

职业是现代人类个体谋求生存的必要手段，个体一步入职业生涯，就意味着开启了一段新的生命历程，拥有了新的身份、地位和责任。在这一过程中，个体逐渐建立起一系列与职业相关的意识，比如生存意识、责任意识、竞争意识、敬业意识、奉献意识等。"职业的分工不同，从事不同职业的人们对社会所承担的责任不同，影响着人们对生活目标的确立和对人生道路的具体选择，以至于不同程度地影响着人们的人生观和道德理想。"[①]在现实生活中，影响个体性格形成和确立的因素有很多，促使人们选择和确定人生道路的原因亦有很多，但是人类现代生活中，重要职业活动形成的职业实践经验、劳动方式和习惯及相关生活经验的积累，仍是人们了解人生现实，弄清人生意义、价值和目的，从而确立人生理想、职业志向和未来发展目标的主要途径之一，在一定程度上塑造着个体的道德意识和观念。

职业服饰本身就蕴含特定职业道德内涵，具有较强的规约性。从业者穿戴上职业服饰，逐渐习惯职业服饰所创造的文化环境，就很容易进入工作状态，与日常生活中的"自我"及个人情绪和情感隔离，全身心投入到工作中，激发出对本职工作的责任感与热情。长期工作实践会使一个人对本职工作的认识和情感日益加深，并将职业习惯和工作态度延伸到日常生活中，有助于促进个人道德修养的提升。职业服饰伦理规范时刻提醒从业人员自己的身份、职能以及所要承担的责任和义务，超越职业伦理范围的

① 罗国杰. 伦理学（修订本）. 北京：人民出版社，2014：247.

行为都是禁止的，甚至超越职业穿着的行为都是违规的，轻则社会舆论予以谴责，重则招致组织或官方的处罚或制裁。

对于现代人来说，职业生活占据了生活中四分之一到三分之一的时间，长期从事某一职业，习惯于特定的劳动方式和职业训练，很容易养成一定的职业兴趣、爱好、习惯和思维模式，甚至影响个体的情感方式和性格特征，从而"从一个侧面反映着从事一定职业的人，在道德品质和道德境界上的特殊性"，其长期的特殊职业实践也会影响从业者"在一定职业活动范围内的具体道德关系和道德行为，以至会影响到人们整个品德和人格的形成"①。在日常生活中，我们会发现，阅历较深的人通常可以从一个人的穿着打扮和言谈举止大致判断出这个人的职业或长期从事过的职业。人们常说，某人有军人作风、工人性格、农民意识、干部派头、学究气、商人味儿等，这些作风、性格、意识、派头、习气，不同程度地表现了这些从业者由于长期按照特定方式从事特定职业活动，形成了同一职业从业者在道德心理、行为方面相似的意识和行为。比如，军人穿军装时要严格遵守相关纪律，服装整洁笔挺，系紧风纪扣、袖扣，不戴规定以外的装饰品，必须佩戴军帽等。长久训练和着装习惯，让那些在部队多年的军人在退伍或转业后的日常生活中还保持着类似的服饰行为和习惯，保持着一贯的"军人风范"，牢记自己（曾）是个"兵"，并以军人的伦理规范严格要求自己。习惯了穿"白大褂"的医生，其职业道德具有不同于一般职业的特殊性，不仅在工作期间时刻注重医德修养的培养，而且在非工作期间，遇到紧急情况或者医疗求助等，通常都会义不容辞地伸出援助之手。

三、公共领域中的服饰伦理

人们在公共领域的行为会对私人生活产生影响，尤其会对个体的心理状态、价值观念等造成不同程度的影响。服饰行为在公共领域中更具有伦理道德意义，服饰伦理的道德价值诉求在公共领域能得到更为深刻的体现，公共领域的集合性特征也使服饰伦理观念和行为通过人际交往活动更

---

① 罗国杰. 伦理学（修订本）. 北京：人民出版社，2014：248.

具感染力、影响力。

(一) 尊重交往对象

在公共交往中,人们通过服饰表达对彼此的尊重。通常来说,符合社会服饰伦理规范和道德期待的服饰行为是对他人的尊重,尊重他人的人格尊严,尊重他人具有与我们同样的类的尊严,用服饰"语言"表达出以平等、公正和爱的态度与方式对待交往对象,是对他人基本价值和基本权利的承认。在公共领域中的一切服饰行为上,个体都应当以尊重彼此的权利和需要为基本原则。

在中国传统伦理型文化中,服饰几乎等同于一个人的人格尊严,同时也表达出主体对交往者的态度。中国文化不直接指向人类肉体,"不以形体为审美对象,而重视衣裳之文化意义及审美价值"①,因此,服饰所展现出的人格尊严更为凸显。中国传统习俗中男子成年须行"冠礼",不仅宣告男性从童年步入成年开始承担社会责任,而且戴冠是"君子的象征……'礼'与'非礼'的界限,是文明与野蛮的区别"②,展示出其已具备进行社会交往的资格,同时"广而告之"社会其他成员在交往中应给予其更多尊重,以"礼"相待。赤身裸体是没有文化的野蛮行径,是需要"以文化之"的,"赤身跣足肉袒以见人,若非羞辱自己便是羞辱他人"③。

在西方社会,服饰也是表示尊重的重要方式。古罗马时期,最具代表意义的服饰"托加"直接代表个体(男人)拥有人格尊严,彰显穿着者的身份、地位以及是否应受到尊重。穿着托加的男性通常被认为是符合古罗马道德精神的合格市民。飘逸的托加优雅潇洒,富有威严气势,价格昂贵,使能穿着托加者限于一定社会地位和阶层的男性,在政治及重大集会或正式场合都以托加为礼服。"身穿托加的罗马人扮演着特定的道德角色,他们所穿的服装在一定程度上规范着其行为与价值观。奥古斯都对罗马公

---

① 龚鹏程. 中国传统文化十五讲. 北京:北京大学出版社,2006:6.
② 华梅,王春晓. 服饰与伦理. 北京:中国时代经济出版社,2010:15.
③ 同①.

民与上层精英服饰的规定成为他重建罗马社会秩序的一项措施。"① 奴隶
被解放，拥有古罗马城邦市民身份时，穿着托加就成了一种新身份的认
可。然而，对于女性来说，穿着托加则标志着耻辱，通常只有古罗马社会
最底层的妓女和被判有通奸罪的妇女才穿着托加。

可见，在中西方文化历史中，服饰是表达对人对己尊重的基本载体，
服饰行为是人们表达尊重的主要方式。在日常生活交往中，我们并不需要
总是以正式场合的着装要求为穿衣标准，但是穿着干净整齐并非难事，即
使不能使观者赏心悦目，至少也不必让其为之侧目，这是对交往对象最基
本的尊重。

(二) 遵守文明礼仪

文明礼仪是人们在长期共同生活和相互交往中逐渐形成的，以社会习
俗、习惯、传统等形式固定下来，要求全体社会成员共同遵守，用以维持
人类社会正常运转的基本道德规范。对社会来说，社会成员对文明礼仪的
遵守程度反映出该社会的文明程度与道德风尚；对个体来说，遵守文明礼
仪代表着个体较高的思想文化素质和道德修养水平。遵守文明礼仪是社会
正常运转的基本保障，是维护正常社会秩序与伦理关系的前提。服饰伦理
行为是一个人是否遵守文明礼仪最显著的表征，自古以来就受到各个国家
和民族的重视。

衣着的时尚是一个社会的规范系统，一个人如果不遵守这个规范系
统，就会被看作没有见识和教养的人。为了避免出丑，人们往往要学会辨
识这个规范系统。早在 15 世纪中期，就出现了两本专门教人如何穿着得
体并构建自己的"识别系统"的法文书，"它们的作者熟悉标记策略，譬
如让·德·布埃耶笔下的《勒茹旺塞尔》和安托瓦·德·拉萨勒笔下的
《让·德·桑特尔》"②。这些服饰"识别系统"的构建必须结合传统符号
体系及大众普遍接受的习俗和信仰，否则很难被接受和认可。正如玛里

---

① 裔召印，吕建萍. 古罗马托加的演变及其象征意义. 世界历史，2010 (5)：97.
② ［法］菲利浦·阿利埃斯，乔治·杜比，主编. 私人生活史Ⅱ：肖像. 洪庆明，等
译. 哈尔滨：北方文艺出版社，2007：503.

琳·霍恩所言,"有关服饰选择的决定有时是困难的,因为一个人往往同时持有几种互相对立或冲突的价值。大多数冲突可以由一个价值取代另一个价值而得到缓解,尽管在某些情况下,个体会出现越轨行为。由于所有个体的价值都必须受到基本文化背景的检查,其他条件的变化,诸如经济条件、技术进步等,往往会导致有关服饰态度的变化"①。在被称为"黑暗时代"的欧洲中世纪,衣服就是一个人的身份、地位和意义的说明。钻进公共浴室脱光衣服,就失去了自我认知的凭借,甚至会引起对自我认知和认同的恐慌。

从当前社会公共领域的交往状态来看,尽管社会对个体的道德约束越来越宽松,但人际交往中的服饰伦理仍然是面对面交往活动中非常重要的符号象征。"第一印象"变得更加重要,人们常常通过服饰来判断对方在性格、职业、智力、受教育程度和道德等方面的可能信息,在内心形成一定的初步印象,进而判断和决定交往方式及深度。这种仅凭"一面之缘"就要做出一系列判断的"肤浅"的社会人际交往局面,使得公序良俗变得脆弱而易受伤害,但却更凸显服饰伦理的重要性。因此,只有符合社会公序良俗要求的服饰行为才有助于消除人际焦虑、不安以及社会氛围中官僚化倾向和冷漠态度,形成温馨、友善、诚信的人际关系,维护良好的社会公共秩序与道德风俗。

从本质上来说,穿着打扮符合文明礼仪的要求和遵守文明礼仪规范,反映出的不只是仪式化的表面形式,而是一种内化于心、融会于行的内外兼具的美好德性与德行,而礼仪是这种美好德性与德行的最基本、最显著、最便捷的表达方式。因此,服饰作为基本礼仪的"语言",必然成为公共领域人际交往中引人注目的起点。实际上,我们在宣扬和提倡构建一个尊重他人、公正和谐的社会时,首先要做的就是在服饰观念和行为上遵守内含着伦理精神与德性价值的文明礼仪规范,这既体现了对他人的尊重,又维护了交往活动参与者的人格尊严。

---

① [美]玛里琳·霍恩. 服饰:人的第二皮肤. 乐竟泓,等译. 上海:上海人民出版社,1991:120.

（三）维护公序良俗

人际服饰伦理在维护社会公序良俗上具有特殊的优势和作用。公序良俗是社会公共秩序与良好道德风俗，是人们在生产、生活中形成的保证社会正常运行与发展所必需的一般秩序和基本道德，符合社会大众的普遍利益。服饰作为人体形象的一个重要组成部分，也是伦理道德的承载物，直接反映与影响社会公共秩序的运行情况和道德风尚。符合公序良俗的服饰伦理有利于社会交往活动及公共生活的顺利开展和进行，在现代社会中扮演着越来越重要的角色，是现代社会文明的集中体现与核心内容。

我们从出生开始，就在家庭、社会的不断教育下逐渐认识并接受所在生活群体内部的社会秩序和道德习俗，进而将之内化成自己的观念与信仰，按照社会普遍认可的公序良俗去生活、行为。这样的"社会化"教育使绝大多数人能自觉遵守社会公序良俗，可以帮助整个社会以最低成本良性运转，形成良好的社会环境。良好的社会环境又会加强主体自觉性，使其更自觉地遵守社会习俗。对于服饰行为来说更是如此。服饰行为本身具有强烈的私人性，在私人生活领域——主要是指私人住宅、租住地及延伸的私人领域——中只要不对他人利益造成损害和侵犯，个人服饰行为不仅可以不受任何形式的限制，而且可以不受任何形式的监督和监管，这是个人的绝对民事权利。然而，主体进入公共领域，其服饰行为就具有了公共性质，就要受到社会公序良俗的限制。

以服饰来维护社会公序良俗，早在中国古代就已被历代统治者发现并采用。中国古代社会尽管没有现代意义上的公共领域，但是却发展出了完备的服饰礼仪制度，其根本目的就是维护社会秩序。这些服饰礼仪制度将每个人从出生时就约束、固定在其所属的社会地位与家族身份上，由上到下详细分明：越是处于社会等级的上层，可以享受到的服饰待遇越高，处于底层的老百姓则只能穿"布衣"，连遵守服饰礼仪制度的资格都没有。通过等级明确的服饰礼仪制度来约束与教育人们，使人们在社会公共交往中能谨守本分，一言一行皆以礼节之。每个人的安分守己自然就保证了社会秩序的安定和谐。

在中国封建社会的大多数时期，社会文化相对保守，除了刽子手、屠夫等一些从事特殊职业的人在特定场合可以裸露部分身体之外，其他任何在寝室之外的地方裸露身体的行为都被严格禁止。尽管盛唐时期，社会文化开放繁荣，女性着装更加大胆，裸露出肩颈及手臂等部分身体，但这些"袒露装"只限于贵族阶层的屋帷之内，女性走出大门还是要用披风、帷帽等外套将身体遮盖住。宋明以后，受到理学思想的影响，在公共场合裸露身体的行为受到更为严格的禁止，对于女性着装更是严苛到令人发指的地步。服装形式趋于拘谨保守，不仅领口较唐朝提高许多，而且裙子较长，并在腰间飘带上系有玉佩或名为"玉环绶"的玉制圆环，用来压住裙幅，以防不慎露出亵衣（如裤）而显得粗鄙。

　　直到今天，尽管社会服饰伦理的宽容度已经大大增强，许多在古代看来是"奇装异服"的行为早已为人们所接受，但是不可裸体出现在公共场合仍是现代文明社会的基本着装规范。任何在公共场合裸体的行为都会受到社会舆论的非议甚至相关政府部门的劝阻，严重的还会采取强制措施。那些在"特定场合"过于暴露的着装行为，即使相关部门无法直接管束，也会遭到社会舆论的谴责。比如，近几年在国内举办的车展上，展商为了吸引观众观展，要求车模们穿着暴露，近乎全裸，更有甚者直接将全裸人体彩绘表演搬上展会舞台，这使人们不禁发问：这到底是艺术还是色情？

　　对违背公序良俗的服饰行为予以谴责和干预，正是出于对整个社会秩序及社会成员利益的保护。符合公序良俗的服饰行为不仅能使社会秩序井然，使人们和谐相处，而且能帮助个体更快融入社会；背离公序良俗的服饰行为不仅不利于个体融入社会，得到他人认同，而且会对现有公序良俗造成伤害。那些恶俗、丑陋的服饰行为会扰乱正常的社会秩序，对他人造成精神上的困扰和侵犯，甚至可能会对青少年教育产生恶劣影响。

第四节　社会服饰伦理

　　相较个人服饰伦理和人际服饰伦理的研究，社会服饰伦理的视域更宏观，考察的是人类作为一个群体，在相互交往、联系中的服饰观念与行为上所共同遵守的伦理规范和道德准则。在人类发展史上，政治、民族、宗教、风尚等文化要素都曾对服饰活动产生影响，限于篇幅，本节主要阐述历史上的几种政治形态对历时性服装活动产生的影响，世界尤其是中国各少数民族服饰所体现的文化伦理精神，以及服饰伦理的社会风尚。

一、政治服饰伦理

服饰在人类政治生活中始终扮演着不可或缺的角色，不仅代表人类文明演进的高度，而且体现出政治活动参与者的政治诉求、文化特色和道德修养水平。所谓政治服饰伦理，是指公民参与公共事务管理、履行政治权利与义务以及国家政权之间政治交往行为中的服饰伦理，包括公民个人、群体或组织在政治活动中及国家与国家之间政治交往行为中的服饰伦理。在不同的政治治理组织模式下，由于利益诉求和文化背景不同，服饰伦理表现出不同的特点。

（一）强权政治：明辨等级上下

强权政治①是以权力为手段，凭借雄厚实力，迫使他人、他国屈从于自己意志的一种政治治理模式。奴隶社会和封建社会所采用的治理模式都属于典型强权政治治理模式，其强权特征表现为政治统治高度依赖军队、监狱、法律等暴力机关或手段来处理国内外关系及相关问题。强权政治是一种建立在强权基础上的不平等、不公正的政治模式，奉行弱肉强食、倚强凌弱的生存法则，在这种政治治理模式下，社会至少形成两个或两个以上利益对立的阶级或集团，这样才能形成一方侵占、掠夺他者权益的关系。"在强权政治下，政治笼罩一切，文化、传统乃至日常生活都被政治化了，政治渗透到社会生活的一切方面"②，这是强权政治下社会生活的基本特征。因此，强权政治下的服饰伦理受到严格的管制和约束。

中国夏商周时代的政治治理方略中已逐渐形成了体现统治阶级意志而

---

① 西方政治学语境中把皇权政治或王权政治统称为"强权政治"，国内学者常用"强权政治"指称西方霸权主义，而将清王朝灭亡前的历史阶段称为"皇权政治"或"王权政治"。本书后文中的"解放政治"和"生活政治"概念是在英国社会理论家安东尼·吉登斯的著作《现代性与自我认同》一书中界定的意义上使用的。

② 王锋. 政治生活的范式变迁. 马克思主义与现实，2013（2）：188.

区别尊卑上下的"冠服制度"，甚至使用衣冠服饰的一些特定称谓来指代官爵职位，比如先秦墨家代表人物墨子在论述贵义思想时就借用"冠履"（《墨子·贵义》）以喻爵禄。自唐朝起，明黄色成为皇家专用色之后，"黄袍"成了无上皇权的同义词。服饰在以儒家入世主义为主导思想的政治管理体系中是不可或缺的。儒家对与政治活动有关的服饰规定得非常严格，甚至出于对国家和社会管理需要的考虑将服制的重要性上升到治国安邦的高度。在下层百姓与统治阶级及士人以上的阶层之间，通过服饰划分出泾渭分明的等级界限。皇帝及其统帅的统治阶级在服饰上表现出"富有天下"的气度与气派，仅从服饰功能的划分来看，不仅有常服与朝服，而且有公服、祭服，在特殊场合还有吉服和凶服。皇帝用来接见朝廷百官所穿的朝服和用以祭祀的祭服等礼服，尤其华丽精美，与官员和平民相比表现出巨大的等级差异，体现出森严的尊卑秩序，同时也是财富的象征。相较之下，亲缘关系稍远的"皇亲国戚"在服饰上划分得就不这么繁细，常以朝服代替祭服。平民百姓则根本没有资格穿礼服，只能身着"布衣"。

财富在划分上层贵族社会和下层贫困人群之间严格的服饰差异界限中具有"天然的权力"。统治阶级通过强权保持对经济和资源的绝对占有，使下层阶级民众仅能获得基本生活资料而无力购置服饰，避免了下层贫民对统治阶级在服饰上的模仿，使人们可以轻易从服饰上辨别出尊卑上下不同的等级地位与身份。在这种情况下，服饰时尚通常会在相当长一段时间内保持不变，只有在这种阶级差异受到威胁时，统治阶级才考虑变化服饰以维持服饰差异象征的阶级差距。只有社会中的"有钱人"才能对统治阶级的服饰时尚构成威胁，他们具有足够的财富可以无限制地模仿统治阶级的服饰风尚，无限接近统治阶级的装扮，借以提升自己的社会地位，哪怕只是一种假象或错觉。统治者发现已无法通过对财富的绝对占有和控制来维护在服饰方面的"特权"时，就会通过法律禁令等来禁止和限制臣民在服饰方面的奢侈消费。这种禁令在欧洲中世纪末期经常出现，而在中国传统封建社会时期，统治阶级服饰一直是一种专有权力，只有限制严格或放松的区别，没有放任不管的时代。

社会中的一切事物都应当有规矩，服饰也必然要有相应的礼仪制度，即所谓"衣服有制，宫室有度，人徒有数，丧祭械用，皆有等宜"（《荀子·王制》),"故天子袾裷衣冕,诸侯玄裷衣冕,大夫裨冕,士皮弁服"(《荀子·富国》)。不同身份和地位的人要在服饰上分出尊卑贵贱,还要"守其职,足衣食,厚薄有等明爵服"(《荀子·成相》),按照俸禄的多少和职位的高低配以相应的尊卑贵贱有等的服饰。尤其在重要或特定的礼仪场合,这种出于维护礼制需要的服饰制度更是必需的,只有重视服饰在维护社会等级尊卑方面的作用,才能实现"王者之制"。因此,"改元易服"是每个新夺取政权的统治者首先要解决的问题之一。在中国封建历史上,几乎每个朝代的开国皇帝登基后都认真完成了制定并颁布服饰制度的"任务"。制定统一的服饰制度的行为与原始氏族通过不同穿着方式和旗帜等来表明不同宗族有相似性,标注的是不同血缘或集团的不同利益诉求和文化理念,也是明确等级差异的重要手段。服饰制度越是严格的朝代,其皇权专制的程度越高,比如朱元璋在做皇帝的 31 年中对服饰制度进行了十几次修订和增补,对不同等级的人应当穿着的服饰的样式、质地、颜色及禁忌进行了详细缜密的规定,甚至细致到衣服具体的长度、袖子尺寸和袖口的宽度,违者重惩。

在皇权政治社会中,家国一体的政权组织形式使得政治生活具有很强的普遍性,因而使得政治生活中的服饰伦理具有强烈的阶级性——明确身份、等级以确定社会成员能够各按"名分"行事,并安于这样的制度安排,从而便于统治阶层对整个社会的管理和统治,维护统治阶层的权威与地位不受侵犯和挑战,最终保护统治阶级的利益。

(二) 解放政治:象征革命精神

"解放政治",顾名思义,就是要把人类"从传统的束缚中解放出来",其目标是"要把无特权群体从它们所不幸的状况中摆脱出去,或者是要消除它们之间相对的差别"[1],可以理解为对自由、民主、公正等各种政治和社会目标不同程度的追求,从而使"正当的"道德价值观被社会普遍接受。因此,在解放政治的社会形态中,服饰伦理常常具有强烈的"革命

---

① 〔英〕安东尼·吉登斯. 现代性与自我认同. 赵旭东,方文,译. 北京:三联书店,1998:248.

性"，表现出与之前时代所不同的积极态度或激进思维。历史向我们展示了服饰伦理的巨大变迁往往与政权更迭有关。每每遭遇政治上的巨大动荡，服饰就会随之经历"革命"。

按照吉登斯对"解放政治"的界定，中国自辛亥革命推翻清王朝封建统治开始，一直到"文化大革命"结束这段时期，都应算作"解放政治"时期。因为这段时期符合"解放政治"包含的两个主要因素，即"一个是力图打破过去的枷锁，因而也是一种面向未来的改造态度，另一个是力图克服某些个人或群体支配另一些个人或群体的非合法性统治"①。以新中国成立为界，政治服饰伦理在特征上可分为两种形态：从辛亥革命到新中国成立前，政治服饰伦理主要以爱国主义和追求自由、民主、平等为诉求；新中国成立后，中国共产党领导下的政治服饰伦理以中国革命道德和集体主义原则为主导。

尽管在19世纪末，中国就被迫"接纳"了一些西方观念和风尚，但真正使中国人普遍脱去"旧衣"、换上"西服"是1911年爆发的辛亥革命及1919年的五四新文化运动。辛亥革命不仅打破了封建帝制，改变了社会性质，而且严重冲击了以儒家道德文化为主导的社会意识形态和伦理体系。维持了两千多年的"家国合一"的政权统治被彻底打破，国家不再是"一家之国""一姓之国"，而逐渐转变为现代意义上被英文表达为"state"的国家。五四新文化时期掀起的"道德革命"比之维新派的"道德革命"更加猛烈、深入，其将矛头更加尖锐地指向以"三纲"为核心的旧道德，批判儒家传统伦理，反对孔孟思想，并冠之以"吃人的礼教"一名。与之相应，服饰伦理也趋于"革新"，思想上追求自由、民主、崇尚西学的价值导向，礼节上倡导以作揖、鞠躬、握手礼等新式礼仪代替旧式跪拜礼，更多地传递出"平等"的意蕴。

在服饰样式上，出现了两种颇有政治意义并影响广泛的服饰——中山装和旗袍。中山装采用西式服饰的造型及剪裁手法，将设计形式与中国社会改革的政治伦理理想相比附：四个口袋盖的贴袋喻为"礼、义、廉、

① ［英］安东尼·吉登斯. 现代性与自我认同. 赵旭东，方文，译. 北京：三联书店，1998：248.

耻"的"国之四维",口袋上缝缀四粒纽扣表示人民拥有"选举、罢免、创制、复决"四项基本权利,袋盖像倒置的山字形笔架寓意着"中国民主革命要重用知识分子"崇文兴教,胸前五颗扣子(原为七颗)象征行政、立法、司法、考试和监察"五权分立",袖口的三颗纽扣(原为四颗)表示"民族、民生、民权"的"三民主义",后背为不开缝设计寄寓中国的和平统一。从中山装的最终样式可看出强烈的"革命性",经革命先驱们穿着,更"注入了中国民主革命的思想和内容,成了中国革命者的形象和象征"①。1929 年南京国民政府再次颁布《民国服制条例》,废除原有服饰制度中等级差别的部分,官员不分权力大小和等级尊卑,一概以中山装为基本工作制服,从而与封建社会中具有森严等级差别的服饰制度区别开。在此后的半个多世纪里,中山装一直成为政治人士的"制服",国际上也习惯于将中山装视为中国男性的正式礼服。

在这一时期,体现出革命性、民主性和平等观念的女性服饰是旗袍。汉族传统女性服饰形制为上衣下裳,尽管早在满汉合流之际就有汉族女子穿旗装,然而"这种宽博长大的旗装,大多出于保暖、易穿脱等实用的需求"②。民国时期流行的旗袍,在形式上与清末旗装颇为相似,但其流行却不是女性向往清朝遗老遗少形象、模仿清朝贵族服饰的结果,而是被赋予了追求平等进步、希望在政治和日常生活中与男性平起平坐的"革命"意义。一直以来,中国男性一直穿着长袍,女性则以"三绺梳头,两截穿衣"③ 的形象固着在人们观念中,改穿袍装就与之有了细微差别,正如美国学者玛里琳·霍恩说的那样,"在那些保持妇女从属于男子的文化中,认可的服装样式在几代人中相袭不变,有时甚至是几个世纪。但是,当妇女拒绝接受这种无足轻重的地位,开始寻求和男子一样的平等身份时,就会发现妇女服饰的风格的迅速变化"④,即女性服装越来越与男性服装类似。

---

① 李当岐. 漫谈"国服"中山装. 美术观察,2006(3):14.

② 袁仄,胡月. 百年衣裳——20 世纪中国服装流变. 北京:三联书店,2010:123.

③ 张爱玲. 张爱玲文集(精读本). 北京:中国华侨出版社,2002:377.

④ [美]玛里琳·霍恩. 服饰:人的第二皮肤. 乐竟泓,等译. 上海:上海人民出版社,1991:136.

另一次"服饰革命"与中国共产党的诞生、发展及无产阶级取得革命胜利掌握政权有密切联系。中国共产党是在政治、经济和社会环境异常艰苦的条件下诞生并发展壮大的，主要成员都脱胎于中下层劳动人民和知识分子，本身就具有中下层人民特有的善良、朴实、勤劳的传统美德，在长期革命和生活实践中形成了"以实现社会主义和共产主义的崇高理想为最终目的，以全心全意为人民服务为宗旨和核心，以集体主义为基本原则，高举爱国主义与国际主义相结合的旗帜"，以"无私奉献、顽强拼搏、艰苦奋斗、勤俭节约等革命精神"① 为主要内容的中国革命道德，直接反映在服饰伦理上，展现出朴素、实用、节俭、节制的特征。在今天看来，那个年代的服饰几乎没有任何发展，色彩、样式趋于同一，这有悖于中国"衣冠古国"的盛名。但对那个年代的人来说，这种服饰却是值得他们争相模仿的流行样式，因为只有这种穿着打扮才符合新社会的政治、经济和道德标准，才能体现出他们对新政权的拥护与信心。这种将意识形态熔铸进服饰的典型现象在"文化大革命"时期尤其突出，服饰是否符合"社会主义"要求和"党的号召"，甚至直接影响到一个人的政治前途、生存状态。由此，形成了这一时期具有特殊政治意味的服饰伦理。

中西方历史上封建制度终结的时期都成为服饰巨变的时代，是服饰历史上的里程碑。政治革命导致整个社会革命，不仅带来政权更替和社会形态的改变，更带来社会意识、文化、审美等全面的变革，在服饰伦理上表现得最为明显。

（三）生活政治：塑造良好形象

在生活政治社会形态下，政治生活和日常生活逐渐界限分明，政治权力依然对日常生活有渗透，但不再成为日常生活的主导力量。因此，生活政治社会形态下的服饰伦理不再具有强烈的政治意味，开始更多地由社会伦理观念、个体在生理和心理方面的实际需要及个人喜好来决定。在这一政治模式下，政治服饰伦理的主体是政治活动的直接参与者，如政治领袖、政府官员及相关政治活动的组织者和参与者。普通民众大多只在参加

---

① 罗国杰. 论"五四"以来的中国革命道德. 高校理论战线，2000（1）：30.

具有政治意义的活动时，或在与其他政治文化形态相对比的情况下，其服饰才会被看作具有特殊的政治意味。

在现代政治生活中，服饰仍是身份和地位的象征，但其区别等级的功能被弱化（甚至在某种程度上已经消失）了，更强调其标识社会成员身份和责任的作用。然而，服饰仍是划分不同阶层的有效手段，只是这种划分界限随着社会整体生活水平的提高和精神文化程度的普遍提升而不断弱化，如果不考虑个人气质、特征等个体化因素，人们越来越难以仅从服饰方面来区别不同社会阶层的陌生人。服饰对塑造政治人物及其代表的国家的良好政治形象，对增加国家影响力和权威性、传达特定政治信息与特殊政治理念等，具有特别的直观表现力，成为政治人物展现个人魅力、政治才能的助力。

服饰在人类的政治生活中一直扮演着重要角色。代表国家出使他国的使者的服饰，不仅代表着使者个人的风度，更是在展现国家的"体面"。在现代西方民主选举政治中，服饰专家是智囊团中非常重要的角色，专为政要"明星"打造各种场合下最适宜的形象。尤其在各种竞选活动中，竞选者在特定文化传统的特定地域进行宣传时穿什么样的衣服，整体颜色和风格是否协调，是否戴饰品，饰品如何表达自己的风格，甚至皮鞋的新旧程度都要严格控制。英国《金融时报》时尚编辑范妮莎·弗瑞德曼曾大胆断言："时装是最有效的切入点：直入内心、直入观念、直接关乎选票。它成了犀利的武器，漠视它、摒弃它、低估它，候选人就会把自己置于险境。"①

在现代国际政治交往中，只有服饰是超越了语言和地域限制、无障碍通行于全球的表达方式。在当今这个特别重视政治形象的时代，服饰必然成为政治人物塑造自身形象的首要环节，政治活动中的服饰伦理问题也必然备受关注。

二、民族服饰伦理

这里探讨的民族服饰伦理主要以少数民族服饰为主。少数民族的服饰

---

① ［英］范妮莎·弗瑞德曼. 衣着影响美国大选? 常和，译. FT 中文网·时尚生活，2012-09-25. 06：19 AM. http://www.ftchinese.com/story/001046687? ccode=2G120008.

由于自然环境和地理特征的不同形成了与本国主要民族及其服饰文化不同的、具有本民族特色的特征，反映出独具民族特色的伦理文化与道德风尚。民族服饰伦理除了包括大众日常服饰伦理中具有的区别社会角色、规范礼仪教育的功能之外，还包括由于民族与宗教的密切关系而形成的、具有显著特色的、感应天地神灵的幻化功能以及不同民族在与大自然互动的过程中表现出的适应性功能。各民族生存的地域、气候环境的差异，形成了各具特色的民族文化，这使得各民族的服饰在款式、颜色、质地、保护需要和伦理要求等方面都有着较大的差异。

相较于社会主流文化体来说，少数民族通常与大自然更加亲近，制作服饰的原料往往直接取材于大自然，色彩上更加艳丽，对比度上更加强烈，纹饰花样丰富多彩，形制上更加倾向于对自然物的比拟和模仿，款式上适应当地的气候特征，便于生活生产。有些服饰甚至具有记述本民族历史文化、宣泄情感或祈求美好祝愿等功能，并且有着较强的性暗示或求偶的含义，表现出每个民族文化不同的特征。此外，宗教文化对民族服饰伦理影响颇深，许多民族服饰上仍有传统图腾崇拜的印记。另外，一些少数民族还保留着许多宗教信仰影响下形成的生活习惯和禁忌，这也会反映到其民族服饰上，比如藏族祖露一臂的穿衣方法据说是效仿佛祖释迦牟尼，而哈萨克族戴帽的习惯是受伊斯兰教禁忌脱帽露顶的影响。

（一）捍卫民族精神

民族精神"是一个民族所普遍表现出来的精神活力和个性特征，普遍遵守和奉行的有利于社会进步和民族利益的社会信念、价值追求、道德风尚"[①]。民族精神作为一种贯穿于民族生存和发展、历史和现实的精神力量，是民族文化的核心，是民族内在的生命活力，体现为一种有助于民族生存和发展的、积极的价值取向与强烈的社会信念，同时也展现出该民族独特的民族个性与性格特征，是该民族在生存、发展的漫长历史演进过程中不断积累、沉淀、凝聚而成的。不同民族经过长期历史发展凝聚而成的民族精神通过独特的外在物质形式——民族服饰——表现出来，可以说，

① 王希恩. 关于民族精神的几点分析. 民族研究，2003（4）：4.

民族服饰就是一个民族之精神的高度凝结，记载了一个民族及其民族精神形成和发展的全过程。

少数民族服饰展现民族精神的事例不胜枚举，其中非常具有代表性的当数苏格兰格子裙。苏格兰格子裙能够流传至今经历了一段艰辛而动人的历史。在苏格兰，折裥格子裙是专属于男性的服饰，以父系血缘关系为准的不同家族或部落拥有不同图案的折裥格子裙，装饰有特殊样式宗族羽饰的无边呢子帽以及缀有本家族独特标志的徽章和毛皮袋，象征着不同家族或部落悠久的历史。不同颜色、图案的折裥羊毛呢格子裙，代表了不同家族的特定意义和道德风貌，标示出每个苏格兰人的家族归属、身份等级。每个苏格兰人在不同场合都要穿着不同样式的格子裙来应和不同的功能需要。

然而，折裥羊毛呢格子裙是从 18 世纪才开始与风笛、高地舞蹈和威士忌一起，成为苏格兰人统一的民族象征的。苏格兰的历史可以追溯到公元 6 世纪以前，后经过数世纪的发展，逐渐成为一个稳定、独立的王国。13 世纪，由于继承人问题，苏格兰与英格兰开始发生密切联系。1707 年，苏格兰战败，被并入英格兰。苏格兰自古民风骁勇彪悍，被英格兰统治后，一直进行着各种抵抗。为了消灭和瓦解苏格兰的反叛组织力量，在汉诺威王朝镇压苏格兰民族起义后，英格兰议会于 1746 年制定和颁布法案，严格禁止苏格兰人穿着民族服装，并且不可随身佩带武器甚至吹奏风笛，以期苏格兰高地人能够由此融入低地人中，削弱高地民族团结一致的民族精神。然而，伴随着禁令的到来，苏格兰人开始了长达 30 多年的反抗斗争。在此期间，曾经只是少数边远地区的人们穿着的高地服装格子裙竟然越来越流行，最终发展成为整个苏格兰民族的传统服装。1782 年，汉诺威王朝被迫取消禁令，苏格兰人终于争取到了穿格子裙的自由和权利。在今天，苏格兰人仍旧喜欢在婚礼或重大场合穿着象征着本民族种族、血统、习俗、信念、尊严和道德等价值观念自我认同的格子裙，展现出苏格兰民族传统伦理文化独有的风采。

实际上，几乎所有少数民族具有代表性的民族服饰都是经历过一段与本民族的生存和发展密切相关的历史而确定下来的，蕴含着本民族独特的民族精神，同时也对维护、捍卫民族精神起着积极作用。比如，据说最初起源于印度北部的吉卜赛人，尽管由于生活方式等原因在历史上遭受了严重的歧视和残酷的迫害，但是他们始终延续着祖先在流浪漂泊的路途中形成的自由不羁的生活方式，在服饰上也流露出对自由精神的崇尚。吉卜赛人的民族服饰甚至在全世界刮起了一阵阵"波西米亚"风潮，使人们为之迷恋神往。

在中国大地上，55 个少数民族都有着自己民族所特有的民族服饰，无不展现出各自民族的独特精神风貌。据传说，哈尼族奕车女子的服饰就是在反抗异族侵犯、维护本民族存续的"斗争"中确立的。相传哈尼族族长被异族杀害，其子奕车率领部族"男子赤身墨面，女子赤足短裤，头缠白布以存联络标记"，突降奇兵将敌人杀退，为了让后世子孙牢记这段苦难艰辛的历史，奕车女子便将"头戴尖顶白布帽，下穿短裤并赤足"[1] 的装扮作为传统服饰流传下来。另外，"佤、藏、独龙、纳西、傈僳、拉祜、哈尼、景颇、彝、苗等民族祈神祭祖时常常要戴羽冠或穿神祖规定的服饰，否则神祖视为别类，不予理会"[2]。

各少数民族的人们通过穿着本民族传统服饰的方式来显示对祖先以及宗族的精神认同，表明自己"不改祖制"、并以此培养本族后裔子孙的强烈的认宗寻根意识。似乎只有借此才能与先人联结，与祖宗沟通，继承祖先的遗志，不忘根本，获得祖宗的保佑与庇护，从而使本民族长盛不衰。

（二）彰显人伦秩序

有序的人伦秩序是每个人类社会或群体健康存续与良性发展的必要条件。长久以来，在少数民族社会内部形成的传统习俗、道德规约，促使个体自觉树立起群体意识和集体观念，有利于协调人际关系，保证人伦秩序与社会安定团结，而具有各民族特色的少数民族服饰更是成为维系族群内人际伦常秩序的有力保证。这主要表现在三个方面，即区分性别、昭示年龄、标注婚姻状况。

两性区别是少数民族服饰特征的基础。在出生之始，男女两性的差异就通过不同的标志显示出来。云南的蒙古族家庭生女会在门头挂篾帽，生

---

[1] 毛佑全. 奕车女：哀牢山中的服饰革命. 民族团结，1996（7）：41.
[2] 邓启耀. 衣装密语——中国民族服饰文化象征. 成都：四川人民出版社，2005：54.

男则挂上插旗或筷子的陶瓶；北方的蒙古族生女会在门左侧挂一块红布，生男就在门右侧挂弓箭、腰刀。当然也有家庭为了保全孩子，避免孩子的魂魄被鬼怪索走，而故意给婴儿男穿女装或女穿男装。在成人之前，男女童的服饰差异并不明确，在服饰样式上大致相似，有些喜欢鲜艳色彩和艳丽装饰的民族也会给男童穿戴得花哨。但在成人礼之后，出于性别隔离的考虑，男女服饰上的区别就非常明显了。

　　在少数民族民俗中，人的一生要经历多次换装，来显示个体在不同年龄阶段的身份、地位、心理特征以及所要承担的责任和义务。邓启耀先生认为，少数民族族人至少经历了七次换装。每次人生换装都是个体在不同年龄阶段以不同的社会存在面貌出现的仪式，正如邓启耀先生所言："人生礼俗，是自然人社会化的一种文化行为；人生礼俗中的换装仪式，则是他所属群体赋予的一种象征化标记。"[1]这种标记帮助个体迅速而准确地定位自己，意识到自己得到社会认同和族人认可的身份角色，以及在不同年龄段所要面临的在精神心理、现实生活中的角色转换带来的矛盾与问题。因此，或许并非每个少数民族都规定族人一生要换足七次服饰，但是对于人生有着重大意义的四个节点通常都受到相当的重视，形成了人生四大礼仪，即诞生礼、成年礼、婚礼和葬礼。通过这种形式化的社会规范仪式，不同年龄的"角色"获得了社会和自身的双重认同，明确了群体成员的道德责任与伦常定位。比如，全民信佛的傣族男性在幼年时要文身并换装进入佛寺修行，直到十四五岁成年，在佛家修行成熟之后，才可凭自愿还俗回家。这时，需要再次经历换装，即脱下袈裟，文上圣符，以求得到神佛终生的庇佑。换上世俗的服饰，就意味着开启了新的人生阶段，以崭新的面貌步入社会，参与到俗世的交往和生活中。彝族、白族、哈尼族、傈僳等民族的一些支系族群，要求女孩子在成年或来月经之后戴上"鸡冠帽"或称"凤凰帽"的小帽，有些民族的女性在十六岁以后由穿裤改穿裙，还要举行换裙仪式，意味着已经性成熟，可以出嫁并孕育后代。只有经过换装解禁的女子"才有资格进入成人的社交圈子"[2]，表明已经告别了少女

　　① 邓启耀. 衣装密语——中国民族服饰文化象征. 成都：四川人民出版社，2005：73.
　　② 同①10.

时代，开始以成年人的面貌参与社会活动。在这里，服饰的改变代表着一种权利，同时成为一道明确的道德禁令，在男女交往活动中划清了界限。

婚礼对于男女两性来说都是人生的重大改变。尽管成人礼昭示着个体步入成年阶段，需要履行成年人所应负之责，但是真正使一个人成熟的乃是婚姻。结婚以后，个体承担的责任和对社会活动的参与度都有了质的改变，同时结婚也体现了一个家庭和家族的壮大与兴旺。每个民族对结婚礼服的装束和颜色都有不同规定，在装束上一般与本民族服饰相同或相似，只是比平时着装更加隆重盛大，但在颜色上各自区别甚大。大多数民族的新娘都穿红以示喜庆，但哈尼族则要新娘在进入新郎家族村寨前换上破旧的白色衣服以示一路洁净，彝族等崇尚黑色的民族会让新娘穿上象征先祖后裔的黑衣出嫁。经历婚礼的女性，从此不再属于娘家，不能再在父母膝下承欢，而是改宗换姓成为婆家的"外姓人"，难怪新娘在换上崭新的嫁衣之后要"哭嫁"了。婚后的男女在服饰、妆容上都与之前不同，以显示已婚的身份，比如女性要束发成髻。甘肃土族的新娘在婚礼头一天早上"上头"，行梳头礼；广东侗族地区的姑娘婚前都盘两个发髻，结婚时及婚后就要改为一个发髻。为人父母之后，身份已经改变，真正告别了小儿女的娇憨姿态，在言行举止上要审慎严谨，在服饰上更是显示出升格为长辈后的端庄与威严。

（三）区别宗族信仰

民族与宗教相伴而生。早在人类历史的幼年时期，现代意义的宗教尚未形成之时，各地的人类文化就出现了绘有图腾崇拜样式的宗教服饰雏形。可以说，各地的少数民族普遍有着自己的宗教信仰，在某种程度上，甚至可以说，每个民族文化的主要区别正是在于信仰的不同。人们的生活方式、道德信念、价值观念等民族文化、民族精神乃至风俗习惯都或多或少与本民族的宗教信仰、图腾崇拜有关。少数民族的先祖们将世世代代、祖祖辈辈信奉敬仰的宗教信仰和图腾崇拜幻化成美丽的图案，缝制、织绣或镶嵌在自己的服饰上，不同民族、地区或部落的人们由于地理环境、历史背景、文化风俗以及价值观念等因素的不同，对同一宗教信仰进行了一定的本土化改良或民族化改变，使得不仅不同宗教信仰的民族表现出不同的服饰特色，而且同一宗教信仰下的不同民族或同一民族的不同部落的服饰也都表现出自己独特的精神风貌。于是，各具特色的民族服饰也成为民族间互相区别宗教信仰的标识。

在中国，回族和维吾尔族都是全民信仰伊斯兰教的民族，除了都严禁裸露身体之外，自然环境、历史文化的差异使得回族和维吾尔族的民族服饰各具特色。总的来说，回族服饰样式简单、颜色明快；维吾尔族服饰则更绚丽多姿。在男性服饰上，从颜色上来说，回族男性服饰主要使用白色，从小帽到衬衫均为白色，裤子为白色或深色，维吾尔族男性服饰也以白色衬衫和深色长裤为主，但在白色衬衫领口、前胸、袖口均绣有花边，外套着名为袷袢的长袍，并用细棉线织成的绣花腰带束扎；从帽饰来看，无檐小白帽是回族男性服饰的特殊标志，维吾尔族男性则主要戴名为"朵巴"的四棱小花帽；回族男性穿着短上衣，常以双襟白衬衫配黑色或暗绿色马夹，只有去清真寺做礼拜时要换上被称为"准白"的白色长大衣或长袍，维吾尔族服饰则受古代多民族影响，尤其受回鹘和喀喇汉朝人的服饰影响，特别忌讳穿着短小，衣服必须过膝，裤脚必须盖脚面，穿贯头衬衫，还常常系腰巾；此外，回族男性常穿皮鞋（非猪皮），而维吾尔族男性惯于穿靴子。在女性服饰上，回族女性也是以素色和纯色为主要颜色，维吾尔族女性穿着则艳丽花哨；回族女性戴白帽或以白色、绿色、青色、黑色等纯色制作的头巾完全遮盖住头发、耳朵和脖颈等部位，即使佩戴首饰也不外露，维吾尔族女性除了戴与男性类似的"朵巴"外，还会装饰上孔雀翎并佩戴耳环、戒指、项链等装饰品；回族女性习惯穿裤装，维吾尔族女性则在裤装外套上裙装，还常在裙子上穿长袖衬衫。这诸多的民族服饰差异使人们很容易就能从穿着打扮上分辨出回族人与维吾尔族人。

宗教对少数民族的影响是全面且深刻的，同时又被渲染上浓厚的民族特色和地域以及文化特征，呈现出形式各异的民族服饰，使得各个少数民族服饰展现出各具特色、精彩纷呈的服饰样貌。

三、服饰伦理的社会风尚

服饰伦理风尚是人们在日常生活中通过服饰行为反映出的社会伦理

价值观念，是社会风尚的一部分。影响社会风尚变化的因素是多方面的，主要有自上而下和自下而上两种形成趋势。古代和现代扮演引领服饰伦理社会风尚的主导力量有所不同：在古代社会，常由统治者和精英贵族充当这一角色，但也有一些服饰风尚是自民间流传逐渐影响上层社会的；在现代社会，除政治人物外，社会名流、影视歌明星、富裕阶层和"网红"成为服饰时尚潮流的引领者。相比古代，现代社会引领服饰风尚的源头更多元化，引起社会风尚发生变化进而影响服饰伦理变革的因素除传统的政治、经济和文化因素外，科学技术也起到了重要作用。

"社会风尚的核心内容是人们互动中的道德行为，主要是一种道德风尚，即社会上大多数人所认同、遵守、推崇的某些道德规范的行为。"[①]服饰作为人类社会生活状态的晴雨表，很大程度上受社会风尚的影响，同时它也影响着社会风尚的价值取向和行为方式。

（一）节俭与奢侈

节俭指人们面对自己的需要和欲望时要节制、约束，与之相对的奢侈则是对自己所需、所欲没有约束。节俭的服饰行为并不一味要求人们克制或抑制对服饰的所有需要和欲望，而是在社会资源及生产力允许的范围内，在考虑到人类欲望的无限性与自然资源的有限性之矛盾的基础上，采取适度的服饰行为。奢靡放纵的服饰行为是不顾及他人和后代的生存需要，超出自己基本实际需要的范围与程度，任意使用、消费、浪费各种服饰及资源的行为。这种奢俭对立在古今中外人类历史中通过服饰充分地表现在不同时代和地域的社会风尚中。

仿效权威似乎是一种自古以来"流传"的时尚，人们具有与偶像、权威人物的审美取向或价值观念趋同或保持一致的"冲动"。服饰显形于外，易于模仿。因此，在中国传统社会，封建统治者的服饰观念和行为对整个社会风尚有至关重要的决定作用，奢侈无度的价值观指导下的生活方式和服饰行为，在社会中尤其在上层社会会以更快的速度传播开。《韩非子·外储说左上》中记载有"齐桓公好服紫，一国尽服紫"的典故，其时"五

---

① 朱力. 社会风尚的理论蕴含. 学术交流，1998（4）：61.

素不得一紫",身为君王的齐桓公非常担忧,显然这样的风尚于国于民都不利,后在管仲建议下"恶"紫,才使此不良之风得以遏制。西汉时期,正是由于文帝、景帝以身示范天下,引领良好社会道德风尚,以俭德治国,才形成了两代帝王治下的清明盛世。正所谓"上有好者,下必有甚焉者矣"(《孟子·滕文公上》)。传统社会中统治者秉持的服饰伦理观念对整个社会风气具有决定性的影响。

社会风尚和服饰的变革与社会政治、经济、文化变革有密切关联。每次社会变革都是新生力量对旧有腐朽力量的反动和革命,是对旧统治者奢侈腐化的生活方式的革命。中国历朝历代政权更迭都伴随着服饰制度的改革,不仅因为服饰是一种政权力量外显的标志,而且是因为封建统治者清楚地意识到了服饰伦理对整个社会风尚的决定作用,意识到其能够对民心、民风产生影响。在政权初稳时,大多数统治者都厉行节俭,推行节俭的服饰制度和政策,塑造尚俭的社会风尚,以帮助稳固新生的政权力量。

诸葛亮在《诫子书》中明确提出"俭以养德"的命题。通常来说,节俭的社会风尚总是能在社会中培养出淳朴的民风、和谐的伦理关系和良好的道德风尚,有利于个体的身心健康和社会的健康有序发展;而奢侈无度的生活方式则会消磨人的意志,使人们耽于享乐,腐化人心,进而侵蚀社会道德,危及公共秩序。在当前全球面临环境污染和生态危机的严峻形势前,提倡节俭适度的服饰消费行为尤为迫切。

(二)开放与保守

社会风尚的开放或保守主要与主流文化是否自信相关。具有文化自信的主流文化通常会塑造出自由、开放的社会风尚,愿意包容和融合不同文化形态,服饰伦理更具多元化和包容性;缺乏自信的主流文化往往会导致保守的社会风尚,服饰伦理更具单一性和排他性。在人类历史上,社会风尚的开放与保守似乎总是相伴而生、交替出现,当一个开放的时代过去,紧接着的往往是社会风尚保守时期。当保守与压抑的社会风尚占据主导地位时,总会出现要求开放、自由的呼声,这种愿望常常首先通过服饰表达出来。

在中国历史上,社会风尚最开放的时代当数唐朝,这突出表现在服饰上。尽管服饰制度在唐朝日益完备，确立了以"品色衣"为代表的等级服饰礼仪制度，但总的来说，唐朝服饰形式多变、艳丽多姿，展现出与前世和后代颇为不同的风姿，呈现出多元服饰文化并存、广收博采、兼容并蓄的服饰特征。与之相应，传统儒家严格的服饰伦理体系也有所颠覆和松动。

唐朝时期男性服饰相对单一，只在服色上颇多讲究，故而其服饰伦理风尚突出表现在女性服饰上。在很长一段时间内女性流行穿胡服，喜好"著丈夫衣服靴衫"（《旧唐书·舆服》），最为瞩目的是盛唐时期，女装一度流行祖露装——上装为祖领短罗衫或半臂衫，以大带拦腰紧缚高腰长裙，再披上轻纱，酥胸半露，身姿隐现，显得女性雍容大度、优雅华贵。有些女性里面不着内衣，直接系以高腰长裙，甚至仅以轻罗纱代替长裙，或"用多幅纱绢遮蔽下体，而不缝合在一起"①，露肩裸背，使身姿在薄纱掩映间显现出美丽轮廓，即使在今天看来，也是异常大胆而性感的装束。不过，这种女装通常只有具有一定身份、地位的王族和贵族女性及为取悦统治阶层的歌舞女才能穿着，一般平民家庭的女性仍穿着保守。唐朝社会风尚如此开放，源于思想文化的开放。尽管当时儒家思想仍为主导文化，但佛、道教的兴起及袄教、景教、伊斯兰教等外来宗教文化的流传使传统儒家思想的"大一统"地位受到冲击，整个社会文化思潮呈现多元发展、兼容并蓄的态势。思想和信仰上的自由、女性地位的提升及女教受重视，使唐代女性在追求服饰时尚的过程中极大地享受到前所未有的人性解放和精神自由，充满激情和自信地通过服饰尽情表达自己。正如《旧唐书》中所言："尊卑内外，斯一贯矣"。

与唐朝宽松、自由、开放的服饰伦理风尚不同，宋朝的服饰伦理风尚以保守、拘谨为特征。宋朝服饰一改前朝风尚，一方面是由于宋初统治者吸取唐朝藩镇割据与宦官乱政的教训，实行重文抑武的执政方针；另一方面与其动荡的政治形势和深刻的民族矛盾等社会背景有密切联系。或许正是由于这种民族矛盾与政治危机的长期存在，宋朝统治者才致力于对汉族原有服饰传统的继承和发展，"力图恢复服饰古制的蓝本"②，试图维护汉

---

① 秦永洲. 中国社会风俗史. 济南：山东人民出版社，2000：19.
② 华梅. 服饰与中国文化. 北京：人民出版社，2001：294.

民族的民族尊严、文化独立性。宋朝服饰趋于保守，更儒雅文气，以是否符合礼仪道德、合于教化为根本原则。女性服饰更加拘谨，整体表现出近乎病态的纤细、瘦弱之姿，在样式变化和色彩构成上都无法与盛唐相提并论。宋朝社会风尚的扭转直接归功于对理学的推崇。朱熹"存天理，灭人欲"的禁欲主义思想，对宋朝社会风尚产生了决定性影响，彻底改变了唐朝开放、宽松的社会风尚与服饰伦理观念。

纵观中国服饰历史，华夷服饰之间一直存在着互斥和相容两种状态。华夷服饰互斥时，社会风尚相对保守，服饰伦理相对统一、严格；而在华夷服饰相容阶段，社会风尚相对开放，服饰伦理相对宽松、自由。这两种状态总是交错出现，"有明显的周期性规律。经过春秋战国的民族动荡，到秦汉进入沉淀、稳定时期；经过东晋十六国南北朝的动荡，隋唐时又来了一次沉淀；从辽、金、元的动荡到明朝恢复汉族衣冠，从清朝强制推行满族服饰到民国后多元化服饰结构的形成，莫不如此"①。

改革开放初期，西方文化的强烈冲击，使得人们的服饰伦理观念骤然开放。在这一时期，薄、透、露的穿衣风格作为对个性化的误解而一度流行。随着近年中国传统文化热的回温，保守、秀美而内敛的传统服饰再次受到人们的青睐，汉服、唐装、旗袍作为常服又出现在生活中，一些地方甚至还专门组织汉式集体婚礼。这说明经历巨大社会转型的中国人不再盲目信奉外来文化，而是更加理性地面对世界，审视传统文化，重拾文化自信。

(三) 循常与反叛

当主流文化趋于保守和压抑时，通常会出现具有反抗精神的反传统服饰伦理观念，可将之视为对传统服饰及其伦理文化的"变异"。如在中国魏晋南北朝时期的士人中特别流行反儒家传统的服饰行为：宽袍大袖、长带飘飘、袒胸露怀、赤足散发。最著名的是"竹林七贤"之一的刘伶。《世说新语·任诞》中记录了他"惊世骇俗"的裸身见客之举："刘伶恒纵酒放达，或脱衣裸形在屋中。人见讥之，伶曰：'我以天地为栋宇，屋室为裈衣，诸君何为入我裈中？'"魏晋文人在服饰上的"反叛"主要是因为

---

① 秦永洲. 中国社会风俗史. 济南：山东人民出版社，2000：16.

当时政局动荡，社会秩序混乱，儒家名教思想严重束缚人性，并且政治上的黑暗与迫害对士人群体造成极大的心理压力，使其常有性命之忧。因此，他们在行为上表现得放荡不羁、放浪形骸，整日热衷"清谈"和饮酒食药，不问世事，借此"避祸保身"，疏解内心郁郁之情。"玄学"的出现和广泛流传及"奇装异服"的大肆盛行，正是魏晋时期不得志的文人学子苦闷、无奈心态的集中体现。

欧洲社会也曾出现类似的服饰风尚。兴起于美国20世纪60年代的"嬉皮士"运动和流行于70年代初的"朋克"文化，正是当时充满压抑与苦闷的年轻人对主流文化所代表的社会风尚发起的反叛。"嬉皮"源自塞内加尔的乌洛夫语，本义为"张开眼睛"，"一般被用来描写西方国家20世纪60年代和70年代反抗传统习俗和反主流社会的年轻人"①。"朋克"最早是一个摇滚乐队的名字，后成为一种摇滚音乐形式，再后来发展成一场运动和一种文化。这两次文化运动都以服饰为反叛标志，根源于美国当时的社会背景：二战以后，社会秩序逐渐走入正轨，日常生活和经济发展得以恢复，物质生活日益富裕，现代化大工业为社会带来了巨大财富，然而在战争中诞生的一代大多出生在残缺家庭，战争造成大量青壮年男性死亡，不健全的家庭结构使孩子缺乏完整的关爱，同时社会上出现许多难以接受的社会现实问题，比如人情冷漠、欺凌奸诈甚至依然面临战争危机，于是接连出现以"蔑视传统的高贵的社会风尚"② 为主旨，怀疑一切、否定传统、排斥道德，不愿按部就班地生活，不甘于平凡，渴望与众不同的"嬉皮"和"朋克"两种文化形态。这一代具有反叛精神的年轻人，或者像"嬉皮士"那样极力传递出对"爱与和平"的追求，他们将多种元素以一种奇妙甚至奇异的方式组合——留长发或"非洲式"发型，穿带有浓厚"迷幻"色彩的、抽象图案的艳丽服饰，喇叭裤、T恤、平底凉鞋，喜欢饰以念珠、羽毛、花朵等，展现追求自由、崇尚自然、渴望解脱的嬉皮精神；或者如之后的"朋克党们"喜欢穿着奇装异服——发型奇特怪异，全身穿环，穿着充满暴力、血腥、色情、

---

① 黄慧. 朋克与嬉皮主题服饰的比较分析. 大众文艺，2012（12）：84.
② 要彬，华梅. 西方服装史（第2版）. 北京：中国纺织出版社，2008：222.

鬼怪以及宣扬无政府主义图案的服饰，而皮革、牛仔、紧身裤、花衬衫几乎是那个时代的标志——聚集在街头，吼唱摇滚、吸毒酗酒、宣扬性解放……表达对社会的不满和人生的茫然，表现出颓废、厌倦、麻木的思想意识形态。

进入 21 世纪，生产力与生产关系的巨大发展为人们的生活提供了更多的物质和精神产品，提高了可选择性，思想波动更加频繁、直接、多样化地通过服饰表现出来。不论曾经或正在流行的摇滚风、日韩风、欧美范儿等服饰风格，还是黑色艺术、审丑文化的暗流涌动，社会风尚在服饰伦理方面的反映和表现总是显现出彼此依存、相伴而生的循常与反叛，人们或多或少都会通过或含蓄或张扬的服饰行为方式传递出自己感受到的社会风尚气息，表达自己的思想意识、态度。

社会风尚是社会观念和社会意识的表现，服饰则是社会风尚的重要载体与表现形式。如果说服饰是社会发展状况的一面镜子，那么不同时期的服饰伦理就是当时社会风尚的镜子，可谓社会在政治、经济、文化尤其是伦理道德方面情况的缩影。社会风尚与道德理想并不总是一致，但"只要任何一种穿着状态被作为持久的社会习惯而接受，总会有一些服装，一些样式被认为是不适当的。时尚也是伦理的一部分，它就像伦理一样，也存在着某种心照不宣的一致性。什么是正确的，什么是错误的，只要被伦理所接受，一种淫秽的时装就会变为无邪的了，反之亦然"①。可见，一段时期内的社会风尚虽然总体上具有倾向性，但并不总是稳定不变的，只要获得社会伦理和道德价值的认可，任何服饰行为都可被接纳甚至流行，反过来又会推动社会风尚的转变。

结语：穿出伦理与品位

道德是文化的核心，服饰伦理则是服饰文化的核心。构建一个合乎人

① ［美］玛里琳·霍恩. 服饰：人的第二皮肤. 乐竟泓，等译. 上海：上海人民出版社，1991：82.

类本质需要、符合人际交往需求和社会整体利益的服饰伦理体系,不仅有利于个体的身心健康、自我价值的真正实现和融洽人际关系的形成,更有利于人类社会的健康、可持续发展。一个时代的道德本质上是社会全体成员所具有的全部道德意识和合宜行为方式。我们研究服饰伦理,就是为了唤起人们对现代社会生活中服饰伦理问题的重视,重新审视服饰作为维系社会伦理风尚的工具和道德文化传承的重要载体所发挥的不可替代的作用,以唤醒每个人内心深处的道德责任意识。通过服饰这一"习以为常"的载体,以最浅显易懂的服饰行为方式传达出积极的人生态度,使我们真正成为有道德理性的、自由全面发展的人。

服饰伦理建构最终要落实在每个服饰行为主体身上,为个体认同、接纳并践行。因此,我们认为,中国服饰伦理建构至少应当遵循"舒适""合宜""品位"这三大指导原则。

（一）舒适：自然原则

从现代服饰理论看来,"舒适是服装穿着的基本要义,它指人们无论在哪个季节、身处何种环境,衣装都能给人以轻松、自然的感觉,且具有运动自如、抵御不利气候等基本属性,主要包括对气候的调节作用、活动的适应性、对皮肤的良好的触感,以及防御外界对皮肤的危害"[1]。"舒适"是服饰从诞生之日起最基本的功能,随着时代发展与变迁,其内涵日渐丰富,从最初抵御寒暑、保护身体到今天对服饰样式、面料、运动性、功能性等的创新和发展,都体现出人类对穿着舒适的不懈追求。

从服饰起源来看,人类"发明"服饰是为了应对严酷的自然环境。可以说,服饰是人类突破大自然既定条件,为满足自身更好地生存和生活要求而产生的;既是人类适应大自然的结果,也是人类改造大自然的结果。尽管等级社会对服饰象征意义的追求远远超越对舒适的追求,甚至导致出现伤身害生的现象,但舒适仍是服饰本身尤其是服饰伦理的旨归。

从服饰伦理的角度来看,"舒适"除了指穿着体感舒适,具有良好的温度调节、保护身体和便于活动的功能外,也包括视觉观感舒适、心理防

① 黄士龙.现代服装文化概论.上海:东华大学出版社,2009:19.

护与慰藉。违背这一原则的服饰，如过于紧窄、沉重、短小的衣服，会引起身体不适，"消耗体能、阻碍血液循环和行动自由"[①]，尤其对未成年人的骨骼发育和正常生长会产生不利影响，严重的还会伤害身体，减损寿命。这种现象以中国封建社会女性"裹小脚"风俗和欧洲中世纪女性流行铁质胸衣的时尚为典型代表。现代中国社会也不乏这种现象，比如前几年风靡一时的高跟尖头鞋，由于鞋头过尖过长、鞋跟过高过细，易造成足部变形和腰椎损伤，一些女性甚至因此摔伤而就医。此外，现代中国女性普遍穿着从西方引入的文胸（其雏形就是中世纪的铁制胸衣），以使女性胸部造型更美，突出女性独特的体态美，但是一味追求聚拢、塑形效果和提升胸部，以"强力"改变身体的自然状态，带来的就不是美丽，而是对身体的伤害，容易诱发乳房病变。

这种现象正随着人们生活水平的提高和生活观念的改变而变化。近几年，那种极端追求美丽而放弃舒适的服饰行为逐渐减少，人们日益重视对服饰舒适度的要求，开始"回归"对服饰穿着的最初要求，追求自然、舒适。从面料到剪裁都以天然、环保、适体为主要原则。在设计上，更多融入自然元素和色彩，以天空、大地、海洋、树木、山谷、田野等为主题，加强人与自然的联系，缓解人们常年生活在"水泥森林"中时常感受到的心理压力，以期带来清新美好的自然气息或新鲜绿色的视觉享受。从服装流行样式看，休闲装和运动装受到广泛青睐。传统西服也出现了休闲化改良款式，演变成为"休闲西装"，在很大程度上取代了规整板正的传统西装，成为公共场合中常用的男式礼服。在没有硬性要求的企业和部门，"上班族"也喜欢穿休闲服上班，而那些对工作装有硬性要求的企业则将周五设为"便装日"，以缓解办公室内严肃的工作气氛。

"舒适"作为服饰伦理原则之一，其合理性在于能够最大限度地保持身体的健康状态，缓解人们的精神压力和紧张情绪。一切能够维护生命的健康存续、促进人类幸福的观念与行为，在我们看来都是符合伦理的。因此，"舒适"是服饰伦理应当遵循的首要指导原则。

---

① 李当岐. 服装学概论. 北京：高等教育出版社，1998：157.

(二)合宜：伦理原则

英国学者恩特维斯特尔认为，"衣着总是关乎道德的理由之一"就是，"穿合适的衣服，展现我们最好的一面，我们就对自己的身体感到安闲自在，反之，若在某个情境中着衣不当，我们就会感到尴尬、不对劲和脆弱"，"觉得自己随时都有可能受到社会的谴责"①。

在中国传统京剧行当里，有句著名谚语叫"宁穿破，不穿错"。这是说在戏剧表演中不能一味追求华美新鲜的外形和精致炫丽的扮相，关键在戏服与人物的年龄、身份、地位、职业、性格及故事发生的背景、环境和人物心境相符合。后来这被当作服饰穿着的一条基本原则，广泛应用于社会生活。从西方起源并流传而来的现代服饰穿着遵循的 TPO 原则（即Time、Place、Occasion），也要求服饰穿着要注意时间、地点和场合的礼仪。这二者要求的都是服饰穿着的合宜性。合宜性从显性来看，似乎是要合乎时间、地点和场合，但实质是合伦理性。因为时间、地点、场合都是人们交往的时空环境，人们穿衣符合环境条件的要求实际上是要求人们尊重进入这种特定环境中交往的人。比如，在西方，晚礼服是各种女式礼服中最具个性与特色的正装，往往在设计上强调女性窈窕秀美的身姿，展露颈肩和手臂等身体部位，使女性看起来既高贵优雅又性感妩媚。因此，晚礼服作为一种特定场合的着装有严格的时间限制，通常只适于在晚上八点以后的公共聚会或正式晚宴中穿着，意味着对参与交往活动的他者表达敬意和感谢，若在白天穿着就显得女性轻浮古怪。

人类自从进入文明社会，服饰就不再是社会成员随心所欲的行为，而是受到社会公序良俗与伦理道德的规约，个体往往被要求以社会普遍能够接受的服饰行为和得体形象参与到社会生活中。这种社会普遍能够接受的得体的原则，正是我们所谓的"合宜"原则。与之相应，中国传统社会有一个类似的概念和原则，即"中庸之道"。

在中国传统社会，"中庸之道"是包括服饰在内的政治、文化、审美

① ［英］乔安妮·恩特维斯特尔. 时髦的身体：时尚、衣着和现代社会理论. 郜元宝，等译. 桂林：广西师范大学出版社，2005：2-3.

等观念一以贯之的行为原则，是传统道德智慧的核心。所谓"中庸之道"，实际上就是要人们在日常生活中遵循合宜原则，即不走极端，凡事都拿捏得恰到好处。中国传统服饰严格遵循着这一原则。中国传统服饰以宽袍大袖为主，强调服饰的舒适性、实用性与装饰性于一体，在细节上可谓巧夺天工；"在服装构成的形式法则上，中国服装体现出强调和谐、对称、统一的表现手法。服装倾向于端庄、平衡，忌讳倾斜感和非对称性"①，并详细制定相应的服饰制度来规范服饰行为，体现出一种理性气质与道德意蕴相结合的服饰风貌。可以说，中国传统服饰从内到外、从形到神都体现着"中庸之道"，表现出含蓄婉约、和谐适中的样貌。具体而言，从服饰样式来看，中国传统服饰既不像古希腊时期那样以一方大布披挂了事，也不像近现代西方"窄衣文化"那样精致贴身，而是采取一种"若即若离"的包藏方式将身体隐逸在中规中矩的衣裳中；在纹饰上，"重意不重迹"，把生活中的具体实物形象加以抽象和寓意，设计成各式图案装饰在宽袍大袖上，以传达深刻的政治意向和伦理观念。在这种思想指导下，人们对服饰的选择要考虑穿着者的身份、地位、时间、场合、气候、身材和个性特征等一系列主客观因素，以求符合"不偏不倚"、恰如其分的原则，正所谓"过犹不及"——太过极端或者太过讲究都不能算是合宜的服饰行为。

　　然而，对服饰"合宜"的要求并非僵化固定的统一模式，而要考虑穿着者自身的实际情况，如身材、肤色、身高、体型和气质等，遵循一些通行原则，以求达到动静平衡，也就是所谓服饰"中庸之道"的"时中"。哪些服饰和颜色在哪些场合使用，什么时间适合穿什么服饰，都有讲究。在亲朋好友汇聚的喜宴上穿一身白衣或黑衣，或在丧礼上穿红戴绿，显然都不是合宜的服饰行为。而且，同样场合因不同文化而有不同的"合宜"标准。同是丧礼，汉民族一直以白色为丧服，但在欧美国家则习惯穿黑色衣服参加葬礼。然而，无论白黑，只是各个国家、民族对颜色的赋义方式和文化心理不同，隐藏其后的都是对丧家的尊重。

　　总的来说，所谓服饰的"合宜"原则，就是在尊重自己真实需要和喜

---

　　①　刘振晴，庹武. 中国古建筑和中国古代服饰的交融. 美与时代（上半月），2009（6）：117.

好欲望的同时，尊重他人的风俗习惯、民族文化，遵守社会通行的公序良俗，这不仅有利于人际关系融洽和谐，而且有利于形成互敬互谅、互利合作的社会风气和道德风尚，在最大程度上符合每个人的利益诉求，实现个体和人类的全面自由发展。

（三）品位：德性原则

品位，除了指官阶、位次和矿石的品级，还指"人或事的品质或水平"[1]。这里的"品"指品质、品德。个体在道德品质、文学修养、审美鉴赏力等各方面经过长期培养、熏陶和练习而形成的综合素质的固定表现，称为有"品位"。其表现形式多样，往往表现为一种行为气质或解读事物的某种"特殊"能力，它并不只与审美对象的表征有关，而更在于主体的内在素质、道德品质、文化修养及审美能力，如文化背景、受教育水平、生活经验的积累等。

相类似的词是"品味"。在国人日常生活中，"品位"和"品味"常被用作同义词。英国学者彼得·梅尔所著 *Acquired Tastes* 一书被译为《有关品位》，而"taste"一词在英汉词典中往往被解释为"品味""审美"或"鉴赏力""判断力"。[2]因此，实际上这两个词既有联系，又有差别。"品味"一词源于味觉和嗅觉，本义是对食物的品尝、体味，作为名词也指品质、风味、格调与趣味，后来发展成"中国古典文艺美学的一个重要概念，它集中体现了中国古人对文学艺术的审美方式和审美思维特征"[3]，可谓"中国古典艺术最根本的接受方式"[4]。"品味"是日常生活中发生的物质感性化活动，经过主体的审美能动作用而形成的一种美感心理或审美体验。这种心理体验并非所有人都能感受到，带有强烈的私己性和文学艺术性，集中表现在"理想精神、心灵境界等超越性层面"以及"宁静、澄

---

[1]　夏征农，陈至立，主编. 辞海（第六版缩印本）. 上海：上海辞书出版社，2010：1438.

[2]　参见"有道在线词典"、《21世纪大英汉词典》和《牛津高阶英汉双解词典（第四版增补本）》中关于"taste"的词条.

[3]　刘玉梅，方国武."品味"的变迁：从审美到物质. 社会科学家，2014（4）：155.

[4]　邓新华."品味"的审美心理过程及特征. 华中师范大学学报（哲社版），1994（1）：98.

澈"的"生命状态和审美心境"①。在大多数人都为生计奔波愁苦的古代，能达到这种境界和感受这种体验的人是非常有限的，所以传统意义上的"品位"，往往需要财富和权力作为前提与基础。或许正因如此，"品味"的固定表现才能够反映出个体的"品位"。

一直以来，服饰的品位和品味都是与社会等级相关的，是划分、标识阶级和阶层的重要标志之一。百余年前，精美的手工服饰只为上层社会阶层和富裕精英人士"专享"，是拥有财富、地位与权力的象征，这是有"品位"的重要表现。因此，即使统治者费尽心机试图通过各种法律、政令等手段严格防范"下层社会""疯狂"模仿的服饰行为，但始终无法阻挡中下层人士"百折不挠"的"向往"之情。即使在等级制度严苛的中国封建社会，老百姓也"争取"到在结婚之日享有凤冠霞帔的"特权"。随着现代服装产业的发展，曾经具有象征意义的服装裁缝和手工作坊逐渐演变成产业化的著名品牌。这些品牌服饰的"著名"，不仅在于其昂贵的价格、美观的外形、上乘的质地和精致的工艺，更在于蕴含其中的伦理精神与价值——具有社会良好知名度的品牌，通常经过了公众的长期使用并通过了验证，具有品质保证、优良信誉、良好社会形象等基本特征，这些才是名牌的根本内涵。这样的名牌服饰也只有穿在同样表里如一、声誉良好、气质上佳的绅士和淑女身上，才能将名牌服饰蕴含的精神、文化、品格及特色充分展现出来。这种"表里如一"的精神品质，才是传统中西方文化提倡的"品味"。穿名牌服饰确实能在一定程度上体现主体的"品味"，但"品味"的本质意义和价值在于主体内在于心、外显于行的精神境界、文化素质、道德修养，甚至可以说，内在高贵的精神境界与崇高的道德品质才是支撑起"品味"的灵魂所在。

近几年中国"品味"文化的突然盛行，在很大程度上得益于传媒的高度发达。通过广告等媒体的宣传和推广，老百姓受到所谓商业文明生活方式的"启蒙教育"，接触、了解并开始追求"象征"社会精英阶层的特有生活方式，即一种有品质的生活方式。服饰的品味在很大程度上已失去其内在灵魂，沦为一种符号标志。曾具有相当程度私己性和反思性的"品

---

① 刘玉梅，方国武."品味"的变迁：从审美到物质. 社会科学家，2014（4）：156.

味"活动，在商业利益的推动下被大肆精确复制，通过商业手段被倾销进市场，变成"大众文化"的一部分。传统意义上的"品味"所蕴含的高雅格调、精致个性及美德品质被逐渐平庸化、快餐化、普及化，成为大众共享的物质时尚产品，流于形式。甚至一些人对"品味"的执着追求已演变成一种"信仰"，被称为"名牌拜物教"。这种"信仰"促使人们痴迷甚至疯狂地追求品牌，每当有大品牌发售新品，人们为了第一时间拥有最新潮时尚的服饰用品而在专卖店或旗舰店门前通宵守候；没有足够经济实力的人群也有对策——以仿冒或假冒伪劣产品代替。走在中国大街小巷，能看到各种款式、颜色、质地和工艺水平的耐克、阿迪达斯、Gucci 或 LV 等，各个行业、领域的人似乎都以拥有一件或一些"名牌"服饰为荣，即便这些"名牌"不过是出自中国工厂或小作坊的"高仿"货。这样的心理需求以"穿戴奢侈品"作为成功的符号性标志，即使自己不那么成功，通过这种方式"把成功穿在身上"，至少可以表明自己过着具有一定水准的生活，或在精神上达到某种高度。名牌成为"有品味"的代名词，所谓有品味的消费行为被简单等同于某个阶层的特有品位①，现代消费主义文化使"品味"变成一种大众消费文化，使其仅仅成为一种外在物质化的象征，象征财富、身份、地位和权势。

然而，事实证明，尽管"品味"确实能标志阶层、彰显身份，但只通过服饰"改头换面"并不意味着达到了一定的"品位"，那些靠财富堆砌出来的"品味"并非具有德性价值的"品位"。一夜暴富的人确实可以在短时间内积累大量财富，但长久养成的生活习惯却往往暴露了其实际的"品味"水平，其固有的品性和习惯体现出的品味很难在短时间内改变。生活中常常有穿着打扮高贵、衣冠楚楚的人随地吐痰、出口成"脏"、乱丢垃圾、大声喧哗、酗酒闹事……因此，人们创造出具有贬义的"暴发户"这样的时代用语，来讽刺那些"表里不一"的人。

从本质上来说，品位是人生修养的体现，需要长期的修炼，甚至需要花费一生的时间来不断打磨，其表现、表达的是主体的心境和教养。尽管

---

① ［印］拉哈·查哈，［英］保罗·赫斯本. 名牌至上：亚洲奢侈品狂热解密. 王秀平，顾晨曦，译. 北京：新星出版社，2011：4.

当前社会在追求"品位"过程中出现了许多不和谐现象，但追求"品位"不再只是达官贵胄所独具的品格和气质，而是普通老百姓人人皆可向往与追求的目标。在这样一个"盲目"追求"品位"的历程中，逐渐"品尝""品味"出"品位"的真正内涵和价值，有助于全民素养的提高。由此，现在我们所要提倡的"品位"，应超越传统社会等级意义的内涵，更多赋予其文化的、伦理的、审美的和精神上的等级与境界划分意义。

服饰品位是一个人内在修养的外在表现，是一个人精神面貌、文化修养与道德境界的综合体现，也是健康的、技术的、道德的、审美的各种要素在个体上的凝结。人与人在这方面表现出的层次区别和境界差异，形成现代意义上的"品位"。也就是说，我们提倡的"品味"并非高调奢华，谦和低调、外朴内华等内在美德应成为"品味"的内在品质支撑。正如传统儒家的理想人格形象"君子"和西方文化的理想人格形象绅士、淑女那样，都是外在礼仪与内在修养兼具的美好形象。我们希望服饰伦理研究构建的是真实、善良和真正体现精神文化与道德境界的服饰品味，而不是虚妄、粗俗、极端和充满恶意的虚假"品位"。只有经历长期修养和熏陶，刻意培育、练习和实践，并在内心形成情感真挚的、在行为上尊重他人和遵守文明礼仪的、具有服饰"品味"的行为，才是有服饰"品位"的真正表现。简言之，我们提倡的"品位"是善与美的辩证统一。

第二章 饮食伦理

民以食为天，食以安为先，饮食是人类赖以生存和发展的物质基础，人类要获得生存的可能，必须解决"吃"的问题，这是人类实现幸福生活的前提条件。《尚书大传·周传·洪范》曰："食者，万物之始，人事之所本者也。"《淮南子·主术训》中也讲："食者，民之本也；民者，国之本也；国者，君之本也。"李贽在《焚书·答邓石阳》中也云："穿衣吃饭，即是人伦物理；除却穿衣吃饭，无伦物矣。"毛泽东在《湘江评论》创刊宣言中写道："世界上什么问题最大？吃饭问题最大。"因此，饮食在人们的社会生活中具有十分重要的价值，其重要性不只在于满足口腹之欲，还会影响到一个民族的未来发展，关乎国家的命运和人的生命权与健康权以及伦理观念的传承。然而，在当代中国饮食文化空前繁荣的同时，人们也备受其消极因素的影响，尤其是各个领域中的恶性食品安全事件接踵而至，三聚氰胺、毒大米、瘦肉精、地沟油、苏丹红、塑化剂、毛发酱油等，以及伴随着高科技的飞速发展而出现的转基因食品，无不暗藏着潜在的危险，食品安全问题再次敲响了警钟。国务院前总理温家宝曾指出："近年来相继发生'毒奶粉'、'瘦肉精'、'地沟油'、'彩色馒头'等事件，这些恶性的食品安全事件足以表明，诚信的缺失、道德的滑坡已经到了何等严重的地步。一个国家，如果没有国民素质的提高和道德的力量，绝不可能成为一个真正强大的国家、一个受人尊敬的国家。"① 的确诸多不良

---

① http://news.xinhuanet.com/politics/2011-04/17/c_121314799_3.htm.

饮食现象和食品安全事件，给中国人造成了非常严重的影响，导致人的饮食伦理缺失，践踏了人的生命健康，破坏了社会和谐稳定和人们良好的人际关系，所以，必须予以解决。固然可以健全体制、加强食品安全立法与监管，但要从根本上解决问题，却需要全体国人形成正确的饮食观念、遵守合理的饮食伦理规范，形成合理的饮食行为方式，因此，饮食伦理研究刻不容缓。

第一节 饮食伦理概述

中国种类繁多、烹调精良、造型优美、工艺精湛、风味独特的烹饪饮食以及由此派生出的灿烂饮食文化，使得饮食这一行为远远超越了其满足人类充饥、营养与保健的自然欲求，它还包含着社会地位、人伦道德、政治权力、礼仪规范、宗教信仰等重要内涵，是个体生命价值、人际交往伦理、社会风尚、生态文明的高度体现。同时，它还发挥着强身健体、修身养性、敬神祭祖、睦亲和族、聚亲会友、人际亲和、食民宴臣、政通人和等功能，是协调人与神、人与祖、人与人、人与社会、人与自然等之间关系的重要纽带。

一、饮食伦理内涵

在中国古代，"饮"与"食"两个字单独使用，其含义并不相同，一直到周代都是如此，只是到了春秋战国时期，这两个字才合起来使用。饮食一般是对人们关于食物资源的开发利用、食品的生产加工和所形成的食品以及消费过程的总概括，主要包括以下三部分内容：（1）食物原料的开发利用和生产加工，即研制食品的过程；（2）饮食的对象，即加工生产成的食品；（3）食品的消费行为，即人类吃、喝的过程和表现的状态。人类的进化就是伴随着对饮食的不断探索而前进的，在这个漫长的探索过程中，逐渐形成了完善的饮食体系和合理的饮食结构。其实，饮食不仅仅是简单的吃喝以便能够维持生命，否则人们就不会苦苦追寻和坚持不懈地探索饮食，更不会有因民族、地域、宗教信仰、文化背景、风俗习惯等的不同而呈现出千姿百态的饮食状况和各种饮食规范及要求，所以看似简单的饮食行为背后蕴含着深刻的文化内涵和伦理意蕴。

人的饮食行为与动物的饮食行为有别，人不能随心所欲地想吃什么就吃什么、想怎么吃就怎么吃，而要有约束、有节制，既不能暴饮暴食，也不能过于节制，二者都不利于身心健康，而要恰到好处，即达到儒家的"中庸"或亚里士多德的"中道"状态。不仅要节制人的口腹之欲，而且要注意吃的方式，杜绝那些残忍的饮食方式和追求稀奇古怪的食物以及珍贵野生动物，要给动物一定的关怀，维持生态平衡，体现出仁爱思想和公平公正理念。只有合理饮食才能促进身心健康，实现生生之大德，也才能履行对自己、他人、家庭和社会的道德义务与道德责任，否则就会给自己、他人、家庭和社会带来一定的负担，缺失了作为社会成员所应担当的伦理责任和义务。并且，在饮食活动中还要遵循一定的礼仪规范，古人将礼用作别尊卑、定亲疏、辨是非、序人民、利后嗣的准则，这种准则扩大到庶民百姓生活中，则对人们吃什么、如何吃、在什么时候吃以及给祖先神灵祭献什么、怎样祭献等都有详细的规定，形成了完善的礼仪制度。这些严格的饮食礼仪规范体现了我国古代尊祖敬贤、尊老爱幼、长幼有序等传统美德和恭谦礼让的人际关系，贯穿着人伦教化的指导思想，成为修身养性、整合人际关系的有力保障，也成为治国安民、调节民族关系和维护社会稳定的重要手段。

同时，在烹饪理论方面也体现出浓厚的伦理色彩。"从熟食的发明，原料的调配，烹饪的技巧，餐具的选择，节令食品，到菜名的寓意和审美，无一不受伦理的濡染，这是中华文化无往而不在的伦理意识向饮食行为全方位渗透的结果"[1]，导致人们的饮食行为被深深地印上了伦理烙印。"正是饮食伦理化的结果，促使这种礼序化、伦理化、规范化、人情化的饮食活动对中国人的社会生活与人际关系有全方位的影响。"[2] 这种影响具有稳定的内在机制，随着历史的变迁，绵延数千年，至今犹存。

一般而言，饮食伦理是人们在长期的饮食生活中逐步探索、创造、积

---

① 徐海荣. 中国饮食史：卷一. 北京：华夏出版社，1999：57.
② 同①48-49.

累而发展起来的，是人们在吃饭、喝酒、饮茶等日常饮食生活中所体现出来的价值观念、个性特征和风俗习惯，以及所应当遵循的应然之理和规则规范。它主要研究人类饮食活动中的伦理关系和道德标准以及如何用这些道德标准去评判、约束、规范与指导人们的饮食生活，建构正确的饮食理念与合理的饮食方式，为个体德性的完善、人际关系的协调和良好社会风尚的形成提供应然性、正当性、合理性的伦理导向和价值依据。

二、饮食伦理维度

对饮食伦理的追问，就是要深入探讨人类在告别原始茹毛饮血的生食阶段渐渐走向熟食阶段并达到食物极大丰富的过程中，人类饮食活动的内在道德性问题，揭示其所蕴含的道德价值，形成完善的饮食伦理规范。

（一）个体生命价值

《礼记·礼运》曰："饮食男女，人之大欲存焉。"《孟子·告子上》曰："食色，性也。""饮食男女"即生命的维持和种族的延续是人类的本性，也是人类最基本的需求，这是人类和动物都具有的自然属性。饮食是为了保持人类现存的生命，使人类能够获得当下存在的可能性；男女即性欲是为了保持人类未来的生命，使人类能够传宗接代、获得生命的延续性。但在中国人的思想观念中，饮食是第一位的，生儿育女、传宗接代退居其次，择饮食而弃男女，由此可见饮食在中国人生活中的地位和对人生命价值的重要意义。

"影响中国传统文化的哲学，无论孔、孟的儒家还是老、庄的道家，都是追求现世生命的安乐与适度的享受。"[①] 这种生命哲学思想对中国饮食文化产生了深远的影响。人类要获得生存和完成现世生命的安乐，首先必须解决"吃"的问题，这是人类实现幸福生活的前提条件。正因如此，"民以食为天"的观念才深入人心，在人们所向往的"大同社会"也是使

---

① 朱相远. 中国饮食文化的历史与哲学背景//李士靖. 中华食苑：第7集. 北京：中国社会科学出版社，1996：4.

普天之下的人们"皆有所养",《管子·揆度》云:"五谷者,民之司命也。"《淮南子·主术训》也讲:"食者,民之本也。"由此可见,饮食是人的生命存在的根本,"人之不食,七日而死"(《黄帝内经·灵枢·平人绝谷》)。东汉思想家王充也曾讲:"人之生也,以食为气,犹草木生以土为气矣。拔草木之根,使之离土,则枯而蚤死;闭人之口,使之不食,则饿而不寿矣。"(《论衡·道虚》)人离开食物和草木离开土地是一样的道理,缺乏得以生存的"气",就会灭亡。所以,饮食是人类本性的需要,是人类能够生存、繁衍以及发展即实现生命价值的物质基础和前提条件。因此,饮食担当了人类实现生生之德的重任。

(二) 人际伦理意义

不论在中国还是在西方社会,如何设置人在社会生活中的位置、如何处理人们之间的社会关系以及人们应遵循何种规范和具备何种德性,都是对社会的良序发展至关重要的问题。在中国,大到国家、社会群体,小到人们的日常交往和家庭生活,饮食的调和作用显得尤为重要,饮食成为联络感情、化解矛盾、增进友谊、进行人伦教化等的主要媒介。《礼记·乐记》曰:"故酒食者,所以合欢也。"饮食活动能够使人们在欢乐、祥和的氛围中形成和睦的人际关系。故友相逢,宾客相聚,开怀畅饮,一切乐在其中。虽然有人批评中国的合餐制不卫生,但它符合中国人的思维方式和处世原则,反映了中国人尚和的伦理观念。"中国家庭传统宴席与其说是一顿丰盛的美餐,不如说是一项唤起天伦之乐的活动,大家欢欢喜喜,围坐一席,杯鸣盘响,笑语声声。顷刻间,美馔佳馔成了引发和谐欢乐氛围的媒体,从而达到社会祥和、安定团结的目的。"①

在日常生活中,不管家人、邻里、亲戚、朋友,还是同学、同事、师生、上下级,每隔一段时间都要设宴相聚,以联络感情、加深友谊。即使素不相识的陌生人,只要偶然同席相坐、举杯相饮,便可以成为挚友,甚至以"兄弟"相称。历代统治阶级常在宫廷中设宴招待文武大臣和异国使臣,以此来笼络人心和怀柔番邦,作为其维护统治地位的重要手段。《毛

---

① 徐海荣. 中国饮食史:卷一. 北京:华夏出版社,1999:11-12.

诗正义·鹿鸣》曰："（天子）以行其厚意，然后忠臣嘉宾佩荷恩德，皆得尽其忠诚之心以事上焉。明上隆下报，君臣尽诚，所以为政之美也。"传统的祭天祀祖活动、民间的喜庆佳节等，无不借助饮食活动来联络宾客、亲善友谊、敦睦亲情。人们也借助饮食来化解矛盾、冲突，只要矛盾双方同席并坐、举杯相饮，积在心中的矛盾便瞬间烟消云散，敬一杯酒胜过任何言语上的歉意，这就是中国饮食的魅力所在。所以，饮食是中国人整合人际关系和化解矛盾、冲突的重要媒介。

同时，饮食也是进行人伦教化的重要手段。《礼记·乡饮酒义》中记载："乡饮酒之义，主人拜迎宾于庠门之外，入，三揖而后至阶，三让而后升，所以致尊让也。盥洗扬觯，所以致洁也。拜至、拜洗、拜受、拜送、拜既，所以致敬也。尊让洁敬也者，君子之所以相接也。君子尊让则不争，洁敬则不慢。不慢不争，则远于斗辨矣。不斗辨，则无暴乱之祸矣。斯君子之所以免于人祸也。故圣人制之以道。"敬与让是礼的根本精神，所以，在饮食活动中渗透一定的礼仪规范，通过对这些饮食礼仪规范的遵守，使人们相互敬重、相互礼让，以达到人伦教化的目的。《论语·乡党》曰："乡人饮酒，杖者出，斯出矣。""有酒食，先生馔。"饮食活动中的这些礼仪规范，其目的在于培养人们尊老敬贤的伦理精神。通过对这些礼仪规范的认知和严格遵守，保证处在社会生活中的人们各安其位、各守其礼、各修其德，严格履行其社会角色所赋予的基本道德义务，从而达到"贵贱不相逾"（《韩非子·有度》），实现人际亲睦和爱、社会和谐有序的大好局面。

（三）社会文明风尚

饮食伦理不仅是协调人际关系的重要规范，也体现为一定时代与社会的风尚习俗，这种风尚习俗自然也会有善恶美丑之分。对饮食风尚习俗进行价值分析，以引导饮食良风美俗的形成，是饮食伦理研究的重要任务。

所谓饮食风俗，就是指人们在选取食物原料、生产加工、烹制和食用的过程中，长期形成的并传承不息的风俗习惯，它包含广泛的内容，"不仅烹调原料的开发，膳食结构的调配，炊饮器皿的择用，工艺技法的实施，养生食疗的认识，筵席燕赏的铺排，风味流派的孕育和烹调理论的建立，都会受到食俗的制约；而且烹调意识中的人情味，厨房设施里的乡土情，酒楼的商招，厨师的行话，还有乡规民约、社交礼仪、民族食风、饮食忌讳，以及四时八节的大菜和小吃，各地肴馔的品味和审美，也都有食俗的'酵母'在里面发生作用"①。所以，不同地域、不同民族的饮食风俗存在较大差异，体现出一定的社会性、地域性、时代性与民族性等特征，它是该地区和该民族政治制度、经济状况、文化艺术、价值观念、伦理道德、宗教信仰、民族心理以及生存智慧等的综合反映，对社会文明风尚的形成既有积极的引领作用，也有消极的阻碍作用。良好的饮食风俗在规范人们的饮食行为、增进营养与健康、实现幸福生活以及形成良好的社会风尚等方面发挥了重要作用，值得大力弘扬，如节俭饮食就是一种良好的社会风尚，对己、对人、对家、对国都是一种善行，是立人之本、兴业之基、持家之宝、治国之道。不良的饮食风俗，如饮食奢靡之风，就不仅损害了自身的健康，腐蚀了其精神信念和道德品质，而且败坏了社会风气，同时也浪费了自然资源，破坏了生态文明，加剧了社会的不公正消费，对社会道德和精神文明建设是一致命打击，更为严重的是促使了腐败行为在饮食领域的恶性发展。有些饮食风俗的作用是双向的，需要辩证地看待，如中国人一贯以热情好客而闻名于世，孔子曰："有朋自远方来，不亦乐乎？"（《论语·学而》）纯朴的民风形成了人们用最珍贵、最美好的食物招待客人的风俗，这种良好的饮食风俗世世相袭、代代相传，对个体德性的养成、人际关系的建立和文明社会风尚的形成具有重要的促进作用。但中国人有时热情过度，不管是为了面子还是给宾客最高的礼遇，想方设法让客人吃好、喝好，否则就是最大的失礼，于是形成了强让的饮食风俗。这种风俗不可避免地给他人带来了不便与尴尬，甚至是强人所难。古代的千叟宴、民间的丧宴等即是如此，但除了迷信、过于烦琐的礼节和奢靡等缺陷之外，其还是弘扬尊老文化和传承孝道思想的重要平台。孙中山先生曾明确指出，中国饮食烹饪技术是高度发达的社会文明进化的表

---

① 陈光新. 中国饮食民俗初探∥李士靖. 中华食苑：第1集. 北京：经济科学出版社，1994：300-301.

现，"是烹调之术本于文明而生，非深孕乎文明之种族，则辨味不精；辨味不精，则烹调之术不妙。中国烹调之妙，亦足表明文明进化之深也"①。所以，我们要用现代批判的眼光来分析人们日常生活中的一些饮食风俗，进行伦理价值建构，使其成为我国社会文明风尚形成的强有力的推动者。

(四) 生态文明承载

人类生活在一定的时空之中，其饮食行为会直接影响到周围的生态环境，所以，我们必须把人类对自然界的改造限制在生态系统所能承受和再生的范围内，这是人类在满足自身口腹之欲时作为生物共同体的一分子所应具有的道德责任。"从生态伦理学的视角来看，饮食伦理的最高境界应该是把地球生态系统的整体利益作为最高价值，而不是把人类对饮食的需求作为最高价值，把是否有利于维持和保护生态系统的完整、和谐、稳定、平衡和持续发展作为衡量人类饮食活动的根本尺度，作为评判人类饮食理念、饮食方式、饮食行为的最终标准。"② 基于这样的认识，人类的饮食活动应以生态伦理为准则，将维持人类生命健康与保护环境有机结合起来，在作用于自然界的实践活动中，应尊重自然、爱护自然。"生物圈中的所有生物都拥有生存和繁荣的平等权利，都拥有在较宽广的大我的范围内使自己的个体存在得到展现和自我实现的权利。"③ 因而没有充足的理由，我们没有权利剥夺其他生命共同体存在的权利，否则会伤害到人类自身。"由此能推演出现代生态学的先进思想：动物是否可吃，特别应当从物种保存的角度来判断。生物物种的生命价值远远超过生物个体的生命。越是珍稀动物，其生命的价值越高，越不能充作食物。"④ 所以，人类尊重自然、保护生态环境也是为了更好地保护人类的生命安全与健康。当然，"尊重自然并不意味着无所作为，更不意味着人类不可

---

① 孙中山. 建国方略. 沈阳：辽宁人民出版社，1994：6.
② 王诺. "生态整体主义"辩. 读书杂志，2004 (2)：25.
③ B. Devall，G. Sessions. Deep Ecology：Living as if Nature Mattered. Gibbs M. Smith，Inc.，1985：67.
④ 高成鸢. 中国的食物伦理. 扬州大学烹饪学报，2001 (3)：2.

以利用和改造自然。它只是要求人类在利用和改造自然时要尊重自然的基本规律；在满足人类生存需要的同时，适当关注其他生命的生存和延续"①。这是人类能够继续生存与发展的伦理需要，只有这样才能保护生物的多样性，维护生态平衡。

现代社会，环境危机往往是人类无限的欲望与自然资源的有限性、稀缺性之间的冲突，表现在饮食方面就是人类过分地追求口腹之欲而非法捕杀野生保护动物、大量开采自然资源以及现代工业食品的快速发展，这导致了人类对自然资源的过度掠夺和对生态系统的破坏，缺失了人类对生态系统所应有的伦理责任。自然资源是有限的，人们在满足口腹之欲时应该考虑自然资源的承受度和再生性，应该注重生态效益。也就是说，"当代人对可再生资源的使用应限制在这些资源的可再生速率的范围之内，只使用'自然资本'的'利息'，而不使用自然资本的'本金'。当代人应当以这样一种方式来使用不可再生资源，即把使用不可再生资源所获得的相当一部分资金用于技术创新，以便在一种不可再生资源枯竭以前，人们能够顺利地发现新的可替代资源"②。这样才不至于对后代、社会与自然造成威胁，使人与自然和谐相处，从而实现可持续发展，实现工业文明向生态文明的转型。

三、饮食伦理价值

饮食是人类一切社会活动的基础与保障，在人类社会生活中具有重要的价值，发挥着强身健体、修身养性、敬神祭祖、睦亲和族、聚亲会友、人际亲和、食民宴臣、政通人和等功能，从而实现其伦理价值。

（一）强身健体，修身养性

道德或伦理，最终是为了人生的幸福，因此，一切有利于个体肉体生命强健和精神生命高尚的活动，都被看作有价值的，从而是道德的或伦理的。从这个意义上看，只要一种饮食观念和饮食行为，有利于达成上述价

---

① 甘绍平，余涌. 应用伦理学教程. 北京：中国社会科学出版社，2008：231.
② 同①230.

值目的，就可以被看作一种伦理价值，或者换句话说，强身健体、修身养性就成为饮食伦理的个体价值。

人类的饮食不同于动物的饮食，就在于人类的饮食行为只是维持生命存在的手段或前提条件，而不是其目的。但人首先必须从食物中吸取营养，以强身健体，这是人类的共同追求，也是其他一切活动的基本保障。那么，如何吃才能达到强身健体之目的？这就需要注重饮食养生之道。我国先民们在饮食养生方面具有丰富的经验和成熟的理论。《黄帝内经·素问·藏气法时论》曰："五谷为养，五果为助，五畜为益，五菜为充，气味合而服之，以补精益气。"告诉人们要注重食物的合理搭配。中国惯有的以素食为主、肉食为辅的饮食结构，也符合现代营养学的观点。《吕氏春秋·本生》曰："肥肉厚酒，务以自强，命之曰烂肠之食。"这就是说，好食物不一定都对人体有益，吃得太多太好，不仅无益，反而会适得其反，带来一定危害。明代沈仕在《摄生要录》中说："善养性者，先渴而饮，饮不过多，多则损气，渴则伤血。先饥而食，食不过饱，饱则伤神，饥则伤胃。饮食务取益人者，仍节俭为佳。"在古人看来，节制饮食是养生的主要内容之一，诸多养生理论家都有此劝诫，做到这一点，"则所以修得生也"（《淮南子·精神训》）。同时，古人还提出了"医食同源""药膳同功"等思想，主张用食疗与药膳疗疾养身，这是中国饮食文化发展的一大贡献。

对待饮食的态度，不仅涉及肉体生命的维系与康健，而且事关个人的修身养性，即精神生命的提升与超越。人在对肉体生命的狂热追求过程中不断地消解着人的精神生命，而精神生命的完善才是人的终极目标，只有这样才能实现真正的幸福生活。亚里士多德曾说："幸福无论是存在于快乐，还是存在于德行，还是兼存于这二者，往往总是在那些在自己的心灵上与性格上有着最高度的教养却只有适度的身外财富的人们的身上才能够找得到，而不是在那些具有多得无用的身外财货却缺少高尚品质的人们的身上找到的。"① 这正好说明人生的追求应该是实现德性的完善和天下

① ［英］罗素. 西方哲学史：上卷. 何兆武，李约瑟，译. 北京：商务印书馆，1963：245.

大道，而不是沉溺于饮食等物质生活的享受之中。北宋时期的黄庭坚在其《食时五观》中对士人提出"计功多少，量彼来处""忖己德行，全缺应供""防心为过，贪等为宗""正事良药，为疗形苦""为成道业，方受此食"的"五观"要求，以此来劝导士人不要一味过分追求美味，而要积极进取、建功立业、成就德性。

其实，中国的人伦教化贯穿于饮食活动之中，古人对晚辈的教育常常以饮食为突破口，在饮食活动中教育子女立身处世的基本道理与勤俭节约、尊老爱幼、扬善惩恶等良好品德，这是家庭教育的主要途径。古时的乡饮酒礼就是施行教化的一种重要方式，"目的是'为臣尽忠，为子尽孝，长幼有序，兄友弟恭，内睦宗族，外和乡党'。实际上是以乡饮酒的形式，造成一种严肃的环境气氛，让人们的性情得到陶冶，使彼此的关系得到明确，得到调整"①。孔子讲的"食不语，寝不言"（《论语·乡党》），就是一种饮食文明教育，从小接受的饮食礼仪教育也是为了培养人们的德性修养。由此可见，人类的饮食活动不完全是为了生存，更重要的是以此为媒介进行德性培养。

（二）敬神祭祖，睦亲和族

中国人无宗教信仰，所以人们更多倾向于对鬼神的崇拜，这种崇拜最虔诚的方式是将最贵重的食物祭献给鬼神，以表达对祖先神灵的怀念与敬仰以及期求保佑与降福，实现人生的平安与幸福。因此，祭祀是中国人生活中必不可少的一项重要活动，影响中国数千年，其伦理精神实质就在于尊祖敬宗。尊祖敬宗的宗教情怀是孝产生的源头，尤其在周代至春秋战国时期，孝的主要内涵就为尊祖敬宗②，其表现形态为用美食祭祀祖先神灵。《礼记·中庸》也讲："夫孝者，善继人之志，善述人之事者也。春秋修其祖庙，陈其宗器，设其裳衣，荐其时食……践其位，行其礼，奏其乐，敬其所尊，爱其所亲，事死如事生，事亡如事存，孝之至也。"

---

① 王仁湘. 饮食与中国文化. 北京：人民出版社，1993：552.
② 孝的另外两层含义为生儿育女、传宗接代与善事父母，在春秋战国之后，善事父母才成为孝的核心内涵。

发挥孝道的教化作用，使人们更好地养亲、爱亲、敬亲，并尊老、仁爱，形成高尚的道德品质。曾子曰："慎终追远，民德归厚矣。"（《论语·学而》）

养亲是子女最基本的道德义务。《孝经·庶人》章曰："用天之道，分地之利，谨身节用，以养父母，此庶人之孝也。"对于如何养亲，《吕氏春秋·孝行》中记载："养有五道：修宫室，安床第，节饭食，养体之道也；树五色，施五采，列文章，养目之道也；正六律，和五声，杂八音，养耳之道也；熟五谷，烹六畜，和煎调，养口之道也；和颜色，说言语，敬进退，养志之道也。此五者，代进而厚用之，可谓善养矣。"其中，养口之道是最基本的要求，子女首先应满足父母对饮食的需求，以维持生命的存在。所以，在中国传统的孝道故事中，与饮食有关的颇多，如"二十四孝"中的汉文帝亲尝汤药、仲由百里负米、郯子鹿乳奉亲、陆绩怀橘遗亲、灵辄思母食不甘味等都是通过饮食来奉养孝亲的典型故事，具有重要的当代价值。但孝道的伦理本质却是敬而非养，《论语·为政》曰："子游问孝，子曰：'今之孝者，是谓能养。至于犬马，皆有能养；不敬，何以别乎？'""人子事亲，当以诚心尽孝，自可悦亲。不仅在态度上要对父母乐心养志，和悦敬亲，而且在行动上也要时时处处行之以礼，以表敬意，这就是居常之礼了。"①

饮食既是敬神祭祖的重要方式，也是睦亲和族的重要手段。《礼记·坊记》曰："因其酒肉，聚其宗族，以教民睦也"，即通过饮食活动教育宗族的人们要和睦相处。"家庭是个经济单位，也是个会食单位，年节与日常的饮食活动，会使家庭成员间的纽带拉得越来越紧。纽带连接的不仅有母子、兄弟，而且包括所有的家庭乃至家族成员在内。古今都讲究大团圆，家人在年节乃至平日都欢聚一堂，饮之食之，共享天伦之乐。"② 这在中国古代是常见之事，如曹雪芹在其《红楼梦》中就描述了贾府百十余人共庆元宵节的热闹情景。《御定小学集注·右实立教》曰："江州陈氏，宗族七百口，每食设广席，长幼以次坐，而共食之。"这种家庭或家族多

---

① 肖群忠. 中国道德智慧十五讲. 北京：北京大学出版社，2008：195.
② 王仁湘. 饮食与中国文化. 北京：人民出版社，1993：484.

人共食方式，其实就是中国古代家庭伦理教育的主阵地，良好的道德品质通过饮食的方式代代相传，既通过潜移默化的影响进行了人伦教化，又通过礼仪规范的遵守维持了良好的家族秩序，达到了睦亲和族的目的。

（三）聚亲会友，人际亲和

饮食是调节人际关系的润滑剂，人际交往常以饮食作为媒介，亲友相聚、家庭团圆、婚丧嫁娶、生儿育女、年俗佳节以及日常相处，没有酒食难以睦其亲、成其礼、融其情、尽其兴。所以，在一些人生礼俗、时令佳节，人们设宴庆祝，其目的即人际和谐。"生子仪礼，自然也少不了要用食物作道具，一切也都是为了吉祥平安。还在新婚时，食物内有大枣、花生之类，寓意'早生贵子'。孕妇临产，外舅姑家会送来一些特别的物品，其中有彩画鸡蛋120枚、膳食、羊、生枣、栗果，称为'催生礼'。分娩之后，亲朋争送细米炭醋。三七日时，娘家和亲朋都送来膳食，如猪腰肚、蹄脚之物。以后小儿百日、周岁，均要开筵宴请亲朋，以示庆贺。这类礼节大都保存到了现代，尤其在乡村，是世代相传的规范。"① 人们不仅要庆生，而且要祝寿。健康长寿是人类的共同追求，五福寿为先，人们都希冀延年益寿，所以，才会不遗余力地探索和追求长生不老之术，祝寿活动也才如此流行。祝寿也离不开食物，如寿桃、寿糕、寿面、寿宴等，以此来表达对老人的美好祝愿。以此为主题形成一系列饮食活动，敦睦亲情、调和人际关系。

除家庭、家族之外，人们还有一个更为广阔的交往空间，尤其在中国这个所谓的"关系型"社会中，人脉更为重要。所以，人们一方面在不断努力扩大自己的人际圈子，另一方面也要积极维护已有的人际关系，调和彼此的矛盾与冲突。这一切都离不开酒食，举箸畅谈，叙真情，增友谊。在西方也是如此，西方人的聚会，交友目的更明确一些，饮食只是辅助，所以，在一些酒会中只有简简单单的食物和各类酒、饮料，人们轻松自由地交流、沟通，酒食在这里充当了人际交往的重要媒介。的确如此，朋友相逢，以酒相叙，酒肉见证了朋友间的友谊，只要情深谊浓，千山万水也

① 王仁湘. 饮食与中国文化. 北京：人民出版社，1993：480.

无法阻隔，即使日久也不会淡忘与失信。《后汉书·独行列传》记载的范式与张元伯的故事就是典型的代表："范式与张元伯为友，春别京师，以秋为期。至九月十五日杀鸡为黍，言未绝而巨卿至。"这里岂止是一顿饭、一壶酒，而是朋友间的诚信与友谊，酒食只是媒介而已。人际间的迎来送往也离不开酒食，《韩非子·外储说左上》记载了一个朋友久别重逢的故事："吴起出，遇故人而止之食，故人有他故，期反而食。至暮不来，起不食而待之。明日使人求得，乃与之食。"如此真诚，可见情谊之深。即使陌路相遇，也会开怀畅饮。王维的《少年行》描写的就是陌路初逢时的情景："新丰美酒斗十千，咸阳游侠多少年。相逢意气为君饮，系马高楼垂柳边。"朋友相聚，虽少不了酒肉，但绝非为了酒肉，而是以酒肉为平台，搭建起了彼此间的深厚友谊。《礼记·表记》云："君子之接如水，小人之接如醴。君子淡以成，小人甘以坏。"这就是说朋友之间交往，离不开举觞畅饮，但重情义、讲义气、守诚信才是真正的君子。这同时反映出，饮食在建立人际关系、促进人际和谐的同时，也鉴定着人们的道德品质。

(四) 食民宴臣，政通人和

妇孺皆知"民以食为天"这句流传了数千年的至理名言，更明白其中的道理。不论国家大小，民众多寡，有国就有民，有民就得有饭吃，这是亘古不变的道理。相反，若民无饭吃，国家就会发生混乱，甚至导致政权颠覆和国家沦丧。历史上无数次的农民起义，究其原因，除了人民群众长期深受统治阶级残酷的政治压迫之外，一个最根本的原因就是在经济上一无所有，生活极端困苦，所以才会揭竿而起。正如孟子所说："民之为道也，有恒产者有恒心，无恒产者无恒心。苟无恒心，放辟邪侈，无不为已。"(《孟子·滕文公上》)这就是说，作为统治者，首先必须保证民众有饭吃，这样才能保持社会稳定，实现国家富强，这对于任何时代、任何国家的安定与发展都具有普遍意义。因此，历朝历代的统治者才会将天下民众的衣、食、住、行等基本生存需求作为其治国安邦的首要大事，民本思想才会在其治国理念中具有如此重要的地位，《尚书·周书·洪范》中才将"食"列为施政之首。晁错曾说："夫寒之于衣，不待轻暖；饥之于食，不待甘旨；饥寒至身，不顾廉耻。人情，一日不再食则饥，终岁不制衣则寒。夫腹饥不得食，肤寒不得衣，虽慈母不能保其子，君安能以有其民哉！明主知其然也，故务民于农桑，薄赋敛，广畜积，以实仓廪，备水旱，故民可得而有也。"（《汉书·食货志》）只有解决了民众的衣食问题，才能得民心，得民心者得天下。正如孟子所说："桀纣之失天下也，失其民也；失其民者，失其心也。得天下有道：得其民，斯得天下矣；得其民有道：得其心，斯得民矣；得其心有道：所欲与之聚之，所恶勿施尔也。"（《孟子·离娄上》）所以，在兵荒马乱之年，开仓赈灾，施粥救民，安抚人心，这是安邦的最好方式。在和平年代，也需要优抚安民，笼络人心。皇帝登基、册立皇后、立皇太子、出师大捷等喜庆之日都可能诏令天下大酺，举国同庆。《史记·孝文本纪》记载："朕初即位，其赦天下，赐民爵一级，女子百户牛酒，酺五日。"赐酺使民乐，在赐酺中民众领略了皇恩的浩荡与厚重，帝王也因此而得乐，上下皆欢喜。其目的首先是明君臣之义、定人伦之序，其次才是厚待文武近臣，鼓励其为国效力。

对于儒官学士，朝廷也有专门的宴席和特殊的俸禄。从隋唐开始，以科举会考方式选拔出来的优秀人才会受到朝廷优待，有赐宴，也有供给的食物。唐宋以后，赐宴已成通例，其用意则在于"君臣相悦，以逸待劳，调六气之和，养熙皞之福，这可以看作是帝王们举筵的宗旨所在。但帝王的用意还并不仅仅在于这些方面，他还要以这种方式激励臣下，收取人心，以巩固自己的统治"①。

臣下除了有一颗忠心之外，向皇上献食也是一种报答。唐代献食之风盛行，打了胜仗、大臣初迁、中了进士等，都要向皇上献食，而且极为丰盛，以谢隆恩。不仅文武百官要向皇上献食，公主们也寻找机会向皇上献食，以求恩宠。唐代以后，又出现了宴请皇上之风，称之为"买宴"。这样每年各地都进贡各种各样的膳品，皇上在京都可以享受各地的美味佳肴。皇上出巡时接受的御膳也极为丰盛，臣子以此来体现自己的忠诚之心。故而，君臣在赐宴与受宴、献食与受食中关系变得更为融洽。

国家不仅要安内，而且要攘外。历朝历代的统治者在处理邦交关系时都非常注重"饮食睦邻"的和平手段，讲究礼尚往来，采用朝贡与赏赐，

---

① 王仁湘. 饮食与中国文化. 北京：人民出版社，1993：506.

这样迎来送往，就可以化干戈为玉帛。《礼记·聘义》曰："天子制诸侯，比年小聘，三年大聘，相厉以礼。使者聘而误，主君弗亲飨食也，所以愧厉之也。诸侯相厉以礼，则外不相侵，内不相陵。此天子之所以养诸侯，兵不用而诸侯自为正之具也。"这就是说朝聘可以加强彼此间的友好关系，使互不相侵。

第二节 个体饮食伦理

饮食活动首先是个体的生命活动，揭示其养生、存德、守义的历史传统，反思现实中个体在饮食观念与行为上的误区，并提出当代个体饮食伦理的相关正确原则，是我们在这里要做的工作。

一、饮食之真善美传统

（一）饮食养生

第一，食之价值：养生护身。我国自古以来就有医食同源、食疗养生的传统，《周礼·天官冢宰》曰："食医：掌和王之六食、六饮、六膳、百羞、百酱、八珍之齐。"春秋时期的名医扁鹊曰："安身之本，必资于食；救疾之速，必凭于药。不只食宜者，不足以存生也；不明药忌者，不能以除病也。此之二事，有灵之所要也，若忽而不学，诚可悲夫！是故食能排邪而安脏腑，悦神爽志，以资血气。若能用食平痾，释情遣疾者，可谓良工。长年饵老之奇法，极养生之术也。夫为医者，当须先洞晓病源，知其所犯，以食治之，食疗不愈，然后命药。"（《千金要方·食治》）这就是说，从长期来看，健康的身体必须依靠合理的饮食来维持。饮食是养生的关键。那么，如何食疗养生呢？《周礼·天官冢宰》曰："凡药，以酸养骨，以辛养筋，以咸养脉，以苦养气，以甘养肉，以滑养窍。"所以，人们要充分了解食物的食性、食味，并结合自身的身体状况来合理饮食，这样才能达到养生的目的，这是饮食的首要价值。

第二，食之目的：营养还是快感？从饮食的目的来看，西方人更注重营养，中国人更注重美味。但这并不意味着中国人不注重食物的营养价值，恰恰相反，中国人将一种形下食物上升到了形上"天"的境界，可见其重视程度。中国人的饮食结构以素食为主，以肉食为辅，强调以五谷为主食，以肉、菜、果为补充，形成养、助、益、充的有机结合。这具有一定的科学合理性，符合现代营养学的观点。并且，饮食清淡、薄味也是养生最为崇尚的一种饮食方式，清代李渔认为："吾为饮食之道，脍不如肉，肉不如蔬，亦以其渐近自然也。"（《闲情偶寄·饮馔部·蔬菜》）人们的饮食还应遵循自然规律和食物的特性，并调和五味。人类为了健康长寿，应注意食物性味和营养的合理搭配，使五味和谐，达到"甘而不哝，酸而不酷，咸而不减，辛而不烈，澹而不薄，肥而不腻"（《吕氏春秋·本味》）的境界，这是中国饮食文化的魅力所在。所以，从表面上看，中国饮食对营养科学是一种直观的模糊把握，其实它是建立在对食物营养成分及特性经验性理解上的综合把握，是一种超越科学的科学。

第三，何以养生：饮食有节。纵观中国古代社会，节制饮食是人们的一贯主张，孔子强调"肉虽多，不使胜食气"，"不多食"（《论语·乡党》），反对暴食暴饮，老子强调"适饮食"（《通玄真经缵义》），墨子则主张"量腹而食"（《墨子·鲁问》）。《黄帝内经·素问·上古天真论》曰："上古之人，其知道者，法于阴阳，和于术数，食饮有节，起居有常，不妄作劳，故能形与神俱，而尽终其天年，度百岁乃去。"竹林七贤之一的嵇康曾批评："其自用甚者，饮食不节，以生百病……谓之不善持生也。"（《嵇康集·养生论》）袁枚在《随园食单》中告诫人们要戒耳餐、戒目食、戒暴珍、戒纵酒。孙中山先生认为："惟通常饮食养生之大要，则不外乎有节而已，不为过量之食即为养生第一要诀也。"[①] 所以，饮食不偏不倚、恰到好处，这是养生的最高境界。同时，饮食还要定时、定量。孔子曰："不时，不食。"（《论语·乡党》）《吕氏春秋·尽数》也云："食能以时，身必无灾。"

西方宗教饮食生活带有禁欲的色彩，虽然《圣经》中没有明确提出要节制饮食，但《旧约·创世记》中记载的人类始祖亚当与夏娃因偷吃禁果

① 孙中山. 建国方略. 沈阳：辽宁人民出版社，1994：13.

而被逐出伊甸园的故事却告诫人们不要受欲望的诱惑而过分追求美食，柏拉图所描绘的理想国家的宏伟蓝图中也要求节制人的欲望，意大利著名诗人但丁在其《神曲》一诗中把人类贪吃的行为看作一种罪过，以此颂扬节制食欲。可见，在节制饮食上中西方基本是一致的，都反对饮食不节之行为，因为此行为不仅不利于养生，而且不利于养德。

第四，食之规范：卫生与禁忌。春秋战国时期，孔子提出了许多饮食卫生的原则和判断食物卫生的标准，对人们的饮食生活具有重要的指导意义，《论语·乡党》曰："食不厌精，脍不厌细。食馈而餲，鱼馁而肉败，不食。色恶，不食。臭恶，不食。失饪，不食。不时，不食。割不正，不食。不得其酱，不食。肉虽多，不使胜食气。惟酒无量，不及乱。沽酒市脯不食。不撤姜食。不多食。祭于公，不宿肉。祭肉不出三日。出三日，不食之矣。"这具有一定的科学依据，是先民们经过长期的实践探索而形成的优良传统，也是饮食文明进步的具体体现。饮食中也有许多禁忌，如《黄帝内经·灵枢经·五味》中提出的"肝病禁辛，心病禁咸，脾病禁酸，肾病禁甘，肺病禁苦"的"五禁"。

第五，食之以乐：身心康健。人饮食时的精神状态会影响人的食欲，进而也影响人的健康。《吕氏春秋·尽数》曰："口必甘味，和精端容，将之以神气，百节虞欢，咸进受气。饮必小咽，端直无戾。"这就是说，饮食时要精神和谐，身心愉快，只有心情愉快，才能使人的感官产生欲望，因而可以真正感受到美味佳肴的价值。否则，心情不好，再美、再有营养价值的食物，都不会唤起人的食欲，也不利于养生。这就不难理解人们在饮食时要择山清水秀、环境优美之地以及要求美食配美名、美食配美器及饮食与音乐、文学、艺术等巧妙的结合了。这也是中西方饮食养生的共同要求，集伦理意义与审美价值于一体，养生与养心有机结合。

（二）德性修养

饮食养生是人类最基本的要求，德性培养才是人类最大的追求。所以，人类在满足口腹之欲的同时，应注重如何吃得更高雅、更文明、更有德性修养，使饮食养生与养德有机结合起来，在保持生命的同时培养德性品质。

第一，俭以养德。节俭是中国民族的传统美德，《左传·庄公二十四年》曰："俭，德之共也；侈，恶之大也。"诸葛亮在《诫子书》中说："夫君子之行，静以修身，俭以养德，非淡泊无以明志，非宁静无以致远。"西周时期的统治者主张节俭饮食，对后世以俭治国、以俭养德产生了很大影响。儒、墨、道各家也非常重视节俭饮食，《论语·八佾》曰："与其奢也，宁俭。"孔子反对过分追求吃喝，尚以苦为乐的好学之行为，他赞扬其弟子颜回曰："贤哉，回也！一箪食，一瓢饮，在陋巷，人不堪其忧，回也不改其乐。贤哉，回也！"（《论语·雍也》）所以，他又讲"饭疏食饮水，曲肱而枕之，乐亦在其中矣。不义而富且贵，于我如浮云"（《论语·述而》），体现出一种淡泊明志、宁静自得的心性修养和不为物所累的道义精神。孟子受孔子的影响，教导人们应懂得"生于忧患而死于安乐"的道理，这样才能成为"大丈夫"。墨子提倡人们应过"量腹而食，度身而衣"（《墨子·鲁问》）的俭朴生活，指出节俭是国家兴亡的关键，曰："俭节则昌，淫佚则亡"（《墨子·辞过》）。老子提出"为无为，事无事，味无味"（《老子》第六十三章）的主张和"治身养性者，节寝处，适饮食"（《文子·符言》）的修养方法。明代龙遵叙在《饮食绅言》中曰："俭则不贪不淫，是可以养德也。人之受用，自有剂量，省啬淡泊，有久长之理，是可以养寿也。醉浓饱鲜，昏人神志。若疏食菜羹，则肠胃清虚，无滓无秽，是可以养神也。奢则妄取苟求，志气卑辱。一从俭约，则于人无求，于己无愧，是可以养气也。"可见，节俭具有养德、养寿、养神、养气之功效。所以，只有节俭饮食，才能更好地实现精神境界的超越与德性的完善。

第二，仁之食素。仁是儒家学说的核心范畴，是人之为人的根本，是中华民族传统道德的首德或全德。《论语·颜渊》曰："樊迟问仁，子曰：'爱人'"；《孟子·离娄下》曰："仁者爱人"。爱人，就要有恻隐之心，所以《论语·述而》曰："子食于有丧者之侧，未尝饱也。"孟子提出了"老吾老以及人之老，幼吾幼以及人之幼"（《孟子·梁惠王上》）与"亲亲而仁民，仁民而爱物"（《孟子·尽心上》）的思想。《孟子·梁惠王上》曰："无伤也，是乃仁术也，见牛未见羊也。君子之于禽兽也，见其生，不忍见其死；闻其声，不忍食其肉。是以君子远庖厨也。"君子具有仁爱之心，所以，看见飞禽走兽活着，便不忍心看见它们死去，听到它们悲鸣哀号，便不忍心吃它们的肉，君子把厨房摆放在远离自己的场所正是这个原因。宋代哲学家张载在《西铭》中曰："民，吾同胞；物，吾与也。"既然人与万物为一体，那么对待生物就要像对待人类的伙伴那样去爱。墨家主张兼爱，基督教强调博爱，佛教倡导仁慈，亚里士多德则主张一种建立在个体间平等基础上的友爱，这些主张虽然有所不同，但都强调人要有一种仁爱精神。

这种仁爱思想推动了动物权利保护和素食主义的发展。古希腊时期的毕达哥拉斯、亚里士多德等先贤就提倡素食，宋代美食家苏东坡也倡导素食，唐代段成式在《酉阳杂俎校笺·酒食》中说："蟹之将糖，躁扰弥甚，仁人用意，深怀如怛。"这句话的意思是善良之人在食肉时总觉得心里不安，或者带有道德负罪感在食用，尤其是看见蟹要被添加糖进行烹饪时，挣扎得就更厉害，而不忍心去食用。于是，人们总结出食用动物时应坚持三个伦理原则：（1）有益于人类的动物不能食用；（2）越是珍稀的动物越不能食用；（3）高级动物即与人同类的动物，即便对人类无益也不能食用。[①] 一般而言，心怀仁爱之心的人不会采取极端残忍的手段来满足口腹之欲，如孔子说的"戈不射宿"（《论语·述而》）与孟子说的"数罟不入洿池"（《孟子·梁惠王上》）都是出于仁爱之心；相反，只有那些人性缺失之人才会活食猴脑、燔熊掌、活取熊胆等。所以，在文明社会的今天，素食主义获得了快速发展，尤其是随着生态学的兴起，动物保护、素食团体不断壮大，参与人数不断增多。人们对机械化的饲养方式提出了伦理质疑，对马戏团、斗牛场、斗狗赛等行为提出了抗议[②]，反映出人们将仁爱之心泛化于动物，给动物以同情与关爱，以此形成广泛影响，实现天下大爱。

第三，义之有守。在中国文化中，"吃"关系到人格尊严。所以，孔孟以"杀身成仁"与"舍生取义"来捍卫理想人格。孟子说："鱼我所欲

---

① 高成鸢. 饮食之道——中国饮食文化的理路思考. 济南：山东画报出版社，2008：269-270.

② Bernard Rollin. Animal Rights and Human Morality. Buffalo, N.Y.：Prometheus Books，1992：56.

也，熊掌亦我所欲也；二者不可得兼，舍鱼而取熊掌者也。生亦我所欲
也，义亦我所欲也；二者不可得兼，舍生而取义者也。"（《孟子·告子
上》）"廉者不受嗟来之食"的故事正好说明了这一点。《礼记·檀弓下》
记载："齐大饥，黔敖为食于路，以待饿者而食之。有饿者蒙袂辑屦，贸
贸然来。黔敖左奉食，右执饮，曰：'嗟，来食！'扬其目而视之，曰：
'予唯不食嗟来之食，以至于斯也。'从而谢焉，终不食而死。"这位饥饿
之人正是为了维护自己的人格尊严而不吃嗟来之食，最终失去了宝贵的生
命。"嗟来之食"不能吃，"盗来之食"更不能吃，那是对人格尊严更大的
侮辱。据《列子·说符》记载："东方有人焉，曰爰旌目，将有适也，而
饿于道。狐父之盗曰丘，见而下壶餐以铺之。爰旌目三铺而后能视，曰：
'子何为者也？'曰：'我狐父之人丘也。'爰旌目曰：'嘻！汝非盗邪？胡
为而食我？吾义不食子之食也。'两手据地而欧之，不出，喀喀然遂伏而
死。"爰旌目就是因为对方是盗贼而将已吃下的食物吐出来，维护了道义，
但却丧失了生命。伯夷、叔齐二人"不食周粟"，陶渊明"不为五斗米折
腰"等亦是如此。从这些故事可以看出，人格尊严远远胜过口腹之欲的满
足，即使付出宝贵的生命也在所不惜，这是做人的基本原则，也是对道德
信念坚贞不渝的追求。

总之，俭、仁、义应是饮食中具有的德性品质，饮食与俭表达了日常
生活中道德对吃的态度的指导，饮食与仁表达了道德对吃什么和不吃什么
以及如何吃的规定，饮食与义表达了道德对饮食与道德不可两全时抉择的
指导，这三者的有机结合，共同推动了饮食德性的完善。

（三）审美伦理

美是人类文化的高级形态，在社会生活领域，美的东西往往是善的，
善的是美的。许慎在《说文解字·羊部》里解释："美：甘也。从羊，从
大。羊在六畜主给膳也，美与善同意。"从中国饮食文化的发展过程中可
以看出，人们在解决了基本的温饱问题之后就试图不断探索如何吃得更
好，尤其是随着饮食文化和社会文明的不断进步，人们对饮食提出了更高
的要求，强调质、色、香、味、形、器、适、序、境、趣等的有机结合，
"既能使参与者亲身感悟独具东方特色的中国饮食智道的包容性、唯美性、

精粹性，又可体察蕴含在食色食香中的自然情趣，蕴含在食味食声中的人生美韵，蕴含在食享食用中的宴乐怡情，蕴含在食形食器中的时空意境"①。使人在享受饮食之美味的同时，陶醉在那宁静优雅的饮食氛围中，享受那美妙的古典音乐和轻声细语、热情礼貌的服务，从而超越饮食的生理需求，追求更高层次的精神愉悦和德性之美。

"质"是一切美食的前提与基础，若没有上乘的原料，再好的厨师也无法制作出精美的食物。"色"是食物给人的一种视觉感，西方人追求食物的自然本色，而中国人则更注重各种色彩的合理搭配，形成一幅色彩斑斓的艺术作品，起到鲜色夺人的效果。"香"是鉴别食物美的主要环节，《说文解字·香部》曰："香：芳也。从黍，从甘。"古代先哲圣贤认为黍稷等粮食的馨香是一种高尚道德的表征，可以以此施教化、行礼仪、养德性。"味"是我国饮食文化的最大追求，我国饮食文化既强调五味调和，使其达到"甘而不哝，酸而不酷，咸而不减，辛而不烈，澹而不薄，肥而不朕"(《吕氏春秋·本味》)的境界。"形"，中国饮食通过精割细切，精雕细凿，创造出新的、具有立体感的工艺美学效应，甚至还运用雕刻彩染的技术，将艺术表现形式运用到饮食中，创造出具有观赏价值的美味佳肴，以达到悦目的效果。"器"，我国的饮食器具有极高的实用价值和审美价值，"彩陶的粗犷之美，瓷器的清雅之美，铜器的庄重之美，漆器的秀逸之美，金银器的辉煌之美，玻璃器的亮丽之美，都曾给使用它的人以美好的享受"②。美器不仅在于其自身之美，而且更重要的在于它与美味佳肴的有机结合，形成一种新的、更高境界之美。"适"是美的口感象征，人们在追求色、香、味、形、器的同时，还要求食物有甘脆、滑美的口感以及冷热适度。"序"是对整个饮食过程或整个宴席的合理布局，从食物的质、色、味、形、器、温度、菜品等的合理搭配，上菜的顺序到宴会的设计、饮食的节奏、空间结构等方面都得安排得当、和谐有序。"境"，即饮食环境，中国自古以来，就十分重视对饮食环境的选取和打造，尤其宫廷筵宴更是讲究环境氛围，一展皇家天下的宏伟景象，那些权贵们也不逊

---

① 林永匡. 饮食智道. 北京：中国社会出版社，2012：227.
② 王仁湘. 饮食与中国文化. 北京：人民出版社，1993：334.

色，历代的茶坊、酒楼装饰精雅，一代更胜一代。"趣"，饮食活动中还引入一些或雅或俗的艺术形式，这样使人们在享受物质的同时也在精神上获得愉悦，实现精神与物质的有机融合。

人们对饮食的质、色、香、味、形、器、适、序、境、趣等的追求，展现了我国饮食文化与自然情趣、人生美韵、宴乐怡情、时空艺境的融合统一，即"和"的最高境界。"'和'是中华民族传统文化的核心，也是中国古代人们所追求的审美理想的最高境界，是饮食智道（创造美）与天人美韵（自然美）二者的艺术结晶与集大成者。然而中国古代饮食美学所追求的最高美景——'和'的境界，则有不同的层次：基本的是美食的色、香、味、形、声、感的'和'，此为生理审美层次；高一层次的是美食与美器的'和'，此为艺术审美层次；再往上一层是美食、美器、美景与养生之'和'，此为身心审美层次；最高境界超脱于饮食活动之外，达到一种纯精神的'和'，此为一种真正的精神审美境界。"① 在追求这种纯粹的饮食精神审美境界中，不仅进行了美德、美育、美仪的实践教育，而且更重要的在于实现了更高的意境和人生价值，即以饮德食和之途达修身立业之目，以五味调和之经达养生养性之本，以食声美韵之乐达感悟天人之通，以精肴细馔之趣达人生真谛之感，从而实现天人合一的伦理目标。

二、饮食观念误区、行为劣迹与人格缺失

现代社会是一个快节奏、重效率，忽略生活品质的社会，在这种社会背景下，人们的世界观、人生观、价值观、审美观都发生了一定的变化，反映在饮食活动中，则体现为人们对营养、健康、养生等缺乏一定的认识和足够的重视，以及对美食标准存在误区。这将给人们的生活带来极大影响。

（一）饮食观念误区

第一，重味轻营养的误区。中国这种过分追求美味的饮食观念已成为我国饮食文化的致命缺陷，"食以味为先"是人们的共同追求，甚至为了

---

① 林永匡. 饮食智道. 北京：中国社会出版社，2012：227.

一口绝美滋味可以冒生命危险，"拼死吃河豚"就是例证。令人遗憾的是，人们在追求美味时却忽视甚至破坏了食物最根本的营养价值。"舌尖代替了肠胃，作为最后或最高的裁判。'色香味俱佳'成为判断食品优劣的最高标准，而营养却在其次。"① 这种观念促使"问题食品"以美丽的外衣和芳香的口味迷惑消费者，从而使食品市场鱼龙混杂，以假乱真，以次充好。

第二，价廉食品的误区。② 人们最希望的是能购买到物美价廉的食品，这种消费心理会导致"劣币驱逐良币"现象的发生，从而使廉价食品在市场上长期占据优势地位。食品企业为了获取更大的利益，必须采取一切措施降低成本，但与此同时也降低了食品的安全性和营养成分。一些不法企业甚至通过制假售假、添加大量有毒有害物质、使用劣质原料等恶劣手段来降低成本，以满足消费者"物美价廉"的心理需求，从而谋取更大的经济效益。

第三，以貌取食的误区。③ 通常情况下人们是"以貌取食"，即以食品最常见的、最佳状态的感观如颜色、大小、形状、肥瘦、口感等来决策自己的消费行为，这无形中在鼓励一些不法食品企业和商贩置伦理道德与法律以及人们的生命健康于不顾，在生产经营过程中非法添加各种有毒有害的化学物质来装饰食品，以满足消费者的心理需求。

第四，"吃什么补什么"的错误观念。长期以来，人们形成了补的对象与吃的对象之间的同一对等关系的观念，即吃甲补甲、吃乙补乙，甚至有人认为自己的肉体不够坚固持久，希望有朝一日自己的身体像铜铁般坚硬无比，于是服用金丹，以达到此目的。这种观念一直影响着民众的饮食生活，人都希望有一个强健的体魄，所以三鞭、五鞭登上高贵宴席的大雅之堂已是众人皆知之事。时下依然如此，一些动物的器官便是有权势之士青睐的对象，形成了不良的社会风气，同时也反映出中国人营养意识的缺乏和无所不食的陋习。

---

① 李长庚. 食品安全还应反思传统饮食文化. 中国社会科学报，2011-08-04.
② 韩作珍. 我国食品安全问题的伦理反思. 中州学刊，2013 (8).
③ 同②.

第五，"物以稀为贵"与"以贵为好"的错误观念。自古以来中国人就有猎奇的心理，认为越是稀有之物越珍贵、越有价值，越想去品尝一番，甚至连人们最厌恶的苍蝇、老鼠、蝙蝠等都被摆上了餐桌。在"物以稀为贵"的观念的影响下，多少珍贵野生动植物被灭绝，多少假鱼翅、假鲍鱼、假燕窝充斥于市场。此观念根深蒂固，在其影响下形成了"以贵为好"的观念，其实贵的不一定都是营养价值高的，便宜的不一定都没有营养价值，如萝卜、白菜等的营养价值就很高。这些不合理的消费观念不仅导致腐败问题的产生、野生动植物的灭绝和生物多样性的减少以及由此带来的生态危机，而且助长了商家的暴利行为，扰乱了整个食品市场的秩序。

（二）饮食行为劣迹

人类饮食行为劣迹始终存在，有时为了生存，有时则为了满足一种怪异的心理或者嗜好，有时甚至成为身份、地位的标榜和炫耀。

第一，虐吃行为。最能反映人类这种残酷意识的莫属常见的虐吃行为。虐吃的方式、方法各式各样，有些方式、方法只有具有天才般想象力的人才能想得出。虐吃在人们的饮食活动中有很多，如活取鹅肠、炙牛心、烧象鼻、燔熊掌、扒豹胎、活剐兔、活取熊胆、炙甲鱼等。举不胜举，其种类繁多，取材各异，方法奇特，手段残忍，这一切令人叹为观止，实属我国饮食文化的一大糟粕，遭到世人大力批判。

第二，猎奇行为。有些国人不完全满足于以上虐吃的行为，还要追寻稀奇古怪之物，来满足自己的好奇与虚荣之心。蚕蛹、老鼠、蝗虫、蚂蚁、蚂蚱、蝙蝠、蚯蚓、蟋蟀、蛆、蝎子等都逃不过人的口腹之欲，那些野生生物更是人们追求的目标，如黄羊、羚羊、鹿、雁、天鹅、穿山甲、丹顶鹤、獾猪、猕猴、白鳍豚等，无一物能逃脱中国人的铁嘴铜牙。"任何一种未曾品尝过的食品，都极大地吸引中国人的食兴趣；每一种风味独特之馔，都鼓动中国人的染指之欲；中国人的确是一个尚食而又永不满足于既有之食的民族。"① 有些人还以此为荣或者视此为炫耀的资本，逐渐

---

① 赵荣光. 中国饮食文化史. 上海：上海人民出版社，2006：26.

形成不良的社会风气。《吕氏春秋·本味》中记载了商代的伊尹提出要将天下珍味如猩唇、象鼻、豹胎等收罗齐全，清代满汉全席中就有熊掌、驼峰、豹胎、猴脑、犀尾等珍味，即使在人类文明高度发展的今天，猎奇行为依然存在，有过之而无不及。"2001 年国际环境保护日，中国野生动物保护协会公布的一份调查报告显示，21 个大中城市中，有近半的餐厅在经营野生动物，46.2％的城市居民吃过野生动物。"[①]

这些虐吃和猎奇行为产生了极坏的影响，不仅危害了人的生命安全与健康，而且与人类的饮食伦理相悖，展现了中国饮食文化糟粕的一面，严重破坏了我国饮食文化闻名于世的声誉。一个有虐待之心的人如何获得仁爱精神？若是一个民族又如何能逃脱自然的报复？孟子曰："无恻隐之心，非人也。"（《孟子·公孙丑上》）清代袁枚在《随园食单·戒单·戒暴殄》中曰："至于烈炭以炙活鹅之掌，刀以取生鸡之肝，皆君子所不为也。何也？物为人用，使之死，可也，使之求死不得，不可也。"人之为人的一个重要方面就是要有仁爱之心、善良之性。所以，我们应文明饮食，发慈悲之心，积善良之德，为那些野生动物留一线生机，也为我们的子孙后代留一线希望，更为整个生态系统的平衡发展尽应尽之义务与责任。

（三）饮食人格缺失

中国人在"民以食为天"观念的长期影响下，将生命意向导向了物质化或身体化，故而在中国，"吃"不再是一种维持生命存在的手段，而变成了荣誉、变成了宗教、变成了根本性追求。"人生在世，吃喝二字"已成为有些中国人至高无上的人生哲学。

第一，"好死不如赖活着"庸俗人生哲学的影响。"千里做官，为的吃穿"已成为一部分"公仆"的人生追求，在民间也流传着"嫁汉嫁汉，穿衣吃饭"等说法，暗示着原则可以妥协，利益不能丢掉。在这种观念影响下，一些人"丧失了做人的尊严，要么逆来顺受，蝇营狗苟；要么助纣为虐，甘做鹰犬。即使再卑劣的营生，也趋之若鹜，比如：叛徒、密探、打

---

① 高成鸢. 中国的食物伦理. 扬州大学烹饪学报，2001（3）：3.

手、狱卒、刽子手等等。最登峰造极的，莫过于中国源远流长、根深蒂固的汉奸文化"[1]。汉奸文化的形成充分体现了"有奶便是娘"的庸俗生存哲学。汉奸为了延续生命即有一口饭吃，出卖灵魂和至高无上的道德人格。这一切都是以国家的灭亡和同胞的生命为代价的，所以，中国的汉奸文化是吃出来的。"吃"丢失了人格尊严，"吃"泯灭了道德良心，"吃"丧失了民族气节，"吃"破坏了国家形象，"吃"出了国民的劣根性。"吃"甚至导致了王朝的灭亡和广大百姓横尸遍野、血流成河。三国后期蜀国后主刘禅就是因贪吃而断送了王朝，即使在断送了王朝之后他依然不改贪吃本性，乐不思蜀，食令智昏，玩味丧志，这是典型的"好死不如赖活着"庸俗人生哲学的现实体现。

第二，鸦片对中国人的影响。鸦片战争对中国的影响是非常巨大的，几乎到了亡国的边缘。为什么偏偏在中国发生了鸦片战争？为什么偏偏在中国有那么多人吸食鸦片并一度成为国人追求的时尚？难道我们对味觉和感官的迷恋与享受没有主动配合吗？中国人也许觉得过把瘾就死是值得的，要不然怎么会拼死吃河豚？正是由于这样，鸦片才会在中国如此泛滥，即使在今天，缉毒工作也是一项重要工作。人们大规模地吸食鸦片，给中国带来的危害罄竹难书，摧毁了国家的经济基础，削弱了军队的战斗力，加重了人民的负担，导致民不聊生，天朝大国几无可纳之赋、几无可御之兵、几无可募之役，江山社稷，危在旦夕。

第三，酒后失德。中国酒文化非常发达，有着悠久的历史，"无酒不成席"，酒是人们生活中必不可少的饮品。中国古人非常注重酒德，《诗经·小雅·小宛》曰："人之齐圣，饮酒温克。"这就是说，饮酒要能够自持，保证不失言，不失态，不做"三爵不识"[2]、狂饮不止之人。但中国历史上酒事纷纭复杂，并非每个人都能严格坚守酒德规范。因此，既有高隐的名士、豪爽的侠士、豁达的诗圣，也有沉湎的庸人、无度的酒鬼乃至荒唐的罪人，尤其那些酒徒、酒鬼，他们嗜酒如命，迷失性灵，沉沦自

---

① 李波. 中国食文化批判. 北京：华龄出版社，2010：142.

② 所谓"三爵不识"，是指不懂以"三爵"为限的礼仪，这种礼仪在《礼记·玉藻》中有记载："君子之饮酒也，受一爵而色洒如也，二爵而言言斯，礼已三爵而油油以退。"

戕，酒醉后举止失常、丑态百出、失礼败德。无论真的嗜酒如命还是借酒消愁、以酒避祸，都会严重影响人肉体的存在与人格形象、德性修养以及国家与民族的尊严。因此，我们要明确酒德、酒礼与酒道的要求，规范人们的饮酒行为，从而重新塑造国人的道德人格与民族尊严。

三、个体饮食德性的当代建构

饮食伦理的建构离不开个体德性精神的滋养与补充，因为人是饮食活动的主体，也是饮食伦理的真正建构者，人们一日三餐离不开食物，食物有无问题，饮食伦理状况如何，只有通过人们的饮食行为才能得以见证。所以，应加强个体的德性精神培养，从而规范与指导人的饮食行为，实现饮食对个体生命的价值意义。

(一) 重塑正确的饮食伦理观念

饮食伦理观念正确与否，直接影响着人们的饮食方式和饮食行为的正当性与合理性。中西方在饮食观念上存在较大的差异，西方是一种理性的饮食观念，人们首先关注的是食物的营养成分，不论色、香、味、形等如何，营养一定要得到保证，这是前提条件。中国则是一种感性的饮食观念，人们更多通过感性直观而不是通过科学、理性分析来选择饮食，不管营养如何，只要味道鲜美、色彩鲜艳、造型奇特、做工精致，便毫不犹豫地去享受。这种重味轻营养的观念，不能不说是中国饮食文化的重大误区，导致了营养意识的缺失和各种疾病的发生。

所以，在现代文明社会中，一种正当合理的饮食伦理秩序的建构，需要我们在保持各个民族、各个地域饮食个性化发展和价值多元化存在的同时，摒弃片面的饮食观念和盲目的消费心理以及对经济增长的过度热衷，把注意力转移到人类生命价值意义和德性修养以及人生幸福上，并借鉴中西传统伦理道德的优秀资源，重建一种新的正确的饮食伦理观念，即一种集感性与理性、美味与营养、自然与伦理、生命价值与道德价值于一体的饮食观念。这就要求我们在饮食活动中，以生命价值的实现、德性修养的完善以及人生幸福的追求为目标，不能完全依靠食物的颜色、形状、大小、口感、新鲜度等感性直观来判断食物的好坏并依此来选择食物，更不能过于追求食物的色、香、味、形、器等外在的美感，尤其不能过于追求味的优美而忽略甚至破坏食物的营养价值，而应科学、理性地分析食物的自然本性、营养成分、生长规律、时令季节、相互间的相宜与相克性以及不同人的身体与不同人群的营养需求等。在此基础上，遵循自然规律，科学合理地选取、烹饪和享用食物，使食物不仅不失去其营养成分，而且能保持其味道鲜美、色泽鲜艳、造型奇特、做工精致的优良传统，即既能养生健体，也能修养心性，使感性与理性、美味与营养、内在之美与外在之美达到高度契合。做到以上各点，就能使人们的饮食活动既体现我国传统饮食礼仪的教化功能，又体现西方自由、平等的饮食理念；既传承我国尊老敬贤、恭谦礼让的传统美德，又彰显西方绅士精神的文化内涵；既体现我国热闹祥和的饮食氛围，又展现西方良好的饮食卫生习惯；既弘扬节俭的优良传统，又适合当代经济的发展要求；既保证充分的食物资源，又促进生态文明发展。只有这样，才能建构新的正确合理的饮食伦理观念，使人在享受美食的过程中达到自然之美、人文之美、德性之美、精神之美的高度统一。

这里所提出重建的饮食伦理观念并不是一种全球性的意识形态，而是人们在面对由于不合理的饮食行为与食品安全危机对人的生命健康构成威胁和饮食伦理缺失时，应具有的一种能够指导民众日常饮食生活的共同价值观念，它包含选择安全健康的食品，科学合理的饮食方式，适时有节、膳食平衡的饮食习惯，博施济众、俭素励志的饮食德性，合宜的饮食礼仪制度，尊老孝亲的传统美德，绅士精神的饮食风格，良好的饮食社会风尚，文明的生态环境等所有合理的饮食观念。我们主张将此作为人们饮食选择的依据和日常饮食生活的伦理导向，抵抗消费主义和享乐主义所带来的资源浪费与精神缺失，从而指导民众实现幸福生活。

（二）加强个体饮食德性培养

对于个体而言，饮食并非只是为了维持生命、增进营养与健康，它还是心态、认知、价值取向、生活方式、德性修养的一种体现。吃什么、不吃什么、如何吃等蕴含着人的价值取向，也体现了一个人的道德品质和道德人格。所以，餐桌在中国人的人伦道德教育和德性培养中扮演着重要的角色，是进行德性教育的一个重要平台或媒介。古人往往将饮食德性修养作为家训、家规的一部分，要求后人不断继承与弘扬。如《颜氏家训》就将儒家的节俭理念确定为治家规范："生民之本，要当稼穑而食，桑麻以衣。蔬果之畜，园场之所产；鸡豚之善，坰圈之所生。爰及栋宇器械，樵苏脂烛，莫非种植之物也。至能守其业者，闭门而为生之具以足，但家无盐井耳。"（《颜氏家训·治家》）《朱子家训》中就有"自奉必须俭约，宴客切勿流连""勿贪意外之财，勿饮过量之酒"的记载，告诫后人要节俭、不要贪意外之财、饮酒要适度等。今天我们应继续发扬家庭饮食教育这一优良传统，将社会共同认可的正确的饮食价值理念、道德规范以及各种礼仪礼节贯穿在饮食活动中，告诉人们什么该吃、什么不该吃、如何吃、吃的方式、吃的仪态等，并进行观察和指导，从而使人们明白什么样的饮食生活才是合乎德性的饮食生活。同时，在生活实践中逐渐形成公平正义、诚实守信、尊祖敬贤、仁爱孝亲、平等尊重、恭谦礼让、俭素励志等正确的伦理价值观念和良好的道德品质。

第一，家庭应从小培养孩子讲礼貌、守规矩的良好道德品质。通过培养孩子养成日常饮食活动中的一些好的饮食习惯，如吃饭不能说话、不能用筷子敲打餐具、不能乱翻饭菜、不能用筷子指人、不能抢食、不能狼吞虎咽、不能浪费粮食、吃饭不能出声、给人递东西或接东西要用双手、不能隔盘取菜、给长辈敬酒酒杯要低于对方等，来培养孩子讲文明、懂礼貌、尊老敬贤等良好德性品质。

第二，借助传统节日进行饮食德性的培养。每个节日都富有特定的寓意和文化内涵，都是民族精神和礼仪习俗的展现，并且都有其代表性的食物，不同的食物表达不同的意义，从而形成独特的节日饮食风俗。这些节日饮食风俗，如春节的饺子与年糕承载着对家业兴旺发达、喜庆团圆、吉祥如意、幸福美好生活的祝愿，清明节的冷食和吃粽子表达着对先贤先烈的追思和对自身进德修业的激励以及祈求平安、幸福等，代代相传、世世相袭，对提高饮食德性修养、整合人际关系、形成文明饮食风尚等具有重要的作用。

第三，应树立正确的饮食节俭观和荣辱观。这就要求我们在饮食中不攀比、不浪费、不奢靡，根据自身的真正需要，量入为出，合理饮食，并以节俭为荣，以奢靡浪费为耻，以文明饮食、保护生态为荣，以猎奇、残忍虐食为耻。大力宣传这种正确的节俭观和荣辱观，从而在全社会形成文明的饮食风尚，这对培养个体德性修养也具有重要的意义。

第四，强调知行统一。伦理道德是一种实践精神，不仅强调"知"，而且强调"行"。也就是说，我们不仅要懂得饮食活动中应具有的价值理念和应遵守的道德规范与伦理原则，而且在日常的饮食活动中要按照这些道德规范与伦理原则去践行。孔子曰："始吾于人也，听其言而信其行；今吾于人也，听其言而观其行。"（《论语·公冶长》）亚里士多德也认为："伦理德性是行动的，一个人知道什么是德性不等于就具有德性。一个人也不是先成为有德性的人再去做有德性的事。相反，一个人是通过做正义的事而成为正义的人，通过做节制的事而成为节制的人的，通过做勇敢的事而成为勇敢的人的。如果不去做，一个人就永远不可能成为好人。"① 所以，应以德性意识为前提，以德性知识为基础，在长期饮食生活实践中培养人的饮食德性。

（三）提升现代人的饮食道德主体精神

市场经济内在的强大冲击力和社会制度安排的不健全，使民众的主体权利没有得到足够的重视，民众在遭受侵犯时也不能得到很好的保护，造成当前我国社会民众道德主体意识淡薄，道德主体能力不足，不仅对社会问题缺乏关注，甚至对自身的安全健康也未必足够重视。尤其在食品安全事件中，由于维权机制的不健全，人们对于食品安全问题由起初的愤怒到最后的无奈，典型地体现了人们道德冷漠背后的道德主体精神的缺失，导致道德实践不作为。在这种情况下，"不仅丧失了其对政府行为的制衡和推动能力，某种程度上也默许和纵容了地方政府的失责行为。政府在这种低压力的状态下会形成惰性和惯性，最终必然导致政府在包括食品安全问题在内的更多社会问题上的治理乏力"，而且"对企业的约束作用无从体现，同时会形成社会示范效应，更多企业会因为公民的'淡定'和'宽

① 宋希仁. 西方伦理思想史. 北京：中国人民大学出版社，2004：62.

容'以身试法,敢于继续从事利欲熏心的不道德行为"①。这在某种程度上纵容了恶性食品安全事件的发生和饮食伦理问题层出不穷。

因此,为了人类的生命安全与健康,人们应积极提升自身的道德主体意识,塑造关爱生命、敬畏生命、珍惜生命的道德情怀,形成正确的饮食观念、合理的饮食方式、文明的饮食行为,养成良好的饮食习惯,提高防范意识、社会监督意识和食品质量鉴别能力,了解食品安全的相关信息,掌握一定的食品安全常识和养生知识,自觉抵制消费主义所带来的人的物化、殖民化和人际关系的异化,以及由此形成的各种生活方式病、资源浪费、贫富两极分化、环境污染和生态恶化等,从而随时保卫食品安全,维护生命健康。这一切的形成既需要社会的道德教化,即把社会认可的带有普遍性的价值观念和道德规范转化为社会所期望的或所要求的个体内在的道德品质,也需要个体的学习和修养。《礼记·学记》曰:"玉不琢,不成器;人不学,不知道。"只有不断学习,才能形成正确的饮食观念,了解更多的有关养生和食品安全的知识,提高道德责任感和道德主体精神。同时,还需要借鉴我国传统道德的优秀资源和西方公民道德建设的先进经验。我国传统道德文化对个体道德品质的培养功不可没,在新时代新历史背景下,给予其新的解读,赋予其现代社会的伦理内涵和时代精神,便能使其继续发挥积极作用。西方在公民道德实践中积累了许多经验,如:欧盟的消费者政策战略就明确将保障消费者信心、地位等作为食品安全和消费者保护的中心任务;美国采取了浮动限额制度,对造成食品安全事件的生产者规定了惩罚性赔偿;日本支持消费者采取自我保护行动等。这些成功的经验对我国加强公民个体道德主体精神建设有重要的促进作用。

个体道德主体精神的培养和提升还需要公平正义的社会环境,即罗尔斯所说的"组织良好的社会"。罗尔斯强调:"一个社会,当它不仅被设计得旨在推进它的成员的利益,而且也有效地受着一种公开的正义观管理时,它就是组织良好的社会。亦即,它是一个这样的社会,在那里:

---

① 纪丽萍. 论我国公民道德主体性的缺失. 江苏大学学报(社会科学版),2012(3):53.

（1）每个人都接受也知道别人接受同样的正义原则；（2）基本的社会制度普遍地满足也普遍为人所知地满足这些原则。"① 在这样的社会中，"作为公平的正义被塑造得和这个社会的观念一致……当制度公正时，那参与着这些社会安排的人们就获得一种相应的正义感和努力维护这种制度的欲望"②。只有在这样的社会环境中，人们才能从思想上高度重视饮食伦理问题及其给人们带来的危害，自觉联合起来，形成强大的市场监督力量，使自己在市场博弈中始终处于优势的主体地位，从而推动政府有效实施公共权力，积极履行社会义务和承担公共责任，督促、引导企业自觉遵从社会道德规范，生产经营安全、健康、富有营养的食品，使那些制假售假、失信侵权、违法败德的企业真正成为人人喊打的过街老鼠，无立足之地。所以，只有提高消费者的道德主体精神，形成强大的市场博弈格局，促使食品市场沿着公平公正的方向发展，从而建立起维护食品安全的长效机制，才能为饮食伦理秩序的建构提供有力的帮助。

第三节　人际饮食伦理

《礼记·礼运》云："夫礼之初，始诸饮食。"礼源于人的饮食活动，同时礼又约束人的饮食行为、协调人际关系、维护社会秩序。

一、中西方传统饮食礼仪

（一）中国传统饮食礼仪

中国传统饮食礼仪比较发达，从历史文献来看，我国夏商时期的饮食礼仪无法考证，但在周代时饮食礼仪已相当完善，后经儒家的精心整理而形成完备的礼制体系，比较完整地存于《周礼》《礼记》《仪礼》

---

① ［美］约翰·罗尔斯. 正义论. 何怀宏，何包钢，廖申白，译. 北京：中国社会科学出版社，1988：3.
② 同①456.

中。这些饮食礼仪在社会实践中不断完善，成为文明时代人们社会生活的重要行为规范和人际交往的伦理原则，并发挥着重要作用。主要包含以下内容：

第一，客食之礼。古代访客，首先，"虚坐尽后，食坐尽前"（《礼记·曲礼上》）。在用食之前应坐得比长者、尊者靠后一些，在进食时应坐得靠近食案，以防止食物掉到席上。其次，"食至起，上客起……让食不唾"（《礼记·曲礼上》）。当馔品被端上食案时，客人要站起来表示礼貌。若有贵客到来，其他人都要站起来表示恭迎，但来宾若地位低于主人，则要端起食物以示感谢，在主人寒暄之后方可入座。食用主人准备好的美味佳肴，必须在"三饭"过后，即吃三小碗饭便说饱了，在主人的劝说下再食用，否则是失礼。主人不能在客人食毕之前停止进食，客人也不能在主人未饱的情况下虚口。最后，"卒食，客自前跪，彻饭齐以授相者。主人兴辞于客，然后客坐"（《礼记·曲礼上》）。宴饮结束时客人须整理好自己食案上的餐具和所剩食物，交给主人家的仆从，当主人不让客人亲自整理时，方可坐下。这些礼仪在现代社会看来，除了过于烦琐之外，主要体现了一个人的德性素养。

第二，待客之礼。作为主人在招待客人时也应遵循一定的礼仪。首先，在安排宴席时，馔品的摆放有严格的规定，据《礼记·曲礼上》记载："凡进食之礼，左殽右胾。食居人之左，羹居人之右。脍炙处外，醢酱处内。葱渫处末，酒浆处右。以脯修置者，左朐右末。"上鱼则根据是干鱼还是鲜鱼以及不同季节而有所不同，如《礼记·少仪》曰："羞濡鱼者进尾。冬右腴，夏右鳍。"其次，餐具的摆放和上菜时的姿势也有规定，如《礼记·少仪》曰："尊壶者，面其鼻"，"洗盥执食饮者，勿气。有问焉，则辟咡而对"。这些细节可以反映主人的情意与诚意，而且这一切都被打上"礼"的烙印，更要严格遵守。现代社会，人们讲究以简单但不失礼的方式行待客之礼，在真诚、尊重的基础上给予客人充分的自由。

第三，侍食之礼。在古代，陪长者或尊者进餐，有许多礼节规范，如"侍食于长者，主人亲馈，则拜而食；主人不亲馈，则不拜而食……侍饮于长者，酒进则起，拜受于尊所，长者辞，少者反席而饮。长者举未釂，少者不敢饮。长者赐，少者、贱者不敢辞"（《礼记·曲礼上》）。席间的言语方式也有规定，《礼记·曲礼上》曰："长者不及，毋儳言。正尔容，听必恭。毋剿说，毋雷同。必则古昔，称先王。"若侍食年纪大且德高望重之人，还有"尝饭"之礼，若是水果之类的则长者先食。《论语·乡党》曰："乡人饮酒，杖者出，斯出矣。"这都是对长者的尊重。若陪国君进食，更要讲究尊卑之礼，《礼记·玉藻》曰："若赐之食而君客之，则命之祭然后祭。先饭，辩尝羞，饮而俟。若有尝羞者，则俟君之食然后食，饭、饮而俟。君命之羞，羞近者；命之品尝之，然后唯所欲。凡尝远食，必顺近食。君未覆手，不敢飧；君既食，又饭飧。饭飧者，三饭也。君既彻，执饭与酱乃出授从者。凡侑食，不尽食，食于人不饱。"《论语·乡党》也曰："侍食于君，君祭，先饭。"这些礼仪规范对后世产生了很大影响，今天我们应批判地继承，以促进我国饮食礼仪的发展。

第四，进食之礼。在古代社会，进食时无论主人还是宾客，都有严格的要求，《礼记·曲礼上》曰："共食不饱，共饭不泽手。毋抟饭，毋放饭，毋流歠，毋咤食，毋啮骨，毋反鱼肉，毋投与狗骨，毋固获，毋扬饭，饭黍毋以箸，毋嚃羹，毋絮羹，毋刺齿，毋歠醢。客絮羹，主人辞不能亨。客歠醢，主人辞以窭。濡肉齿决，干肉不齿决，毋嘬炙。"使用餐具也有礼仪规定：长者动筷其余人方可动筷，不可拿筷在手中玩，忌讳举筷不定、用筷子翻挑菜、用筷子从汤中捞食、用筷子指他人或敲打碗盘；对于碗盘则不能端起来进食，不能直接用手取食或用嘴舔食、吸食，不能往碗盘中乱扔东西，不能将碗盘倒扣于桌上等。① 这些规定既是自身修养的体现，也是对客人的尊重。今天虽然人们的饮食礼仪不像古人那样严格要求和过分繁缛，但基本的礼仪规范依旧沿袭，这是文明社会的基本体现。

第五，宴聚之礼。首先，邀请宾客。中国古代上层社会通行三道请帖，即在三天或三天以前呈送第一道，宴会当天呈送第二道，开宴两个小时前再呈送第三道。拟邀请的客人在收到请帖之后，一般都要回帖表示感谢之意并表明按时赴宴或陈述理由婉辞，这样不为失礼。其次，迎客。迎

① 杜莉，等. 筷子与刀叉·中西饮食文化比较. 成都：四川科学技术出版社，2007：126.

客根据宾主身份关系而遵守不同的礼节，若宾客与主人的地位相同或高于主人，主人则要到大门外迎接，否则在大门内迎接，"凡与客入者，每门让于客。客至于寝门，则主人请入为席。然后出迎客，客固辞，主人肃客而入。主人入门而右，客入门而左。主人就东阶，客就西阶。客若降等，则就主人之阶。主人固辞，然后客复就西阶。主人与客让登，主人先登，客从之，拾级聚足，连步以上。上于东阶，则先右足。上于西阶，则先左足。帷薄之外不趋，堂上不趋，执玉不趋。堂上接武，堂下布武。室中不翔，并坐不横肱。授立不跪，授坐不立"（《礼记·曲礼上》）。最后，座次安排。在安排座次上以德高望重、尊老敬贤为标准，在方向上以东为尊，但在堂上举行宴聚活动则南向为尊，清人凌廷堪在《礼经释例》中也讲："室中以东向为尊，堂上以南向为尊。"在具体的座次上坚持以左为上，右为次，上座的左边为三座，次座的右边为四座，依次传递。虽然我国传统宴聚礼仪具有尊卑等级和繁缛之嫌，但在弘扬尊老敬贤、恭谦礼让等美德方面起了重要作用。

总之，中国传统饮食礼仪非常丰富，对后世产生了重要影响，广泛渗透在人们的日常生活中，使人们有礼可循、有章可依、长幼有序、尊卑分明，这对人们形成谦恭礼让、尊老敬贤等美德有着重要的促进作用。但有些饮食礼仪明显带有时代特征，所以我们应批判地继承、合理地借鉴，从而促使中国饮食礼仪向现代化、国际化迈进。

（二）西方饮食礼仪

中西方由于文化背景和风俗习惯的不同而在饮食礼仪方面也存在较大差异，这些差异造就了两种不同的饮食文化发展模式。这里主要介绍西方的日常饮食礼仪和宴会礼仪。[①]

1. 日常饮食礼仪

第一，饮食方式。西方人的饮食方式，从古至今一直实行分餐制，互不影响，互不干涉，完全根据自己的需求，体现出西方人对饮食完全拥有

---

① 杜莉，等. 筷子与刀叉·中西饮食文化比较. 成都：四川科学技术出版社，2007：130-144；何宏. 中外饮食文化. 北京：北京大学出版社，2006：138-158.

自主权和选择权。因此，在西方，不要干预别人的饮食，这是西方饮食文化的一大特色。

第二，用餐礼仪。西方人的用餐过程依次为开胃菜、汤、主菜、面点和甜品，不同的饭菜有不同的食用方法和不同的要求以及使用不同的餐具。在使用餐具上，西方人习惯于用刀叉，一般要求吃不同的菜选用不同形状的餐具，摆放的位置也不相同。吃开胃菜的刀叉小，吃主菜的刀叉大，都按照叉左刀右的原则摆放于底盘两侧，并且刀刃朝向底盘，吃肉的刀是像锯一样带刀刺的，黄油刀是最小的，横放在面包碟上，置于餐叉的前方或左方。杯子也是从左到右依次按水杯、红葡萄酒杯、白葡萄酒杯摆放在餐刀的前方，而且特殊的食品还会临时摆上特殊的餐具。一般一道饭菜使用一套盘子、刀叉或勺子，但不管什么饭菜，最多一次只能用两个餐具，否则下一道菜就缺少餐具了，显得有些失礼。进食时，一般右手拿刀，左手拿叉，切一块，叉吃一块，但切割食物不能有响声，不能左右进行，不能将手臂压在桌子上切食物，不能切得太大需叉起来咬着吃，更不能用刀扎着吃。汤勺也不能直接取其他菜肴，不能直立插入菜肴之中，要保持汤勺干净，取食适当，不能过满，不能在汤中搅来搅去或放在口中反复品尝，不能趴在汤碗或汤盘上喝，也不能直接端起来喝，更不能用嘴吹来降温。餐巾应在桌下折叠好后，将两腿并拢，平铺在上面，不能用来擦脸、擦汗，也不能围在脖子上。对这些用餐礼仪的规定和遵守，体现出一个人良好的德性素养和高雅的精神气质，这是西方绅士精神和良好教养的体现。

2. 宴会礼仪

第一，邀请与回复。西方人举行宴会邀请宾客一般发请柬邀请，请柬应写清宴会的名称、时间、地点、形式、主办方名称等，甚至有些宴会还有着装要求，也应写清楚。一般要提前7～15天发出，被邀请的人接到请柬之后，无论是否应邀都要尽快回复以便安排，若不能参加，应向主人诚挚致谢，若已答应却临时变故，应立即告知主人并予以解释，表示歉意，绝不可收到请柬后不做任何回应或临时变故而不告知主办方，这是失礼的。

第二，座次安排。西方宴会座次安排都遵循女士优先、恭敬主宾、面门为上、以右为尊、交叉安排等原则，而且强调男女有别，男宾座次一般根据地位和年龄来安排，而女宾座次只能根据地位来安排。若只有男宾参加的宴会，女主人不出席，只须列一个名单，有两种安排座次的方式：一种是主人右边为主宾，左边为次主宾，依次两边轮流安排，地位最低的宾客为主人对面，但不能正对；另一种是主人正对面为主宾，主人右边为次主宾，主宾右边为第三宾客，依此类推。若宴会有男宾也有女宾，则须将男女宾客分列为两个名单，男女主人正对面坐，女主宾在男主人的右边，女次主宾在男主人左边，男主宾在女主人右边，男次主宾在女主人左边，然后依次排列。

第三，迎宾与赴宴。举行宴会时，主人应穿戴整洁，提前到场做好准备工作，在宾客到来时，主人应在门口热情相迎。受邀宾客应适度修饰，衣着整洁，并准时赴宴，过早或过晚都是失礼。若男女客同行赴宴，乘车时，男士应给女士打开车门，请女士先上车；走路时，男士应让女士先行，并且让女士走在人行道内侧，而自己走在外侧；进门时，男士应给女士开门，请女士先进；上楼梯时，男士应让女士先上，下楼梯时让女士后下。当女宾客进入宴会大厅时，一般在场的男士都应站起表示欢迎和敬意，而若是男宾进入，女士们则不需站起欢迎。宴会开始时，男主人应邀请女主宾入座，并为其拉开椅子，其他宾客依次入座，最后女主人与男主人入座。

第四，上菜与进餐。西方上菜的顺序也是女士优先，从左侧先给女主宾上菜，然后按顺序依次给其他女宾客上菜，再给女主人上菜；接着也是从左侧先给男主宾上菜，然后按顺序再给其他男宾客上菜，最后给男主人上菜。撤换餐具时，应从右侧撤下，即坚持"左上右撤"原则。在进餐过程中，宾客始终以女主人的意志为转移，女主人若铺开餐巾则意味着进餐开始，女主人若将餐巾放在桌子上则意味着用餐结束。一般而言，西方人在进餐过程中坚持女士优先、尊重女士、积极交际、举止高雅等原则，充分体现了绅士精神在人们日常生活中的影响。

第五，退席。退席也遵循女士优先的原则，当宾客用餐进入尾声时，女主人起身退席后，其他人方可退席。退席时也是男士们为女士们拉开椅子，请女士们先行，在告别时，宾客们应向主人表达谢意并对女主人进行一番赞扬。

总而言之，虽然中西方饮食文化活动有不同的礼仪规范，但最终的目标、意境却有相同之处，都是通过饮食这一简单的日常活动来实现不同社会阶层和群体间的不同层次的真、善、美的需求，即通过饮食活动进行人伦教化，使人知礼、守礼、行礼，从而建立良好的人际关系。

二、现代食俗的异化

中国人的吃喝早已远远超出维持生命的意义，吃的过程受到社会和个人、历史和现实等各种非理性因素的影响，人们的饮食行为承载了诸多附加值，从而异化了人际关系，同时也形成了一些陋习，长期影响着人们的生活。

（一）"吃"对主体荣辱观的扭曲

中国是一个爱面子的国度，人们在日常生活中千方百计地维护自身的颜面，丢面子是一件非常大的事情。"由于面子不仅牵涉到个人在其关系网中的地位高低，而且涉及他被别人接受的可能性，以及他可能享受到的特殊权力，因此，在中国社会中，'顾面子'便成为一件和个人尊严密切关联的重要事情。"[1] 中国人视吃得好、吃得开、吃得多、吃得稀有为身份与地位的象征、为在别人面前炫耀的资本，以赢得别人的仰慕、满足自己的虚荣心。常常见一些人向别人炫耀其吃过象鼻、鲍鱼、天鹅、穿山甲等别人不曾吃过的珍奇罕见之物，甚至连吃过蚂蚁、老鼠、蝗虫等之类的恶心之物也要拿出来炫耀一番，名酒、名烟、名茶更是家常便饭了，中国一度还曾出现以吸食鸦片为荣之风。这种以追求珍奇、名贵、罕见之物为荣的观念早已深入人心，形成一种不良社会风气，尤其那些暴发户，以一种胜利者的姿态试图引领社会，但实则是对劳动价值和社会财富缺乏理解，只是为了标榜身份地位和赢得别人的喝彩。在古代为富者视金子如瓦砾、视绮绣如毛发、视美酒如水浆、视鱼肉如菜叶等现象屡见不

---

① 黄光国，胡先缙. 面子——中国人的权力游戏. 北京：中国人民大学出版社，2004：20.

鲜，他们只是以此来提高自己在人际交往中的地位和威望。

中国人的人际关系更多是在饭桌上形成的，也需要在饭桌上来加强和巩固，所以，高朋满座、迎来送往是常有之事。尤其是权力拥有者，"生当作人杰，死亦为鬼雄"，权力便是其谋取酒食的秘密武器，将有人请客吃饭视为能力的象征，所以，能吃则吃，不能吃则想着法子吃。常常因出没于金碧辉煌、莺歌燕舞的豪华酒店而显得无比自豪，再加上众人前呼后拥和豪车接驾更是荣耀十足，面子倍增，不仅给个人带来如此殊荣，就连家人和亲朋也会沾上荣耀之气。正因如此，中国的攀比之风才会如此盛行，就连小孩那纯真的心灵也早早被污染。在这种文化观念影响下，权力拥有者往往有许多宴会需要参加，权力越大宴请的人越多，致使难以应付，宴请之人费了九牛二虎之力，若宴请成功则是莫大的荣幸。林语堂先生曾说："中国政府效率所以低弱，直接导因于全体官僚大老爷个个需每晚应酬三四处的宴会。"① 这个批评虽有点过，但反映了我国公务员吃喝成风这一事实。甚至一些为官者台上讲要有廉耻之心、要节俭、不要胡吃海喝、要严查贪污腐败等，但台下自己比谁都胡吃海喝、招摇过市、奢靡无度、炫耀无比。

为官者视被人请客为荣耀之事，普通民众何尝不是这样？否则那些骗吃骗喝者何来机会？这在中国已成为普遍现象。同时，自己请客也被看作富有的象征。在逢年过节以及婚丧嫁娶饮食活动中，人们为了不失面子，相互攀比，以显示富有。这种饮食风气致使现在各地的酒席规格越来越高，人际交往的负担越来越重，与我们倡导和弘扬的传统节俭美德完全相悖。中国人讲究礼尚往来，你请一次，我请一次，最终各方所付款基本趋于一致，这是中国饮食人际交往的一大特点。但在这个过程中，各方都尽量选取比别人高档的酒店，点好的菜肴，喝高档酒，一则让客人尽情享受，二则显得自己富有和有面子，在朋友圈中的地位也得以提升。这种现象在日常人际交往中常常存在，形成了不良的社会风气。

中国人也很在乎和谁一起共餐，常常将和某高官、富商、球星、影星、歌星等重要人物一起共餐视为一件值得炫耀的事，认为其能增加自己

---

① 林语堂. 吾国与吾民. 长沙：岳麓书社，2000：294.

在人际圈中话语权的分量，甚至认为可以为自己带来经济效益。很多人常常以此来疏通关系，联络上下，改变自己的命运；一些不法分子也以此来从事倒卖批文、招揽工程、买官卖官、帮助升学就业等违法违规之事，饮食在其中扮演了不光彩的角色。所以，我们应重新审视我国饮食伦理价值，使其更好地促进人际关系的发展。

（二）"吃"对意志自由的剥夺

饮食原本是人类维持生命、增进营养与健康的一种自然行为，但在中国，这一行为已远远超出了其本真的意义，带有过多的尊卑、等级、贵贱等复杂关系以及烦琐的礼仪规范，剥夺了人们的饮食自由。

第一，森严的礼仪规范限制人们的饮食自由。人类的饮食活动需要一定的礼仪规范，这样才能体现出人类的饮食有别于动物的饮食。孔子曰："不知礼，无以立也。"（《论语·尧曰》）为人待客，礼让当先，这是必要的，也是人之为人的必备礼节，但过多的礼节会使人失去自由选择的机会，不遵守就是僭越、大逆不道，就会受到惩罚，甚至招致杀身之祸。尤其在皇家国宴中，礼仪更为森严，即使一国之君也不能僭越。所以，人们往往在小心谨慎中完成一次盛宴，赴盛宴仿佛是打一场战争而不是享受美味佳肴。这种等级森严的饮食礼仪在规范个体饮食行为、培养德性修养、协调人际关系、维护社会秩序等方面发挥了重要作用，但已不适应现代社会的发展要求，需要变革。

第二，强让之弊。中国人以热情好客闻名于世，纯朴的民风形成了以最好的食物招待贵客的风俗，这是中国人的待客之道，也是中国人厚德的表现。然而，中国人有时热情过度，以"推己及人"的方式来招待客人，于是形成了强让的饮食风俗，给对方带来不便与尴尬，甚至强人所难。一些地方的基层干部热情起来才可怕，酒席一上，管你喝酒与否、酒量如何，先干三杯，这是酒场规矩，少一杯都不行，否则就是不讲义气，你无论多么不情愿都无法推脱；三杯过后，开始轮番轰炸前来敬酒，敬酒那是必须要喝的，否则就真成了"敬酒不吃吃罚酒"；敬酒结束后就开始猜拳行令，输了那是必须要喝酒的，酒令执法非常严格，目的是让对方倒于桌下而后快。有些领导干部为了显示自己手中的权势，强逼下属或下属单位人员喝酒。《左传·庄公二十二年》曰："君子曰：'酒以成礼，不继以淫，义也。'"这就是说，饮酒要适量，若超过了"度"则是违礼、不义，劝人多喝酒，更是不义。清代袁枚痛批强让行为，认为强让是一种类似"强奸"的做法，因此提出要"戒强让"，他在《随园食单·戒单·戒强让》中说："治具宴客，礼也。然一肴既上，理宜凭客举箸，精肥整碎，各有所好，听从客便，方是道理，何必勉强让之？尝见主人以箸夹取，堆置客前，污盘没碗，令人生厌。须知客非无手无目之人，又非儿童、新妇，怕羞忍饿，何必以村妪小家子之见解待之？其慢客也至矣！近日倡家，尤多此种恶习，以箸取菜，硬入人口，有类强奸，殊为可恶。"柏杨也曾批评道："世界上似乎只有中国人敬酒的举动最为惨烈，远远望去，好像三作牌正在张牙舞爪修理小民。一个硬是要灌，一个硬是半掩其门，拉着嗓子声明自己是良家妇女，或者拉着嗓子声明自己早已改邪归正，不再喝啦。"[1] 这种风俗确有给他人带来不便和剥夺其饮食自由之弊，是我国传统饮食文化中的一大陋习，不仅伤害了身体，缺失了饮食文明，而且会带来不良社会风气。中国人讲"无酒不成席"，宴会离不开酒，但饮酒应尊重个人的意愿，适量而止，这才是最大的敬意，何必强人所难？酒后失德倒是小事，许多生命因酒而失去，这难道不是很好的教训吗？因此，在人类文明社会发展的今天，我们应充分尊重他人的自由权利，在平等、自由的基础上加强人际饮食交往。

(三)"吃"对人际关系的异化

第一，借饮食行大恶、夺人命。中国人热情好客，宴请、敬酒是基本礼节，回敬是礼尚往来，这是中国人习以为常的交往方式，人们一般不会警惕，即使有所顾虑，也要顾及习俗、礼仪甚至尊严和声誉。所以，有时"明知山有虎，偏向虎山行"，也是不得已而为之，于是饮食就成为一些人置他人于死地的秘密武器，防不胜防。这在中国历史上不胜枚举，秦始皇赐毒酒杀死自己的亲生父亲、宋江难逃朝廷所赐毒酒、武则天杀子、潘金莲弑夫等，都是如此。当然，最典型的还数"鸿门宴"。在这里，酒食成

---

[1] 柏杨. 柏杨妙语. 北京：作家出版社，1988：83.

了争权夺利的媒介，宴会成了厮杀的战场，仁义、友情、恩惠等均成为虚假的借口。今天的校园投毒事件也无不引起人们对个体道德良知的拷问。此外，饮食作为非致命性武器也较为普遍，即实施者并不想置人于死地，而是借"饭局"来谋财、谋色。据报道，近年来，一些不法分子利用麻醉剂实施抢劫，他们的行为越来越猖獗，这往往是以敬烟、敬酒、请吃饭或喝茶等方式来实施的。这些是最普通的日常行为，人们一般不会警惕，所以，很容易被迷倒而被盗取钱财，甚至被活取内脏。可见，中国人将饮食文化运用得如此"融会贯通"，可谓达到了"炉火纯青"之地步。

第二，饮食是敛财的媒介。中国人改不了大吃大喝的习惯，无论大事、小事，人们都会邀请亲朋好友吃喝一番，这种风气愈演愈烈，难怪中国各地的餐饮业都非常发达。有酒店为了招徕顾客，选取独特的花样以满足客人之消费欲望，如以"酷刑"为主题的餐厅在一些地方大张旗鼓地开张，有的让服务员扮演太监，有的让女服务员赠香吻，还有酒店以"女体盛"厚待贵客，形形色色，花样百出，其目的无不是敛财。许多有钱有势之人借各种名义大办宴席，以展其宏大的场面和优越的地位，达敛财之目的。这在城市早已不足为奇，而近年来在农村地区也愈刮愈烈，严重破坏了我国优良传统，是对礼尚往来、礼轻情义重的一种扭曲，使中国饮食文化走向功利化，异化了人际关系。

第三，饮食是"拉关系"的有效方式。中国是熟人社会，每个人都有自己的人际圈子，做任何事情都必须先将对方圈进自己的圈子，使其成为"熟人"，这样才好办事。当然熟人之间也常常需要给对方一定的好处，一则表达礼尚往来的人际交往，二则显示有人情味，加强彼此的熟悉感。若没有这种关系，就必须寻找机会拉关系、套近乎，而拉关系最有效、最简单的方式就是请客吃饭，通过饭局将"外人"变成"自己人"，将"生人"变成"熟人""兄弟"。在酒桌上彼此间的关系变得更为密切，从而在"熟人"那里才能吃得开，即使是有问题，"熟人"也会网开一面，因为"吃了别人嘴短"，何况已是"熟人"，更会照顾，这是中国文化的一大特色。人们正是看中了这一点，才不断通过各种途径拉关系，希望自己的人生处处有绿灯、事事有通道、时时有庇护，这样就使得人际关系变得越来越复杂化、功利化、世俗化，异化了人际关系，使人在现实生活中失去了本真的自我，都或多或少地戴上了虚假的面纱，在这虚假面纱下拼命地维持着各自的社会圈子。这其中，饮食文化功不可没。

三、当代人际饮食伦理建构

今天，我们需要继承古代饮食伦理中尊老敬贤、长幼有序、恭谦礼让等优良传统，摈弃一些不合时代要求的成分，并借鉴西方饮食伦理中的优秀资源，形成适合当下时代发展要求的新的人际饮食伦理规范，这对建构新的人际饮食伦理具有重要意义。

（一）重新审视人际饮食伦理价值

人际交往以饮食为媒介，其真正的目的在于彼此的情感交流和友谊的增进，这个过程应以平等和尊重为基本前提，流行于西方的自助餐和鸡尾酒会充分体现了这一伦理原则。但在中国古代，长期受宗法制度的影响，等级森严的礼仪制度对人际饮食伦理价值的实现产生了很大的影响，使人们正常的饮食交往活动被套上了不平等的枷锁，剥夺了人们饮食的自由权利，这样就形成了不平等的、缺乏有效沟通的人际关系。除此之外，各种不合理的饮食风俗和饮食方式也对人际饮食伦理产生了一定的影响。而且，随着经济社会的发展，人际饮食交往负荷了过多的追权、逐利、腐败等目的，慢慢失去了本真的意义，致使人际饮食伦理价值失落。所以，在文明社会的今天，我们只有变革传统的人际饮食伦理规范和价值观念，克服人际交往中饮食伦理价值变异的现象，才能实现适合于当下人际交往模式的饮食伦理价值。

第一，人际饮食交往应以平等为原则。当下人与人之间的社会关系是一种基于人格、法律意义上的平等关系，所以，在当代人际饮食交往中，没有古代社会那样过分繁缛的礼仪和严格的等级要求，大家共处于一个平台上，彼此能够平等地进行对话与交流。但基本的道德规范和礼仪、礼节应该遵守，这是人际交往的基本前提和一个人必须具有的德性修养。只有以平等为原则，相互谦让，才能实现人际和谐、社会安宁。这就要求我们在日常生活中灵活把握这一原则：施于人，但不要使对方有受施的感觉，否则其自尊会受挫；帮助人，应采取合宜的方式，不要摆出一副高高在上的、救世主的姿态。在现代各种宴饮活动中，座次虽然有一定的区分，但这是对长者、尊者的敬重，是一种礼貌或者是尊老敬贤传统美德在饮食中的体现。大家在人格上是平等的，不管腰缠万贯的富人还是沿街乞讨的乞丐，在人格上都是平等的。平等是实现现代人际饮食伦理价值的一个重要原则。

第二，人际饮食交往应以尊重为基础。尊重他人是一种美德，是个人内在道德修养的外在体现，是一种对他人不俯不仰、不卑不亢的平等相待的态度，也是对他人人格与价值的充分肯定，更是一种文明的社交方式和建立良好人际关系的基石。任何人都没有资格用不屑一顾的神情去蔑视他人，更不能用践踏他人人格或生命的方式来获取自身利益，而要学会尊重人，尊重其生命、人格、价值、权利。一个真正懂得尊重别人的人，一定能够赢得别人的尊重。所以，孟子曰："爱人者，人恒爱之；敬人者，人恒敬之。"（《孟子·离娄下》）荀子也讲："仁者必敬人。"（《荀子·臣道》）因此，在现代饮食活动中，我们不能将个人的喜好强加于人，也不能凭借自己的职位、权力、财富等优于人而强行将个人意志施加于他人，更不能根据对方职位、权力、财富的大小与多少来决定尊重与否以及尊重的程度。所以，应充分尊重对方的人格尊严、自由意志和个性差异。只要每个人不断地努力，养成良好的素养，并严格遵守基本的饮食礼仪，就能够逐渐形成相互尊重、平等相待、恭谦礼让的人际饮食环境，从而更好地实现饮食在人际交往中的伦理价值，使人们之间形成一种和谐共融的关系。

（二）推行文明餐聚方式

一般认为，中国的聚餐方式是合餐制，西方是分餐制。但实际上中国实行合餐制只有一千多年的历史，在唐代以前一直实行分餐制，只是大约到了唐代中期以后，随着桌、椅、凳等新式家具的投入使用和食物的不断丰富，人们才逐渐改变了传统的分餐制，取而代之的是合餐制，一直延续至今。合餐制的形成符合中华民族大团圆的文化心理和人际交往模式，反映了我国古代"和"文化对民族思想和价值观念的影响。大家欢聚一堂，共享美味佳肴，共同举杯畅饮，在满足口腹之欲的同时也享受着天伦之乐，浓厚的伦理感情使共食者物质与精神双丰收。古代的西方人以游牧业或工业为主，长期漂洋过海、飘忽不定，逐渐摆脱了氏族社会血缘纽带的束缚，形成了以契约为基础的人际关系与社会结构。西方文化以个人主义为原则，强调个体独立性，因而形成了分餐制。

在今天看来，传统的合餐制的确存在一定的弊端，其中最大的弊端就是极易导致疾病的传染，尤其 SARS 这样的病毒传染率非常高，一人得之，全桌遭殃。所以，合餐制影响社会公共卫生安全，进而影响人们的健康和生命安全。分餐制虽然比较卫生，能够充分尊重个体的差异性和饮食自由权利，但不符合我国人民的心理需要，缺失中国文化固有的热闹祥和、美满团圆的文化心理，不利于良好人际关系的建立。从当下中国经济社会发展的状况和人类文明社会的进程来看，变革传统的合餐制是大势所趋，这不仅是文明社会发展的必然要求，而且是我国饮食文化、饮食伦理走向国际化的必然趋势。我们应变革传统的合餐制，形成以卫生、健康、文明为主要内容的新的聚餐方式，即一种有合餐制氛围的分餐制。人们虽然同坐一桌、共食一肴，但不是传统意义上合餐制的多餐具共同进入盘中，而是使用公筷、公勺或服务员根据客人的需求为其分食。这样既有了热闹祥和的饮食气氛，又讲究了饮食卫生，体现了饮食文明，还能尊重个体的差异性和饮食自由权利。这种变革是将传统与现代、国内与国外有机结合起来，既保留传统饮食合欢的氛围和加强情感交流、调和人际关系的伦理功能以及饮食的审美价值，又将现代社会所追求的以卫生、健康与文明居于首位的饮食价值观念渗入其中，形成适合于当今社会发展要求的文明聚餐方式。这种聚餐方式"打破传统的饮食习惯，减少疾病传染的隐患，是对健康生命的尊重，有益于社会也有益于个人。当人们真正接受了这种消费伦理观念，建立在理智基础上的亲情和友谊也不会淡化"[①]。

(三) 倡导新的饮食礼仪

当代社会，随着西方文化与价值观念的冲击，国际交往礼仪的不断渗入，人们权利意识的提高和民主平等观念的增强，以及现代人际交往模式和交往目的的变化，各种社交宴会和日常饮食交往中的礼仪都有了很大变

---

① 周中之. 全球化背景下的中国消费伦理. 北京：人民出版社，2012：207.

革。现代饮食礼仪不再像古代那样等级森严和过分繁缛，不再是为了维护上下、尊卑、贵贱的等级制度，而是出于文明礼貌，出于修身养性，出于下级对上级、晚辈对长辈、主人对客人以及人们相互间的尊重，是以简约、文明、自由、平等、高雅等为基调的，科学合理、文明健康的饮食礼仪。这种现代饮食礼仪应该是在继承和发扬我国传统优秀饮食礼仪、借鉴国外文明饮食礼仪的基础上发展演变而来的，具体体现如下：

第一，礼貌待人。这是人际交往的前提条件，也是一个人必须具备的道德素养。人若没有礼仪、礼貌，则显得粗俗、没有素养。古代饮食活动中制定的各种礼仪规范，虽然等级森严、过于繁缛，有为统治阶级服务的一面，但其目的在于培养人的德性品质，使人讲文明、懂礼貌。今天社会发生了巨大变化，传统等级森严的饮食礼仪已不适应当下社会人际饮食交往的需求，但礼貌待人这一点是必须具有的，在任何时空下都是有价值的和值得弘扬的。

第二，尊老敬贤。尊老爱幼是中华民族的传统美德，中国传统饮食礼仪最大的特点在于一贯坚持尊老敬贤、长幼有序的伦理原则。这一伦理原则虽然在古代社会具有极强的等级观念，更注重其维护封建等级秩序的价值功能，但在培养人们良好的道德品质、传递孝道思想和协调人际关系中也发挥了重要作用。时至今日，我们仍然应该弘扬这一优良传统，摈弃等级、尊卑观念，在人格平等的基础上敬重长者、尊者，体现出个人良好的德性素养。

第三，尊重女士。女士优先、尊重妇女，这是西方绅士精神的体现。在西方的饮食活动中，尊重妇女是被一贯坚持的伦理准则。无论在家庭日常饮食中还是在各种宴饮活动中，女士始终处于核心地位。在中国古代，在男尊女卑封建思想的影响下，妇女的社会地位较为低下，在饮食活动中，妇女一般不能上桌吃饭，更不能与男性同桌吃饭。在现代饮食礼仪中，我们虽然不能像西方那样使妇女处于至尊的位置，但也强调女士优先，充分尊重女性的地位，打造出中国人的绅士风度和绅士精神。

第四，文明优雅。这是现代文明社会发展的必然要求。人类从野蛮时代向文明时代的转变，饮食上的变化也是一个重要的体现，在饮食超越了其维持生命存在的价值之后，必然会向吃得文明、吃得优雅的方向转变。

在饮食中、食不语、吃饭不出声、不狼吞虎咽、不抓食、不虐食、不猎奇、吃相文雅、仪容整洁等，这些礼仪规定就是为了约束人们的饮食行为举止，使其吃得文明，吃得优雅，吃出风度，吃出气质，吃出德性修养。

第五，自由平等。现代社会人们在饮食交往中始终处于平等地位，不再有高低、贵贱、尊卑之分，同等地享受社会发展所带来的丰富食物资源。任何一方都没有权利剥夺另一方的饮食权利和饮食自由，这是实现社会公平正义的前提条件。在具体的饮食过程中，要充分尊重人们在饮食习惯、饮食风俗、饮食嗜好以及宗教信仰等方面的个性差异，吃与不吃、吃什么、吃多少，完全由人们根据个人意愿来选择，不强求，给予人们充分的自由选择权，使人们在轻松愉快中完成对美味的享受。

总之，我们倡导的现代饮食礼仪，既保留了我国传统饮食礼仪中一些具有积极意义的、符合现代文明社会要求的优良传统，又合理摈弃了其中一些等级森严、贵贱尊卑分明的、带有剥削阶级成分的繁文缛节和一些不合理、不健康、不文明的饮食行为，同时借鉴了国外饮食礼仪中的一些优秀资源，并且结合了当代社会发展对人际饮食交往所赋予的时代要求和饮食礼仪自身的发展变化规律。在这个基础上形成的饮食礼仪才真正符合文明社会的发展要求，才能更好地促进我国饮食文化的健康发展。

第四节　社会饮食伦理

饮食不仅是个体维持生命、增进营养与健康以及修身养性的物质基础，而且是协调人际关系、进行人伦教化的主要媒介，并且还与政治、宗教、风俗习惯、生态环境以及少数民族文化等有很大的关系。饮食对于一个国家与民族的未来发展具有重要的影响，而且在不同的宗教信仰中具有不同的伦理意义，同时也是特定社会风尚与民族风俗的真实体现，进而影响着人类生存环境和生态文明的进步与发展。

一、饮食文化的多重意义

(一) 饮食的宗教伦理观念

在远古时期，先民们认为有一种超自然的力量主宰着人类的命运，把这种超自然的力量视为神灵，产生了对其恐惧和敬畏的心理，于是就出现了"万物有灵"的自然崇拜观念。人们祈求天神、地神、风神、雨神、山神、水神等众多神灵的保佑，而祈求神灵保佑最好的方式就是祭祀，向其祭献最好的食物。另外，图腾崇拜在远古时期的原始部落中表现得非常明显，每个部落都把一种动物作为自己的图腾，禁食此物，以此来调和人与物之间的关系。时至今日，这种祭祀的宗教饮食活动渐渐远去，但其文化、伦理意义却影响深远，各个时令佳节的饮食风俗依然盛行，其蕴含的意义首先还是对原始宗教神灵的崇拜以及平安健康之祈求与祝福，进而才是家人团圆、朋友相聚和天伦之乐的享受以及喜庆佳节的庆祝。

宗教是人类文化的重要形式，对人们的饮食生活伦理产生了重要影响。

第一，佛教饮食伦理。佛教的饮食伦理主要体现在以下几个方面：(1) 提倡清心素食。佛教讲究慈悲为怀，反对饮酒、吃肉，吃葱、韭、蒜、薤、兴渠五辛，认为饮酒吃肉会带来种种罪过，因而提倡吃素食。素食不仅可以不杀生，免遭恶业，培养人的慈悲之心和仁爱之心，而且可以跳出冤冤相报的因果轮回圈。(2) 主张饮食调和。佛教强调"三德六味"，即清净、柔软、如法三德和淡、咸、甘、苦、辛、酸六种味道，讲究六味俱全，方为合法，否则就是对佛与僧的极大不恭。(3) 讲究食存五观。即佛教徒进食时应当心存五种观想："初，计功多少，量彼来处；二，自忖己德行，全缺多减；三，防心显过，不过三毒；四，正事良药，取济形苦；五，为成业道，世报非意。"（《四分律行事钞》卷中之三）这样做是为佛教徒进德修业服务。(4) 强调过午不食。这是佛教的基本戒律，认为中午是僧侣吃饭的时间，若非时而食则会结罪，只有病号可以过午以后加一餐，称为"药食"。(5) "食为行道，不为益身"（《智度论》）。强调只要得到的食物能够维持生命健康，就不能挑剔，修养德性才是目的。

第二，伊斯兰教饮食伦理。伊斯兰教又称清真教或回教，在饮食上坚持的基本原则是"清洁卫生、维护健康"。伊斯兰教认为食物应"合法而且佳美"，合法即所食之物必须来路正当，不能是偷的、抢的，必须是活口，经清真寺阿訇诵真主安拉之名进行宰杀；佳美是指所食之物必须洁净卫生，没有污秽、毒害，有益于健康。选择食物时依据"禽食谷，兽食刍，畜有纯德者良"(《天方典礼择要解·饮食上》)的标准。在伊斯兰教中，最为严格的饮食禁忌就是禁食猪肉。另外，还有其他饮食禁忌，自死物、血液、未诵安拉之名而宰杀的动物、暴目者、环喙者、锯牙者、钩爪者、同类相食者、贪者、吝者、污浊者、乱群者、异形者、妖者、似人者、善变者等都不能食；禁止饮酒以及一些有害于人体健康、腐蚀心灵、颓废意志的毒剂与麻醉品。但也有灵活变通的一面，对一些被禁止食用的食物，在不得已的情况下可以食用，且无罪过。这一切的最终目的就是达到心灵纯洁、清净无染的境界。

第三，道教饮食伦理。道教是中国本土化的宗教，其主要宗旨在于追求长生不老，围绕此目标形成了一些独特的饮食伦理。(1)提倡素食，追求心灵的洁净之美。道教认为，人们为了保持体内的清新洁净，应常食素，而荤腥会破坏洁净之气。(2)重视食疗养生。道教比较重视服食、饮食疗疾，所以，一些道教著作记载了大量的药酒、药膳、药茶以及常用食物治疗疾病的方法，也推荐了许多对人体有益的草木药物，促进了食疗、食补的发展，还总结出了一些养生之道。《千金要方·养性·林道养性》曰："善养性者，先饥而食，先渴而饮。食欲数而少，不欲顿而多，则难消也。常欲令如饱中饥，饥中饱耳。盖饱则伤肺，饥则伤气，咸则伤筋，酸则伤骨。故每学淡食，食当熟嚼，使米脂入腹，勿使酒脂入肠。人之当食，须去烦恼。"这对当时士大夫的饮食生活产生了很大影响。

一般而言，宗教饮食中的食礼、食规、食忌等都是为了人们强身健体和修养德性。一方面，饮食禁忌是各宗教的基本戒律，其内含的道德含义合乎"恻隐之心"的仁爱思想和慈悲为怀的道德情感；另一方面，通过饮食禁忌，进行人伦教化，培养人的善念、善心。

（二）饮食的政治伦理功能

春秋战国时期的政治家管仲曾说："王者以民人为天，而民人以食为天。"（《史记·郦生陆贾列传》）农业在我国具有重要的地位，古人将"食"列为"八政"① 之首，孔子将"食"作为为政的重要条件之一，孟子的"仁政"理想中首要条件就是使百姓能够吃饱穿暖，"孟子曾一再希望统治者养民、利民、富民、惠民、教民，博施于民，不仅要在思想上具备这样的德性，而且要在政治上实行仁政，'以不忍人之心，行不忍人之政'（《孟子·公孙丑上》），要统治者不仅'不嗜杀人'，还要'省刑法，薄税敛'，无夺农时，使民'不饥不寒'……进而'乐民之乐，忧民之忧'，为民父母"②，反对统治阶级为了自己的口腹之欲而残酷剥削百姓，认为这是极端不仁的体现。可见，中国的治国之道首先要养民，解决民众的基本饮食需求，这是实现政治稳定的前提条件。

食可以兴国，食也可以亡国。众所周知，夏、商两代的灭亡都是贪饮嗜食、饮食无德造成的结果，西周时期的统治者吸取夏、商的教训，在其饮食器具上常刻以饕餮纹以警示世人不要过于贪吃，否则必将害己，甚至颠覆王朝。"西周统治者还制定了严禁酗酒的诰命，以诫谕周人不要贪杯。这些史实都反映了周人已认识到饮食应科学合理，要有所节制，不要放纵，否则就会复蹈饕餮之辙。"③

古人常用饮食来比喻治国之道，老子就讲："治大国，若烹小鲜。"（《老子》第六十章）意思是说，治理国家与烹小鱼是同一个道理，烹小鱼要讲究烹调之术，不要翻来覆去，否则就会烂于锅中，为政之要则在于安静无扰，扰则害民，害民则影响政治稳定。《左传·昭公二十年》也记载了晏婴以调和羹汤为例向齐景公阐释君臣之间的关系应是"和"而不是"同"的道理。这种"君子和而不同"的主张在古代政治生活中产生了很大的影响，所以，在古代"将调和鼎鼐与安邦治国相提并论，将治国之道

---

① 所谓"八政"，据《尚书·周书·洪范》曰："一曰食，二曰货，三曰祀，四曰司空，五曰司徒，六曰司寇，七曰宾，八曰师。"
② 肖群忠. 中国道德智慧十五讲. 北京：北京大学出版社，2008：238.
③ 徐海荣. 中国饮食史：卷二. 北京：华夏出版社，1999：148.

与饮食文化智慧之道的巧妙结合、隐喻，强调烹调与治术、政通与人和、社会与自然的相通与和谐，体现了饮食文化政治功能和伦理道德境界"①。

饮食活动中所蕴含的等级森严的伦理秩序可以为政治稳定服务。如在夏商时期，"从其礼器名数组合到使用中表现的礼仪，从肴馔品类到烹饪品位，从进食方式到筵席宴飨，等等，其中所表现的一系列礼仪与蕴含的思想，均已明显地强调着阶级之别、等级之序次"②。到周代，这种等级性更为森严，无论饮食内容、器具、座次还是参加人的身份和地位、上菜、进食等都有严格的规定，不能僭越。饮食中这种森严的等级性，在清代更为严格，达到了"炉火纯青"的地步。这样，一方面可以明君臣之义、定人伦之序、确权身之位；另一方面则可以敦睦友邦、笼络人心，进行人伦教化，从而实现社会稳定、政通人和。

(三) 饮食的民族伦理精神

我国是一个多民族国家，各个少数民族在长期的历史发展过程中形成了本民族独特的饮食习俗，其中蕴含着本民族的伦理精神与道德规范以及优良的生存智慧，具体体现为：

第一，民族生存智慧。各个少数民族凭借自己对生命价值的追求和优良的生存智慧，根据本民族的经济文化类型和人伦道德要求，创造出本民族的特色饮食，而且在长期的生活实践中积累了丰富的经验。各少数民族虽然在地理、习俗、文化、食物原料、制作方法等方面有所不同，但都能制作出丰富多彩的美味佳肴。同样是饭食，基诺族是竹筒饭，侗族是黑糯饭，壮族是五色饭，维吾尔族是馕等；同样是酒，除个别民族禁酒外，大多数少数民族都有本民族酿造的酒以及饮酒文化，如藏族的青稞酒、黎族的椰子酒、蒙古族的马奶酒、朝鲜族的米酒等；同样是肉食，不同的民族追求也不同，如蒙古族的剥皮烤全羊、苗族的腌胙、东乡族的栈羊肉、彝族的砣砣肉等。这些丰富多彩的美味佳肴、精湛的烹饪技术以及独具特色

① 孙金荣. 中国饮食的主要文化特征. 山东农业大学学报（社会科学版），2007（3）：95.
② 徐海荣. 中国饮食史：卷一. 北京：华夏出版社，1999：76.

的饮食风俗，充分体现了我国少数民族的文化特色和社会风俗以及"靠山吃山，靠水吃水"的民族生存智慧。

第二，饮食传情寄意。我国少数民族饮食文化中的一些独特的风格蕴含着特殊的意义，体现着一定的价值观念。壮族人在一些时令佳节一定要吃五色蛋，表达着五谷丰登、风调雨顺、吉祥如意、安康幸福等美好的祝福，甚至还成为爱情的象征；藏族在藏历年腊月二十九晚上有吃"古突"的习俗，即吃土粑，在土粑里面包上一些硬币、羊毛、石子、辣椒等，分别象征着发财、心肠软、心肠硬、刀子嘴等，以此来预测人的性格和命运，也表达一种美好的祝愿；在白族人的饮食中有外出时要食蒜拌芋头、来男宾时要食花生米、忧愁时要食藕、结婚时要食百合菜等习俗，这些分别蕴含着通顺平安、亲如一家、万事顺通、百年好合等意义。这些都是借饮食这一日常活动来表达美好祝愿与祈福的方式，正是通过饮食方式的内在价值理念和所蕴含的人伦道德规范来调节本民族人际关系，使人们能够和谐共处，创造美好生活，实现人生幸福。

第三，饮食礼仪规范。少数民族饮食文化在长期的发展过程中，形成了各自的饮食礼仪。维吾尔族的待客，请宾客上座，在吃抓饭前一定要净手，抓起来的饭再不能放回盘中，也不能吐痰、抠鼻，吃完饭后，必须等主人收拾好餐具之后才能离开；哈萨克族在用餐时，一般长辈先坐，食最好的肉，晚辈不能在长辈面前饮酒，若待宾客，将装有羊头、肋肉和后退的盘子献于宾客面前，宾客割下羊左耳和腮肉，并递给主人，这是一种礼节；朝鲜族在招待宾客时先要摆上一只熟的、口叼红辣椒的大公鸡，而且老人要单摆一桌，餐具都有固定的位置，不允许在长辈面前吸烟、饮酒；赫哲族人结婚时，有新郎吃猪头、新娘吃猪尾的习俗，表达夫唱妇随、和睦相处之意等。其实各少数民族都有自己的一套饮食礼俗，虽然文化传统不同，表现方式不同，但目的却是相同的，都是借助饮食活动来进行人伦教化、表达祝福、协调人际关系以及维持本民族的礼治秩序。

总之，少数民族的饮食文化客观地反映了本民族的饮食特色、文化价值观念、伦理道德、宗教信仰、民族心理以及优良的生存智慧等，合理吸收其优秀成分，对进一步了解少数民族的饮食伦理精神和培养人们的道德素质有很大的帮助，为推动我国饮食文明风尚的形成提供有益的借鉴。

(四) 饮食风俗的伦理意义

饮食风俗反映了人们社会生活的不同状况，蕴含着不同的价值观念与伦理意义，成为规范人们行为、语言与心理活动的主要手段，也是人们学习、传承和积累文化以及接受人伦、亲情与礼仪教育的重要方式，对于提高人们的道德修养、协调人际关系和维护社会秩序具有非常重要的作用。

第一，日常饮食风俗。日常饮食风俗是指人们在日常饮食生活中形成的行为习惯和风尚，主要表现为一个国家或民族、地区的饮食结构、饮食方式、饮食工具等。在饮食结构上，中国长期以来形成了以素食为主、肉食为辅的饮食结构，西方则是以肉食为主、素食为辅。素食为主、肉食为辅的饮食结构符合我国的国情和民族习惯，能够满足人们养生的需要。在饮食方式上，一般认为，中国是合餐制，西方是分餐制。但中国从远古时期开始一直是分餐制，直到宋代以后才实行真正意义上的合餐制。在饮食工具上，中国人习惯用筷子，并且一具多用，形成了发达的筷子文化；西方人习惯用刀叉，并且是多具一用，形成了先进的刀叉文化。在饮食追求上，中国人以味为先，强调五味调和，追求味的美好基础上的色、香、味、形、器的有效统一，体现了中国人的整体思维方式；西方人则追求营养，不管食物的色、香、味如何，营养一定要得到保证，所以，在烹调的过程中要严格按照科学规范进行，并且讲究食物分离，体现了西方理性主义与个人主义的价值观念。

第二，节日饮食风俗。中国传统节日最主要的特点在于其源于岁时节令，所以盛行的有春节、元宵节、清明节、端午节、中秋节、重阳节、腊八节、除夕等，一些少数民族也有自己独特的节日，如开斋节、古尔邦节、火把节、泼水节等。在这些节日中，人们总是以不同的美食来表达美好的祈福和祝愿，含有深厚的伦理意义。在中国，除夕和春节的饺子与年糕、元宵节的汤圆与元宵，象征着热闹、团圆、欢乐的节日氛围和喜悦之情；清明节的献饭、重阳节的菊花酒与寿面，传递着尊老敬长的孝道思想；端午节的粽子与雄黄酒，表达了对屈原爱国之情怀的纪念；中秋节的月饼，蕴含着合家团圆的家庭伦理意义等。西方国家的节日饮食风俗大多源于宗教，以娱乐为主，目的是缅怀上帝。圣诞节、狂欢节、复活节、情人节、万圣节、感恩节等，这些节日多数都与基督教的相关风俗有关，注重通过各种娱乐活动来缅怀上帝、感恩上帝，虽然也举行各种宴会活动，如吃彩蛋、赠送巧克力、发放万灵饼等，但饮食只是辅助。

第三，人生礼仪饮食风俗。在中国传统人生礼俗中，饮食是一个关键因素，在不同的人生阶段会通过不同的食物和不同的饮食方式来完成人生的寓意。在中国，诞生礼通过举办三朝酒、满月酒来庆贺，前来看望的人要带鸡蛋、红糖、醪糟等食物；婚礼通过举行婚宴来庆祝，以及通过食用枣、花生、桂圆、莲子、喝交杯酒等风俗来表达对新人的早生贵子、白头偕老等美好祝福；寿礼一般通过寿宴以及用寿桃、寿面、寿糕等食物来表达延年益寿之意；丧礼古代一般规定人在服丧期间不饮酒、不食肉、不参加宴会，如《孟子·滕文公上》曰："三年之丧，齐疏之服，飦粥之食，自天子达于庶人，三代共之。"西方人常以宗教成礼，辅以饮食，如在诞生礼俗中，重要的是洗礼风俗，使人免除罪孽，成为纯洁之人，并举行宴会活动以示庆祝；在婚礼中，更注重宗教的结婚礼仪，当新人走出教堂时，有向他们抛撒麦粒的风俗，还有吃蛋糕的风俗，都是祝福一对新人丰衣足食、幸福快乐；在葬礼中，通常采用宗教仪式，祝愿其灵魂早日复活，快乐地进入天国，这是人生最好的归宿。

（五）饮食的生态伦理价值

西方早期生态伦理学代表阿尔贝特·史怀泽提出了"敬畏生命"的伦理原则，他认为，"无故杀死动物、毁坏植物是不道德的，而善的本质就是保持生命，促进生命，使生命达到最高的发展，人和周围生物的关系应是密切的相互感激的关系"[1]。所以，人类应合理利用食物资源，维护生态平衡，促进生态文明建设，这是饮食伦理发展的基本要求。

---

① ［法］阿尔贝特·史怀泽. 敬畏生命. 汉斯·瓦尔特·贝尔，编. 陈泽环，译. 上海：上海社会科学院出版社，1995：91.

第一，图腾崇拜的生态伦理思想起源。人源于自然，同时又从自然中获取维持其生存与发展所需之物，因此，人与自然的冲突、融合始终存在。在远古时期，先民们由于对世界缺乏认识，就以自然作为其思想观念的表达内容和精神世界的依靠，把许多动物作为图腾崇拜，禁杀、禁食。据记载"黄帝族以熊、罴为图腾，商族以玄鸟为图腾，夏族以熊、鱼、石为图腾"①，也曾有以鸡、羊、犬、猪、牛、马等为图腾的，后来以龙作为华夏民族的图腾，龙图腾一直沿袭至今。在图腾崇拜的基础上，产生了自然神，人们相信万物有灵，于是走向了崇拜万物、敬畏万物、珍惜万物。图腾崇拜虽然带有神话色彩，但对人们的现实饮食生活有一定的制约作用，使人们在探寻食物资源时不任意破坏和捕杀野生动植物，在客观上起到了保护自然的作用。

第二，仁爱的生态伦理关怀。仁爱是我国传统生态伦理的重要价值原则，孔子强调："子钓而不纲，戈不射宿。"（《论语·述而》）孟子曰："亲亲而仁民，仁民而爱物。"（《孟子·尽心上》）将人间美好的仁爱情怀推演到万物之中，使人与自然和谐一致。庄子提出了"泛爱万物，天地一体也"（《庄子·天下》）的观点，爱万物就是爱人类自己，因为万物与人类是一体的。老子讲如果人类爱护动物，则"毒虫不螫，猛兽不据，攫鸟不搏"（《老子》第五十五章）。这是人类爱动物所得到的回报。所以，人类只有保护万物，才能保证人类有充足的食物资源。《淮南子·说山训》曰："欲致鱼者先通水，欲致鸟者先树木；水积而鱼聚，木茂而鸟集"，并做到"食其实者，不折其枝"（《淮南子·说林训》），确保万物都能按其内在的自然规律生长，才能使"禽兽之归若流泉，飞鸟之归若烟云"（《淮南子·主术训》）。在此影响下，张载提出了"民胞物与"的仁爱主张。儒家将仁爱的伦理情怀推广到万物之中，履行人类维护生态平衡的伦理义务，在追求权利与义务有机统一的过程中实现人与自然和谐相处。

第三，适时而食的生态伦理原则。人类食用万物应取之有时，用之有度，这是人类作为生态系统中的一分子而应具有的伦理责任，也是人类为

---

① 任俊华，刘晓华. 环境伦理的文化阐释——中国古代生态智慧探讨. 长沙：湖南师范大学出版社，2004：3.

了自身及子孙后代能够有充足的食物资源和人类社会的可持续发展而应尽的道德义务。所以,《逸周书·大聚解》曰:"春三月,山林不登斧,以成草木之长。夏三月,川泽不入网罟,以成鱼鳖之长。"孟子指出:"不违农时,谷不可胜食也;数罟不入洿池,鱼鳖不可胜食也;斧斤以时入山林,材木不可胜用也。谷与鱼鳖不可胜食,材木不可胜用,是使民养生丧死无憾也。"(《孟子·梁惠王上》)荀子反对人为地浪费自然资源和不合理的开采、捕杀,曰:"圣王之制也:草木荣华滋硕之时,则斧斤不入山林,不夭其生,不绝其长也。鼋鼍鱼鳖鳅鳝孕别之时,罔罟毒药不入泽,不夭其生,不绝其长也。春耕、夏耘、秋收、冬藏四者不失时,故五谷不绝,而百姓有余食也;污池渊沼川泽,谨其时禁,故鱼鳖优多而百姓有余用也;斩伐养长不失其时,故山林不童而百姓有余材也。"(《荀子·王制》)《淮南子·时则训》曰:"禁伐木,毋覆巢、杀胎夭,毋麛,毋卵,毋聚众、置城郭","田猎毕弋,置罘罗网、喂毒之药,毋出九门。乃禁野虞,毋伐桑柘"等。因此,人类只有节制口腹之欲,遵循自然规律,才会使"天地以合,日月以明,四时以序,星辰以行,江河以流,万物以昌"(《荀子·论礼》),才能实现人类社会的可持续发展。

二、现代饮食伦理问题批判

人类的饮食风习是一个国家、民族社会与道德风气的综合反映,在现时代,食品安全危机、饮食奢靡之风、公款消费腐败、贫富两极分化、生态系统恶化等问题成为困扰人类特别是中国社会的突出问题。因此,需要分析这些现象产生的缘由,以反思、建构新的社会饮食伦理。

(一)食品安全危机

食品安全问题已成为当下威胁人类生存的重大社会问题,贯穿于食品生产、加工、储存、运输、销售、消费等各个环节,不仅在中国如此,即使西方发达国家也依然存在着食品安全隐患。这些安全隐患引起了世界各国对食品安全问题的高度关注。纵观我国食品安全危机的现状,其主要表现如下:

第一,食品源头污染严重。源头污染是食品安全事件发生的一个重要方面，必须引起足够的重视，其主要表现为：（1）过量使用化肥、农药。农民由于自身知识水平和科技素养所限以及单纯靠追施化肥获得产量的思想误区，对化肥、农药、兽药和一些明令禁止使用的饲料及添加剂大量使用，导致食品源头污染。（2）土壤污染。在激烈竞争的市场环境中，一些企业为了追求短期高额利润，长期违规，超标准排放工业三废，导致土壤恶化，进而污染农作物与水资源。（3）过密化养殖。许多禽类与动物被关在狭小的空间中，恶劣的生长环境容易暴发各类传染性疾病，禽流感就是主要危害之一。甚至通过激素使各类动物或禽类在短时间内长大或长出更多部件，如曾报道的 8 只翅膀的鸡和 45 天速成鸡等。

　　第二，食品生产中的安全隐患。这主要表现为：（1）违规使用国家明文禁用的高毒高残留农药、兽药、重金属或其他化学药品，毒素残留严重，超过国家规定标准，成为威胁消费者健康的隐患，各类食物中毒事件就是由此类原因造成的。（2）在饲养、生产、加工、储藏等过程中违规使用防腐剂、添加剂、激素以及其他化学物质和可能危害人体健康的物质等，如苏丹红、三聚氰胺、瘦肉精、塑化剂等。（3）部分企业，尤其是一些地下黑作坊，为了节约成本，偷工减料，往往使用便宜原料或劣质原料生产假冒伪劣产品，以次充好，以假乱真，如阜阳劣质奶粉、地沟油、假酒等。（4）转基因食品也存在一定的安全隐患。一些商家使用了转基因原料却不明确的标示，甚至进行人体试验，湖南黄金大米事件就是一例，严重侵犯消费者的合法权益。

　　第三，食品流通中产生的问题。我国食品经营企业大多数是个体工商户，甚至还有少数无证户，他们管理理念落后，安全卫生意识薄弱，缺乏必要的卫生设施，致使食品在流通过程中二次污染。食品流通领域缺乏有效的监管，导致一些假冒伪劣产品混进市场，扰乱市场秩序，使消费者无法辨别真假。一般表现为，未经检疫即销售或运输禽畜和禽畜产品，未按相关证书批复标准的运输工具运输，不按规定处理的病害禽畜及禽畜食品被回收加工，重新投放市场等①，还有一些企业或经营者出售变质、劣质

---

　　① 黄祖江. 食品安全问题成因及其预防对策——基于广西禽畜生产现状与道德资本投入的分析. 广西民族大学学报（哲学社会科学版），2012（3）.

食品或者细菌等超标食品，甚至将过期食品的生产日期涂改后重新出售。还有一些不法商贩伪造标识、滥用商标，误导和欺骗消费者。

我国所发生的食品安全事件大多是人为因素造成的，在这些事件的背后隐藏着诚信失却、贪污腐败、人性泯灭、道德缺失等不良道德现象，引起了人们对整个社会道德状况的担忧与反思，一连串的恶性食品安全事件一次次地超出道德底线。因此，我们应客观地分析、评价与建设社会道德，要着力于找出问题的症结所在，切实解决社会道德遭遇的困境。

（二）奢靡之风盛行

奢靡的饮食生活似乎是中国传统饮食文化的一大痼疾。历代达官贵族崇尚奢侈，常常是酒池肉林、食必方丈，过着穷奢极欲的生活。不仅历史上饮食奢靡之风盛行，现今也是如此，甚至更为普遍，形成了全社会的奢靡和浪费现象。天价宴席早已不是什么新闻，浪费更是司空见惯。据报道，20 世纪 90 年代初广州就推出过"黄金宴"，即把金箔炒在菜里或撒在菜上面，每桌售价 8 万元到 10 万元，该宴席颇受欢迎。昔日的"满汉全席"也在今天的酒店上演，据报道，几个温州人在西安一酒店尝试了一下，花费 36.6 万元，但每道菜几乎都只尝了一下[1]，浪费之极。不仅富人穷奢极欲，即使穷人也不是等闲之辈。据新华社报道，中国的餐饮业多少年来一直保持 10％以上的速度增长，2011 年餐饮业零售额达到 20 543 亿元[2]，2014 年全国餐饮收入 27 860 亿元。[3] 浪费与此相伴而行，据央视报道，中国人每年在餐桌上浪费掉的粮食价值高达 2 000 亿元，被倒掉的粮食相当于 2 亿多人一年的口粮。自出台"八项规定""六项禁令"以后，奢靡之风稍有好转，但上有政策、下有对策，一些人虽不敢大张旗鼓地吃喝，但在转移战场之后依然悄悄地进行着。

中国人的奢靡之风和浪费之极在某种程度上是"为了里子，争个面

---

① 魏雅华. 36.6 万满汉全席谁来吃? 市场报，2003-01-25.

② http://finance.sina.com.cn/china/bwdt/20120921/173513205892.shtml.

③ http://news.foodqs.cn/tbgz01/20151219329851.htm.

子"，将这看作向别人炫耀的资本和自己身份地位的标榜。"一粥一饭，当思来之不易；半丝半缕，恒念物力维艰"（《朱子治家格言》）的古训不会留在奢靡浪费之人的记忆深处，野生动物的灭绝和生态环境的恶化早已不在他们关心的范围之内，他们更不会想到我国还有很困难的群众游走在饥饿的边缘。令人更无法想象的是，一些人打着"为人民服务"的口号到处挥霍纳税人的钱，满足其口腹之欲和虚荣的面子。可见，我国的奢靡之风、浪费之气不是舌尖上的小问题，而是思想意识、价值理念、道德品质上的大问题，因此，应该从思想道德层面上来有效遏制奢靡之风。

（三）公款消费腐败

纵观我国诸多奢靡、浪费现象，公款消费居多。据有关方面统计，我国从新中国成立至今，关于公款吃喝的相关禁令出台了上百项，但却"言之谆谆，听之藐藐"，上百个红头文件依旧管不住一张嘴，公款消费现象不但没有改观，反而消费胃口越来越大、档次越来越高、浪费越来越严重。"几十年前领导干部下基层自掏腰包吃饭或交'伙食费'如今已成'天方夜谭'，工作餐'四菜一汤'的规定也成一纸空文，下级单位出钱接待上级单位人员特别是领导干部似乎已成当今公务往来中的'铁律'，无人敢破也无人能破。或许是因为'下基层'成本很低'好处'不少，一年到头，全国各地各类检查团、考察团、调研团、考评团多如牛毛、络绎不绝，让基层不堪重负，头痛不已，许多基层领导干部不得不每天奔走于各种饭局、盛宴之间，也有不少人沉湎、沉醉、沉沦于觥筹交错中，成了'酒囊饭袋'，还有一些人肆无忌惮地挥霍公款，腐化堕落。"[1] 有钱时肆意挥霍，没有钱时赊着吃，吃垮饭店酒楼是常有之事，甚至还要赖账。十八大之后，中央出台了"八项规定""六项禁令"，公款吃喝稍有收敛，但上有政策、下有对策，许多公务宴请转移阵地，食堂、会所、驻京办甚至家庭，这些私密性的地方成为"舌尖上腐败"的避风港。这反映出公款吃喝的确是一个具有中国特色的毒瘤，难以根治，由此带来的腐败非常严重，不仅造成资金、资源的巨大浪费，而且败坏了党风政风，败坏了整个

---

[1]　关注公款吃喝："嘴上腐败"应尽早入罪. 人民日报，2012-01-31.

社会风气。

有专家认为，公款吃喝产生的深层次原因在于中国人饮食中缺乏"量"的概念。[①] 但我们却认为更多在于缺乏"公"的意识，因为公款既不是你的，也不是我的，而是"公家"的。中国人公私不分或有私无公，梁启超曾讲："我国人所以至今不振者，一言蔽之，曰公共心缺乏而已。私家之事，成绩可观者往往而有；一涉公字，其事立败。"[②] 的确如此，在中国人的思想意识中，"公家"的东西是无主的，人人都想据为己有或任意破坏。美国传教士明恩溥批评说："中国人不仅对于那些属于'公家'的东西漠不关心，而且所有的'公家'财产，如果没有得到保管，或保管不得法，便会渐渐地不翼而飞，不胫而走。"[③] 这种观念一直影响至今，成为中国人性格的一部分，反映在饮食活动中，就是不吃白不吃、吃了白吃了，吃坏了政府形象，吃坏了社会风气，甚至吃掉了生命……这难道不是腐败吗？我国的财务制度与监管体制不健全，在某种程度上纵容了公款吃喝这一行为。公款吃喝的费用可以在出国考察费、会议费、培训费、科研费、调研费等合法的项目下进行报销，并且制定政策和违反政策的是一家，谁审核谁？谁监督谁？谁管理谁？因此，公款吃喝、公款接待制度不废除，饮食腐败现象就很难有效制止。

三、饮食伦理的当代建构

科学合理的饮食伦理的建构不仅需要提高个体饮食伦理修养，形成新的人际饮食伦理规范，而且需要通过弘扬节俭的饮食美德，借鉴各地、各民族良好的饮食风俗以及建设公平公正的社会环境等来树立文明的社会饮食风尚。只有在全社会的共同努力下，我国饮食伦理才能走向新的文明高度。

（一）弘扬节俭饮食美德

崇尚节俭是中国古人一贯追求的饮食理念和生活方式，也是世界各国

① "最低消费"为何屡禁不止. 光明日报，2013-01-25.
② 梁启超. 国民浅训//饮冰室合集·专集之三十二. 北京：中华书局，1989：16.
③ ［美］明恩溥. 中国人的特性. 匡雁鹏，译. 北京：光明日报出版社，1998：98.

共同坚守的消费理念。节俭是一种生活观念，"是一种生活美德，它不是对生活消费质量的俭省，而是对满足欲望的消费的节制，是对生活费用的合理支出和对资源的有效保护和使用，是一种量入为出、不贪婪、不占有、勤俭节约、心灵安详的人生态度"①，即儒家讲的"俭不违礼""俭者不夺人"（《孟子·离娄上》）和《资治通鉴》第二百三十四卷中讲的"取之有度，用之有节，则常足"。亚当·斯密不仅主张个人要节俭，而且主张政府公共开支也要坚持节俭的原则，认为政府的消费行为比个人的消费行为对国家的影响更大。这些阐释和教导对于我们弘扬勤俭节约的传统美德具有重要的推动作用，有利于形成良好的社会风尚。

节俭不仅是中国人一贯坚持的原则，在西方人的生活中同样具有重要的价值；不仅是古人崇尚的传统美德，即使在物质财富极大丰富的今天，人们依然不会忘记这一道德要求。进入 21 世纪以来，"勤俭自强"被列入《公民道德建设实施纲要》的基本道德规范之中。在十八大之后，党中央提出的"八项规定"和反对"四风"中都将奢靡之风作为重点问题来抓，尤其严查公款大吃大喝。习近平总书记在中央纪委十八届二次会议上讲："要坚持勤俭办一切事业，坚决反对讲排场比阔气，坚决抵制享乐主义和奢靡之风。要大力弘扬中华民族勤俭节约的优秀传统，大力宣传节约光荣、浪费可耻的思想观念，努力使厉行节约、反对浪费在全社会蔚然成风。"② 国务院总理李克强在 2013 年 12 月 23 日召开的中央农村工作会议上也强调："高度重视节约粮食，节约粮食要从娃娃抓起，从餐桌抓起，让节约粮食在全社会蔚然成风。"③ 从中可以看出，党和国家已经清醒地认识到，目前这种浪费、奢靡之风给国家和人民造成了严重的危害，不仅导致了资源的严重短缺和经济的巨大损失，而且形成了极其恶劣的社会风气，加剧了两极分化的形成和社会不公的凸显。因此，我们应借鉴中西方的优良传统，并结合时下人们的饮食需求，倡导节俭的饮食观念，努力形成文明的社会饮食风尚。

---

① 徐新. 现代社会的消费伦理. 北京：人民出版社，2009：242.
② cpc. people. com. cn/pinglun/n/2013/0123/c241220-20297153. html.
③ finance. china. com. cn/roll/20131225/2073770. shtml.

当然，现代社会所倡导的节俭的饮食生活，是在肯定人们的基本饮食需求正当性的基础上提出来的，是在基本饮食需求得到满足之后，节俭一点、理性一点。这种节俭的饮食生活"不是回到原始落后的生活，不是严重物质匮乏下的节衣缩食，更不是贫困、苦难和无奈的生活，而是用理性的态度去享受生活和创造生活。它是一种明朗而积极的生活方式，是一种繁华过后更趋成熟的人生态度，是一种返璞归真的处世哲学"①。也就是说，要用一种正确的饮食理念引导一股新的生活时尚潮流，用理性的态度去杜绝一些不必要的浪费和奢侈，使人们的饮食行为回归本真的目的，即以安全、营养与健康为其终极价值目标，以一种适中或中道的生活方式来完成生命的存在和价值的实现，这才是合乎德性的，也才能更好地实现人的幸福生活。

（二）努力实现饮食正义

饮食伦理的建构离不开公平正义的社会制度，这是饮食伦理得以健康发展的基本保障，若没有公平公正的社会制度，饮食正义就难以实现。在罗尔斯看来，"正义是社会制度的首要价值，正像真理是思想体系的首要价值一样。一种理论，无论它多么精致和简洁，只要它不真实，就必须加以拒绝或修正；同样，某些法律和制度，不管它们如何有效率和有条理，只要它们不正义，就必须加以改造或废除"②。饮食伦理的建构必须建立在一种公平公正的社会制度的基础之上，只有在公平公正的社会制度的保障下，现实众多饮食伦理问题才能得以解决，人类正当合理的饮食伦理才能得以建构。一种具有普遍性的正当合理的饮食伦理既能够维护人的生命权与健康权，又能够保护生态环境；既能够保证有限消费资源的有效配置和合理利用，又能够确保消费权利与消费义务的公平分配。因此，我们在进行饮食伦理建构时，应从形式、内容、程序以及结果等方面全方位考虑，使制度的设计注重社会生活中每个人在生命存在、人格尊严、发展机

---

① 徐新. 现代社会的消费伦理. 北京：人民出版社，2009：237.
② ［美］约翰·罗尔斯. 正义论. 何怀宏，何包钢，廖申白，译. 北京：中国社会科学出版社，1988：3.

遇、价值实现、享受成果等方面具有普遍的公平。

我国目前所出现的饮食伦理缺失现象，究其原因是多方面的，其中制度设计不合理、缺失公正是一个重要原因。"从根本上说，制度本身具有塑造人、决定人的制度化的规范力量，它能够帮助人们在特定的道德情境中进行道德抉择，也能调控和维护行为的具体方式和发展方向，进而改变人们的价值观念和精神气质。"[①] 因为道德不是自然而然产生的，而是源于外部严格的制度约束与严厉的惩处，法治不彰，制度不严，仅谈道德，则道德必然衰败。也就是说，没有公平公正的制度和健全的法律法规做保障，监管不严、惩处不力，有德者也会变得缺德；相反，制度公正、监管严格、惩处严厉，无德者也会自觉遵守道德规范。因此，一种正当合理的饮食伦理的建构必然以公平公正的社会制度为基本保障，它能够为人们提供吃什么、如何吃等行为选择的经济合理性与道德正当性的价值依据，有利于解决现实生活中的众多饮食伦理问题，有利于人们形成正确的饮食观念、文明的饮食行为与合理的饮食方式，从而有效促进饮食伦理的建构。

但公平公正的制度不是自然而然产生的，是由追求公平公正和自由权利的人们在生活实践中创造出来的。"我们每一个人在自己的日常生活中，作为一个拥有平等基本自由权利的主体，与其他社会成员在平等的基本自由权利基础之上，良好合作，构成大家都能认肯且都能得到充分自由健康发展的公正制度，公正的制度正是这种良好合作社会关系结构的客观性存在。"[②] 所以，我们不能因为某种制度本身的不公而消极无为，无所承负，进而为所欲为，为自己某种不端或违法犯罪行为寻找借口。我们应该在追求自身正当利益的同时，"把对他人的考虑纳入自己的决策之中并以这种考虑作为自己的约束。那么，我们的行为自然便会呈现出适度、内敛、期待对等合作等特点"[③]。这样才能向公平公正之方向迈进。"事实上，一方面，人不是衣冠禽兽，人之为人有其最基本的要求与规定，这是不以时间与地点为转移的；另一方面，即使那些类似罗尔斯所说的职责一类的义

① 徐新. 现代社会的消费伦理. 北京：人民出版社，2009：231.
② 高兆明. 制度公正论. 上海：上海文艺出版社，2001：362.
③ 甘绍平. 伦理智慧. 北京：中国发展出版社，2000：56.

务，尽管以社会制度公正为前提，但人同时又负有一种使命：改变这不公正的制度，这种使命也近乎罗尔斯所说的自然义务。"① 我们应该使自己在改变不公正的社会制度的努力中变为完善的人，在自觉抵制各种不良饮食行为与饮食方式中提高自己的饮食伦理修养，从而实现饮食正义。

（三）倡导饮食良风美俗

饮食风俗是时代的产物，是在特定社会历史条件和文化背景下产生的。受科学文化的发展水平、人们的认知能力、价值观念以及经济发展状况等因素的影响，饮食风俗不可避免地会出现优劣之分，在其形成的那个时代背景下有可能起过一定的积极作用，可是随着时代的变迁、经济的快速发展和社会的不断进步，其不仅不符合现代的发展要求，而且还会阻碍当下文明社会的前进。所以，历朝历代的先哲们强调要移风易俗。如商鞅变法时就反对因循守旧的"世俗之言"（《商君书·更法》），荀子强调改变庸俗，就必须移风易俗、化民成俗，以成就美好之风俗，达成人文化成的理想。汉代以辨正风俗为政治之枢要，东汉时期的崔实在其《政论》中云："夫风俗者，国之脉诊也。"应劭也云："为政之要，辨正风俗，最其上也。"（《风俗通义·序》）为政者必然要大力进行移风易俗，倡导良风美俗，才能更好地贯彻其施政方略和实现人们幸福生活的政治理想。

第一，发挥居上位者的引导、表率作用。居上位者具有文化上的领导地位，故应在良风美俗的倡导中发挥更大的作用，上之化下，风化行而习俗美，民德归厚。若居上位者痴迷于灯红酒绿、山珍海味，奢靡无度，劣迹斑斑，公款消费腐败，那么上行下效，势必会形成恶劣的社会风气。因此，只有铲除居上位者及权力部门的不良饮食行为，才能警示天下和化育普通大众。

第二，良好的饮食风俗离不开人们的学习。《礼记·学记》曰："君子如欲化民成俗，其必由学乎！玉不琢，不成器；人不学，不知道。是故古之王者建国君民，教学为先。"只有通过不断学习那些良好饮食风俗，才能提高自己的文化素养，从而体现自己的人格之美。这样才能彻底清除我

---

① 高兆明. 制度公正论. 上海：上海文艺出版社，2001：359.

国饮食生活领域中那股"邪风""歪风"，还原民众纯洁、公正的饮食环境和良好的饮食风气，从而形成符合文明社会发展要求的饮食良风美俗。

第三，认真分析，批判继承。良好的饮食风俗能够进行潜移默化的影响，使人们深受教育，增强民族自信心和自豪感，形成良好的民族性格和民族心理。相反，一些恶俗、陋俗会影响一个国家、民族、社会以及个体的良性发展，败坏社会风气，阻碍社会文明的推进。所以，我们只有认真分析，正确评价，才能真正区分出饮食风俗的优劣，才能更好地"继承其民主性、科学性的精华，剔除其封建性、愚昧性的糟粕，逐步用充满生机与活力的新食俗取代陈腐落后的旧食俗，从而达到美化人民生活、陶冶民族情操、净化社会风气、培养良好品德之目的"①。饮食风俗优良，对于社会风气的好转也具有推动、助益作用。

---

① 陈光新. 中国饮食民俗初探//李士靖. 中华食苑：第 1 集. 北京：经济科学出版社，1994：310.

第三章　居住伦理

居住不仅是人们日常生活中的一项基本内容，而且构成日常生活得以展开的物质活动基础。在衣、食、住等日常生活不可或缺的物质实体中，人们栖息和生存的居宅，可能是这些物质实体中价值最高、对人的庇护性最强的实体，是人们展开生活、培育家庭、建设家园所必需的空间载体。人们无论进入何种领域，都必须以居住生活为出发点。人类文明也是围绕居宅而逐步展开与衍生而成的。从本质上看，居住生活既不同于纯粹的私人生活，即所谓的"日常生活"，亦不同于诸如古希腊和中国"文化大革命"时期的纯粹公共生活，这使得居住生活呈现出非常复杂的特征。

本章首先探讨"居住伦理"这一核心概念，纵向考察居住伦理观念的起源与历史演变，确定居住伦理的研究目的，希望提出一套具有可操作性、指导性的居住伦理之道，使居宅和居住行为不仅仅满足于御寒和安全这些基本需求，更要住出德性与教养，住出公正与和谐，住出文明与境界。

第一节　居住伦理概述

本节在追溯中西"居住"之主要内涵的基础上，明确"居住伦理"的定义及研究范畴，回顾居住伦理的历史演变与发展概况，指出今天研究居住伦理的目的与价值所在。

一、"居住"与"居住伦理"

从词源上看，"居"与"住"最早是分开使用的。"居"的金文字形为⿰，像人曲胫蹲踞形。《说文解字》释"居"为"蹲"，后与其诸多的异体字融合衍生出"居住""居室""居处"等义。其中，"居住"既指"住宅"，也指人的身心活动瞬间的止息。"居处"则既指"居所"，还指人们的"生活处境"。《康熙字典》记载，"住"为止、居之义，大致与"居"同义。《魏书•列传第四十六》最早将"居""住"合在一起使用，蕴含居宅与居者的生活及精神状态二重内涵，此后的文献多沿用此义。

西语中，《小拉鲁斯词典》界定"居住"为"在一个地方有自己的住所，有自己的住宅"。阿韦尔认为这一定义往往与住宅、住处等词相混淆，以至于概念模糊不清。① 因此，这里仅从"居住"词源的层面略做分析。通常表示"居住"的英文单词有三个："resident""live""dwell"，西方居住学研究者多使用的是"resident"，因为它具有法律意义上的永久"居民"之义。从其拉丁词源"resideo"来看，"resident"则有"停留""寓居""存在"之义。这些都指出"居住"并非只是"暂时的居住"，而是在一地的"定居"或"安居"。就"存在"而言，"resident"这一词进一步传达了人"居"的行为和"居宅"实体的统一关系，正如海德格尔指出的"人与空间的关系就是居住"，从而构成人"存在"所包含的物质价值与精神价值的双重内涵。

以此观之，中西文化中的"居住"都"是涉及我们灵与肉的一个物体"②，囊括了"住宅"这一为我们遮蔽、御寒、防暑、防御等的实体价值内容，同时具有超越的形式，指围绕相对稳定的居宅，人类在日常生活中展开的一种生存活动、一种有人生和社会意义的价值实践。

在中国传统社会，居住伦理关系与居住的地域性、血缘性联系密切。没有了稳定的居住行为，居住伦理关系实际上就成为松散的、不具有任何

---

① ［法］让-欧仁•阿韦尔. 居住与住房. 齐淑琴，译. 北京：商务印书馆，1996：6.
② ［法］勒•柯布西耶. 一座住宅，一座宫殿. 治棋，等译. 北京：中国建筑工业出版社，2011：5.

规范性的外在形式。英文"ethic"的希腊词源"ethos"曾被用以表示驻地、住所的名称，后来亚里士多德从气质、性格的意义上最早地使用这个概念，赋予它"伦理的""德行的"意义，由此可透析出空间与人的精神气质之间的内在关系。另外，"居住伦理"既包括居宅内的居者之间、居者与其活动涉及的所有他者之间的关系，还包括居者与社会、自然这些更广泛的空间场域之间的关系。伦理不是对关系或关联的简单的、经验性的描述。根据哈里斯的观点，"伦理的一词据我理解与希腊语'ethics'（精神特质）更相关，而不是我们通常所指的'ethics'"①。必须突出伦理的"精神特质"取向，因为事实上，"关联性"存在的居者的所有居住行为都不是独立的，没有人能够独立，这种关联生活必须在一个重要的自然、社会和家庭文化语境中发生，并且其特定的模式规定了居者在家居和公共生活中应当履行的诸种义务。② 所以，人们在享受居住的权利和践行关系规定的义务的过程中，丰富了自己的人性，完善了自己的人格，形成了民族的、个体的精神气质。

综合"居住"与"伦理"的二重内涵分析，可以初步界定"居住伦理"为：在人们的日常居住生活中反映出来的，对个体的人格和人生塑造、人际交往和社会风尚有着直接影响的价值观念系统，以及居住生活应当遵循的基本行为规范和良序美俗。

二、居住伦理的起源及演变

对居住伦理的探讨可以追溯到居宅产生之初，因为有了居宅，人类相对稳定持久的居住行为和居住环境才成为可能，由此形成了代代传承的居住伦理观。居宅的产生大致与人类文明的形成同期，根据人类学家、建筑学家的考察及古籍记载，它起源于人类生存的基本需要，且随着人类文明和社会的演进，在"遮蔽、保护"的实用价值基础上，其"尊卑、等级、规范、交往"等伦理、文化和社会的意义逐渐浮现，特别是进入等级社会

---

① ［美］卡斯滕·哈里斯. 建筑的伦理功能. 申嘉，等译. 北京：华夏出版社，2001：1.
② ［美］安乐哲，罗斯文. 《论语》的"孝"：儒家角色伦理与代际传递之动力. 陈丛兰，敬晓庆，译. 温海明，审校. 华中师范大学学报（人文社会科学版），2013（5）.

以后，居宅逐渐成为个体身份和阶级地位的重要表现方式。

在中国，由于传统社会的宗法血缘性，民居的组合形制和空间序列呈现出"长幼有序，男女有别"的家族宗法伦理特征。中国的建筑就是"一部展开于东方大地的伦理学的'鸿篇巨制'"①。现存最早的关于宅居的经典文献——《黄帝宅经·序》中指出，"夫宅者，乃是阴阳之枢纽，人伦之轨模"，强调居宅作为人伦关系之行为准则的空间模式，必须承担形成和确立的人际关系即"礼"的秩序的责任。② 从皇族居住的宫殿到普通的民宅，它们都在不同程度上表达了中国传统伦理文化皇权至上的政治伦理观、尊卑有序的等级道德观、群体意识及"贵和尚中"的伦理观念。以居宅面积、修饰、空间布局等来区别尊卑的礼制是不能逾越的。在千年的宗法文化中，居宅的伦理向度被不断强化，到汉武帝确立儒家思想的主流地位之后，居宅建筑的这种伦理意蕴更加彰显。

在这样的等级居宅中，古代中国人以"家"为单位聚落，形成不同历史时期的家居方式，且经历了由"人神共居"到以扩展式家庭为主的"同财共居"，到以核心家庭为主的"异财分居"，又到以累世同堂的大家庭为主的"同财共居"过程。③ 其中，"人神共居"与三代及西周早期的信仰体系相联系，人们通过祭祀超越的存在来体验绝对的意义。当中国文化完成人文的转向时，世俗的家居生活变得重要。按照"五服""九族"制度和"亲亲""尊尊"原则，先秦中期的贵族阶层把整个家族成员凝聚为一个组织结构有序的宗法共同体，这种扩展式家庭遵循的是"同财共居"的大家庭观念，它发展和强化了儒家"家国同构"的家庭、政治伦理思想。春秋末与战国时期，各个阶层普遍形成的"异财分居"方式强调小家庭的重要性。④ 家的变迁反映且影响着传统公私观，由此也逐渐明确了居住伦理的基本道德范畴。在"同财共居"的居住方式中，个体只能依赖宗族、家族和家庭的保护，基本没有"私"的东西。"异财分居"的小家庭形式

①　王振复.中国建筑的文化历程.上海：上海人民出版社，2000：6.
②　秦红岭.建筑的伦理意蕴.北京：中国建筑工业出版社，2006：27.
③　陈丛兰.《礼记》的居住方式与孝道观探赜.西北师范大学学报（社会科学版），2014（3）.
④　同③.

违背了中国宗法社会的性质和儒家的基本伦理精神，因此在后世被视为
"败俗"，有悖于"恩礼"之道。① 迨及汉代，逐渐为累世同居的"同财共
居"方式取代。

生存必需的自然物质、日常活动半径所及的环境也成为与居住伦理有
关联的要素。传统中国人的居住伦理追求人与自然的和谐，强调"宅以形
势为身体，以泉水为血脉，以土地为皮肉，以草木为毛发，以舍屋为衣
服，以门户为冠带，若得如斯，是事俨雅，乃为上吉"（《宅经》）。关于居
住生活的风水学注重居宅的选址、门窗的方位，居宅的园林及整个城市的
规划和布局，以确保建筑与自然环境的融合、人与住宅的和谐等。不同于
家宅且处于政府之外的公共空间，作为另一个生活空间，与居宅形成公私
关系，居住生活被划分为家宅的私人空间内的生活与在宗庙、酒肆、戏楼
等公共空间展开的生活。但在传统中国宗法社会和小农经济中，公共领域
不发达，公私界限模糊，或者根本没有界限。

简言之，中国传统居住文化虽然历史悠久、体系庞大、内容丰富，
但居宅及居住方式的实质则是伦理化、制度化的。在千余年的历史发展
过程中，尽管在不同民族文化的融合过程中，居住文化有所损益，然而
在总体上，儒家礼制思想指导下的居住伦理文化始终是中国居住文化史
的主流。

在西方，由于地理特征的差异以及文化不同向度的超越，居住伦理的
发展路径与中国有很大的不同。古典时代希腊城邦的主流文化认为庄严和
奢华仅适用于神坛、澡堂、戏院和论坛等公共部分，私人住宅不被重视，
简单朴素。参与公共政治生活的价值高于私人生活的价值，甚至是唯一的
价值。迨及希腊化时代，公共领域萎缩，私人生活显著扩展，家宅及家居
生活变得重要与奢华，生命的完善和家庭生活的幸福紧密联系。这种家居
生活价值的扩张在罗马时代进一步发展。

4 世纪以后，基督教成为社会思想的主导，对欧洲的居住文化产生了
巨大的影响：古老的公共场所被忘却，澡堂、戏院与论坛无处可寻，教堂
是城市建筑群的心脏，基督教教堂举办的宗教集会占据了人们的日常生

---

① （汉）司马迁. 史记：卷四十八 贾谊传. 杭州：浙江古籍出版社，1999：333.

活。住宅主要表现基督教的宗教性观念和政治上的团结观念，由此形成两个特征显著、风格各异的居住伦理时期：封建时期（11—13 世纪）与资本主义萌芽时期（13—16 世纪）。封建时期，结构封闭、组织严谨的修道院是最著名的住宅，它反映了天庭严格的等级秩序。居于其间的修士没有任何隐私，完全是群居性的、公共性的。此外还有以世俗贵族的城堡为代表的防御性居宅，居宅与公共空间分离，小教堂、护墙、壕沟等是公共空间的要素，"私"局限在独立的建筑里。城堡中的人分为保护者的领主与众多的被保护者，前者必须履行保护的职责，责任和勇气是其主德，服从与效忠则是后者的美德。通过对一个封闭而自成空间的公私划分，两种本质类似的居住伦理呈现出一种世俗与超越的关系。

资本主义萌芽时期，城市经济发展起来，穷人的居住条件并未有多大的改变，但城市资产阶级、贵族等的住宅不再模仿城堡式的封闭建筑，房屋装饰成为时尚。私人生活蓬勃发展，对个人隐私的渴求愈加强烈，私人空间得到扩展，个体的权利被重视。教堂祈祷虽然是这一时期人们的生活内容，然而还有很多公共空间提供的社团生活开始占据人们的日常生活，宗教对于居住伦理的主导地位被打破。随着理性、自由、平等与个人主义思想的深入人心，西方的居住伦理进入一个世俗、多元和开放的时代。

在现代，中西方的居住伦理都发生了很大的变化。在西方，私人空间完全独立于公共空间，"住宅变成一个家庭炫耀其财富和展示其社会地位的舞台"① 和避风港。"公共"和"私人"被严格区分，私人生活和公共生活的表现方式被改变，各自遵循着新的规范。随着民主化的进程，这种起初属于中产阶级的生活特权慢慢扩展到大众各个阶层。② 而且，由于改革开放与全球化，现代西方的这一居住伦理还深刻地影响着今天中国的居宅风格、居住方式和居住理念，在居住生活中，常常发生等级主义、保守主义和家族主义等传统居住价值与西方以个体价值、民主平等等为内核的伦理

---

① ［英］彼得·伯克. 什么是文化史. 蔡玉辉，译. 北京：北京大学出版社，2009：81.
② ［法］菲利浦·阿利埃斯，乔治·杜比，主编. 私人生活史Ⅴ：现代社会中的身份之谜. 宋薇薇，刘琳，译. 哈尔滨：北方文艺出版社，2008：7.

价值的冲突。在这种冲突中，中国人生活的实质内容经历着现代化的转变。

总之，无论作为实体器物层的居宅及其建筑方式，还是人类的居住行为方式及关于居住的各种信念、思维方式和价值观念，都体现出"个人主义"或"社群主义"、"享乐主义"或"理性主义"等价值取向，内含着天人关系、人性与人文的价值以及"公"与"私"的矛盾等丰富的伦理学含义。因此，以伦理视角研究民众的日常居住行为和居住方式，揭示其伦理性质与价值，就成为"日常生活伦理学研究"的重要内容之一。

三、居住伦理的价值

居宅是一个让人类肉体和灵魂得以休养生息的宅所，它既是人们的物质家园也是人们的精神家园。自古及今，人类借助"居住"而创造和享受生活，形成了属于自己的伦理价值生活并因此彰显了自己的本质力量。作为人的自然生命与价值实践活动，居住有着同工作、休闲、娱乐同等重要的价值意义。能居住得更人性、更科学、更生态、更伦理，提升当代人的幸福生活指数，使人有精神家园的归属感，这些都需要一套合理的居住伦理来指导民众的日常生活以及相关的制度伦理的建设。我们认为，居住伦理的价值主要体现为以下四个方面。

第一，增强人们居住的文化与伦理的价值自觉。作为日常生活的重要内容，居住生活因其程序化和琐碎单调性，而成为"日用而不知"的"自在"状态。而且，在居住贫困的情况下，人们还仅仅是为生存而居住，依靠本能地生活，居住的伦理意义还不能为人们所自觉认识到。人们在自觉认识居住生活时，即人们"逃离"生活世界的平庸化，作为一个观察者从"外面"观察究竟是什么样的文化伦理力量在塑造及如何塑造我们的居住方式、生活态度和习俗惯例，对居住的本质、价值等重大问题进行反思和批判时，居住伦理才能完成从传统向现代的转变。只有这样，生活的意义才会浮现出来。

第二，提升建筑文化的人文精神与文化格调。作为人类文明、文化的符号系统，建筑内含着一个群体的观念、价值和信仰，且塑造着居于其间的群体的价值观念与信仰。历史上，教堂、寺庙、大学等建筑都曾起到安顿灵魂、确立终极价值的作用。当今世界，全球化、城市化导致建筑"同质化"，建筑艺术失去了培育和塑造独特市民精神的功能。阿诺德认为，伟大的艺术作品是人类生活价值的重要方面。生活中有了它们，人类的心灵就能抵御那些有害并毁灭灵魂的文化垃圾。而它的缺席，则会使人类在智力、道德和审美方面变得贫瘠。因此，面对现代建筑呈现出的这种剥夺人类精神的异己力量，必须重申建筑的文化伦理本质：人性、人文和超越。未来的建筑只有被赋予这些精神，才能把人们凝聚在一起，使人和物得到妥善的配置，形成和谐统一的社会。

第三，居住伦理对于生命、人际关系、环境等的规范，可以促进家庭、邻里、社区人际交往的和谐。居宅不仅是人们休养生息之地，更是人们通过人际间的交流沟通以达到各种伦理情感的交融汇通之地。在相对固定、狭窄的天然共同体中，传统聚族而居的居住方式结成相对固定的交往关系，日常交往大多在亲子、夫妻、兄弟姐妹、亲属和朋友间展开，这些交往关系由传统文化的伦理纲常加以规范。当代，大家庭结构解体，平等理念冲击着现代家庭尚存的等级主义，如何建立新的家庭伦理规范以协调纵向与横向家庭关系的问题摆在了人们的面前；经济结构和社会结构的复杂化打破了居住的地域限制，造成亲属关系疏离，每个人的日常起居都面临如何处理与陌生社会大众的关系问题。在居住生活中，构建"第六伦"即处理陌生人与陌生人之间关系的伦理规范，确立现代的"公私观"，是培育与彰显居民公德之基，是邻里和睦、社区和谐、社会有序之本。

第四，建设居住制度伦理，促使物质家园与精神家园和谐统一。1996年6月伊斯坦布尔第二次国际人居会议上，171个国家一致通过了《居住的权利宣言》，宣言将"居住的权利"视为基本的人权。"无家可归""居无定所""流离失所""寝食难安"的状况体现出人的这一权利没有得到保障，势必影响人们对社会公平正义的认同。今天的中国，住房资源为资本化的权力所控制；中国城市化客观上造成权力和金钱占有最好的居住资源；居住制度缺位、住房制度伦理性缺乏。导致民众的居住问题积重难返，成为当代诸多社会矛盾、阶层剧烈冲突的主要根源。因此，要想使人们"有居""定居"，继而"安居""乐居"，制度必须先行。建立符合人性、公平公正的居住制度已刻不容缓，这也是决定中国现代化转型成功与否的关键所在。

居住从来不是一个只受地域空间限制和经济支付能力制约的个体选择行为，而是一个涉及个体精神、家庭生活、人际交往、社会和谐等各个层面的复杂伦理道德系统。因此，合理的居住伦理必然能够指导现实的居住生活，有利于消解人与自身、他人、社会、自然之间的紧张关系，使人们能够"诗意地栖居"。

第二节　居住的生命伦理

海德格尔说："栖居乃是终有一死的人在大地上存在的方式。"① 有死的人类以空间和时间的方式存在于大地。作为人类的栖居之所，居宅的首要价值就体现为个体"安身"，即为生命的存在与成长提供物质空间，构成个体生存与发展的"物质家园"；同时，它还构成了"家"的核心内容，为个体精神的完善、生命实现有限到无限的超越提供了"精神家园"。

一、生命的"物质家园"

如前所述，居宅的产生大致与人类文明的形成同期，它起源于人类的"庇荫需求"。人类总是要生存于一定的空间中，这个空间一开始是自然的空间，有史可查的最早居宅能追溯到天然的洞穴和高大的树木，栖息、防御野兽侵袭和恶劣天气等自然强力是这些自然居宅最重要的功能。当人类文明和社会演进到新石器时代，尤其是人类开始过较为稳定的生活时，通过人类的创造性活动，穴居和巢居普遍地为地面的人工构屋所取代，自然空间转化为文化空间，在"遮蔽、保护"的实用价值基础上，居宅的"尊卑、等级、规范、交往"等伦理、文化、社会功能开始浮现，并在后世成为住宅的主要功能。

（一）保护身体

对于个体而言，居宅的首要价值在于保护身体，以坚固的壁垒保护生

---

① ［德］海德格尔. 人，诗意地安居. 郜元宝，译. 上海：上海远东出版社，1995：114.

命,从而使居于其间的个体获得安全感。按照马斯洛的需求层次理论,无论儿童还是成人,都倾向于一个安全、可预料和有秩序的世界。人类社会从荒蛮发展到文明状态,造成人类不安全感的因素多元复杂,但可以肯定的是,这些不安全感一方面源于猛兽、敌人这些有形的外在威胁,另一方面源于黑暗和空间的浩渺无际这一无形威胁。

所以,无论原始的自然洞穴还是现代的钢筋水泥,居宅的墙壁及其构筑的封闭空间都部分地阻挡了外部的威胁,使得心理的恐惧得以摆脱。为了保障人身的安全,同时为了保障财产的安全,人类建起了更大的防卫壁垒。半坡遗址显示,人们在村落周围挖掘宽深各五六米的壕沟,既防猛兽,也防敌人。有了城的建筑和中世纪封闭而坚固的城堡建筑,在城内、城堡之中的人是安全的,同时也产生了保护者和被保护者的权利与义务。当人类选择了"定居"之后,人类将"有居"和"安居"沉淀为自己的本能需求、一种与饮食一样属于生命必然性的取向。

在中国追求此岸生活幸福的现实主义文化系统中,对现实世界的肯定、对世俗情感的张扬,凡俗生活、生理的满足、物质肉身等都是中国文化的关注对象,这种文化紧紧扎根于现实的人的生活这一土壤。因此,个体的存在通常以"身"的存在来体现。个体是被当作一个身体来看待的,"个体只能是'身',单个的人只是'身',个人也以'身'来自称"①。从这种"身"的哲学中,可以推导出人伦之"心"对于个体之"身"的主导性、社会伦理对于个体伦理的优先性,同时也反映出儒家人本主义和现实主义哲学对于现世之"身"的关注。它充分肯定了"身"所代表的生命和生命意志以及"身"得以呈现的日常生活的价值。受这种哲学的影响,相比西方对于灵魂之宅——教堂——的重视,中国人则对安"身"的居宅投以更多的关注,直到今天,这种观念都没有发生质的变化。

(二)繁衍生命

居宅为生命的繁殖提供了保障。个体定居下来,会在居宅中获得安全,让肉体得以歇息。同时,在这个空间中,个体必须通过某种方式进行

---

① 肖群忠. 中国道德智慧十五讲. 北京:北京大学出版社,2008:32-33.

生命的繁殖和种的繁衍。

根据马克思的观点，人的生命繁殖过程有两种基本方式：劳动和生育。在传统社会，居宅的功能是多元的，除了保护功能，它的经济功能也相当重要。原始的巢居和穴居，生活、生产都是在有限的空间内完成，自不必言，就是在后世，乡土中国也普遍存在以居宅为劳动空间的家庭经济形式：居宅内，家庭成员紧密配合、共同劳作，通过家庭手工业、商业的活动，为个体和家庭获得生活的必需品，从而保证了个体生命的繁殖。西欧中世纪农村的典型房舍——长屋，它的庭院内容纳了猪舍、打谷场、羊圈、谷仓，以及一个用来烘干谷物的烤炉等。①

"生育"即人的生产，是为了确保肉体生命与其所属种族的延续。在公共服务不发达的传统社会，生育行为完全在家宅内完成。《礼记·内则》详细记载了贵族家庭的妇女在居宅空间中完成生命的孕育和降临的过程："妻将生子，及月辰，居侧室……至于子生，夫复使人日再问之。夫齐，则不入侧室之门。"生育关乎家族的延续，而那些代表着代和家族责任的礼仪基本都是在居宅内完成的。可以说，个体从出生伊始，就和家宅紧密地联系在一起，即使死亡也不能把他们分开。

(三) 展开日常生活

在"保护身体""繁衍生命"的价值的基础上，住宅还赋予"生命存在"基本的社会伦理价值，使得日常生活得以展开。住宅一经构筑，就与财产不可分割地连在一起，它曾经是氏族成员的共同财产，只有住在同一洞穴或构屋内的人才是有着血缘关系的相同氏族的成员。进入阶级社会，政治统领空间，财产开始意味着一个人在世界的特定部分内占有了一席之地，从而隶属于一个政治共同体，住宅成为界定社会成员资格的根本条件，它意味着你定居下来，与其他人享有共同的风俗、履行共同的义务，按照其他人那样行为和生活，正如赫勒所说："公国占有这些价值而使自

① ［法］菲利浦·阿利埃斯，乔治·杜比，主编. 私人生活史Ⅱ：肖像. 洪庆明，等译. 哈尔滨：北方文艺出版社，2007：396-397.

身适应于由共同体赋予他的作为其允许的活动领域的场所。"① 一个居无定所的人，会引起很大的恐慌。在其他人看来，这样的人在抵制主流道德，对他人的安全构成潜在的威胁。尤其是在拥有严格户籍管理制度、限制人们自由流动的传统中国社会，住宅把个体与社会紧密联系在一起。对此，阿伦特指出："在早期，如果一个人碰巧失去了他的住所，他就几乎自动失去了他的公民身份以及法律的保护。"② 而"共同体的丧失意味着人的存在条件的丧失"③。因此，拆毁或剥夺了房屋，实际上就是剥夺了人作为群体一员的身份，在中西历史上都曾被作为可能实行的最严厉的惩罚。

总之，作为居住生活中的物质层面内容，居宅有让个体生活稳定下来的功能，它为生命的繁衍和个体与社会的联系构造了一个实体基础。居住生活持续展开，从而容纳了日常生活，满足了人类的归属和爱的需求。在现代社会，虽然居宅保护功能并没有发生变化，但是由于公共领域与私人领域区分明确，保证生命生存需要的劳动变成公共性的，并建立了专司劳动的公共领域，劳动等同于为了谋生的工作，它与住宅分离；近现代以来医院的大规模出现也使得保证生命繁衍的生育与住宅剥离。古典居宅所具有的生命存在的经济功能和政治功能都被削弱，但身体的休闲功能在不断强化。

二、生命的"精神家园"

在古汉语中，"精神"有多重含义，相对于"身体"而言，它既可指人的精气、元神，如《吕氏春秋·尽数》所云"圣人察阴阳之宜，辨万物之利，以便生，故精神安乎形，而年寿得长焉"，还可指人的意识，所谓"道家使人精神专一，动合无形，赡足万物"（《史记·太史公自序》）。综合两义，"精神"与"灵魂"或"心灵"同义。按照马斯洛的需求层次理论，居宅满足了个体的生理需求和安全感的需求后，就必须追求爱和归属感、尊重和自我实现。在实现这一需求的过程中，居宅为人类营造出一个

---

① ［匈］阿格妮丝·赫勒. 日常生活. 衣俊卿，译. 重庆：重庆出版社，1990：42.
② ［美］汉娜·阿伦特. 人的境况. 王寅丽，译. 上海：上海人民出版社，2009：41.
③ 同①.

精神家园。哈里斯指出："对建筑的需要也并非只是庇护身体的需要，而是人类想要认识自己在世上的灵魂，从而能有在家的感觉。"① 这也是人类进入文明时代的居宅与早期仅仅满足庇荫需求的洞穴或巢居、人类的居宅和动物的巢穴之间的本质区别。

（一）心灵的归属之所

居宅对于人类的精神价值，通过家与人的归属感的关系加以体现。"家"在《说文解字》中被释为"居"，从宀，表示与室家、房屋有关。作为一个多重意义的集合体，"家"是普通人最熟悉的空间，也是他们感受世俗幸福的主要领地。在他们的生命体验中，任何成功都比不上绵延细长的"家庭温情"所带来的心理满足。从心理根源来说，家庭幸福能给个体带来由衷的安全感。人们在日常生活中说到"家"时，并非指简单的房屋和家庭，而是指"家"对我们的保护和带给我们的温暖，"'回家'应当意味着：回归到我们所了解、我们所习惯的，我们在那里感到安全，我们的情感关系在那里最为强烈的坚实位置"② 于是，宅因人而成就了宅的物性，人因宅实现了人的归属。在中国语言文字中，一些表达人内心状态的词总是与宅相连，如"安"，《说文解字》云："静也，从女在宀下。"段玉裁注云："室家之内，女所安也，故安从女。"③ 家，女人居于室内，这是母系社会的风俗，由女人决定大事，家庭才能安宁。在甲骨文中，"定"的上部为房屋的形状，中间为"口"，表示屋宅的入口，与下面表示走向入口的脚迹合体为"正"，表示走回家中之义，人回到家，心情就会安定、平静下来。而甲骨文的"宁"，上面是屋宅之形，里面是表示"食具"的器皿，两形会意，表示有吃、有住，就能有安。因此，有一个居宅、居宅里有一群和自己有着同样血缘的人，与同宗、同族的共居，就会产生归属感。成语"叶落归根"最能体现这种来自本能和文化的情感，而中

---

① ［美］卡斯滕·哈里斯. 建筑的伦理功能. 申嘉，等译. 北京：华夏出版社，2001：224.

② ［匈］阿格妮丝·赫勒. 日常生活. 衣俊卿，译. 重庆：重庆出版社，1990：258.

③ （汉）许慎. 说文解字："宀"部. （清）段玉裁，注. 杭州：浙江古籍出版社，1999：339.

国人的归属感和幸福总是联系在一起，流民或独身都被视为最悲惨的人生境地。

(二) 生命价值攀越之基

个体一旦定居下来，就会从自身的角色出发，向有限性以外扩展，不断超越自身，以满足自我的实现，完成生命从有限达到无限的超越。虽然中国文化有强调"身体"的特征，但同时要求"中国人的'身'必须由'心'去照顾"①，孟子云："从其大体为大人，从其小体为小人。"（《孟子·告子上》）一个人过多地关注"身"的话，就无法完成从身的存在转化成伦理存在的过程，与禽兽无异。传统儒家的思想中有"安身立命"的个体价值追求，其中"立命"就是指人在让"身"有所"居"的前提下，"心"由自己投射到别人"身"上，求得灵魂的安宁。对于灵魂止于何处的终极问题，《黄帝宅经》指出："宅者，人之本。"而宅为什么是人之本，儒家和道家通过对"居"的抽象引申，从不同的角度对此做出了回答。儒家主张"仁人之心"，所以强调"居于仁"，"里仁为美，择不处仁，焉得知"（《论语·里仁》），"仁，人之安宅也"（《孟子·离娄上》），同时确立"明明德，亲民，止于至善"的人生目标不断加强和深化灵魂的这种"仁"的气质。老子则指出人之本在于自然而然，强调"居，善地；心，善渊"（《老子》第八章），何谓"善"，就是像水一样安于卑下、深沉真诚和与世无争。住在这样的地方，个体就会心怀自然，拥有无争、淳朴之心。

在西方，古希腊政治人的人性设定使得希腊人为了公共生活而牺牲个人生活，但征服了希腊人的罗马人则深刻地理解到居住生活中公与私的共存性，将家庭视为躲避尘世的避风港，即使被世界驱逐，也能在家庭的壁炉旁找到温暖，获得存在的实在性。16—17世纪个人主义在日常生活中胜利，由国家的兴起和集体社交模式的衰微开始释放出一个完全的私人空间，家庭开始变成了个体的避难所和一道防备外人的屏障。黑格尔认为精神性的东西是建筑的真正意义和确定目的。而海德格尔则从人的存在性出

---

① 肖群忠. 中国道德智慧十五讲. 北京：北京大学出版社，2008：33.

发，指出"建筑的本质是让人安居下来"，因为"不只是身体，灵魂也需要一个栖息地"①，实际上，真正的"居住"是居于一个能让人们认识自己灵魂的空间，一个能让灵魂躲避、静观和自省之处。所以，真正的家是让人安居的建筑，在海德格尔的心目中，最符合这种标准的居宅或家是黑森林农舍。在那里，人们可以与天空直接交流，可以与灵魂对话。而人类的安居面临的真正困境不是住房紧张、地球上人口膨胀、产业工人的生存困难等，而是灵魂的无家可归。在不同的文化形态中，个体追求生命完善的实践通过不同的路径具体展开。基督教伦理体系中，个体的完善与对上帝的信仰联系在一起。而中国传统儒家强调通过日常生活来实现人格的完善。

在宏观的抽象层面，中国传统的城市规划和居宅内部规划完全遵照"天人合一"的宇宙观，使得居于其中的人能够体验个体的存在与总体的存在的合而为一。而落实在具体的层面，人们则需要在日常的洒扫进退中，"正心诚意"以求达到"慎独"的境界。儒家经典文献详细地记载了以君子为理想的个体在家宅中如何言谈举止，他们这些言行源自"礼"的训练，冠、婚、丧、祭等"礼"贯穿于人生的每一个阶段，它们塑造着个体的德性与修养。所谓"道德仁义，非礼不成"（《礼记·曲礼上》），传统中国人正是以"礼"的践行为依托而培育情感和心智。更为重要的是，正如阿伦特指出的，作为私生活的容纳空间，"家庭领域的非剥夺性质最初就在于它是生与私的场所，一个对于公共领域来说必须隐藏起来的地方，因为它包含着人的眼睛无法穿透，人的知识也不能洞察的东西"②。在这个空间，始终流淌着生生不息的生命之流，它是凡人的开始和终结之地。中国的传统居宅内有列祖列宗的牌位和他们的神灵，人们在这里感受生命源自何方的存在感以及作为生命之流重要一环的使命感。而且，在没有现代的医院、幼儿园、具有普遍意义的学校等公共服务机构的传统社会，生命从孕育、分娩到成长的过程都是在这里完成，对于他们来说，所谓的"幸福"，就是能在自己的宅院内生儿育女，晚年又能含饴弄孙、乐享天伦。

---

① ［德］海德格尔. 人，诗意地安居. 郜元宝，译. 上海：上海远东出版社，1995：13.
② ［美］汉娜·阿伦特. 人的境况. 王寅丽，译. 上海：上海人民出版社，2009：41-42.

今天，虽然一个流动开放的居住方式取代了传统的封闭、超稳和血缘性的居住格局。但就生命而言，只要人类的心灵还渴望归属，只要人类还想在这个喧嚣的、瞬息巨变的世界有一个空间去安歇，需要一个与空渺宇宙分割开的空间去繁衍后代以实现生命的不朽，那么就需要有一个保护生命、使生命得到充分展开和完善的居所和家园。

三、"有居""安居"：生命伦理的应有之义

"有居"指的是居民与住宅之间的所属关系，还包括居者的精神层面对居宅形成的归属感与认同感。"有房"并不一定"有居"。"安居"指居者在居住过程中所获得和保有的内心的宁静、安宁和幸福感，"有居"未必能够"安居"。无论从马斯洛人的需求层次理论，还是从林顿的需求分析出发，二者都是衡量生命质量、生活品质的应有之义，也是当代建设品质中国、美丽中国的核心内容。

传统中国有基于等级主义的居住礼制，儒家"正名"明确每个人对制度的遵循，以实现"安居而天下息"（《盐铁论·褒贤》）的大同社会。19世纪中后期，西欧国家就已将居住的福利视为国家和国民生活的基础，通过住宅法和住宅政策保障公民的居住环境，以完善人权和福利国家的基础。

但在中国当代的市场经济体制下，住房资源被市场这支"看不见的手"所掌控，被更为资本化的权力所控制。于是，腐败现象丛生，资源分配不公。公共资源的分配不均客观造成了阶层的隔离和贫富的对立，出现了社会阶层隔离的"新等级化"现象。以北京市为例，商业繁华区的社区主要由来自各地的商人组成，幽静华美之地则成为达官显宦的府邸，而不具备前两个条件的胡同、四合院则成为原住民和外来务工人员的杂居之地，沦落为城市的底层社区。除此全国有一亿多人生活在条件极其恶劣的棚户区。① 还存在大量的"无房"现象、特有的"房奴"现象等。这些现象都说明中国并未实现大多数人的"有居"。同时，更未达到"安居"。"有居"与"安居"内蕴的人性善恶、社会的公正性和福利度等最基本的

---

① 一亿多人生活在棚户区，何谈社会公平？ http://www.gov.cn/xinwen/.

伦理矛盾问题，应该引起我们的关注与重视。

1976年，联合国关于"人类住区温哥华宣言"指出："拥有合适的住房及服务设施是一项基本的人权，通过指导性的自助方案和社区行动为社会最下层的人提供直接帮助，使人人有屋可居，是政府的一项义务。" 1993年，联合国人权委员会采纳了《关于防止强制搬迁的决议》，指出"强制搬迁"会导致居住和生活条件恶化，使阶层对立和不平等更加尖锐。 1996年的第二届世界人居大会也将"人人拥有适当的住房"作为会议的核心议题。作为生命生存与发展的基础，住房不能仅仅被当作商品看待。未来的中国，如何在"平等"与"福利"之间、"市场"与"分配"之间、"人权"与"政权"之间取得平衡，真正实现"人者有其居"，这一问题将是体现制度的公平性、公正性等伦理问题的关键。

第三节　居住的人际伦理

人类在超越自身、实现自我的过程中，不仅包含对自己的责任，还产生对他人的责任。从居住的视角看，这种对他人的实践伦理是围绕居宅和由此形成的相对稳定的居住方式依次展开为家庭伦理、邻里伦理和社区伦理等，目的在于保障居住生活中不同人际关系之间的和谐。中国宗族社会正是由联系紧密的"家"凝聚而成，而"家"则通过里巷和社区将自己融入外部的世界，形成中国人传统生活世界的经验边界。进入现代社会，传统的居住人际伦理渐趋解体，新的居住人际伦理有待建构。

一、居住的家庭伦理

李亦园指出："所居住的房屋，不论是在什么环境之下，其主要的目的就是要促进住于同一屋檐下的人相互之间的有秩序与和谐关系。"[①] "居宅"必然是由一群人组成的家的居宅，而"家"一定是由一群生活在同一

---

① 李亦园. 文化与修养. 桂林：广西师范大学出版社，2004：50.

空间的人构成的集合，家更代表居住在一个共同空间的所有成员。一部居住文化史实际上就是家文化史。

（一）传统家庭居住伦理

以农耕经济为主要经济形式的传统中国，唯一合理、合法的居住方式就是家居生活。传统的中国人以"家"为基本单位进行聚落，大致经历了由"人神共居"到以扩展式家庭为主的"同财共居"和以核心家庭为主的"异财分居"的发展过程。① 其中，"同财共居"所确立的四合院之类的传统民居是传统中国的典型家居形式。传统"中国的房屋设计不仅是供人居住的，更重要的是，供一群讲究伦理的家族成员居住"②。对于个体而言，只有将自己完全融入这种秩序之中，将心投射到他人身上，才能获得存在的意义。传统家庭伦理渗透着中国的礼乐精神，家宅空间的伦理分割、道德原则和行为规范都由"分"与"和"两种价值原则加以规定。

居宅必须承担家庭伦理秩序即"礼"的责任，成为人伦关系之行为准则的空间模式，奠定中国人的居宅、居住生活的基本伦理格局。"礼"的本质在于区分尊卑等级，王国维指出，传统民宅不过是"血亲家族伦理"的文化象征。③ 在居住伦理中，礼的"分"通过对居宅空间的伦理分割，赋予家庭生活秩序的方式加以体现。儒家认为，没有对空间的上下、尊卑、内外的分割，人类生活将是无序的、野蛮的。必须通过空间方位与伦理秩序的一体化，使尊卑、主客、男女和长幼在整个日常居住空间组合中区别明确。针对不同的服务对象，每个空间相应的大小、位置和内部装饰均不同，整个空间体现出一种严格的政治秩序和伦理规范。

根据天地同构的原则，人们普遍认为，中心是唯一的且地位高于四方，占据了中心就控制了四方，这种思想世界的理想空间秩序就体现在居宅的具体设计中：住宅的整体造型——"轴线设计图式"，大门、庭院、正堂排列在同一主轴线上，其他的室、厢、寝等房间都依这条中轴线而

---

① 陈丛兰.《礼记》的居住方式与孝道观探赜. 西北师范大学学报（社会科学版），2014（3）.

② 李亦园. 文化与修养. 桂林：广西师范大学出版社，2004：52.

③ 王国维. 观堂集林·明堂庙寝通考. 北京：中华书局，1959：124-125.

建，从而决定了居宅的整个空间布局和其他房间的方位。居宅的中央部位专属于家长和族长，"为人子者，居不主奥，坐不中席，行不中道，立不中门"（《礼记·曲礼上》）。根据四方的不同尊卑等级，堂两旁的厢房分东西；根据嫡庶之制，嫡长子居东厢，其他庶子居西厢。中国人对于"左右"的崇信在居宅空间的伦理分割中也起着重要的作用，依具体条件也有变化。体现在居住生活中的左尊右卑，是在居宅内的空间系统中，当面南而坐时，左为东，是上位，为尊贵的象征，右为西，是下位，为卑下的象征。但整体观之，"右"内含着"上、高、尊"等义，在日常生活中，还是右尊左卑的空间观更为普遍。

由强调父系血统生成的儒家理性主义伦理中，德与礼、色与欲是伦理和秩序的两个极端，前者是确保家庭及社会秩序得以维持的根本，而后者则相反，为致乱之大端。同时，色、女性和欲念又总是被联系在一起，其生成的逻辑是：有色的女人必然会引起男子占有的贪欲，贪欲生则祸乱起，如齐庄公之于棠姜。儒家所追求的人格最高境界就是"柳下惠坐怀不乱"的理性精神。男女之防破，就会乱德、乱家和乱族。这种伦理逻辑使得一宅之内，男女的日常接触交往被更加严格的"别"限制着，这些"别"通过"墙"加以落实。墙体的高度，从行为与视觉割裂了内外的联系，造成了精神上的压抑感。四合院的整体格局是从公共性的门厅过渡到半公共性的正厅，最后延伸到内向和私密性的女厅，它是一个三面围廊一面屋的围合型的封闭空间，连接女厅的过道是位于左侧旁轴上的一条幽暗的窄弄，称"避弄"，取回避之意，也是专为妇女行走设置的，由前到后贯穿建筑整体的南北，它与男人所行走的中轴线平行而列，以一墙相隔，彼此不但在体量宽窄上形成鲜明对比，而且在光线明暗上造成强烈的反差，从而使男女内外有别。礼制规范通过女厅的形式得以进一步深化。汉画像石显示，当时楼房的上层通常是女性卧室或活动的空间，下层是男性的卧室或会客的场所。[①] 不管是将女厅置于最后一进，还是将女性置于上层，都是通过空间设计体现了男女有别、要求妇女深居简出的家庭伦理道德。室内设置"女墙"，《营造法式》云："言其卑小，比之于城若女子之于

---

① 彭卫，等. 中国风俗通史：秦汉卷. 上海：上海文艺出版社，2002：211.

丈夫"。"女墙"是用来防止户内妇人、少女与男子和外界接触的小墙。"女子许嫁，缨，非有大故，不入其门"，"男女不杂坐，不同椸枷，不同巾栉"（《礼记·曲礼上》），《礼记·内则》云："男子居外，女子居内，深宫固门，阍寺守之，男不入，女不出。"男女的规范可称为"内外"规范，女性与家和私人空间的联系加强了，她们被束缚在私人领域内，确保了父系血统的纯正性。

男女规范的核心在于"别"，除此还有主客的规范。"入户奉扃，视瞻毋回；户开亦开，户阖亦阖……毋践屦，毋踏席，抠衣趋隅，必慎唯诺"（《礼记·曲礼上》），"慎"是主客规范的主要内容。这样，通过家庭的长幼、男女、主客等规范，家庭秩序得到维持，同时奠定了社会有序的基础。

"家和万事兴"，家庭的终极目标是"和"而非"分"，这是由家族主义至上的数世同堂家庭内在决定的。正如韦政通所说："和，是由一种特殊的社会格局造成的，假如我们的祖先不是长期生活在家族中心和没有陌生人的小世界里，这种伦理特色是无从产生的。"① 因此，居宅空间、居住的行为也都致力于实现"和"这一目的。"和"通过空间的设计直观地显示：在传统四合院中，有着尊卑等级的家庭成员居住的房间都对着院子，他们每天都能相互接触以融洽感情。所有的家庭成员在一个院内共同活动，在共同的厅堂里谈论家庭事务，祭祀共同的祖先，有力地加强了家庭的整合。通过家具的形制，就餐的桌子既能体现长幼尊卑的秩序，又能使家庭成员围坐用餐，产生一种和合感。

所以，在传统的家居格局中，家庭伦理是一个以血缘关系为依据、以家或家族为本位、以礼的等级差序为基本结构、以"和"为终极目标的超稳定伦理系统。这些都通过居宅空间的伦理设计，具体细微地规范着家庭成员的日常言行，从而渗透到每一个家庭成员的意识中。

（二）当代家庭居住伦理的变革与困境

19 世纪末至 20 世纪初，亡国灭种的危机使中国的启蒙者对以儒家思

---

① 韦政通. 伦理思想的突破. 成都：四川人民出版社，1988：10.

想为代表的传统文化进行反思与批判，传统的家庭伦理首当其冲，被认为是造成中国积贫积弱和国民的奴性的罪魁祸首。在批判者看来，"三纲"是害人的地狱，与现代思想完全背道而驰。只有摧毁作为"万恶之源"的传统家庭，人才能获得解放，社会才能进步。新中国成立后，族权被摧毁。1950 年，政府颁布的第一个重要法律就是《中华人民共和国婚姻法》，规定妇女在政治、经济、文化教育、社会生活等方面享有与男子平等的权利。政府通过全面的政治运动把对传统家庭伦理的批判变成一场群众生活运动，就此也将政治触角深入到家庭婚姻的私人领域。同时，政府建造的单调盒式结构住房，其功能单一化，内部空间简单而狭窄，从而失去了传统家庭空间的伦理规范功能，蜗居是这一时期普遍的现象。因此，改革开放前的中国在一定程度上实现了婚姻自由和家庭的人身自由，女性走出家庭空间的辖制，投身于广阔的社会活动中。空间对家庭成员的伦理约束松弛，子女对父母的依附关系弱化，夫妻关系和代际关系都具有了新的伦理内涵。

20 世纪 80 年代以来，改革开放和市场经济的发展标志着中国社会从传统向现代转型，从农业社会转向工业社会，从封闭社会转向开放社会。这是传统社会结构向现代社会结构的整体性转换，而其中最直观也最本质的则是传统自然经济向现代市场经济、商品经济的转换。建构现代家庭伦理，首先必须具备现代性的态度，它是在西方启蒙运动过程中逐渐形成的，其特征有三：理性及人的主体性地位的确认、倡导自由价值和肯定世俗生活。现代家庭伦理应当是一种以人为本、以自由为核心、以幸福为目标的新型伦理。[①] 以此为理论原则和价值参照来审视中国家庭伦理的现代化，可以看到，现代家庭中心的确正在呈现个体化，个人的物质需要和精神需要的满足从家庭转向社会，使得个人对家庭的依赖大为减弱，个人的独立意识增强，个人利益成为个体追求的核心。婚姻的目的和功能也已不再是传宗接代，爱情和性在婚姻家庭中占据了重要的位置，婚姻的功能在于满足婚姻双方心理和生理的需求，求得个人的全面发展。累世同堂的家

---

① 高乐田. 传统、现代、后现代：当代中国家庭伦理的三重视野. 哲学研究，2005(9).

庭不复存在，楼居设计往往只能容纳一个核心家庭居住。现代居宅的内部空间分割不仅体现空间的实用性，还体现家庭成员的平等性。子女的权利被充分重视，女性的权利从家庭的边缘走向中心。传统夫妻之间不平等的"从"德为"敬"所取代，代际伦理从自下而上的"孝"转为自上而下的"慈"。

个体本位的强调使得家庭结构松散、家庭观念淡化和家庭成员的责任感弱化，最终导致现代家庭婚姻分裂和重组频繁。现代核心家庭的居住方式和由此主导的家庭道德使年老的父母异处而居，形成数量庞大的"空巢家庭"。老一代的人独自生活，缺乏子女的充分关爱，这对于以家庭养老为主要形式、社会养老体制不健全的中国社会是一个巨大的冲击，而且日益演变为一个严重的社会伦理问题。

在中国的家庭伦理文化尚未完成现代化之际，全球化进程将西方价值观念加速渗透到中国文化和中国人的价值心理之中，加之现代科技造成的人的异化和居住环境的破坏，带有后现代特征的家庭伦理文化在中国人家庭生活和家庭伦理观念的各方面初现端倪。除了核心家庭，在北、上、广等一线城市，还较普遍地出现了 AA 制家庭、丁克家庭、单身家庭、周末家庭、合同家庭、群居家庭、虚拟家庭、人与动物组成的家庭等后现代家庭形式。各种婚姻伦理界限和风俗习惯一再被冲破，伦理的禁忌被打破，同性婚姻、不伦婚姻都被看作婚姻中的常态。与现代婚姻家庭不同，情感不再是婚姻家庭的主导因素，婚姻关系也不是终身的承诺。这些现象在带给还处于前现代阶段的人们以巨大的视觉冲击的同时，也不断震荡着当代中国的生活和价值系统。

二、居住的邻里伦理

人的社会性决定了人类必须群居才能生存下去，而人类的群居生活产生了一个重要的人际伦理——邻里关系。"邻"，《说文解字》释"五家为邻"，"里"的本义为人所聚居之邑，春秋时期开始成为居民的基层地域组织。根据"五家为邻，五邻为里"（《周礼·地官司徒》）的记载，确定了二十五家为"里"的基本规模。但对邻的范围大多固定在四到八家的相邻关系，对"里"这个因居住产生的地缘关系范围的大小也有不同规定。① 这里的邻里伦理主要讨论在"比邻而居"范围内产生的人伦关系。

(一) 邻里关系传统

大社会的稳定取决于小社会的有序，邻里关系的和谐是促进小社会稳定的重要保障。周代将邻里管理纳入了国家政治治理的范围；战国时代，法家将个体犯罪和邻里连坐结成一体，将邻里变成了命运共同体；汉武帝时期设立里长、邻长，对邻里实施道德教化，将社会价值观念渗透到邻里关系中。

邻里关系虽然离不开政治管理手段，但其调节手段却主要是道德。《大戴礼记·曾子立事》云："君子义则有常，善则有邻。"在日常居住生活中，乡土中国社会是聚族而居的生活方式，邻里关系大多与家族关系密切相联，受家族文化精神的影响。因此，"邻里之间并非仅仅呈现为空间位置上的彼此并存，作为一种社会联系的形式，邻里关系乃是通过家庭成员之间的交往而建立起来的，它在某种意义上可以看作是家庭关系的外在延伸"②。对于那些没有亲缘关系的家庭，则通过拟血缘化方式将其纳入"五伦"的范畴内。拟血缘化的目的就是让邻里之间融入亲情因素，彼此以亲情相待，确保邻里之间的伦理分层，理顺长幼关系，为邻里交往实践中的伦理化奠定基础，从而推动邻里社群的和谐。

每个人都必须进入外部空间，因此在这些邻里之间交往的公共空间内，邻里之间由于居住相近、交往密切，自然会产生矛盾纠纷。对此，清世宗雍正皇帝的《圣谕广训》指出："以里巷之近而举动相猜，报复相寻，何以为安生业、长子孙之计哉？"要防微杜渐，勿恃强凌弱，要相互尊重，彼此容忍谦让。这一方面需要日常交往行为符合礼仪规范。所谓"入国不驰，入里必式"(《礼记·曲礼上》)，进入里巷要凭轼致敬，以示对邻里的尊敬；"邻有丧，舂不相；里有殡，不巷歌"(《礼记·檀弓上》)，充分表达邻里之间的同情之心。在街道上，遭遇异性、长辈或同辈，也都有不同

---

① 肖群忠. 论中国古代邻里关系及其道德调节传统. 孔子研究，2009 (4).
② 同①18.

的规范，如"遭先生于道，趋而进，正立拱手"（《礼记·曲礼上》）。《泰泉乡礼》强调邻里交往要"礼俗相交"，礼节上的虔敬有力地促进了情感的沟通。另一方面则要求与邻里对话所使用的语言要谦和规范。"今人而无礼，虽能言，不亦禽兽之心乎"（《礼记·曲礼上》），在儒家看来，区分人与禽兽的标志不是言，而应是礼。礼这种公共语言规范首先表现为"非礼勿言"，如"男不言内，女不言外"（《礼记·内则》）；"非礼勿听"，在社会中保持自制是必要的，打听或听到别人的隐私是不合礼的，所以"将上堂，声必扬"（《礼记·曲礼上》），以警示堂上的人，不背后议论别人，背后议论别人是无事生非，一旦传递出去，必然造成怨恨。其次表现为怎样说，即以"卑己尊人"的语言称谓他人和表达意愿，时刻注意自己的语调，以避免引起他人的惊讶和反感，同时注意保护自己的隐私，也不张扬别人的隐私。最后表现为说什么，如"居丧不言乐，祭事不言凶，公庭不言妇女"及"公事不私议"（《礼记·曲礼下》），强调说话要讲究，有所言有所不言，"凡言语、文字，与夫做事、应酬，皆须有涵蓄，方有味。说话到五七分便止，留有余不尽之事令人默会"（袁衷等录，钱晓订《庭帏杂录》）。

邻里除了遵循言行举止的道德规范外，还必须承担抚恤相助的伦理义务。传统的家庭是一种全能型的自给自足的生产单位和生活单位。然而，家庭的能力毕竟是有限的，天灾人祸、建房、老弱病残等问题，有时无法依靠独立的家庭去解决。加之传统社会公共服务的贫乏，遇到单个家庭无法解决的问题时往往要靠邻里的相互帮助来解决。因此，邻里相助相恤被提倡并视为伦理义务。早在春秋时代，孔子就提出"矜寡、孤独、废疾者皆有所养"的主张，《孟子·滕文公上》云："乡田同井，出入相友，守望相助，疾病相扶持，则百姓亲睦。"这些同情、关怀和帮助社会弱者的思想在中国古代有很深厚的文化基础，成为古代邻里伦理关系的指导思想。由于邻里相助对于促进邻里和谐的积极作用，"守望相助"逐渐被提升为社群规则，成为家庭教育和制定乡约的共同依据。明朝著名的《南赣乡约》和《泰泉乡礼》都把其作为邻里相处的重要原则。扶贫济困本来是帮助他人，但是在古代这种行为不仅被高度道德化，还被看成家庭发达的重要条件。《朱子治家格言》云："与肩挑贸易，毋占便宜。见穷苦亲邻，须加温恤。刻薄成家，理无久享。伦常乖舛，立见消亡。"将帮助他人、扶危济困和家庭利益连成一体，让每个家庭成员认识到扶贫济困、帮助他人既有利于他人也有利于自己，从而更加自觉地参与到邻里的相助活动中。

除了生活上的相互支持，邻里之间还需要进行道德的监督。《诗经·将仲子》写的是一个男子要来和他的女友见面，由于他们的恋爱违背了当时的规矩，男子私自前来和女友相见有可能被人发现说闲话。女孩子很害怕，希望男子不要轻举妄动："将仲子兮，无逾我园，无折我树檀。岂敢爱之？畏人之多言。仲可怀也，人之多言，亦可畏也。"这里畏惧"人之多言"中的人，就是邻里。可见，宗族聚居、世代为邻和拟血缘化是一种熟人的社会，它把邻里社群构造成一个相互监督的道德舆论之网，有力地维护了风俗、礼仪道德。

总之，浸透着儒家伦理文化的中国传统邻里，强调以相互尊重、相容相让为基本道德，以相扶相助和道德监督为伦理义务，其价值目标在于乡邻和睦。

（二）现代邻里伦理反思

现代中国的邻里伦理基本沿着两条线索在发展：一是传统邻里关系在现代的居住方式中逐渐瓦解，无论观念形态还是具体规范，传统的邻里伦理都被视为已经不适用于现代的居住生活；一是伴随传统的这种瓦解，现代新的邻里关系在人们的陌生感、百思不解或问题的反思中逐渐形成。但规范协调这种新伦理关系的理论与实践工作，目前还处于艰难的探索过程。

改革开放前，邻里关系在乡村与城市具有不同的特点。乡村的邻里关系由于在很大程度上仍然是基于血缘和地缘关系建立起来的，因此，虽然行政力量发挥了一定的功能，但是传统的乡规、乡俗在其中起着更为重要的作用。城市的邻里关系，不管是拥塞的大杂院中的住户，还是筒子楼中比邻而居的对门或一个单元的所有住户，大多是根据业缘而形成的邻里关系，每天见面的邻居往往是同一个单位的，"单位人"的认同感使得邻里之间建立的依然是一种"熟人"或"准熟人"关系，而维持这种关系的或者是沉淀在人们文化意识中的"远亲不如近邻"的传统伦理，或者是本单位的相关法规、街道办的社区规范等。在传统力量和行政力量的双重作用下，这一时期的邻里关系虽然有摩擦和矛盾，但总体维持了一种守望相助的融洽关系。

改革开放后，随着城乡经济的飞速发展，居民的居住条件得到了极大的改善，虽然部分农村仍然保留了一家一户的独门别居的生活方式，但是在城市里，大规模的城市改造，大拆大建的开发方式，高度的商业化运作，改善了城市风貌，造成传统的城市空间形态、生活方式消失，单元房取代了大杂院，绝大多数的居民都主动或被动地过上楼居生活，邻里关系发生了巨大的变化。这种邻里关系"是在持续的社区交往活动中不断地建立起来，是社区交往行动的结果"①，而且它是由商品购买行为结成的陌生人关系和不可靠关系或者说薄弱关系。从总的趋势来看，现代邻里关系在认可度、安全感和融洽性方面都趋于弱化。"邻里多年不相识，楼道遭抢无人应""独居老人死在家中无人知"成为较为普遍的现象。

现代邻里关系之所以不张，主要有三个层面的原因。第一，从宏观的社会层面看，赫勒指出："根据日常生活规范，为那些由于火灾、洪水、寒冷或几个而处于危难之中的人们提供帮助是'体面'的组成部分。……在现代城市中，消防队和专业抢险队招手可至，人们彼此视同陌路人，这样一来，就在相当大的程度上削弱了'相关性'的动机，侵蚀了前沿情境中的团结。"② 不仅是"前沿情境"中，现代发达的社会公共性服务和商业性服务使得人们日常生活中从最基本的物质需求的满足到休闲娱乐精神层面的享受都可以做到不求人，传统邻里团结互助的基础瓦解。此外，与传统血缘与地缘关系的邻里关系不同，现代邻里关系以社区作为背景和环境，商品房社区发展出的是一种松散、脆弱的邻里关系。

第二，从中观层面的住区设计形式看，多层、高层商品房和别墅区在提供邻里交往方面有着与生俱来的缺陷。中国古代建筑多以群体空间形式展现出来，而这种群体空间又往往以庭院为单元展开。所谓"庭院"，就是墙垣围合的堂下空间。与建筑实体相比，它是一处虚空间，是借其他建筑形式的围合而形成的一处对外封闭、对内开放、自成天地的空间模式。

---

① 肖群忠. 现代邻里关系的伦理审视 // 北京市社会科学界联合会，北京师范大学，编. 科学发展　社会秩序与价值建构——纪念改革开放 30 年论文集：上卷. 北京：北京师范大学出版社，2008：395.

② ［匈］阿格妮丝·赫勒. 日常生活. 衣俊卿，译. 重庆：重庆出版社，1990：91.

在中国人的观念中，住宅与庭园是密不可分的，二者是一个有机整体。庭院建筑蕴含着中国古代住宅建筑活动的整个伦理内涵，它使住宅环境成为血亲家族团聚与向心力的象征。在这种庭院文化中，无论北方的四合院还是南方的弄堂，都给人们的交往提供了大量的机会，不仅满足家族中相亲、相助的需求，也有利于形成区分明确而又联系紧密的邻里关系。中国传统庭院多以数个院落前后串联而成，即便单一的院子，房屋的位置和尺度也是主次分明的，这对于体现尊卑上下、分隔内外十分得宜。然而，现代的多层或高层楼房只注重住宅的经济效益，住宅建筑一味求高、求大，传统的庭院文化在对西方建筑符号的泛滥采用中消失。希腊学者道克西亚迪斯指出，人类在不同的空间单位里所产生的接触、交流情形是不同的。在他看来，如果人们住在一、二层楼房的空间，沿着公共道路比邻而居，那么比住在高层大楼的人们更容易发展人际关系。住在同楼层的人们是头对头、脚对脚的关系；而住在重迭高楼的人们是头对脚的关系，这种关系无助于他们彼此的接触与交往。

第三，从微观的交往心理来看，邻里关系是两个住在不同空间的家庭关系，这些家庭成员的人际价值取向和德性决定邻里关系的基本状况。现代中国，市场经济的逻辑被运用到人际互动中，在城市化和市场经济的大背景下，交换观念和行为被人们习惯性地带到居住区的人际互动中，守望互助、出入为友的传统邻里精神和价值观念因为商品价值观的侵蚀而淡化。与此同时，在现代社会中，人们的自主意识和隐私观念大为增强，既不想干预别人的生活，也反对别人影响自己的生活。调查显示，这种心理在年轻人和教育程度比较高的住户较为普遍。相比传统的公私不分，缺乏隐私意识，以及常常出现"私"被他人以"公"的名义侵害和讨伐等现象，这是一种社会的进步。本质上看，邻里交往是一种交换行为，主要表现在彼此间的物质交换和情感交换。沟通良好、交往密切的邻里关系才可形成一种"类血缘"的亲密关系，相反，不交往或交往不畅都会导致"邻里陌路"。

（三）构建现代和谐邻里关系

构建现代新型和谐邻里关系需要从三个方面着手：

第一，作为由聚居在一定地域范围内的人们所组成的社会生活共同体，社区必须在协调与规范邻里关系中扮演一个非常重要的角色。只有充分发挥社区的指导作用，才能够有组织、有秩序、有目的以及长期性地安排居住区的居民活动并能起到良好的引导作用，较好地优化邻里关系，使人们参与邻里间的活动更主动、更积极。与西方基于一种现代契约和法治精神所建立的社区相比，中国的现代社区先天发育不良，大多数社区功能单一，尤其是文化功能缺乏。应该以形式多样、内容丰富的活动给社区居民提供交流的机会，提高社区成员凝聚力，实现新邻里关系的人情共享和资源共享。

第二，尽力克服现代空间障碍，积极发展邻里关系。空间结构在很大程度上限定着人际关系。如果要让比邻而居的人们之间有密切的关系，就必须思考对传统庭院文化进行转译与建构的问题。有的地方开展的邻里文化建设活动，提倡积极地去敲门，主动与邻居开展交往活动，另外，社区还应尽力建设并提供邻里交往的公共空间，使邻里有交往的空间条件，逐步改善现代邻里关系冷漠、不交往的现状，为实现和谐社区和良好邻里关系而努力。

第三，提高居民交往意愿，增强社区、社群责任感。如何在个体与群体、自我与他人之间保持一种平衡，做到既保证个体生活的独立性，又能够在尊重他人生活方式的基础上，与他人建立良好的交往，这是现代公民必须具有的生活理性或实践理性。这种实践理性本质上是一种在生活中存在的各种矛盾中保持中庸、中道的判断力。一个有实践理性的人必然会选择与邻里以及他人相处时做到"守规相助"，遵守公共生活规则，长存助人之心，奉献社区，友善尊重。

总之，现代科学技术手段和汹涌澎湃的商品经济大潮打破了乡土中国居住生活的封闭状态，斩断了人对土地的依赖和人身依附，居住的地域限制被解除，宗族聚居、世代为邻的状况不复存在，传统意义的邻里关系瓦解，缺乏血缘或地缘关系的同一，社区和比邻而居的人们老死不相往来，这种缺乏交集的状态决定了邻里关系很难实现睦邻友好，势必严重影响家庭的生活质量、邻里关系的和谐。因此，从社区文化建设、居宅的伦理设计以及公民道德的培育等层面着手，重构现代新型和谐邻里关系应当被作为国家民生工程的主要目标之一。

三、居住的社区伦理

居住生活不仅仅是"住"的具体形态，更是一种价值观念。这种观念不仅体现在以血缘为纽带的家庭生活中和以地缘为纽带的邻里关系中，也体现在以社会交往和共同体参与为纽带的公共生活中，这使得居住生活既存在于私人领域，也存在于公共领域。居住的公共领域主要体现为介于邻里和区域之间的社会实体——社区。如果说邻里关系关注的更多是由居住相近而产生的人伦关系的话，那么社区伦理则强调居民与社区的伦理及社区共同体中居民的道德状况。

（一）"社区"形态的历史变迁

社区（community），即由聚居在一定地域范围内具有共同的习俗和价值观念的同质人口组成的，由此产生共同的结合感和归属感的生活共同体。20世纪30年代，吴文藻将"community"译为"社区"。社区有广狭两义：国家、社会为广义"社区"，数量不等的家户构成与人们生活最直接相关的聚居区为狭义"社区"。本书探讨的居住空间为狭义社区。在中国传统社会，虽无"社区"的概念，但存在与其类似的居住空间。

从词源上看，"社"的金文为"𤕝"，本义为"民间共同信奉、祷祀的土地神"。在此后的发展中，"社"逐步衍生出其他含义，其中与空间有关的是围绕对土地神的祭祀活动而逐渐形成的古代基层行政地域组织——"社"。如《左传·昭公二十五年》记载："自莒疆以西，请致千社。"据注，当时二十五家为一社。顾炎武认为："社之名起于古之国社、里社，故古人以乡为社。"[①]"乡"在《说文解字》中为"国离邑民所封乡也。啬夫别治封圻之内六乡六卿治之"[②]。也是早期城市居民的基本单位，其规模比较大，《广雅》记载："十邑为乡，是三千六百家为一乡。"虽然古有

---

① （清）顾炎武. 日知录集释：卷二十二. 黄汝成，集释. 郑州：中州古籍出版社，1990：520.

② （汉）许慎. 说文解字. （清）段玉裁，注. 杭州：浙江古籍出版社，1999：17.

以"乡"为"社"的说法，但"社"与"乡"不尽相同。从词源看来，"社"侧重具有共同文化价值的人构成的居住共同体，而"乡"则更关注共同体的地域性。而且，"社"的区域范围显然比"乡"要小。"乡"由若干更小的基层居民单位即"里"构成。"里"，《说文解字》释为"居，从田从土"，最早是由农耕之人自发聚居形成的聚落组织，春秋时期被移植到城市管理中而成为城市居民的基层地域组织。城市规模不同，"里"的数量也不一。"里"内是排列整齐的一个个独立的居民宅院，"室居栉比，门巷修直"（《三辅黄图》），有围墙和居民进出的门，"门"被称为"闾"，里又被称为"闾里"。"里"内建有庙宇，这些庙宇成为维系里民日常生活的主要文化空间，在这里形成居民的文化维系力和内部归属感。因此，作为"乡"下辖的具有信仰内涵的基层居民组织单位，"里"与"社"更为接近，为社区的传统形态。

从两汉到魏晋，"里"一直保持城市居民区的意义，但北魏洛阳城在对宫城布局进行调整时，开始使用"里坊"制。之所以用"坊"名，研究认为，"坊"与"防"同义，《说文解字》云："防，堤也"，即像堤防一样，城市中四周带有围墙的区域。按照唐人苏鹗的观点："坊者，方也，言人所在里为方。方者，正也。"① 一方面勾勒出"坊"的整体空间形态：一个正方形或长方形的地域空间，契合了古人关于"天圆地方"的宇宙构想；另一方面指出"坊"由"里"而来，二者在表述城内居住区时是等同的，都是按照身份等级划分的居住区。迨及唐代，"里坊"制已很普及，坊内也有寺庙，如靖善坊的兴善寺、保宁坊的吴天观。长安城内的"里""坊"在区域上基本相同，功能上趋于合一。里坊制便利了统治者对居民的管理，在一定程度上保障了居民的安全，但却限制了日常生活的自由和活动的范围，阻碍了私生活的便利和首创性。唐以后，国家的绝对权力松弛，商品经济发展，民间力量增强，最终导致里坊制在宋代时被废弃，取而代之的是相对开放的"厢坊制"。围墙逐渐被拆除，城市居民面街而居，沿街建房普遍，城市出现大街小巷畅通无阻的开放式社区结构。至明清时期，"里""坊"有了明确的区分："坊"只适用于城市，"里"在城乡都适用。

---

① （唐）苏鹗. 苏氏演义：上卷. 张秉戌，点校. 沈阳：辽宁教育出版社，1998：5.

新中国成立后一段时期内，"单位共同体"是中国社会的总体性重建方案，在"国家—单位—个人"的纵向一体化结构中，集体所有制分配房的"单位宿舍区"为主要的居住空间，它包括机关、工厂和学校等单位，员工集中居住而形成的"大院"和"生活区"。社区内各种公共福利设施齐全，然后用一堵院墙把居住区圈成一个院子，仅供本单位职工使用。单位社区的目的在于组织人民并克服近代中国在家族社会解组后的一盘散沙状况。20 世纪 90 年代中期以后，随着社会的改革开放和由计划经济向市场经济转变，"单位"开始向"社区"转化，单一的居住格局被打破，出现了多层级的社区类型：商品房小区是目前大中小城市的主要社区，还有其他的经济适用房、廉租房区等具有福利性质的住房社区以及"城中村"社区，它是在城市化进程中，由于耕地被征用，农民转为居民后留在原村落居住而形成的。从外形上看，这些社区大体都是由一堵墙或面街建筑围合而成的一个相对封闭的生活空间。

总之，"社区"在中国经历了里坊、单位宿舍区和当代多元社区等形态的发展。其中，里坊为古代都城最为普遍、长久的居民聚居规划形态和城市管理制度。由于"单位宿舍区"本质上与中国传统中的社会模式设计是血脉相通的，因此可将之视为居住空间向现代转型中的一个过渡形态。当代社区体现了中国社会的现代化特征。

（二）传统"里""坊"的伦理规范

作为居住共同体，社区与家宅不同，后者属于私人领域，是家庭成员单独生活的排他领域；而社区则是向所有居民开放的公共空间。同时，与"社会"相比，虽然二者都属于公共领域，但社区是一个持久和有真正共同生活的社会实体，其核心是家庭的封闭空间，而社会则是暂时的、表面的和边界不定的。社区具有公共性、实体性和内向性，并由此形成了相应的居民与社区之间的、居民与居民之间的伦理关系。

第一，在居民与社区的伦理关系方面，它涉及社区的管理主体这一核心问题，不同的管理主体会使二者的关系有所差别。通常来说，社区的管理主体可分为两类：国家权力主体和居民主体。前者是政治本位，后者为民主本位。传统中国社会取法前者，国家坚持对里、坊的意识形态控制，居民与里、坊形成服从与控制的伦理关系。

控制主要通过两种方式实现：（1）礼的方式。作为社会秩序的规范体系，"礼"的秩序核心在于等级化，其重要职能是辨别亲疏贵贱以确定不同等级和同一等级间的道德规范。正如勒菲弗指出的，空间是一种政治工具，其"表现始终服务于某种战略。它既是抽象的，也是具体的，既是思想的也是欲望的，也就是被规划的"。自然空间被构造成一个政治空间，"人们就存在于这样一个实际的、被社会化的空间中，减少了现象世界的混乱"①。因此，"礼"对社会生活的支配首要地表现在对居住空间的控制。根据古代中国人的空间秩序观念，礼将居住空间在宏观、中观、微观层面进行等级化的分割与规划，将一般的居民区、官吏住宅区和皇帝居住区严格分开，相互隔离、等级有别；根据"士农工商"的社会等级结构安排里坊居民，严格规定达官贵人、官员和平民百姓的住宅规格、尺度、间数、设计及装饰。普通百姓和低级官吏的家门必须开向里坊，高官贵戚可面街而第，出入不由里门。这样，等级分明的区划使居住空间呈现出严格的政治秩序和伦理规范，民众被纳入这种等级空间，塑造了他们的等级意识。（2）法的方式。里坊中有专门管理社区的行政长官——"里正"和"坊正"，他们代表国家对居民实施伦理监督和行政管理。《通典》云："在邑居者为坊，别置正一人，掌坊门管钥，督察奸非，并免其课役。"里正和坊正"昏而闭，五更而启"（《唐会要》卷二十五），对于"犯夜者，笞二十"（《唐律疏议》卷二十六），甚至"中使郭里旻酒醉犯夜，杖杀之"（《旧唐书》卷十五）。但在传统中国社会，"礼之所去，刑之所取，失礼则入刑"（《后汉书·郭陈列传》），法只是礼的教化失败后，确保居民服从的次等规则。

虽然里坊制将人们的日常生活纳入政治秩序的掌控中，妨碍了居民生活的自由，但由于传统中国的乡土特性和对儒家家族主义文化价值的认同，具有相同的价值观念、宗教信仰及行为模式的居民对生活共同体抱以强烈的认同感。通过认同，走出家庭的中国人把个体的命运与家庭、里坊共同体的命运融合在一起。对于个体而言，他们只有在这些生活共同体中才能获得存在的意义，只有遵从共同体，才能获得有序稳定的生活。认同感

---

① ［法］亨利·勒菲弗. 空间与政治. 李春，译. 上海：上海人民出版社，2008：27.

使个体对共同体的服从变成自觉、自愿的行为。

第二，里坊内的居民与居民之间即邻里关系，由于受家族文化精神和传统居住空间稳定性、封闭性的影响，自上到下都非常重视邻里关系的道德调节，形成系统的道德规约和义务。对此，前已有论述，这里不再赘述，仅补充三点：（1）以高信任为邻里交往的道德心理。这种高信任决定了聚族而居的生活方式和地缘关系、血缘关系与亲缘关系三位一体的社会结构特征。"信任产生于熟悉，在熟悉的基础上建立起'人格信任'"[1]。传统邻里道德的生成逻辑为：熟悉产生信任，信任带来互动，互动促进和睦。（2）以"仁"为邻里交往的伦理原则。所谓"仁者爱人"（《孟子·离娄下》），邻里交往中的爱人，必须落实到日常生活实践中，实践方法是孔子的"能近取譬"（《论语·雍也》）：按照由近及远、推己及人的原则去践履"仁"。邻里的亲近与"抚恤相助"消除了个体面对命运无常的不安，增强了个体的群体归属感。（3）以"义"为邻里交往的公共伦理规范。由于居住在同一生活空间，邻里之间在共享井、巷道等公共资源时，在面对邻里关系过于密切所带来的家长里短等家庭隐私公开化的问题时，邻里间难免会滋生矛盾和冲突。"义"作为社会生活的行为规范，主要展现为对日常言行的节制，要求交往合乎礼法，不恃强凌弱，相互尊重，彼此容忍谦让，不窥探他人隐私等。[2] 与"仁"相比，"义"在具体层面有效地调节了邻里的日常交往。这样，通过高信任的道德心理、"仁"的伦理原则和"义"的道德规范就确保了传统邻里共同体的和睦与稳定。

（三）当代社区伦理的困境与反思

新中国中断了传统居住的等级秩序，单位共同体改变了居民的居住身份，它将居民主要分成"单位人"和"非单位人"两类，通过相对公平的分配原则和福利制度，单位人获得"单位宿舍"，在那里产生出一种"同志化"的伦理圈。在中国的改革开放和由计划经济向市场经济转变的过程中，"单位共同体"瓦解，出现严重的社会联结中断错乱的现象，而社区

---

① 李萍. 中国道德调查. 北京：民主与建设出版社，2005：212.
② 陈丛兰. 浅析《礼记》日常居住生活的公共伦理. 齐鲁学刊，2014（6）.

建设也是为了克服社会成员原子化和公共精神生活危机的问题，它们为再组当代居民的社会生活、构建居民的公民身份奠定了基础。但是，必须正视目前居民与社区之间、居民与居民之间都存在诸多亟待解决的伦理困境。

第一，在居民与社区的伦理关系方面，困境表现为居民对社区的低认同和漠视的态度。在单位时期，依靠奖惩、分房等一系列真实的制度体系，单位垄断了所有与成员有关的社会资源，单位人完全依附国家，对单位社区抱以很强的认同感。20 世纪 90 年代中期以后形成的多元社区格局打破了权力的单一管理局面，居民委员会和社区服务中心以及它们的上级领导机构，如区政府和住建委，或者对社区实行直接的管理，或者通过法律政策的制度化渠道对社区进行间接的管理。与传统和单位时期不同，在现代民主化潮流之下，这些现象使多数居民对代表权力话语的社区难以产生认同感，近年出现越来越多的业主维权和自治诉求即为明证。作为一种内在的道德力量，只有"认同感"才能将社区居民包容在同一个道德体中，从而形成良好的公民风范与融洽的人际关系，尤其是今天的社区"认同感"更关涉居民道德价值的尊严，是每个"居住"此处的人同等享有管理自己生活的权利和义务。由于这种认同感的缺位，成员日趋原子化，社区失去了应有的约束力、整合力和活力，这反过来又加剧了居民对社区的疏离。

第二，在居民与居民之间的伦理关系方面，困境主要表现为：（1）以低信任或不信任为居民的道德心理。"单位宿舍区"本质上属于一个"没有陌生人的社会，大家彼此熟悉，在长期的互动中建立起稳固的行为期待和自我规约"①。制度和情感、道义、传统文化的力量等非制度文化要素共同维系居民彼此信任、互帮互助的关系。伴随着工业化、城市化而来的中国社会现代转型改变了居住的封闭状态，斩断了人对土地、单位的依赖，居民交往互动的范围从"熟人社会"扩展到"陌生人社会"，居民产生信任的基础瓦解了，这大部分是因为人口流动大、生活节奏快、社区公共空间匮乏和社区管理主体不作为。更重要的是，一个地方"越是传统信

---

① 田毅鹏，等."单位共同体"的变迁与城市社区重建. 北京：中央编译出版社，2014：51.

任资源深厚，越善于接受新的信任机制"①。但新中国成立后历次运动对传统文化给予的致命摧毁，使新旧信任机制难以完成转化，对"陌生"的不信任使熟人社会的伦理本位在陌生的交往群体中难以构成共同的基础，以致形成"邻里陌路"和自我封闭的高楼"鸽笼效应"。如果说传统居民是以"信任"把自己融入整体而获得安全感和存在感的话，那么当代中国人则是用"不信任"构筑起一个自我保护之墙，由此很难形成一个良好的邻里交往模式，也加剧了日常生活的孤独感。（2）社区居民关系弱化。主要表现为居民的单子化，与西方历经几百年缓慢蚕食的城市化进程相反，中国的城市化进程是由当代政府强力快速推进的，这使城居生活与现实人们的心理准备和文化呼应断层，居民陷入难以信任、彼此隔绝的孤立状态。加之现代科技飞速发展带来的发达的公共、商业服务，削弱了居民之间的依附关系，"个人已不再可能指望从地方群体中的其他成员那里得到各种关心和帮助"②，更多是从国家的非人格权力中获取保护。缺乏共同文化价值、物质和情感沟通，居民很难对邻里和社区产生亲近感、归属感。而且，居民公德不彰会导致邻里间的矛盾冲突。当代社区虽然从名称到建筑格局都模仿西方，但在文化心理与价值观念等方面，居民都未做好成为一个公民的准备。公民的核心意义在于"公德"意识，而"公德"更重要地表现为人们在公共领域中"有所守"，即不为自己的利益或方便伤害他人与社区的利益。③ 在当代社区内，普遍存在乱停车而侵占公共空间，不约束宠物、乱倒垃圾和广场舞等"公共领域私人化"行为，电视声音大、家中大声聊天蹦跳的"私人领域公共化"行为等，这些成为居民冲突的主要内容，也进而强化了居民间不来往的隔绝状态。

作为日常居住空间，从"私"的维度看，"人类是具有超强'社区本能'的高级动物"④，人们必然、必须生活在社区及其构造的生活之网中，

---

　　① 郑也夫．信任论．北京：中国广播电视出版社，2001：73．

　　② [英]哈耶克．自由秩序原理．邓正来，译．北京：三联书店，1997：86．

　　③ 陈若水．公德观念的初步探讨//公共意识与中国文化．北京：新星出版社，2006：32-33．

　　④ 田毅鹏，等．"单位共同体"的变迁与城市社区重建．北京：中央编译出版社，2014：19．

社区品质直接影响人格的发展和生活的幸福；从"公"的维度看，东西方的相关经验都指出，社区是熏陶滋养公共性或公民精神的策源地。"公共性"即"某一文化圈里成员所能共同（其极限为平等）享受某种权益，因而共同承担相应义务的制度的性质"①。社区空间的本质在于"公共性"，由此要求该领域的行为主体必须拥有"公共性"的情操。

因此，面对当代社区的伦理困境，当务之急在于：（1）就社区而言，需要政治在一定程度上能够做到放权，让居民委员会回归其自治本性，或者给予业主委员会和各类社区民间组织主导地位，从而真正实现社区的民主自治，使居民充分参与到社区的建设和管理中，成为立法者与守法者合一的公民。而社区也需要发挥其社会整合功能，为彼此孤立的"单子"建立联系、交流和表达的平台，消除居民间的不信任，让互动双方面对面进行文化、情感和物质的交流。（2）就居民而言，传统熟人社会关于"仁"的原则是为了适应家族组织之需而设计的，单位熟人社会的"同志友爱"是出于共同利益而形成的。在今天的"陌生人社会"中，"爱你的邻人"的主客观基础都已瓦解，如果再以"仁"或"同志情"来建构社区关系，就难免显得迂阔。而应该更多地挖掘"义"的传统资源，剔除其中的特殊伦理内涵，滋养居民的责任意识，这种责任涉及三个层面：对自己的责任、对他人的责任和对社区的责任。对自己的责任，包括对家庭和个体自身的责任，虽属私德范畴，但却是其他公德形成的人格基础。它强调个体置身陌生人的生活环境时，节制不良言行，维护个人正当权益，在自律与他律之间保持平衡。对他人的责任和对社区的责任，二者属于社会道德范畴，亦为公德培育的核心内容。其中，对他人的责任主要强调面对不同于自己的文化价值观和生活方式，尊重他人的权利和尊严，在独立性和社会适应性之间保持平衡；对社区的责任则强调遵从法律法规，保障社区的公共秩序，积极参与社区事务，自愿从事各种道德义务活动，帮弱扶幼，保持服从与参与的平衡。有社会责任感才能促进制度的公正，遏制拜金、功利对人性的侵蚀，从中发展出同情、关怀等"仁"道温情。

总之，社区的民主、信任感与责任感的培养能使居民滋生"在此"的

---

① 李明伍. 公共性的一般类型及其若干传统模型. 社会学研究，1997（4）：111–112.

归属感，有效地遏制社会成员单子化的趋势。还需要指出的是，由于人性"像是一种液态的实物，其形状由容纳它的容器所决定"①，这个"容器"即人们所置身的制度与文化。"信任""责任"等道德理性也只能在好的制度与文化中孕育、生长。从这一逻辑出发，只有先实现制度的公正和社区的自治，给希望社区改变的人以改变的希望，才能消除邻里的陌生和冷漠，滋养他们的公民品质，而良好的公民必将把制度公正和社区民主推进到一个更成熟有序的状态。

第四节　居住环境伦理

"居住环境伦理"即居住生活所必需的自然物质、居住政策和居住福利等对于居住生活塑造人性、人格和人生的伦理功能，以及在处理居住与自然环境的关系中，人们应当遵循的基本理念和行为规范。根据文化地理学的观点，这里将居住的环境分为生态自然环境与人文社会环境。居住生活离不开环境，环境的品质决定人的健康与日常生活的品质。传统与现代在居住的自然环境伦理和人文环境伦理方面都存在巨大的差异。

一、居住的自然环境伦理

居住的自然环境主要包括人类聚居地的地理空间、山川河流、土壤植被、物产气候等，其中阳光、空气、水等自然物质对于人类居住生活具有至关重要的作用。它们决定人类生存、生活的品质，对于居者的身心健康具有决定性意义，形成人类特有的道德价值系统的心理基础。有什么样的自然观，就有什么样的居住观，而有什么样的居住观，就决定了居住与环境之间处于何种伦理状态。综观中西方的居住文化史，居住与自然环境的关系大致经历了天人合一到天人对抗，最后在反思之后再次走向新的天人合一的辩证过程。

---

① 刘瑜. 在恐惧与热爱之间. 读书，2015（1）.

（一）天人合一：传统的居住观与自然环境

传统中国始终倡导"天人合一"的哲学思想以及在此基础上的"致中和"的美学观点。先民祭祀山川、河流等给予人类生存需要的所有自然物。《周易》强调天、地、人有机统一的整体世界观，即"范围天地之化而不过，曲成万物而不遗"（《周易·系辞上》），主张人类的活动要顺应而非破坏自然。中国传统的这种自然观源自先民人我不分的原始思维和农业文明重天敬天的文化特性。儒家把人视为自然大家庭中的一个成员，主张以"人道"合"天道"，而道家的"道法自然"将自然之道视为宇宙万物所应遵循的根本规律和原则，人类绝不能为某种功利目的去破坏自然、毁灭自然。正如美国著名物理学家卡普拉所说："道教提出了对生态智慧的最深刻、最精彩的一种表述。"[①] 古希腊自然哲学家把自然中心灵的存在当作自然界规则或秩序的源泉，认为自然界不仅是一个自身有灵魂或生命的巨大有机体，而且是一个自身有着心灵的理性动物。这种观点与自然界运动不息的朴素辩证法思想相结合，为我们描绘了一幅充满生命活力的自然界图景。作为自然界之一部分的人，其最高目的和理想不是控制自然，而是深入到自然中去领悟自然的奥秘和创造生机。人们强调自然力是不可战胜的，与大自然要讲求和谐与调适，否则将会遭到自然力严厉的报复。中西方这些古老的自然观，尽管表述形式不同，但在视自然为充满内在活力和生机的整体这一点上是一脉相通的。这种自然观主导了人对自身、对人与自然之关系的理解，并以观念形态保存在古代的哲学中，同时作为现实的文化行为又体现在人类的实践中。

在这样的自然观中，早期的文明都体现为如何利用自然而非改造自然，并与自然保持和谐关系，人类的理性也主要表现为发现自然规律并自觉地顺应这一规律。先民在聚落时总是选择最有利的环境并以与环境相和谐的方式定居。《释名》曰："宅，择也，言择吉处而营之也。"古代从黄河流域到长江流域的农庄聚落都有一个共同现象：在近水的高地，水则河

---

① ［美］弗里乔夫·卡普拉. 转折点. 卫飒英，等译. 成都：四川科技出版社，1988：406.

流湖泊，地则台地丘陵。祖先在这种环境过日子，故称为"丘民"。① 孟子云："得乎丘民而为天子"（《孟子·尽心下》），墨子亦云："古之民……就陵阜而居"（《墨子·辞过》）。

人类进入城市文明，基于水质、土地和植被等生态环境而进行城市的规划、营建，并努力保持良好的生态环境，这是传统中国城市建设的基本理念。传统的民居是在适应当地的风土、自然环境的基础上建造房屋的：较为寒冷的华北居室的发展由半地穴到地面的建筑，人们为了御寒，利用当地可以获得的建筑材料，建造厚重的墙体，采用火炕式采暖方式，并把农作物废料、动物粪便作为燃料使用；南方为了避暑，建造深檐出挑的开放式房屋；在湿热、毒虫遍布的长江中下游地区，为了防潮，民居采取干栏式建筑。"水处者渔，山处者木，谷处者牧，陆处者农，地宜其事"（《淮南子·齐术训》），先民还根据不同的地理条件从事再生产活动。

所以，地理环境不同，先民顺应自然所创造出来的居住文化也大有不同。这种由地理条件决定的居住哲学将疾病、家庭的吉凶祸福归结为天人关系的失衡，"夫百病之始生也，皆生于风雨寒暑，阴阳喜怒，饮食居处，大惊卒恐"（《黄帝内经·灵枢》）。将生老病死、衣食住行等人事纳入宇宙自然规律的轨迹之中，强调日常生活行为与自然的协调，人们认为只有这样，才可以避免凶祸，保证家庭的平安和幸福，由此形成了中国博大精深的风水学。在这具有神秘主义倾向的哲学中，人们从居宅的选址到入住其中都有一系列充满着朴素环境伦理思想的风俗仪式。

"爱物"之德基于古人"万物平等"的朴素非人类中心主义思想。张载云："乾称父，坤称母，予兹藐焉，乃混然中处。故天地之塞，吾其体；天地之帅，吾其性。民，吾同胞；物，吾与也。"（《西铭篇》）认为人与世间万物都是天地自然所生，并无高下之别。而《月令篇》则描述了一幅冬去春来、草木发芽和万物复苏的场景，所有自然现象包括人自身都跳不出生生死死这一自然轨迹的循环。在道家的思想中，宇宙中的任何事物都具有独立的、不可替代的内在价值。从万物自身所依据的价值本源的绝对意

---

① 邢义田，林丽月. 社会变迁. 北京：中国大百科全书出版社，2005：8.

义来看，任何事物的价值都是平等的。人们主张对自然资源要"取之有时，用之有节"，反对过度利用自然资源，倡导对自然资源的可持续利用。只有这样，才能维护万物有序和谐的规律，保持整个自然生态系统的循环不息。因此，在总结中国传统人居环境特质时，沈福煦归纳为："一是中国传统的人居环境，形成一个内向耗散自活系统，并依此而持续发展。内向耗散，即不求助于外界供给和排废的条件下良性周转。二是中国传统的人居环境生态系统，是一个多层次的系统结构模式。大至国家，小至村落，都能建立起内向耗散自活系统，即所谓'自给自足'。三是周而复始，循环往复的系统作业。中国传统的生态观认为，人在自己养活自己。人的食物经消化，排泄物可以肥田，生长出来的谷物就是食物，循环往复，以至于无穷。"①

"日常生活"世界是一个自明的、排他的、熟知的而庸常的世界。但传统精英阶层通过"天人合一"、"极高远而道中庸"的"感性直观"思维，赋予日常生活美的价值。他们或者以线条勾勒出"采菊东篱下，悠然见南山"的农居环境，展现了一幅水墨画般的山水田园生活图景；或者立体地描绘一个由自然地理形成的封闭的"想象共同体"——桃花源，寄托文人对于理想居住生活的祈望；或者将真的生活和美的生活视为伦理上善的生活。

（二）环境之殇：当代消费主义居住观与自然环境

自启蒙运动、工业革命和科学革命以来，人的理性地位被确认，人类与自然之间的关系发生了巨大的变化：整个宇宙变成在空间中不断进行机械运动的物体总和，是一部巨大的机器，人处于自然之外，与自然分离对立，与自然的物体无本质差别。这种机械论的自然观成为近现代以来人们最主要的世界观。科技的发展主导了伦理体系的新陈代谢，现代与后现代人类的价值追求进入一个新阶段。一方面，技术至上论和功利主义成为这一时期人类的主要伦理原则。技术至上论的核心在于工具理性的崇拜，这一理性与道德理性或理论理性相反，它只要求效率和计算，而不关心手段

---

① 沈福煦，等. 中国古代建筑环境生态观. 武汉：湖北教育出版社，2002：3.

的正当性与人的心灵归属。在没有超越神灵、彼岸世界或对"大人言"之畏，有的仅仅是衣、食、住、行等最真实切近的领域中，"进步"的确最能得到体现与体验。所以，工具理性对人类做出了这样的承诺：投入最少的资金、运用最好的技术和以最快的速度盖更好的房子，以把更多的人装进由钢筋水泥构造的匣子里，现代交通工具把人运送到任何一个以往难以企及之地，现代医疗技术部分地牵制了人的死亡等，这些都是可视的。然而，正如在19世纪时马克思就已经意识到的："技术的胜利，似乎是以道德的败坏为代价换来的。随着人类愈益控制自然，个人却似乎愈益成为别人的奴隶或自身的卑劣行为的奴隶。"① 人类在摆脱了超越、敬畏和对生命的同情之心之后，就此走向了人的全面异化。研究显示，建筑能耗的不断增长是人类能源危机的重要因素之一，也是大气污染的主要来源。② 人与自己异化，变成"单向度的人"，就连曾经沉淀着人类温情、记忆等标识的居宅也变成了"机器"。

当今中国，"无视伦理的技术"、"抛弃理想的实用主义"和"背离精神取向的快乐主义"成为人们的主导行为原则。缺乏长远利益考量的经验思维片面强调经济的发展，认为"经济要发展，污染难避免"，忽视环境承载力而疯狂扩张城市，造成垃圾围城的现象日益严重，居住区甚至与化工厂、电厂等高污染区比邻，古老的乡居生活日渐消失，自然的东西越来越少，自然物质的品质越来越差。以空气质量为例，污染物大量排放，中国大中城市反复出现雾霾天的范围越来越广、持续的时间越来越长、PM2.5的浓度越来越高。与空气质量相比，生活用水在更早的时候就陷入了危机，专家预测，未来五年内中国将会有近20个大中城市陷入生活用水的危机。③ 除了水和空气，现代居住在建筑布局上过分密集，从而使得居宅的光照和通风状况差，这些都成为危害居民健康的隐形杀手，使得人们难以安居。

另一方面，则是由商品社会固有的本质所决定的价值观——消费主

① 马克思恩格斯选集：第1卷. 北京：人民出版社，1995：775.
② 秦红岭. 建筑的伦理意蕴. 北京：中国建筑工业出版社，2006：193−194.
③ 杜中. 城市用水给自然水循环带来了挑战. 中国水利报，2011−03−24.

义，当人类进入工业社会，人类就此进入从对人的依赖转变成对物的依赖阶段。"今天，在我们的周围，存在着一种由不断增长的物、服务和物质财富所构成的惊人的消费和丰盛现象。它构成了人类自然环境中的一种根本变化"①，人类的消费需求被这种丰盛现象裹挟着不断膨胀，推动消费主义的"贪婪"和"浪费"成为这个社会张扬的美德。美国政治家布热津斯基在《大失控与大混乱》一书中对这一时代的道德状况进行了精彩描述：界定个人行为的道德标准的下降和对物质商品的强调，二者相互结合就产生了行为方面的自由放纵和动机方面的物质贪婪。"积累和节约"不再是消费社会的美德，反之，在生活、身体、精神、文化等方面的全方位消费才是美德，它是获得社会认同、社会身份的基础。

今天，我们处在"消费"控制着我们整个生活的境地，铺天盖地的媒介宣传，通过编织一个幸福生活的固定模式，把一种商品拜物教思想深深地根植在各个阶层的意识中。现世主义、享乐主义和个人主义的价值取向使居民在脱离了政治束缚之后，又进入了消费主义的藩篱之中。从心理学的角度看，消费主义的典型表现是"炫耀"和"张扬"，每个人只有炫耀自己的消费之后才能有存在感，把日常生活的享乐和舒适当作理想追求。

消费主义的根本原因在于人类欲望无止境地膨胀，它超出人类维持自己在自然中持续存在与发展的实际需求，成为造成人与自然矛盾日益激化的一个重要原因。要想改变目前人与自然之间、居住与自然环境之间的对抗关系，提倡与推广"生态建筑"固然为一个途径，但更重要的是，我们需要重新唤醒传统的那些古老的哲学，重新唤醒人类对自然体验的智慧。抑制贪欲，摈弃消费主义，提倡物质生活的简朴，这也许才是今天解决环境危机的根本所在。

二、居住的人文环境伦理

居住的人文环境是相对于居住的自然环境而言的，意指围绕居住生活，由社会的文化系统塑造与构造出来的人工环境。从范畴上看，这一人

---

① ［法］让·波德里亚. 消费社会. 刘成富，等译. 南京：南京大学出版社，2000：1.

工环境既包括以住宅为核心的居住系统和以公共服务设施为核心的住区支撑系统等"有形"的内容，还包括这些系统所反映出的社会文化特征、居住的公共管理和制度之基本精神等"无形"的内涵。① 从其本质上看，居住的人文环境应当是一个以人为核心，以服务生活、提升人类精神以达到人与环境合而为一为目标的综合系统。

（一）等级与人本：传统居住的人文环境

在居住文化史上，乡居与城居为两种主要居住方式。以定居为主要生活方式的中华民族，把村落作为中华文化薪火相传的故土与家园。几千年来，人们在这里聚族而居且生死相依，住宅（阳宅）和墓地（阴宅）是与家族命运不可分割的整体。而在城市，城墙高筑，防御严密，人们生活在城垣之中。相比分散单一的村落居住生活，城内人口密集，居宅林立，有较为完备的公共设施，四方货物汇集于此，不同的文化在这里撞击与融合，从而形成虽封闭但却热闹丰富的城居生活环境。受儒家宗法伦理文化的影响，两种居住生活本质上有两个主要特征，即等级主义与人本主义。这可以通过日常的居住系统、居住的支撑系统以及居住的社会系统具体地加以呈现。

第一，日常的居住系统。吴良镛认为，居住系统主要由住宅、社区设施和周边的公共建筑等构成，它们构成居住生活必备的物质环境。在传统中国社会，社区设施不发达，而居住系统的其他内容则皆由"礼"文化与儒家的宗法伦理具体细微地加以规定与塑造。居宅的大小、高低规格和外观、内部的装饰等都有严格的等级规定。宏观层面，古代都城通常会呈现出一个等级分明的居住层次：作为帝王生活起居与朝见百官、发号施令之地，宫殿的殿堂连属，巍峨壮丽，礼仪肃整；贵族官吏的宅邸"重殿洞门"；里巷民宅比较普遍的是"一堂二内"的居住模式——里门低矮，里巷狭窄，驷马高车无法通行。中观层面，居宅的内部空间都有严格的伦理分割。微观层面，居室的屋顶规格、梁柱装饰、门制、用色等由"礼"做出细致的规定。

---

① 吴良镛. 人居环境科学导论. 北京：中国建筑工业出版社，2001：40-48.

居住礼仪是儒家礼乐文化的重要载体。这些代表"礼"的物质符号"符码化地规范着所有居于其间的人，实现身体对于空间的臣服"①。钱穆认为："中国人不必有教堂，而亦必须有以训练人心使其与大群接触相通之场所，此场所便为家庭。中国人乃在家庭里培养其良心，如父慈子孝兄友弟恭等是也。故中国人的家庭，实即中国人的教堂。"人们自小长大的过程便是熟悉家庭利益、社会伦理规范的过程。

虽然有些居宅可以成为建筑，但建筑与居宅不同，它一定赋有强烈的公共性，其外观作用于人类的精神，凝聚并拔高精神并与超越天空的某种神秘存在相联系，这是中西古典建筑能够不朽的根本原因。在西方，最经典的公共建筑是教堂，城乡高耸入云的教堂是沟通人神的神圣空间，它使人产生自卑，自觉人类的渺小与软弱，从而强化人们内心对超越之神的崇拜与信仰。在中国，宫殿既是皇家的居宅，更是作为最具代表性的公共建筑，成为城市的中心，这也是古文献中称宫殿之门为"公门"、宫殿之地为"公宫"的原因。庙宇、祠堂等非功用性建筑是城乡中具有公共性的建筑。这些公共性建筑都以人体尺度为出发点，不求高大永恒，一致坚持有节制的人本主义为建造原则，很少建造像西方那样超出人体尺度的庞大建筑。② 因此，中国传统由居宅和公共建筑构成的居住系统环境，总体呈现出与宗法社会相适应的等级主义和受儒家人文思想影响的人本主义精神。

第二，居住的支撑系统。这主要指为人类日常生活提供支持，服务于聚落，并将聚落连为整体的所有人工的和自然的联系系统、技术支持保障系统等。它包括居住区的基础设施，公共服务设施系统——水、能源和污水处理，交通系统和通信系统等。③ 居住的支撑系统是衡量生活质量的重要标准。传统中国城市的所有支撑系统都是围绕着服务于皇族和其他城市居民的日常起居生活而设置的。因此，方便城市居民之日常起居生活的基本公共设施在很早就已出现。例如，秦汉时期就有了较为完备的城市公共

---

① 陈丛兰. 浅析《礼记》日常居住生活的公共伦理. 齐鲁学刊，2014（6）：19.
② 秦红岭. 建筑的伦理意蕴. 北京：中国建筑工业出版社，2006：70.
③ 吴良镛. 人居环境科学导论. 北京：中国建筑工业出版社，2001：46.

设施，如给水、排水系统和制度化的绿化。《三辅皇图》记载长安城内诸里"室居栉比，门巷修直"，里内的居民列向而居，井然有序，从皇宫、街道至民宅的整体环境整洁、清幽，有利于人们日常生活的有序、健康。同时，有别于欧洲以教堂为核心呈放射状的城市道路，中国自西周以来形成的城市格局为：围绕宫殿或官署建筑形成了棋盘式的交通系统，大街纵横交错，形成方格，划分出大片的规则状邻里地带，泾渭分明，方便人与人之间的、家庭与家庭之间的日常往来，使得居住区充满生活气息和人情味。

第三，居住的社会系统。这是关乎聚落的规划和管理、健康和福利等层面的内容。对中国人而言，"空间不是抽象的中立的单一概念，而是以两种主要的形态呈现：一种是宇宙的空间，中国人称之为天，是圆形的空间；另一种是世俗的空间，中国人既称之为地也称之为人，是方形的空间。这两种空间虽然性质不同，却共同组成一个大空间，因为它们在无止境的、多元而变化的关系网络里彼此呼应和对照：区域、方位、颜色等等的相通对照"①。所以，象征人间组织的都市规划模仿《考工记》中的规范，同时强调如天，天体围绕北辰周期循环，城市也围绕一个中心点运作，这个中心点就是城市的中心——天子的宫殿或代表天子行使人间权力的官府行署，正是这一空间保证了天、地、人之间的沟通与和谐。这些宫殿通过殿堂连属的庞大建筑群体组合来传达群体至上的伦理意识。帝王借助宫室建筑的威严象征至高无上、唯我独尊的世俗权力，以达到宣威慑民的作用。坐落在周围的官邸、民舍在整体环境中只是起着陪衬的作用。中国传统宗法社会对于城市空间的等级性规划也就决定了所有的居住管理制度、居民的权利与义务和所有的社会伦理。生活在这种空间政治中的臣民在对这些皇权符号诚惶诚恐、顶礼膜拜之时，也将这种伦理深深地烙入民族意识之中。

综上所述，中国传统的居住人文环境有两个主要特征：等级主义与人文主义。其中，"礼"贯注于所有的环境系统中，它们以物质符号为伦理

---

① 程艾蓝. 中国传统思想中的空间观念//《法国汉学》丛书编辑委员会，编. 法国汉学：第九辑 人居环境建设史专号. 北京：中华书局，2004：7.

载体，以系统庞杂的礼仪为行为规范，使生活于其中的所有人形成群体主义、尊卑有等的伦理观念，而人文主义使居住的人文环境最具人间性、最强调人间秩序。

（二）平等与物本：现代居住的人文环境

近现代以来，虽然乡居与城居的两维聚落方式没有发生根本变化，但其特质却发生了巨大的变化。西方一些改革家把改造社会，建设一个平等、人性的人居环境作为自己的道德使命，民主主义和人文主义成为指导西方社会、城市发展的"应然"价值尺度。受西方城市人居环境建设理念的影响，20世纪90年代以来，中国人开始重视人居环境建设，居住的人文环境获得了很大改善。但由于市场机制的作用，资本与权力相结合，共同操纵着城市的规划和公共设施的建设，继而完全控制了居住的人文环境的伦理状况：城市环境"见物不见人"，缺乏对居民日常生活的人文关怀；优质环境资源分配缺乏公正性；人文环境整体在城市化进程中日渐失去记忆；等等。对此也可以通过日常的居住系统、居住的支撑系统以及居住的社会系统具体地加以呈现。

第一，居住系统的三个要素中，住宅分配制被打破而全面进入市场化进程后，公民在理论上实现了平等，而住宅的内部结构也呈现出代际间的平等化。今天住宅建设及相关产业已经成为国民经济的支柱产业。这些现象带来的结果是多重的，除了日益严重的养老问题，还有部分居民不再满足于简单的"能住"，而要求"住得舒适""住得健康"等；大量的无房、房奴问题；城市、社区的设施质量亟待提高的问题；老城区、古村落等的保护与发展问题等。社会学研究指出，熟悉的街道和公共建筑可以缓解人们由现代快节奏的社会生活、逼仄的生活空间所造成的紧张、焦躁和恐惧等情绪。但现代中国的城市化差不多摧毁了体现厚重历史文化传统的居住风貌，熟悉的街道和建筑被迅速拆除，城市离生活越来越远。没有了熟悉的环境，也就没有了成长的记忆和故事，由此加剧了人们精神上的焦虑感和陌生感。

另外，存在建筑尤其是公共建筑伦理缺失的问题。传统社会中的宗庙等圣地不仅是人与神、人与先祖进行沟通交流的空间，更是人们交往、沟通的主要场所。在这里，群体的凝聚力被强化，而从中引申与创制出一套伦理化的生活原则和社会行为规范，即"礼"，则造就与明确了等级秩序中人们之间的公共纽带，塑造了一个民族的精神气质。然而，现代建筑已经失去了这种精神化育功能，无所不在的以市场和金钱为导向的"文化工业"，正通过建筑这一空间挤压人们的精神空间。为了让它们能够成为人们度过一生的家园，城市的公共建筑必须体现人性，展示人文，要使生活于其间的居民感到亲切和被接纳，而非与生活疏离。

第二，居住的支撑系统。在现代社会，居住的支撑系统本着平等的精神，将服务全体市民、居民作为自己的基本价值目标。然而，城市系统的复杂性与脆弱性共生，现代城市由高科技支撑建立起来的支撑系统固然给居住生活带来了诸多便利，但也必须正视排水管、天然气管、暖气管等地下公共管道设施对于日常生活的负面影响。雨果说："下水道是城市的智慧和良心。"其实不仅是下水道，今天其他各种地下设施的布局和质量都会拷问城市规划者、建设者的智慧与良知。居民的生命和生活品质依靠这种智慧与良心。而这种良心的形成不仅需要美德伦理的建设，还需要相关以人为本的制度法律伦理的建设。

第三，关于居住的社会系统问题。中国政府在经历了几十年的摸索发展后，建设部于 2005 年发布了《城市规划编制办法》，其中第三条指出："城市规划是政府调控城市空间资源、指导城乡发展与建设、维护社会公平、保障公共安全和公众利益的重要公共政策之一。"这是中国首次明确地指出一个城市的规划的公共伦理属性，城市规划不再仅仅是一种技术或政治行为，而是关乎公平、公共安全、社会正义和人道主义的伦理实践。之所以如此，固然受转轨时期社会大背景所驱，但主因在于当代中国的城市化运动已经使城市的规划背离了传统以人为本的理念，走向了以车为本的错误方向。面对美国城市的衰落，简·雅各布斯哀叹道："毁掉美国社区的罪魁祸首不是电视和毒品，而是汽车。"① 同样的现象在中国正在发生。所以，减少对汽车的依赖，同时提高交通运输能力，使街区更易于步

---

① ［美］简·雅各布斯. 美国大城市的生与死. 金衡山，译. 南京：译林出版社，2012：312.

行，建设短距离交通、公共运输、步行道和慢车道，才是中国城市未来发展的关键。

正如孟子所云："居移气，养移体，大哉居乎！"（《孟子·尽心上》）只有优美的环境才能培养人的德性，恩格斯在《英国工人阶级状况》一书中指出，贫民窟的环境使成年人体弱多病、淫乱堕落，对儿童则有毁灭的作用。中国在经济高速增长之后，人们都被抛入市场竞争原理的旋涡之中，很难意识到生活应当以人为本。因此，要想改变人们的生活观，培养丰富的人性，以城市规划、管理、福利等为核心的居住社会系统应将人的价值与社会公平作为首要的伦理原则。

第四章　行旅伦理

行，是人类日常生活中的主要活动之一，也是与人类历史相伴随的最古老的活动之一。人们为满足生活所需而奔波来往，也因行万里路而增长知识和见闻。人际关系因行而打破隔阂、增进了解，产生交往合作。人类社会更因行而互通有无，从闭塞走向开放。可以说，行或"在路上"的这种生命活动是人和人类社会的本质存在状态。

在人类的衣、食、住、行四种日常生命活动中，"行"作为群体与个人的行为，相较于其他日常生命活动而言有迁移性、变动性、交互性等特点。因此，"行"极易因这些特点而被排除在理论和文化视野之外。中国古代以社会控制为导向的户籍制度对自由出行的限制，加之交通工具等客观条件的制约，致使人们的出行范围和出行频率远远小于今天。近代以来，随着工业革命和科技革命等而来的出行方式的多元化，使得行旅活动成了与普通人息息相关的事情。到了近现代，随着科技文化的发展、社会的进步、观念的转变，人们因为生活、生产、交流等展开的行旅活动日益频繁，使得"行"的意义和价值在人们生活当中更加凸显。孙中山先生在其三民主义的民生主义中，将"行"首次与衣、食、住并称，将其列为关系国计民生的重要方面。

从远古时代依靠脚力、畜力的交通方式完成狩猎、迁徙等活动，到今天人们通过水、陆、空等多种交通方式出行、旅游，人类在依靠科技不断突破自身局限、改变出行方式的同时，也在不断扩大着出行的空间范围，变换着出行目的。与此同时，多元化的出行方式和日益扩大的活动空间范围也在不断改变和塑造着人们自身的思想观念。行走中的人们要遵守各种相关规则规范，各类行人身上不但体现出个体文明素质和出行价值观，而且彰显出社会风尚。人们在日常行旅生活中，常常由于生产而迁徙、由于办事而外出、由于工作而客走他乡、由于利益而互相交往、由于礼节而互相拜访、由于学业而背井离乡……这些行旅活动总是与伦理道德相关联，并受到伦理道德的规范和影响。那么，行旅生活带给人的意义和价值是什么？现实生活中我们遇到哪些与行旅活动相关的伦理现象或伦理问题？这些现象或问题产生的根源是什么？如何面对和解决行旅问题，究竟什么样的行旅方式是符合道德的？这些问题随着人们行旅生活的丰富而深入到理论层面，引起人们的关注和讨论。

　　本章将以中国社会的行旅伦理为主要研究对象，研究行旅活动所表现出的相关伦理和道德问题。行旅既包括行旅的主体——人，也包括行旅的客体——交通工具以及交通环境。因此，行旅伦理便包括作为主体的人在行旅活动中所应秉持的价值观念、道德品质和行为规范，同时也包括符合伦理精神的行旅环境和契合人本理念的交通工具。

第一节　行旅及其伦理内涵

　　中国作为文明古国，有着历史悠久且博大精深的服饰、饮食、居住文化，与穿衣、吃饭、居住等生命活动相同，行旅有着丰富的文化和伦理内涵。行旅意味着人们必须在一定的活动空间内发生位置的移动。活动主体所实现的空间位移的动态过程，使得行旅的文化以及伦理内涵体现在其动态过程所牵涉的方方面面。那么，何谓行旅，行旅活动包括哪些内容，又有什么样的文化和伦理内涵？

一、行旅与行旅伦理

　　根据《文言常用词典》，"行"有诸多用法，这里所研究的"行"，是与人们的日常生活"衣、食、住"相对应的行。"行"（xíng），象形字，本义为道路。《说文解字》中讲："行，人之步趋也。"行有行走、走路之意，常作行走、步行，可见"行"是人们进行的空间位置移动的动态活动，其以陆、水、空等空间范围为活动场所。"行"做名词，可被看作由出发地到目的地的动作方式；做动词，可被看作由出发地到目的地的动态活动过程。"行走"，一般有行路、走动的意思。人类最早、最原始实现空间位移的活动方式应该就是"行走"。"走"最早代表"跑"之义，其金文字形象征摆动双臂奔跑的人形，下半部分像人脚。随着古今词意的演化，"走"在做"行走"意上对"行"进行了替换，表达"出行"的意思。"走"和"跑"都是实现空间位置移动的最原始的活动方式。出行，一般指行人、交通工具由出发地向目的地移动的动态行为过程或行为；出行相对于行走而言，借助了人自身之外的工具，这些工具一般指轿子、船、车、飞机等。行走、出行均是本章中"行"所指的研究对象。

旅，《说文解字》中说："旅，军之五百人为旅。"最早指军队的一种编制。《周易正义》中说："旅者，客寄之名，羁旅之称，失其本居，而寄他方，谓之为旅。"《左传·庄公二十二年》中有"羁旅之臣"的说法，并将旅解释为："旅，客也。"所以，"旅"有在外、客居的意思，可以组合为旅行、旅居、旅途、旅程等。随着词意的演变发展，我们常将"旅"理解为旅游、旅行。"旅游"和"旅行"的内涵大同小异。"旅游"既有出行的含义，又有观光、游览、娱乐的含义；而"旅行"则偏重于"行"，在我国，"旅行"一词包括巡游、宦游、云游、漫游以及学者的科学考察和群众性的踏青、春游等活动。有学者将"旅行"定义为："人类暂时离开惯常生活环境圈前往异地的行为。"通常而言，我们将"旅行"理解为人们去往非定居地的一种活动，其不一定具有旅游所具备的娱乐、休闲、大众化等特性。"旅行"的英文为 travel，源于法语 travail，原意为劳动、痛苦、努力等。"旅游"的英文为 tourism，其词根 tour 与后缀 ism 连用，表示按照圆形的轨迹移动。tourism 一词 1811 年第一次出现在《牛津词典》中，意为以消遣为动机的旅游实践与理论。这里的关键词是"消遣"。与 travel 相比，tourism 包含了娱乐和消遣的意味。可见，"旅行"与"旅游"二者的区别在英文的表达上与汉语有相似的地方。"旅行"注重"行"，而"旅游"更注重"游"；"旅行"注重在行旅活动中的行旅感悟和人生体验，而"旅游"则更注重行旅活动中食、住、购、娱等舒适和愉悦的感受。

"行旅"一词出于《孟子·梁惠王上》："商贾皆欲藏于王之市，行旅皆欲出于王之涂"，有远行的人、旅客之意，做名词用。南朝宋谢瞻的《答灵运》中有"叹彼行旅艰，深兹眷言情"的诗句，其中"行旅"一词指行、旅行，在此处做动词用。"行旅"虽同时兼有名词与动词两种用法，但其词义经过长时间的发展演变，现以动词的用法居多，即代表一种动态的位移活动。学者认为，"行旅，一般指历时较久、行程较远的出行活动"①。我们可以将这里所指的"行旅"，理解为旅行、旅游。有学者将"行旅"与"游"进行对比，指出了"行旅"概念在古代与现代的内涵差异，认为古代的"行旅"概念多指具有实际功利目的的离家出行现象，并不包含具有审美意义的游览、旅游的含义，"'游'至少是包含了作为审美活动的游览和身不由己或可能带有功利目的的离家出行这两个概念的，后者即与古代行旅意义相近"②。由此可知，古代的"行旅"大多指具有功利目的的出行活动，现代的行旅则既包括功利性的出行活动，也包括审美性的出行活动。笔者认为，除却关注远距离、长时间的行旅活动，还应当注意人们最为日常的短距离、短时间的出行活动。这种短距离、短时间的出行活动以行走、徒步、跑等姿态语言来呈现，与人们的日常生活更为贴近，是行旅这种生命活动的重要组成部分。

"行旅，即出行、旅行、旅游。"所以，"行旅"概念事实上将所有有关"行"的活动都包含在内，既包括远距离、长时间的旅游、旅行，也包括短距离、短时间的出行、行走。所以，本章中的"行旅"概念是对古代"行旅"意涵的扩充。"行旅"，既包括日常意义上的行走、行路、徒步，也包括精神价值意义上的游玩、游览；既包括带有功利意味的行旅活动，如商旅、宦旅、求学之旅、问道之旅，也包括具有审美意义的旅游、旅行等活动。这里的"行旅"是与衣、食、住等基本生命活动相对应的"行"的整体范畴的表达，可以和"服饰""饮食""居住"等概念以同样的方法

---

① 王子今. 中国古代行旅生活. 北京：商务印书馆国际有限公司，1996：1.
② 李岚. 行旅体验与文化想象——论中国现代文学发生的游记视角. 北京：中国社会科学出版社，2013：20.

去理解，具体包括行旅活动前的心理、物质准备，行旅观念，行旅途中的出行方式、行姿走态、道路交通、出行工具，行旅礼俗，行旅消费，旅食与旅宿，行旅过程结束后人们从身体到心理的行旅体验和感受，以及当代新兴的行旅活动与交通方式等。

日常生活离不开行，以实现"空间位移"为价值目标的行旅活动，在人类历史上始终发挥着促进人口与资源流动、推动社会变革与发展的重要作用。人们以什么样的方式出行，在行旅活动中秉持什么样的价值观念，以及如何看待和治理现代行旅活动中出现的诸多病灶，这些都需要我们以哲学、伦理学的视角来审视，使行旅活动中呈现出的问题从价值观念上得到澄清。"作为生存智慧之学的伦理学全面介入社会生活，就是力图从伦理学的角度对人类面临的各种问题进行诊断和治疗……给人类如何生存提供基本的规范和总体的导向。"① 行旅作为日常生活的重要活动，与伦理价值同样有着深刻关联。有学者指出，"交通发展造成以往社会生活空间界限的变化，使得原有社会伦理规范进行自我调节和变革；不同国家、民族和地域的价值体系通过交通发生碰撞和交流，引起社会伦理精神结构和内涵发生变革"②。与此同时，"社会伦理及其嬗变对交通发展所造成的影响，表现为社会伦理文化在交通运输系统的精神形态和实物形态的结构中所体现出来的伦理特质"③。可见，行旅活动和社会伦理文化之间相互影响，彼此塑造。因此，行旅伦理的研究是日常生活伦理学的重要组成部分。它要求我们以伦理学的视野深入到行旅活动的方方面面，为引导和规范人们的行旅活动奠定合理的伦理观念基础。

二、行旅伦理的历史考察

行旅是实现社会交往的重要媒介，行旅方式的改变与人们对自然环境的认识、利用和改造密切相关。人类在漫长的行旅历史过程中通过不断改变行旅的客体——交通工具和交通环境——来解放人力，使人走得更远。

① 江畅. 应用伦理学研究的深层关注及其旨趣. 光明日报，2005-01-04.
② 陆礼. 交通伦理的历史演绎与价值意蕴. 南京社会科学，2007（2）：48.
③ 同②.

中国古代有着丰富的行旅文化，既有关于行旅的物质文化，也有关于行旅的精神文化。物质文化中既包括车马、舟船等交通工具，也包括纵横交错的陆路、水运、桥梁等交通路线。行旅的精神文化不仅体现在文人墨客在行旅过程中留下的大量诗词歌赋、散文游记中，而且体现在中国古代逐渐形成体系的、相对完善的行旅伦理中，与行旅的物质文化相适应。

中国古代的行旅方式大体可以分为"步行时代"和"马车时代"两个阶段。① 与之相应，在行旅伦理的发展上也存在着两个不同的阶段。

"古之民未知为舟车"（《墨子·辞过》）。在漫长的史前时代，原始人为了寻觅食物而不得不选择徒步行走。持杖而行是人们最简单、最倚重的行旅方式。直至夏商时代，大部分人都没有交通工具以免除行旅劳累之苦。据研究，"甲骨文从足止的字多达 260 个以上；从行之字 132 个，其中与足止相系者有 47 个，约占 35.61％"②。仅从文字学的角度而言，也可窥知步行是当时行旅的主要方式。即便后来行旅方式发生了变革，步行仍然在行旅的历史进程中占据着重要的地位。以步行为主要行旅方式的原始社会，虽然没有形成较为系统的行旅伦理规范，但仍有规律可循。例如，原始行旅活动"呈现出'内'与'外'两种空间意识，人们根据部落以及图腾的区分，对自然空间和自然存在物进行了划分"③。在内外有别的空间意识下，氏族内部成员的行旅活动被禁止超出部族的活动领地，除非与外部落发生领土争斗，否则与其他部落相遇，应采取回避原则。在一个氏族部落内部，部落成员的空间位移活动通常要严格遵循氏族内部统一的组织原则和禁忌规范，以维持部落内部成员的合作共处。因此，在长期的行旅活动中逐渐形成了"路不拾遗""扶老携幼""同舟共济"等行旅规范，体现了人类精神在发展初期所呈现出的原始平等、照顾老幼、相互合作等朴素的道德观念。这些行旅规范与其他原始的禁忌规范一样，一方面，以自在的形式存在于氏族组织内部的口口相传中，并没有经过自觉的反思而上升为一个伦理规范体系；另一方面，除了对本部落具有约束力之

---

① 陆礼. 中国古代交通的技术变迁与伦理分析. 江西社会科学，2010 (4).
② 张云燕，等. 中国社会生活史. 哈尔滨：黑龙江大学出版社，2014：113.
③ 陆礼. 交通伦理的历史演绎与价值意蕴. 南京社会科学，2007 (2)：48-49.

外，对其他部落没有约束力。部落制度下所展现的"步行时代"的行旅规范必定会随着国家制度的确立而发生根本性的变革。

以"马车"等畜力交通工具的产生为标志的"马车时代"大致从公元前2100年延续到19世纪末的工业革命，在此期间，畜力代替步行成为行旅的主要方式。公元前3500年左右，两河流域的苏美尔人发明了爬犁，并且在发现滚动现象的基础上发明了车子。公元前3000年生活在黄河流域的中国祖先也发明了舟车，《汉书·地理志》记载："昔在黄帝，作舟车以济不通，旁行天下。"魏晋之际史学家谯周撰写的《古史考》也认为"黄帝作车，引重致远，少昊时略加牛，禹时奚仲加马"。"轩辕"二字的本义即为车辕，传说因黄帝发明了车，便以"轩辕"之名尊称之。中国古代的车可谓分门别类、样式繁多：马车按马驾的数量可分为骈、骖、驷，还可按车的形状和特点分为轺车、高车、安车等。除去马车之外，当时拉车的还有牛、鹿、羊甚至人。陆路行旅活动由于受到自然环境、道路状况的限制，随之出现了更为灵活便利的交通方式，如步辇、肩舆、轿子等。与陆路交通方式同时产生的还有水路交通方式，我国最早的水上交通工具是独木舟和筏子，由于独木舟和筏子不稳定，到商代，出现了木板船及舫。"乘船楫"很早便与"乘舆马"并列为古代重要的行旅方式。刘向《说苑·说丛》中有云："乘舆马不劳致千里，乘船楫不游绝江海。"到宋朝还出现了定期行驶且多用于载客的船舶。与马车、船楫同时产生的还有发达的陆路水运系统。西周时期，不但马车已经很盛行，而且形成了纵横交错且延伸较远的城市道路系统。《诗经·小雅·大东》说："周道如砥，其直如矢。"与此同时，还设立了专门守卫和管理道路的官员——司空官。秦始皇颁布"车同轨"的法令之后，修筑了东至渤海、南至江浙的两条"驰道"，十里设亭，卅里设驿，并建立了连接陕、甘、内蒙古的军事设施——直道，形成了以咸阳为中心、辐射全国主要郡所的全国性陆路交通网路。汉朝时期不仅扩建和延伸了秦朝原有的道路，而且开辟了沟通中外且影响深远的丝绸之路。隋唐以后，中国的陆路水运交通系统日臻完善成熟，不仅形成了四通八达的陆路交通网，而且开辟了京杭大运河等内河水域。在宋元时期远洋航线也得到了开拓延伸，从广州、泉州等城市可以出航至东南亚、印度洋甚至波斯湾等地。明代大航海家郑和1405年至1433

年先后七次渡洋远航，将中国古代航海事业推向顶峰。此后直至 19 世纪晚期，现代铁路和公路的出现宣告了马车时代的终结。

历史学家吕思勉认为，"车之兴，必有较平坦之道，故其时之文明程度必更高"①。可以说车轮的发明，尤其是马车的出现，不仅是人类行旅史上的重大变革，而且对人类文明和道德的进步产生了深远影响。事实证明，交通工具的出现，不仅促进了更加丰富、更加远途的行旅活动的进行，使得人们在更大范围内实现了生产生活的交流和交往，而且促进了不同地区和文化之间的政治、经济、伦理、宗教等方面的融合。

具体而言，马车时代的出现对中国的政治格局和文化伦理产生了如下深远影响：

第一，秦朝将"车同轨"与"书同文""行同伦"等量其观，将其作为完成大一统的重要策略，足见行旅方式的变革是封建制度确立和完成的重要前提。在行旅方式的促进下，原始的部落制度解体，取而代之的是新兴的国家制度。在马车时代，自然家庭被更加紧密地统括进统一的民族实体，与此同时，边疆地区与中央核心区域的互动更为紧密，甚至较为落后的周边国家也开始依附于交通发达的帝国。正如马克思所言，一个"民族本身的整个内部结构也取决于自己的生产以及自己内部和外部的交往的发展程度"②。便捷的行旅条件，使得中华帝国的内部和外部交往都空前紧密，为形成统一的意识形态和区域核心政治权力提供了客观条件。

第二，马车时代产生了更为丰富的社会文化和伦理系统。有学者认为，"运输系统的结构、空间密度及其通行效率的变革，不仅对社会生产和生活的节奏发生着重要的影响，而且决定着社会文化和伦理系统的范围和规模"③。步行时代所蕴含的朴素道德观念、原始行旅规范被马车时代相对复杂的行旅伦理取而代之。与政治上的等级制相应，天子、诸侯、大夫、士、庶人在行路、骑马、坐轿、乘车船等方面都有严格的等级规定。如在周朝，"天子造舟，诸侯维舟、大夫方（舫）舟、士特舟，庶人乘泭

①　吕思勉. 先秦史. 上海：上海古籍出版社，1982：363.

②　马克思恩格斯选集：第 1 卷. 北京：人民出版社，1995：68.

③　陆礼. 中国古代交通的技术变迁与伦理分析. 江西社会科学，2010（4）：228.

（桴）"（《尔雅·释水》），对不同身份地位所应遵循的乘船标准进行了严格的限定。因此，不同于步行时代所呈现出的朴素平等等原始道德观念，马车时代的行旅伦理开始体现出君主专制、等级差别、压抑个体意识等封建伦理色彩。这种封建伦理色彩不仅表现在形成了统一的行旅伦理，而且表现在将中央政治权力树立为唯一具有社会规范制定权力的文化核心。

第三，行旅伦理从自在的原始禁忌状态演变为自觉的价值规范追求。如前所述，在步行时代，对行旅的规范要求仍然与许多原始禁忌浑然难分。行旅禁忌只是以自在的形式，通过部落成员的被动来实现部落的集体利益，但到了马车时代，行旅伦理则是为了实现"货畅其流，人便于行"的行旅道德理想和社会功能，是需要社会成员自觉维护的价值规范。在马车时代，初步形成了"安全畅通、避碰避让、养护车马、注重技能"等行旅伦理规范。这些规范虽然体现了等级森严的封建伦理纲常，但客观上具有规范出行秩序、减少交通冲突和提高流通效率的功能，以其技术合理性为伦理目标的实现奠定了基础。

随着社会的发展、科技的进步，人们的行旅方式发生了跨越式的转变，由较为原始的畜力、人力、自然力等非机动的方式变为更具科技含量的电力、物理力、化学力等机动方式。新兴行旅交通工具的特点是速度快、稳定性强、安全性高，这些先进交通工具的出现，使人们得以"用时间去消灭空间"[①]，人与人之间的距离被缩短了，国与国之间的距离被拉近了，所以机动时代的来临是人类行旅史上影响最为深远的革命。

三、行旅伦理的当代意蕴

伦理学全面关注日常生活，隐含着对人类生存现状的深切关注。日常生活伦理学研究的终极目的在于改善当代人类的生存状况。随着机动时代的全面到来，技术比以往更加紧密地影响着人类的行旅生活，行旅活动比步行时代和马车时代具有更多的伦理意蕴。

行旅活动作为人的生活方式、文化现象中的一种，既是人类文化的创

---

① 马克思恩格斯全集：第46卷（下）．北京：人民出版社，1980：33.

造过程本身，也体现着人类文化。文化即人类在社会历史发展过程中所创造的物质财富和精神财富的总和，它包括物质文化、制度文化和精神文化三个方面。从物质文化层面来讲，伴随着人类行旅活动的发展而出现的车、船、火车、飞机等交通工具，鞋、靴等行具，行旅服饰，行旅途中必备的行李、干粮以及客栈、旅馆等可见的显性文化标志，都体现着社会的发展与进步，体现着人类智慧、科技的创新在物质文明上的进化。从制度文化层面来讲，由行旅活动牵涉出的行旅开始前所需遵循的严格的占卜择吉风习，行旅途中按照差等所表现出的行路规则、行旅工具的划分、行路礼仪、行路禁忌的差别，行旅结束后的接风、洗尘、软脚习俗，以及现代道路交通规则等，都体现出人们在行旅活动中所应遵循的特定的制度规则和伦理规范。从精神文化层面来讲，行旅活动对自我精神生命的提升、价值生命的构建起着重要作用。人们在行旅途中产生的从身到心的行旅体验和感受，对异地文化和新文化的认同、冲突，对行旅活动问题的自觉反思等，都可以反映出行旅者特有的内心世界和精神感悟。可以看出，行旅活动不仅能反映特定社会的政治、经济、文化、制度等因素，而且可以呈现以行旅活动为载体的社会、心理、宗教、科技、伦理、观念、艺术、审美等更为具体的文化因素。

行旅活动作为人类特有的一种生命和文化活动现象，其所具有的伦理内涵，一方面，可以通过行旅活动的行旅制度、行旅规范来显现；另一方面，可以通过行旅习俗来显现；除此之外，还可以通过人们日常的行旅方式、行旅实践以及人们的行旅体验和感受来显现。人们通过行旅制度、规范来表达行旅伦理的权威性、约束性和他律性，通过行旅习俗、行旅体验和感受来表达行旅伦理的世俗性、自在性、情感性。行旅观念、行旅禁忌、行旅规范、行旅体验和行旅感受分别通过人与自身、人与他者、人与社会等层面的关系来体现，反映又指导着人们日常的行旅生活。在我们看来，行旅伦理可以从如下方面来进行分析研究。

第一，行旅生命与德性意义：行旅活动对人们具有特定的生命价值和意义。人们日常的行走、出行和长时间、长距离的旅游等行旅活动对个体身体层面具有养生、乐生的作用。同时，人们在行旅活动中会增强人生的奋斗意识和丰富的人生体验，这对增强人的生命意识、生命意志、道德品质都有重要作用。人的行旅活动往往具有某种目的性,比如行走是为了到另一个地方,长距离的行旅位移活动可能是为了求学、问道、求圣、访友、经商、探亲……人们可以通过这些行旅活动同时获得身心双向度的体验和感受,从而使人们的精神世界获得启发、冲击、慰藉和安宁。行旅活动往往意味着未知、冒险、艰辛和跋涉,但无论行路多么坎坷,人们也不会停止脚步。回首历史,无数仁人志士开启文化苦旅、问道求圣之旅、从政经商之旅、寄情山水之旅、静心之旅……人们通过这种行为方式去询问和求索生活的意义,通过这种身心体验感受着行旅活动带给其精神世界的宝贵财富,并积极追求有意义的生活。除此之外,如果个体通过行旅活动仅仅对自己的身体和精神产生影响,那么这是远远不够的,德性的培养才是个体追求的最高境界。人们从行走与行旅活动中体验到自己生命力的存在并培养自己的德性,如子路负米的故事就是一个典型的行走伦理活动,子路为了行孝,不远百里为父母买米,这在现代有交通工具的条件下可能是一件很简单的事,但在古代则是一种很不容易却能体现子路之孝心品质的坚毅行为。通过探讨行旅的生命与德性意义,我们可以弄清行旅活动对人们具有的特定的生命价值和意义。

第二,行旅人际伦理:人们的行旅活动,从个体角度来讲,属于私人活动,例如人们有权利选择自己的行姿形态,有选择出行方式、出行交通工具的自由,也有选择去哪里或不去哪里的自由。但这种自由往往是有条件的、受限制的,尤其是在公共生活领域。人们的大部分行旅活动是在公共生活领域中展开的,这使得人们的出行很容易和他人产生联系,发生影响和被影响的关系。"行旅活动作为日常生活当中最具流动性、变异性、交融性、沟通性、网络性的群体与个人行为之一"[①],往往会产生相应的法律规则、伦理规范、礼仪要求和禁忌。在日常行旅活动中,唯有遵守这些规则、规范、礼仪和禁忌,才能保证人际间的行旅伦常,保障行旅活动有序进行,维护人际间行旅生活的和谐秩序。

中国作为文明古国、礼仪之邦,具有绵长丰富的礼仪文化,伴随着行旅活动产生了较为完善的行旅规范和礼俗,在民间广为流传,影响和指导

---

① 庄华峰,等. 中国社会生活史. 合肥:合肥工业大学出版社,2003:117.

着人们的行旅活动。中国作为传统的宗法血缘社会，"尊卑有序"的伦理特征明显，这从与行旅活动息息相关的交通工具的形质、大小、材质等的不同可以看出，体现出等级尊卑的礼制不能逾越。中国古代行旅交通对男女之间的行旅伦理具有明确的规范要求，其体现"男女有别""男女授受不亲"的传统伦理思想，两性伦理在行旅活动中表现明显。中国传统伦理讲究"长幼有序""尊老爱幼"，人们在日常出行的生活中无不践行着这一传统美德，如《礼记·曲礼上》中有言："年长以倍则父事之，十年以长则兄事之，五岁以长则肩随之。"现代交通工具特设"老、弱、病、残、孕"专座，这一举动不仅体现中华传统美德的人性关怀，而且能激发广大乘客的"爱人"品德，让人们在日常出行中总能看到人们之间礼让互助的景象。这些规范、礼俗和个人品德体现于行旅主体之间，折射出公共交往伦理，具有律己敬人、促进交往、合情合理等伦理内涵。

第三，行旅社会伦理：行旅社会伦理所要关注的是影响现代人行旅生活的诸多社会问题，从而引起全社会的伦理反思和实践革新。（1）行旅活动所引起的跨时代的伦理价值冲突。（2）在行旅过程中因跨文化、跨区域而导致的道德冲突。（3）伴随技术变迁，现代行旅活动所产生的诸多伦理问题。行旅活动会产生特定的个体或群体，这种特定的个体或群体会因为行旅活动的特点而形成特定的伦理价值观念。这些观念有些体现出国家、民族在长期的历史发展中塑造的民族性格特点以及伦常要求，这些观念有些是和社会的主流伦理价值观念相适应的，有些却是和社会主流价值观念相违背的。那些与人们一贯保有和遵循的价值观念相悖的伦理价值更值得人们思考与研究。随着行旅活动的进行，人们从熟人社会来到了陌生人社会，受陌生人社会特点的影响，伦常道德的约束力下降，行旅主体有可能会轻视或违犯日常道德。伴随着文化多样性而产生的文化多元和价值多元，使得人们在长距离的行旅过程中认识和体验着不同文化的偶遇、碰撞和融合，在这种跨文化的环境下，该如何对待不同文化、不同价值观、不同道德规范、不同习俗所造成的冲突，这成为行旅活动遇到的重要问题。现代行旅活动引发了诸多社会问题，急需从伦理层面对其做出理论解读和阐释。现代交通问题的频发，要求我们转变以经济理性为核心的社会伦理观念，倡导公平正义的行旅伦理和与自然和谐相处的行旅生态伦理。

第四，行旅伦理问题凸显：行旅活动发展至现代形态，其在延续保留旧有的某些行旅观念、行旅方式、行旅习俗、行旅规范的同时，呈现出现代性特点。其现代性特点中最突出的表现是行旅伦理问题凸显。这些问题从个体层面来讲，体现于行旅主体自身素质修养不高，行旅生活中不文明现象、不遵守行为规范现象频发。从人际层面来讲，"以自我为重""不顾及他者"的观念扰乱正常行旅人际交往和行旅秩序，影响日常行旅生活质量。从社会层面来讲，"中国式过马路""出境游问题"已成为某种社会现象，受到国内外人们的广泛关注。这些问题的出现以及激化，引发人们的注意和思考，我们需要倡导一种更有"德性"、更符合"伦理"的出行方式，使得人们的出行生活更有意义、更幸福，成为人们心中对行旅生活的期盼之一。

综上所述，我们可以将"行旅伦理"理解为：在人们的日常行旅生活中反映出来的，对个体的人格和人生塑造、人际交往和社会风尚有着影响的价值观念体系，以及行旅活动应当遵循的行为规范和良序美俗。行旅伦理的研究目的在于，从伦理道德的视角关注行旅生活，揭示出行旅活动的伦理内涵，探索合理的行旅价值观与行旅行为准则，以构建理性健康的行旅方式，形成良好的行旅风尚。行旅者作为道德主体应该认识到：行旅，不仅能丰富自己的人生、完善自己的人性，更能彰显民族精神和民族素质甚至文明程度。因此，兹事体大，不能不重视这一问题的探索与思考。

第二节　个体行旅伦理

行旅活动作为个体重要的生命和价值活动，其对个体自然生命的存养、精神生命的提升以及价值生命的构建具有重要的作用和意义。"古人的意识里，行旅意味着现实的辛苦的迁徙，比如服徭役、兵役，即便能任由自己意志的行旅，也是经商、探险、远游求学这些比较辛苦的活动，是现实世界的功利性生活……而游览则纯粹是审美的游戏的玩乐，不处于生活常态里。"①"行旅"一词古今含义有所区别，现代意义上的"行旅"不仅指带有功利性质的出行活动，更指具有审美性质的出行活动，除此之外，行旅活动所承载的宗教、道德性质给人们的价值追求赋予了更为丰富的含义。一般意义上，可以将行旅活动区分为自愿参与的和被迫参与的，大部分的行旅活动都是主体自愿的，极个别的行旅活动如被贬谪、流放、驱逐等往往是违背行旅主体内心意愿不得已而为之。我们或许可以这样理解，出于自愿的行旅活动，其主体之所以愿意以艰辛、跋涉、恐惧、未知为代价而离家出行，是为了寻找一种更为幸福的生活，或者说是在创造让生活更为幸福的条件。无论具有功利、审美性质的行旅活动，还是具有宗教、道德意义的行旅活动，都是在物质实体和精神层面追寻一种善和好，这种善和好符合人们对物质生活或精神生活的幸福、满足、愉悦的标准与追求，人们可以在行旅过程中促进自身自然生命的存养、精神生命的提升以及价值生命的构建，这些均赋予行旅活动道德色彩和伦理价值。

一、个体自然生命的存养

行旅活动有助于个体自然生命的健康。行旅活动属于人的自然的生命活动，从人类诞生之日起就成为人们日常生活中重要的活动之一。行旅活动意味着人们在空间上位置的移动，人作为肉体生命的存在，有活动、有移动就会产生特定的肉体感受。人类的生命需要保存、延续和完善，"生命在于运动"，在短距离的走、跑等活动中，人们可以感受到四肢的舒展和放松，与行走活动相关的身体器官和机能也能得到相应的锻炼或强化，为生命的保存打下良好的基础、创造良好的条件。斯宾诺莎曾说："保持健康是做人的责任"，这意味着健康之于我们每个个体、家庭乃至整个社会的重要性，可以说，保持和促进健康是我们需要承担的社会责任。世界卫生组织在 21 世纪的健康箴言中说：最好的医生是自己，最好的药物是时间，最好的运动是步行。可见，步行对人的健康具有特殊的帮助和促进

---

① 李岚. 行旅体验与文化想象——论中国现代文学发生的游记视角. 北京：中国社会科学出版社，2013：19.

作用，进行适当的徒步活动，可以增强人的运动能力，强化人体心肺功能，促进人体血液循环，增强血管和肌肉的弹性，增强抵抗力等。伦理学者肖巍综合了对健康的诸多定义之后，分别从三个层次对健康的概念予以阐释：（1）生理意义上的健康；（2）精神和心理层面的健康；（3）社会意义上的健康，指一定条件下个人和社群所达到的总体健康状态。这三个层面是递进的关系，这就意味着在一般情况下，生理层面的健康是健康的基础，是精神和心理健康、社会总体健康的前提条件，也即个人生命延续和完善的前提条件。

行旅活动有助于个体自然生命的发展。长距离的行旅活动往往意味着辛苦和劳累，但这种行旅活动能给人们带来现实的功效或利益，为人的生存、发展提供一定的物质基础和条件。在中国早期的行旅出行中，人们恰是为了这种现实的利益才有勇气展开远距离的行旅的，使得行旅活动带有功利意味，即人们的物质功效或利益。这种物质功效或利益是满足人生命保存和发展的重要条件。古时候大规模的人口迁徙、游牧民族的逐水草而居，具体到孔子周游列国、张衡游学三辅、郑玄游历考察等，人们为了更好地生存、求学、经商、做官、冒险甚至战争开启长途跋涉的远行，这其中的过程虽艰辛，但与人们追求自我价值的实现和发展的目标相一致，人们可以通过这种艰辛的付出，更好地实现和满足自身的物质需求，完善自身生命的发展和延续，进而实现追求更为幸福的生活的愿望。正是因为行旅活动的功利性有益于人生命的保存和发展，才使得人们即使对行旅活动具有畏惧心理，仍然愿意冒险出行。在行旅过程中，人们将对行旅活动的畏惧通过择行卜吉等避免禁忌的做法得到心理层面的舒缓和转化，这一方面表达出人们对行旅活动的谨慎态度，另一方面表现出在行旅者的内心深处，行旅活动所带来的现实利益大于其内心恐惧。行旅活动对个体自然生命的存养是行旅活动的基本目的，它可以为人的生命活动提供物质保证，是人生其他诸如文化、宗教、道德行旅活动得以开展的基础，在人生哲学的意义上，它仍然是符合伦理的，因为它有利于人的生命的存续，为人的生命的拓展与提升创造了基础。"仓廪实而知礼节，衣食足而知荣辱"，人只有在生命基本需要得到满足的前提下，才会有精神甚至道德层面的认知和追求并促进其发展。

二、个体精神生命的提升

审美性的行旅活动有助于个体精神生命的提升。审美是人的感性认识方式，是人通过"感官的感受、想象、虚构、感觉、情感等"对于"美的对象的观照、考察和鉴别过程"①。人是肉与灵的统一，因此，人不仅有物质需要与生活，也有精神需要与生活。审美活动是一种感知的合一、情景的交融。一般来讲，审美性的行旅活动多指旅游或旅行。人在旅游或旅行过程中的体验并不仅限于身体层面的切实感受，随着社会的发展和进步，人们越来越能察觉到事物对人由"身"到"心"的投射和影响，也使人们对事物的感受由物质层面上升到精神层面，这是行旅主体对自我的认识由"外"到"内"的转化过程，人们旅游或旅行，探知美的景观，寻求美的享受，体验身心的愉悦和自由，陶冶情感和情操，追求更高的精神境界，"它是一种生理的劳动，却可以孕育出思想、经验与领悟"②。行旅活动对人精神生活的影响可以理解为行旅主体与行旅客体之间的某种"对话"，这种对话通过主体的目之所及、行之所至跨越了地理和时间的阻隔，产生精神上的舒适、愉悦和心灵上的洗礼、净化，使得行旅活动具有审美的性质与价值。"这里的审美不仅仅是感官意义上的审美认知，不仅仅是一种超越功利的审美心态，更多的是关于人本需求的审美境界。"③我们可以将行旅活动中的审美体验理解为："自我生命与自然生机交融为一，自然无遮蔽地自我呈现，自我无间隔地融入自然。"④这一过程能够使行旅主体最终达到审美体验的最高境界——"自然境界"，这种境界将行旅主体与行旅客体融为一体，达至和谐。和谐成为二者融合的价值追求。

中国社会是伦理本位的社会，这使得审美活动具有伦理化的倾向。人

---

① 姚文放. 审美文化学导论. 北京：社会科学文献出版社，2011：3.

② ［美］丽贝卡·索尔尼. 浪游之歌：走路的历史. 刁筱华，译. 北京：新星出版社，2013：6.

③ 潘海颖. 旅游体验审美精神论. 旅游学刊，2012（5）：89.

④ 潘立勇. 休闲与审美——自在生命的自由体验. 浙江大学学报（人文社会科学版），2005，35（6）：7.

们在行旅活动中产生的审美体验给人的感性认识和精神世界带来丰富的养料。同时，审美活动和审美体验本身对人的德行修养具有某种要求。作为行旅客体的自然景观和人文景观可以被称为某种意义上的艺术品，"而审美主体在艺术欣赏活动中，要澄怀、虚静、坐忘、心斋，只有心灵清净平和，了无尘埃，才能进入艺术的境界。荡涤心胸，使心灵达到纯净无邪的审美境界，这种境界同时也是道德境界"①，而这种道德境界是行旅活动中审美体验的理想境界。除此之外，审美体验和善在行旅活动中达至统一。人们通过行旅客体的秀美景色、清新氛围、文明遗迹都能具有美的体验和感受，人们在这些美景、美感和美思中收获对更高生活境界的向往。古希腊先哲苏格拉底和亚里士多德都强调美与善的统一。在行旅活动中，人们通过审美性的行旅活动获得真、善、美的实际感受并迸发出追寻真、善、美的动力，进而积极向善。

宗教性的行旅活动有助于个体精神生命的提升。行旅活动对个体精神生命的提升在宗教世界中的表现尤为明显。人们一般会将宗教远游、远行视作一种仪式般的神圣的存在，在宗教世界中，某些具有特殊意义的行旅活动如佛教的释游、伊斯兰教的朝觐、道教的仙游等成为独特的文化现象，彰显出宗教行旅的独特魅力。佛教的释游一般指"佛教徒居静修行、传经、取经或名士追随佛学、朝拜佛陀而开展的行旅活动"②。伊斯兰教的朝觐之旅一般指在每年伊斯兰教历的十二月八日至十二月十二日，穆斯林从世界各地奔赴沙特阿拉伯的麦加进行朝拜天房、行巡偈礼的活动。道教的仙游是指"道教徒或慕道者为了追求成仙而辗转于仙境盛地的一种旅行活动"③。宗教性的行旅活动一般被统称为朝圣之旅，这种行旅活动因为信仰的不同而呈现出不同的形式、目的，但这些只是表象，不同宗教的信仰者所进行的行旅活动的实质意义还是相似或相同的。他们通过空间的移动，长距离、长时间的行旅过程，经过内心的期待想象和路途上的艰辛旅遇，精神上的虔诚信念进行着一次又一次行走或游历。这一过程可以被

---

① 姚文放. 审美文化学导论. 北京：社会科学文献出版社，2011：255.
② 秦永洲. 中国社会风俗史. 济南：山东人民出版社，2000：132.
③ 同②.

看作宗教信仰者抛开世俗空间进入宗教神圣境界最终又回归世俗空间的体悟过程。信徒们通过这种行走与体悟进行朝圣，即通过信仰带来的力量或具有仪式感的方式达至身体无痛苦、灵魂无纷扰的心灵彼岸。在那里，心灵得到净化，灵魂得到慰藉，现实日常生活中的烦扰和紧张也得以释放与缓解。信徒们根据自己内心对信仰的敬畏意识，思想心志纯洁、驱恶向善，最终达至一种精神层面的神圣境界。历史上较为著名的宗教行旅代表者有法显、玄奘、鉴真等，他们不辞辛劳，历经千辛万苦，翻山越岭跨越国界，只为"彰显自己所信奉的真理"。无论佛教徒、穆斯林还是道教徒，尽管他们的行旅活动由行距、行旅目的的不同而具有不同的含义，但在更为根本的意义上对宗教之功能的诠释是相同的：在情感层面，试图消解人内心的苦恼与不安，以期获得心安与寄托；在伦理道德层面，约束人之内心，帮助人们积极向善，为善去恶。无论佛家的苦行、伊家的朝觐之旅，还是道家的仙游，在给人们带去强大信仰力量和精神寄托之时，更彰显了各家追寻意义世界的愿望：佛教徒漂泊四海，游历四方，孤独苦行，以期换取来世的幸福；穆斯林长途跋涉，不畏艰辛，远赴麦加圣地，以期用更加虔诚的善行善举表达其信仰的精神和力量；道教徒逍遥自在，超凡脱俗，以期达到天人合一的理想境地。不仅是远游，而且在日常宗教生活中，信徒们通过行走也可以实现礼佛祈福的目的，如在藏传佛教地区的拉萨，我们常常可以看到很多信徒每天清晨都要去大昭寺或者布达拉宫周围，手摇转经筒在徒步行走，也可以看到很多磕长头的信众，这些通过日常行走以提升生命价值的行为常常令人感动。

三、个体价值生命的构建

人们在行旅活动中的体验经过由具体感受到抽象感受、物质层面到精神层面的发展过程，使行旅活动不仅仅是人们的生命活动，更使行旅活动具有一定的道德含义，也使人们认识到，对个体生命价值的构建，即对德性的追求，才应该是行旅活动的最高境界。"道"字的最初含义是"引道而行，久而久之，'道'就具有了事物存在与变化规律或原则之含义"①。

① 刘翔. 中国传统价值观诠释学. 上海：上海三联书店，1996：243.

"伦理学中的'道'基本上是关照'天道'但又以'人道'为核心展开的，指示的是做人的根本原则与道理。"① 我们可以从《论语》中找到"德"在伦理学意义上的含义。"主忠信，徒义，崇德也"（《论语·颜渊》）中的"德"的含义是"人们内心信念与情感，以及人们坚持合理行为原则的道所形成的品质或境界"②。厘清道德的含义之后，我们可以知道行旅活动的道德性体现在人们在行旅活动中遵循特定的道德原则和伦理规范，以及通过行旅活动体验形成某种道德品质、达到某种道德境界，或者说，某些道德品质通过行旅活动得以体现或者更为凸显。行旅活动具有流动、变异、沟通、交融等特殊性，使得个体在行旅活动中受到一些行为规则的指导和约束，从而培养与强化个体的某些德性品质。一般来讲，行旅活动对个体价值生命的构建表现在两个方面：一是个体的行旅活动受到道德习俗和伦理规范的制约，这些习俗和规范引导着人们的行旅活动，使其更符合伦理道德；二是个体的行旅活动本身是因为某种道德目的才得以发生，并且这种行旅活动反过来培养和巩固了个体的德性修养。

一方面，中国古代对道德个体如何走路、走什么样的路都有具体规定。就如何走路而言，在不同的时间、场合，要有不同的走法。如《尔雅·释宫》中有："室中谓之时，堂上谓之行，堂下谓之步，门外谓之趋，中庭谓之走，大路谓之奔。""时"同"跱"，是踟蹰、徘徊之意。一般而言，在室内要安步而不急趋。对孩童有更严格的走路礼仪。朱熹在其所编撰的《童蒙须知·语言步趋第二》中训诫孩童："凡步行趋跄，须是端正，不可疾走跳踯。若父母长上有所唤召，却当疾走而前，不可舒缓。"后人将这些训诫诗化为《童蒙须知韵语》："凡出入进退，行步要安详。掉臂与跳走，客止殊不臧。惟有长者召，疾步却无妨。于此过舒迟，不似弟子行。"从孩提时代开始就教育儿童走路要从容安详，不可奔跑急趋。相反，当长辈呼唤时，却不可慢慢腾腾，而应快速前往以示恭敬。此外，对于走时如何发力？古人也有"轻贵重贱"的讲究。如被收入清《四库全书》的《太清神鉴》卷四"行部"条称，"是以贵人之行，如水而流下，身重而脚

---

① 高兆明. 伦理学理论与方法（修订版）. 北京：人民出版社，2013：13.
② 同①14.

轻；小人之行，如火炎上，身轻而脚重"。以前的算命先生便据此观察一个人的行姿来推测其命运的好坏。这种说法当然很荒唐，但恰恰从侧面反映了古人对"如何走路"的重视。

古人对走什么样的路也有具体要求，即走正路而不走捷径。在古代，道路分为"道""路""途""行""径""术""街""衢"等多种。其中以"道""径"二种，古人说得最多。"道"就是正路，而"径"与"道"正好相反，指不能行车只能走人的小路，故称"步道"；从小路走可以避开众人、熟人，故俗称"间道"，古人认为心术不正者才走间道。因为从小路走往往比正道近，由此出现了"捷径"的概念。屈原《离骚》里有："彼尧舜之耿介兮，既遵道而得路。何桀纣之猖披兮，夫唯捷径以窘步。"意思是说，要像尧舜一样走大道正路，如果像桀纣那样走邪路歪道，最后就只能陷入窘迫而举步维艰。这里的捷径就是相对于正道而言的。古人认为正道代表着正确的方向，而捷径就意味着邪路歪道。走正道虽遥远辛苦，但却永远不会走错方向；走捷径小路虽则省时省力，但投机取巧容易误入歧途。因此，可以看出古人给道路赋予了道德色彩，鼓励人们走正道，反对甚至禁止走捷径、邪路。《周礼》中有多处提到周王禁止"大路不走走小路，有桥不走翻堤坝"的行为。《周礼》中规定的负责道路交通的"秋官·野庐氏"的职责之一，就是"禁野之横行径逾者"（《周礼·秋官司寇》）。今天我们仍可看到，在很好的绿化花园里，还是有很多国人不走修好的正路，却要踩死小草而走捷径、邪路，体现出文明素质的缺失。

儒家伦理继承了周礼对正道与捷径的区分。孔子就明确从走不走捷径、小道来断定一个人的正直与否："有澹台灭明者，行不由径。非公事，未尝至于偃之室也"（《论语·雍也》），孔子认为澹台灭明的正直就可以从他的"行不由径"的品格体现出来，这里他还把"行不由径"和公而忘私（非公事，未尝至于偃之室也）的品德并列，足见他对"行不由径"的行路品格的重视。

此外，中国古代对淑女的行有"轻行缓步"的行姿要求，对君子的修养也有"坐如钟、站如松、行如风"的姿态规范。这些行姿走态不仅能体现出对人们日常出行的姿态规范要求，更能体现出行者的精神面貌和德性修养。通常认为，走路时勾肩搭背是很不文雅的行为；男子以走大步为佳，女子以走碎步为美；走路一般不要将手插在衣服口袋里，尤其不要插在裤袋里，也不要倒背着手；与他人一起走路，应使自己的步伐与他人协调一致。总之，如何走路、走什么样的路，不仅与道德相关，更是时时处处展现着个体的德性修养，同时也塑造着个体的美德。

同时，个体的行旅活动本身是因为某种道德目的相关才得以发生。这些行旅活动不仅实现了人们的道德目的，而且强化了人们的道德信念。例如，每到春节，中国人口流动近30亿人次，可见，过年回家与亲人团聚成为每个中华儿女的企盼。每到清明节，中国人无论离祖坟远近，条件允许，都会回归故土上坟祭亲。这些都是在传统重宗法血缘、重人伦孝悌的观念下所形成的文化习俗。过年回家、清明祭祖等具有人伦价值的行旅活动反过来又会强化中国人的亲情观念，守护中国人尊祖敬宗的伦理习俗与孝道规范。

有一则著名的古代历史典故——"鸡黍之约"（《后汉书·独行列传》），讲述的是范式不远千里赴与张劭的两年之约的故事。中国古代受到环境、地理及交通条件的限制，行旅活动并不像现代这般便利，人们开起一场远行，无论从生理上还是从心理上都要大费周折，而范式的重诺受到了千百年来的赞扬，更使得范式和张劭的这段友谊，因为范式不远千里跋涉赴约的行旅活动而彪炳史册。中国传统儒家重视血缘关系，重视亲情人伦，强调以"孝悌"为本，但也非常重视朋友之间的关系，并将其与父子、君臣、夫妇、长幼并列称为"五伦"。这种重视友情的观念随着历史的发展、人们交流交往的频繁、交往范围的扩大，越来越凸显。中国人重人情、重友谊，这种感情通过"义气"来体现，"义气"不是口头上的约定、默契，而是实际行动中的真诚流露，这就可以解释在当时自然环境恶劣、交通条件落后的情况下，还有那么多人愿意经历长途行旅的艰辛去赴挚友的一面之约的现象。恰恰是这种带有挑战性的行旅活动，体现出中国人的深情厚谊以及诚信、真诚等德性品质。

综上所述，行旅活动对个体价值生命的建构的价值在于：人们的行旅活动通过伦理规范的要求和约束得以更加合理有序；人们某些可贵的道德品质如真诚、善良、孝顺、诚信、义气、助人等，通过不畏艰辛的行旅活动而更显可贵。

第三节　人际行旅伦理

行旅活动所具有的流动性、交流性和交往性，使得行旅活动难免与他者产生一定的联系，这也使得个体行旅伦理的实现不能剥离开人际交往关系。同时，这种人际间的行旅交往关系又使人们的行旅生活产生相应的道德准则和伦理规范，这就是人际行旅伦理。行旅主体唯有遵守这些准则、规范，才能保障行旅活动有序进行，最终实现个体的价值追求。首先，要发掘中国传统人际行旅伦理的内容和特点，这些内容和特点渗透于人们的日常行旅活动中，塑造了千百年来的行旅习惯，反映了人际行旅交往关系，具有深刻的伦理内涵。其次，随着行旅活动的发展，现代社会人际行旅伦理产生了相应的变化，呈现出新的内容和特点，同时也出现新的问题，这都需要引起足够的重视。最后，构建符合现代性的人际行旅理念及规范，以期引导人们的日常行旅生活。

一、传统人际行旅伦理

行旅活动是人际交往和社会联系的直接产物，而作为人们实现社会交往的重要媒介，行旅活动中展现的伦理性是人际伦理和社会交往关系的直接反映。中国传统社会是宗法等级制社会，以礼教的尊卑秩序为核心的伦理关系是中国古代社会关系的总体特征。这种伦理关系强调衣、食、住、行的一切日常行为皆要符合礼的规约。这种特征也反映在人际交往的行旅活动中，使得行旅活动以符合礼的要求为核心特征。"食饮，衣服、居处、动静，由礼则和节，不由礼则触陷生疾"（《荀子·修身》），此处的"动静"指的就是行。受生产关系所限，中国古代的人际关系种类相对简单，仅限于君臣、父子、夫妇、兄弟、朋友这五伦关系。根据行旅活动的内容而言，中国古代人际行旅伦理有如下方面。

（一）"序爵""序齿"的差序行旅伦理

所谓差序就是"别贵贱""序尊卑"。中国古代由亲族血缘与社会政治等级关系交织产生的宗法等级制的社会传统，明确了人们的亲疏、长幼、尊卑，形成了"在朝序爵，在野序齿"的差序化礼仪传统。这种礼仪传统反映在人们的日常行旅生活中，明确了人与人之间的行旅伦理。

一方面，"在一些特定的场合，卑者、贱者、晚辈、主人，要按照礼法的规定，用'趋'，即快步行走的方式向尊者、敬者、长辈、宾客表示恭敬"①。"快步行走"在特定场合成为一种礼仪符号，特别是成为对年长于己的尊者、长辈表示恭敬的礼仪。《论语·季氏》中就有孔鲤因见到孔子站在庭院中而"趋而过庭"的叙述。可见，在"行"中通过特定动作表示对尊者、长者的尊重，是古代行旅活动中人与人之间最为常见的礼仪。

另一方面，中国古代只有少数人有较多的出行机会，如帝王、官僚、士人、商旅、僧侣等，根据其目的可以分为帝王巡游、官僚出使调任、商贾经商、士人游学及学术考察、僧侣宗教旅行等，而其中最具代表性的是历代帝王的巡游。以巡游为代表的皇权贵族的游历活动在出游规模、行旅方式等方面都体现出与下级官员、平民百姓有天壤之别。例如，秦始皇继位后，进行过五次大型巡游活动，其行迹东抵渤海、西出陇山、南至湘沅、北达塞外。再例如，隋朝水上交通发达，关于隋炀帝水路巡游有这样一段记载："炀帝即位……又造龙舟凤艒，黄龙赤舰，楼船篾舫。募诸水工，谓之殿脚，衣锦行滕，执青丝缆挽船，以幸江都。帝御龙舟，文武官五品已上给楼船，九品已上给黄篾舫，舳舻相接，二百余里。"（《隋书·志·食货》）这些无不体现出古代帝王巡游的高频率和高规格。与此形成鲜明对比的是，普通民众鲜有出行的机会。一方面，由于生产力低下，物质匮乏，普通民众尚不具备购买或使用大型交通工具的条件，只有贵族阶层才有这样的特权；另一方面，繁重的农业生产，以及严格的户籍管理制度极大地限制了人们的出行。有些人甚至一辈子都走不出自己所在的村落，徒行即能满足平日生活所需。

同时，出行方式是身份等级的象征。台湾学者刘增贵指出，秦汉以下，古代象征身份地位的器物如鼎彝等失去其重要性，车服、印绶取而代

---

① 王炜民. 中国古代礼俗. 北京：商务印书馆，1997：58.

之,《舆服志》的出现即为其明征。① "先秦时出行,平民步行,贵族乘车。"② 因此,出行方式即交通工具的不同是象征身份等级的重要标志。在春秋时期,就已建立起了森严的等级用车制度,根据乘坐主体的身份、地位的差异,对车的外在装饰、材质、驱动力都做出明确要求,通过出行方式来区别不同的身份和等级。《周礼》中就有"孤乘夏篆,卿乘夏缦,大夫乘墨车,士乘栈车,庶人乘役车"(《周礼·春官宗伯》)的规定。《论语》中记载,孔子的弟子颜渊去世,颜渊之父颜路请求孔子卖掉他的车为颜渊置一副椁,孔子认为:"鲤也死,有棺无椁。吾不徒行以为之椁,以吾从大夫之后,不可徒行也。"(《论语·先进》)在孔子看来,坐车行路而不能徒步是大夫应该遵循的"礼",不能违背,况且自己的儿子孔鲤死后也未用椁。因此,颜路的请求遭到了孔子的拒绝。可见,在孔子的时代,人们将坐不坐车看作大夫身份的象征,是礼制的要求。对于以恢复周礼为使命的孔子而言,显然这是不能破坏的礼治秩序。由于平民以徒步走为特征,"徒行"一度成为平民的代称。后世对车马规格也有严格要求,据《新唐书·志第三十六·百官志一》规定:"凡给马者,一品八匹,二品六匹,三品五匹,四品、五品四匹,六品三匹,七品以下二匹;给传乘者,一品十马,二品九马,三品八马,四品、五品四马,六品、七品二马,八品、九品一马;三品以上敕召者给四马,五品三马,六品以下有差。"类似的规定一直延续至清代,如《大清律例》中对官员出差多乘马驿的处罚规定为"多乘一船一马者杖八十"。

(二)"男女有别"的两性行旅伦理

两性关系是人际伦理的重要方面。"男女有别""男女授受不亲""男尊女卑"是中国传统伦理两性伦理的核心观念与基本原则。中国古人认为,男子和女子在生理构造、心理状态以及家庭事务的分工上有所差别,所以男子和女子要遵循的礼法是有所不同的,相互之间的交往要谨慎守礼。"男女间的关系必须有一种安排,使他们之间不发生激动性的感情。

---

① 刘增贵. 汉隋之间的车驾制度//中研院历史语言研究所集刊:第63本. 1993.
② 秦永洲. 中国社会风俗史. 济南:山东人民出版社,2000:143.

那就是男女有别的原则。"① "男女有别"，一方面是"男女授受不亲"，除去亲人之外，男女之间无更多的交际往来；另一方面是男尊女卑，男女会受到差别对待。

受传统两性观念的影响，在行旅活动中两性之间确立了明确的交通规则："道路，男子由右，妇人由左，车从中央"（《礼记·王制》）。这体现出男女有别的最初始意思，即在道路上行走，男子和女子都要遵守严格的礼法要求，分走于道路的两边，以免有肢体或者眼神上的接触和交流。随着交通工具的出现，人们的行旅活动在形式上虽有所改变，但这种"男女授受不亲"的观念依旧贯彻在行旅活动中。陌生男女共处于同一交通工具的现象几乎是不允许的。例如，秦朝即禁止妇女乘坐公用车辆，在"男主外，女主内"的传统观念下，女性被束缚在繁重的家庭内部事务中，男性则可以游历四方。

"男女有别"的观念，"所反映的是两性在政治地位上的差异，即将女性排除在国家政治生活之外，确立和巩固男性在政治领域中的独尊和主导地位"②，于是产生了男尊女卑的伦理观念。男尊女卑在中国古代行旅活动中最极端的表现就是通过缠足剥夺了女子的出行权利。宋明以后，缠足由一种社会审美要求转变为对女性的道德要求，由特定身份的个体行为转变为社会的普遍道德风尚。这样一来，女性不得不被动地缠足，以符合封建男权社会对其进行身份认同的道德强制，从而使缠足这种审美现象逐步地道德化了③，进而导致缠足与女性的贞洁紧密相联。缠足在实质上通过对女性的足部生理破坏限制了女性的出行。可以说，缠足是中国古代行旅伦理体现男尊女卑的重要表征。

此外，在道路规则、乘客及行人法则上体现出行旅活动中的男尊女卑。《礼记·郊特牲》中说："出乎大门而先，男帅女，女从男，夫妇之义由此始也。"这句话体现出了中国古代男女出行女子附属于男子的地位，并明确了"男前女后"的出行规则。女子出行，不仅要附属于男子，更需保持自己贤

---

① 费孝通. 乡土中国. 北京：北京大学出版社，2012：76.
② 张锡勤，柴文华. 中国伦理变迁史稿. 北京：人民出版社，2008：124.
③ 刘永春. 缠足：从审美到道德的嬗变——兼论审美的泛道德化现象. 理论月刊，2016（1）：35-36.

良淑德的气质。《礼记·曲礼上》载："妇人不立乘";《礼记·内则》言："女子出门,必拥蔽其面"。这些对女子出行的规范要求是中国古代男尊女卑、三从四德等伦常观念与规范在人们日常出行活动中的体现。

实际上,"男女有别"的观念,在人类历史的相当长时期内通行于世界各种文化中,因此,由这种观念所带来的对男女在行旅活动中的区隔、限制也就长期存在。比如,直到今天,对于生活在伊斯兰教地区的妇女来说,出门要戴头巾甚至蒙面纱,仍然是一种比较普遍的生活方式和礼俗。甚至在一些伊斯兰教国家的公共汽车、电梯等公共移动空间中,仍然要求男女被区隔。追求男女平等是一种普世价值,我们需要坚决剔除那些残害女性身心和侵害女性权利的不合理要求。

(三) 敬让为先的人际行旅礼节

与其他日常生活一样,中国古代人际行旅伦理极为强调敬让。敬让为先的人际行旅礼节体现在以下两个方面。

第一,敬让为先的行旅伦理体现在中国自古以来所实行的行路避让制。"夫礼者,自卑而尊人"(《礼记·曲礼上》)。自周秦以来一直贯彻至今的行路之"礼",主要是指行路、行车所实行的交通避让或回避制度。[1] "凡道路之舟车击互者,叙而行之。凡有节者及有爵者至,则为之辟。禁野之横行径逾者"(《周礼·秋官司寇》),"凡行路巷街,贱避贵,少避老,轻避重,去避来"(《唐律·仪制令》),都是行路避让制的体现。行路避让制有重要的伦理意义。《唐律·仪制令》被国内学术界视为中国最早的交通法规,由唐太宗李世民于贞观十一年(637年)颁发。李世民强调颁发此令的意义:"朕闻教化之本,礼让为先。欲设规程。在循典故。盖以中兴之始。兆庶初安。将使知方。所以渐诱。"(《全唐文》)可见"礼让为先"是唐代《仪制令》制定的核心伦理原则。同时在唐代,除了帝王、要臣的公务出行,道路上一律要求车马让人。《唐律疏义·杂律》就明确规定:"诸于城内街巷及人众中,无故走车马者,笞五十。"这一重在礼让并保护行人的条款,为此后历朝所继承和推行。可以说这种礼让为先的规

---

① 马洪路. 漫漫长路行——中国行路文化. 济南:济南出版社,2004:246.

则，至今仍是行旅伦理的重要组成部分。但这种礼让制度体现的却是等级制和尊贵者的特权，与现代照顾弱势群体的价值相左，另外，"车马让人"由于与上述原则相背，所以没有真正成为民众的出行原则。

第二，敬让为先的行旅伦理体现在中国自古以来的有情有义的送迎礼俗。送别是行旅活动的开始，人们因为远行不得不离别，离别意味着长途、跋涉、危险甚至未知的开始，这给亲人送烙上悲悯、伤感的印记。人们往往能够在行旅活动中与他人结下美好的友谊，深情厚谊以饮酒、唱歌、作诗和互赠信物等方式体现，形成中国传统社会特有的行旅礼俗，具有重情讲义的伦理内涵。这些礼俗在人们日常的行旅活动中形成，并指导着人们日常的行旅活动。当朋友面临离别、各奔东西之时，唯有痛饮、哀歌、作诗才能表达情意、传递不舍，灞桥送别、折柳送别、饮酒饯行、赠物饯行等礼俗都是人们对亲友的深情的独特表达。古诗中的送别诗更是将人们的离愁别绪用饱含情感的文字表露出来，其原始类型分别是"上古时期贵族祖道饯离时的祝辞、外交送别时的辞令与赋诗、肩负使命者壮行时的悲歌、好友分别时的赠言等"①。在行旅活动中，除了有对远行之人的"饯行"仪礼之外，还有对远行之人归来的欢迎和慰劳仪式，一般称之为"软脚""接风""洗尘"，这些礼俗一直流传至今，一方面体现人们对行旅之人艰辛的重视和安慰，另一方面体现人们通过行旅活动所感受和加深的情感交流。离别和相逢，将亲友之间的情意升华，折柳送别、吟诗赠别、接风洗尘等成为行旅活动中人际交往的重要礼仪。

二、现代人际行旅伦理

随着机动时代的全面到来，现代的人际行旅关系变得复杂丰富。人们的行旅空间大大扩展，行旅方式多种多样，使得行旅的人际关系从原始的人与人之间的行旅关系发展为人与交通工具之间甚至车与车之间的关系。现代人际行旅伦理从整体上呈现出等级性淡化、平等性增强的特点，但同时也呈现出人与交通工具之间、车与车之间的龃龉紧张关系。

---

① 叶当前. 中国古典送别诗的发生学研究. 上海师范大学学报（哲学社会科学版），2010（2）：119.

(一)人际行旅关系呈现平等化

科学技术的进步,大批新兴交通工具的产生,机动车辆的普及,为人们的出行提供了良好的客观条件,同时也刺激了人们的出行欲望。同时,市场经济是天生的平等派,随着社会流动性的增强,普通大众在出行机会和出行方式的选择上逐渐实现了平等化。

与以往相比,今天在行旅机会和交通工具使用上的平等化,显然是一种巨大的社会进步。这种进步与人们伦理观念的进步息息相关。追求自由、平等一直是近代启蒙的核心内容,在这些启蒙观念的影响下,世界范围内出现了民族独立和政治民主化的浪潮。然而,受种族主义偏见的影响,直到二战后的20世纪50年代,美国社会依然盛行着种族隔离制度。法律明确规定黑人与白人在公车、餐馆等公共场所内需分隔,且黑人必须给白人让座,经常出现黑人由于冒犯白人司机的命令而被捕甚至被杀的事件。1955年12月1日,美国蒙哥马利市黑人女子罗莎·帕克斯因拒绝给白人男子让座,随即被逮捕。随后,全市的黑人以罢乘公交的方式进行抗议,这次事件引发了举世瞩目的美国的民权运动。最后,在长达381天的罢乘运动后,最高法院裁定蒙哥马利市在公共交通车上实行种族隔离法违宪,这场运动终于获得了胜利。帕克斯也因为拒绝给白人让座而成为美国的"民权运动之母"。这说明自由、平等等人权观念的启蒙以及民权运动的极力争取,对于推动出行的平等化具有重要意义。科学技术的进步只是为实现人们的平等出行提供了一种客观的可能性,而人们伦理观念的更新、主体权利意识的觉醒才是实现出行平等化的最终保证。这个事实同时也从侧面证明,作为一项基本人权,出行机会和使用交通工具的平等化既是现代社会追求的普遍价值,也是实现人际平等的重要基础。

一方面,等级、身份、种族等因素淡化,不再成为制约人们出行的束缚,人际行旅关系达到了前所未有的平等状态。一个显见的特征是,在现代社会,汽车越来越成为人们行旅生活中的必需品,只要经济条件允许,人们不论处于何种身份,都可以自由选择购买或乘坐车辆,无人有权干涉普通大众选择交通工具的自由,也无人有权限制大众车辆的材质、大小等标准。在此基础上，人们由封建社会对等级平等的诉求转化为现代社会对普遍平等的诉求，这种意识的转变使人们日常生活的自由度大大提高了。

另一方面，人际行旅的平等化集中体现在两性行旅伦理风尚上。伴随着社会逐步现代化的发展进程，大量新型交通工具在西方工业革命之后出现，新型交通工具如火车、公共汽车、轮船等速度快、安全稳定、体积大、承载力强扩展了人们行旅过程中的公共空间。在相对较大的公共空间，出于现实的考虑，人们不再以"男女授受不亲"的思维方式思考陌生两性在公共领域中的正常行旅生活，在新式交通工具中常常是"男女混杂"乘坐。这种现象起初是受到质疑的，质疑的根源还是由于受传统观念"男女授受不亲"的约束。为此，在新型交通工具被引进国内之初，相关部门为女性设置了专门的"女座"，但其后由于设置专座的成本较高、男女乘客无法估算等原因，这种做法被取消，人们也开始慢慢接受男女杂坐的现象，"男女杂坐不以为嫌"。这体现出人们在两性伦理观念上的变迁，更影响着人们日常的行旅生活并使之展现出新的特点。

中国古代行旅活动中，"男女授受不亲""男女有别""男尊女卑"等观念深入人心，表现为"男女不杂走""男女不杂坐"，女性出行机会较少，对女性出行进行束缚。时至今日，"男女杂坐不以为嫌"，男女具有同等的出行机会，封建思想中那些不符合社会现代性的成分已逐渐被消解剔除，代之以更加公平、自由、轻松、便利的公共出行交通条件，这是一种社会的文明进步。中国传统社会，两性伦理受儒家"三从四德"伦常影响深重，女性处于弱势地位，女性身体被奴役、思想被蔑视、言行被束缚，对男权的"绝对服从"渗透于日常衣、食、住、行的方方面面。时至近代，中国在资产阶级维新派的控诉之下揭开了妇女解放运动的序幕，这场主张冲破封建束缚、争取自由解放、倡导男女平等的运动，不仅促成女性社会地位的质变，还保障了女性平等的受教育机会以及平等的政治、法律权利。这种女性社会地位的质变使得社会行旅活动打破了男女区隔明显的藩篱。当然，在男女混坐交通工具时，也会偶然发生女性受到性骚扰的事件，应该加强相应的公共道德和法制建设，保护妇女的行旅正当权利，形成尊重妇女的良好社会风尚。

（二）人际行旅伦理的现代隐忧

现代社会，"等级"概念较之古代淡化，但这种淡化并不代表消解，事实上，隐性的不平等依然存在。人与车、车与车之间矛盾多发，事故不断，是现代人际行旅伦理的主要隐忧。

如前所述，中国古代交通工具制度是等级制度的一部分，中国封建社会的历代统治者都对车的品级做出制度规定，任何人不得僭越。甚至应该乘车而不乘也是为礼制和社会舆论所不允许的。① 即便现代也存在这种基于交通工具的行旅等级制。有学者指出，交通工具乃空间政治的隐喻，空间政治乃人类全部政治生活的隐喻。私人汽车的盛行强化了这种政治隐喻。因此，购买一辆汽车在很大程度上就意味着"合法地"地购买了一个可以移动且密闭的私人空间。这不仅仅是一种个人性的日常行为，同时也是一种社会性的政治行动——个人通过购买和使用汽车而将公共空间私有化，进而张扬着行为主体的某种排他性和侵略性。② 汽车的牌子、车型、车况、车速、车上展示的物品、车贴等无不展现出车主的社会阶层。一方面，以往建立在政治身份上的差序化行旅伦理并未完全消失，如各级官员的乘车规格有严格规定；另一方面，新的建立在经济上的行旅不平等逐渐凸显。个人在财富占有上的差异最终反映在其所能购买和使用的交通工具上。交通工具仍然被赋予了某种等级性。火车的特等座和普通座的区别，城市公共交通和乡村公共交通之间的巨大差距，这些都显示着基于经济的不平等而呈现出的行旅机会和行旅方式的不平等。并且，这种不平等越来越多地反映在人与车、车与车的紧张关系中。

机动时代汽车工业的迅猛发展，使得人与人之间的行旅关系扩展为人与车之间甚至车与车之间的关系。当机动车、非机动车与行人各自行进在公共道路上的时候，不可避免地在局部地段发生交错与重叠。一方面，部分行人缺乏交通常识，强行翻越道路隔离栅栏，或穿行在封闭性快速车道

---

① 许嘉璐. 中国古代衣食住行. 北京：北京出版社，2011：165.
② 吕永林. 汽车：移动的私人空间——对现代交通工具的文化考察之一. 枣庄学院学报，2009（1）.

上；另一方面，部分汽车驾驶人不尊重行人在人行横道上的优先通行权，与行人抢行。因此，在公共道路上人与人、车与车、车与人的紧张关系便发生了。

据世界卫生组织发布的首份《道路安全全球现状报告》显示，全球每年有127万人死于道路交通事故，其中46%为"弱势道路使用者"，即行人、骑自行车和摩托车的人。世界卫生组织在其发表的新闻公报中说，各国在如何保护汽车驾驶者和乘坐者的安全方面虽然取得进展，但"弱势道路使用者"的安全需求却没有得到满足。① 显然，与行人等"弱势道路使用者"相比，汽车驾驶者和乘车者在公共道路上居于更为强势的地位。城市公共道路"车本位"的设计理念，忽视了行人等大部分弱势道路使用者。需要强调的是，城市道路这种交通设施及其附属物是一种公共产品，作为一种有限的公共资源，在城市人口爆炸与各种车辆数量猛增的城市中是稀缺的。但我国城市交通规划仍以汽车为中心，其后果便是主干道越修越宽，自行车道、人行道却日渐逼仄，这是造成人车关系紧张的主要原因。

与此同时，公共道路上，车与车的关系也呈现紧张之态。这种紧张关系集中反映于"路怒症"盛行。"路怒症"早已是一个世界通病。心理学上把带着愤怒情绪开车称为路怒症（road rage），该词已被收入新版《牛津英语辞典》，用以形容在交通阻塞情况下开车压力与挫折所导致的愤怒情绪。由2001年到2003年美国研究人员面对面调查9282位美国成年人得出的研究数据推测，患"路怒症"的美国司机达5%至7%，约1600万人。其中公交车、出租车和长途车司机等长期开车行路者患这种心理疾病的比例更高，达30%以上。2012年，中科院心理研究所发布的《城市拥堵与司机驾驶焦虑调研》调查结果显示，北京、上海、广州有高达35%的司机属"路怒族"。随着城市交通拥挤的加剧，由驾驶愤怒引起的路怒症具有增长的趋势。"一遇堵车就抓狂，一见红灯就烦躁，一被超车就斗气"是路怒症的常见表现，路怒族情绪一旦失控，就会造成攻击性驾驶，汽车变成了危害公共道路安全的武器。车与车之间的关系，是现代行旅人

---

① http://www.who.int/violence_injury_prevention/road_safety_status/2009/zh/.

际关系的重要方面。从根本上而言,路怒症是人际关系在行旅活动中因交通工具变革而引起的矛盾表现。

三、行旅人际伦理的当代建构

据世界卫生组织统计,全球每年有 130 万人死于交通事故,1 200 多万人受伤,经济损失高达 5 180 亿欧元。[①] 无论在人与人之间、人与车之间,还是在车与车之间,都需要建构出合理的伦理秩序,才能最终保证行旅活动的有效进行,并确保人们在安全通畅中完成位置迁移。对此,我们需要对人际行旅关系进行深刻的反思,使得行旅活动更加规范、合理、有序、健康,并且通过合理的行旅活动推动人们行旅生活的和谐发展。

(一)构建合理的现代行旅制度

中国古代行旅生活的特质,启发我们构建合理的现代行旅制度。首先,我们需要将行旅活动重礼仪的合理因素予以保留和传承,发挥其彰显身份、表示尊重、欢迎来客等方面的积极性,发挥交通工具的礼仪性特质,以促进国家、社会、人际间的交流往来。其次,完善社会公职人员乘用交通工具制度。中国公职人员在乘用交通工具上的等级特权现象延续了封建社会交通工具等级要求的惯例,这一方面可以突显官员政治身份的特殊,另一方面也是其相应的福利待遇体现。但只有在公职领域,这种政治身份的特殊性才应该是有效的,在私人生活领域,人人都享有平等的行旅权利,公职人员行旅特权应随之消失。为最大程度完善公职人员乘用交通工具制度,需要以严格的法律法规进行约束,并且需要完善的监督体系予以管理。值得注意的是,针对行旅活动中的等级特权现象提出的构建合理的现代行旅制度只是以他律的形式强制相关者遵守相关法律法规,造成现代行旅等级特权畸变的原因还在于相关者自身对行旅活动中等级特权的错误认识、素质修养不高以及公私界限不明。为了避免行旅活动等级特权极端化现象的频发,除了加强制度层面的教育、管理和监督之外,在主体主观层面,相关者的自律和自省非常重要,需要要求其加强自身素质修

---

① 吴超仲,雷虎. 汽车驾驶愤怒情绪研究现状与展望. 中国安全科学学报,2010 (7).

养、严守公私界限。秉持自省、慎独的修养原则，践履适宜当为之行。正确认识"违规驾驶公车、超标配备小汽车、公车私用"等现象的性质，认识到这些现象轻则违背道德规范，重则违背法律法规，是侵犯国家公利的行为，应坚决制止和杜绝。最后，在营造自由平等的现代良性行旅伦理时，也应充分意识到男女、长幼的差异。男权威严性及男女分隔性等性别不平等的特点在行旅活动中消失。行旅交通工具如公交车、火车、轮船、飞机上的座位不会按照性别设置专区，不相识的男女并肩而坐是再正常不过的场景，人们的两性意识由紧张、压迫转变为自由、平等，行旅交通工具的氛围亦如此。同时，随着女性社会地位的质变，女性的出行自由不再受到限制，享有和男性同等的出行权利。但不可否认，女性作为社会中某种意义上的弱势群体，在现代行旅生活中仍面对着诸多问题。近年来，公交车、地铁性骚扰现象频发，以男性骚扰女性居多，这不仅是法律问题，也是道德缺失的表现，使人不得不重提古代行旅中"男女不杂坐""男女授受不亲"顾虑的合理性。那么，这种关于"男女授受不亲"观念回归的思考究竟是进步还是倒退呢？应该反思的是，两性平等观念的进一步发展使得一些本应有的、应该被保留的"男女有别"观念被拖下水，这恰恰是一种倒退，以致引发现代新问题。在现代社会，尤其是在利用公共交通工具出行中，还是要树立适当的"男女有别"观念，这种"别"不是尊卑，而是尊重和守礼，让这种观念成为人们心中的道德守则，指导人们的日常公共出行。

（二）坚持以人为本、照顾弱势的行旅理念

无论行旅方式如何改变，交通空间如何扩展，人际行旅理念的核心都应该是以人为本。而当交通工具和交通空间统统都让位给经济理性，那么，作为公共资源的交通空间便成了不道德权力博弈的战场。

以人为本的行旅理念，要求城市交通从"车本位"向人本位过渡。以汽车为中心的交通规划造成步行者及其他非机动车的自由空间越来越小，人们不得不放弃传统的慢行交通方式而趋同地选择汽车出行。[①] 行人，应该是并且始终是道路的核心。而且，城市内有限的交通空

---

① 胡金东. 汽车社会交通治理的伦理之维. 光明日报，2016-07-28.

间不允许只有汽车交通，必须由汽车、行人、非机动车等共同构成多元化的交通系统。片面迎合汽车之需要的交通规划，会继续造成与古代社会一样的行旅权利的不平等，只不过这种不平等是建立在经济的不平等而非身份的不平等之上的。所以，人与人之间公平的行旅伦理与城市的交通空间设计、多元交通模式息息相关。

照顾弱势，意味着行旅制度向弱势道路使用者倾斜，这些弱势道路使用者不仅包括非机动车辆、行人，还包括社会残障人士、老人、孕妇、儿童等。对这些弱者的出行，要有明确的法规政策上的保护。例如，汽车必须保护行人的生命安全，始终坚持行人优先的原则。又例如，从盲人和公共利益平衡的角度，应允许导盲犬出入公共交通工具，并对其出入的时间、方式做出限定以及对导盲犬使用者的权利义务、路人的权利义务做出具体设定，从而实现社会的公平正义，最大限度地保障盲人享有与普通人平等的出行权。① 相应地，针对侵占盲道、占据老弱病残幼专座、阻塞残疾人通道等不道德行为制定相应的规范。更为重要的是，在公共交通工具和道路设计方面，应给予弱者更多的伦理关怀。重视城市公共交通工具乘客区设计的安全伦理，设计绝不是设计师展现自我的舞台，而是以大众的幸福为目的而进行的一种公共活动。运用于大众的设计重要的不是设计存在的手段，而应为乘客营造更多的安全感和幸福感。②

（三）追求安全通畅、互让互敬的人际行旅价值

交通工具的发达，确实给人们的行旅活动带来了便捷，但这种便捷也造成了交通安全问题的频发，交通事故成为现代行旅活动的最大难题。据统计，在我国，因交通事故而死亡人数占总死亡人数的 1.5%，远远高于发达国家。将快速高效作为行旅活动的第一价值，而将安全通畅降为次要价值，人际行旅活动所陷入的价值误区是导致交通安全事故频发的首要原因。行旅活动的终极价值在于安全、快速地抵达目的地，但现代社会

---

① 张欣. 导盲犬能否进入都市公共交通工具辨析. 武汉交通职业学院学报，2014（2）.
② 施锜. 城市公共交通工具乘客区设计的安全伦理研究. 南京艺术学院学报（美术与设计版），2010（4）.

一味地追求快速，而忽视安全。这不仅造成拥堵、大气污染、资源浪费等城市交通问题，更造成大量交通事故，伤亡屡有发生，不仅不能实现安全、通畅的行旅终极价值目标，甚至与这个价值目标背道而驰。当然，这其中自然也不乏技术、管理等问题。但究其根源，乃是生命安全意识的淡漠和行旅价值目标的淆乱。归根结底，只能以提高自己的行旅伦理德性来保证自己和他人的行旅安全。需要认识到行旅活动既是人们快速高效地实现空间位移的活动，更是人们追求人生幸福的活动，而所有的人生幸福总是以安全作为第一前提的。基于此，为了维护自身和他人的安全，我们必须遵守现代行旅的公共规范。人大常委会依据有序、安全、畅通的原则于2003年10月28日公布了《中华人民共和国道路交通安全法》，经过2007年与2011年两次修订，该法从我国实际道路交通情况出发，本着以人为本、安全至上的原则，做出一些全新的规定，比如保护行人权益，行经人行横道要减速、停车、避让行人、"撞了不能白撞"，重罚酒后驾车与肇事逃逸等，对维护道路交通秩序，预防和减少交通事故，保护人身安全，保护公民、法人和其他组织的财产安全及其他合法权益，提高通行效率等，具有重要意义。在铁路交通方面，自2014年1月1日起实施的《铁路安全管理条例》规定高铁全面禁止吸烟。这些都是依据安全畅通的伦理原则而制定的行旅规范，是一个现代公民应该履行的基本行旅道德。

在坚持安全通畅的前提下，倡导车与车之间发扬互敬互让的传统行旅美德。现代人际行旅之间的紧张关系，在公共道路交通中表现尤为明显。公共道路成了一个由陌生人组成的公共空间，每个主体在追求快速和效率的同时，也在抢夺公共空间占有率和使用权，每个驾驶者被封闭在一个独立的空间内，人际交往的真实感和真切性大大受损，从而很容易发生摩擦和碰撞，产生路怒症等交通病。要克服这种现代行旅病症，每个行旅主体都应该秉持推己及人的风度，对他人礼让互敬，打消彼此之间的竞争之心，重新将车与车之间的机械交往还原为主体间的情感交往，这样不仅能够为我们的行旅生活提供有序、安全、通畅的道路交通秩序，同时也使得我们能在享受安详、宁静、轻松的行旅氛围中完成行旅活动。总之，车与车的紧张关系，只有通过对主体交往价值的强调才能得到缓解。与此同时，随着现代大型行旅活动的开展，就会为人们建立起一种行旅者与行旅服务者之间的商业关系，商家为行旅者提供优质的车、船、飞机、酒店、餐饮服务，行旅者也要尊重对方的劳动、设施、环境，这是行旅人际伦理的重要内容。

第四节 行旅社会伦理

行旅社会伦理所要关注的是影响现代人行旅生活的诸多社会问题，从而引起全社会的伦理反思和实践革新。一是行旅活动引起的跨时代的伦理价值冲突；二是在行旅过程中因跨文化、跨区域而导致的道德冲突；三是伴随技术变迁而产生的现代行旅方式所产生的诸多社会伦理问题。

一、行旅活动的中西价值差异

在中国传统社会中，人们对行旅活动的态度是较为复杂的。《论语》中讲："父母在，不远游，游必有方。"（《论语·里仁》）这种观念的根源不仅在于中国传统观念中"安土重迁"的思想，而且也受以农业为主的生产方式的影响。一方面，正如梁实秋所说："我们中国人是最怕旅行的一个民族。闹饥荒时都不肯轻易逃荒，宁愿在家乡吃青草啃树皮吞观音土，生怕离乡背井之后，在旅行中流为饿殍，失掉最后的权益——寿终正寝。"[1] 中国传统社会由一个个孤立的社会圈构成，人们习惯于在自己的社会圈中过着"熟人"间世代定居的生活。只有人们在固定的地方生产与生活，才能与"心安"的道德原则相契合。"安土重迁"是中国求稳定的传统社会心理的体现，也是中国传统伦理价值的体现。另一方面，传统中国社会是以小农生产为基础的农业社会，需要谨守春耕、夏耘、秋收、冬藏的古训，不违农时，所以人们不得不固守自己的家园，既没有远走他乡的动机，也没有长途行旅的闲暇。"以农为生的人，世代定居是常态，迁移是变态"[2]，人们开起一段行旅活动，往往需要经历复杂的准备过程，

---

[1] 梁实秋. 梁实秋散文. 杭州：浙江文艺出版社，2000：58.
[2] 费孝通. 乡土中国. 北京：北京大学出版社，2012：11.

为的就是祈求行旅活动平安顺利，不出意外。这些都说明人们对于放弃稳定生活是排斥的，因此中国传统观念中的行旅意识淡薄，而"相较于中国，西方人爱冒险、重个性，愿意体验生活的非常态，中西方迥异的旅游心理和民族性格决定着中国的行旅有着完全不同于外域的状况"①。随着行旅交通工具的发展进步，以及人们的行旅心态日益开放，中国人的行旅观念有所改变，越来越多的行旅活动丰富着人们的日常生活，境外的行旅活动也日益增多。需要强调的是，在现代社会，中国行旅观念虽然有所改变，但其在普遍意义上仍然受"乡土性""安土重迁"观念的制约。

中国传统社会是以"家"为单位的、以血缘亲情为纽带的宗法社会。这样的社会造就了中国人"和为贵"的伦理精神和民族性格。历史上，中国和西方都有多次大规模、长距离的行旅游历活动，从中反映出的中西伦理价值观和民族性差异明显。郑和七次下西洋，是受当时明朝强盛国力的支撑，"耀兵异域，示中国富强"（《明史·郑和传》）。其目的在于加强与海外各国的联系，换取海外珍贵物资，发展海外贸易，传播中华文化。虽然也有"化外之民"的嫌疑，但郑和下西洋的整个过程是友好的、亲善的。这体现出中国传统"贵和"的伦理价值观念，即主张人与人之间的交往要和谐友好、和谐相处、和谐发展，扩展至长距离的行旅活动，体现出中国传统"贵和"的伦理观念中"互不干涉，各守本分，避免与他者冲突与对抗"的取向。相较而言，意大利航海家哥伦布进行了四次航海远行，其航海的目的在于寻找异国黄金，在很多人看来是带有掠夺性质的，"葡萄牙人在非洲海岸、印度和整个远东寻找的是**黄金**；**黄金**一词是驱使西班牙人横渡大西洋到美洲去的咒语；**黄金**是白人刚踏上一个新发现的海岸时所要的第一件东西"②。中国人远行的目的不是夺取不属于自己的东西，中国传统"贵和"的伦理价值观念和西方人的伦理价值观念产生强烈对比。

人们往往通过一个人的态势语言来判断其个性修养、精神面貌。集体

① 李岚. 行旅体验与文化想象——论中国现代文学发生的游记视角. 北京：中国社会科学出版社，2013：62.

② 马克思恩格斯全集：第 21 卷. 北京：人民出版社，1965：450.

的行为态势语言往往是某种民族性的反映和体现。关于中西方人的走姿不同，曾经有过这样一段描述："英语国家的人自由自在地行走时，神气活现，贪得无厌，垄断独霸，专横跋扈，盛气凌人。英语国家的人则将中国人的走路姿势看成是畏畏缩缩、羞羞答答或者怕出风头。"① 这说明西方人的走路姿势往往透露着自信、高傲、盛气凌人。在西方人眼中，中国人的走路往往慢慢吞吞、不自信。这体现出在一定历史时期内，中国人和西方人在民族性格上的不同，这种行姿的不同与西方人和中国人所信奉的伦理价值观的不同有关。西方人崇尚自由、平等，以自我为中心，中国传统社会奉行宗法等级制，等级森严不得逾越，"中国人美谦屈，西人务发舒"②。这种行姿所体现的民族性格，直到洛杉矶奥运会与亚运会时，仍然是这样，美国礼仪小姐是两人各出一手举着各国名牌，昂扬向上，而亚运会上的中国礼仪小姐则显得内敛矜持。当然这种情况这些年来似乎也有所变化。新中国从 1949 年成立至今举行了 15 次大型阅兵仪式，解放军以昂首挺胸、整齐划一、精神饱满的步伐传递着中华民族的自豪感和自信心。作为特殊群体的解放军虽不能代表中国社会的整体面貌，但同样能够彰显中华民族的独特精神气质。

二、行旅活动中的道德冲突

人们在生活中往往会面临道德观念的转变和做出道德选择的问题，道德选择一般是在道德冲突的情况下发生的。"道德冲突是指人在道德行为选择中，面临着因道德境遇的复杂变化和主体自身的价值观、价值层次以及行为选择方式等差异变化所发生的善恶矛盾以及善与善之间不可兼得的矛盾。"③ 行旅活动中也存在道德冲突。行旅活动中的道德冲突不仅发生于同一时代，更发生于跨时代、跨区域。

（一）行旅价值的跨时空冲突

行旅活动中的个体时常会面临道德冲突与道德选择，这主要是家庭伦

---

① 毕继万. 跨文化非语言交际. 北京：外语教学与研究出版社，1999：81.
② 严复. 论事变之亟//严复集. 北京：中华书局，1986：3.
③ 《伦理学》编写组. 伦理学. 北京：高等教育出版社，人民出版社，2012：253.

理受到冲击和瓦解：一方面表现在，同一时代行旅活动中家庭伦理与其他价值观之间的内在紧张；另一方面表现在，随着时代变迁，传统家庭伦理在行旅活动中遭受着新的考验，迫使个体在道德冲突中做出选择。

主体选择上在家孝亲与实现个人价值的内在紧张。这是从古至今贯穿中国人行旅活动始终的道德冲突。中国传统观念中对行旅活动的保守态度一方面来自中国人"安土重迁"的价值观念，另一方面是受中国传统伦理思想中"孝"观念的影响。"父母在，不远游"是儒家孝伦理的核心价值观念。这个伦理观念与远行追求实现个人价值形成了道德冲突。人们往往在"行"与"不行"之间面临着复杂的心理纠结。"读万卷书，行万里路""好男儿志在四方""男儿立志出乡关，学业不成誓不还"的价值观念与孝亲观念的冲突在行旅活动中表现明显。在中国古代，人们面对这种道德冲突，通常选择孝亲的家庭伦理：一方面，传统社会以家庭、家族为核心的生产方式使得个体不得不依附家庭；另一方面，传统社会提供给个体实现其价值的方式极为有限，人们只能在修身、齐家、治国、平天下这一主要路径中达到自我实现。在中国古代，只有少数人能真正做到在两种价值冲突中选择个体价值。随着社会流动性的增强和价值观念的变迁，传统行旅观念越来越受到新观念的冲击和影响。以"孝亲"为核心的家庭伦理观念在新的社会条件下正出现新的变化。人们更倾向于在家庭伦理与个体价值实现之间选择向外寻求自我价值。同时，家族长辈对于晚辈的孝亲的道德要求呈现出更多的宽容，孝由传统的服从模式转变为现代的平等模式，由以往的奉养双亲的方式转变为精神上娱亲悦亲。现代社会，子女远离故土家庭、实现人生追求的现象已是常态，青年学子离家离国的现象非常普遍。现代社会人们不仅改变了对传统孝观念的理解，而且改变了"父母在，不远游"的行旅伦理观念，从而对行旅活动所产生的孝观念与人生理想追求之间的冲突持一种包容态度。

家庭伦理与社会伦理之间的龃龉。行旅活动脱离家庭的特质，使得主体抛弃延续已久的森严的等级性家庭伦理，代之横向的社会伦理。例如，在中国古代的游民，离开家庭而走向社会，遂以"义气"取代了以"忠孝"主导的家庭伦理，成为反社会的代表。"游民意识的反社会性首先表现在对'忠、孝'的贬低和背离上。他们把'义'提到第一位，并把它的内涵加以改造和做出新的解释，使之成为游民之间横向联系的纽带。"①
游民意识与传统家庭伦理之间便形成了矛盾冲突。与之相似，近现代以
来，尤其是改革开放以来，行旅活动的普及化加速了社会的流动性，中国
传统熟人社会向城市陌生人社会转型。城市化使得旧有的"熟人社会"的
格局被打破，在陌生人社会中，人们的交往关系复杂化，旧有的以家庭伦
理体系逐渐消解和削弱，并逐渐向社会伦理转型，从而使得人们不得不在
家庭伦理与社会伦理之间进行选择。

中国传统伦理以"忠、孝"为主要的道德规范，这种规范明确了君
臣、父子之间的私人道德具有纵向等差性。在社会流动性大幅度提升的陌
生人社会中，人们脱离了家庭，走向社会，人际交往以朋友、同事等非血
缘关系为主，这就使得原先以"家"观念为核心的纵向伦理关系转化为朋
友间横向的社会伦理关系。这种伦理关系的转变意味着从血缘的私德性质
转变为以业缘为主导的公德性质，社会伦理代替家庭伦理成为道德规范的
主流。从伦理规范的内容而言，就是以孝为主轴的私德转变为以平等、公
正为主要内容的公德。私德和公德之间的对立冲突，正是由于行旅活动的
普遍化所引起的交往活动的扩大化。

（二）行旅价值的跨区域冲突

随着人们日常生活观念和方式的变革，旅游越来越被人们喜爱和重
视，人们试图通过这种方式远离日常生活中的喧嚣和烦恼，到异地感受自
然和人文景观带给自己的感官享受与审美体验。行旅价值的区域冲突主要
表现在跨区域、跨文化的旅游活动中。

旅游在当代已成为人们行旅生活中的重要形式，《2014 年国民经济和
社会发展统计公报》表明：全年国内游客 36.1 亿人次，比上年增长
10.7%，国内旅游收入 30 312 亿元，增长 15.4%。② 由此可以看出旅游
在人们日常生活中具有普遍性。旅游作为人们新型的生活方式已成为一种

---

① 王学泰. 中国游民. 上海：上海远东出版社，2012：4.
② 2014 年国民经济和社会发展统计公报. http://www.stats.gov.cn/tjsj/zxfb/201502/
t20150226_685799.html.

时尚，但随之而来的伦理问题凸显。作为行旅主体的旅游者，随地乱扔垃圾等不文明行为破坏旅游地的生态环境；在景点乱刻乱画等不文明行为破坏旅游地的文化气息；在旅途中不遵守公共秩序、随意插队、大声喧哗等现象时有发生；旅游者到异域不尊重和遵守当地风俗习惯以及道德规范的现象较多。作为旅游资源的开发者，为追求经济利益，肆意破坏和开发自然资源；任意改造人文景观，使其失去原有的文化内涵及价值，显得不伦不类、不古不今、不土不洋；景区内的经商不道德现象时有发生，坐地起价、强买强卖……这些现象给旅行者的行旅体验带来诸多不悦。监管部门与商人勾结，管理不作为时有发生。这一系列旅游伦理问题，势必会影响旅游业的健康发展，使得原本轻松愉快的旅游体验乏味、扫兴，也使得人们对行旅体验的原始期待以失望告终，从而降低了行旅活动的魅力。

造成旅游伦理问题的原因是多方面的，旅游活动参与者的道德认识和素质有待加强是其中之一，但更重要的则在于旅游活动本身所具有的流动性、暂时性、跨地域性等特点。当旅游主体的道德素质较低，道德自律意识淡薄，再加上旅游至异地，在陌生的空间中，旅游者体验到前所未有的自由，在那里没有几个熟人，不必受到道德感、羞耻心的影响和约束，旅游者在道德上处于放松的状态，最终出现诸多道德失范的现象。旅游中的不文明现象在小范围内被认为是个人失德的体现，但在国际社会中，旅游者的失德现象则被扩大为国家形象的展现，这种行旅价值的区域冲突在"出境游"中表现明显。

不同的自然环境、物质条件造就了人们在不同的生存空间和时间上的不同文化，不同的文化随着人们之间的交流、交往发生联系，产生对比，甚至造成冲突。这种情况让人们认识到文化多样性的存在。文化多样性即承认世界上不同的国家和民族有自身特殊的文化。伴随着人们日常生活中日益增多的行旅活动，作为文化多样性内容之一的伦理价值多样性受到人们的关注。"行旅的位移致使人们脱离出发地场景和规则的约束，颠覆常规生活状态，随着目的地的到来让经验在新的时空感受中重组。"① 人们

---

① 李岚. 行旅体验与文化想象——论中国现代文学发生的游记视角. 北京：中国社会科学出版社，2013：23.

通过行旅活动到达不同的地方，感受不同的自然风光，更重要的是体验当地特有的文化现象，并且会受到当地道德规范的约束和影响。当地的人们也通过行旅者的言行举止感受到异己的文化和文化差异带来的冲击。

伦理价值多样性的问题是世界上普遍存在的客观问题，人们跨文化的交流和交往势必导致伦理价值多样性、差异性，这个问题在国内的行旅活动中有所表现，不同的地区、省份、民族之间通过行旅活动的交流、交往，感受着不甚相同的文化冲击和融合。伦理价值多样性的问题在异域的行旅活动表现得更为突出。尤其是近年来，中国游客出境游增多，伴随着出境游的"中国人素质修养不高""中国人不遵守公德""中国人不尊重他国风俗"的评论不绝于耳，每每看到这种报道，国人在愤怒指责的同时，也应该进行深刻的反思。

我们应该认识到，上述对"中国游客"的评论一部分是事实描述，也有一部分是由于文化、伦理价值多样性而产生的误解。

从中西文化差异来看，近代以来对中国国民性的讨论中，提出了中国人缺乏团体生活中所应具有的道德品质，即公德。梁漱溟先生在《中国文化要义》中说："试看车站和戏院售票的门窗前，西洋人自然鱼贯成行，顺序而进；中国人却总是争前窜后，虽有警察，尤难维持秩序。"① 这里体现出中西伦理秩序的差异。我们有理由相信，当这两种现象没有相遇时，人们并不能意识到哪种行为方式更好。中国人在公共生活中"不排队，无秩序"的现象是受中国长期缺乏团体公共生活的影响，再加上中国人权利观念淡薄，并未意识到良好的公共生活秩序无论对于自身的权利还是对于他者的权利都是一种尊重和保护，所以才会造成公共道德的缺失。所以，在探究"中国游客"出境不良表现的原因时，我们应该认识到，有些人确实是由于自身素质修养不够，对于某些不道德、不文明现象不自制，甚至刻意为之，但这只是个案，并不能代表全体中国人；还有些人是由于处在异己的文化中而不知道或没有意识到需要遵守的习俗和规范，这就归结于不同地区、国家的伦理价值多样性。

---

① 梁漱溟. 中国文化要义. 上海：上海人民出版社，2005：62.

　　由文化多样性中的伦理价值多样性所引起的差异和冲突，是现代行旅活动中的重要问题。人们该如何面对这种多样性所引起的差异和冲突，从而使得行旅活动更加和谐、更具价值？在伦理价值多样性所引起的差异和冲突之中，有人会认为，遵从异己的道德规范的制约是对个体的强制性要求，是对个体自由的限制。如果循着这个想法，那么就有可能会扰乱社会秩序，造成更大范围的冲突。在行旅活动中，既然人们已经进入异己的文化环境，那么首先就应该正视和承认这种多样性和差异性的存在，将异域或异己的文化摆在与自己的旧有文化或认同文化之同等地位来看待，从心理上尊重异域文化及其伦理习俗，切勿以先入为主的态度一味排斥甚至违反异地的伦理习俗或者禁忌。"入乡随俗"是优良传统，尊重是一种美德，尤其在行旅过程中，在陌生的环境及交往中，行旅者唯有尊重他人、尊重行旅目的地的文化和习俗，才能得到他人的尊重。

　　除了尊重，我们还需要以平和、宽容以及兼容并包的态度对待这种伦理价值多样性所引起的差异和冲突。通过行旅活动过程中的体验和观察，以及对其进行反思和分析，找到与固有的伦理价值观的融合点，这样，不仅可以使人们在行旅活动中更具理性，更能使人们在行旅活动中更具"德性"，并通过行旅活动中的伦理价值体验指导人们的日常生活。这要求行旅者在心理上尊重、包容异质文化，在行动上做到"入乡随俗"。"入乡随俗"需要行旅者在行旅活动开启之前就了解和掌握行旅目的地的基本风俗习惯和生活禁忌，进一步了解这些风俗和禁忌的渊源及由来，以便对其有更好的理解和认知；更需要行旅者在行旅过程中严于律己，以尊重和谦逊的态度对待所体验到的新的风俗和禁忌，如果自己一时无心违反了当地的风俗和禁忌，积极诚恳的道歉应该会赢得当地人的理解和原谅。在"入乡随俗"的过程中，人们所得到的不仅是新的文化体验，在某种程度上还会产生道德观念的对比和重构。这种冲突促进了异域伦理文化的交流，引起人们对既有生活的伦理反思，人们汲取异质文化的优点，逐渐形成新的伦理文化观念。正如前面所分析的那样，如果没有跟西方团体生活进行比较，中国人应该不会意识到自己在公共生活中的行为方式是缺乏公德的，也不会意识到这是不好的。

　　在行旅活动中，面对不可避免的异域文化、风俗、多元价值，应持尊重和包容的心态，以"入乡随俗"的姿态融入其中，获得真实、真切、真知并且愉快的行旅体验和感受，实现自然生命的存养、精神生命的提升以及价值生命的构建。

三、现代行旅的社会伦理批判

（一）行旅方式的伦理维度

如前所述，人类行旅方式的变迁经历了步行时代、马车时代以及今天的机动时代。在机动时代，汽车成为人们的主要出行方式。从人类的行旅史来看，不同时代的不同行旅方式包含着不同的伦理意蕴。因为"技术活动总是一种有目的的行为，承载着人的利益要求和欲望，是人追求更合理的生活和更有意义存在的最基本的方式和方法，它是价值关联的，体现价值主体的价值追求和价值赋予"[①]。不仅行旅方式影响塑造了人类的伦理观念，同时人类的伦理观念也会反过来指导人们的行旅活动。因此，反思行旅方式本身的伦理性，探求更为合理的行旅社会伦理观念以提升和完善人类的行旅活动是行旅社会伦理的主要任务。

有学者通过梳理交通工具的发展进程，揭示了交通工具与社会结构各层面之间的互动关系，认为每一类型的交通工具都折射出一定的社会生产方式和社会形态，同时每一划时代的交通工具又深刻影响着社会变迁及观念的更新。[②] 如近代中国交通工具与出行方式的变化深刻影响了人们的出行观念，主要表现为传统的守旧观念受到冲击、空间观念扩展、时间观念增强、科学技术观不断变化等，行旅方式的进步成为中国传统社会向近代社会演进的一股重要推动力量。行旅方式的进步同样对人们生活方式、行为习惯、社会流动、社会关系甚至思想观念等诸方面产生影响，并由此带来多方面的社会文化效应：对人们认识并接受近代工业科技起到一定的启蒙和先导作用；促进了公共活动，为近代公民社会提供了一定的条件；出行方式商业化程度大增，促进了人们的平等意识；交

[①]　乔瑞金. 主编. 技术哲学教程. 北京：科学出版社，2006：9.
[②]　冯晋祥. 交通运输工具的发展进程及其哲学启示. 济南交通高等专科学校学报，2000（1）.

通工具发展不平衡，形成城乡不同的出行方式，相应产生城乡人眼界和观念的差距。[①] 可见，在学者们看来，行旅方式的进步空前地改变了人们的活动范围，同时也扩展了人们的伦理视野。世界的各个地区超越了空间的限制，联结为一个伦理共同体。行旅方式的全面革新，最大的影响在于，使世界范围内"汽车社会"成为现代社会的主要标识。据统计，到2015 年底，中国每百户家庭的私家车拥有量已超过 31 辆，按每百户家庭20 辆的国际标准来看，中国已步入汽车社会。[②] 从效率而言，汽车拥有无与伦比的优势，然而，汽车社会也造成了严重的恶性后果。

第一，汽车蚕食行人的路权。在汽车社会，汽车规划了我们的城市，定义了我们建成的环境和技术，操纵着街道的样式和建筑之间的关系，形成了对大型停车用地的需要。大量的城市空间被汽车占据，以往由行人、非机动车等组成的街道现在成了汽车的天下。行人在城市中往往不得不面对狭窄的活动空间，在某些城市中甚至沦落到"无路可走"的地步。

第二，汽车社会造成私人汽车与公共交通之间的尖锐矛盾。首先需要明确的是城市交通的伦理属性，即城市交通在应然意义上属于社会公共领域，其目的是满足城市公民基本的出行需要，与公民的社会地位和经济贫富无关。因此，城市公共交通的伦理性源于它所提供的服务是向社会全体成员开放的，覆盖和惠及所有社会公众，它是一种具有公益性的公共产品。尤其是对最低收入者，公共交通是保障其生存权利的基本条件之一。然而，汽车社会的来临，使得私人交通工具迅速普及，并超过了公共交通，成为公共道路的绝对主角，从而造成新的出行不平等。

可见，汽车社会的来临，造成了新的行旅伦理难题，而且这个难题不仅限于交通工具，更影响着与交通工具有关的交通设施和交通环境。

（二）交通设施与交通环境的伦理性

所谓交通设施与交通环境的伦理性，主要体现在道路设计人性化、道

---

① 李长莉. 近代交通进步的社会文化效应对国人生活的影响. 学术研究，2008 (11).
② 胡金东. 汽车社会交通治理的伦理之维. 光明日报，2016-07-28.

路景观的伦理性以及交通环境的生态性。

道路设计人性化。设计理念需要由车本位转到人本位，以公共交通和复兴步行为主要目标，实现零距离的交通换乘。[①] 城市道路人性化设计的主要内容包括无障碍设计、人行道设计、人行天桥设计、道路与周围景观的配合、各种服务配套设施的完善。[②] 同时，标志系统和信号系统应适时、快速、清晰、有效、美观大方，与道路环境相协调；标线系统应符合人的心理特点，让人感到舒适、乐于接受。充分考虑以步行和自行车为出行方式的慢行交通的需求，做好过街系统、街具设施的人性化设计。[③] 在道路规划时，应考虑道路交通环境的可达性权利、愉悦性和社会的可持续发展，强调行车安全和行人通畅安全的重要性；还应考虑道路绿化、道路上的构造物、路面结构、景观设计等因素对环境的影响，使道路在安全通畅的前提下富含韵味和美感，从而提升道路品质。[④] 在城市河道桥梁的规划中应体现城市精神风貌、延续城市发展文脉、遵循区域功能规划、贯彻景观规划思想，做到桥型系列总体协调、单体结构协调与环境的协调相结合，做到桥梁的功能性、艺术性和生态性相结合。[⑤]

道路景观的伦理性。有学者认为中国古代的"亭"作为道路附属设施，是人们情感的物质载体，融入了丰富的人文感情；而"牌坊"是人伦价值与传统道德在道路景观上的物化展示，宣扬的主要是中国古代社会的核心价值体系，强调的是以"仁"为核心的"和"的价值体系。[⑥] 应该挖掘和汲取古代丰富的道路景观伦理意义。可持续发展的道路景观设计应从"安全、环保、舒适、和谐"的设计理念出发，坚持以人为本，将道路与地区自然环境、经济条件、人文景观相协调，实现经济效益、社会效益、

---

① 孙宝芸，董雷. 城市道路人性化设计探析. 沈阳建筑大学学报（社会科学版），2008 (3).

② 卢忠仁，曲丽敏. 城市道路的人性化设计理念. 交通标准化，2010 (23).

③ 王伟，张勇强，祁祥，等. 城市道路的人性化设计. 上海建设科技，2008 (5).

④ 王建辉. 城市道路规划中的人性化设计. 建材与装饰（中旬刊），2008 (5).

⑤ 张澎涛，范立础. 城市河道桥梁系列规划方法研究. 同济大学学报（自然科学版），2007 (12).

⑥ 谢怀建. 文化视域下的中国古代道路景观分析. 东南大学学报（哲学社会科学版），2012 (1).

环境效益的统一和综合最大化。①

交通环境的生态性。交通工具演进折射出了人与环境之关系的互动历史。在自然力交通时代,人对于环境或神秘敬畏,或完全依附,对环境的适应性较差;在机械力交通时代,人有着环境适应者和生态塑造者的双重身份,人对环境的改变尚未超出"人—环境"系统的弹性范围,人与环境维持着大体平衡;而在能源动力交通时代,人与环境的关系高度紧张,环境高度异化。② 因此,交通环境应与大气治理紧密结合,充分考虑土地资源的合理利用,规划好与居民区的位置关系,与自然生态平衡相协调,与智能交通紧密联系。③

(三)行旅社会伦理的价值转变

对行旅社会伦理的探讨和批判应该是层层深入的。汽车时代所造成的一切伦理后果,归根到底是价值观念的困境造成的。汽车时代社会伦理既与交通、工程、机械等技术层面相关,同样也是价值观念的直接后果。因此,对行旅方式和交通设施及交通环境等行旅社会伦理的探讨自然应上升到价值观念的层面。

质言之,追求用"时间去消灭空间",极力缩短空间距离,是现代行旅的现实目标,而在这个现实目标背后,是被追求效率和速度的经济理性操纵的价值观念。罗尔斯在《正义论》中明确指出:"在现代道德哲学的许多理论中,占优势的一直是某种形式的功利主义。"④ 现代行旅活动,正是被某种忽视公平的功利主义和工具理性主义打上深刻烙印,从而在经济与技术上造成人性的异化,其在行旅领域的表现为:在行旅的价值观念上,主要体现为如何为集团、地方或社会的经济发展服务,片面追求流通效率与速度;在行旅方式的选择上,私人交通和私人空间压抑着城市公交、轨道交通等具有较高公益性、生态性的方式;在道路设施和交通环境

---

① 潘运河. 可持续发展的城市道路设计探讨. 建材与装饰(下旬刊),2008(5).
② 李琦珂,曹幸穗. 生态环境史视域下的交通技术变迁——以交通工具的演进为中心. 哈尔滨工业大学学报(社会科学版),2012(5).
③ 康战勋,赵艳红. 道路规划与环境保护. 科技信息,2010(13).
④ [美]约翰·罗尔斯. 正义论. 何包钢,等译. 北京:中国社会出版社,1999:9.

的规划上，首先考虑的是高效高速的车，而非处于弱势的道路使用者，包括行人、骑自行车和摩托车的人等，少数的有车族占用了大多数的道路资源；在行旅权利的配置上，以资本和财产为依据，根据经济原则而不是基本人权和公平正义来分配公共交通的使用权，"人本位"的价值理念让位于"车本位"的价值理念。功利原则和经济理性主义等成为居主导地位的现代行旅本体价值观，行旅活动的公共属性及其公共交通的伦理正当性便被长期挤压甚至在一些地方完全消解。① 以追求效率和效益为核心的经济理性原则成为渗透在行旅活动中的意识形态，固化成现代行旅活动的必然逻辑，从而导致了行旅活动在现代社会的一系列病灶。

早在 20 世纪 60 年代，美国便投资建立了便于私车穿行的高速公路网络。在此之前，美国政府就使用这些资金去建高速公路网还是扩充城市公交系统的问题发生过激烈争论，最后是石油公司和汽车公司的商业利益占了上风，足见高速公路、快车道等公共道路从其一开始出现，就是以经济效益为价值目标的，从而在某种程度上导致城市规划遭到经济理性的绑架，而置社会公益和公共福利于不顾。这是现代交通问题的价值根源。

当前交通治理路径主要集中在技术与制度两个层面。前者主要运用相关技术（如信息技术、新材料技术、新能源技术等）来解决交通问题；后者是指通过新制度（如单双号限行、摇号限购、新能源车补贴等）来解决交通难题。② 这些交通治理措施常常基于前期和当下出现的问题去寻找解决方案，具有一定的滞后性和外在性，难以从根本上解决交通发展的长期目标。根本解决办法还在于从根源上转化行旅活动的社会伦理观念，打破以往唯经济主义的错误价值观念，恢复行旅的公共性和交通目标的公益性，追求运输流通效率与社会公平之间的兼顾平衡。由于道路资源的有限性，在尚不能满足所有人出行的所有需要之制约下，设计道路交通运行机制时应根据其合理性程度，对道路交通所涉及的各相关主体的需求加以分析，从而确定满足其需要的顺序，使各种交通资源协调相生、互不冲突、功能优化、良性互动。

---

① 陆礼. 行走守法：伦理辩护与批判. 中州学刊，2007（4）.
② 胡金东. 汽车社会交通治理的伦理之维. 光明日报，2016-07-28.

当下最为切实可行的就是发展公共交通。据研究，轿车运送每位乘客所需的交通面积是自行车的 4 倍、有轨电车的 20 倍、地铁的 6～12 倍。按此计算，公共汽车、火车、自行车、步行的运行效率分别是轿车的 17、12、3 和 1.7 倍。① 公共交通不仅具有强大的运载效率，而且会大大减轻道路交通的压力，并且减少交通对环境的破坏。20 世纪 80 年代法国倡导的"公交优先"战略，20 世纪 90 年代德国人提出的以"步行—自行车—公共交通"系统替代传统的机动化私人交通的方案等都产生了很大的影响。如今欧洲城市如伦敦、巴黎、斯图加特等不仅建成了以轨道交通为主体的公交网络，而且建立了环境优雅的步行街与自行车车道，在不同交通方式间实现无缝换乘。② 毫无疑问，要最终解决现代行旅的社会问题，需要一个长期的历史过程，但社会伦理的价值观念转变是第一步。

结语：倡导一种德"行"方式

人们的日常生活与行旅活动密不可分，行旅活动也与人们的日常伦理道德密不可分。行旅活动在促进和丰富人们的日常生活，同时日常伦理道德也在丰富和促进行旅活动的内涵，使得人们的日常生活更具价值、更有意义。或许有人会说，行旅活动所包含的日常出行、旅游、旅行是每个人自己的事，谁都管不着，但这是在相对而言的私人空间讲的。的确，行旅活动是私人性的，没有人可以干涉你的行姿，没有人干涉你在自由空间内去向哪里……但行旅活动也是公共性的，其主要活动场所在公共空间。人们在公共空间的活动总会和他者产生一定的联系，这种联系会对人的行为产生一定的限制和约束。因此，人们应该倡导一种有德的行旅方式。

在个人生命层面，人们在享受行旅出行带给自己身体机能锻炼的同时，应该注重行旅活动在精神层面赋予自己的审美体验和道德培养，从而能够更好地感受行旅活动带给自己的独特价值和魅力，激发自己发现美、

---

① 王蒲生. 汽车：越来越慢的蜗行. 中国社会导刊，2005（10）.
② 胡金东. 汽车社会交通治理的伦理之维. 光明日报，2016-07-28.

感受美、追求美的潜能，最终在追寻美的同时净化心灵、积极向善、追寻美德。

在人际交往层面，行旅生活成为促进人际感情交流的纽带。中国古代的行旅生活以其特有的方式折射出人们之间友谊的真诚与可贵。人们千里会友，为表达离别的不舍赠诗、赠言、饮酒，充满深情厚谊。现代的行旅生活使得一些古代行旅礼俗消失，但行旅活动这种维系感情的纽带作用仍然存在。"儿行千里母担忧""好男儿志在四方"，在亲情与离家求志之间，现代人的观念已经发生改变，不再纠结。这种改变并非弱化了亲情，但从客观事实上，使得亲子互动、共同生活的时间减少。儿女出门在外，父母和儿女彼此牵挂，"常回家看看"的呼唤引发大众的共鸣，"每逢佳节倍思亲"，春运期间的返乡潮已经成为中国特有的一种文化现象，家人亲友无论相隔多远、无论回乡的车票多么难买，都要开起返乡之旅，这是中国人核心价值观在行旅活动中的体现。

在社会层面，行旅活动可以带给人们更多的文化体验和道德宽容。行旅活动的位置移动特点，使得人们在整个动态的行旅过程中经历和体会着文化的多样性，这些"他者"文化有些和人们固有的文化重合或相似，得到人们的认同；有些和人们固有的文化相异甚至相冲突，给人们造成困扰。文化的多元会形成不同地区的风俗、习惯的差异。有德的行旅活动倡导人们以宽容的道德心态去面对异己的文化和道德规范，并尽量做到"入乡随俗"，尊重异地的风俗习惯。

行旅活动发展至现代，给人们的生活增添了更多价值和意义，同时，也产生了诸多现代性的行旅问题。中国游客应该更加注重自身素质的提高，让"中国游客"这一代称由贬义转为褒义，让中国人用自己的文明表现为自己正名。人们在日常交通出行中从道德自律和法规他律的层面积极遵守交通规则，让德祸变为德行，避免交通惨剧的发生。积极推广和践行绿色低碳的出行方式，使"低碳出行"不仅成为一种行旅方式，更成为一种生活方式。

总之，我们应该倡导一种德"行"方式，在行旅活动中追寻意义和价值，追寻美德和幸福。

第五章 工作伦理

在现代社会，人们大部分时间都是在工作中度过的，人们的大部分精力主要花费在工作上，无论衣、食、住、行，还是学习、交友、休闲、娱乐，都以工作为基础。工作是现代日常生活的核心，工作好坏直接影响到现代日常生活。但是在现代生活中，工作领域的问题日益凸显。在工作中，人们对物质利益的追求更为激烈，可以说，这既是一个创造财富的工厂，也是一个争夺财富的战场。人们为了最大限度地实现自身利益，甚至可以采用一些极不道德的方式来工作，比如在食品生产中掺杂有毒物质，在工作交往中同事之间的明争暗斗趋于常态化。因此，在工作领域，伦理规范的构建十分紧迫。只有通过这种构建，才能使工作方式更加人性化、工作交往更加健康、工作风尚更加文明。

第一节 工作伦理导论

一、"工作"的内涵

在古代汉语中，"工"与"作"起初并未直接连在一起使用，而是独自成词。"工"最初指古代匠人在测量高度和画方时使用的曲尺，后来引申为使用这种曲尺的人，进而又泛指各类工匠。例如，"工欲善其事，必先利其器"（《论语·卫灵公》）中的"工"就是工匠的意思，各行各业的工匠也往往被统称为"百工",《周礼》中讲:"审曲面势,以饬五材,以辨民器,谓之百工。"(《周礼·冬官考工记》)随着生产力的进一步发展,手工业的进一步繁荣,"百工"逐渐发展为一个与"士、农、商"并称的职业阶层,《管子·小匡》就指出,"士农工商四民者,国之石民也"。至于"作",《说文解字》解释:"作,起也。从人从乍",意即"作"是人突然站起来的样子,所以"作"字的本义是人起身。比如,"舍瑟而作"(《论语·先进》),就是说放下琴瑟站起来;"客作而辞"(《礼记·少仪》),意思是客人起身告辞。由此,"作"字进一步引申出 20 多种含义,如兴起、开始、写作、创作、振作、假装等。但是与工作相关的含义,主要有以下三种:(1)制作、创制,比如"作结绳而为罔罟"(《周易·系辞下》),"始作俑者,其无后乎"(《孟子·梁惠王上》)。(2)开始干活,比如"日出而作,日落而息","往来种作"(《陶渊明·桃花源记》)。(3)劳作、劳动,比如作劳(劳动)、作苦(耕作辛苦)、作力(出力)等。总之,在古代汉语中,"作"是一个与"静止、休息"相对的词,它表达了中国古人的行动或实践状况,体现了他们积极进取、改造世界的奋斗精神。

"工"和"作"连在一起使用的记载最早见于《后汉书》。"以连遭大忧,百姓苦役,殇帝康陵方中秘藏,及诸工作,事事减约,十分居一。"(《后汉书·皇后纪上》)"及诸工作"是指安葬殇帝的陵墓建设工程。因此,这里的"工作"指的是土木建筑之类的工程。由此,"工作"进一步引申出制作的意思。可以看出,"工作"一词明显受到"工"和"作"的影响,无论"工"还是"作",都具有制作的含义。"工"一词,包含了制作之物、制作者和精良的制作技术三层意思,"作"本身就有制作、创制等意思。因此,"工作"一词在古代汉语中主要指器物的制作活动。尽管这与现代汉语所使用的"工作"一词存在较大差异,但显然对现代"工作"概念的形成产生了一定的影响。例如,与技术含量低、缺乏技巧性的工作相比,人们更容易将那些技术含量高、具有一定难度的工作视为工作;与无技术的体力劳动相比,那些与制作器物相关的事情更容易被称为工作。这些都表明"工作"的"制作"含义依旧留存在现代"工作"的概念之中。

"工作"一词在西方文化中也具有深厚的历史渊源。它的古希腊文词源是"Ponos",意指麻烦、惩罚;拉丁文词源是"Poena",含有悲伤的意思;法文词源是"Travail",指给马钉马蹄铁时拴住马的那三根柱子,后来衍生出折磨的意思;德文词源"Arbeiten"指痛苦和麻烦;英语词源是"wyrcan",含有辛劳的意思。可以发现,在上述文化中,"工作"一词都有消极的、负面的意思,是一种让人厌倦、痛苦、疲惫的活动。

西方文明进入资本主义社会之后,"工作"逐渐脱离了它的原始含义,不再局限于辛苦的体力工作,而是被专门用来指支付薪水的工作,即雇佣性质的工作。但是,有些人发现,一个在家打理家务、照顾孩子的妇女所从事的事情,未必比在写字楼上班的雇佣工作轻松多少,但她们的工作却未被给予平等对待,这是对她们的一种歧视。于是,人们逐渐认识到工作既包括雇佣形式的工作,也包括非雇佣形式的工作,它指通过脑力或体力劳动,为社会生产产品或提供服务的活动。创造价值是它的本质特征,就形式而言它与休闲、娱乐、学习等活动处于同一层次,共同构成了人们的生活世界。

二、"工作"的历史演变

关于"工作"的起源,最早可以追溯到人类社会的第一次大分工,即农业和畜牧业的分离。在原始社会早期,人们的生产活动以采集和狩猎为主。妇女主要从事采集果类谷物、挖掘块根植物的劳动,男子则负责狩猎。根据斯塔夫里阿诺斯在《全球通史》中的记载,"这时候除了男女分工之外,其他分工并不显著,每个人都是根据自己的性别从事适合自己的工作"①。没有监工,也没有老板和领导,每个人都是平等的个体,大家互相协作,共同从事生产活动。

随着生产工具的不断改进,劳动经验的日益积累,人们在长期的采集过程中逐渐熟悉并掌握了谷物的生长规律。用火焚烧森林获得耕地,疏松土地,播撒种子,为部落提供持续性的食物,形成了原始农业。同样,随

---

① [美] L. S. 斯塔夫里阿诺斯. 全球通史——1500 年以前的世界. 吴象,等译. 上海:上海社会科学出版社,1988:70.

着捕猎经验的丰富，捕获的猎物越来越多，于是人们将那些吃不完的猎物圈养起来加以驯化，逐渐形成了最早的畜牧业。有了固定的耕地和圈养猎物，人们便定居下来。有些人专门从事农业生产活动，有些人专门从事畜牧养殖活动，这样就形成了最早的分工。专业分工使生产力得到了较大幅度的提升，为人们提供了稳定的食物来源和剩余财富。随着财富的积累，少数人能够脱离劳动成为剥削者。同时农业种植和畜牧业的发展需要大量的劳动力，战俘也不再像以前那样被杀死，而是成为奴隶，这样"从第一次社会大分工中，也就产生了第一次社会大分裂，分裂为两个阶级：主人和奴隶、剥削者和被剥削者"①。奴隶在监工的严格监管下，被迫从事各种繁重的体力劳动，形成了人类历史上最早的工作形态。他们辛苦工作，使得另一部分人可以超越工作，享受哲学与艺术的闲暇生活，这样人类的生活第一次出现了工作与休闲的分离。不同的是，在当时的社会中，享受休闲与辛勤工作并不属于同一群体，奴隶主可以永远享受休闲生活，而奴隶一生都将在艰辛的工作中度过。

工作的形式随着时间的流逝发生相应的改变。自从人类进入封建社会之后，随着生产力不断发展，奴隶主阶级瓦解，奴隶的生活状况得到了极大改善。大部分奴隶成为从事农业生产的农民，自给自足的农耕经济逐渐成为社会的主要经济形态，工作状况得到了很大程度的改善，工作不再是一件被迫去做的事情。对于大多数农民来讲，工作虽然辛苦，但却自由。那些失去土地沦为奴婢、长工之类的人相比奴隶而言也好了很多，至少还可以或多或少地拿到一些劳动报酬。例如，中国古代是以自然经济为主的农业社会，以家庭为基本单位进行农业生产活动是当时的主要工作形态，这时候的工作者大多以从事体力劳动为主，但也出现了一些脑力劳动者，比如在中国封建社会，一些识字的人从事算命、代写文书等活动。

工业革命以来，社会生产力得到飞速发展，商品经济出现空前繁荣，资本主义制度在西方社会得到普遍确立，工作的内容和形式发生了巨大的改变。

---

① 马克思恩格斯选集：第4卷. 北京：人民出版社，1995：161.

第一，固定支付薪水的工作成为主流形式。随着机器大生产及工厂的出现，体力劳动者脱离了以前遵从的"日出而作，日落而息"的工作形式，"工作不再只是一件需要完成的事情，而逐渐变成以时间衡量的，包含了长期雇佣关系和收入的总和性概念"①。新型的契约型工作开始出现，工作被买断，工作者签约完成一定工作量才可以获得一定数量的经济报酬。雇佣形式的工作成为现代工作的主要形式，甚至在现代人看来，工作在某种程度上就是雇佣工作。

第二，科层制的工作组织形式被普及。随着科层制在工作领域的广泛普及，工作者不再处于以前松散的组织结构中，大多数工作者被组织起来，处于科层制金字塔的某个位置，被严密地监控着。人们要进入工作领域，首先要进入组织，服从组织的规章制度，接受上级的领导，自由自在的工作形式越来越少。

第三，脑力劳动逐渐超越体力劳动，成为工作的主流形态。随着机器自动化程度的提高，越来越多的体力劳动者被机器取代，从繁重的体力劳动中解脱出来，走向第三产业；同时，随着人们受教育程度的不断提高，越来越多的人开始从事脑力劳动。

第四，职业成为工作的主流形式。随着科学技术的发展、社会分工的深化，很多工作越来越趋向专业化和技术化，一个人很难同时从事不同类型的工作；劳动力市场的人才过剩，市场竞争的日趋激烈，促使人们只有进行专业化的学习和系统的培训，掌握专业技能，成为专业人士，才有可能在激烈的市场竞争中获得优势地位，避免被淘汰。因此，以往非职业的普通工作，在现代社会中，逐渐演变为职业，而且在未来社会中，职业将成为工作的最重要形态。

当代社会，随着互联网的飞速发展，居家工作作为一种新型的工作方式逐渐走进人们的视野，在北京、上海等大城市盛行起来。移动互联网的出现，使得许多工作可以摆脱时间和空间的限制，自由安排工作时间、选择工作地点，人们将这种工作称为"Soho"：在家办公、小型办公。在这种工作中，一切由自己决定，工作不再受老板的管理，不再受制于规

---

① 〔英〕理查德·唐金. 工作的历史. 谢仲伟, 译. 北京：电子工业出版社, 2011：56.

章制度的束缚，工作自由并富有弹性。

三、工作伦理的内涵

"工作伦理"一词并非源自中国古代文化，而是在近代西方社会出现的一个崭新概念。最早源于马克斯·韦伯在《新教伦理与资本主义精神》一书中提出的新教伦理。韦伯在此书中认为，新教伦理是新教徒所秉持的一种工作信念，包括天职观、预定论、禁欲主义三种观念，在工作活动中体现为"谨慎、勤奋、不偷懒、珍惜时间和金钱、信用、准时、节俭"等美德。在他看来，新教伦理是资本主义在西方兴起和繁荣的重要精神力量，因此，引起了后来学者的高度关注。费瑟将其进一步总结为"勤奋、自律、禁欲主义、个人主义"[①]。到 20 世纪 70 年代，一些学者为了更准确地表述这一术语所指的对象，添加了"工作"一词，变成"新教工作伦理"。后来又有许多从事跨文化研究的学者，在进行文化比较研究时发现，事实上"新教工作伦理"所发现的东西在非新教背景的社会中也存在。例如，他们发现东亚儒家文化圈也十分强调勤劳、节俭和惜时的美德。尽管其理由或许不是宗教，但这些美德已经深深扎根于儒家文化中，并深刻影响着人们的行为和观念。因此，他们认为，如果继续使用"新教工作伦理"一词，就很容易使人误以为仅仅在基督教文化中才存在这类工作的美德。鉴于此，学者们就直接用"工作伦理"这一术语代替了"新教工作伦理"，将"工作伦理"视为一种普遍意义上的伦理。例如，美国学者科尔泰与英格斯就认为，"工作伦理是指员工在工作场所对职权行为与人际互动的价值判断，包括个体态度或价值观以及反映这些态度和价值观的外在行为"[②]。国内学者王明辉也认为，"工作伦理是个体所习得的一种信念系统或行为规范，它涉及个体对工作意义、职权行为和人际互动的价值判断或行为倾向"[③]。

---

① Morrow, P. C. The Theory and Measurement of Work Commitment. Greenwich, Connecticut: JAI Press Inc., 1993: 40.

② Mc Cortey A. L. Engels D. W. Revisiting the Work Ethic in Work Ethic in America. The Career Development Quarterly, 2003: 52.

③ 王明辉，等. 企业员工工作伦理的结构. 心理学报，2009（9）：854.

总而言之，在现代社会，工作伦理是指人们在工作活动中应当遵守的一系列伦理原则。它既包括人们对待工作的基本态度和价值观，处理工作交往关系的行为规范和道德品质，也包括在一定社会中形成的工作风尚以及在设计工作制度时应当遵循的伦理原则。工作伦理追求的是如何使工作活动更加人性、工作交往更加和谐、工作制度安排更加合理、社会工作风尚更加文明，从而使个体生活更加幸福、社会更加文明与和谐。

第二节　个体工作伦理

一、工作的内在动力：责任

工作的内在动力可能来自个体的兴趣爱好、生活的被迫无奈、个体对成功的追求和对金钱的渴望等，但是这些都不足以为人们的工作行为提供持久的精神动力，因为这些动力多半源于个体的欲望，而欲望不能提供普遍的、稳定的理性来源。根据康德的观点，只有基于道德责任的动机而行动时，行动才具有道德的价值。因此，只有个体意识到工作是自己的一项道德责任，工作对于个体而言才具有道德价值。也就是说，将道德责任作为工作的内在动力，才能为个体的工作行为提供合乎伦理的辩护。道德责任之所以成为工作的内在动力，是基于下述理由。

（一）对自我的道德责任

工作是个体对自我的一项道德责任。对于每个人而言，工作对物质生命的存在、精神生命的提升、道德人格的养成以及自我价值的实现都是不可或缺的。工作既是个体的一项基本权利，又是个体的一项基本义务。这些因素共同构成了个体的核心利益，生命的维系是个体存在的底线，精神生命的提升、道德人格的养成以及自我价值的实现是个体的人生意义和价值所在。这四方面的实现在很大程度上都依赖个体参与到工作之中。

1. 工作维系物质生命的存在

物质生命的存在是个体从事一切社会实践活动的基础和前提。马克思就曾深刻指出："全部人类历史的第一个前提无疑是有生命的个人的存在。"① 没有个体生命的存在，一切便无从谈起。在著名伦理学家雅克·罗蒂看来，个体生命的存在是伦理道德存在的基础。"没有人的存在，一切是非善恶、行为正当与否的判断都将失去意义。"人的存在是"任何道德或人性的基于经验的起点"②。因此，他将生命价值原则作为理想道德体系的五大伦理原则之首。努力追求自我生命的存在，在道德上是正当的，而且具有优先性。换而言之，谋求生命的存在，在道德上是正当的。

物质生命的存在主要依赖物质和能量源源不断地供给。但是，大自然不会轻易让人类直接获得自己想要的东西，食物、衣服、房子等生活必需品的获得，必须经过人类双手对自然物的改造、加工，才能为我们所利用。维持个体生活所需之物中必然凝结着人的劳动，人们将包含人的劳动的物质称为财富，劳动被称为财富之源。在人类社会中，维持物质生命的存在主要依赖人类对物质财富的占有。人类获取物质财富的方式有很多种：用自己的劳动（即工作）去获得财富，用交换去获得财富，通过不法手段去获得财富等。在这些方式中，通过工作获得财富以维持生命是绝大部分人生存的主要手段，也被默认是最合乎道德的生存方式。在现代社会中，通过合法工作获得的财产被视为神圣不可侵犯的，也就是说，建立在合法工作之上的财富在道德上是正当的。

2. 工作有助于精神生命的提升

工作可以抵制精神生命的堕落。伦理学家包尔生认为，没有工作的人有两类：一类是穷人，一类是富人。这两类人都会因失业或无业而带来恶的后果。生活在社会底层的失业群体，由于没有稳定的工作，到处游荡，从事乞讨、盗窃等非法活动，形成"厌恶工作、放荡、酗酒、鲁莽、空

---

① 马克思恩格斯选集：第 1 卷. 北京：人民出版社，1995：67.
② ［美］雅克·蒂洛，基思·克拉斯曼. 伦理学与生活（第 9 版）. 程立显，刘建，等译. 周辅成，审阅. 北京：世界图书出版公司，2008：148.

虚"的恶习,并且将这种恶习传递给后代,人生最终将在"贫民习艺所和监狱中弄得声名狼藉和毫无羞耻"①。

同样,生活在上层社会中的以依靠利息为生或没有责任感的游手好闲者,大多缺乏坚忍不拔的意志力。对于他们而言,生活就像"一只空载的船无目标地随风浪漂泊一样",被"突然涌上心头的怪想或情绪的玩物"所左右,"忽而拿起这件东西,忽而又拿起另一件东西,仅仅是为了尽早地放弃它。简单地说,这种意志即便是为了获取短暂的快乐也必须具备的坚持,由于没有得到运用而逐渐丧失了"②。不工作使人意志消沉,使人对自我丧失信心,精神生命因此枯萎凋零,而工作则赋予生命精神上的乐趣。伏尔泰认为工作能够使人免于生活无趣。罗素认为有工作比没有工作更加快乐。一个人即便从事再枯燥无聊的工作也比他无所事事要快乐得多。工作的人比那些无所事事的人显得精力更为充沛,更富有乐趣。③ 因此,有工作的人生才会显得充实而富有乐趣,没有工作的人生则是孤独的、缺乏乐趣的。

3. 工作有助于道德人格的养成

工作对一个人自尊和自信的建立、独立人格的发展、责任意识的养成以及职业美德的培养具有重要的意义和价值,具体体现在以下几个方面:

第一,工作给人以自尊和自信。一个待业在家的成年人在与人交往时,很容易感到不自信;有些人从事着被认为是不光彩的工作,他们就会尽量把自我与工作的身份分开,或者竭力提供一种相反的理解。相反,一个人在拥有一份被认为是不错的工作时,则会表现得足够自信,勇于向人们展示目前的工作状况,进而在他人的赞美声中获得满足。可见,有无工作或者工作好坏,都会对人的自尊和自信产生重大影响。之所以会产生这样的影响,是因为"首先,人们在工作的过程中会不可避免地意识到自己对劳动对象的处理能力,这样,人们就可以获得一种满足感,认为自己既能控制自己又能控制环境。其次,有人认为,人们从事的某些活动就是在

---

① [德]弗里德里希·包尔生. 伦理学体系. 何怀宏,廖申白,译. 北京:中国社会科学出版社,1988:531.

② 同①.

③ [英]伯特兰·罗素. 罗素谈人的理性. 石磊,编译. 天津:天津社会科学院出版社,2014:102.

劳动，在这些活动中他会生产出一些被别人认为是有价值的东西。也就是说，工作会告诉那个日夜辛勤劳动的人，他能为别人提供一些东西"①。因此，一个人失去工作，也就暗示着他缺乏控制环境、处理对象的能力，是一个对社会无用的人，他的存在与否对整个社会无关紧要，这无疑会让失业者感到焦虑不安。

第二，工作有助于促进独立人格的养成。人格的独立需要建立在经济独立的基础之上，人首先是一个物质存在，存在衣、食、住、行等基本的物质需求，需求的满足是人存在的前提，没有经济上的独立，要想实现人格的独立是不现实的。比如，很多青年人在踏入工作岗位之前，生活来源主要是父母的供给，由于经济上的依赖，在思想观念和行动中便不得不依赖家庭、父母，从而丧失其作为成年人本应有的独立自主性。一个人只有走上工作岗位，能够自食其力，其独立人格才有可能得到真正的实现。

第三，工作有助于培养人的责任意识。工作是衡量一个人是否敢于承担责任、是否具有社会荣誉感以及是否对社会做出贡献的重要手段。如美国的主流文化就认为，"是否具有工作的意愿，是区分一个人是否是有价值的公民的一个重要标志。政府的话语和媒体的话语，把那些不愿意接受工作的人，打上懒惰者和寄生虫的标签，并支持对于工作的这种道德理解"②。懒惰者在本质上是对他人、家庭以及社会缺乏责任意识的人。相反，个体在工作岗位上，每一次工作任务的分配，都是个体承担责任的开始，工作任务的顺利圆满完成，预示着个体责任意识的提升。在工作中逐渐形成了强烈的责任感，人们会将这种意识迁移到其他活动领域，从而塑造一个具有道德责任感的独立个体。

第四，职业塑造个体独特的道德品质。英国哲学家培根说："读史使人明智，读诗使人聪慧，演算使人精密，哲理使人深刻，道德使人高尚，逻辑修辞使人善辩。"③ 不同领域的知识能够塑造不同的性格。同样，不

① ［英］马立克·科尔钦斯基，［美］兰迪·霍德森，［英］保罗·爱德华兹. 工作社会学. 姚伟，马永清，译. 北京：中国人民大学出版社，2012：132.
② 同①237.
③ ［英］弗兰西斯·培根. 培根哲理美文集. 李瑜青，王西元，编. 何新，译. 合肥：安徽文艺出版社，1997：115.

同的职业亦能塑造不同的道德品质。从事医务工作有助于培养个体仁慈善良的美德，从事科学研究工作有助于培养个体追求真理的美德，从事法律工作有助于培养个体正义的美德等。工作之所以具有塑造个体道德品质的作用，是因为不同职业都内含着相应的职业伦理精神，比如，救死扶伤是医生职业道德的核心精神，维护正义是法律人士追求的最高道德理念，这些良好的品质是衡量一个人是否是优秀职业人士的重要条件。因此，一个人要想成为一名受人尊敬的从业者，他就应当努力培养自己的职业美德，使自己的言行符合相应职业的伦理要求。

4. 工作有助于自我价值的实现

对于个体而言，自我价值的实现是极其重要的。著名人本主义心理学家马斯洛曾将人类的需求由低至高分为五个层次，并认为自我实现的需求是人的最高层次需求，也是所有人在其他需求获得满足之后必然会为之努力和奋斗的方向。只有最高层次的需求得以实现，才能真正感受到生命的尊严和快乐。工作对自我价值实现的意义体现在以下三个方面：

第一，工作为个体设定了自我价值。自我价值的实现在个体身上往往体现为要成为自己所期望的理想人物。这种人物具有鲜明的职业特征，通常是某一职业领域内的精英。要么成为像爱因斯坦那样伟大的科学家，要么成为像乔丹那样著名的篮球运动员。要成为这样的职业精英，需要个体在某一工作领域中努力钻研。

第二，工作使个体的自我价值由理想变为现实。内在观念的客观化表达、自我价值的外在印证，都依赖个体在工作中的具体表现。"工作的人会欣赏他在这个世界上的作品，而他的工作实际上已经改变了这个世界；他在作品中看到了自己的影子，看到了自身的存在。他在作品中向他人展现了自身人性的客观现实，展现了他所拥有的对自身抽象且完全主观的看法。"① 工作使个体更清楚地认识自我、肯定自我；离开工作，个体的自我价值只能停留在空想之中。

第三，工作为个人潜能的发挥提供了充分的施展空间。自我价值和潜

---

① ［美］马修·克劳福德. 摩托车修理店的未来工作哲学. 粟之敦，译. 杭州：浙江人民出版社，2014：6.

能的实现依赖社会为其提供的环境和条件。在现代社会，工作构成了社会生活的核心，生活中的一切都是围绕工作而展开的，一个人的才能、品德、修养境界最为集中的展示舞台和训练场也是工作。衡量一个人的价值有多大，也是看他为社会创造了多少价值。因此，只有在工作中，个人的潜力才有可能得以发挥，个人的自我价值才有可能得以实现。

(二) 对家庭的道德责任

在传统的中国家庭中，工作被认为是个体实现孝道义务的重要途径。在西方家庭中，工作被认为是爱的集中体现，是家庭伦理存在的可靠保障。

在中国社会，儒家的"孝道"理论在人们的观念中具有极其重要的地位。孝道被认为是做人的根本，"孝悌也者，其为人之本与"（《论语·学而》）。在中国人的日常生活中，行孝是极其重要的事情，那些本来缺乏道德意义的日常工作因为与孝的关联性，被赋予了道德上的神圣性。具体体现在以下三个方面：

第一，奉养父母的需要。《礼记·祭义》曰："君子生则敬养。"《礼记·祭统》曰："孝子之事亲也，有三道焉：生则养，没则丧，丧毕则祭。"要让父母免于物质上的匮乏，就需要"用天之道，分地之利，谨身节用，以养父母"（《孝经·庶人》）。在中国历史上，"百里负米""拾葚异器""行佣供母"等努力工作以侍奉父母的故事比比皆是。相反，如果无所事事、逃避工作，就会被认为是不孝之子，"世俗所谓不孝者五：惰其四支，不顾父母之养，一不孝也"（《孟子·离娄下》）。这就为人们从事生产性工作提供了道德上的动力。

第二，光宗耀祖的需要。《孝经·开宗明义》曰："立身行道，杨名于后世，以显父母，孝之终也。"这是行孝的最高境界。在中国古代，读书做官被认为是最能荣耀祖先的职业，如果有人考取功名，通常都会去祠堂或祖坟祭奠；或衣锦还乡，"富贵不归故乡，如衣绣夜行"（《史记·项羽本纪》），以告慰列祖列宗，这一观念要求人们在工作中勤奋刻苦，做到出类拔萃。反之，无所事事或者从事娼妓、偷盗等下贱职业，就会被认为是"辱没先人"。

第三，"延续香火"的要求。所谓"不孝有三，无后为大"，生儿育女、延续子嗣被中国古人视为孝道的一个重要要求，要是能够做到"多子多孙""儿孙满堂"，那就更好了，这是家族兴旺繁荣的集中体现。因此，作为家庭的主要劳动力，如果不工作，家庭缺少经济来源，能生育子女却不能养活子女，这便是对祖先的大不孝。因此，在中国古代这也构成了人们工作的一个重要内在动力。

在现代家庭中，要维持一个弥足珍贵的情感世界，也离不开一定的财富和经济基础。子女的养育、老人的照顾、家庭日用的开销，都需要财富来维系。正如黑格尔所认为的，财富是家庭人格的存在，它是家庭生命存在、繁殖、获得独立自尊的手段，家庭通过财富才能获得外在的实在性。这就需要具有劳动能力的成员努力工作，为家人获取维持生存与生活的基本保障，构建一个幸福美满的家庭。

（三）对社会的道德责任

工作之所以能够作为个体的一项道德责任，还在于我们只要生活在人类社会中，就必然要消费一定量的社会财富，而这些财富必然是由人类中的一些人创造的，如果自己具有创造财富的能力但却没有从事创造财富的工作，并且依旧在享用财富的好处，那么，对于那些创造财富的人而言，这显然就是不公平和不公正的。因此，我们在消费他人的劳动果实时，也应当给予他人相应数量的回馈。恰如爱因斯坦所言："我的精神生活和物质生活都依靠别人（包括活着的人和死去的人）的劳动，我必须尽力以同样的分量来报偿我所领受的和至今还在领受的东西。"①

相反，我们如果拒绝工作但却享受着他人的劳动果实，那么就是"在依靠他人的牺牲而生活"②。因为我们"在接受他人劳动的产品而没有偿还任何东西"③。如果所得之物是用金钱购买的（金钱可能来自继承、中

---

① ［美］阿尔伯特·爱因斯坦. 走近爱因斯坦. 许良英，王瑞智，编. 沈阳：辽宁教育出版社，2005：35.
② ［德］弗里德里希·包尔生. 伦理学体系. 何怀宏，廖申白，译. 北京：中国社会科学出版社，1988：534.
③ 同②535.

奖、盗窃等），也不能算是一种偿还。付出金钱与付出劳动是两码事，金钱是财富的货币形式，财富的创造源于劳动。因此，一个拒绝工作的人，在用金钱交换商品时，他是在用他人的劳动交换另外一个人的劳动，而他自己并没有为社会增添任何劳动产品，但是却享受了社会所带来的福利，所以"他生活得就像餐桌旁边的一个白吃而根本不帮助付款的食客一样"①。

正义原则要求人们自己消费的产品与付出的劳动应当对等。罗素指出："假定劳动是大家全部讨厌的事，那么某个人消费了多于他生产的东西就是不公道的事。"因此，一个人"应做出某种贡献以抵偿他吃住方面的消费。在此限度内，必须承认工作的义务性，但也仅仅以此为限"②。

事实上，如果想要继续维系人类社会的持久存在，避免个人与社会的分离，避免个体原子化的走向，我们就必须从事某种工作。因为职业团体是介于个体与社会之间的一股中间力量。个体只有通过从事某种工作，拥有某种职业角色和职业义务，才能与社会上的其他成员建立起紧密而稳定的关系，使得自己成为社会中的一员。社会也只有通过一个个职业团体才能将社会中分散的个体紧密地联系在一起，形成一个有机的整体。因此，在现代社会，工作的道德定义还在于它将个人与社会的命运紧密地联系在一起，避免了个人与社会的分离。在弗洛姆看来，要解决当今社会的原子化危机，"只有一个可能的、创造性的方法，可以解决个体化了的人同世界的关系，这就是：他积极地与所有人团结一致，自发性地活动，即爱和工作，用这种方法，将使他不是通过原始纽带，而是作为一个自由和独立的个体，再次与世界联接起来"③。阿伦特也认为人类通过工作制造出产品，"让他们对这个世界产生亲近感，从而进一步了解人与物以及人与人之间进行交流的习惯"。所以，职业团体对于解决当今社会的原子化危机具有十分重要的意义。因为避免社会分离，维系社会持久存在是人类欲求的共同善，而工作有助于这一目的的实现，因此，从这一意义上讲，工作

---

① [德] 弗里德里希·包尔生. 伦理学体系. 何怀宏，廖申白，译. 北京：中国社会科学出版社，1988：535.

② [英] 伯特兰·罗素. 俗物的道德与幸福. 文良文化，编译. 北京：华文出版社，2004：206.

③ [德] 埃里希·弗罗姆. 逃避自由. 陈学明，译. 北京：工人出版社，1987：55.

是人对社会所应当承担的一项道德责任。

综上所述，从自我、家庭、社会的角度，工作对于个体而言，都是一项不可推卸的道德责任。相反，好逸恶劳、逃避工作的行为则在大多数时候被视作对自我、家庭以及社会道德责任的一种背叛。

二、对待工作的总体态度：敬业

敬业是指个体高度认同自己所从事的工作，对工作持有一种敬畏或崇敬的态度，在工作中尽职尽责、追求完美与至善。其中，敬畏工作是敬业精神的核心特质，也是敬业精神的外在展现。敬业具有普世性的特征，它不仅是一种对待工作的总体态度，也是一种工作精神和工作美德。

（一）中国文化中的敬业精神

"敬业"虽然在中国传统社会中不是一个被广泛使用的词语，但敬业的观念却始终贯穿于中国传统文化中，特别是体现在儒家文化中。敬业精神具体体现为：以仁为业、博施济众的奉献精神，自强不息、刚健有为的工作风貌，严肃谨慎、主一无适的执事态度，忠于职守、尽己为人的职业操守。

1. 以仁为业、博施济众的奉献精神

敬业精神具有善的性质的根本原因是它蕴含着利他主义倾向，即利益他人、造福社会的奉献精神。实际上，这种奉献精神构成了敬业精神的第一要义。儒家学说以"以仁为业、博施济众"的观点完美诠释了这一精神。在儒家看来，工作的意义与价值首先在于它是"成仁"的过程，或者说践行"仁道"的人生历程。在一个极度重视伦理道德的社会结构中，这种"以仁为业、博施济众"的奉献精神，理所当然地就成了人们在职业活动中的自发追求和最高目标。

儒家将"仁"提升到人之为人的高度。孔子所理解的"仁"，简单来说，就是人在具体处境中对自己应尽之责的自觉。儒家对"仁"的理解中的一个重要维度便是"泛爱众而亲仁"（《论语·学而》），即"博施济众"。"子贡曰：'如有博施于民而能济众，何如？可谓仁乎？'子曰：'何事于仁，必也圣乎！尧舜其犹病诸！'"（《论语·雍也》）由此可以看出，孔子认为人之为人的根本规定性就在于实现"仁"，而博施济众则被视作"仁"

的最高层次。孔子及其弟子在理解"仁"时也屡屡谈道："士不可以不弘毅，任重而道远，仁以为己任"（《论语·泰伯》），"苟志于仁矣，无恶也"（《论语·里仁》）。反对将谋生视为人生的全部，"君子谋道不谋食"，"忧道不忧贫"（《论语·卫灵公》）。可见，"博施济众"作为君子"行仁"的终极人生目标，是连圣人也需要努力做到的。圣人通过"博施济众"的"立德""立功""立言"三不朽，实现着自身生命价值的永恒。孔子主张"为政以德"，强调统治者执政应将"富民"和"安民"作为主要任务，要"因民之所利而利之"，要"养民也惠"，最终实现天下大同。

孔子所提倡的"以仁为业，博施济众"的奉献精神，被先秦儒家学派的另一重要代表人物孟子所继承和发展。孟子主张仁政，强调"民本"，将民的地位提升到"社稷"与"君"之上，要求统治者应当"重民""保民"，使民"有恒产""有恒心"，要求统治者"乐民之乐""忧民之忧"。通过这种"博施济众"的敬业精神，孟子描画了一个"五十者可以衣帛""七十者可以食肉""颁白者不负戴于道路"（《孟子·梁惠王上》）的理想社会。

孔孟"以仁为业，博施济众"的主张，赋予了"仕"这一职业道德上的神圣性，增强了从政者的职业使命感，为其职业生涯提供了富有道德意义的终极理想目标。在深受儒家思想影响数千年的中国社会，这一主张已经深深植根于许多职业领域之中，成为人们在职业活动中应当遵守的基本伦理原则和努力追求的职业理想。

在医疗行业，医术被视为仁术，博施济众、悬壶济世被认为是医生的神圣使命。历史上有不少名医在行医的过程中始终坚守这一理念。北宋著名医学家庞安时，不仅医术精湛，而且以博施济众而闻名，"为人治病，率十愈八九。踵门求诊者，为辟邸舍居之，亲视药物，必愈而后遣；其不可为者，必实告之，不复为治。活人无数，病人持金帛来谢，不尽取也"（《宋史》卷四九六）。在商业领域，儒商以经世济民为最高追求，效法"端木生涯""陶朱事业""白圭仁术"，秉持仁义至上的经营理念，反对见利忘义、为富不仁，提倡"厚生""利用""取之社会，还之社会"的济世精神。在教育行业，教师以"传道、授业、解惑"为业，以孔子为师，效法他"学而不倦、诲人不厌"的奉献精神，因此，教师的一生被形象地比喻为"春蚕到死丝方尽，蜡炬成灰泪始干"。对于读书人更是如此，他们常以天下为己任，以践行仁道为使命，充满"穷则独善其身，达则兼济天下"的担当意识与"先天下之忧而忧，后天下之乐而乐"的忧患意识。总而言之，在儒家思想的影响下，体现奉献精神的"成仁"不仅被视为最高的职业理念或信仰，并且始终贯彻于整个日常职业活动即工作之中。

2. 自强不息、刚健有为的工作风貌

儒家在追求"仁"之实现的过程中，始终展露出自强不息、刚健有为、积极向上的工作风貌。

孔子的一生正是这一工作风貌的生动写照。他为了推行仁道，不惜颠沛流离，周游列国，"斥乎齐，逐乎宋、卫，困于陈、蔡之间"（《史记·孔子世家》），孔子一生都没有因为动荡流离的命运而动摇过自己的志向，被人称为"知其不可为而为之"的人，在晚年依旧"发愤忘食，乐以忘忧，不知老之将至云尔"（《论语·述而》）。孟子不仅秉承了孔子这一自强不息的精神，而且将其发挥到极致。他以"当今之世，舍我其谁也"（《孟子·公孙丑下》）的强烈责任感，继续推行仁政的主张，一生奔走于列国之间，游说于诸侯之中，以彼有"人爵"、我有"天爵"的自信，以"我善养吾浩然之气"（《孟子·公孙丑上》）的正义感面对君王，不畏权势，亦不惧生死，视富贵如浮云。孔孟一生的行迹充分向我们展示了儒家在追求正义事业的道路上所表现的自强不息、刚健有为的精神气质，凸显了他们坚韧刚毅的性格与积极入世的精神。

"天行健，君子以自强不息。"（《周易·乾坤》）天的运行刚健不息，君子应当努力效法，积极进取，进德修业。曾子认识到仁道的实现是一条艰辛之路，因此他要求"士不可以不弘毅，任重而道远"（《论语·泰伯》）。荀子认为自强不息是一切事业获得成功的关键所在，所以他说："锲而舍之，朽木不折；锲而不舍，金石可镂。"（《荀子·劝学》）朱熹进一步指出，与在能力方面能否胜任相比，自强不息、刚健有为的意志更加重要，"弘乃能胜得重任，毅便是担得远去。弘而不毅，虽胜得任，却恐去前面倒了"①。苏轼认为它是成就大事业之人的卓越品质，"古之立大事

① （宋）朱熹. 朱子全书：第15册. 朱杰人，等编. 上海：上海古籍出版社，2002：1292.

者，不惟有超世之才，亦必有坚忍不拔之志"（《晁错论》）。总之，一个人要想在工作或事业中取得非凡成就，就一定要具有顽强的意志与自强不息的精神。

这一精神风貌还集中体现在儒家对待逆境与挫折的态度上。孟子将人生的挫折视为成长、进步的宝贵资源，"天将降大任于是人也，必先苦其心志，劳其筋骨，饿其体肤，空乏其身，行拂乱其所为，所以动心忍性，曾益其所不能"（《孟子·告子下》）。孟子还认为患难可以促成一个人德行、智谋与见识的形成，"人之有德慧术知者，恒存乎疢疾"（《孟子·尽心上》）。张载视逆境为上天的眷顾，"贫贱忧戚，庸玉汝于成也"（《张载·西铭》）。司马迁通过对历史上成功人物的总结，发现他们有一个共同点，即在面对人生的挫折与逆境时，身上都流露出自强不息、刚健有为的精神气概，"西伯拘而演《周易》；仲尼厄而作《春秋》；屈原放逐，乃赋《离骚》；左丘失明，厥有《国语》；孙子膑脚，《兵法》修列；不韦迁蜀，世传《吕览》；韩非囚秦，《说难》《孤愤》；《诗》三百篇，大氐贤圣发愤之所为作也"（《汉书·司马迁传》）。总之，在儒家看来，将工作或事业中遇到的逆境、挫折视为好事，以积极乐观的心态去面对，无论对自我的成长还是对事业的发展都是极具意义的。

3. 严肃谨慎、主一无适的执事态度

"敬"不仅是儒家修身、治学的基本态度与方法，也是儒家认为从事一切工作所应秉持的基本态度。作为做事态度的"敬"，其内涵在儒家思想中经历了从严肃谨慎向"主一无适"的演变历程。

《说文解字》曰："敬，肃也。"《释名》曰："敬，警也，恒自肃警也。"皆蕴含着对神圣之事的敬畏意识。在早期的儒家经典中更能体现出这一点，尧帝"乃命羲和，钦若昊天，历象日月星辰，敬授人时"（《尚书·尧典》）。舜告诫大臣契，"百姓不亲，五品不逊。汝作司徒，敬敷五教，在宽"（《尚书·舜典》）。《尚书·大禹谟》曰："慎乃有位，敬修其可愿，四海困穷，天禄永终。"君王要求臣下以严肃谨慎的态度对待吩咐给他们的政事，这些事情关系到民众的福祉与社会的和谐。政事是神圣且重要的，所以应当"如临深渊，如履薄冰"地对待。

孔子将"敬"提升为一项普遍性的行事原则。在孔子看来，敬不仅是对为臣者的道德要求，也是君王治理国家应当遵守的基本原则，"道千乘之国，敬事而信，节用而爱人，使民以时"（《论语·学而》）。最重要的是，孔子认识到，"敬"是任何人，在任何环境中，处理任何事务都应当坚守的一项基本的行事原则。在《论语·子路》中，"樊迟问仁，子曰：'居处恭，执事敬，与人忠，虽之夷狄，不可弃也'"。敬事是对仁的实践，这是敬事成为普遍性原则的原因，换而言之，是仁而不是上天重新构筑了敬事的形而上基础。另外，孔子将是否做到"敬"视为君子自省自察的主要内容之一，"君子有九思：视思明，听思聪，色思温，貌思恭，言思忠，事思敬，疑思问，忿思难，见得思义"（《论语·季氏》）。孔子将敬视为做事时唯一或者最重要的态度予以强调。

荀子从功利的视角，进一步认识到敬与事业成败的内在关联。他认为敬事是事业取得成功的关键所在，"百事之成也，必在敬之；其败也，必在慢之"（《荀子·议兵》）。敬是做事时应当优先予以考虑的原则，"虑必先事，而申之以敬，慎终如始，终始如一"（《荀子·议兵》）。

至宋明理学，敬事的重心发生了细微改变，其内涵由"严肃谨慎"转向了"认真专一"。朱熹曰："敬者，主一无适之谓。"① "主一"即专心于一事，"无适"即心无旁骛。在朱熹看来，"主一"是心和事上的专一，它需要意志上的努力，"敬者守于此而不易之谓"，因为"敬是始终一事"②。

尽管"敬业乐群"一词早在《礼记·学记》中就出现过，但由于自然经济条件之下的社会并不是一个分工明确、职业发达的社会，一个商人或工匠常常也是一个农民，所以"业"概念并没有深入人们的意识之中，而是被能体现普遍性的"事"概念所取代，因此人们习以为常地以"敬事"取代"敬业"。梁启超在《敬业与乐业》一文中将"敬业"视为"凡做一件事，便忠于一件事，将全副精力集中到这事上头，一点不旁骛"。冯友兰认为，"有真至精神是诚，常提起精神是敬，粗浅一点说，敬即是上海

---

① （宋）朱熹. 四书章句集注. 北京：中华书局，2011：51.
② （宋）朱熹. 朱子全书：第 15 册. 朱杰人，等编. 上海：上海古籍出版社，2002：372.

话所谓'当心'.《论语》说'执事敬',我们做一件事'当心去做',把那一件事当成一件事去做,认真做,即是'执事敬'"①。这一定义,即便在现代社会,也被视为敬业精神的核心内涵。

在儒家看来,敬事是自我修炼、自我提升的一条重要途径。"在事上磨","借事练心",将做事与心性修炼紧密地联系在一起,后者为前者提供了内在动力与理论依据。同样,在工作中是否实现敬是内在修养功夫的外在体现,也只有在做事时实现敬,才能算是自我道德修养的真正提升,才能达到"成己",实现内在超越。儒家将敬事与修身紧密地联系在一起,赋予敬事道德上的崇高性,对敬业的倡导具有重要意义。

4. 忠于职守、尽己为人的职业操守

忠于职守是敬业精神最基本的要求,也是儒家的一贯主张。儒家将忠于职守视为一切从业者应当承担的基本道德义务,并且对此有着更为细致的道德要求。

第一,儒家认为工作者应当各司其职,做好自己的分内之事,这是忠于职守最基本的道德要求。一方面,儒家反对工作者做工作权限之外的事情。孔子认为"不在其位,不谋其政"(《论语·泰伯》)。既是反对对他人工作的肆意干涉,也是强调每个人应当首先安守于自己的本职工作。在行动层面,曾子进一步指出,工作者在思想观念上要做到"思不出其位"(《周易·艮》)。对任何问题的思考不应当脱离自身在工作中所处的职业角色。另一方面,儒家反对在工作岗位上无所事事、名不副实的消极状态。儒家认为一个人占据着重要的工作岗位,但却无所作为,是一件耻辱的事情,"居其位无其言,君子耻之"(《礼记·杂记下》)。王符则认为这样做是作茧自缚,"是故德不称,其祸必酷;能不称,其殃必大"(《后汉书》卷四十九)。王阳明进而强调,"负大臣之名"就应当"尽大臣之道者也"。

第二,儒家将工作者在任何环境中都能够坚守工作岗位而不动摇视为一项重要的工作美德。在面临困境、诱惑或权势时,能够坚守"贫贱不能

---

① 冯友兰. 冯友兰随笔:理想人生. 北京:北京大学出版社,2007:213.

移，富贵不能淫，威武不能屈"的大丈夫气节；在缺乏监督的情况下，能够"不欺暗室"，居敬存诚，自我反省。据《左传·襄公二十五年》记载，齐国大臣崔抒杀其君齐庄公，齐太史秉笔直书："崔抒弑其君。"崔抒杀死齐太史，"其弟嗣书，而死者二人。其弟又书，乃舍之。南史氏闻太史尽死，执简以往，闻既书矣，乃还"①。这种视死如归的道义精神是忠于职守的典型代表，获得了儒家的高度赞扬。

第三，儒家认为尽心竭力地做好本职工作是忠于职守的最高道德要求。何谓"忠"？朱熹曰："尽己之谓忠。"② 戴震在《原善》中说："竭所能之谓忠。"③ 冯友兰认为："尽己为人之谓忠。"④ 三者共同强调尽心竭力做好本职工作是"忠"的核心内容。

孔子不仅将"忠"视为从政者处理政务时应当遵守的一项基本原则，"子张问政。子曰：'居之无倦，行之以忠。'"（《论语·颜渊》），而且认为如果每个人都能做好自己的分内之事，"君君、臣臣、父父、子子"（《论语·颜渊》），那么国家就会长治久安。

忠于职守、敬于职事不只是对从政者的道德要求，也是对其他行业从业者的普遍要求，"读书者，当闭户发愤，止愧学问无成，哪管窗外闲事；务农者，当用力南田，惟知及时耕种，切莫悬耜妄为；艺业者，当居肆成工，务以技能取利，勿生邪念旷闲；商贾者，当竭力经营，一味公平忍耐，毋以奇巧欺人"。"三百六十行，行行出状元"，关键在于能否在本职工作中尽心竭力，"古者四民异业而同道，其尽心焉，一也。士以修治，农以具养，工以利器，商以通货，各就其资之所近、力之所及而业焉，以求尽其心。其归要在于有益于生人之道，则一而已"⑤。在这里，儒家不仅将对工作岗位的坚守视为对他人承诺的履行，更是将之视为工作者内在良心的自觉要求。

---

① 杨伯峻. 春秋左传注. 北京：中华书局，2009：1099.

② （宋）朱熹. 朱子全书：第15册. 朱杰人，等编. 上海：上海古籍出版社，2002：725.

③ （清）戴震. 戴震文集. 北京：中华书局，1980：258.

④ 冯友兰. 三松堂全集：第5卷. 郑州：河南人民出版社，2000：16.

⑤ （明）王守仁. 王阳明全集：第2卷. 北京：红旗出版社，1997：174.

（二）西方文化中的敬业精神

诞生于基督教思想中的敬业精神，经过马丁·路德的发展和加尔文的完善，彻底改变了古代西方社会长期以来对世俗工作的鄙视态度，世俗工作因上帝之故，获得了道德上的正当性与宗教上的神圣性，由此，工作在西方社会获得了崇高地位和神圣意义，成为人们终生竭力追求的人生信仰。这种基于宗教背景而形成的敬业精神，在人类文化史上独树一帜，它丰富而独特的内涵体现在四个方面。

1. 将工作提升到生命信仰的高度，视工作为人的天职

将工作视为天职、人生的信仰、荣耀上帝的唯一方式、贯穿于人一生的神圣使命，西方文化赋予世俗工作如此高的地位，是其他文化所缺乏的。在人类其他文化传统中，工作的意义主要局限在经济层面，作为工具性价值而存在，缺乏内在信仰的特征和神圣的地位。佛教文化认为人生的意义在于成佛，与职业劳动相比，默想、静坐、禅修具有更加重要的宗教价值，尽管后来兴起的禅宗赋予了日常劳作修行的意义，"挑水砍柴，无非妙道"，但是这也只将工作作为一种日常的修行手段来对待，强调在工作中体悟佛道，缺乏对工作本身的关注，没有上升到信仰的高度。

新教思想家们赋予工作目的性的价值和超越性的意义，认为工作的重要性甚至超越生命本身，值得用一生去追求。这种对工作的敬畏态度与其他文化对工作的态度相比，显得更为彻底和纯粹。它强调对工作的敬畏，不是出于博得上司的好感，谋求个人在世俗中的荣誉，获得显赫的权力和经济的报酬；也不是迫于外在的命令，不得不被驱使着工作。它完全是发自内心的自觉自愿的行为，将工作视为事关灵魂得救的大事来对待。因此，如果一个人对工作持有这样的看法，那么他即便在平凡甚至枯燥无聊的工作中，也可以从中获得内在的满足和超越，从而体验到自身存在的意义与价值。因此，信徒在工作中往往能够表现出一种忘我的献身精神，正如詹姆斯·H. 罗宾斯所认为的，"如果一个人以一种尊敬、虔诚的心灵对待职业，甚至对职业有一种敬畏的态度，他就已经具有敬业精神，他的敬畏心态如果没有上升到敬畏这个冥冥之中的神圣安排，没有上升到

视自己职业为天职的高度，那么他的敬业精神就还不彻底、还没有掌握精髓"①。这种精神是将生命的全部意义寄托在工作之中，工作与生命在这里合而为一，因此，这种对工作的敬畏态度是非功利性的、纯粹的道德追求。

2. 认为职业没有高低贵贱之分，皆应予以平等的尊重

在人类文化史中，工作有高低贵贱之分的观念是普遍存在的。古希腊时期，柏拉图在他的《理想国》中将工作划分为三个等级，最高等级是哲学王，中间是士兵，其次是生产者，工作的贵贱程度依次而论。亚里士多德认为文学、艺术、哲学等具有沉思性质的工作是高贵的，不需要思考的体力劳动是低贱的。在中国传统社会，先秦法家根据职业是否能增强国家的综合实力予以贵贱的划分，将农民和战士之外的职业，即学者、纵横家、游侠、患御者、工商之民称为"五蠹"，韩非子曰："此五者，邦之蠹也。"（《韩非子·五蠹》）儒家学说将职业分为士、农、工、商四大类别，将"士"即官或者知识分子视为百业之首，只有步入仕途才能成为"人上人"，才能光宗耀祖，因此，"万般皆下品，惟有读书高"，读书从政成为人们的首选职业；另外，又推行"重农抑商"的政策，劝民务农，贬低商人的社会地位，将商人视为不劳而获的社会蛀虫，予以压制。以上诸种观念对不同职业的性质缺乏正确的认识。

新教文化的进步之处在于强调工作没有高低贵贱之分，所有工作都应被予以平等的尊重，"每一种正统的职业在上帝那里都具有完全同等的价值"②。上帝为了满足社会的需要，同时又考虑到个人能力的差异，所以安排了各种各样的职业。无论这些职业的形式如何，它们都具有一个共同特征：都是来自上帝的召唤，都是上帝意志的体现，都是上帝赋予每个人的神圣使命，"为人类需要服务的各种工匠都是上帝的子民"③，不管是"一个鞋匠、一个铁匠、一个农民，各有各的职责和工作，他们都如同受

① ［美］詹姆斯·H.罗宾斯.敬业.曼丽，译.北京：世界图书出版公司，2004：5.
② ［德］马克斯·韦伯.新教伦理与资本主义精神（修订版）.于晓，陈维纲，等译.西安：陕西师范大学出版社，2006：34.
③ Bouwsma，William J. John Alvin. A Sixteenth-Century Portrait. New York：Oxford University Press，1988：34.

了圣职的牧师和主教，而且每个人都应有他的职责或工作，必须对别人有利益，所以一个社区应该有各种各样的工作，促进身体和灵魂的进步，如同身体的四肢彼此服务一样"①。换言之，能否荣耀上帝与职业的形式没有关系，重要的是工作者能否在他们各自的工作岗位上恪尽职守、勤勉不懈、积极进取。

3. 高度肯定追求财富和成功的意义与价值，将其视为对上帝的荣耀

在人类历史上，对谋利性工作的鄙视是一种普遍现象，当然也有一些文化对其予以肯定，但是没有哪一种文化将谋利性工作提升到宗教信仰的高度。在儒家文化中，孔子肯定了依靠正当途径获取财富的行为，"富而可求也，虽执鞭之士，吾亦为之。如不可求，从吾所好"（《论语·述而》），否定通过非正当手段获取财富，"不义而富且贵，于我如浮云"（《论语·述而》），但这不是孔子所推崇的主要生活方式，在孔子看来，证明人生价值的是道德人格而非财富多寡。孟子"重义轻利"，批评谋利性工作，称"鸡鸣而起，孳孳为利者，跖之徒也"（《孟子·尽心上》）。道家学说更是极力反对对财富的追求，认为财富是招祸之源，"五色令人目盲；五音令人耳聋；五味令人口爽；驰骋畋猎，令人心发狂；难得之货，令人行妨"（《老子》第十二章），因此，主张人们"见素抱朴，少私寡欲"（《老子》第十九章），以"无为"应事。所以，在儒道的观念中，追求财富的工作在道德上并不高尚。

与之不同的是，新教文化充分肯定了追求财富和成功的正当性，将对财富的追求视为自己的天职，将在职业上的成功视为对上帝的荣耀。正如马克斯·韦伯所言，"整个尘世的存在只是为了上帝的荣耀而服务。被选召的基督徒在尘世中唯一的任务就是尽最大可能地服从上帝的圣诫，从而增加上帝的荣耀。与此宗旨相吻合，上帝要求基督徒取得社会成就，因为上帝的意旨是要根据他的圣诫来组织社会生活。因而尘世中基督徒的社会活动完全是为'增加上帝的荣耀'"②。所以，唯有拥有财富，才可以荣耀

---

① ［德］马克斯·韦伯. 新教伦理与资本主义精神（修订版）. 于晓，陈维纲，等译. 西安：陕西师范大学出版社，2006：34.

② 同①54—55.

上帝。相反，如果放弃对财富的追求，"期待自己一贫如洗不啻是希望自己病入膏肓。它名为弘扬善行，实为贬损上帝的荣耀"①。就此意义而言，一个人以富裕为荣，以贫穷为耻，努力追求财富的增加，就是对自身工作的敬重，在道德上是伟大和神圣的。

财富不是为了满足一己的贪欲，无节制地肆意消费。人们追求财富，但是财富并非为人所有，它是上帝的恩赐，"人只是受托管理着上帝恩赐给他的财产，他必须像寓言中的仆人那样，对托付给他的每一个便士都有所交代。因此，仅仅为了个人自己的享受而不是为了上帝的荣耀而花费这笔财产的任何一部分至少也是非常危险的"②。如果以这样的消费方式对待财富，那么，对财富的占有就与上帝毫无关系，它不过是为了满足个人的肉体欲望而已，所增加的只是个体的荣耀，而非上帝的荣耀，这是对上帝的羞辱。

既强调追求财富的道德正当性，又强调不能浪费财富，这是一种非常合理、值得珍视的精神财富。

4. 敬业精神在行动中体现为勤勉不懈、积极进取的精神风貌

在中国传统文化中，勤劳是中华民族的一大美德，历来得到弘扬和倡导。但是在传统社会，由于生产力落后、人口快速增长，人们主要因生存压力而辛勤劳作，当一个人的生活富裕到一定程度时，比如可以雇佣他人为自己劳作时，他以前的勤劳行为就可能难以持续。

但是，新教文化中的勤劳的不同之处在于，它不会因为财富的充裕而放弃或者减弱对财富的追求。勤勉不懈、积极进取是人一生所应当保持的工作态度和行为方式。约翰·加尔文认为，要想成为上帝的选民，不仅要赚取财富，而且要在法律与道德允许的范围内，尽自己最大的能力赚取尽可能多的财富。因为"一种职业能否博得上帝的青睐，必须根据它为社会所提供的财富的多寡来衡量"③。一个人为社会提供的财富越多，就越能证明他的确获得了上帝的恩宠。所以，人应当在自己力所能及的范围内，

---

① ［德］马克斯·韦伯. 新教伦理与资本主义精神（修订版）. 于晓，陈维纲，等译. 西安：陕西师范大学出版社，2006：93.

② 同①.

③ 同①.

选择能够增加更多财富的职业，或者在本职工作中尽其所能，创造更多的财富。反之，如果拥有最大限度地增加财富的机会，却依然放弃这样的机会，那么这就是对上帝的背叛。"要是上帝为你指明了一条路，因循它你可以合法地谋取更多的利益，而你却拒绝它并选择不那么容易获利的途径，那么你会背离从事职业的目的之一，也就是拒绝成为上帝的仆人，拒绝接受他的馈赠并遵照他的训令行事"①，那么你的工作就丧失了神圣的意义。这一观念为人们提供了持续不断的工作热情，促使人们在一生之中不沉溺于已取得的辉煌成就，不局限于小富即安的生活状态，而是以一种开拓创新、积极进取的姿态投入到追求财富的伟大事业之中。

因此，如何实现财富的增值成为人们在工作中关注的核心问题。在追求财富的过程中，一些头脑清晰、精于理性算计的人发现了"金钱能够通过经济活动而增值"这一规律，进而促使资本家们纷纷将巨额金钱投入工业生产活动中，建立起现代化的大工厂，促进了近代资本主义在西方世界的发展和繁荣。正如马克斯·韦伯所指出的，在人类历史中，占有金钱是所有人的普遍欲求，资本主义不同的是，它能够以持续的、理性的企业活动方式来追求资本的不断增值。所以，敬业精神便自然转化为以追求资本增值为特征的西方资本主义精神。

三、工作的首要美德：勤劳

工作的美德是人们在长期的工作活动中自然形成的，为人所信守和尊奉的道德品质。对于中国人而言，勤劳无疑是最为重要的工作美德，它是几千年来中国人一直信奉和称颂的实践美德，以至于成为中华民族国民性的一个显著特征。正如亚瑟·史密斯所言："一般来说，偶尔到中国的旅行者与长期定居的侨民，他们所获得的印象是不尽相同的，但是他们都确实相信中国人的勤奋。初到中国的人，他们对中国人的第一印象是，这个民族的人正在履行约翰·卫斯理的格言：'全力以赴，始终如一。'"②

---

① ［德］马克斯·韦伯. 新教伦理与资本主义精神（修订版）. 于晓，陈维纲，等译. 西安：陕西师范大学出版社，2006：93.

② ［美］亚瑟·亨·史密斯. 中国人的德行. 陈新峰，译. 北京：金城出版社，2005：19.

(一) 勤劳美德及其特点

关于"勤",《说文解字》解释为"劳也,从力"。那么,"劳"是什么意思?《说文解字》解释"劳,剧也。从力,荧省。荧,火烧门,用力者劳。""劳"描绘了一个人在深夜灯火之下辛苦劳作的样子。由此,"勤劳"的本义是不怕辛苦,努力劳作。作为美德的勤劳,它的内涵具体体现在以下四个方面:

第一,珍惜时间的意识。勤劳首先意味着要珍惜时间。中国古人往往是通过诠释时间的宝贵来劝勉人们勤劳的。比如,"三更灯火五更鸡,正是男儿读书时。黑发不知勤学早,白首方悔读书迟"(《劝学诗》)。"一寸光阴一寸金,寸金难买寸光阴",这是告诫读书人要珍惜时间,努力学习,考取功名;"一年之计在于春,一日之计在于晨",这是劝勉农夫要珍惜时间,辛勤耕作;古代的商贩往往凌晨两三点钟就要起来赶往集市;作为统治者的皇帝也是凌晨三点多就要起来批阅文件,勤于政务。因此,一个勤劳的人首先具有高度的时间观念,将尽可能多的时间和精力投入工作中。

第二,吃苦耐劳的意志。勤劳的美德还体现为吃苦耐劳的精神。肯于吃苦、敢于吃苦、不怕吃苦,是勤劳美德的集中展示。在中国古代由于生产力落后,人们的生活十分艰辛,在长期的生产实践中逐渐养成了吃苦耐劳的习惯,农夫在地里辛勤耕种,忍受着酷暑的煎熬,"锄禾日当午,汗滴禾下土",一辈子"面朝黄土背朝天",与土地为伴,诠释了吃苦耐劳的优秀品质。人们一方面同情吃苦者,另一方面歌颂这种吃苦耐劳的精神,认为肯吃苦是一个人走向成功的秘籍。"吃得苦中苦,方为人上人""不经一番寒彻骨,哪得梅花扑鼻香""能受苦方为志士,肯吃苦不是痴人"等,这种赞美吃苦耐劳精神的诗句在中国古代比比皆是。这充分表明,在中国古代社会吃苦耐劳是中华民族的重要美德。

第三,积极勤快的行动。勤劳是一种实践美德,在个人的行动中集中体现在一个"勤"字。人们判断一个人是不是具有勤劳的美德,不是看他说了什么,而是看他日常的行为表现,即看这个人在工作和劳动中是否勤快肯干、少言多行,是否偷懒等等,夸一个人"勤快"就是说他"勤劳"。

赞美一个人勤劳就是赞美他的行动。据说大禹就是一个十分勤快的领导，因为勤劳之故，脚上的毛都磨光了。孔子在学习时"发愤忘食，乐以忘忧，不知老之将至云尔"（《论语·述而》），他也教育弟子在修身时要少言多行，"君子欲讷于言而敏于行"（《论语·里仁》）。总之，"勤快"是勤劳美德在行动上的集中体现。

（二）勤劳美德的价值

1. 勤以治生

中国古人将勤劳作为美德加以重视的第一个表现是，始终秉持着"勤以治生"的生活理念。《恒斋文集·勤训》中明确指出"治生之道，莫尚乎勤"，充分说明中国古人业已认识到，维持生命存在的最关键因素是"勤"。上古时期，就有关于勤劳与粮食收成之关系的论述。据《尚书·盘庚上》中记载："若农服田力穑，乃亦有秋……惰农自安，不昏作劳，不服田亩，越其罔有黍稷。"意思是说，辛勤耕作才可能有粮食的丰收，懒惰不勤劳就不会有好收成。人们还发现勤劳是保持财富源源不断、永不枯竭的秘密所在，《左传·宣公十二年》中也记载："民生在勤，勤则不匮。"汉代谚语曰："一夫不耕或受之饥，一妇不织或受之寒。"只有每个有劳动能力的人都积极参与到劳动中来，才能改变整个社会的生存困境。如果各行各业的人不能辛勤劳作于各自的职业，那么整个社会就会陷入贫困状况之中。"农夫不勤则无食，桑妇不勤则无衣，士大夫不勤则无以保家。"（《清仁宗味余书室全集》第三十五卷《故一·民生在勤论》）。"《周书》曰：'农不出则乏其食，工不出则乏其事，商不出则三宝绝，虞不出则财匮少。'财匮少而山泽不辟矣。此四者，民所衣食之原也。"（《史记·货殖列传》）因此，在古人看来，勤劳是对每个具有工作能力的人的必然要求。北魏贾思勰在《齐民要术·序》中曰："力能胜贫"。韩愈在《圬者王承福传》中说："粟，稼而生者也；若布与帛，必蚕绩而后成者也；其他所以养生之具，皆待人力而后完也。"可以看出，自先秦以至明清时期，无论君主、官吏还是普通民众，都将勤劳看作维持生命存在的一种道德共识。

勤劳可以致富。中国古人之所以认为勤劳可以治生，是因为他们认为勤劳与获得财富有一种必然的联系。墨子对此深有感触，他在《墨子·非命下》中说:"今也农夫之所以蚤出暮入,强乎耕稼树艺,多聚叔粟,而不敢怠倦者,何也?曰:彼以为强必富,不强必贫;强必饱,不强必饥,故不敢怠倦。今也妇人之所以夙兴夜寐,强乎纺绩织纴,多治麻统葛绪捆布参,而不敢怠倦者,何也?曰:彼以为强必富,不强必贫;强必暖,不强必寒,故不敢怠倦。"这里的"强"就是勤劳的意思。民众之所以早出晚归,辛苦劳作,就是因为在他们的观念中存在这样一个信念:勤劳才可以致富,不勤劳必然导致贫困,正是因为将勤劳致富视为一种必然性,人们才舍弃了懒惰可以致富的奢望而辛勤劳作。"耕之为事也劳,织之为事也扰。扰劳之事,而民不舍者,知其可以衣食也。人之情不能无衣食,衣食之道必始于耕织,万民之所公见也。物之若耕织,始初甚劳,终必利也。"(淮南子·主术训)中国古人对勤劳必有所获的坚定信念,通过民间的一些俗语就可以看得出来,如"一分耕耘一分收获""黄土不亏勤劳人,冷天不冻下力汉""耐得苦,必得福"等。正是因为认识到这一点,老百姓才将勤劳视为一种十分重要的美德予以歌颂和赞美。所以说,"治生无他奇,为勤俭是务"①"治生以勤,养生以朴"②。

另外,人们也将"不劳动者,不得食"视为一项重要的伦理原则。墨子指出:"今有人于此,入人之场园,取人之桃李瓜姜者,上得且罚之,众闻则非之,是何也?曰:不与其劳,获其实,已非其有所取之故。"(《墨子·天志下》)也就是说,"不与其劳,获其实"是违反伦理道德的行为。韩愈认为不劳而获是违背天理的,会遭受上天的惩罚,"食焉而怠其事,必有天殃,故吾不敢一日舍镘以嬉"(《圬者王承福传》)。清朝的李文炤认为,一个人如果以懒惰的态度从事职业活动,那么很多事情都难以做好,"无如人之常情,恶劳而好逸;甘食偷衣,玩日愒岁。以之为农,则不能深耕而易耨;以之为工,则不能计日而效功;以之为商,则不能乘时而趋利;以之为士,则不能笃志而力行,徒然食息于天地之间,是一蠹耳!"(《恒斋文集·勤训》)

2. 勤以养德

中国古人还认识到,勤劳非常有助于个体品德的培养。个体的道德修

---

① (明)顾宪成. 泾皋藏稿:卷十七. 清文渊阁四库全书本:158.

② (明)金瑶. 金栗斋文集:卷二. 明万历刻本:29.

养与勤劳有着密切的关系。《国语·鲁语下》记载，鲁国贵族子弟公文伯继承"大夫"的爵位后，十分高兴，回到家里发现母亲敬姜还在从事纺线织布的体力劳动，觉得很没面子，就劝勉母亲不要再做这样的事情。敬姜严肃地告诉他："昔圣王之处民也，择瘠土而处之，劳其民而用之，故长王天下。夫民劳则思，思则善心生；逸则淫，淫则忘善，忘善则恶心生。"（《国语·鲁语下》）敬姜之所以不以自己身份地位的尊贵而放弃劳动，是因为她看到勤劳对于个人德性修养的意义和价值，担心贪图享乐、放纵安逸的生活会不利于儿子的未来，所以现身说法。常话说，"饱暖思淫欲"，指的就是一个人在安逸的、不受约束的环境下，很容易滋生违背道德的观念。故此，"劳则善心生，养德、养身咸在此焉；逸则妄念生，丧德、丧身咸在此焉"（《惺堂文集·训家人》）。所以，与懒惰的人相比，勤劳的人更容易形成美好善良的道德品质。人们经常将勤劳和善良联系在一起，用来形容中国老百姓的优秀道德品质。

同时，中国古人也将勤劳的反面——懒惰——视为导致道德败坏的重要原因。在传统农村社会，人们常常将那些懒惰的人与"游手好闲""无所事事""吊儿郎当""偷鸡摸狗"的形象联系起来，作为教训子女的坏典型。历代论及修身问题的思想家也极力痛斥懒惰对于个人品德养成的败坏作用。明代著名思想家吕坤指出，"懒散二字，立身之贼也。千德万业，日怠废而无成；千罪万恶，日横恣而无制，皆此二字为之"（《呻吟语·内篇》）。在吕坤看来，一个人在事业上的无所成就，在品质上的傲慢骄横，都源于"懒惰"。康有为将"勤劳"视作大同世界中人们的重要美德之一，他认为在大同世界中法律被消除之后便需提倡"四禁"，"四禁"之首便是"禁懒惰"，他在《大同书》中说："第一禁懒惰。太平之世，园林音乐，男女同游，饮哺歌舞，人太逸乐，即不作工业，亦有恤贫院以收之。若人人如此，则百事隳坏，机器生锈，文明尽失，将至退化。故惰之为害，可以举大同之世复还于乱世，其害莫大，故当严禁。"此外，中国古代还有很多"以勤养生"的案例，其中一个典型就是"陶侃运甓"，陶侃在东晋时曾担任征西大将军，在空闲的时候，常常将百余块砖从斋外搬到斋内，晚上又从斋内搬到斋外，这样做的目的仅仅是为了避免自己懒惰，克制不良习惯的养成。

3. 勤以持家

在中国古代社会，勤劳和节俭被视为促进家族兴旺发达的重要美德。人们将这些美德通过一些家书、家训传递给子孙后代。《庞氏家训》将勤俭视为子女修身立德的重要伦理原则，要求子女认真践行，"孝友勤俭四字，最为立身第一义，必真知才行"。《戒子通录》将勤俭视为家法，"以勤俭为法"（《新唐书·柳玭列传》）。曾国藩曾经深深感叹骄、奢二病对家庭的破坏作用，认为"大富大贵亦靠不住，惟勤俭二字可以持久"（《曾国藩家书》）。故此，他极力劝勉家族成员，"家中无论老少男妇，总以习勤劳为第一义，谦谨为第二义。劳则不佚，谦则不傲，万善皆从此生矣"（《曾国藩家书》）。那么，如何做到勤劳？于是他又提出八字家风："书、蔬、鱼、猪；早、扫、考、宝"，即读书、种植蔬菜、饲养鱼和牲畜，不睡懒觉、打扫卫生、祭祀祖先、和睦乡里等。如果照此行事，那么整个家族就必然会兴盛起来，"能从勤俭耕读上做出好规模，虽一旦罢官，尚不失为兴旺气象"（《曾国藩家书》）。在这里，作为一种家风、家训，勤俭是子女应当养成的一种重要美德，被视为道德教育的重要内容，从小培养子女勤劳和节俭的美德，是家族绵延不绝、兴旺发达的关键所在。

勤俭还是促进家族财富积累的重要途径。《管子·形势解》曰："人惰而侈则贫，力而俭则富。"家庭经济状况取决于勤与俭的结合，前者是开源，后者是节流。清朝史襄哉在《中华谚海》中说："富贵因从勤俭起，贫穷只为手头松"，"勤俭，富贵之本；懒惰，贫贱之苗"。唐代宋若莘、宋若昭在《女论语》中说得更明白："营家之女，惟俭惟勤。勤则家起，懒则家倾。俭则家富，奢则家贫。凡为女子，不可因循。一生之计，惟在于勤。一年之计，惟在于春。一日之计，惟在于寅。"这些观点从侧面反映出勤俭兴家的观念已经深深植根于古代民众的思想之中，成为人们的行为习惯。

4. 勤以兴国

在中国古代社会，勤劳作为一种美德，不仅是对普通老百姓的道德要求，而且是对统治者的道德要求。

第一，传说中的领袖人物或者上古圣贤，在他们身上都能找到勤劳的影子，或者说勤劳是他们得以成为圣贤的重要原因之一。从盘古开天辟地、女娲炼石补天、精卫携石填海的神话故事，到"构木为巢，以避群害"的有巢氏、"钻燧取火，以化腥臊"的燧人氏、"令民知所辟就"而尝百草的神农氏，还有发明农业器具的皇帝、炎帝，带领百姓耕种于象山的大舜，都歌颂了我们的祖先在艰难困苦的环境中辛苦劳作的精神面貌，体现了社会大众对勤劳的尊崇。

第二，勤劳作为统治者的美德，在上古时代得到了高度的肯定。《尚书·皋陶谟》中说："无教逸欲有邦，兢兢业业。"告诫治理国家的人，不要贪图安逸的生活，应当兢兢业业，勤奋工作。"天工，人其代之"（《尚书·皋陶谟》），工作是上天安排的，人应当帮助其完成。《尚书·益稷》中说："元首丛脞哉，股肱惰哉，万事堕哉。"然而，最能体现"克勤于邦"精神的当数治水的大禹。勤劳的美德在他的身上得到了充分的展示。《庄子·天下》中写道："昔者禹之湮洪水，决江河而通四夷九州也，名山三百，支川三千，小者无数。禹亲自操囊耜，而九杂天下之川；腓无胈，胫无毛，沐甚雨，栉疾风，置万国。禹，大圣也，而形劳天下也如此。"为了降服洪水，大禹的勤劳达到了一种难以言喻的高度，成为中华民族千百年来的道德楷模，鼓舞着后人。正如《尚书》中舜帝对大禹的赞叹："格，汝禹！朕宅帝位三十有三载，耄期倦于勤。汝惟不怠，总朕师。"《左传·昭公元年》赞美道："美哉禹功，明德远矣，微禹，吾其鱼乎！"

第三，上古的这些勤劳事迹对后世的统治者产生了较为深刻的影响。殷商的君王盘庚迁都之后，告诫群臣，懒惰是件可耻的事情，"无戏怠，懋建大命"（《尚书·盘庚下》）。周文王就曾做过修筑道路、耕种土地的劳役，他辛勤劳作以至于从早到晚连吃饭都顾不上。"文王卑服，即康功田功……自朝至于日中昃，不遑暇食。"（《尚书·无逸》）周文王曾劝告他的子民要自食其力，他说："小子惟一。妹土，嗣尔股肱，纯其艺黍稷"（《尚书·酒诰》），并对那些不能体谅辛勤劳动的人给予训斥，他说："相小人，厥父母勤劳稼穑。厥子乃不知稼穑之艰难"（《尚书·无逸》）。周文王自己也勤于政务，《诗经》中记载："文王既勤止。"（《诗·周颂·赍》）墨家就以"苦行"来锻炼自己的意志，《庄子·天下》中说："使后世之墨者，多以裘褐为衣，以跂蹻为服，日夜不休，以自苦为极，曰：'不能如此，非禹之道也，不足谓墨。'"秦始皇虽然残暴蛮横，但是他勤于政务的精神却令人佩服，据说他要求自己每天必须阅读120多斤的竹简奏折，看完才可以休息。三国时期的诸葛亮为了辅佐后主刘禅，也自我要求"鞠躬尽瘁，死而后已"。由此可见，在中国传统社会，勤劳并不是只针对某一阶层提出的伦理要求，它是一项普遍性的美德，是统治者首先应当履行的重要伦理义务。

第三节　工作交往伦理

除了个体与工作的伦理问题外，在围绕工作而展开的人际交往活动中应当履行什么样的伦理义务也是工作伦理所要探讨的重要问题。现实社会中，不少职场人士都认为，在工作中最让人头疼和揪心的不是工作任务本身，而是难以处理的错综复杂的工作人际关系，也正是人际工作伦理"明规则"的缺失才导致大量"职场潜规则"泛滥于许多工作领域，给不少工作者造成了身心伤害。因此，和谐工作关系的形成，迫切需要构建一种合理的工作交往伦理。

一、上下级交往伦理

"上级"就是工作活动中的领导者或管理者，即承担发布命令、指挥、管理、协调任务的工作者；"下级"就是被领导者或被管理者，即被要求服从命令、听从指挥、按照上级指示行动的普通工作者。在领导者与被领导者之间构成的工作上的职能关系，就是通常意义上的"上下级关系"。上下级之间在权力、职位上具有很大的差异性，下级被要求尊重和服从上级的命令，上级需要对下级的行为承担伦理责任。建立合理有效的伦理原则是保证上下级关系和谐发展的关键所在，也是实现工作者自身幸福的重要条件。

（一）传统上下级交往伦理

上下级关系在中国传统社会中主要体现为君臣关系、官民关系、主仆关系、官兵关系等，呈现出明显的政治特征。因为中国传统政治思想强调家国同构的伦理秩序，传统社会中的上下级交往伦理首先表现为以君臣关系为主的交往伦理。君臣关系被视为五种最重要的人伦关系之一，在中国古代社会的上下级关系中居于核心地位。调节君臣关系的伦理原则被人们推而广之，被作为主仆、官兵等上下级关系的伦理原则加以对待。因此，调节君臣关系的伦理原则是中国古代上下级伦理的典型代表。

1. 各司其职

中国传统社会中的上下级交往伦理的首要原则是各司其职。各司其职的伦理原则肇始于周代创立的礼乐文化制度，即立足血缘关系而形成的一套上下有别、尊卑有序的等级封建制度。但随着春秋以来周王室的衰落，整个社会出现了"天下无道"和"礼崩乐坏"的局面，以儒家为代表的一些思想流派强调要通过"克己复礼"来实现天下的有序化。其中最有代表性的观点，便是君臣、父子各司其职的名实相符观念。据《论语·颜渊》中记载："齐景公问政于孔子。孔子对曰：'君君，臣臣，父父，子子。'公曰：'善哉！信如君不君，臣不臣，父不父，子不子，虽有粟，吾得而食诸。'"儒家的另一主要代表孟子指出："欲为君尽君道，欲为臣尽臣道，二者皆法尧、舜而已矣。"（《孟子·离娄上》）这充分表明，在孔孟看来，做君主的要履行好为君的义务，做臣子的要履行好为臣的义务，做父亲的要尽好为父亲的责任，做儿女的要尽好为儿女的责任。如此这般，每个人只要做好自己的工作岗位所赋予的分内之事，那么国家就可以由乱入安，由无道恢复为有道。相反，如果每个人都不能做好自己的本职工作，那么就很难治理好国家。

儒家的这一伦理原则对上下级都提出了相应的伦理要求。一方面，对掌控资源、拥有权力的上级进行了严格的道德限制，要求他们在行使自己的职权时，不得超越职权的范围。他们在职的时候，被要求"在上不陵下""在位而不越位，用权而不越权"；他们离职的时候，被要求"不在其位，不谋其政"（《论语·泰伯》）。另一方面，对下级也提出了相应的伦理要求，要求"在下位，不援上"（《中庸》）。也就是说，下级不应当一味逢迎、谄媚、奉承上级，而是应当恪尽职守做好自己的本职工作。各司其职这一伦理原则对上下级之间的权力义务关系画上了一道清晰的界线，标示了彼此行为的界限。它告诉人们对各自的行为负责，对本职工作负责，下级不得超越权限干涉上级的事务，上级也不得随意越权干涉下级的工作。这对工作的顺利开展以及上下级关系的和谐构建具有非常重要的现实意义和理论价值。

2. 待下以礼

"待下以礼"是上下级交往伦理的一条重要原则。就中国古代人际交往而言，"礼"是人们应当遵守的一系列礼节仪式和道德规范，目的在于追求人际关系和社会关系的和谐。正所谓"礼之用，和为贵"（《论语·学而》），也就是说"礼"在本质上体现了对他人尊严的肯定、对他人人格的尊重。"毋不敬"（《礼记·曲礼上》），"礼者，敬而已矣"（《孝经·五刑》）。"礼"是做人的基本原则，是一个人由野蛮走向文明的标志，"不知礼，无以立也"（《论语·尧曰》）。因此，"待下以礼"所表达的是，上级应将下级视为目的性的存在，尊重下级的人格、尊严，以文明礼貌的方式予以对待。

第一，"待下以礼"作为上级对下级的伦理原则，在中国传统社会集中体现在君臣的交往活动中。"待下以礼"被视为君主对待臣子应坚守的伦理要求。首先，在理论层面上，早在先秦时期儒家就明确提出了这一伦理原则，并予以高度肯定。如鲁定公向孔子询问如何对待下级，孔子告诉他，"君使臣以礼"（《论语·八佾》）。孔子试图将上级的行为拉到规范的层面上来，以传统的道德礼制制约上级的行为，从而杜绝上级随意专断。孔子还说："居上不宽，为礼不敬，临丧不哀，吾何以观之哉？"（《论语·八佾》）意思是说，如果上级不能按照"礼"的原则对待臣子，那么他将失去下级的信任和拥护。上级是否给予下级应有的尊重，决定了上级能否在事业上有所成就。《战国策·燕一》中曰："燕昭王收破燕后即位，卑身厚币，以招贤者，欲将以报仇，故往见郭隗先生曰：'齐因孤国之乱，而袭破燕。孤极知燕小力少，不足以报。然得贤士以共国，以雪先王之耻，孤之愿也。敢问以国报仇者奈何？'郭隗先生对曰：'帝者与师处，王者与友处，霸者与臣处，亡国与役处。诎指而事之，北面而受学，则百己者至；先趋而后息，先问而后嘿，则什己者至；人趋己趋，则若己者至；冯几据杖，眄视指使，则厮役之人至；若恣睢奋击，呴籍叱咄，则徒隶之人至矣。此古服道致士之法也。'"在郭隗看来，一个君主的成就大小取决于他对待臣子的态度，如果以师者的礼遇对待臣子和贤能之士，那么他就有治理天下的潜质；如果以朋友之道待之，那么他只能成就王业；如果以臣子之道待之，那么他就能成就霸业；如果以奴仆之道待之，那么就会导致国家的灭亡。因此，一个君主能否"待下以礼"，对其施政有极其重要的意义。

第二，"待下以礼"这一观念在上下级实际交往过程中得到了充分体现，"礼贤下士"就是一个典型的代表。历史上有不少君主高度尊重优秀贤能的臣子，给这些人以很高的礼遇。《史记·孟子荀卿列传》记载："是以驺重于齐。适梁，惠王郊迎，执宾主之礼。适赵，平原君侧行撇席。如燕，昭王拥彗先驱，请列弟子之座而受业，筑碣石宫，身亲往师之。作《主运》。其游诸侯见尊礼如此。"齐宣王在临淄稷门附近创办稷下学宫，广泛招揽天下各类人才，贤者尊之为师。《孟子·万章下》记载："吾于子思，则师之矣；吾于颜般，则友之矣；王顺、长息，则事我者也。"费惠公虽然握有至高的权力，但是仍十分敬重德高望重的臣子。此外，"周文王访贤"、刘备"三顾茅庐"等事迹更是不少。正如孟子所指出的："古之贤王好善而忘势。古之贤士何独不然？乐其道而忘人之势。故王公不致敬尽礼，则不得亟见之。见且由不得亟，而况得而臣之乎？"(《孟子·尽心上》)在上古时代，贤能的君主极其重视贤能之士，对其极其尊重。从这些现象可以清楚地看出，"待下以礼"的观念在中国上古社会成为君主重要的美德。

第三，"待下以礼"更是强调上级要尊重下级的人格、尊严。孟子说："君之视臣如手足，则臣视君如腹心；君之视臣如犬马，则臣视君如国人；君之视臣如土芥，则臣视君如寇仇。"(《孟子·离娄下》)如果君主不将臣子当人看，侮辱下级，那么下级就没有必要服从上级的指示。齐宣王曾经派人召见孟子，孟子托病不见，正是由于齐宣王违背了对待臣下的"礼"的原则。因为在孟子看来，君主与臣下在人格上是完全平等的，他指出："有天爵者，有人爵者。仁义忠信，乐善不倦，此天爵也；公卿大夫，此人爵也。古之人修其天爵，而人爵从之。今之人修其天爵，以要人爵；既得人爵，而弃其天爵，则惑之甚者也，终亦必亡而已矣。"(《孟子·告子上》)一个人道德高尚，具有了天爵，那么就没有必要在上级面前感到自卑。

3. 忠于职守

"忠"的本义是尽心尽力，对己心负责。《说文解字》解释"忠"说"尽心曰忠"。后来指向两类对象：一类是忠于事，一类是忠于人。在上下级关系中，"忠"指下级忠诚于上级，听从上级的安排，完成好上级交付的工作任务，尽心尽力以正道辅佐上级。《管子·君臣上》曰："能上尽言于主，下致力于民，而足以修义从令者，忠臣也。"换言之，对上级的忠诚，不是讨好上级，唯上级利益是从，而是帮助上级改正缺点，趋善避恶，造福社会。

对于下级而言，"忠"是一项十分重要的伦理义务。"忠者，臣德也"（《郭店楚墓竹简·六德》）；"忠者，臣之高行也"（《管子·形势解》）。"忠"是为臣者应具有的重要美德。但"忠"不是无原则地一味顺从上级的意志，不是"唯上是从"，也不是"唯命是从"，而是要"唯道是从"。对此，先秦儒家有深刻的诠释。

孔子认为真正的忠诚是以道义侍奉君主。他指出："所谓大臣者，以道事君，不可则止。"（《论语·先进》）孟子在孔子的基础上，对"忠"做了进一步的发挥。在他看来，有两类"臣"：一类是"事君人者"（《孟子·尽心上》），这类下级只考虑君主一人之利，忠诚于君主一人，曲意逢迎，只为讨得君主的欢心，不考虑国家、社稷和百姓的安危。孟子斥责这类人所行的"忠"实际上是"妾妇之道"（《孟子·滕文公下》）。另一类下级是"安社稷臣者"（《孟子·尽心上》），在他们的观念中，国家、百姓的利益高于君主的利益，他们是为国家、百姓尽忠，而不是为君主一人尽忠。因此，他们"从道不从君"。《论语·先进》中就提出"以道事君"，即根据仁义之道而不是完全根据上级的喜好来做事。孟子认为，无官守者无言责，一旦有官守，便确立君臣关系，那么就有义务劝谏君主，"革君心之非"，指出君主的过错。孟子指出，反复劝谏不听就可以离去，"君有过则谏，反覆之而不听，则去"（《孟子·万章下》），即解除君臣关系。与君主同一宗族的"贵戚之卿"（《孟子·万章下》），如果对君主反复劝谏，依旧不听，那么他们就可以废除君主，另立新君。所以，当齐宣王听到孟子的这番言论时，"勃然变乎色"（《孟子·万章下》）。总之，在孟子看来，只有如此，才可以算得上"忠"。

为了劝谏君主乃至不顾性命之安危，那是愚忠。"晏子立于崔氏之门外，其人曰：'死乎？'曰：'独吾君也乎哉，吾死也？'曰：'行乎？'曰：'吾罪也乎哉，吾亡也？'曰：'归乎？'曰：'君死，安归？君民者，岂以陵民？社稷是主。君臣者，岂为其口实，社稷是养。故君为社稷死，则死之；为社稷亡，则亡之。若为己死，而为己亡，非其私昵，谁敢任之？'"（《左传·襄公二十五年》）晏子认为，"忠"的价值在于及时匡正君主的错误，向君主建善言、献善策，并使得君主能够采纳自己的意见，从而建立良好的政治制度。如果君主昏庸无能，那么为昏君赴死是十分不值得的事情。

因此，在中国传统社会，特别是在先秦时期，"忠于职守"作为上下级交往的伦理原则，它在本质上并不是强调下级对上级的一味服从，使下级成为上级的附庸，而是告诫下级，自己所服从的对象是代表仁义的"道"，而不是一个人，他忠于的是伦理的精神，而不是君主的权势。

（二）上下级关系的历史蜕变

传统的工作交往伦理对维系传统社会中工作交往活动的正常运行、对工作交往关系的和谐构建，发挥了极其重要的历史作用。但是，随着时代的变迁、社会的进步，特别是近代以来中西方文化的激烈碰撞和交流，中国传统的上下级关系经历了一系列的蜕变过程。

1. 上下级关系蜕变为人身依附关系

在中国传统社会，随着封建专制制度的不断深入，君主权力的迅速扩展，先秦儒家所提出的对上级的伦理约束在强大的君主专制面前逐渐被削弱，但对下级的伦理要求却不断被强化。先秦时期提倡的君臣平等的交往伦理消失了，取而代之的是"君为臣纲"的伦理原则，它成为此后传统社会上下级交往的核心原则。这一原则的目的在于巩固上级的权力，使下级听命于上级的随意使唤，上下级之间的双向伦理义务沦为下级单向的服从。

在这种背景下，上下级关系就异化为人身依附关系。上级不是"上司"，而是下级的主子，下级也不是组织的成员而纯粹是上级的"仆从""家奴"。先秦时期"从道不从君"，现在沦为"唯君是从""君叫臣死，臣不得不死"。在君主的权威之下，各级官吏虽有"官"的名分，但实际上已经成为君主的家仆，是君主豢养的执行自己命令的工具。在这样的官僚体系中，除处在权力金字塔顶端的君主不需要依附于他人之外，其他官吏都要依附和听命于上一级官吏，所谓"官大一级压死人"，甚至自己的仕途乃至性命都不能掌握在自己手中，而是全权交给了另外一个人。

在这种关系中，上下级的交往活动已经丧失了实践本性，这种关系已经不是交往，而是一种对人的"操控"活动。科西克将此称为"操控的世界"。他指出，"这个操控的世界中，一切东西都转化为功利性的器械。物和人是工具，又是操控对象"①。任何人一旦走进这样的上下级关系中，个人的自由之精神与独立之人格就会在不同程度上遭到压制，只有接受奴性的驯化，随波逐流，成为一个顺民，才能"适者生存"，久而久之，就被成功地改造成一个唯唯诺诺、言听计从的"下级"。人一旦陷入被异化的"上下级"关系中，个人的自由全面发展就无从谈起。只要以人身依附为特征的上下级关系存在，奴役就不会停止，人的解放就只能停留在口号上。

2. 上下级关系异化为非情感性的理性关系

随着资本主义的发展，商品经济的繁荣，科层制逐渐成为现代工作的基本组织形式。社会学家彼得·布劳和马歇尔·梅耶在《现代社会中的科层制》中声称："在当今社会，科层制已成为工作管理组织制度，并在事实上成了现代性的缩影。除非我们理解这种制度形式，否则我们就无法理解今天的社会生活。"② 所以，科层制是现代社会在工作领域中的一个重要特征。在科层制统治下的组织制度中，上下级之间的人身依附现象虽然有所改善，但是又出现了一种新的异化，即上下级交往沦为无人格的、无感情交流的纯粹理性化的工具型关系。这体现在以下几个方面：

第一，上下级关系的理性化。科层制建立在理性规则基础之上，强调组织结构中的一切工作者都应当始终以理性为行为的标准。坚持理性化是处理上下级关系的根本法则。在科层制中，任何人不再作为一个情感个体

---

① [捷克]卡莱尔·科西克. 具体的辩证法. 傅小平，译. 北京：社会科学文献出版社，1989：66.

② [美]彼得·布劳，马歇尔·梅耶. 现代社会中的科层制. 马戎，时宪明，邱泽奇，译. 上海：学林出版社，2001：8.

而存在，而是以非人格化的面孔出现。"没有憎恨和激情，也没有'爱'和'狂热'，'不因人而异'，形式上对'人人'都一样。也就是说，理想的官员根据其职务，管辖着处于相同实际地位中的每个有关人员。"①上下级共同服从理性规则，都按章办事，上级无论是谁，都不会因为对象的不同而使服从理性规则的性质有所改变。

第二，上下级关系严格的等级化。与封建社会中上下级关系的等级化程度相比较，科层制中的等级化程度更为显著，"所有岗位的组织遵循等级制度原则，每个职员都受到高一级的职员的控制和监督"②。下级必须无条件地服从上级的安排，接受上级的命令和监督。因此，"命令—服从"成为上下级交往的基本形式。但是，与封建社会中的等级不同，科层制中的等级不是建立在个人权威、人身依附之上的，而是建立在对理性规则共同服从的前提之下的，每个人在规则面前都是平等的。根据等级制原则，在这个行政体系内的"每一个职员，都能够在上级面前为自己和自己下属的决定和行为负责。因为他要为自己下属的工作承担责任，因此他对下属具有权威性，这意味着对下属有发号施令的权力；下属则有服从的义务。这种权威只限于工作范围，只能用来发布与公务有关的指令。超出这个范围，利用自己地位的特权操纵下属并不是科层制权威的合法行为"③。换言之，上级可以对下级发号施令，下级必须服从上级的施令，但是上级发号施令的权力不是来自上级本身，而是来自其所占有的职位。换言之，是职位而不是占据职位的人本身有权力，谁占据职位谁就拥有权力。与此同时，占据职位也应当履行相应的义务。

第三，上下级关系的规则化。首先，上级具有的权力来自规则，下级对上级的服从本质上也来自对规则的遵从。表面上，下级服从的是上级，但实质上下级服从的是规则。其次，下级服从的不是上级本人，而是服从

---

①　[德] 马克斯·韦伯. 经济与社会：上卷. 林荣远，译. 北京：商务印书馆，1997：250-251.

②　[德] 马克斯·韦伯. 支配社会学. 康乐，简惠美，译. 桂林：广西师范大学出版社，2004：25.

③　[美] 彼得·布劳，马歇尔·梅耶. 现代社会中的科层制. 马戎，时宪明，邱泽奇，译. 上海：学林出版社，2001：17.

那些非个人的规则。"服从者作为团体的成员，仅仅服从法"①。这种服从局限于规则所规定的工作职责范围之内，当超越这个范围时，下级就没有服从上级的义务了。即便在上级的管辖范围之内，若上级的命令逾越或者违反了规则本身，下级也有投诉的权利，"任何机构都有固定的监督和监察制度，下级机构都有权向上级机构投诉或提出异议"②。

科层制中的上下级关系相比于传统社会中的人身依附关系，是一种进步。个体不再需要臣服于某个人的意志，听命于某个人的使唤，一切只需按照普通的规则和制度行事即可，因此个体的晋升获得了一定的公平性，个体在工作中的独立性和自由度也得到了改善，然而最重要的是这种上下级关系极大程度地提高了管理的效率，上级的命令能够在法定范围内得到有效的贯彻执行。

尽管如此，这种科层制中的上下级关系依旧存在一些重要问题。首先，上下级之间缺乏民主交往。在科层制组织中，围绕权力而展开的运行机构有着严格的等级划分和清晰的职责分工，要求各司其职，上级负责决策，下级被要求执行上级的命令，下级完全成为执行命令的机器，上下级之间缺乏民主交流。其次，上下级之间缺乏情感交流。约翰逊认为："过去那种有助于赋予生活以目的和意义的个人之间忠诚的联系被科层制的非私人关系破坏了。对自发情感的满足和欢乐被合理而系统地服从于科层制机构的狭窄的专业要求所淹没。总之，效率的逻辑残酷地而且系统地破坏了人的感情和情绪，使人们沦为庞大的科层制机器中附属的而又不可缺少的零件。"③ 最后，上下级的自主性和创造性遭到压制。在这种体制中，特别是身处下级的群体，在工作中，缺乏自主发挥才能的空间，自己的意志无法得到展现，只需按部就班地严格执行命令就是，不允许有自己思考和商量的空间。因此，在这种上下级关系中，下级变成唯权力是从、唯规则是从的个体，没有自我。上下级关系中人的主体地位丧失了。理性

---

① ［德］马克斯·韦伯. 经济与社会：上卷. 林荣远，译. 北京：商务印书馆，1997：243.

② 同①244.

③ ［美］D. P. 约翰逊. 社会学理论. 南开大学社会学系，译. 天津：国际文化出版公司，1988：292.

的规则处于统治地位，无论上级还是下级，在这种关系中，都是处于客体的身份。

(三) 上下级交往的伦理重建

科层制理论遭到了后来学者的深刻批评。针对马克斯·韦伯的理性人假设，以梅奥为代表的行为管理学派提出"社会人"假设，根据他的观点，人不仅单纯追求金钱，而且有社会情感方面的需求，上级与下级亲善友好的沟通交流，更有助于改善上下级的工作关系，保证工作任务的顺利完成。随后麦格雷戈在吸收了马斯洛的需求层次理论之后，又提出以"自动人"为假设的管理理论，根据他的观点，人是自主的、努力向上的，朝着自我实现的方向前进。和谐的上下级关系应当是处在每个职位中的人都能最大限度地发挥自身的潜能。但是根据这些理论，上下级关系之命令与服从的隶属关系的本质并没有改变。

在当代管理伦理学中，最有影响力的观点莫过于 20 世纪 70 年代美国著名管理学家罗伯特·K. 格林利夫提出的仆从领导理论。这一理论认为，领导不是无所不能的天神，不是光耀史册的"帝王将相"，也不是具有传奇色彩的英雄，更不是好莱坞电影中的罗宾汉与蜘蛛侠——他/她是一位仆从。领导不是一种"职位"，而是一种"职业"；领导与其下属是"伙伴关系"，领导与利益相关者是"信托关系"。[①] 这一理论的提出彻底颠覆了人们对领导的传统看法，是领导理论的一次巨大革命。根据传统观念，"领导"与"仆人"好像是两个完全不相干的概念，这一理论却将二者有机地结合在一起，使之融合成一个真实的人。

根据仆从领导理论，上下级关系不再是等级关系，而是"伙伴关系"。

第一，在新型的上下级关系中，上级的身份和地位不是组织机构规定的，也不是自封的，而是下级主动赋予的。针对科层制导致上下级关系的理性化，格林利夫提出了一种新的道德原则。这种原则认为："值得一个人忠诚的唯一权威是被领导者按照自己对领导者明显表现出来的仆从形象的反应，并按照这一形象的程度大小，自由地、有意识地赋予领导者

---

① 万君宝，袁红林. 管理伦理. 上海：上海财经大学出版社，2005：388.

的。那些愿意遵从这个原则的人们，是不会随意接受现存机构里的权威的。相反，他们只会自由地接受那些经过推选做领导的个人，因为这些个人都是经过实践证明可靠的仆人。"① 在这里，格林利夫指出，下级服从或忠诚于上级的唯一理由是：上级是自己推选出来的，上级履行了仆人的义务。

第二，上级的身份不再是高高在上的领导者、指挥者、发布命令的人，它是下级的"仆人"。上级的伦理职责是主动服侍下级。服侍下级不仅是上级的伦理责任，而且是上级的美德。格林利夫指出："一位伟大的领导者，必须首先体验服侍别人，这就是领导者之所以伟大的关键所在。真正的领导力源自这样一些人：他们的动机基于愿意服侍他人的深层渴望。"②

"服侍"意味着什么？根据格林利夫的观点，"它要求有关个人把他们在这个世界上遇到的问题看作自己的任务，将之作为完善自我的一种手段。他们把这种内在成就的外在体现视为关怀个体的起点，所采用的方式是要求他们具有全心全意的奉献精神和娴熟的技能，可以帮助那些个体的人成长起来并且变得健康、更加强壮和更加具有自主权"③。也就是说，上级帮助下级在工作中获得真正的成长和进步，这才是上级工作的主要目标和伦理义务。

如何衡量上级是否尽到了服侍的伦理义务？格林利夫指出："测试人们是否是仆人式领导的最好却难以实施的方法是：那些被服侍的人的个性是否更加成熟？他们在受到服侍的同时，是否变得更加健康、更有智慧、更自由、更自主，并且更有可能自愿做仆人？"④ 也就是说，下级身体上的健康、道德上的进步、能力上的提升等都可以作为衡量上级管理好坏的标准。这样的管理最终由对利益的追求转为对人的发展完善的追求，进而实现经济利益的增长。

---

① ［美］罗伯特·格林利夫. 仆人式领导. 徐方，齐桂萍，译. 南昌：江西人民出版社，2008：43.
② 同①21.
③ 同①21.
④ 同①58.

这一理论虽然过于理想，但与我们宣传的"党的领导干部应该是人民的公仆"的理论有相似性，也很有启发性，对于改善上下级之间的工作伦理关系，很有借鉴意义。

二、同事交往伦理

同事关系指的是在某种组织内从事一定工种的工作者之间由于工作分工的需要而形成的相对平等的社会关系。从关系主体看，同事关系的主体是同一工作组织中处在同一工作层级的个体，主体间地位平等，人格独立，不存在支配与被支配的关系。从交往层面看，同事间的交往活动存在于共同的工作活动空间内，隶属于同一上级领导，具有共同的工作背景，如同一学校的老师、同一医院的医生、同一车间的工人，等等。从关系性质看，同事关系既是一种竞争关系又是一种合作关系。在这种共同的工作背景下，在具有同等地位但又存在竞争关系的背景下，要保证同事关系的和谐，就需要建立一套相应的伦理规范。

（一）传统同事交往伦理

在中国传统社会，同事间的交往活动并不是工作交往的主流形式。一方面，相比于平级的同事关系，纵向的封建等级制度是社会基本政治制度，体现等级特征的道德观念是社会的主流观念，进而导致纵向的社会关系在社会中占据主导地位。另一方面，从经济层面看，以农业为主的自给自足的自然经济长期占据主导地位，社会分工相对简单，商品经济发展较为缓慢，只有少数人进入社会商品经济活动，从而使同事关系的发展受到一定的抑制。

尽管如此，同事间的交往活动仍然在人们的日常工作生活中占据一定地位，主要体现在两个方面：在朝廷里，同一级别的官员或同一职位的人围绕公务而展开的交往活动；在官府或民间的作坊内，从事手工制作活动的工匠之间的交往活动。在围绕工作活动而展开的交往活动中逐渐形成了一套别具一格的伦理规范。

1. 兄弟情谊
囿于中国传统社会以家庭血缘关系为基础的伦理结构，同事关系没有被纳入五伦之中，而是被类比为一种"兄友弟恭"的"悌"式兄弟关系。这一点，可从时至今日都存在的同事、同学间互相称兄道弟的现象得到证实，例如：求教于同一老师的学生之间互称师兄弟姐妹；供职于某一单位和同一办公室的同事之间除了以职衔互称外，也更多互称"某某兄""某某姐""某某老弟"；中国古代官场中同年考中进士或举人之人互称"年兄"，以表示同事间类似兄弟的工作伦理关系。当代儒学大家梁漱溟先生就指出，孔子提出的"正名"之说已经为中国社会确立了伦理之根基，中国古代的整个社会关系都建立在家庭关系的基础之上，以父子关系及其伦理义务确定君臣、官民等上下级关系及其伦理义务，以夫妻关系及其伦理义务确定男女关系及其伦理义务，以兄弟关系确定同事、朋友等平辈关系及其伦理义务。通过家庭关系构建了整个社会关系，或者说社会关系都是家庭关系的外在扩展，"则于师恒曰'师父'，而有'徒子徒孙'之说；于官恒曰'父母官'，而有'子民'之说；于乡邻朋友，则互以叔伯兄弟相呼。举整个社会各种关系而一概家庭化之"①。实际上，调整兄弟关系的"悌"道，在同事之间的工作交往中具有普遍有效性。

但这种将同事视为"兄弟"对待的伦理关系，并不像上下级关系那样建立在科层制之上，而是扎根于深厚的情感交往之中。梁漱溟先生在分析中国古代社会关系的性质时指出，中国古代社会伦理规范的产生是"因情而有义"，是人之本性的自然流露。他说："吾人亲切相关之情，几乎天伦骨肉，以至于一切相与之人，随其相与之深浅久暂，而莫不自然有其情分。因情而有义。父义当慈，子义当孝，兄之义友，弟之义恭。夫妇、朋友，乃至一切相与之人，莫不自然互有应尽之义。伦理关系，即是情谊关系，亦即是其相互间的一种义务关系。"② 也就是说，一切伦理规范的生成都是随着人际交往的频繁，人与人之间的熟悉亲近而自然生发的，不是外在强迫的。对彼此的义务，从根本上是来自彼此的深厚感情。在同事关系中，正是如此。

2. 以和为贵

在中国传统社会，兄弟相处最重要的是"以和为贵"。所谓"衣服破，

---

① 梁漱溟. 中国文化要义. 上海：上海人民出版社，2005：105.
② 同①.

尚可补；手足断，难得连""兄弟和顺家必昌"。因此，"以和为贵"就成为同事间交往活动中的重要伦理原则。

所谓"以和为贵"，指的是同事之间在交往活动中应当始终将"和"放在同事关系的首位。中国古代的思想家高度重视"和"的精神，并将"和"与"同"区别开来，孔子说"君子和而不同，小人同而不和"（《论语·子路》），意即"和"不是要和稀泥，不是要"屈己以事人"和"仗势以压人"，而是强调兄弟、同事间和谐相处。《论语·学而》中提出"礼之用，和为贵"的伦理观念，认为"和"是在人际层面所追求的最高价值目标。孟子从构建强盛国家的视角出发，认为"天时不如地利，地利不如人和"（《孟子·公孙丑下》）。一个国家强大与否，关键取决于这个国家的人民能否齐心协力、团结一致。荀子进一步将合作精神提升至人类发展的高度，认为合作精神是人类能够在优胜劣汰的自然界中得以存在和发展的重要原因，"力不若牛，走不若马，而牛马为用，何也？曰：人能群，彼不能群也。人何以能群？曰：分。分何以能行？曰：义。故义以分则和，和则一，一则多力，多力则强，强则胜物"（《荀子·王制》）。

同级交往活动中"以和为贵"的伦理原则，体现在合作和竞争两个方面：

第一，在合作中同心同德。因为分工合作的需要，人们才走到一起，从而形成同事关系。在合作中彼此是否真诚相待，一心一意朝着工作目标迈进，对工作任务的完成至关重要。中国古人早就认识到精诚合作所产生的巨大力量。《周易·系辞上》曰："二人同心，其利断金"；《淮南子·兵略训》曰："千人同心，则得千人力；万人异心，则无一人之用"。中国老百姓早就深刻地意识到工作中同心同德的重要意义。谚语曰："两人一条心，有钱买黄金；两人两条心，无钱买根针""众人拾柴火焰高""精诚所至，金石为开"等。这些宝贵经验启示我们，在同事交往中，只有每个人暂时放下个人利害得失，以工作目标为自己的目标，同心同德、齐心协力，才能将工作做好。

第二，在竞争中礼让为先。同事交往中必然会存在竞争关系。如何正确处理同事间的竞争关系？中国古人提出了"礼让"原则。孟子曰："无辞让之心，非人也。"（《孟子·公孙丑上》）在孟子看来，有无"辞让之心"是成为人的必要条件之一。儒家反对为了自我利益不顾一切的竞争行为，主张在追求利益的竞争活动中，以他人为主，做到先人后己。《吕氏春秋·行论》曰："尧以天下让舜。"《论语·泰伯》载："泰伯，其可谓至德也已矣。三以天下让，民无得而称焉。"至高的权力是人们竞相追逐的对象，但是德行高尚的圣贤，在重大的利益面前，能够以他人为重，以天下为重，放弃宝贵的机会。尧和泰伯将这种礼让的精神发挥到了极致，开创了礼让的先河。人们纷纷以"礼让"为善，"处世能退一步为高""一味学吃亏，是处事良方""不与人争得失，唯求己有知能""为善之端无尽，只讲一让字"等成为人们的处事智慧，也成为古代中国文化区别于西方文化的一大特征。梁漱溟先生曾指出，"以他人为重"是中国传统伦理的一大特征。道家更将这种礼让精神发挥到新的高度，《老子》中提出"上善若水，水善利万物而不争"（《老子》第八章），不争是最高的善，"夫唯不争，故天下莫能与之争"（《老子》第二十二章）。

3. 互帮互助

在民间社会，"互帮互助"已经成为人们日常的工作生活方式。"一个篱笆三个桩，一个好汉三个帮"。在传统的农村社会，"帮忙"成为人们的日常性活动。比如，在收割、盖房、结婚、安葬等重大活动的时候，村上的人就会一拥而上，主动前去帮忙。当同样或者相似的事情发生在其他家庭时，以前受过帮助的人家也有义务去帮助他人。

这种互帮互助还体现在同行商人中。宋元时期的商人中就存在大量的互助会和行会，比如青果团、花团、柑子团、鱼团、猪团、布行、销金行、方梳行、冠子行、丝绵市、故衣市、生帛市等。据统计，到南宋时期，像这样的团、行、市等同行业间的互助组织有400多个。在这些行会中，商人间互通有无、互相借贷、资源共享，共同维系着商业社会的繁荣。

同级间的这种互帮互助的伦理精神，在客观上有助于形成和谐的同事关系，互通消息、互通有无。同级间也正是通过这种互帮互助的伦理义务，从而维持一种良好的工作交往关系，并为完成各自的工作任务提供充分的人力支持、财力支持和智力支持。中国传统社会非常看重一个人能否在自己的兄弟或同事需要帮助的时候伸出援助之手，正所谓"朋友有通财之义""仗义疏财""患难见真情""济人须济急时无"。具体说来，对于身处同一村族内部的普通农业人口而言，互相之间既有或远或近的血缘上的兄弟关系，也有共同完成农业生产、共处一个"里长"或"里正"及其族长协调领导下的同事关系，遵循"悌"道伦理原则，兄弟和同事之间互相帮助以完成全村、全族的生产任务，维持彼此的生计。对于从事手工业制作的行业工人而言，也多会出现带有地方保护色彩的形形色色的行会组织，以周济彼此面临的困难，协调彼此间的利益，如古代就有漕帮、盐帮等组织。与此类似，对从事商业活动的商人而言，则有商会等组织来协调彼此间的商业关系。对于士大夫阶层和读书人而言，更是强调这种学问上的交流、切磋，和读书人彼此之间在经济关系上的互惠互利，同级的官员阶层更是强调在同一首长领导下的彼此抱团，以维护自己的利益，更有甚者试图以此对抗上级的命令和威压，造成"法不责众"的局面以迫使君主和上司屈从于团体的意志。

实际上，正是这种互帮互助式的伦理要求维系着古代同事间的兄弟情谊，也才使得同级间的合作与竞争关系中的这种"以和为贵"的伦理义务得以落实。

（二）同事交往的现代蜕变

由上可知，在中国传统社会，同事交往通常按照兄弟交往的伦理原则进行。这种伦理原则重道义轻利益，在合作中追求"肝胆相照，荣辱与共"；在竞争中，讲求以他人为先；在发生冲突时，能够秉着以和为贵的原则，彼此包容，相互理解。通过这种道德的力量，同事之间形成了较为和谐的人际关系。但是在现代社会，随着商品经济的日益繁荣，商品交换的中介——货币——的地位愈加重要。金钱至上的观念随之深入人心，以至于在一些人看来，金钱是衡量一个人成功的主要的甚至唯一的标准。在这种背景下，同事交往出现了新的危机，具体表现为以下几个方面：

1. 同事交往的唯利化

有些人认为工作的全部意义就在于挣钱，于是在面对可以获得更多金钱的机会时，便展开了疯狂的竞争。竞争逐渐成为同事交往的主旋律，以至于有些人将同事关系仅仅定义为一种利益关系。这样，传统社会所倡导的"君子不争"的礼让风度就消失了，礼让甚至被人耻笑为迂腐，"义"被"利"取代，对"和"的追求也流于表面，真正影响同事交往的只剩下赤裸裸的利益。同事关系的好坏完全取决于对方是否对自己有利，利益成为同事交往中考虑的优先性、支配性原则。在利益原则的主导下，工作成了次要的事情，钩心斗角、拉帮结派的风气日渐盛行。

在这种环境影响下，同事之间的信任变得十分脆弱。同事之间的交往很难做到坦诚相待。面对同事，说话不得不小心警惕，害怕落下话柄成为日后的"定时炸弹"。尽管人们朝夕相处，但是同事交往多半停留于表面，比如见面时形式化的客套、过节时礼节性的问候，每个人都带着一副面具，将自己封闭起来，像是在完成工作任务似的，彼此之间时刻充满了防备。久而久之，人与人之间产生了距离，虽然每天在一起，但却没有更进一步的情感交流，情感交流的匮乏使得个体虽然身在群体中，但却常常有种孤独感和无助感。只要利益原则不废除，依旧是支配同事交往的潜在规则，那么，即便同事之间有时候能够表现得热情友好，比如，下班后三两同事一起吃饭、游玩，但是这种良好的同事关系很难长时间地维系，因为当他们之间出现利益冲突的时候，他们的关系就面临恶化。因此，将利益原则作为同事交往的支配性原则，对良好同事关系的形成是极其不利的。

2. 同事交往的虚假化

在利益观念的影响下，同事关系还呈现出虚假的"人情化"。良好的人际交往是完全出自内在真实感情的、自由平等的交往，可是在现代生活中，这种人与人之间弥足珍贵的情感交往发生了异化。同事间的互相帮助本来是基于友善的感情，但是现在却异化成了目的性的"做人情"。例如，单位里同事家的婚丧嫁娶，本来是一种自觉自愿，现在对于双方都变成了"人情"交往。一个人在单位里一定要表现出合群的样子，甚至"同流合污"才算合乎"人情"。一些同事热衷于私下里建立"人情"关系，以便在工作中实现自我利益。"人情"不在于人与人之间的真挚感情，而是被利益支配的不得不做出的事情，成为人支配人、控制人的异己力量，已经失去最初温暖人心的那一面，从一种自主的活动蜕变成被迫的、扭曲的活动，成为让人闻风丧胆、避之不及的事情。这种异化的"人情"，不仅丧失了真挚情感的表达，丧失了自由的本质，而且使得人情交往变得更为虚伪、势利。工作交往中的这种"人情"交往不但不能给人以情感的满足，反而给人的实际生活带来巨大的精神负担。同事交往日趋表面化，真实的感情在同事之间得不到充分表达。因此，虽然同事交往频繁，但是同事间的关系却日渐疏远。

同事交往的利益化使工作场所成为硝烟弥漫的"战场"，但讲人情、重人情使同事关系没有最终走向破裂，维持了同事关系表面的和谐。但是，在表面和谐的背后，每一个个体成为异己的存在，被非道德的力量所左右，从同事交往中很难体验到快乐和安全，使工作中自我价值难以得到实现。

3. 同事交往的私人化

在同事交往中还存在一种较为普遍的不良现象，就是同事关系与私人关系相混淆，将同事关系当作私人关系来对待。由上可知，同事关系是为了完成某项工作任务而形成的一种公共性质的关系，同事交往是工作的客观需要，私人关系是个体在私下里自由建立起来的情感性关系。如果将同事关系视为私人关系，将在私下里建立起来的亲密关系或敌对关系带入工作交往中，就会给正常的工作交往活动带来一系列不必要的麻烦。

在这种观念影响下，人们首先不是将同事定义为"工作伙伴"，而是根据自己的个人喜好和利益关系，将身边的同事划分为"朋友"或"敌人"。这样就很难做到客观公正地对待每一位同事，是朋友则拥护，是敌人则打压。所谓"搞好关系"，不是要搞好工作关系，而是要搞好私人关系，建立一套有利于获得自我利益的圈子。所以，在同事关系中产生各种派系、圈子，人们每日的主要精力不是消耗在工作上，而是消耗在关系的营造上，工作倒成为营造关系的工具，这样"工作"在同事关系中的中心地位被利益斗争所取代，本来纯粹的同事关系变得日趋复杂，给人们带来不少烦恼。

(三) 同事交往伦理的建构

传统社会中的同事交往伦理规则是依照兄弟间的这种血缘关系建立

起来的，但是同事关系毕竟不同于兄弟关系，同事为了实现各自的利益才走到一起，是完成工作任务的需要而产生的交往活动，同事交往的目标是明确的，即通过完成工作任务来实现自身利益。交往行为是被制度所规定的，面对稀缺资源，竞争是客观存在的。另外，当前同事交往的唯利化、虚伪化和私人化等不良现象的出现，以及各种职场潜规则的泛滥，也说明了同事交往伦理的欠缺。因此，笔者认为构建同事交往伦理应当从以下三点着手：

1. 以尊重他人的原则消解同事交往的唯利化

通过合法的工作活动追求自我利益的实现，这本身没有错误，但是以利益至上作为处理同事关系的基本原则就会产生一系列道德问题。尊重他人是人际交往的基本共识，这种态度和行为显然违背了这一伦理共识。所谓"尊重他人"，根据康德的观点，就是要将他人视为与自己同样的存在来看待，尊重他人不是因为他人的权力有多大、地位有多高、财富有多少，仅仅是因为对方是和自己一样的具有理性精神的人，人本身就具有目的性的价值。因此，不能仅仅将他人视为实现自身目的的手段来对待。唯利化的同事交往原则显然是仅仅将同事视为实现自身利益的手段，除此之外，同事对于自己没有任何价值。完全根据自我利益的需要而定，有利则亲，无利则疏，这种利己主义的交往原则在任何时代都很难称得上是一种道德的原则。而且，根据康德的观点，这一原则也无法成为一个普遍性的法则。假如每个人都按照这一原则来行事，那么显然同事间的交往活动就会陷入你争我夺的"战争"状态，使得交往活动无法顺利进行，而且对于一个理性的人而言，他也不愿意别人按照这一原则行事，因为这将使他陷入不利的境地。

因此，一种合乎伦理的同事交往原则首先不能将同事仅仅视为手段，而应当视为与自己一样的目的性存在，尊重同事作为人的这一基本属性，这是同事交往的基本前提。只有建立在这一基础之上，同事间合乎伦理的交往才有可能得以实现。退言之，"交往"一词本身就有互动的含义，它是一种双向的行为，是发生在两个可以互相对话的主体之间的活动。可是，在利益化原则支配下，同事间的交往虽然表面看来是一种互动关系，但事实上已经异化为人的目的与手段之间的单向活动，这就不能说是一种交往活动。因此，当我们谈及同事交往的时候，本身就预设了不能将同事仅仅视为手段这一原则。

2. 以真诚原则消解同事交往的虚伪化

同事交往不仅是利益交往，更是情感交往。这是因为人不只是一个理性的动物，也是一个情感性的动物，甚至在休谟看来，情感支配着理性，理性服从于情感，因此，情感对于人更具有目的性价值。也正如马斯洛所言，每个人都有社交的需求，通过社交满足自己对爱和归属的渴求是人的本性。特别是在现代社会，当人们面对社会原子化的危机时，人们对爱和归属的渴求就显得愈加强烈。

在现代社会，人们情感的满足不仅来自家庭，更应当从同事关系中去寻求。因为现代社会是一个工作占主导的社会，人们一天 24 小时中，绝大部分时间都是和同事在一起，相互交往，同事之间有着相似的话题、共同的经历，彼此更加熟悉，与同事建立良好的关系是获得情感满足的重要途径，也是建立友谊的最佳方式。友谊是构成人生幸福的必要条件，一个人即便拥有再多的金钱、再高的权力，但是身边没有真诚的朋友，也不会感到幸福。亚里士多德认为友谊是实现幸福的外在条件。因此，获得友谊、珍惜友谊、享受友谊，本身就是幸福生活的一部分。反之，如果将友谊视为自我利益实现的工具，那么自己便是在葬送自己的幸福。因此，应当主动与同事多交流沟通，坦诚相待，建立良好的朋友关系，珍惜同事之间难得聚在一起的缘分，享受同事亲密关系带来的幸福。

3. 以公私分明原则消融同事交往的私人化

但是，与同事进行情感的交流和沟通，建立真挚的友谊，毕竟是一种私人性质的关系。由上可知，如果将这一关系完全带入工作领域，以私人交往的模式对待工作交往，就会陷入交往上的诸多困境。因此，要避免工作交往的私人化，关键是要坚持"公私分明"的原则，清楚哪些是私人事务哪些是公共事务，做到泾渭分明、区别对待。

在公共事务中，同事间相处贵在坚持原则，不徇私情，公平公正，一切照章办事。正如罗尔斯所认为的，公正是处理公共事务的第一美德，只有坚持公平公正的原则，不偏不倚地对待任何一方，同事间的相处才会长久。要做到公平公正，对于个体而言，最重要的是正确看待同事的成功与失败，克服嫉妒心理。嫉妒是见不得别人比自己优秀，一看到别人比自己强，便产生怨恨心理，进行贬低、讽刺和挖苦。嫉妒是一种极其消极和有害的心理疾病，既伤害别人，又伤害自己。正如弗兰西斯·培根所说，在人类的一切情感中，嫉妒是危害最强烈、最持久的一种。在同事关系中，嫉妒产生的原因是不能正确看待同事的成功和进步，自己不思进取，但又怕同事超越自己，我不行你也要不行才是合理的，同事一旦超越自己，嫉妒心就会产生。所以，嫉妒既是打压别人工作积极心的利器，又是替自己的懒惰寻找借口的保护伞。荀子说："士有妒友，则贤交不亲；君有妒臣，则贤人不至。"（《荀子·大略》）一个单位中同事之间相互嫉妒，内耗丛生，必然会导致整个团体人心涣散，不正之风盛行，长此以往，就会影响整个组织的工作进程。因此，和谐同事关系的构建，一定要正确看待同事的成就，虚心学习，合作共赢。正如弗兰西斯·培根所说："每一个埋头沉入自己事业的人，是没有功夫去嫉妒别人的。"[①]

在私人交往中，"同事"的身份应当暂时遮蔽起来，将同事视为朋友，以对待朋友的方式对待同事，彼此宽容、理解、包容，将工作上的事情暂时置之脑后，进行纯情感的分享和交流，从友谊中获得身心的放松、烦恼的摆脱。但需要注意的是，不要将这种轻松愉快的交往变成私下里诋毁同事、挑拨离间的政治斗争。如果抱着这种态度，那么私人交往的结果就只会导致同事关系的恶化，影响工作的顺利进行。因此，工作上的压抑或烦恼，疏解的渠道不应当在工作领域内来实现，而应当诉求于家庭，家庭与工作是相对隔离的领域，而且家庭是抚慰心灵创伤的宁静港湾，对舒缓工作压力具有重要作用。同样，家庭中的烦恼和不快，则可以在同事间的私人交往中，通过向同事的倾诉来得到缓解。这样通过在不同生活领域中身份的转化，实现同事间私人交往的正常化。

三、主客交往伦理

主客关系是工作者与服务对象在工作交往中形成的社会关系。"主方"

---

① [英]弗兰西斯·培根. 培根论人生——培根随笔选. 何新，译. 上海：上海人民出版社，1983：76.

通常是提供商品与服务的一方；"客方"是接受商品与服务的一方，即顾客。最常见的主客关系是服务业中服务者与服务对象之间的关系，如商人与顾客、律师与客户、医生与患者等。主客关系的和谐是人们物质生活和精神生活提高的重要标志，在一定程度上也是社会风气的体现。随着第三产业的飞速发展，主客关系在工作关系中的地位将会更加重要。因此，构建和谐的主客关系具有重要的现实意义。

（一）传统主客交往伦理

主客关系在中国传统社会中主要存在于商业领域。尽管中国传统社会并不是一个商业、服务业十分发达的社会，但是传统社会仍然是一个伦理本位的社会，道德的力量对各行各业产生着重要影响，对主客交往伦理也发挥着重要影响。

1. 诚实守信

诚信是诚实无欺、恪守信用的意思。诚信是中国古代主客交往中最为重要的伦理原则，也是中国传统修身思想的重要基础。孔子将诚信视为一个人立身处世的根本原则，"人而无信，不知其可也"（《论语·为政》），并且一再强调"主忠信"（《论语·学而》），"言必信，行必果"（《论语·子路》），认为一个人如果能做到诚实守信，那么他无论处在何种社会环境中都可以获得大家的认可；"言忠信，行笃敬，虽蛮貊之邦行矣。言不忠信，行不笃敬，虽州里行乎哉?"（《论语·卫灵公》）荀子进一步指出："体恭敬而心忠信，术礼义而情爱人；横行天下，虽困四夷，人莫不贵。劳苦之事则争先，饶乐之事则能让，端悫诚信，拘守而详；横行天下，虽困四夷，人莫不任。"（《荀子·修身》）只要坚守诚信原则，那么即便身处在未开化的民族中也一样可以得到人们的尊敬和信任。《中庸》更是将"诚"抬升到"诚者，天之道；诚之者，人之道"的高度，强调人的行为就是要效法天道的公正无私、不偏不倚和光明磊落，做到既不欺人又不自欺。墨家更是将"信"定义为"言合于意"，即"信"就是表达出来的言辞要与自己的真实认知状态保持一致，据此可知，在先秦儒墨两家看来，诚信都是君子修身和人际交往中十分重要的伦理原则。

诚信的伦理原则相应地也贯穿到古代的工作活动中，从而成为中国古人最为重要的工作伦理。管子将诚信视为所有职业人士应当遵守的共同的职业道德。"是故非诚贾不得食于贾,非诚工不得食于工,非诚农不得食于农,非信士不得立于朝。"(《管子·乘马》)这里强调,每个行业的从业者只有具备诚信操守,才能获得从业资格。荀子也特别强调商贾的诚信对于国家的重要意义,他说:"商贾敦悫无诈,则商旅安,货通财,而国求给矣。"(《荀子·王霸》)在古人看来,不欺诈更是实现国强民富、保持国家财富充溢的重要手段,强调如果百工不诚信,就不会制造出合格的产品,"百工不信,则器械苦伪,丹漆染色不贞"(《吕氏春秋·贵信》)。可见,古人在所有的职业领域中都强调诚信的重要,但受诚信观念影响最大的莫过于商业活动。

在儒家"诚信"观念的影响下,诚实守信成为商人在经商活动中应该遵守的基本道德要求。(1)十分注重产品的质量。《礼记·王制》中说:"布帛精粗不中数,幅广狭不中量,不粥于市;奸色乱正色;不粥于市。"宋代颜料商人陶四翁在进颜料时,误进了一批伪劣紫草,遂即将其全部烧毁,避免其进入市场,自己承担巨额损失。(2)坚守口无二价。韩康卖药,以不二价著名于世。温纯于认为,"初而翁之卖也,不二价,不欺人,有误增直以易而去,立追还之"(《温恭毅公文集》卷四)。洞庭商人王鏊的伯父王公荣经商亳州,"身无择行,口无二价",人称"板王"。① 徽商始终坚持"贸易无二价,不求赢余,取给朝夕而已"② 的经营原则。不仅如此,对那些不了解行情的外国人,也能坚守口不二价原则。(3)童叟无欺。清江杨俊之"贸易吴越闽粤诸地二十余年,虽童叟莫之或欺,遇急难不惜捐赀排解,严取予,敦然诺"③。徽商歙县吴南坡在经商活动中始终坚持"人宁贸诈,吾宁贸信,终不以五尺童子而饰价为欺"④ 的理念,以至于他本人就代表了"诚信"二字,"每入市视封,识为坡公氏字,辄持去,不视情恶短长"⑤。总之,中国古人在经商过程中意识到诚信的重要

---

① 莫厘王氏家谱:卷十三 公荣公基志铭.
② 江峰青纂修. 婺源县志:卷三六 人物·义行.
③ 清江杨氏五修族谱:下卷.
④ 歙县. 古歙岩镇镇东头吴氏族谱·吴南坡公行状.
⑤ 同④.

性，将其视为对待客户的重要原则。晋商强调道义为先，徽商强调信义为先，许多百年老字号的商铺都在诚信上做足了功夫。红顶商人胡雪岩将"做人无非讲个信义"作为自己的人生信条。歙县商人许宪在总结自己的经商经验时指出，"惟诚待人，人自怀服；任术御物，物终不亲"[①]。这些事例和理念都充分说明，诚实守信是中国古代的工作活动特别是商业活动中主客交往伦理的首要原则。

2. 以义取利

中国古代思想家特别强调义利并举，以义为先，甚至重义轻利。早在春秋时期，就有思想家认为义是利的基础，"德、义，利之本也"（《左传·僖公二十七年》）。《国语》曰："义者，利之足也；贪者，怨之本也"，"义以生利，利以丰民"，"废义则利不立"。《吕氏春秋·恃君》曰："利之出于群"；《吕氏春秋·无义》中提出义乃"万利之本"。人们在经商的实践活动中也证实了这一点，清道光年间黟县商人舒遵刚说："钱，泉也，泉有源方有流。狡诈生财者，自塞其源也。以义为利，不以利为利，自当广开财源。"同时，中国古代思想家还强调"以义取利"是获取利益的道德方式。"以义取利"是指人们在追求物质利益的时候应当坚守道义原则，以合乎道义的手段来谋取利益。"君子爱财，取之有道"便是对其含义的准确阐述。在孔子看来，尽管财富是每个人所渴求的，但通过非"义"的方式获取财富则是不可取的，"不义而富且贵，于我如浮云"（《论语·述而》），而坚持认为，"富而可求也，虽执鞭之士，吾亦为之。如不可求，从吾所好"（《论语·述而》）。孟子进一步发展了孔子的这一思想，认为包括馈赠在内的经济往来都应当严格遵守道义的原则，"禄之以天下，弗顾也；系马千驷，弗视也。非其义也，非其道也，一介不以与人，一介不以取诸人"（《孟子·万章上》）。荀子也认识到，按照道义行事，"人一之于礼义，则两得之矣；一之于性情，则两丧之矣"（《荀子·礼论》）。墨子认为，潜入别人家的园圃，窃取别人家树上的桃子和李子，是不义的行为。朱熹则指出，"凡事不可先有个利心，才说著利，必害于义。圣人做处，只向义边做"（《朱子语类》卷五十一）。透过这些思想家对"以义取利"

---

① 新安歙北许氏东支世谱：卷三.

的诠释，可以看到，中国古代思想家并不反对正当的谋利，他们反对的是一味追求自我利益，"放利而行"，不惜危害社会和他人的不义行为。

儒家的这一观念深刻影响到职业领域，特别是商业活动。"以义取利"成为人们经商活动的道德共识。春秋战国时期，人们根据商人是否遵守"义"的原则，将商人分为奸商和良商。《荀子·荣辱》生动刻画了奸商的形象："为事利，争货财，无辞让，果敢而振，猛贪而戾，悍悍然唯利之见。"不顾道义、唯利是图，是奸商的根本特征。在良商看来，即便有百倍之利，如果不符合道义，依然不能做，"利虽倍于今，而不便于后，弗为也"（《吕氏春秋·长利》）。黔商舒遵刚在总结他的经商之道时说："生财有大道，以义为利，不以利为利，国且如此，况身家乎。"[①] 徽州商人李大星告诫他的子孙："财自道生，利缘义取，陶朱公、秦青等数杰何在。"这些人以"儒商"自称，将"以义取利"作为自己经商活动的伦理原则。据《宋史》记载，宋代有位姓李的读书人在京城茶楼喝茶时遗忘了一袋金子，数年之后，当他再次路经该店时，店主将金子一文不少地奉还于他。休宁商人程锁虽然经营高利贷业务，但是并不会牟取暴利，"终岁不过什一，民称便"[②]。在经营粮食贸易时，即便遇上饥荒，他也不会抬高市价，乘机牟利，因此而获得民众的赞誉。歙商黄玄赐在山东经商时，坚持"临财廉，取与义"的原则，获得"非惟良贾，且为良士"的赞誉。

3. 热衷公益

中国古代商人在经商活动中，不仅坚持"以义取利"的道德原则，在获得财富之后，也积极从事各种慈善活动，回馈社会。他们将这一义举视为儒商的工作美德。孔子将"博施于民而能济众"视为圣人的道德境界。佛教更是主张人们普度众生才能功德圆满，号召人们学习"救苦救难，大慈大悲"的公益精神。道教在各种劝善书中通过因果报应说，鼓励人们扶贫济困、广积阴德。正是这些观念，共同影响和塑造了中国古代商人的职业行为。

---

① 黔县三志·艺文志.
② 休宁率东程氏家谱·明故礼官松溪程长公墓表.

中国古代商人并不将财富视为毕生追求的终极目标。一些道德高尚的商人，具有强烈的社会责任感，在拥有财富之后，追求的不是满足个人的物质享受，而是积极从事社会公益事业，"立德、立功、立言"，将自身价值融入对社会的贡献，从而实现人生的价值。

赈济灾民。在中国古代，由于生产力低下，自然环境恶劣，人们在遭遇水灾、旱灾、蝗灾等自然灾害时，往往流离失所，食不果腹。每当出现这样的情境，不少商人便纷纷打开粮仓，赈灾救民。据《史记·货殖列传》记载，号称商业祖师的陶朱公，在经商致富之后，"十九年之中，三致千金，再分散与贫交疏昆弟"。明朝正德时期，安徽桐城、潜山一带遭遇饥荒，粮食价格疯涨，休宁粮商汪平山放粮赈灾，将谷物"悉贷诸贫，不责其息，远近德之"①。清初著名商人戴公选，在"贾湘汉间，顺治丁亥岁大浸。输资运米以贩，全活甚众。道券盈匮，贫不能偿者悉焚之"②。

架桥修路。在传统社会，乡村几乎处于自治状况，公共设施的修建主要不是依靠政府，而是依靠民众。宋代休宁商人汪士龙在富裕之后，为家乡铺路、修桥无数，"杠梁之修，径路之筑、指不胜偻"③。清朝乾隆年间的大盐商鲍光甸，"幼通经艺，长住扬州营盐策，胜俭约而乐济人……凡有医乏者告必应"，屡次"治坏道，葺废桥"④。

捐资兴学。明清时期的商人具有强烈的儒家教育情怀，他们在经商致富之后，常常在家乡修建学堂，资助贫困学生。据《道光徽州府志》记载，乾隆五十五年，重修古紫阳书院，著名商人鲍志道捐助三千两。嘉庆《黟县志》卷七《人物·尚义》记载，清代商人舒大信"修东山道院，旁置屋十余楹为族人读书地。邑人议建书院，大信存二千四百金助之"。

捐资报国。有些商人则表现出强烈的爱国精神。当外敌入侵的时候，慷慨捐资捐物。比如先秦时期的郑国商人弦高在路上遇见前来攻打自己国

① 安徽休宁. 方塘汪氏宗道·墓志铭.
② 徽州府志：人物志四·尚义传.
③ 陈定宇先生文集：卷九　恕斋居士汪公墓志铭.
④ 歙县志：卷九　人物志·义行.

家的秦军，则迎上前去，主动将自己的全部羊群献给秦军，示以犒劳，从而暂时解除了郑国的危机。明清时期的晋商、徽商在国家抗击外来侵略者的过程中慷慨捐助。特别是在中国人民的伟大抗战期间，不少华侨华人捐款捐物，更有不少人投身战场，为抵御外侮和民族独立做出了卓越贡献。

上述事例说明，中国传统伦理中的主客交往，除了要做到诚实守信和以义取利之外，还要将商业活动的部分所得回馈社会，为社会公益做出卓越贡献。

（二）主客交往的现代蜕变

中国传统社会建立起来的主客交往伦理，在以追求利润最大化为主导的商业文明的强烈冲击下日渐式微，主客交往中出现的伦理问题日益严峻，具体体现在以下几个方面：

1. 主客交往的货币化

货币是主客交往的中介。主方通过向客方（他人和社会）提供产品和服务而获得货币，客方则通过支付货币而获得所需的产品和服务。正是基于货币的需要，主客交往才具有了可能性和现实意义。尽管货币十分重要，但它毕竟只作为工具服务于人类的交往活动。然而，在现代社会，无论在上下级交往中还是在同级交往中，大多数时候支配人们行动的力量主要是金钱。金钱甚至成为衡量个体价值的唯一方式，成为个人获得社会地位和身份的主要手段，也是个人人生成功的最重要的标志。夸张点说，拥有金钱就意味着可以拥有一切，因而也能获得一切。马克思曾经讽刺金钱的作用说："我是丑的，但是我能给我买到**最美的**女人。可见，我并不丑，因为**丑**的作用，丑的吓人的力量，被货币化为乌有了。我——就我的个人特点而言——是个**跛子**，可是货币使我获得二十四只脚；可见，我并不是跛子。我是一个邪恶的、不诚实的、没有良心的、没有头脑的人，可是货币是受尊敬的，所以，它的持有者也受尊敬。货币是最高的善，所以，它的持有者也是善的。"① 正因为货币如此重要，所以绝大多数工作

---

① 马克思恩格斯全集：第 42 卷. 北京：人民出版社，1995：152-153.

交往在目的上多表现为对货币的追求。

一切交往活动都是为了金钱，交往过程由人与人的交往变成了货币与货币的交往。主方将客方的尊严贬低为货币。客方具有货币，则将其奉为上帝；对方身无分文，则将其视若无物。对客方的态度，完全由客方的"身价"来决定。"贫在闹市无人问，富在深山有人知"便是交往金钱化的真实写照。以金钱为目的使得交往变得枯燥、简单、唯一，不再有情意浓浓的人性关怀，缺乏丰富的情感交流，在这种交往过程中，人的尊严丧失殆尽。

主客之间的交往体现为物品或服务与货币之间的交换，因此，主客双方均沦为满足对方之需要的工具。在工具化的工作交往中，无论主方还是客方，都在不同程度上沦为物、手段和客体。以前主体与主体之间的交往活动，现在完全成了主体与客体的交往，人与人的关系就变成了人与物的关系。"个人被当作是一种被实现了的功能，它在无限空洞的形式中丧失了自己的本真性。人们开始害怕用自己的语言说话，害怕表达自己真实的愿望和情感。除了技术上的问题以外，其他一切均不再留存。"① 在工作活动中，人与人的交往不应当是目的—手段的关系，而应当是互动关系。弗洛姆认为，现代工业化生产为人们创造了丰富的物质财富，但同时也为人类创造了一个贫乏的精神世界。在现代社会，不少人的行为皆为金钱所驱使，人与人之间的关系退变为物与物之间的关系，本来美好真诚的感情交流在金钱的冲击下变得暗淡无光。人们为了实现各自的利益，都将对方视为工具加以对待。表面上的热情友好，却隐藏着疏远和不信任。

2. 主客交往的理性化

与工作情感理念相应的是一系列具体化的道德要求，如热情、周到、耐心、细致等。这些被视为基本的职业道德或美德，在许多职业领域，业已支配着工作者的行为和态度。例如，大型酒店的迎宾服务人员被训练成一直微笑的样子，招待每一位顾客，尽管他们的微笑或许不是出自真心。

---

① ［德］卡尔·雅斯贝尔斯. 时代的精神状况. 王德峰，译. 上海：上海译文出版社，1997：125.

这些表现被人们视为一种理所当然，是否果真如此？

根据韦伯的观点，这些道德要求是高度理性化的产物，是按照理性要求来塑造每个人的情感。在与顾客交流时，他们被要求不仅要控制好自己的情绪，而且要表现出与角色相一致的情感。如戴维·英格利斯所言，在现代工作文化中，这种情感反应本质上"受到官僚化的规章和理性原则的要求和强化"①。它要求工作者在某种工作情境中展示出早已被设置好的被认为是正确的"情绪规则"，只有这样，工作者的行为与态度才被认为是符合伦理的。

那么，人难道仅仅是一个理性的存在物吗？压抑一个人情感的自由表达，而这种表达并不会造成什么危害，这算是符合人的本性吗？在某种程度上，这是对人丰富情感的一种摧残。工作者成为提供商品化情感服务的个体，情感成为可以出售的商品，不再拥有内在价值，情感的原始功能被压抑了。韦伯将其指称为"铁的牢笼""思想层面的理性主义和行动层面的官僚化规章"，"浇灭了人类关系中本来存在的真挚热情和激情。处在这种工作关系中的人们的生活，如歌德所言是'无灵魂的专家，无心的享受者'"②。人们不再是具有丰富情感的人，只是职场上按照某种既定规则进行表演的木偶。

情感被理性的原则所支配，并丧失自我表达力，是工业社会的普遍特征，鲍曼指出这一点说："在工业社会中，是沉重的现代性占主导地位，即工作压倒一切，情感被排除在生产领域之外。因此，我们认为工业社会是反情感主义的，或者至少理性主义在工业社会中是霸道而居的。"③ 人类社会被这种不断扩张的理性主义所统治，人的自由表达情感的空间被不断压缩，在其他所有人面前伪装自我，只有通过听歌、唱歌，情感才可以得到释放，这样的生活幸福吗？是我们想要的吗？正如萨特所言，"存在先于本质"，规范的合理性应当以人的存在为前提，以人的完善为最终目标。因此，在建立职业道德的时候，应将情感的自由表达纳入它的考虑范

---

① ［英］戴维·英格利斯. 文化与日常生活. 张秋月，周雷亚，译. 北京：中央编译出版社，2010：55.

② 同①59.

③ 郭景萍. 情感社会学：理论·历史·现实. 上海：上海三联书店，2008：79.

围，给予其恰当的位置，使得情感与理性达到和谐，这样才能被称为善的工作关系。

3. 主客交往义务的单向化

反对意见可能认为，主客交往未必都是以金钱为目的的理性交往，比如现在人们所提倡的"顾客至上"的观念。但事实并非如此，这一观念最早源于全球零售业巨头沃尔玛的一个广为人知的经营理念：第一，客户永远是对的；第二，如果客户错了，请参看第一条。随着沃尔玛销售收入的剧增，这一观念迅速被世界大部分企业复制，好像被作为一个毋庸置疑的真理在各行各业中被奉行，然后以各种各样的口号得以表达："顾客就是上帝""一切让顾客满意""一切为了顾客""顾客第一""顾客就是衣食父母""顾客至上"等。大至世界五百强，小至默默无闻的小商店，从股东大会到小商小贩的交谈中都能发现对这一观念的深信不疑。

"顾客至上"本义表达的是一种利他主义的伦理观，但却隐藏着某种虚伪性。因为它从诞生之初就没有像它字面意思所坚持的那样，真正做到顾客利益是第一位的。在实践中，像"顾客是上帝"所表达的"本质是'顾客手中的金钱才是真正的上帝'，顾客不过是金钱借以表演的道具而已"①。一切都以尽可能多地销售自己的产品与服务，尽可能多地捞取顾客口袋中的金钱为最高目的。因此，它并没有将顾客真正的利益放在第一位，而是想方设法诱导、刺激顾客产生更多的欲求，或制造新的需求，让顾客从中获得快感，让顾客逐步陷入消费狂潮之中，沦为"物的奴隶"，让顾客成为向自己送钱的忠实的印钞机。这样一来，诱使顾客购买生活中并不真正需要的服务与产品，就会造成社会资源的巨大浪费。

"顾客至上"的观念声称"顾客永远是对的"，然而事实并非如此。在一些服务行业中，特别是有些女员工，不乏遇到一些顾客的无端非礼、骚扰乃至羞辱。但是如果惹顾客生气，就会遭到上级的训斥，被告诫"顾客就是上帝"。员工在这一过程中，常常两面受气。顾客与上级却可以置身于道德义务之外，站在道德的制高点，以"顾客是上帝"的名义去谴责员

---

① 雷雨. 顾客就是上帝之理性批判. 市场研究，2013（8）：47-48.

工。奉行这一观念导致的结果是员工遭到了不公平对待，丧失了道德话语权，处于被动地位，沦为被道德左右的弱势群体。工作交往中的双方所担负的道德义务应当是对等的，因为"以劳动作为需求及其满足的中介或手段，'劳动中还直接包含着同别人平等的要求'"①。主客关系的核心在于相互承认。不能因为付了钱，就可以对员工提出过分要求，将其作为工具来使唤。付钱并不意味着可以高人一等；在任何时候，付钱都不是免除某项道德义务的恰当理由。根据黑格尔的观点，主客关系的核心在于相互承认，但是他仅仅将主体间的"相互承认"视为绝对精神的运动。客观理念的表达，缺乏现实的社会基础。当员工将顾客视为上帝时，顾客也应当给予员工相应的尊重，这才符合公平法则。

（三）主客交往伦理的构建

主客交往伦理的构建关键在于坚持以人为本的伦理理念，始终将主方或客方当作目的而不仅仅是手段来对待。

从根源上看，主客交往的恶化是以人为本理念的长期缺失所导致的。在主客交往中，无论主客交往的货币化、理性化还是义务的单向化，彼此的工具化对待都是其共同的特征。

一方面，商品或服务的提供者将顾客视为工具。首先，服务者关注的是金钱，忽略了人自身存在的价值。在他们看来，顾客首先不是作为人而存在，而是作为货币提供者而存在，以对方拥有和可能提供的货币数量来衡量对方的价值，然后予以相应的待遇，这样的观念是有问题的。服务者礼遇一个人，不是因为这个人本身，而是看重他手中的金钱，一旦金钱没了，态度就会随之发生改变。其次，服务者在对待客户的时候，被要求以事先统一设定好的情感表达方式来表达情感，情感被规则和理性所塑造，没有将对方视为和自己一样的人，只是将对方视为工作任务，缺乏真诚的情感交流。最后，退一步讲，即便服务者倡导诚信原则，也是因为他相信诚信可能带来更多收入，但是当他发现诚信不如欺诈能带来更多收入的时候，那么他就可能不再坚守诚信原则，残次商品和劣质服务便会出现。

---

① 高兆明. 黑格尔《法哲学原理》导读. 北京：商务印书馆，2010：462.

　　另一方面，顾客没有将商品或服务的提供者视为人来对待。一些财大气粗的顾客认为钱可以买到一切，"有钱就是爷"，自己用钱购买服务天经地义，将为自己提供服务的服务者，特别是那些身份地位低微的服务人员，视为可以随意使唤的奴仆，可以随便发泄的工具，或无辜刁难，或对其服务稍不合心意就横加指责。服务者的上级为招揽顾客，讨好顾客，便常常容忍顾客对服务者的欺凌。因此，服务者和顾客都将对方仅仅视为满足自身需要的手段，忽略了对方首先是和自己一样的人。由于彼此缺乏将对方视为人的基本的尊重，交往中的矛盾便日益凸显。

　　要从根本上改变主客交往的道德困境，关键要在整个主客交往中始终秉持以人为本的伦理理念，将"人是目的，不仅仅是手段"作为主客交往的底线伦理。如果放弃这一原则，交往的道德性就难以得到保障，主客双方的人格尊严也将难以得到维护，交往就很可能陷入恶化的危机。

　　这就意味着，对于交往的主客双方而言，要对彼此的身份重新定位，意识到对方首先是和自己一样的人，其次才是自己的顾客或者服务者，自己与对方在人格上永远是平等的，不能因为自己是服务者就觉得卑微，也不能因为自己是消费者就觉得高贵，拥有更多财富、更大权力不能成为一个人高过另一个人的道德理由，主客双方应当被予以平等的尊重。对于政府而言，应当将以人为本的理念确定为市场经济的基本职业道德理念，并且大力倡导和弘扬，使之成为一股社会正能量，同时对于那些有悖这一理念的行为给予相应的处罚，从而保障这一理念的贯彻实施，以改善目前主客交往的道德困境。

第四节　工作伦理的社会维度

　　工作伦理问题不仅有个体层面的问题，人际间的交往伦理问题，也有其社会维度，在这一节将从这一视角对工作风尚的历史演变做出描述和反思，对现代工作方式进行伦理反思批判，并对工作伦理的未来发展做出展望分析。

一、工作风尚的历史演变

社会风尚也称社会风气，是指"社会上或某个集体内流行的爱好、习惯、传统、想法和行为，在一定时期和一定范围内竞相仿效和流传而成为一种风气"①。社会风尚是社会意识外化的一种直接体现，在时间上具有一定的持续性，并且对民众的行为具有普遍的影响力。作为社会风尚之一的工作风尚，是指在一定时期和范围内社会所流行的工作道德观念与行为方式的总和。历史地看，中西方工作风尚经历了一段漫长的演变历程。

(一) 中国工作风尚的历史演变

1. 中国古代社会的工作风尚——崇尚做官

对于生活在中国古代社会的人而言，脑海中并不存在一个抽象意义上的"工作"概念，当谈及"工作"的时候，人们往往想到的是士、农、工、商等社会阶层概念。在古人看来，士大夫治理国家和农民种地是两种性质截然不同的工作。前者是高贵神圣和令人向往的，后者是卑贱低微和不得不从事的，二者之间不可同日而语。在漫长的中国历史中，尽管王朝不断更替，但崇尚做官和鄙夷体力劳动的社会风尚经久不衰。

"崇尚做官"能够成为一种工作风尚，首先得力于儒家学说对官员这一职业的意义与价值的过高肯定和神圣化。儒家创始人孔子认为，农业耕种之类的体力劳动不是一个求道的君子应当干的事情，孔子说："君子谋道不谋食。耕也，馁在其中矣；学也，禄在其中矣。君子忧道不忧贫。"（《论语·卫灵公》）因为只要君子追求治理天下的大道，生计问题自然会得到解决。"樊迟出，子曰：'小人哉，樊须也！上好礼，则民莫敢不敬；上好义，则民莫敢不服；上好信，则民莫敢不用情。夫如是，则四方之民襁负其子而至矣，焉用稼？'"（《论语·子路》）孔子的意思是只要将天下治理太平，构建一个道德的社会，天下的老百姓自然就会蜂拥而至，他们辛勤耕种，为社会创造财富，管理者自然就不用亲自劳动了。君子应当努力谋求官位，正所谓君子"学而优则仕"（《论语·子张》）。

---

① 李剑华，等主编. 社会学简明辞典. 兰州：甘肃人民出版社，1984：234.

做官与从事体力劳动孰高贵？孰低贱？孟子对此进行了更进一步的区分。孟子指出："或劳心，或劳力；劳心者治人，劳力者治于人；治于人者食人，治人者食于人：天下之通义也。"（《孟子·滕文公上》）在孟子看来，无论治理国家还是从事体力劳动，二者其实在辛苦程度上相差无几；但不同的地方在于：（1）二者之间存在管理与被管理的关系，即从事治理国家的人管理着从事体力劳动的人；（2）二者之间存在养与被养的关系，从事体力劳动的人供养着管理他们的人。因此，从事治理国家的人就比从事体力劳作的人具有道德上的高贵感和优越感，所谓"士为国之宝，儒为习上珍"（《增广贤文》）。

到西汉时期，随着董仲舒"罢黜百家，独尊儒术"观点的提出，到白虎观会议之后儒家"三纲五常"体系的正式确立，儒家学说逐渐成为官方意识形态，支配和影响着人民群众的日常生活。"崇尚做官"的观念开始从儒家走向社会。但在魏晋时期，门阀权贵家族林立，普通老百姓很难有机会进入上流社会，"做官"对于他们而言，是可望而不可即之事。直到隋朝，科举制度实施，才给了普通老百姓进入上流社会的一线希望。制度保障使得"做官"具有实现的可能性。如此一来，"崇尚做官"便成为一股社会思潮在社会上流行起来。读书做官被视为人世间第一等事，许多读书人抱着"朝为田舍郎，暮登天子堂"的梦想，皓首穷经，希望有朝一日能够出人头地，有些人不惜花费一生的精力，刻苦读书，希望有朝一日求取功名，众所周知的"范进中举"便是这样的例子。

与之相反，歧视经商活动也是中国封建社会所流行的一股社会风尚。相对于做官而言，从事农业耕种或手工业活动虽然是卑贱的，但是与经商活动相比较而言，却依旧是高贵的，因为它至少是依靠自己的双手为社会创造了实实在在的价值。在传统的观念看来，经商活动并不能为社会增添什么，是投机倒把的行为，因此，历来的统治者都将"重农抑商"作为一项基本国策来施行。尽管儒家对经商活动也有过肯定，但总体而言，商人对利益的过分关注和追求，违背了儒家重义轻利的价值观念。因此，在官方的打压和儒家学说的影响之下，经商活动没能得到足够的重视。

2. 中国近代社会的工作风尚——劳工神圣

随着封建社会的瓦解和新民主主义革命的展开，马克思主义思潮开始在中国广泛传播开来，中国共产党成立之后，积极开展工人运动。1921年，党在上海成立领导工人运动的机构——中国劳动组合书记部，并在全国各大城市设立分点，创办《劳动周刊》，开办劳动补习学校，派党员去工人群众中宣传"劳工神圣"的马克思主义思想，底层的劳动人民在接受马克思主义观念后，认识到劳动者才是国家的主人，劳动人民才是历史的创造者，意识到自己被封建地主、资本家剥削压迫的事实真相，便在党的领导下，扛起"劳工神圣"的大旗，奋起反抗封建地主和资本家的压迫，开展起轰轰烈烈的工人罢工运动，像"京汉铁路工人大罢工""安源路矿工人大罢工"等。这样，"劳工神圣"便成为一股潮流，在一些大城市中蔓延开来。但在当时的中国社会，工人阶层毕竟还是弱势群体，并且大多聚集在大城市，"劳工神圣"工作风尚的影响毕竟有限，这一风尚的真正盛行还是发生在新中国成立之后。

3. 新中国成立之后的工作风尚——劳动光荣

新中国成立之后，随着马克思主义在全社会的全面推广和传播，"劳动光荣""劳动伟大"的观念逐渐渗透到社会的各个层面，为民众所接受。更重要的是，在法律层面上，1949年《中国人民政治协商会议共同纲领》将五爱，即"爱祖国、爱人民、爱劳动、爱科学、爱护公共财物"，确定为中国公民应当履行的基本的道德与法律义务，这从国家根本大法的角度，赋予了劳动极高的社会地位。

"劳动光荣"能够成为一种社会风尚，首先是因为劳动与革命、阶级等观念联系在了一起。封建地主和资本家之所以应当被推翻，就是因为他们剥削了劳动人民的劳动成果。在老一辈无产阶级革命家看来，相比封建地主和资本家，劳动人民是最纯洁的、最伟大的，他们是人类历史的创造者。毛泽东就曾回忆说："我是个学生出身的人，在学校养成了一种学生习惯，在一大群肩不能挑手不能提的学生面前做一点劳动的事，比如自己挑行李吧，也觉得不像样子。那时，我觉得世界上最干净的人只有知识分子，工人农民总是比较脏的……革命了，同工人农民和革命军的战士在一起聊。我逐渐熟悉他们，他们也逐渐熟悉了我。这时，只是在这时，我才根本地改变了资产阶级学校教给我的那种资产阶级和小资产阶级的感情。这时，拿未曾改造的知识分子和工人农民比较，就觉得知识分子不干净了。最干净的还是工人农民，尽管他们的手是黑的，脚上有牛屎，还是比资产阶级和小资产阶级知识分子都干净。"①

在毛泽东看来，没有经过劳动锻炼的知识分子，在思想观念上是不坚定的、不纯粹的，需要经历劳动的改造。到了20世纪50年代后期，国家政策进一步将教育与劳动相结合，鼓励学生下乡、进厂，从事社会劳动。到20世纪60年代，"劳动光荣"的观念得到进一步强化，包括一些知识分子和干部都被要求上山下乡、进工厂接受劳动锻炼和改造，目的就是让这些人体验体力劳动的艰辛，通过与工农阶层的交流，铲除资产阶级、封建主义、修正主义等不良思想，通过劳动改造和洗礼心灵。"懒、馋、贪、占、变"等一切不良行为和观念似乎都是由于不劳动而带来的，因此，劳动是神圣而伟大的，只有接受劳动改造的人才能成为纯粹的社会主义革命战士。

随着社会主义改造的进行，社会的各个阶层纷纷进入了劳动领域，整个中国社会进入一个热浪滔滔、战天斗地的劳动竞赛时代。特别是，党和政府通过树立劳动模范，如"铁人王进喜""掏粪工人时传祥""优秀售票员李素丽""子弟兵的优秀代表雷锋"等，进一步推动了"劳动光荣"的工作风尚。通过"农业学大寨""工业学大庆"等活动，肯定工农业生产作为社会基础的地位，通过树立与表彰劳动模范，使"劳动光荣"的观念成为社会风尚。"不劳动者不得食""按劳分配"深入人心，党还向全社会倡导"自觉自愿、不计定额、不计报酬"的共产主义劳动态度，这种热爱劳动、肯定劳动和工作价值的社会风尚极大地推动了我国社会主义建设事业的发展，促进了良好社会风气的形成。

4. 当代中国社会的工作风尚——赚钱和成功

改革开放以来，随着市场经济的兴起，"发财致富"成为人人追求的目标。虽然"劳动光荣"仍然是当代社会流行和倡导的一种社会风尚，但是这时候的"劳动光荣"已经完全脱离了以前的"革命""阶级"色彩，"劳动光荣"的观念仅仅在这一意义上是光荣的，即当某种劳动有助于致富时，它才是光荣的。换言之，只有能够挣大钱的工作才是光荣的。随着

<hr>

① 毛泽东选集. 第3卷. 北京：人民出版社，1952：851.

社会贫富差距不断扩大，广大体力劳动者逐渐沦为社会的弱势群体，底层老百姓并没有因为自己的勤劳而使生活得到改善。相反，那些善于利用社会关系和资本的人却很容易发家致富。社会通过各种豪宅、名车以及各种奢侈品来定义这些"成功人士"，这些人成为人们追随和膜拜的对象。那些勤劳的从事体力劳动的工人、农民，则成为被人们厌恶的、试图逃避的群体。在这种背景下，"劳动光荣"逐渐成为一种没有力量的、为人们所嘲笑的口号。

"工作"逐渐被"挣钱"取代。"劳动光荣"已经名存实亡，"挣钱光荣"成为一股新的社会风尚，席卷整个社会。在很多人看来，一切工作都是为了挣钱，治病救人的医生为了挣钱，教书育人的教师也是为了挣钱。人们已经将挣钱等同于工作，"工作即赚钱"，这是被当代绝大部分中国人所认同并奉行的观念。这种观念已经悄悄渗透在中国人生活的方方面面，比如好久不见的朋友见面时常会说"嗨，最近在哪里发财？"或"在哪里挣钱？"之类的话。询问一个月挣多少钱，这也是熟人之间常常探讨的一个敏感话题，用来衡量一份工作的好坏。对于那些靠职业为生的人，一个月里面最兴奋的时候，往往就是发工资的那一刻。如果没有领到或领不到足额的工资，便觉得这一个月白干了。那些赚到很多钱的人被视为事业的成功者。求职者在找工作时，最关心的是工资多少。人们的生活都是围绕着"挣钱"而展开的。以上这些现象都反映出"挣钱光荣"已经成为整个社会的潮流。

（二）西方工作风尚的历史演变

1. 古希腊早期的工作风尚——劳动是一种美德

将辛勤劳动认作人生的美德，是古希腊早期普遍流行的一种社会风尚，表现这一风尚的一个突出案例便是《工作与时日》一书。该书是一首关于农耕的长诗，采用神话的形式，描绘了公元前7世纪到公元前6世纪前后的古希腊时代普通百姓的工作和日常生活，反映了当时社会将工作视作一种美德的社会风尚。该书以神的名义告诫世人："出身高贵的佩尔塞斯啊，要时刻记住我的忠告，无论如何你得努力工作。这样，饥饿或许厌恶你，头冠漂亮、令人崇敬的地母神或许会喜欢你，用粮食填满你的谷仓，因为饥饿总是懒汉的亲密伴侣。活着而无所事事的人，神和人都会痛之恨之，因为其秉性有如无刺的雄蜂，只吃不做，白白浪费工蜂的劳动。愿你注意妥当地安排农事，让你的谷仓及时填满粮食。人类只有通过劳动才能增加羊群和财富，而且也只有从事劳动才能倍受永生神灵的眷爱。劳动不是耻辱，耻辱是懒惰。但是，如果你劳动致富了，懒惰者立刻就会嫉妒你，因为善与声誉和财富为伍。如果你把不正的心灵从别人的财富上移到你的工作上，留心从事如我嘱咐你的生计，不论你的运气如何，劳动对你都是上策。"①

从这段话中可以看出，在当时的社会中，无论体力工作还是脑力工作，只要一个人持续地努力工作就是值得尊重的，工作被放置在一个很高的位置。懒惰是遭人鄙视的事情，因为懒惰与饥饿、耻辱相伴，更重要的是会遭受神灵的痛恨。只有努力劳动才能使人避免挨饿，获得财富；只有劳动者才能获得神灵的眷爱和护佑；也只有通过劳动才能获得良好的社会声誉。对当时的普通百姓而言，"财富"就是"谷仓里堆满维持生计的口粮"，"名声"就是得到乡邻们的敬重和称赞，能够获得神灵的眷爱则是一件极其荣耀的事情。因此，在当时的社会，"工作，工作，再工作"成为人们的座右铭。一个人努力工作，将家务安排得妥妥当当，会被认为是一件极其荣耀的事情。书中提出，女神厄里斯（Eris）（即古希腊神话中的纷争女神或不和女神）通过使辛勤工作的人过上好日子来鼓励人们辛勤劳作，即"她刺激怠惰者劳作，因为一个人看到别人因勤劳而致富，因勤于耕耘、栽种而把家事安排得顺顺当当时，他会因羡慕而变得热爱工作"②。

之所以说辛勤工作是一种美德，主要是基于在当时的社会中工作是一件快乐和值得尊敬的事情，工作的目的除了满足生存需求之外，更是自我生命价值的展示，它能够"把赚钱和娱乐两件事结合在一起"。同时，工作被平均地分配给了每个人，这个人无论地位、财富如何，都要从事工作。农业耕种在当时就是一种充满乐趣的工作，"他们耕地，愉快地闻着

① ［古希腊］赫西俄德. 工作与时日——神谱. 张竹明，译. 北京：商务印书馆，1997：10.
② 同①.

新耕过的暗色土地的味道，眼睛扫视着犁得笔直的畦沟，播种小麦，灌溉土地，筑堤以防冬天的水患"①。匠人的工作方式并不像后来那样有如此多的管制，它是自由自在的艺术创作，《荷马史诗》中的"河铁匠及陶工均各有店；其他匠人——马鞍匠、木匠、家具匠——均是到定做这类东西的人家里工作，他们不是为市场而生产，不是为营利而出售；他们虽然每天工时很长，但是未受到互相竞争的影响。每个家庭都设法供应自己大部分的需要，每个成员都要动手工作，即使是一家之主，甚至地方小王，如奥德修斯，都要为自己家庭做床造椅，并为自己制造皮靴和马鞍，他不像以后的希腊人，他对于自己的手艺很自豪。海伦以及她的侍女都是同样忙着纺织、刺绣和家庭琐事"②。可见，在当时的社会，工作是美德，被工、农等社会各阶层视为理所当然之事，是一种普遍的社会风尚。

2. 古希腊中后期和古罗马时期的工作风尚——以体力劳动为耻

古希腊中后期和古罗马时期，随着社会生产力的提高和物质产品的相对丰富，特别是奴隶制的普遍盛行，在以奴隶主和自由民为主的社会上逐渐演化出一种"以体力劳动为耻"的工作风尚。

雅典时期，随着古希腊城邦在地中海世界的逐步崛起和强大，在对外征战中俘获了越来越多的奴隶。长此以往，奴隶的人数慢慢超过了希腊城邦的公民数量。奴隶不像之前那样被处决，而是被保留下来以从事各种日常性生产劳动和服务工作，还有部分农民由于各种原因丧失了土地，没有生活资料维持生计，从而被迫进入奴隶的行列。大部分日常劳动都由这些奴隶来完成，从而使得当时社会中的一部分公民从这种繁重的日常劳动中解放出来，获得充裕的闲暇时间，成为有闲的贵族阶层，将充足的时间全身心地投入到自己感兴趣的事情之中，如哲学、艺术等领域。这样，在社会上就形成了以从事生产劳动为主的工作阶层和以从事休闲活动为主的贵族阶层。

---

① ［美］威尔·杜兰. 世界文明史：第2卷　希腊的生活. 幼狮文化公司，译. 北京：东方出版社，1999：58.

② 同①35.

由于从事体力劳动的主要是奴隶，劳动被视为奴隶的特有标识，没有人想被人视为奴隶，所以人们普遍以劳动为耻，尽可能地逃避劳动，于是"公民鄙视劳动，尽可能少做"①。这种鄙视蔓延到一切与体力劳动相关的职业，凡是谋生性质的体力工作，在当时都会被贴上"卑贱"的标签，乃至那些本来算是比较高雅的工作，像雕刻、绘画与音乐之类的艺术工作，也因渗透了体力的因素而被人们视为"卑微的职业"。"以体力劳动为耻"成为当时社会流行的一种风尚。

人们鄙视带有体力性质的工作，不仅认为它是奴隶所从事的事情，而且还因为体力工作是被迫的从而认为它违背自由精神和有碍理性的发挥，"从他们那些被迫坐在那里或愁眉不展或整天蜷缩在火炉边的工人和督工都一样的身上看到他们肉体的腐化。紧随着肉体的衰竭，就是灵魂的枯萎，而这些卑贱的工艺占去从事者的时间，使其无暇顾及友谊与国家"②。以上表明，体力劳动不仅损害人的肉体和灵魂，也消耗人生大部分时间，使之无暇追求更有意义的事情，正是体力劳动才使得一个人变得低贱和愚昧。

这种鄙视体力劳动的风尚，还体现在对劳动与休闲关系的认识上。"以体力劳动为耻"成为一种社会风尚，"以闲暇为荣"自然也就成为人们追求的潮流。当劳动成为奴隶阶层的标识时，闲暇理所当然地成为贵族阶层的标志。在当时的人们看来，闲暇的意义和价值远高于劳动的价值。劳动的唯一意义在于让少数人获得闲暇，让一部分人专门从事物质资料的生产活动，以供养城邦中的少数精英分子，保障他们从事哲学的沉思与城邦的管理工作。这被视作一种合理的安排，因为"自由人不应该受到经济事务的羁绊；他必须交由奴隶或其他人来照顾物质上的问题，如可能，甚至让他们来看管自己的财产；只有像这样的了无牵挂，他才能找出时间为政府、战争、文学及哲学效力"③。奴隶天性智力低下，缺乏决定、设计未来的能力，但体格强壮，从事体力劳动正好能体现他们的德性。反之，少

---

① ［美］威尔·杜兰. 世界文明史：第2卷　希腊的生活. 幼狮文化公司，译. 北京：东方出版社，1999：340.

② 同①.

③ 同①203.

数精英分子，天生聪慧，如果让他们从事体力劳动，那么就会影响到他们之智慧才能的发挥。

"以体力劳动为耻"的传统一直蔓延到古罗马时期。古罗马人继承了古希腊人鄙视体力劳动的传统，如古罗马思想家西塞罗就曾认为，每天为谋生而工作，这不是自由民所应当做的事情。"由我们支付工钱的所有从事纯粹体力劳动的雇佣劳动者，其生活方式是粗鄙的……所有的手工匠人从事的都是庸俗的行当。"①

3. 中世纪时期的工作风尚——以工作为神圣

随着基督教在罗马帝国的兴起，"以体力劳动为耻"的工作风尚在社会中逐渐发生了改变。与古希腊哲学观点代表了奴隶主贵族阶层的利益相比较，基督教在一定程度上代表了广大底层劳动人民的声音，它通过《圣经》的教义赋予工作崭新的道德意义和较高的社会地位，为那些底层劳动人民的辛苦劳动提供了强大的精神力量，从而使得工作光荣的社会风尚开始在社会底层的人们中流行起来。

第一，基督教早期的"工作神圣"观念。基督教的《圣经》给予了工作积极的肯定和高度的重视，对使热爱工作成为社会风尚起到了很大的推动作用。据统计，《圣经》（包括《旧约》和《新约》）中有关"工作"的词汇，总共出现了889次之多。② 艾伦·理查德森认为《圣经》中的"工作"主要有三层意思：一是指上帝创造的工作，比如，上帝创造了万物，"起初，神创造天地……到第七日，神造物的工已经完毕，就在第七日歇了他一切的工"（《圣经·创世记》）；二是指人类的日常工作，人类被认为是"上帝伟大的创造事工的同工"（《圣经·创世记》）；三是指耶稣的传教工作，在《圣经·马太福音》中，耶稣在加利利海边行走时碰到了四个打鱼人，于是便对他们说："来跟从我，我要叫你们得人如得鱼一样。"总之，无论工作在《圣经》中具有何种意义，与古希腊时期的工作风尚相比，都是不可同日而语的。首先，工作被认为是上帝的事，上帝通过自己

---

① ［美］阿尔文·施密特. 基督教对文明的影响. 汪晓丹，等译. 北京：北京大学出版社，2004：177.

② 林培泉. 浅谈《圣经》中的工作伦理观. 金陵神学志，2007（1）.

的工作创造了整个世界，还安排人的工作，"神将那人安置在伊甸园，使他修理看守"（《圣经·创世记》），上帝的儿子耶稣也从事传教的工作。其次，人的工作也不是卑贱的，上帝创造的人，学习上帝的工作而工作，从而分享了上帝的荣耀。最后，繁重的体力劳动不再是灵魂的堕落，而被赋予了两层意义：一是上帝对人"原罪"的惩罚。最初人类在伊甸园里幸福快乐地生活着，由于亚当和夏娃违背了神的旨意偷食禁果，上帝给予人类惩罚，"地必为了你的缘故受诅咒：你必终身劳苦，才能从地里得吃的。地必给你长出荆棘和蒺藜来，你也要吃田间的蔬菜。你必汗流满面才得糊口，直到你归了尘土"（《圣经·创世记》）。换言之，人需要终身辛苦劳作才能获得食物，工作变成了上帝对人类的惩罚。二是艰苦劳动有助于灵魂的改善和提升。上帝能够惩罚人类，恰好表明了上帝的仁慈，说明他还没有抛弃人类，给人们获得救赎的一线希望。因此，能够从事艰苦劳动，对于教徒而言，反而是一件极其难得的好事。在早期的修道院中，圣·本尼迪克特建立的修道院就坚持所有的修道士都要从事体力劳动，依靠自己的双手维持生计，"无所事事是灵魂修炼的敌人"，工作是抵制诱惑、克制肉体欲望、提升灵魂的有效方式。与此同时，休闲则失去了以往的社会地位，它才成为工作的"仆从"，成为人们恢复体力继续工作的手段。

综上所述，在早期基督教兴起时期，工作神圣的观点得到了广大底层劳动人民的认同、拥护和信奉，并在整个西方世界蔓延起来。

第二，基督教中期，唯有神职的工作才是神圣的。随着基督教的盛行，贵族阶层逐渐进入基督教，基督教逐渐成为罗马帝国的国教，基督教的领导权、话语权逐渐被贵族和罗马教皇所掌握，基督教逐渐沦为阶级统治的工具，教会实际成为世俗和宗教领域中的最高统治者。在这样的背景下，修道士逐渐减少了体力劳动，有些甚至彻底从体力劳动中摆脱出来，以诵经、祷告、传教或者研究神学为主。他们逐渐成为闲暇阶层，不再自食其力，而是以教徒的努力劳动为生。他们鼓吹生命的意义不在现世而在来世，只有在教士的指引下，通过默想、祷告、灵修的方式，才有可能获得救赎，进入天堂。相反，其他性质的活动不具有神圣的宗教意义，世俗工作只是让人们免于物质的匮乏，更好地从事宗教活动，与个体能否得救没有必然联系，但是世俗工作可以带来金钱，而金钱能减免人的罪行。他们大肆出售赎罪券来敛财，这样就激起了民众的强烈反感。

4. 宗教改革到工业文明时期的工作风尚——工作是人的天职

到 16 世纪，教会与民众的矛盾变得越发尖锐，教会对底层教徒的克扣更加严重。对此，马丁·路德对传统基督教的世俗工作观进行了尖锐批评。路德首先提出了"唯信《圣经》"的原则，主张"人们没有义务相信《圣经》之外的东西"①，"除《圣经》的教导之外，没有必要建立别的信仰或道德"②。信徒能否得救与教士的指引没有任何关系，这样就彻底否定了教会人士解释《圣经》的权威性，剥夺了神职人员的神圣光环，使得他们的救赎工作丧失了特殊的宗教意义。那么，对信徒而言，得救之路在何处？马丁·路德提出了"因信称义"的原则，这一原则主张，灵魂能否得救不是取决于信徒祷告、冥想、灵修以及行善的活动，而是取决于信徒对上帝的信仰是否坚定，"仁慈的上帝通过我们的信仰赋予了被动的义"③。信仰上帝就是要忠实地按照上帝的旨意行事，而上帝的旨意不是要人过冥想、祷告的修道生活，而是要人积极地投入到世俗工作之中，在世俗工作中证明自己对上帝的信仰。就这一点，马克斯·韦伯曾严肃地批评道："上帝应许的唯一生存方式，不是要人们以苦修的禁欲主义超越世俗道德，而是要人完成个人在现世里所处地位赋予他的责任和义务，这是他的天职。"④ 工作来自上帝的召唤，是信徒的天职，是上帝给信徒安排在世间的终生职责。马丁·路德通过上帝的名义，赋予工作信仰上的神圣意义，改变了以往人们对世俗工作的轻视态度，使得人们在勤苦的世俗工作中看到了生命的希望。

加尔文进一步将马丁·路德的天职观念与上帝的预定论和挑选观结合了起来，为敬业精神提供了更为扎实的理论基础。他吸收了奥古斯丁和阿奎那的预定论理论，认为人在原罪之后失去了向善的能力，无法依靠自身得救，唯有依靠上帝的恩典才有可能进入天堂。上帝基于他的仁慈，从

---

① Luther, Martin. Martin Luther, Selections from His Writings. John Dillenberger ed. Garden, New York: Doubleday, 1961: 453.

② 同①43.

③ 同①11.

④ ［德］马克斯·韦伯. 新教伦理与资本主义精神（修订版）. 于晓，陈维纲，等译. 西安：陕西师范大学出版社，2006：34.

必死的人中挑选出一部分，成为上帝的选民，获得永生，余下的便成为弃民，注定必死。因此，对于信众而言，确证自己是否为上帝的选民，是人生中最为紧迫和重要的事情。那么，如何确证这一点？加尔文将此问题的答案诉诸马丁·路德的天职观念，他认为上帝的挑选是通过"天职"表现出来的，职业上的成功就是选民最好的印证，"获得恩典的一个必要的组成部分是信徒出色的工作能力，职业上的成功被认为是恩典在信徒身上存在与活动的一种外在可见的迹象"①。因此，一个人要想确保自己是上帝的选民，那么他就应当积极地投入到世俗工作中，竭尽全力做好工作，并且获得工作上的成功，以此荣耀上帝，确证自己的选民身份。通过加尔文的论证，日常的世俗工作获得了神圣的地位，逐渐为人们所敬重和尊崇，在西方社会形成了一股敬畏工作的社会风气。

5. 20世纪以来的工作风尚——挣钱、成功的工作至上

随着资本主义的繁荣，财富的不断增加，到20世纪初，"工作是天职"的观念遭到了挑战。"工作和劳动已不再像18、19世纪中产阶级所认为的那样，是一种道德和宗教的义务。新的含义产生了。人们不断增加生产，以生产更多、更好的东西，生产及其动力本身成了劳动和工作的目的。"② 而且，"人们越是可以通过工作致富，就越是把工作当成他们发财和成功的单纯手段"③。人们在追求财富的时候，渐渐地忘记了自己工作的初衷。

对于那些虔诚的基督徒而言，"工作是天职"的观念也遭到了理性精神的质疑。"在加尔文的教义中，'努力'的这一含义是他的整个宗教理论的一个组成部分。原先他主要指的是道德的努力，但后来愈来愈指的是工作的努力，重点强调这种努力的结果，即重点强调事业的成功或失败。成功成了受上帝恩赐的标志，而失败则成了被上帝打入地狱的象征。"④ 随着科学技术的不断发展，基督教的逐渐衰落，为上帝而工作逐

① McGrath, Alister E. A Life of John Calvin: A Study in the Shaping of Western Culture. Cambridge, MA: Blackwell Publishers, 1990: 293.
② [美] E. 弗洛姆. 健全的社会. 孙恺详, 译. 贵阳：贵州人民出版社, 1994：143.
③ 同②142-143.
④ [德] 埃里希·弗洛姆. 逃避自由. 陈学明, 译. 北京：工人出版社, 1987：126-127.

渐变成为自己而工作，世俗的成功不再是荣耀上帝，而是荣耀自己。金钱至上逐渐统治了社会，挣钱和成功逐渐成为20世纪以来现代西方社会中的工作风尚。

（三）工作风尚演变的反思

通过考察中西方工作风尚的历史演变，可以总结出如下经验：

第一，工作风尚的好坏对整个社会的发展和繁荣具有十分重要的意义。例如，宗教改革后，马丁·路德将世俗工作提升到天职的崇高地位，有力地推动了西方近代资本主义的发展。与之相反，在中国社会流行两千多年的"崇尚做官"的工作风尚，使得无数聪明俊秀之才将自己所有的精力和心血放在了诵读儒家经典、考取功名的事业上，一定程度上阻碍了中国古代科学技术的发展。这种观念依旧影响到现代社会，使得考取公务员成为不少当代大学生的首选职业，职业歧视依旧难以根除。

第二，善的工作风尚具有这样的特点。首先，这种工作风尚鼓励平等地对待一切从事正当劳动的人，无论体力劳动还是脑力劳动。其次，这种工作风尚主张不应当将劳动仅仅作为一种工具来对待。"劳动光荣"虽然表面看来是一种善的工作风尚，但在"文化大革命"中被人利用。一些人打着"劳动光荣"的口号，对那些不服从不听话的知识分子、干部进行劳动改造，工作风尚变成了阶级斗争的宣传武器。最后，这种工作风尚应当有益于人们生活的改善。比如，在近代西方资本主义社会，资本家为了促使工人心甘情愿地努力劳动，大力提倡新教工作伦理，但与此同时，工人辛苦工作换来的却不是生活质量的改善。这就不是善的工作风尚。

第三，工作风尚源于新理念、新思潮。基督教在罗马帝国的兴起，改变了过去古希腊、古罗马鄙视体力劳动的社会风尚，开始形成了工作神圣的社会风尚；儒家学说在政治上取得正统地位之后，随着它在社会上的传播，产生了"崇尚当官"的社会风尚；马克思主义在中国的传播，改变了传统社会对工人、农民的歧视观念，"劳动光荣"的社会观念开始在社会上盛行起来。因此，善的工作风尚的培育首先要在社会上大力弘扬善的观念和行为。

二、工作方式的伦理批判

现代化的工作制度设计遵循"效率至上"的价值观念，违背"以人为本"的伦理理念，给工作者带来了严重后果。这集中体现在非自主性的工作方式阻碍了工作者的自主性的发挥，使得工作者沦为会说话的机器，贬低了工作者作为人的尊严和价值。

英文"自主性"（autonomy）一词源于两个古希腊词语——autom 和 nomos，基本意思是自我支配、自我控制、自我管理、自我主宰。亚里士多德认为，自主性是指个体超越于生物必然性的控制，也不受制于他人，自由主宰自己生活的状态。康德认为，自主性主要体现在主体能够根据自己的意志，自由运用理性，进行"自主"的活动。马克思从人的实践活动出发，认为自主是相对于强迫的状况，人在自主的状态中是劳动的真正主人，对劳动工具和资料的占有、成果的分配具有一定的权利，能够在劳动中肯定自我、实现自我价值。

法国哲学家安德烈·高兹继承和发展马克思的这一观点，提出衡量一种工作方式是否具有自主性，可以从以下三个方面予以考察："（1）对劳动过程的组织；（2）和生产的产品的关系；（3）工作的内容，也就是活动的性质和它所需要的人类能力的性质。"[1] 进而，他认为具有自主性的工作拥有这样的特点："（1）劳动由活动的执行者自己组织；（2）它由对自己制定的目标的追求组成；（3）能使执行它的个体达到自我实现。如果不能在三个层面上同时实现，那么这种工作仍将是他主的，因而就不可能实现个体的解放。"[2] 换言之，工作方式的自主性意味着工作者在工作中处于主体性地位，既是工作活动的执行者，又是工作活动的设计者，也是工作成果的分配者以及自我价值的实现者。简言之，工作者的自由意志能够始终贯穿于整个工作活动之中，是自主性原则在工作中的核心所在。

---

[1] 张一兵，等. 资本主义理解史：第 6 卷 当代国外马克思主义与激进话语中的资本主义观. 南京：江苏人民出版社，2009：121.

[2] 同[1].

（一）工作方式自主性的背离

在农耕时代，人们的工作活动主要以种植五谷、饲养牲畜以及制作手工制品为主。在这些活动中，人们具有相当大的自主性。比如，在农业种植活动中，人们以家庭为单位进行劳作，遵循"春生夏长，秋收冬藏"的自然规律安排一年的农事，按照"日出而作，日落而息"的自然节奏完成一日的工作，在人与自然的和谐相处中，过着自耕自种、自给自足的自由生活。工作虽然很辛苦，但是工作目标、节奏以及成果主要由工作者自己掌控，因此，那时的工作是快乐而富有成就感的。

工作成为一件单调、枯燥、乏味、让人厌倦的痛苦之事，是近来才有的现象。最为显著的标志就是19世纪末美国工程师泰勒，以科学态度对工作过程加以研究，通过定量分析，制定了标准的生产模式，极大地提升了企业的生产效率。福特进一步将高速传送装置引入生产过程，建立起流水线作业方式，实现了低成本、批量化生产。随后，这种生产方式迅速普及到世界各地，成为当今世界工业生产的主要模式。在这种工业生产模式中，工作者在工作中的主体地位逐渐被资本家和机器所取代，工作成了外在于工作者自身的东西。细言之，工作自主性的背离体现在以下三个方面：

就工作过程的组织而言，工作过程由活动的执行者自行组织是自主性原则在工作中的基本要求。但是在现代机器化大生产中，工作执行者丧失了对自己所从事工作的基本支配权。对工作目标的制定、工作过程的组织和设计，在农耕社会里，完全是由工作执行者自行决定的，现在却被工作执行者之外的人牢牢掌控，工作执行者"对产品的整个生产过程是没有控制权的，对于进行生产的机器也是没有控制权的，而只是被程序化的一个机器生产过程的一个组成部分"①。工作执行者不仅对工作过程缺乏操控，自身也沦为被操控和被管理的对象。他们被定格在某一固定的时空之内，并被加以全天候的监视，数十年如一日重复着简单枯燥的机械工作。正如福柯所指出的，人们被"空间所控制，被厚厚包围着的灰浆、砖头以及社

---

① 张一兵，等. 资本主义理解史：第6卷　当代国外马克思主义与激进话语中的资本主义观. 南京：江苏人民出版社，2009：123.

会监视技术所'规训',工作场所其实就是一个'全景敞视监狱'"①。在这样的"监狱"中,"工人只是在上班……作为机器的仆人而存在,被服务伦理所激励,对于生产的机制并不知晓"②。他们对整个工作过程茫然无知,完全沦为工作客体。

就工作者与产品的关系而言,自主性原则认为产品是工作者之自由意志的客观表达,是工作者之内在精神的外在显现。但是,在现代化的工作方式中,产品是外在于工作者的东西,与工作者之内在观念和精神的表达没有必然关联。工作者"直接接触和操作的是进行生产的机器,而不是产品"③。工作者配合机器运转的节奏,完成数百套工序中的一个,"不对产品的性质、设计等负责,只是按照程序进行机器操作"④。完成好预先设计好的产品的一部分,虽然产品中渗透着自己的血汗,但是却没有自己内在想法的表达。甚至"他从来都没有见到作为整体的'他的'产品。他至多只能作为消费者(如果他有钱买的话)而不是作为生产者,在商店见到'他的'产品"⑤。"他对这一切也不感兴趣。鞋子、汽车、电灯泡等,都是'企业'用机器制造出来的。"⑥ 在工作者看来,这些产品完全是异己的存在、陌生的东西,因为在产品身上找不到能够体现自身价值和尊严的地方,产品与自己毫无关系。因此,"他既不关心整个产品的物质形式,也不关心产品所具有的经济和社会意义。他不知道为什么要生产这种而不是那种东西,不知道这种商品与整个社会的需要是什么关系"⑦。由此,工作者与产品疏远了,产品完全变成异己的存在,与工作者的自由意志毫无关系。

就工作者自我价值的实现而言,自主性原则主张工作的价值和意义在于自我价值的实现。但是在机器化大生产中,工作执行者只是作为机器的一部分而存在,机器在生产中的地位和作用远远高于普通的工作执行者,"他只是机器的一个部分,而不是作为主动的掌握机器的人。机器不是为

① A. Gory. Critique of Economic Reason. London and New York:Verso Press,1989:81.
② 同①82.
③ 同①85.
④ 同①85.
⑤ [美] E. 弗洛姆. 健全的社会. 孙恺详,译. 贵阳:贵州人民出版社,1994:66.
⑥ 同⑤.
⑦ 同⑤67.

人服务，以取代纯粹的体力劳动，而成了人的主人"①。人则成了机器的仆人，卢卡奇指出："人无论在客观上还是在他对劳动过程的态度上都不表现为是这个过程的真正主人。"② 工作者被整合成整个机械系统中的一个齿轮，整个机械系统不依赖工作者而作业。而且，工作者必须放下作为人的习惯，去服从机械系统的规律，双手不再被自己的头脑所控制，而是被动地适应机械的运转，从而彻底失去对工作过程的控制，失去自我意志和想法，任由工作摆布，彻底沦为客体的存在。弗洛姆声称，在这种工作中，"人的工作就是完成目前机器还不能做的事"③。因此，工作者的自我价值在这种工作中很难得到实现。

（二）对工作方式自主性的背离的批判

现代化的工业生产模式的确在很大程度上提高了社会生产力，创造了丰富的物质财富，满足了人类日益增长的需要，促进了世界经济的发展和繁荣。但是，它一味追逐经济利益，将经济利益视为工业生产的核心价值，忽略了以人为本的人本主义理念，使得工作者在工作中丧失了主体性地位，自主性无法得到发挥，完全沦为工作的客体。细言之，体现在以下几个方面：

1. 贬低工作者的尊严

将人贬低为机器的附属物。为了提高生产效率所进行的专业化分工设计，使得本来丰富多彩、富有意义的工作变得简单、枯燥、乏味。正如卢卡奇所言，"人如同影片中的卓别林一样变成了抽象的数字，人的劳动过程被逐步分解成许多抽象的、合理的和专门化的操作，使得劳动者不与最终的劳动产品发生接触。这样一来，人的劳动简化为一套专门化操作的机械重复行为。整个工作者只是泰勒制的数字化操控中的一个符号，一个人的活动成了与他自己相疏远的东西，变成了附属于社会自然规律的人类以外的商品"④。工作者只是被要求按照被事先设定好的程

---

① ［美］E. 弗洛姆. 健全的社会. 孙恺详，译. 贵阳：贵州人民出版社，1994：68.
② ［匈］格奥尔格·卢卡奇. 历史与阶级意识. 杜章智，等译. 北京：商务印书馆，1999：153.
③ 同①67.
④ 同②96.

序来完成简单的操作，他的作用与意义和一台机器没有任何本质的区别。正如马克思所言，"只限于一种单纯的抽象活动的工人活动，从一切方面来说都是由机器的运转来决定和调节的，而不是相反。科学通过机器的构造驱使那些没有生命的机器肢体有目的地作为自动机来运转，这种科学并不存在于工人的意识中，而是作为异己的力量，作为机器本身的力量，通过机器对工人发生作用"①。在这种情况下，人只是作为机器的附属物而存在。

将人的生活贬低为动物性生活。失去自主性的工作，不具有更为高尚的道德意义，仅仅是动物性的生存手段，它使人的生活变成了为吃喝而活的动物性生活。马克思将失去自主性的工作称为异化劳动，认为"异化劳动把自主活动、自由活动贬低为手段，也就把人的类生活变成维持人的肉体生存的手段"②。在马克思看来，"人（工人）只是在运用自己的动物技能——吃、喝、生殖，至多还有居住、修饰等等——的时候，才觉得自己在自由活动，而在运用人的机能时，觉得自己只不过是动物。动物的东西成为人的东西，而人的东西成为动物的东西"③。换言之，在工作的时候，工作者暂时失去了作为人应当享有的基本尊严，完全沦为动物性的存在，只有在工作之外才能重新找回人的尊严。

2. 剥夺工作者的自由

自主性的丧失，使得工作者在工作中处于被奴役的地位。赫斯指出："在奴役中，生产束缚生产者本身，而在自由中，精神在其中异化的任何限制都不会变成自然的约束，而是得到克服而成为自我决定。"在这种工作中，工作者"不是把劳动，即自我形成或发展的劳动理解为它的自由行动、它自己的生命，而是理解为某种物质性的他者"④，这个"不自由的物质性的他者"控制和支配着工作者的生命，使得工作者臣服于工作自身。因此，在赫斯看来，现代化的工作本质上是通过暂时出卖人体某一器官而获得金钱的交换。"一旦确立了商品化的原则，那就为普遍的奴隶制，

---

① 马克思恩格斯全集：第 46 卷（下）. 北京：人民出版社，1995：208.
② 马克思恩格斯选集：第 1 卷. 北京：人民出版社，1995：47.
③ 同②44.
④ ［德］莫泽斯·赫斯. 赫斯精粹. 邓习议，编译. 南京：南京大学出版社，2010：96.

为我们的小商人的一般的、相互的和自愿的人身买卖开辟了道路。"① 马克思认为，在非自主性工作中，个体要忍受劳作的煎熬，身心的痛苦。"他在自己的劳动中不是肯定自己，而是否定自己，不是感到幸福，而是感到不幸，不是自由地发挥自己的体力和智力，而是使自己的肉体受折磨、精神遭摧残。"② 因此，工作者时刻准备逃离这样的工作，"只要肉体的强制或其他强制一停止，人们会像逃避瘟疫那样逃避劳动"③。只有在工作之外，人们才会感到身心愉悦、自由自在。

3. 瓦解工作者积极的人生观

在非自主性工作中，工作者逐渐对自己的能力和生活丧失信心。这种自信心的丧失是随着控制权的逐步丧失而出现的，主要体现为：工作者不能对自己的工作活动加以控制，由此产生一种"无力"感；每一天的生命都随着机器的节奏，日复一日地重复着"无意义"感；为了经济利益，工作者甚至不择手段，表现出"无规范"感；被社会文化所隔离而产生"孤立感"；在工作中不能找到任何自我修复的活动而产生"自我疏远"感。正如乔治·梅奥所指出的，"工人和监工不理解他们工作的意义，不了解他们的工作条件，人们普遍感到自己无用，这不仅是芝加哥的特征，而且是文明世界的通病。个人对他自己的社会功能以及与集体团结一致——他在工作中与人合作的能力——的信念消失了，被毁掉了"④。工作者觉得自己只是一个"受雇用者"，"除了做好他的那份孤立的工作之外，他别无责任；缺乏自主性的工作，使得工作者对工作丧失责任。他的兴趣也仅仅在于给家里带回足够的钱，以养活自己和家人。他没有奢望，没有更多的企求"⑤。工作者深刻感受到世界不在自己的掌控之中，自己在工作中如同千万只蚂蚁中的一员，对任何改变都无能为力，工作的热情被消磨殆尽，对自己的未来不再抱有希望，"工作和劳动是获得金钱的一种手段，

---

① ［德］莫泽斯·赫斯. 赫斯精粹. 邓习议，编译. 南京：南京大学出版社，2010：148.

② 马克思恩格斯选集：第 1 卷. 北京：人民出版社，1995：43.

③ 同②44.

④ ［美］乔治·梅奥. 工业文明的人的问题. 陆小斌，译. 北京：电子工业出版社，2013：120.

⑤ ［美］E. 弗洛姆. 健全的社会. 孙恺详，译. 贵阳：贵州人民出版社，1994：168.

并不是一种有意义的人类活动"①，所以形成了一种消极、悲观的人生观。

（三）工作自主性的回归

自主性原则在工作中回归的关键在于，将以人为本的理念作为工作领域中的核心理念和优先价值观念，取代技术理性在工作领域中的优先地位。

卢卡奇认为，以弘扬人的主体性为特征的人本主义与以可计算化、可定量为特征的科学精神，是人类文明在发展过程中始终存在的两大张力。正确处理好二者的关系，对促进人类文明的发展和繁荣具有重要意义。但是在现代社会，技术理性主义取代以人为本的理念成为工作领域的主流价值观，追求利益最大化成为衡量工作方式是否合理的评价标准，而一种工作是否符合人性，是否有利于工作者的身心健康、生活幸福以及自我价值的实现，这些因素很少被纳入考量的范围。这就导致了主体性原则在工作领域的丧失，"经济理性的不断扩张过程事实上是以一种看似客观的数学化和科学化的进程来实现的，这样一个过程的最终结果是'主体的死亡'"②。

对技术理性的过度崇拜，使人彻底沦为工作的客体。法兰克福学派的代表人物霍克海默和阿多尔诺就对技术理性展开了尖锐的批判，在他们看来，现代社会中的科学技术已经失去了它原来所具有的服务人的需要、增强人的力量、解放人的身体、给人以自由的善的功能，转而走向控制人、支配人、扼杀人的自由和创造精神。人被技术俘虏，成为科学技术的工具。所以，现代社会所倡导的理性精神事实上正在走向非理性。著名管理学家泰勒·弗雷德里克认为，建立在技术理性之上的工作只注重提高生产效率，将工作中本有的丰富意义剥离了开来，瓦解了人与工作之间的社会关系。

因此，自主性原则的建立，应当摆正经济理性和技术理性在工作领域

① ［美］E. 弗洛姆. 健全的社会. 孙恺详，译. 贵阳：贵州人民出版社，1994：165.
② 张一兵，等. 资本主义理解史：第6卷　当代国外马克思主义与激进话语中的资本主义观. 南京：江苏人民出版社，2009：92.

中的地位与作用。技术理性只是一种工具性的价值原则，发展经济理性和技术理性的目的与意义在于将个体从工作中解放出来，赋予工作者真正的自主，使得工作者的自我价值能够在工作中得到充分展示，而不是将工作者贬低为资本增值的人力资源来对待。所以，经济理性和技术理性服务于以人为本，后者赋予了前者存在的价值和意义，前者保障以人为本的理念获得实现。

自主性原则的建立，最重要的是在工作活动中真正贯彻以人为本的核心价值理念。首先，应当认识到，工作者是具有主体性和能动性的人，然后才是职业主体。管理学家彼得·德鲁克强调，我们在雇佣工人的时候，雇佣的不只是一双手，而是一个活生生的人。其次，要将工作是否有助于工作者之自我价值的实现作为工作设计的一个重要考量标准。理查德·唐金认为："伟大的工作不在于办公室设计是否符合人体工程学；也不在于办公室色调的搭配；不在于人力资源管理的种种细节；也不在于领导力的强弱——至少不在于自上而下的领导体制；更不在于技术的新旧。真正决定它是否伟大的关键，要看它能否点亮人性的光辉，使人们实现自己。"[①]"如果工作无法加强人性的光辉，那么它就失去了存在的意义，应该被我们义无反顾地舍弃。我们应该找回生命中的灵光，并将其用在工作上。"[②]只有坚持以人为本的理念，将工作是否有助于提升人性、发挥人的潜能作为工作方式设计的核心价值理念，作为衡量一种工作方式是否为善的道德标准，自主性原则才可在工作中得到真正的实现。

三、工作伦理的未来展望

人类工作的原始动力，主要是为了摆脱人类对自然界的生物性依赖，通过工作来创造财富，从而使得自己不再受制于自然，从自然中获得解放和自由，因此，工作的最终目的是人的自由全面发展。但在现代化的工作方式下，工作却成为束缚人自由发展的最大障碍，自己的时间、活动空间

---

① ［英］理查德·唐金. 工作的历史. 谢仲伟，译. 北京：电子工业出版社，2011：308.

② 同①.

都彻底被工作所规定。但是，这一切随着互联网技术的飞速发展正在发生着改变。随着互联网技术在工作领域中的广泛运用，传统的工作方式与工作关系开始发生巨大的改变。充满个性自由、富有创造性、追求自我价值的实现，期望获得一种"畅快"的内心体验，正在成为一种新型的工作观。

（一）工作方式的变革

以前传统的在某个固定时间、固定地点、在某个组织中一成不变地从事持续性工作的方式正在发生改变。Soho 办公就是当代网络化背景下兴起的一种流行的工作模式，它是英文"small office，home office"的缩写，意思是"小型办公，在家办公"。从事这类工作的群体被称为 Soho族，他们只要拥有一台可以连接互联网的电脑就可以开始工作。在网络工作中，人们根据自己的兴趣爱好自由选择工作，工作的整个过程完全由自己掌控，自己做自己的老板，不必拘泥于朝九晚五的工作方式，工作不受时间、空间的限制，既可以在家也可以在咖啡厅，只要有网络的地方就可以工作，何时休息、何时工作、是否需要加班，完全由自己决定，不受任何人的控制和左右。所以，这种工作方式基本上是自由自在的、富有弹性的、生活化的工作方式。

Soho 办公的发展非常迅速。网络上的工作类型多种多样，既有传统的产品销售、网页设计与制作、法律咨询服务等，又有音乐制作、平面设计、服装设计、炒股期货、商务代理等。一些传统的工作现在也纷纷被搬到网络上，比如网络保姆、网络推手、网络翻译、网络家教、网络砍价师、网络秘书、红客、调客、威客、网络钟点工、动画设计师、玉米虫、彩铃设计师、网络游戏代练员、换客、贴客、网店装修师、网络模特、印客、网络菜市场、网络写手等。Soho 主义的生活方式已经在各个职业领域呈现出爆炸式发展，据杰克尼斯勒估计，在 2010 年，美国的 Soho 工作者已经突破 3 000 万人，欧洲甚至达到了 6 000 多万。据报道，在我国的北京、上海这样的自由职业者已经有数千万之多，而且 90 后一代正在成为 Soho 的主力军。可以预见，随着互联网技术的进一步发展，在不久的将来会有越来越多的工作逐渐转移到网络上，以 Soho 办公为代表的工作模式将成为未来社会的工作主流。

（二）工作关系的变革

在网络办公兴起之前，就已经有很多伟大的思想家对未来社会工作关系的变革做过惊人的设想。马克思早就预见了理想的交往是"建立在个人全面发展和他们共同的社会生产能力成为他们的社会财富这一基础上的自由个性"①。在理想的交往关系中，一个人对另一个人的依附消失了，物化也不存在了，整个社会形成了"一个自由人联合体"②，每个人都作为独立自由的个体与他人展开交往。因此，在这种自由解放背景下的交往关系中，形成的交往伦理就是平等、尊重。这一理想，在彼得·德鲁克看来，在 21 世纪就可以得到部分实现，在那时，知识工作者将首先从上下级关系中解放出来。因为知识将是未来社会中最为重要的资本，知识将成为推动生产力发展的核心力量，所以知识工作者将是企业最为宝贵的财富。在那时，"知识工作者既是老板的雇员，也是雇员的老板。知识工作者因为随身携带'技术和知识'，经济报酬并不能将他们束缚，他们是自己的主人，可以随意对工作进行洗牌"③。所以，在这时，下级就不隶属于任何一个上级了。

并非只有某一工作群体才有机会享此殊荣，在不久的将来，不属于任何一个"上级"，这将成为一种工作的常态。查尔斯·汉迪指出，在未来的工作中，科层制的庞大组织将会消失，取而代之的是最低限度要求的扁平化组织，在这一组织中，"有一个小的关键人物的核心，围绕着核心的空间里有一个组合工人的集合"④。"一个职业也不再意味着在一个组织里爬职位的梯子。一方面梯子不会是超过三或四层的。"最重要的是，"一个人也不能期望将生命中的 100 000 个小时都卖给一个组织了。你的工作头衔将不再界定你的一生，或即使是大部分人生"⑤。

① 马克思恩格斯全集：第 46 卷（上）. 北京：人民出版社，1979：104.
② 马克思恩格斯文集：第 5 卷. 北京：人民出版社，2009：96.
③ 郭鲁芳. 休闲学. 北京：清华大学出版社，2012：78.
④ ［英］查尔斯·汉迪. 空雨衣. 江慧琴，赵晓，译. 北京：华夏出版社，2000：76.
⑤ 同④77.

人们以一种组合职业的形式出现，同时能够以多个团体成员的身份从事不同工作，在那时，"对每个人来说，工作不再是指一个有雇主的'工作'，随着组织的分散和收缩，我们中越来越多的人将是为自己工作并经常要靠自己"①。工作者将不再依附于任何上级，每个人都将是自己的雇主，为自己而工作，人从上下级关系中获得解放，每个人的潜能都将获得极大的发挥。

现在看来，汉迪的预见并非天方夜谭。在移动互联网的飞速发展下，这种预见正在逐步走向现实。在 Soho 的工作模式中，"上下级"概念已经成为一个过时的东西，逐步退出了舞台，在这一关系中，人与人之间完全是一种合作关系，没有谁听命于谁，没有上下级之分，大家完全是一种平等的工作关系。人们所追求的理念就是"我的生活我做主"。正如，日本学者马渡淳一郎指出："雇佣的柔软化，非典型雇佣的扩大，劳动力供需体制的多样化是世界各国雇佣体系变化的共同现象。"② 弗洛姆在他的《健全的社会》一书中曾这样概括马克思对工作的表述："如果人不再'被雇用'，那么他的工作过程的性质和特征就将改变。工作将成为人类力量的有意义的表现形式，而不是毫无意义的苦差事。"③ 因此，在未来的工作中，个体从具有人身依附性质的上下级关系中解放出来，以独立、自由、平等的身份参与到工作中来。

同时，网络会为同事的交流提供广阔的平台。在互联网上人与人之间的交流打破了时间和空间上的限制，工作交往中不再有上级统治存在，每个人都可以通过建立微信圈、QQ 群等方式建立自己的工作团体，选择自己喜欢的同事、合作伙伴，形成最佳的组合。在完全平等、自由的组织中，大家可以自由平等地分享经验、展开对话、协商讨论。在休闲化的工作交往中，大家的交往非常密切，不必拘泥于会不会得罪谁，可以天马行空地展开头脑风暴式的思考，获得最优、最有创意的思路。

① ［英］查尔斯·汉迪. 空雨衣. 江慧琴，赵晓，译. 北京：华夏出版社，2000：76.
② ［日］马渡淳一郎. 劳动市场法的改革. 田思路，译. 北京：清华大学出版社，2006：3.
③ ［美］E. 弗洛姆. 健全的社会. 孙恺详，译. 贵阳：贵州人民出版社，1994：208.

（三）新工作观的诞生

工作方式和工作关系的变革必然带来工作观念的改变。这种变革将个体从固定的工作节奏和工作制度中解放出来，使得工作自由成为一种可能。工作自由的获得使得人们开始重新反思工作的意义和价值，定义自己的人生道路。传统的工作伦理观念，如勤奋、努力、成功等，开始受到人们的质疑。朝九晚五地拼命赚钱开始受到 80 后、90 后年轻工作者的挑战。越来越多的年轻工作者越来越关注自我价值的实现。可以预见，在不久的将来，挣钱将不再是工作的全部意义，工作的价值不再以获得多少报酬来衡量，因为现在的工作完全由自己掌控，自己是工作的主人，工作对于个体而言，真正实现了工作与休闲的高度统一。也就是说，在未来社会，在人们的观念中将不再有工作与休闲的划分，工作即休闲，休闲即工作，二者完全合而为一，构成了一种新的工作观。

休闲化的工作观对于个体而言是极有意义的。它克服了以往工作所带来的紧张和焦虑，使得个体能够自主地根据自我的意愿来塑造自我的未来。这时候，"痛苦""烦劳""枯燥""无趣"等将逐渐远离工作，人们在谈起"工作"时，联想到的是"自由"和"快乐"。休闲化的工作并不影响人类物质财富的增长。事实上，在这种状态下，人类的创造潜能反而更容易被激发出来。东西方有很多伟大的艺术家、音乐家、作家、思想家、科学家和哲学家在分享他们成功的经验时都强调了这一点，视职业为度假，视工作为休闲。托马斯·爱迪生曾说："我自己一辈子连一天都没有'工作'过。对我来说，每天都是在玩。"[①] 居里夫人也说："就我的人生而言，对自然界的那些新发现让我变得像孩子一样欣喜无比。"[②] 在休闲化的工作中，每个人所做的都是自己喜欢的和感兴趣的事情，工作不再是一种负担，而是一种不可扼制的追求。

总之，在未来社会，金钱不再是衡量工作价值的唯一标准，"创造性"

---

① [美]克里斯多夫·爱丁顿，陈彼得. 休闲：一种转变的力量. 李一，译. 杭州：浙江大学出版社，2009：131.

② 同①.

"技艺性""自由度"才是衡量工作价值的标准。人们更想通过工作获得更多的生活乐趣、发现生活的意义，在工作中获得自我价值的实现。因此，充满个性自由、富有创造性、追求自我价值的实现，期望获得一种"畅快"的内心体验，正在成为一种新型的工作观。

第六章　休闲伦理

第一节　休闲：生活伦理的议题

现代科学技术的发展引起了人们生活世界的改变。工业革命以后，工作在人们的生活中居于首位，"休闲"成为稀缺资源。现代社会的生产力水平极大提高，生活方式、工作方式发生巨大变化，使人们拥有更多的闲暇时间，"休闲"越来越成为人们普遍的生活实践方式。20世纪六七十年代，欧美国家的很多社会学家趋于比较一致的看法是，国际社会正式步入一个具有新的社会休闲伦理观与娱乐观的大众休闲时代。"在我国大中城市中，用于生理活动的时间为640分/天，工作时间约为280分/天，闲暇时间为320分/天，家务劳动时间为198分/天，工作与闲暇时间基本相等，说明我国城市居民进入了'有闲阶段'。"① 拥有大量的空闲时间虽然只是休闲的前提条件，但毕竟说明中国"有闲时代"的到来具有可能性，休闲越来越成为中国人实践着的主要生活方式。所以，思考什么是"休闲"，什么是有意义的休闲生活，人们究竟应该如何休闲，已然跃入文化—伦理学的研究视野。

---

① 王小波. 工作休闲——现代生活方式的重要变迁. 自然辩证法研究，2002（8）：59.

一、问题的提出

汉语中的"休闲"一词由"休"与"闲"组成。《说文解字》有言："休，息止也。从人依木。"在中国传统农耕社会，人们的生活节律是"日出而作，日落而息"的田间劳作和弃耕休整。所以，"休"一方面指使土地休养生息、恢复地力，一方面是耕作者不事耕作、整顿身心。《甲骨文字典》中指出："休，象人依树而息之形"，《汉语大辞典》将"休"解释为劳动者的"休息""休假""停止"。可见"休"与劳作相对，是中断劳动的行为。《诗经·大雅·生民之什》中所言"民亦劳止，汔可小休"，《礼记·月令》中所言"毋休于都"皆表明"休"之"休止""停息"之义。"休"亦为"美好""吉祥""喜悦"，《周易·大有》中言"顺天休命"，郑玄将"休"注释为美好，《国语·楚语》所言"无不受休"和《战国策·魏策》中所言"休祲降于天"都表明"休"之吉祥喜庆之义。"休"还指农闲时举行的节庆活动和礼节仪式，《康熙字典》和《辞海》将其解释为"节庆""欢乐"，意指人们在节日闲暇活动中感受到的快乐和欢愉。综上所述，"休"在中国传统文化视域中应指在必要的空闲时间内从事的或休息或活动的自主行为，并在其中获得安详、闲适、欢快的心理感受。

"闲"，《说文解字》解释为"闲，阑也。从门中有木"。"闲"最初有边界、界限之义，是一个表示范围的概念。《周易·家人》中有云："闲有家"，有"闲"才有家，"闲"作为家与外在世界的区隔，体现出私人生活领域与公共空间的区别，人在私人空间的活动不受公共权力、外在压力的限制和强迫，体现出相当高的自由度。"闲"引申为伦理、法度，"大德不逾闲，小德出入可也"（《论语·子张》），"闲之以义"（《左传·昭公六年》），两处"闲"都有准则、规范的道德含义，这种定义的"闲"超越一种有形的、物化的限制，而成为一种无形的、内在的道德规约。由此，"休"与"闲"合而为一，表明"休闲"所具有的两种本质：其一，休闲是一种轻松、悠闲、自由自在的行为；其二，休闲必须受到伦理规范的约束和引导，而成为一种向善、求善的道德生活。

"休闲"，英文表示为"leisure"，源于拉丁语"schole"，与英语"school"一词同源，暗示出"休闲"与"教育"的内在关系，教育是传授、感染并使人发生改变的活动。由此，"休闲"在西方语境中应该是积极、严肃的，"具有规范性和创造性的学习活动"①，不是无所事事、游手好闲，也不是低级下流的戏谑玩乐，而是需要教化并导之向善，习得并通向自在的活动和达到的自由状态。

对于"休闲"，当代西方学者基本从时间、活动、精神状态、心灵体验四个方面来定义，布莱特比尔、莫菲、帕克、基斯特、弗瓦认为，休闲是一段自由时间。杜马哲迪尔、弗莱德曼、凡勃伦认为，休闲是自由时间内的活动。皮普尔认为，休闲是一种平和宁静的精神状态。格拉齐亚、约翰·纽林格认为，休闲是自由、快乐、幸福的心灵体验。杰弗瑞·戈比综合四个角度，给出了对"休闲"的定义："休闲是从文化环境和物质环境的外在压力中解脱出来的一种相对自由的生活，它能使个体以自己所喜爱的、本能地感到有价值的方式，在内心之爱的驱动下行动，并为之提供一个基础。"② 我国学者马惠娣认为，"休闲是以欣然之态做心爱之事"③。无论哪种定义，都内含了休闲的本质——"自由"，休闲应该是自愿选择的活动，是自我感受美好的状态。如此解释休闲似乎没有揭示其应有之义，即自由价值的追求和自在感受的获得是否受到限制，也就是真正意义的休闲即自由自在的休闲究竟如何实现？对此，我们不得不从伦理道德的视角去审视休闲，休闲是否依靠主体的道德自觉去选择和规范？休闲是否需要正确价值观念的引导？休闲是否需要社会性的道德标准进行评价？

二、休闲伦理的历史探索

纵观中西休闲发展史，人类无时无刻不在思索着什么是休闲、应该如何休闲的问题，也就是休闲伦理的问题。休闲大致与人类的劳动并生，它起源于人类生存的基本需要，伴随人类社会发展的始终，是人类生活须臾不可缺少的一部分。其价值最开始体现为"休息、调养"的实用意义，是劳作之

---

① 鲍金. "休闲"的比较词源学考察——"休闲"在先秦汉语和古希腊语中的文字表达及其反映的社会观念评析. 自然辩证法研究，2005（11）：90.
② ［美］杰弗瑞·戈比. 你生命中的休闲. 康筝，译. 昆明：云南人民出版社，2000：14.
③ 马惠娣. 人类文化思想史中的休闲——历史·文化·哲学的视角. 自然辩证法研究，2003（1）：65.

后恢复劳累身心的一种必要手段。其后，随着经济的发展、人类文明的进步，其生命意义、人伦规范、社会秩序和生态价值等伦理价值才得以凸显。

　　对休闲的伦理思考寄生于原始人的宗教生活。在古代社会，人类的弱小使人类对大自然和神秘力量具有强烈的依赖与敬畏，人类相信祭祀是与神灵沟通、使神灵愉悦甚至支配神灵的主要方式。所以，"宗教活动是人类精神的寄托，成为先民们的精神支柱和行为指南"①，宗教祭祀是原始人生活的主要方式。远古时代，人类的休闲活动在宗教生活中孕育而生。"语言的象征，发展为讴歌神灵事功、感谢神灵恩德的诗歌与神话；身体动作的象征性模拟，发展为舞蹈艺术；神灵偶像的制作，发展为雕塑绘画。"② 月上枝头，狼烟渺渺，篝火闪烁，鼓手们敲打着兽皮鼓，祭司走上神坛，带领部落里的成年男女尽情歌舞，以求得与神灵的沟通。宗教仪式增强了人们抵御异己力量的信念，同时释放了人们内心中积郁的苦恼和不安。然而，宗教仪式的另一种作用在于"禁忌"，"献祭的目的是为了取得神的欢心，从而使人们得到护佑；与此相反，对神的任何亵渎犯罪，在他们看来，都会触怒神明而得到灾祸，这样就在他们的行为中规定了种种的禁忌"③。这些神圣的禁忌和命令成了原始人在生活中必须遵守的规范与准则，从而在宗教祭祀的尽情狂欢之余，遏制了原始人放纵、无序的动物本性，依靠对神灵的崇尚与尊重，升腾起内心的自制和自律。可见，在人类产生之初，休闲就不是随意任性的，而是将宗教禁忌的要求与制约贯彻于休闲活动中得以实现。

　　在中国传统农耕社会，人们开始有了规律性的生活节奏，休闲开始渐渐与劳动区分开来，成为劳作之后的空闲时间的生活状态。《诗经·国风·汉广》中的"南有乔木，不可休思"，《诗经·大雅·生民之什》中的"民亦劳止，汔可小休"，都意在说明休闲是不事耕作、悠然自得的生活。然而私有制的产生、阶级的出现，使休闲具有了阶级性和不平等性，星象卜筮、琴棋书画、吟诗作赋、歌舞丝竹、骑射游历，成为文人墨客、士族

---

　　① 郭鲁芳. 休闲学. 北京：清华大学出版社，2012：46.

　　② 宋仕平. 试论原始宗教的社会功能. 中南民族大学学报（人文社会科学版），2005（4）：154.

　　③ 秋浦. 鄂温克人的原始社会形态. 北京：中华书局，1962：91.

权贵专有的生活方式。经由春秋战国的百家争鸣，人们对休闲问题的思考开始与人生、人伦、社会、自然联系起来并系统化。

首先，儒家所言休闲是积极入世的生活方式，强调个体人生与国家社会的统一，既属于个人，也属于社会。休闲作为一种有价值的生活，更强调其对于他人、对于社会的意义。从实然的角度而言，有"游手好闲""玩物丧志"之闲，有"小人闲居为不善""荒于嬉"之闲，也有"不堪其忧、不改其乐"之闲、"仁者乐山、智者乐水"之闲。休闲需要一种规范的引导，在传统社会，这种规范就是"礼"，儒家主张"休闲"合礼，"非礼勿视，非礼勿听，非礼勿言，非礼勿动"（《论语·颜渊》），休闲活动必须符合人伦。追求的是与人共乐，如："暮春者，春服既成。冠者五六人，童子六七人，浴乎沂，风乎舞雩，咏而归。"（《论语·先进》）"曰：'与少乐乐，与众乐乐，孰乐?'曰：'不若与众。'"（《孟子·梁惠王下》）从应然的角度而言，休闲应该具有经世致用的社会价值。儒家以"修身、齐家、治国、平天下"为最高理想，采菊篱下、品茗赏月、吟诗作赋、对酒当歌亦不忘忧怀家国天下，养精蓄锐、调养身心为的是实现为天地立心、为生民立命、为往圣继绝学、为万世开太平的使命。其次，儒家休闲观的根本在于其是心性修养的道德实践过程，在休闲活动中，将休闲的审美境界与道德修养联系在一起。"志于道，据于德，依于仁，游于艺"（《论语·述而》），"君子之于学也，藏焉、修焉、息焉、游焉"（《礼记·学记》），可以说儒家的休闲生活就是对道德的自觉的、永无止境的修行过程，在休闲生活中实现的自省、自律，赋予感性的、情绪化的生活伦理理性、道德自觉的支撑。最后，儒家之休闲追求从心所欲的天人境界。孔子所言真正的自由境界应该是"从心所欲，不逾矩"（《论语·为政》），即孟子所言"万物皆备于我矣。反身而诚，乐莫大焉"（《孟子·尽心上》），通过不断修养，实现自我超越，达到与天合一、与万物一体的精神境界。

如果说儒家倡导的是一种积极乐观的入世主义的休闲观，道家则与之迥异，坚持休闲应该超脱伦常、回归自然、无为自在、齐物逍遥。在道家思想中，"道"是最高的理念，"游心于道"是人生的最高境界。然而，"天之道损有余而补不足，人之道则不然，损不足以奉有余"（《老子》第七十七章），休闲之至，不是在人伦社会中实现生命的意义和生活的幸福，而是超越现实，寻求真我、本我的超然之境。亲近自然、回归自然是摆脱人为偏见和世俗禁锢的直接方式：一方面，怡情山水、流连自然，借山水清秀、鱼跃鸟啼来排解内心的压抑和苦闷，从而获得精神上的享受和心灵上的安宁；另一方面，追求自然而然、返璞归真的恬静生活，去除虚伪和矫饰、贪欲和物念，重归天真淳朴、闲适轻松、怡然自得的自然状态。道家通过无为、不争而获得随性、任意的休闲生活，"无事""无亲""无欲""无常心"，"不盈""不明""不自视""不为天下先"，克服内心的有执，方可实现生活中的"无待"。道家休闲的最高境界是"逍遥"之自由，如展翅腾飞于天际的鲲鹏、如乘风而行的列子，能够追求卓越、高远的凌空境界，消除物我、彼此的差异，将自我融于大化自然之中。

中国的禅宗融合了儒道两家的休闲思想，超越了儒道两家出世和入世的对立，无所谓出世与入世，而是在生活中通过身心修炼而获得愉悦、自由的休闲体验，从平凡中看出不平凡，从平常中见道、悟道。禅宗主张通过生活禅、饮食禅、茶道禅、居静禅、书画禅、文学禅，即生活中的点点滴滴，来悟得人生和生活的真知灼见。"妙有性空"点明了禅宗对世俗生活的认知，人世间的一切都是既有非有，既空亦不空，而且空即是有，有即是空。所以，纠缠于"空"与"有"是对自由的桎梏。儒家的休闲哲学执着于世间伦常，道家超越无为同样是一种执着。禅宗之休闲强调，放弃"有执"，达到"随缘人生"的境界。"无造作、无是非、无取舍、无断常、无凡无圣"[①]，超越外在与自我的双重限制，获得"无念""无相""无住"的真正自由的"高峰体验"。综上而言，儒家、道家、禅宗三者奠定了中国人休闲观的三重路径，即休闲是符合社会伦理的、成己成人的生活方式，是亲近自然、超然洒脱、平淡宁静的生活态度，是透视人生、放下释然、实现本我的自由生命体验。

西方社会的休闲观念起源于建基在海洋文明之上的希伯来文化。西方人看到了个体之于自然、社会的意义，他们崇尚冒险、奋斗、拼搏，形成了不同于中国人的休闲生活。休闲不是迎合社会需要的行为，不是

---

① 吴言生. 中国禅学：第 2 卷. 北京：中华书局，2003：402.

摆脱束缚的方式，更不是通透生命的体验，而是符合人之本性、彰显个性自由、推崇个人价值的真正幸福所在。古希腊人认为，幸福生活应具备三大要素：智慧、美德、休闲。在所有这些要素中，休闲具有突出重要的地位。休闲"让人获得上帝般的天性"①，是一切事物环绕的中心，休闲凌驾于工作之上，是人生的目的，是自由人的人生基础。柏拉图将休闲与知识、美德相结合，"知识引导着复合道德的选择和行为，而这些东西反过来引出了真正的愉快和幸福"②。亚里士多德真正将休闲与伦理相结合，即休闲不仅仅是单纯的行为休闲和物质娱乐，更应该是一种理智的、自由的精神愉悦和德性生活。休闲是一种符合美德的生活，智慧构成休闲的根本内容和本质规定，它在本质上是一种高层次的精神实践活动；休闲是符合理性的，是对感性欲望的节制，是通过对理性的自由选择而达到的一种符合人性的和谐生活；休闲应该是正义的，是与城邦正义结合在一起的，是对每一个体成员之自由与权利的认可。所以，亚里士多德所言休闲"是一种包容着智慧、中庸、愉悦诸文化因素的高尚的精神生活，是把特定历史时期的真善美融为一体的自由境界"③。古希腊晚期，西方休闲观念发展出另一个重要的伦理向度，即对个人价值的推崇，对人性的张扬，从个人立场去思考休闲的价值。伊壁鸠鲁学派认为追求个人感官的快乐、避免痛苦和烦恼是休闲的本质；怀疑学派通过消解价值来追求真正意义上的休闲；犬儒学派倡导顺应自然的简单生活，从而实现没有负累的个人自由。所以，古希腊人的休闲生活与理性、智慧结合在一起。

此后，西方社会经历了漫长的中世纪，"中世纪的休闲维持了'宗教—个人'中心型的休闲方式，认为劳动是神圣的，休闲是世俗的"④，人们在神性的生活中将休闲视为与"神"的远离甚至对"神"的

---

① Tilgher A. Homo Faber: Work through the Ages. New York: Harcourt Brace, 1930: 4.

② 郭鲁芳. 休闲学. 北京：清华大学出版社，2012：41.

③ 邹贤敏. "休闲"与"觉识"——亚里士多德美学思想拾遗［ED/OL］. http://article nma. org. cn/article/2008/11/14888. html.

④ 同②43.

叛逆，唯有劳作才是彰显神之意义的、高尚的生活方式。宗教性的精进修行和努力是通向来世、亲近上帝的唯一途径，而无所事事则是灵魂修炼的敌人。这时的"休闲"，其本质和内涵完全背离了古希腊"休闲"的本义，成为符合教义的渡过休息时间的方式，如安息日既是工作后体力上的休息，更是一种精神上的净化和陶冶。在这一天，除了专心休息和学习经文，人们不允许做任何工作。全家人围坐在一起愉快地享用丰盛的晚餐。宗教观视域下的"休闲"，将亚里士多德倡导的主体至善的内在价值转化为祈求上帝拯救的冥想，完全退去了世俗化的倾向，与"上帝"无关的闲散逸乐都是罪恶。由此将劳动当作最神圣、最高境界的工作伦理一直持续到 20 世纪。随着工业革命的不断深入，资本的积累不断集中，劳动时间和非劳动时间的区分成为社会等级分化的标准，如此便产生了工作与休闲的分化。富裕起来的手工工场主、农场主成为享受安逸生活的特权阶级，这就是既有闲又有钱的"有闲阶级"，而工作则是工人生活的主要内容。有闲、无闲形成了极端性的两极分化：一部人拥有大量的金钱和闲暇时间，却不知道怎么打发，导致闲散、放纵、无所事事，甚至从事夸耀性、攀比性、炫富性休闲，强调休闲的外在表现，以其作为地位、身份的象征，而无视休闲的内在价值；另一部分人不得不枯燥地、无休止地工作，本身并不充足的休闲时间，要么用来恢复过度劳动造成的体力和脑力疲乏，要么用来追求刺激和放纵自己，以至于空闲时间的利用同劳作一样紧张和繁忙。

　　进入 20 世纪以来，社会生产水平极大提高，休闲不再是少数人享有的特权，而逐渐成为人们普遍享有的权利。杜马哲迪尔指出："今天，休闲已成为数百万、数千万劳动者生活中的重要因素，它直接关系到劳动、家庭、政治、社会等问题。"[①] 伴随着批量生产和批量消费的普遍有闲的社会正悄然来临，工作时间和休闲时间没有明显的区隔，工作中可以获得愉悦的畅爽体验，休闲中亦能找寻到成就和收获。我们已经不能仅仅凭一个人在干什么就确定这个人是在工作还是休闲，休闲是工作，工作也是休闲，休闲时代的各项特征悄然渗透到我们生活的各个角落，并逐步地改变我们人类

---

① 郭鲁芳. 休闲学. 北京：清华大学出版社，2012：45.

本身。休闲不再是工作后的消遣和恢复，而是一种能发挥个人禀赋、特长，符合个人之兴趣爱好的活动，其间自我价值得以实现、人际关系得以融洽、社会文明得以进步，人们并不单纯地排斥劳作或休闲，而是承认工作是休闲的基础，休闲是获得工作成就的前提。

三、"有德休闲"的生活伦理范式

"人们的存在就是他们的现实生活过程。"① "人除了自己的现实生活外，再无其他，生活就是人的存在的全部内容，不同的生活样式就是人的不同的存在方式。"② "生活表现为人所有的活动，就是人之为人的所有存在活动。"③ 生活不仅是人的活动的实然，表现为人的现实存在状态，也是成人之应然，具有理想性的价值追求。休闲作为人的基本的存在方式和生活方式，亦具有实然和应然的双重属性。

人不是单向度的，所以人的生活具有多个面向，因而表现出丰富多彩、复杂多样的生活内容。如果按照人的生活空间和领域进行划分，可以将人的生活划分为家庭生活、职业生活、社会公共生活。"所谓家庭生活，是指人们建立在婚姻和血缘关系基础之上的生活。"④ 家庭生活是家庭成员的生产、生活活动，发生在家庭范围内，建立于亲情、血缘之上，是自然生发的一种生活方式。"所谓职业生活，是指人们从事对社会承担一定责任、使命、职能的专门业务而进行的活动及其状态。"⑤ 职业生活的特点在于其专业性，是在特定空间、场所，人们共同从事的生产、再生产的活动。"所谓社会公共生活，是指一个社会里的一定范围内，人们生活的身份不是原来的职业身份，而是由公共场所的性质所赋予的身份与他人一起所进行的生活。"⑥ 我们所言休闲生活不同于以上三种空间的生活实践，具有相当的广泛性，我们很难给休闲生活找到一个具体的存在空间，但它

---

① 马克思恩格斯选集：第1卷. 北京：人民出版社，1995：72.
② 李文阁. 哲学与生活. 教学与研究，2004（1）：23.
③ 李霞. 生活方式的变迁与选择. 北京：人民出版社，2012：7.
④ 余仰涛，王志军. 论职业生活体是思想政治工作的主要载体. 学校党建与思想教育，2007（4）：7.
⑤ 同④.
⑥ 同④.

却已成为我们生活的重要组成部分。然而，我们的休闲生活并不尽如人意，"有健康向上，有益于身心，有利于社会的雅闲，也有不违反道德，对人的精神生活无大益处的庸闲，更有违反社会基本道德、危害社会文明以及个人身心健康的劣闲"①。休闲生活的实然更加说明其具有极强的自主性和随意性。没有如职业生活的确定性规范，没有如家庭生活的情感维系，更没有如社会公共生活的公共性制约，人们在休闲生活中往往表现出更多的任性和妄为，一味地追求自我的释放和满足，极少考虑自己应负的责任，更不会考虑休闲活动对他人、对社会的影响或价值。鉴于休闲生活的特殊性及其现实状况和重要意义，我们倡导"有德休闲"，引导人们向往道德，追求讲道德、遵道德、守道德的休闲生活。

"道德是一种理性的生活事实"，"蕴涵了人应该怎样生活的准则和如何这样生活的方法"，"是一种关于生活实践的智慧和方法"②。对于"休闲"而言，道德也是一种理性的生活智慧，既是对现实"休闲生活"状态的认知与剖析、反思与规范，也是对其应然价值的探索与实践。休闲是人类生活的重要组成部分，是人类按照自己的意志自主选择的自由生活。然而，休闲生活的主体是人，人具有理性与非理性的两种冲动，人一旦进入休闲生活，就进入了真正的自由空间，没有必须遵守的规范，无须承担特定的社会责任，人本身在休闲生活中得以自由、全面地展现。人本身所具有的"理性"与"非理性"也使得"闲暇生活本身有着无主—自主、消遣—创造、升华—沉沦"③ 等诸多的两面特征。所以，休闲生活的质量优劣与价值大小取决于休闲主体的道德素养。真正健康、有意义的休闲生活具有强烈的道德属性，需要休闲主体自觉地进行符合道德的休闲选择，遵守道德规范，坚持良善的道德价值。

道德的休闲生活并不仅仅是道德规范统摄下追求休闲价值和休闲境界的个体行为。它更强调经由休闲活动而形成的以人为中心的诸种关系，旨在通过休闲主体在休闲生活中养成和实践道德，来实现人与自然以及人

---

① 徐锦中. 休闲文化的道德意蕴. 道德与文明，2003（5）：71.

② 唐代兴. 生存与幸福——伦理构建的知识论原理. 北京：中国社会科学出版社，2010：127.

③ 胡知武，曾钊新. 论闲暇生活的道德导向. 消费经济，1994（4）：5.

与生命世界的和谐共生。在我们看来，这些关系应当既包括休闲者与其活动涉及的所有他者之间的关系，也包括休闲者与社会、自然的关系，更包括休闲生活与其他性质的生活如衣、食、住、行、劳动工作、休息娱乐的关系。这诸种关系并不是简单的相互作用、相互影响，更不是现象性、经验性的描述，而是"由客观关系和主体意识统一形成的特殊的社会关系"，即"有思想渗透其中的实体性关系"①，体现了人作为诸种关系的核心从"是怎样"到"应怎样"的不断发展和完善的过程。正如马克思所言："人的本质不是单个人所固有的抽象物，在其现实性上，它是一切社会关系的总和"②。人总是生活在一定的社会关系中，一切行为包括休闲行为不可避免地要与周围的人、社会氛围、自然环境发生各种各样的关系，人必须对自己的行为负责，承担着关系发生过程中对他者的责任和义务，从而实现人与各种关系的和谐状态，自由地徜徉于其中，并充分发挥和实现自身潜能、实现自我价值。

由此，我们所界定的休闲伦理应该是将休闲与伦理相结合，在人们的日常休闲生活中建立起对个体人格和人生的塑造、对人际交往和社会风尚有着直接影响的价值观念系统，以及人们应当遵循的基本行为规范和良序美俗。

第二节　生命休闲伦理

"人的个体生命是人类一切活动的基础和前提，也是人的一切活动最终的归宿"③，人的存在、价值、意义都通过个体生命得以展现。"生命本身就是美好的、宝贵的；活着，好好地活着并感受之，这本身就是我们的存在，就是人的最高幸福。"④ 休闲伦理是一种探寻休闲与生活幸福之间关系的学问，关注个体生命必然成为其基本的伦理诉求，即实现休闲活动

① 宋希仁. 论伦理关系. 中国人民大学学报，2000（3）：61.
② 马克思恩格斯选集：第1卷. 北京：人民出版社，1995：60.
③ 刘海春. 休闲教育：个体生命与生活世界的需求. 自然辩证法研究，2006（8）：76.
④ 包利民. 生命与逻各斯——希腊伦理思想史论. 北京：东方出版社，1996：231.

以及休闲生活的品质对于人类生命的保存、发展和完善的伦理价值意义。

一、休闲：生命意义的追寻

(一) 休闲有助于自然生命的存养

人首先是自然的生命体，是肉体的、感性的存在，因此，有着基本的生理需求和物质需求。人的自然生命有其运动的节奏和规律，人依靠生产劳动创造物质资料以保证生命体的存在，通过休闲活动消除疲劳、休养生息、保养身心。所以，休闲之于生命的基本意义在于使人从必要的劳动和工作中摆脱出来，从压力和负担中释放出来，放慢生活的脚步、暂缓手中的工作、释怀外在的压力，在生理和心理上进行调节，实现精神的放松和情绪的安定。宁静的、安闲的精神状态可以减少因精神疾病而导致的生理问题，人在精神和生理放松的情况下，可以减少血液和尿液中紧张荷尔蒙的分泌，增强身体的稳定和平衡度。而动态的运动和游戏则会促进血液循环，消除精神紧张，提升身体机能。世界卫生组织定义的"健康"是"健康不仅为疾病或羸弱之消除，而系体格、精神与社会之完全健康状态"①。休闲生活作为"个人补偿工作疏离、重获生活自由、追求更有意义的体验等以达到自我实现的一种方式"②，其对自然生命的存养的更大价值在于促进个人心理健康的实现。心理学所理解的休闲是一种"畅爽"的自由自在的心灵体验③，是个人"在进入自我实现状态时所感受到的一种极度兴奋的喜悦心情"和"摆脱压力，无拘无束的精神状态"④，这是一种有益于个人身体健康的内心体验，可以减少孤立感、失落感和压抑感，有助于培养积极健康的心理状态，消除身心的分裂和对峙，实现身心的和谐与平衡发展。

(二) 休闲有助于精神生命的提升

生活中的每一个个体都是具有生命的人，而生命又不仅仅是物质、自

---

① http://www.who.int/suggestions/faq/zh/index.html.
② 陈来成. 休闲学. 广州：中山大学出版社，2009：61.
③ 马惠娣，刘耳. 西方休闲学研究述评. 自然辩证法研究，2001 (5).
④ 刘海春. 休闲：生命本体意义上的解读. 浙江社会科学，2005 (5)：96.

然、生理、感性的存在，还具有有意识的精神生命面向，唯此人才得以成为人。而休闲则为人类营造了精神生命得以存在、生长、发展的心灵空间。德国约瑟夫·皮柏认为"休闲首先是一种心态，是心灵的一种状态"①。美国教育家莫德默·阿德勒指出："休闲可以使我们获得更多的幸福感，可以保持内心的宁静。"② 物理意义的休息、消遣难以给人们带来心灵的慰藉和精神的满足，只有真正的具有精神意义的休闲才能为人类创建灵魂的"栖息地"，使人感受到幸福。休闲不是无所事事和绝对的身体放松，而是在有品位、有文化意蕴的活动和行为中体会到精神的愉悦与生活的快乐。所以，闲与非闲相区别的关键在于"心闲"，在于心性的陶冶和心灵的释放。琴棋书画、诗酒花茶、笑看风云、宠辱不惊，内心归于寂静；读书万卷、行路万里、天马行空、无挂无碍，心灵得以洗涤；苦行冥想、品味人生、艺术哲学、融会贯通，提升人的精神素养，增添生活自信。在高速发展的工业社会，人们在忙碌、盲目、茫然的生活压力下"灵魂跟不上脚步，心灵跟不上肉体"，正如禅诗所言："春有百花秋有月，夏有凉风冬有雪。若无闲事挂心头，便是人间好时节。"人有了休闲，便有了宁静、平和的心态，便能摆脱外在的压力，减少现实生活中的狂躁、不安，实现心境的超脱、升华和陶醉，在宁静中感受生命，在欢娱中珍爱生命，在精神、心灵层面为人类生命拓展存在空间。

（三）休闲有助于价值生命的实现

"'价值生命'作为对自然生命的否定……是一种自为之有的存在状态。……它扬弃的是自然生命的自在性，超越的是精神生命的内在性和主观性……"③ 这是人之生命的本质和意义所在。"休闲，从根本上说，是对生命之意义和快乐的探索。"④ 在熙熙攘攘、谋生逐利的生活状态下，人无暇关注生命，只有在休闲状态中，心灵宁静、心旷神怡，才能沉思生

---

① ［德］约瑟夫·皮柏. 节庆、休闲与文化. 黄藿，译. 北京：三联书店，1991：116.
② 马惠娣. 休闲：人类美丽的精神家园. 北京：中国经济出版社，2004：206.
③ 余潇枫. 人格与人的"价值生命". 求是学刊，1999（1）：38.
④ ［美］杰弗瑞·戈比. 你生命中的休闲. 康筝，译. 昆明：云南人民出版社，2000：1.

命，从而隐去形下事务的烦扰，进行人之本体、生命意义的终极思考。自由是人的本质，是人的价值生命的内涵。人在诸多外在诱惑下有意无意地丧失了生命的本质，沉湎于嗜欲，受物的奴役而无法自拔，而休闲则可以使人摆脱束缚，实现超越，从而走向生命的自由。然而，"自由并非是在我们世界与客体之间所做的选择，也不是指导我们生活的普遍原则的内在选择，它更多是一种通过我们完善自我和完全实现自我的方向和目的而实现的一种自我肯定。这意味着在不够完善时的探寻和再达到完善时的一种欢心"①。休闲不是无节制的绝对自由，不是任其所好、随意放纵，更不是沉湎于感官享乐而无所顾忌，而是真正的生命觉解，是求至善、至美的生活，是在完善自身的实践中获得的自足，是人生价值的真正实现。休闲使人经历道德的、审美的、超越的生命历程，获得最为丰富的自由个性，从而成为真正意义上全面的人。

二、生命的消解与休闲的异化

休闲从本质而言，是一种"成为人"的过程，"是人的一种存在方式和生活方式，是人的价值存在的一种表达形式，是人的本体论意义之所在"②。然而，现实生活中的休闲却发生了严重的异化，根本原因在于物质生产的追求和强化引发人的基本属性的丧失，人的主体性被消解，人成为由他人或外物支配的被动性存在，人的全面性被解构，人成为追求符号化象征的碎片化存在。休闲作为异化状态下的人的一种生活方式，其真正的含义被曲解，不科学、不合理的休闲不仅阻碍了本真生命状态的呈现，而且成为人全面异化和生命虚空的助推器。

（一）有休无闲，生命整体的肢解

一般地说，休闲是相对于劳动或工作而言的，是人们在工作之余进行的自觉的、主动的身心调养和精神超越活动，它与工作并生，并成为人类

---

① ［美］乔治·麦克林. 传统与超越. 干春松，杨凤岗，译. 北京：华夏出版社，2000：99.

② 陆彦明，马惠娣. 马克思休闲思想初探. 自然辩证法研究，2002（1）：45.

最基本的生命活动。作与息、劳与闲合一，不仅符合生命体的生物节律，身心疲惫之余，休闲可以补偿工作中消耗的体力与脑力，达到体力、智力、情绪的有效平衡，而且是人作为生命整体的本性要求，人需要通过劳动谋求生存，同样需要一种较高层次的生存方式和生活形态，为人提供自我实现的空间。然而，在现实生活中，工作与休闲的关系出现了两极化：一部分人将工作视为生活的全部，为了解决生活困难，不得不将闲暇时间用于谋取生计，甚至为了追求金钱、权力和名誉，不惜牺牲应有的闲暇，成为不折不扣的"工作狂"；有一部分人拥有了过多的闲暇，他们不需要通过劳作去谋生或失去工作的机会和劳动的能力而被迫休闲，"打发日子""消磨时间""挥霍光阴""虚度日子"就是休闲，闲暇生活中毫无目标，或闲游闲逛、闲呆闲聊，或奔忙于各种玩乐，尽可能寻找别样的新鲜和刺激。表面上看，科技的发展带来了更多的闲暇时间，但实际上并没有提升人们的幸福感，反而成为一种压力和负担，甚至产生了否定性的意义。人们普遍生活在一种有休无闲的生活状态之中，需求和欲望通过工作来实现，必要的和非必要的工作占据了闲暇时间，休闲成为稀缺资源。即使拥有大量的闲暇时间，也只是在进行着形式上的、毫无意义的甚至毁灭个体生命的行为。人们并没有从"为工作而生活"中获得更多的期望值和成就感，也没有在无限的闲暇中获得生命的安逸与舒适，反而在匆忙和压抑中身心俱疲，在享乐和诱惑中迷失了自我，无法找到自身生命的价值与意义所在，人的生命整体被分割，人成为感性的、肤浅的、片面的存在。

（二）无主休闲，生命本质的叛离

休闲是一种自由自在的生命状态，没有自由的意志选择和自在的生命体验，就不能被称为休闲。自由是"表示人类存在的一个特征"①。没有自由的生命不能成为人的生命，自由的被剥夺与被放弃意味着生命本质的丧失。休闲自由就是休闲生活中的自愿、自主、自觉，即摆脱对物和人的依赖，体现人的主动性和能动性，并将人本身作为休闲生活的主体和价值判断的归宿。时下所谓的休闲走向异化，背离了生命与休闲的共同本

---

① ［德］埃里希·弗罗姆. 逃避自由. 陈学明，译. 北京：工人出版社，1987：39.

质——自由。现代科学以及建立在现代科学基础之上的技术，创造了一个人对自然的统治与社会对人的奴役相并行的世界。人的生活水平大幅度提高，同时也产生了对精神自由的压抑和破坏。琳琅满目的物质产品、铺天盖地的商品大潮、无孔不入的广告宣传成为一种导向和强力的控制，人们失去了对休闲生活的理性思考和超越性的价值追求，只是简单地随波逐流。在休闲过程中，或过分依赖社会提供的休闲产品如电影、电视、网络、媒体、玩具、游戏、体育运动设施和游乐场所，没有休闲的自主选择和自我设计能力；或跟风、随潮，按照广告、时尚进行被动的放松、娱乐和消费，如 K 歌、蹦极、网购、健身，总之就是流行什么玩什么，丧失了对现实生活的批判和审视能力。如此休闲，见物不见人，人在其中丧失了自我，成为对物的依附性存在，人的生命本质迷失于灯红酒绿、五光十色的休闲产品与生活方式当中。

（三）庸俗休闲，生命价值的扭曲

休闲应该是一种"成为人"的过程，是人的创造性、个性得以充分发挥和展现的生命状态，是道德的、审美的内心境界。由此，休闲不应是简单的休息放松、消遣娱乐，而应是一种需要"智慧"的活动，人们在休闲中以高尚的、审美的方式体验生活、展现自我、追寻生命的价值。所以，具有高雅的文化品位、高尚的人格境界和精神的审美愉悦不仅是休闲的应然之义，而且是人的生命价值体现。然而，在商品化社会，在消费主义、享乐主义、功利主义价值观引导下，休闲生活庸俗化，其精神作用日渐消解、审美境界逐渐隐去，并被深深地打上了功利与实用的烙印。人们热衷于泡吧、飙车、蹦迪、桑拿、按摩、网络游戏，出入于酒楼、麻将馆、洗脚城、网吧、夜店、娱乐厅；流行音乐响彻大街小巷，时尚杂志遍地开花，丑闻、绯闻、花边新闻俘获人心，美食探寻、时装表演、演唱会、歌舞会让人乐此不疲。人们对庸俗性休闲活动趋之若鹜，而以琴抚心、棋中尽性、托书抒怀、画中传情、诗中言志的高雅休闲活动却渐行渐远，音乐厅、歌剧院、图书馆、博物馆、艺术馆门可罗雀。人们以庸俗腐朽、追求世俗享受的休闲生活代替了高雅的、有文化内涵的、走向心灵深处的休闲生活，并长期浸淫其中，不仅使休闲的崇高意义丧失殆尽，而且毒化了人们的精神，人们在物质、欲望、享乐、虚无中沉沦而无法自拔。

（四）无度休闲，生命状态的失序

休闲应该是一种节奏舒缓、张弛有度，恬淡宁静、清新自然的生活方式，不仅是烦躁、忙碌的现代人缓解人生压力的方式，更是去除对物欲和功利的狂热追求、回归心灵深处的净土。休闲使人生放慢脚步，让人类拥有找寻真正幸福、思考人生的心境；休闲使人生得以休整和升华，进而呈现出完美和谐的生命状态。然而，现代社会的休闲已成为资本生产所创造出来的一种生活方式，拥有了其本不具有的"工业含义"："第一，它反对全面和谐的发展；第二，它降格为一种补偿；第三，由于屈从于心理异化，补偿直接表现为'排解'肉体的寂寞这种形式。"① 休闲产生的放松、愉悦、舒适的感受，相对于其高尚的精神意义，对人有着更大的诱惑力。所以，休闲往往表现出极端化。首先，为补偿劳作的抑郁和不快的休闲成为欲望的释放与肉体的狂欢，进而导致了生命的残缺和无序。飞禽走兽、山珍海味、"黄金宴"、"人乳宴"、"人体宴"无所不吃，吃的就是"痛快"；吸毒、赌博、纵情声色、寻欢作乐，玩的就是"心跳"。人们往往沉迷于某种休闲活动的快感，无法自制，酗酒成性、网络成瘾、纵情声色，这样休闲只是"谋杀时光"，人们在欢娱之余，留下的是内心的无助和肉体的痛苦。其次，无限追求生产和消费，使人们将"自由""幸福"定义为生产和消费的能力，休闲对于很多人而言，就意味着消费，只有消费、高档消费，才有面子，才能彰显自己的实力和地位，拥有香车、名酒，出入私人会馆、高档别墅，掌握高尔夫球技，从事赛车、赛艇、赛马的高端游戏才是休闲。总之，休闲商品和服务的消费超出了休闲主体本身的需求，挥金如土、千金一掷，为的只是虚荣和炫耀，对人、财、物无节制的滥用与挥霍造成了人的生命失衡和生活混乱。

三、回归生命的休闲生活

休闲的异化是人的异化在休闲生活领域中的体现。人本身的能动性表

---

① 胡大平. 崇高的暧昧——作为现代生活方式的休闲. 南京：江苏人民出版社，2002：7.

失和个性残缺是休闲异化的原因，而休闲异化又进一步助推了人的畸形发展。所以，回归休闲本义，关键和根本在于人的复归。我们将这种期望和努力寄之于"道德"，原因在于"道德是遵其道而成其德，其本质规定是使人成为人"①，"既是人存在的方式，同时也为这种存在（人自身的存在）提供了某种担保"②。正如亚里士多德所说："闲暇越多，也就越需要智慧、节制和正义。"③ 在自由、个性的休闲空间，人更需要依靠道德进行自我修正、自我完善，道德之于休闲生活的意义在于保证休闲主体生命的完满性和崇高性，在休闲生活中使人成为人。

（一）提升休闲主体的道德自觉

休闲生活必须有其主体存在，休闲主体能否确立休闲生活的道德主体观念，能否正确认识、理解休闲的价值和意义，是否具有对休闲活动进行道德判断和选择的能力，能否在休闲生活中自觉遵守道德规范、践行道德原则，影响着休闲生活的道德水平，关涉人能否真正享有休闲，能否在休闲中实现全面、整体发展，最终达于生命的完美和至善。然而，现实生活中的休闲更多表现为主体的"不在场"，即将休闲生活与自我生命相隔离，对休闲的不负责任造成对生命的浪费和践踏。所以，建立休闲主体的道德自觉首先要培养其主体意识，认识到道德的休闲生活才是人本有的一种生活方式和生命状态，是人成其为人的基本要素，是人必然具有的一种权利，进行符合生命本质的休闲生活是人的责任和使命，这是养成休闲主体道德自觉的前提。休闲主体应具有良善的、积极的价值取向，在对休闲本质有着深刻认识的基础上，可以对真假、是非、善恶进行理性判断，进行休闲活动选择时能够坚持立场、坚守信念。以一种理智的态度和高尚的情怀积极热情地投入休闲生活，自觉遵守道德规范、维护道德价值，是培养有道德的休闲主体，指引和保证休闲生活的道德方向，实现个体生命的完善与提升的主观因素和意识

① 唐代兴. 生存与幸福——伦理构建的知识论原理. 北京：中国社会科学出版社，2010：141.
② 杨国荣. 伦理与存在——道德哲学研究. 上海：华东师范大学出版社，2009：25.
③ ［古希腊］亚里士多德. 政治学. 吴寿彭，译. 北京：商务印书馆，1965：393.

前提。

（二）加强休闲主体的行为自律

休闲生活得以成为现实，根本在于休闲主体的行为实践。只有在休闲行为中，人们才能体会和认识休闲的真义，体验休闲活动产生的愉悦，生发出对休闲生活的珍惜和热爱，并将外在的道德规范、价值准则内化为自身的道德品行；只有在休闲行为中，道德才能真正发挥其使人成就和完善的功用，休闲生活才真实、生动，生命的价值和意义才得以真正实现。然而，目前的休闲生活中存在着严重的行为失范问题，我们固然可以将主要原因归咎为社会的变迁产生的休闲规范真空状态，但"休闲在很大程度上来讲，都是一件'个人之事'"①，"是休闲主体的主观行为……具有自主性，是休闲主体自由选择的结果，是人类的一种自发性行为"②。不经道德规范和制约的休闲行为可能是随意的、任性的，甚至是放纵的、妄为的；休闲行为的无序、无度和无德，根本原因在于休闲主体在休闲行为中缺乏自我制约与管理的能力而出现行为失控。所以，我们应该以完善自身、优化生命为目的，以高尚、文明、健康、和谐的休闲价值观为导向，遵守法律规范、道德要求，在休闲行为中追求畅爽体验时自我约束，控制有害欲望，限制不稳定情绪，不醉心于单纯的生理和身体的快感，选择有益生命、趋善去恶的休闲活动。在实现自由意志的同时能够自律自制，从而使生命从欲望之堆积上升为德性之纯化。

（三）养成休闲主体的美德品质

"休闲的境界在于美"③，"美意味着主体的内在需要和现实性的完整统一，意味着人的自由达到了最高层次的实现，美其实就是人'成为人'

---

① ［美］克里斯多夫·爱丁顿，陈彼得. 休闲：一种转变的力量. 李一，译. 杭州：浙江大学出版社，2009：57.

② 陈来成. 休闲学. 广州：中山大学出版社，2009：106.

③ 赖勤芳. 休闲美学读本. 北京：北京大学出版社，2011：7.

的最高境界"①。休闲之美就是在休闲生活中达到的自我与外在世界、主观与客观的和谐统一状态，自由的实现不是被动行动和适应的结果，而是在生命价值的认同中，超越外在压力和束缚而获得的精神享受。现代休闲在生活世俗化的大背景下成为生产的延续，出现严重的庸俗化、功利化和自我中心主义的倾向，人们在休闲生活中与外在世界保持着紧张的对立关系，感受到的是心灵空间和精神世界的压抑、浮躁、空虚，然而真正的休闲"可以使我们获得更多的幸福感，可以保持内心的安宁。我们需要崇高的美德去工作，同样需要崇高的美德去休闲"②。培养休闲主体超越利益、超越功利、超越道德规范的美德之善，是解决休闲异化、使人达到完美之境、实现人性和生命复归的根本方法，也是休闲主体道德修养的宗旨和最高价值目标。这就要求我们树立良好的休闲价值观，以其为奋斗目标，不断进行自我反思；提高文化修养，形成休闲生活的文化品位，提升休闲生活的精神质量；将美德要求内化为心中不变的法则，时刻警醒和规范休闲行为；在休闲生活的点滴中实践美德，从而养成良好的休闲生活习惯和高尚的休闲美德品质。

第三节 人际休闲伦理

"人的本质不是单个人所固有的抽象物，在其现实性上，它是一切社会关系的总和"③。人是社会性动物，其本质决定了人与人交往的必然性。正如雅斯贝尔斯将人定义为"交往内存在"，人只有在与他人交往时才是实在的人，人类的一切活动和行为都具有交往性的特征。休闲是人从事的行为和活动，其主体是具有社会属性的人，所以它不仅发生于内心世界，而且存在于社会之中。因此，休闲不可能是"孤独个体"④的存在方式，

① 鲍金. "休闲"的比较词源学考察——"休闲"在先秦汉语和古希腊语中的文字表达及其反映的社会观念评析. 自然辩证法研究, 2005 (11)：90.
② 马惠娣，刘耳. 西方休闲学研究述评. 自然辩证法研究, 2001 (5)：46.
③ 马克思恩格斯选集：第1卷. 北京：人民出版社，1995：60.
④ ［丹麦］索伦·克尔凯郭尔. 克尔凯郭尔日记选. 晏可嘉，姚蓓琴，译. 上海：上海社会科学院出版社，1992：103.

而应在人际关系中展开，通过人际交流和互动来体现人的"类"本质，实现"群体"共在。

一、休闲：人际性的回归

（一）休闲：人际关系的全面展开

人际关系，是指人在相互交往过程中形成的全部关系的总和，简单地说就是人与人之间的各种关系。休闲生活作为人们社会生活的一部分，其社会性体现在生命共同体中，在人与人之间进行休闲互动，由此，便会结成相应的人际关系。如果按照其结成关系的渠道来划分，可分为亲缘性的休闲交往关系、地缘性的休闲交往关系和业缘性的休闲交往关系。在传统社会，人们依据血缘亲疏和距离远近来选择休闲交往的对象，家庭成员、朋友乡邻等具有熟人关系的人之间休闲交往比较频繁，庆典盛宴的浓烈、品茗饮酒的酣畅、棋艺对决的乐趣、围炉夜话的宁静、琴瑟和鸣、知音雅意，都要与家人、友人、邻人共同分享。人际交往关系的血缘性、地缘性，使传统休闲交往不具有普遍性。然而，现代休闲交往日益出现"脱域化"，休闲空间的扩大、休闲活动的开放，使越来越多不相识的人打破原有的封闭性，集合到相同的休闲场所，参与到共同的休闲活动中，从歌舞厅、咖啡馆、电影院、商场等休闲场所的人际相处，到世界性的体育竞技、全球性的旅游观光、虚拟网络空间的人际互动，现代人参与到广泛的、具有普遍性的休闲交往中。随着工业化进程的加速、社会分工的形成，人际关系的形成突破了血缘、地缘的限制渐由业缘关系主导，人与人之间的关系主要由分工与协作所产生的工作关系主导。人与人之间或系于生产、或系于学业、或系于经济往来、或系于政治追求，工作与其他生活区分开来，甚至成为生活的全部，人与人之间的关系局限于工作的合作与竞争关系。休闲作为越发重要的生活方式为人们建构了新的交往关系，既包括微观的因"趣缘"而结成的休闲活动内的交往关系，也包括宏观的因休闲消费、休闲教育、休闲政策的制定和实施，休闲产业、服务的发展而围绕休闲活动所能辐射和影响到的所有人际关系。人际关系在休闲生活中得到极大的拓展，现代人普遍地加入到休闲交往中。

（二）休闲：人际交往的生动空间

人们之所以向往休闲，并始终不渝地追求，原因在于休闲所具有的生动性，它为人们提供了丰富多彩、自由愉悦、规范和谐的交往空间。形式各样的休闲活动是人际交往的媒介和载体，是人际关系得以形成的物质基础。休闲活动具有多样性，如"消遣娱乐活动""怡情养生活动""体育健身活动""搜集性活动""竞技性活动""观赏性活动""旅游观光性活动""教育发展性活动""创造性活动"等。① "休闲活动还具有时间和空间上的发散性。"② 可以是工间的短暂休息，可以是长期的度假活动，也可以是随时随地的轻松心境；可以在家里，可以在商场，可以在森林里，可以在沙滩上，也可以在音乐厅、办公室；可以是独自一人，可以是三两成群，也可以是团体合作。总之，无论在时空上还是在活动形式上，休闲都给予人们最大的自由度，人们可以主动地根据兴趣取向和情感需要去选择休闲方式，投入休闲环境，进行休闲交往。肯尼斯·罗伯茨认为，休闲从本质上讲是失范性的，因为休闲活动中并无清楚明了、具有强制性的社会准则来约束我们的行为。人们在休闲交往中没有强制性的要求，没有必须达到的目标，不必关注具有利益纠葛的人际关系。运动竞技、集会庆典、棋盘游戏为的是在热烈的欢呼中达到共娱同乐、释放压力、感受成功，获得精神境界的补偿；三五好友聚首一处，赏花品茗、闲聊热议、结伴而行，旨在共同探寻生命的意义、实现心灵的宁静，获得的是人际间的友善和快乐。所以，休闲使人们"走出一个狭隘的社会圈子、进入其他社会天地、其他行为、其他信仰"，"缩小社会差异，方便社会交往，使不属于同一社会类别的人能够交流"③。

（三）休闲：人际和谐的构建模式

和谐的人际关系是人们在长期的休闲活动中进行交往和互动而形成

① 陈来成. 休闲学. 广州：中山大学出版社，2009：102.
② ［美］约翰·R. 凯里. 解读休闲：身份与交际. 曹志建，李奉栖，译. 重庆：重庆大学出版社，2011：20.
③ ［法］罗歇·苏. 休闲. 江依群，译. 北京：商务印书馆，1996：5.

的动态性结果。首先，休闲有助于人际和谐，是一种非功利性的交往方式，这种交往方式有助于人们形成自然本真的交往关系。休闲活动超越了理性原则所建构的规范化和程序化准则，不是"人们利益权衡的策略性结果"①，而是通过休闲主体自愿选择、自主参与、自由组织来实现的，不同的人集结在一起的唯一原因就是志趣相投、喜好一致，如此必然抛开因社会地位不同而形成的尊卑关系，因工作、职业区分而形成的同事关系，因关系亲疏而形成的亲朋、邻里关系，在轻松活泼的休闲交往中减少人际间的差异和区隔，突破限制、放弃顾忌，建立起人与人之间真诚、平等、纯洁的交流和互动。其次，休闲有助于拉近人与人之间的距离，加强情感的沟通。"休闲就是一种社会空间，在这里，朋友和家人之间的亲密关系得以发展"②，人们在休闲交往中通过成功扮演新的社会角色，在增加自我成就感和自信心的同时，得到了相互认可和欣赏，增进了友谊；在休闲活动中共同迎接挑战，倾力合作、战胜困难，增加了人与人之间的了解和信任，建立了团结、紧密的伙伴关系；在自由的休闲空间中进行心灵的对话，倾诉心声、交流心得，畅谈人生、享受真情。最后，休闲有助于实现人际间的和谐秩序。休闲虽"保留一些开放性的、非确定性的因素"③，但其自由、快乐的实现必须以对交往规范的遵守、交往义务的承担为前提。棋牌游戏、竞技比赛中的游戏规则，晚会、舞会、茶话会、酒会、学术沙龙与讨论会中的交往礼仪，户外运动、旅游观光、公共休闲中对他人权益的保护，规避了休闲交往的盲目和失序，塑造了和谐的休闲交往空间。

二、休闲交往的遮蔽与畸变

"休闲是友谊的社会空间……是群体内部成员互动的社会空间"，"休闲不仅提供时间和地点，让人们去探索和发现各种人际关系"④，而且提

---

① 赵汀阳. 论可能生活：一种关于幸福和公正的理论（修订版）. 北京：中国人民大学出版社，2004：21.
② ［美］约翰·R. 凯里. 解读休闲：身份与交际. 曹志建，李奉栖，译. 重庆：重庆大学出版社，2011：6.
③ 同②23.
④ 同②23.

供时间和地点，来体现并促进各种人际关系的和谐与美满。然而，现实生活中的休闲交往却严重异化。休闲与交往关系异位，休闲不再是人际交往的自由空间，不再是促进人际和谐的交往方式，本来纯真、自然的休闲交往关系，轻松、自在的休闲交往空间，追求快乐、自由的休闲交往活动，或被遮蔽，或发生畸变，甚至成为人际关系恶化的催生剂。

（一）休闲交往特权化

人们对休闲生活的认识、对休闲活动以及休闲交往对象的选择，会因身份、地位、受教育程度和经济收入的不同而有所差异。因此，休闲在理想层面是在平等的人际关系中展开的，并具有普遍性，但也会在某些层面或多或少地反映出人与人之间的区别和不同。在前现代社会，阶级划分、政治权威、家族名望将人划分为不同的群体，休闲则是群体内部成员互动的空间。在中国传统社会，主流社会、上层社会、士大夫阶层在吟诗作画、读书看戏、把玩收藏等讲究的休闲活动中交流感情，在华食美馔、凤歌鸾舞、狩猎射御中共同逸乐，而平民百姓是无法入围的，他们只能在街头巷尾、田园乡间与家人、邻人、友人共享简单的酒足饭饱之乐。在古希腊，柏拉图、亚里士多德认为休闲只属于特权阶级，通过哲学冥想、教养活动、宗教文化仪式以及奥林匹克运动会进行休闲交往的人群也只限于奴隶主阶级内部。在现代社会，根据"围绕资本控制权而展开的个人成就"①，美国学者凡勃伦将社会阶级划分为有闲阶级和劳动阶级②，并将休闲简单化为阶级化的象征，有闲阶级成员从事着奢华、炫耀的休闲消费和享受，"金字塔尖"的"非富即贵"者出入高档会所，在奢华的环境和氛围中把酒言欢、分享成功，在贵族运动"马术""击剑""赛艇"中共享竞技的快乐，对休闲交往对象无论在经济收入方面还是在人文素质方面都有着极高的要求，普通民众根本无法问津。社会大众则在上网娱乐、观光旅游、游园活动、广场集会甚至看电视、闲聊等低消费的休闲活动

---

① 胡大平. 崇高的暧昧——作为现代生活方式的休闲. 南京：江苏人民出版社，2002：234.
② ［美］凡勃伦. 有闲阶级论. 蔡受百，译. 北京：商务印书馆，2009：30.

中交往与互动。由此，休闲生活成为社会阶层区分的场域，某些休闲活动成为新富、新贵的专利和特权，不同的社会阶层因进行休闲消费的能力和价值取向不同而集合到特定的休闲场所，进行特殊的休闲活动，实现有局限性的休闲交往，这进一步促进了人群的分化，造成了人际间的区别和隔阂。

（二）休闲交往功利化

市场经济的逐利性使现代人的休闲交往功利化倾向日益突出，人们在休闲生活中的关系呈现为物化的人与他者的关系。"每个具体的个人总是处于具体的利益关系网络之中，休闲的物质量度当然受到这些利益关系的制约，但必须明确的是，这与休闲的质及其境界没有必然联系。从本质上说，休闲是非物质和非功利的，是人超越这些具体利益关系的局限和纠缠，而开阔视野、胸怀更广大人群，体验自己与整个人类和谐统一的过程和状态。"① 休闲本身就是一种价值，人们因休闲而聚会，目的在于追求精神上的共识和心灵上的愉悦。所以，在休闲过程中人与人之间的关系应该是纯洁的、高尚的、温暖的。然而，在功利化的休闲交往中，追求利益是终极目的，原本纯真、自然的人际关系完全接受物的统治，休闲被"绑架"，其精神意义的诉求被放逐，成为谋利的方式和手段。业务洽谈、合同签订、职位升迁、项目获得、资格评定要"请人吃饭"，"请人桑拿"，"请人K歌"；"干得好不如陪领导玩得好"，"业绩high不如陪领导玩得high"，觥筹交错、通宵放歌、遍游山川为的只是应酬和周旋，感受到的不是自由、宁静和畅爽，而是疲倦、苦恼和媚俗。休闲交往中越来越多的人重视物质利益交换，轻视情感的交流。志趣相投、性格相似、喜好相近、价值取向一致、思想深度相当等精神层面的需求被利益诉求取代。不少人奉行的交往哲学是：有用的人才交，无用的人不交；用处大的人"深"交，用处小的人"浅"交。以此为标准，选择休闲交往的对象。有用性、表面化是时下休闲交往关系的特点，交往双方很少注入彼此的情感。休闲交往靠物质和钱来支撑，请人休闲的过程中消费档次的高低、物

---

① 吴文新. 试论休闲的人性意蕴和境界. 自然辩证法研究，2004（1）：86.

质投入的多少是人际关系深浅的标志。"钱和物质成了人际交往的实在而重要的内容，感情与友谊被建立在金钱与物质基础上……人与人之间的关系越来越物质化了。"①

（三）休闲交往唯我化

传统社会的休闲交往很大程度上在由彼此知晓和了解的熟人组成的小群体中展开。每一个个体的休闲行为都会对他者以及群体产生直接而深刻的影响，进而关涉自我在熟人群体中所获得的评价，因此休闲具有群体化和利他的倾向。然而，工业社会中的休闲交往却是在陌生人之间展开的，陌生人的流动性以及可供选择的交往对象的多元性，决定了人们之间的交往是间断性的、临时性的，所以在休闲生活中，人们多将视角和目光聚集在自我休闲体验的获得上，聚集在个体生命和价值的完善上，进一步极端化就形成只见己、不见人，只为己、无视人的唯我意识。"每个人都以自我主体为中心，将他者看成是实现自我目的的手段或工具"②，与他人进行休闲交往时只强调"我的感觉""我的需要""我的快乐""到我想去的地方""玩我喜欢的"，无论与谁共同休闲都要遵从"我的意愿"、符合"我的兴趣"，甚至产生了极端利己主义，无视他人利益，将自己的快乐建立在他人的痛苦之上，缺乏对他人的关怀。半夜三更在家里打麻将、看电视、狂歌热舞，干扰四邻；在酒楼、歌厅开怀畅饮，飙车狂奔，以尽情释放，扰民、滋事、打架，危及他人。"参与者很陶醉，周围人很受罪"，在如此的休闲生活中，个体即使参与到与他者的休闲互动中，也依然是一个个纯粹孤立的"原子"，"以为'我'的利益与他人的利益是一种彼此消长的关系，我'自利'只能建立在对他人利益的侵占之上"③。然而，人是一种社会性存在，人得以成为人的社会化过程是在关系中实现的，休闲为人提供了社会化的关系空间，因此绝对自我和利己性的休闲交往是一种缺乏对他者的关照的"自我主体本身缺失"④ 的变态交往。

---

① 陈濯. 当前人际交往经济化倾向探析. 学习与探索，1997（6）：83.
② 钟明华，李萍. 人学视阈中的现代人生问题. 北京：人民出版社，2006：104.
③ 高兆明，李萍. 现代化进程中的伦理秩序研究. 北京：人民出版社，2007：170.
④ 同②101.

（四）休闲交往虚无化

新科学技术互联网的崛起和广泛运用，改变了人类的生存状态和生活样式，人们不仅借助网络技术进行生产，同时也在网络所创设的空间中进行休闲。"上网"已经成为人们现代生活的一种休闲时尚，如网上论坛、网上聊天、网上购物、网络休闲广场等。同样，基于网络休闲活动也产生了不同于物理空间的人际交往，其最大特点在于虚拟化和间接化。"网络虚拟空间提供了匿名性的、不需要身份确证的自由出入场所。"① 人们试图躲避功利性的现实社会进入虚拟世界寻找精神伙伴，进行情感的宣泄和精神的愉悦。然而，"网络人"都戴着面具，人与人进行休闲交往根本无法触及心灵，停留在表面、随意、浅薄甚至虚假的精神交流中。人们在网络休闲中不需要面对面地交流，而是借助电子媒介、网络技术，如微信、微博、E-mail、QQ、博客、BBS帖子等，人们相互了解的媒介仅仅是信息，人的个性、情趣爱好、情感需要都被数字符号屏蔽，因而增加了人与人之间的心理和情感距离。由此，网络在为人们的休闲生活提供最大程度的自由的同时，也解构了现实社会的秩序和规范，有些人在网络休闲中自我放纵、为所欲为，实施网络暴力，传播有害信息，侮辱、诽谤、欺诈、恶意攻击他人，甚至模糊现实与虚拟世界中的人际交往，将网络中不真实的人际关系与情感体验带到现实的休闲生活中，歪曲或否定了现实休闲生活的人际关系，使其落入虚无主义的深渊，呈现出极度的交往无序状态。

三、建立休闲交往的良性秩序

人际关系是在生活实践中形成的人与人之间的关系，休闲作为人类社会渐趋重要的一种生活方式，日益成为人际关系展开、人与人彼此相联的主要空间和媒介。然而，由于受到来自现代性及技术进步的影响和冲击，原本自然、淳朴、本真、温暖、自由、和谐的休闲人际关系越来越背离人类本有的生活，背离人类社会的本质，远离人与人之间的真实情感。由

---

① 汪怀君. 网络空间人际交往的伦理困境. 自然辩证法研究，2005（7）：65.

此,我们应对现代休闲交往方式进行深度反思,寻求和谐的休闲交往路径。

(一) 建立平等和谐的休闲交往关系

人与人之间逐渐走出由"对人的依赖"和"对物的依赖"而形成的依附从属、物化强制的交往关系,进入"建立在个人全面发展和他们共同的社会生产能力成为他们的社会财富这一基础上的自由个性"[①] 的交往状态之中,人与人的平等交往以人的能动性和创造性得以发挥、个性得以自由发展为前提。"我"是自由的,"我"更需要同伴。休闲之所以在现代社会备受青睐,不仅在于为人们提供了个性、能力得以彰显的舞台,而且在于它是人与人平等交往的空间。《联合国世界人权宣言》(1948)第 24 条明确规定:"人人享有休息和闲暇的权利"[②],也就是说在休闲生活中人人都是平等的,休闲应为人们提供平等交往的环境和条件。基于这样的前提,人们应该突破经济实力、政治地位等因素的影响,投入到普遍性的休闲交往中,认识到每个人都有追求休闲娱乐的权利,也都有维护他人权益的义务;承认彼此的个性差异,将他人视为与自己平等的交往存在,在共享休闲时能够尊重他人的生活背景、兴趣爱好、价值信仰等,在获得休闲体验时能够"将心比心","己所不欲,勿施于人"。消除异己性、排他性,积极投入到人群的休闲生活中,以真诚、信任、欣赏的心态与人共娱共乐,在休闲互动中与人密切交往、协调互助,彼此关爱、相互理解,在心理上、情感上实现归属感和认同感,消除人与人之间的冷漠和隔阂。

(二) 建立休闲交往的角色责任体系

有人认为休闲就是摆脱社会差异,与自己的环境决裂。这种将休闲与角色相隔离的观点被约翰·凯利否定了。诚然,休闲是摆脱社会关系束缚和外在压力的相对自由的空间,但这并不意味着休闲与人的社会角色决然分离。相反,角色和身份贯穿于整个生命历程之中,而休闲则是角色和

---

① 马克思恩格斯全集:第 46 卷(上). 北京:人民出版社,1979:104.

② 联合国官方网站:www. un. org/zh/universal-declaration-human-rights/.

身份的重要组成部分。现实社会中的每一个人都以一定的角色与他人进行休闲交往，而在休闲交往中又会产生新的休闲角色。所以，人们在休闲生活中，既扮演着休闲情景中的角色，又承担着现实社会中的角色，具有与他人交往的双重角色义务要求，而将二者分离、对立、混淆，是造成休闲交往中对个体自由的绝对强调和休闲行为失德、失范的重要原因。所以，应该建立符合角色本质和社会现实，清晰明确、客观具体、具有可操作性的休闲角色规范和社会角色规范，厘清两种角色的相互关系，明确两种角色的权利和义务，使休闲主体能够自觉遵守角色规范，不因休闲生活中的愉悦、自由和享受而放弃对社会角色义务的遵守和履行；应该培养休闲交往双方的角色责任感，在对自我角色认知的基础上达到角色自明，从而使休闲主体自主地适应角色要求；应该使休闲双方认清与他人的角色关系，认识彼此角色期待的真正含义，并能够有效协调休闲交往所需角色与其他角色的矛盾。

（三）推行文明的休闲交往礼仪规范

当今中国，随着社会的世俗化、职业的分工和技术的专门化，人际交往讲求功利、注重实效、趋于理性，缺乏情感沟通和精神分享。人们的个性意识加强，个人自由度不断提升，使得人际矛盾和冲突不断加剧。这种人际交往的困境依然存在于人与人的休闲交往中。休闲作为人际交往的新空间，更强调人与人个性化的自由互动，传统的休闲交往礼仪规范以及现实社会的交往法则都不具有其适应性。所以，达成共识、具有同一性和普遍性，既符合人的共同休闲生活需要又符合人的个性要求。保障个性发展和个体自由的休闲交往礼仪规范，是维护现代社会休闲交往秩序的必由之路。通过休闲交往礼仪规范的教育和法律、法规、制度的保障，真正发挥其对人们休闲交往的制约和调节作用。礼仪规范是维护和谐人际关系的行为规范，其目的就是抑制人们在人际交往时表现出来的以自我为中心的倾向，从而使人们的行为能够更好地满足他人的需要，最后使人际交往变得顺利、愉快，使人际关系变得融洽、和谐。休闲交往礼仪规范不仅是休闲交往的必需法则，而且是个人素质的体现。如参加鸡尾酒会，穿什么衣服？什么时候到？进场与就座的次序什么样？参加之人谁首先发言？不仅可以表现出一个大方得体、进退有度、温文尔雅的自我，而且能够得到他人的赞许和尊重，从而增进相互信任和了解，减少人际间的疏离和陌生。所以，制定、健全、遵守并实践休闲交往礼仪规范，不失为对休闲交往进行规范建设、实现和谐有序的休闲氛围的有效手段。

第四节　社会休闲伦理

美国社会学者约翰·凯利指出："无论人们如何看待休闲，它总是嵌于社会建制结构之中的。"① 休闲不仅仅是个体的行为或活动，个体之间进行交往的媒介和空间，还是具有特定的存在领域、独特的价值准则和行为规范、专门的组织形式和设施的社会结构。随着经济的发展、科技的进步和生活质量的提升，休闲必将成为 21 世纪人类生活的主题，人类将全面步入一个"普遍有闲的社会"②，休闲时间的增加、休闲人数的增多、休闲方式的丰富、休闲产业的勃兴、休闲规模的扩大，使得休闲已然"成为一种社会现象"③。所以，考察休闲伦理，必须考察其建制的伦理内涵与价值，研究社会成员在公共空间中应具有的价值观念和应遵守的休闲行为规范，以及休闲政策、设施、文化对于个体人格养成、人生塑造、人际交往和社会风尚的作用与意义。

一、休闲：一种理想的社会建制

（一）休闲应是追求生活质量的价值选择

人的生存状态基本划分为生产和生活两类。生产是创造人所需要的社会财富的间接性生存行为；生活是人类的日常生命活动和经历，是直接性生存行为。从这一角度而言，生产是生活的保障，生活本身才是目的。然

---

① ［美］约翰·凯利. 走向自由——休闲社会学新论. 赵冉，译. 昆明：云南人民出版社，2000：195.

② 于光远. 论普遍有闲的社会. 北京：中国经济出版社，2005：2.

③ ［法］罗歇·苏. 休闲. 江依群，译. 北京：商务印书馆，1996：33.

而，人类发展以来，社会结构与社会生活一直是围绕着生产活动——工作——来展开的。在传统社会，工作决定休闲，休闲从属并依附于工作；在工业社会，人成为机器的延伸和补充，工作是人之生活的全部，以创造物质财富为目的，由"理性主义""功利主义"而产生的"理性—经济人""实利人""唯利人"追逐物质利益、经济报酬，弃精神需要于不顾，对于他而言，"生活的狂热像是一种生物性需求"①。发生于20世纪50年代以后西方世界的"休闲革命"成为"从最根本上改变人类的价值体系和生活方式的契机"②，人们不再满足于财富的增长，对"消费主义""技术主义"的反思使人们更加关注人的生活质量以及全面发展，人类基于对生活质量的需要和诉求而进行价值选择。"生活质量作为一个多元维度的概念，不仅包括生活的物质财富指标，而且包括生活的非物质维度，如健康、社会关系和自然环境的质量等。此外，生活质量也是客观特征（实际生活状况）和主观幸福感（对生活状况的主观感受和评价）的统一体。"③ 休闲生活的优劣是衡量生活质量的重要指标，闲暇时间的多少、是否享有休闲的权利、休闲资源是否丰富、休闲活动是否健康、人们对休闲生活的重视程度与主观评价和感受，直接影响着人们的生活质量。所以，如果说过去我们关注的是生产力的发展状况、工作的绩效以及劳动结果的数量，那么生活在"休闲导向的社会"④，我们关注的是以"乐生"为元素，以人本身为目的，以尊重人的价值、承认人的独立人格和平等需求、满足个性发展需要、实现人的自由权利与人生幸福为价值导向的，有质量的休闲生活。

（二）休闲应是塑造人之本性的文化样态

千百年来，休闲早已成为社会发展进程中的一种举足轻重的文化现

① ［法］鲁尔·瓦纳格姆. 日常生活的革命. 张新木，戴秋霞，王也频，译. 南京：南京大学出版社，2008：167.
② ［韩］孙海植. 休闲学. 朴松爱，李仲广，译. 大连：东北财经大学出版社，2005：72.
③ 周长城. 全面小康：生活质量与测量——国际视野下的生活质量指标. 北京：社会科学文献出版社，2003：43.
④ ［美］克里斯多夫·爱丁顿，陈彼得. 休闲：一种转变的力量. 李一，译. 杭州：浙江大学出版社，2009：2.

象。21 世纪以来，文化更是出现了休闲化的发展趋势。由此，休闲生活
具有了文化意义，文化出现了休闲化倾向。休闲文化应该是一个综合系
统，是人类休闲生活的全部，既包括休闲场所、休闲用品等物质器物，也
包括休闲生活中的制度安排，更包括休闲文化创造、休闲文化欣赏、休闲
文化建构等活动①，以及所产生的认知、心理、情感、审美、价值观等精
神财富及其形式体现。所以，休闲文化"凝结于人类的生活方式之中"，
一经产生就"成为人类精神生活的组织原则"②。"它以渗透、融合、感
染、凝聚、熏陶、净化等多种形式影响人的行为方式和生活方式"③，从
而为塑造人之本性发挥着积极的作用。休闲文化凝聚着人类精神的历史厚
度，人是一个历史性的存在，其发展历程使其产生纵向维度的归属感，所
以人心中普遍存在一种思乡怀旧的情怀，通常对儿时房前的老树、屋后的
小溪、与小伙伴的玩耍打闹、与爸妈一起晚饭后的嬉戏念念不忘，熟悉的
玩伴、久违的快乐和幸福、成长的往事和记忆，不但可以升腾出热爱生命
的情怀，使人重温人间的温情，减少现实生活中人们的孤立感、紧张感和
焦虑感，还影响到人们对休闲生活的认知、休闲活动的选择以及休闲价值
观的形成。休闲还是促进人性完善的精神力量，"人性不能局限于生存层
次的食欲与性欲，还要看到，人类具有人所特有的和超越生存的功能和热
情。情感是人之为人更重要的方面，这不仅是指爱情与友情，而且指欢
乐、团结、羡慕、憎恨等。此外，作为人在日常生活中和工作中表现出来
的较为稳定的思维和行为模式的性格，也是人性的组成部分"④。休闲拉
近人们的距离，使人们敞开心扉地交流，使人们获得情感的温暖与心灵的
愉悦，使人们感受到审美的、道德的、创造的、超越的快乐，提升人们理
性的智慧、激发人们创新的灵感，塑造人们坚毅、豁达、开朗、坦荡的人
格品质，为人们创造一个意义的世界，使人们的心灵得以安顿和滋养，表
达与体现了人们的高尚和人性的完满。

① 马惠娣. 文化精神之域的休闲理论初探. 齐鲁学刊, 1998 (3).
② 胡大平. 崇高的暧昧——作为现代生活方式的休闲. 南京: 江苏人民出版社, 2002:
15.
③ 同①100.
④ 张伟. 弗洛姆思想研究. 重庆: 重庆出版社, 1996: 50.

（三）休闲应是引领文明社会的时代风尚

休闲生活的风尚化是休闲文化本身的重要特征。休闲，作为追求自由、快乐、幸福的生活方式，被越来越多的人认识并推崇，日益成为影响并推动整个社会发展的道德风气。人们根据不同时代的物质和精神生活需要，对休闲生活进行自主选择、设计，并使之不断更新和淘汰，逐渐形成了这一时期流行的休闲生活。由此，休闲成为具有共同价值取向的、大众化的生活方式，人们的响应、拥护和支持形成一种强大的文化合力，又进一步驱动并影响着人们对休闲生活的认知与实践。所以，积极、健康、良善的休闲价值观可以为人们的休闲生活提供导向和标准；社会对时尚休闲的高雅、庸俗、恶劣的划分，影响并支配着人们对休闲生活的判断与选择，甚至成为人们的思维方式和道德习惯。高尚、有品位、健康的休闲行为，有助于人际和谐与社会发展的休闲方式，会受到他人和社会的肯定、支持、鼓励，为人们的道德成长与发展提供强大的道德氛围和舆论环境，潜移默化地影响并激发人们在休闲生活中的道德愿望和实践努力。休闲，作为一种风尚，可以增进人际间的文化认同。休闲承载着文化，休闲文化使人们因文化的共趣而结盟，如戏剧文化、影视文化、广场文化、俱乐部文化、"吧"文化等，赋予了人们"粉丝""票友""网友""会员""麻友""旅友"等特殊的角色标志，人们在休闲文化中寻找共识，将个性化的需求和冲动融入整体中，使个体的个性化发展与休闲文化的社会化相互交融。休闲，作为一种风尚，可以转化为风俗，而这些休闲风俗一旦形成就具有历史传承性和相对稳定性，内化为人们心中的具有家族、民族、社会等群体特征的文化精神，规范着人们的内心世界与外在行为。中国的元宵节踩高跷、猜灯谜，端午节赛龙舟、吃粽子，重阳节登高山、饮菊花酒，少数民族的泼水节、火把节、酥油花灯节、月亮节、花山节，西方人的复活节、万圣节等，这些都曾是当时流行的休闲时尚，经过久而久之的传袭与变迁，成为特定社会文化区域内历代人们共同遵守的行为模式或规范。人们载歌载舞、彻夜狂欢、共同欢愉，这不仅是一种休闲娱乐活动，而且成为人们共同的生活习惯、情感依托和精神信仰。

(四) 休闲应是规范有序的公共生活空间

具有公共性是现代社会休闲生活的显著特征。随着现代化进程和全球化浪潮的推进，公共领域加速生长。每一个人都不能一生都在私人生活领域中度过，必须走进大大小小的公共生活空间，进行符合社会化过程的伦理实践。休闲以其前所未有的大众化，已然成为人类生活中极为广泛的公共生活空间。从物理空间的角度而言，休闲的公共领域不仅包括社区、学校、单位等因特殊的居住和职业关系而组成的非私人空间，还包括广场、超市、公园、迪厅、酒吧等"陌生人"的聚合空间。这一社会空间文明有序的存在不仅在于社会成员的个体完善，更需要多维的、立体的、全方位的社会建制。"按照弗雷泽的观点，所谓公共性具有四个含义：(1) 与国家有关的；(2) 所有人都可以进入的；(3) 与所有人有关的；(4) 与共同的善或者共同利益有关。"[1] 鉴于此，休闲的公共空间应该是一个涉及领域极广的综合空间，不仅包括休闲过程的必备要素休闲者、休闲活动以及休闲交往，还包括休闲资源的供给、休闲组织的完善、休闲经济的发展、休闲产业的兴起、休闲政策的制定、休闲教育的实施以及休闲环境与休闲活动的管理。它是一个理性的非支配性的空间，每个人都是具有独立个性的个体，追求有质量的生活以及生命的价值是人的基本诉求，崇尚并保障个性与自由是公共休闲的本质。它也是一个秩序性的空间，社会成员拥有平等的休闲权利，人们普遍在一个相对公平、正义的休闲环境中进行交往和实践。它还是一个体制化和规范化的空间，人与人的往来主要不是诉诸血缘亲情和制度规范，而是通过共同的兴趣、爱好彼此联结，难免表现出个体的无约束和群体的无秩序，所以，休闲生活的和谐有序更需要具有普遍约束力的法律、制度来保障。休闲，作为一个具有公共性、流动性、开放性、包容性、多元性的公共生活空间，其规范、和谐、文明、有序的呈现应该是社会合力的结果，是社会建制完善的主要标志。

---

[1]　王晓升. "公共领域"概念辨析. 吉林大学社会科学学报，2011 (4)：23.

二、休闲社会的困境与风险

所谓"休闲社会"，是"以休闲为基础的新社会"①，它有别于以劳动为基础的工作社会，休闲不仅是人类主要的生活方式，同时与经济发展、科技进步、政治建设、文化精神、习俗风尚相联结，整个社会围绕休闲这个中心来运作，休闲是社会的根本条件和主要特征。对于中国而言，"休闲社会"准备好了吗？在"亚休闲"的社会状态中，我们遭遇着什么？这些都是我们在迈向休闲社会进程中不得不思考的问题。

（一）生产对社会休闲生活的瓦解

"休闲，旨在创造各种机会和条件以期对个人、社区以及整体社会之生活水平的提高和生活品质的改善，起到一种提升、丰富、改善和支撑的作用。"②"休闲社会"形成和运作的着眼点在于"生活"，社会成员整体生活质量的发展程度是衡量"休闲社会"的标志。改革开放以来，中国社会民众生活质量有着显著的提高，经济收入增多、消费水平提升、物质产品丰富、生活环境改善，但人们的主观幸福感并不强，原因在于：在市场经济社会，商品生产、分配、交换、消费成为一种合理化的组织方式将全社会纳入其中，从而侵蚀了个人的生活。人们追求量化的产出，生产的诉求不断地挤压着休闲生活，人们用闲暇填补工作成绩的不足，"行色匆匆""疲惫不堪"是人们生活的一种写照。生产的扩张刺激了人们怪诞的需要，人们成为"房奴""卡奴""孩奴""车奴"，全部生活被套牢。休闲生活所珍爱的高贵的价值从公共生活中消失殆尽，从而被扣上"消费"的标志，我们吃的是"幻想"、喝的是"商标"、穿的是"品牌"、玩的是"流行"、消费的是"生活"，人们所做的一切不是为了实现人的拯救与幸福，而是为了生产、生产、再生产，消费、消费、再消费。今天人们的痛苦不是来自贫困与物质的匮乏，而是在高速

---

① ［法］罗歇·苏. 休闲. 江依群，译. 北京：商务印书馆，1996：5.
② ［美］克里斯多夫·爱丁顿，陈彼得. 休闲：一种转变的力量. 李一，译. 杭州：浙江大学出版社，2009：8.

运转的生产中，没有停顿、没有安宁、没有价值，生活异常虚空而失去了意义。

（二）休闲文化时尚的商品化与流俗化

随着市场经济和大众传媒的发展，中国社会正处在一个文化向社会生活全面渗透的时代，休闲作为一种文化，其娱乐性、消遣性的特征不断被扩大，日益呈现出大众化倾向，并成为一种大众文化。"大众文化与民间文化有本质区别，它其实是一种文化工业，商业原则取代艺术原则，市场要求代替了精神要求，使得大众文化注定是平庸与雷同的。大众固然制约大众文化的风格和内容，但却被它塑造和改造。在大众文化强大而又无所不在的影响下，大众丧失了自己的头脑和判断能力，成为纯粹被动的文化消费者。大众文化是现代社会中的一种垄断性权力，它正在侵入和剥夺人的私人生存空间。"① 大众文化视域下的休闲成为一种商品，连接着买卖双方交换利益的经济行为，畅销小说、商业电影、通俗歌曲、综艺节目、休闲报刊，商家无休止地宣传、炒作、推陈出新，是为了刺激人们无尽的追求并满足自身的消费欲望，通过大量休闲文化产品的消费获得利润最大化。看似丰富多彩的休闲生活，背后隐藏着的却是强制性和不可选择性，大众在不知不觉中丧失了自我主宰休闲生活的能力。休闲时尚文化也逐渐演变成一种流俗，从"选秀热"到"恶搞年"，从"海泥狂欢"到"啤酒浴场"，从"枕头大战""西红柿大战"到"性博会""接吻大赛"，休闲文化降格为低端的"寻乐子""找刺激"。大众休闲文化已经淹没了休闲文化本有的艺术精神、审美趣味和道德情操而完全娱乐化、媚俗化，并以丑陋、滑稽、乖张的形式表现出来。

（三）公共休闲生活的失范与无序

公共休闲生活发生在交互主体所形成的公共空间，这种休闲生活与个体的私人休闲生活有着本质的区别，其目的不仅仅是实现个体的生命完

---

① 张汝伦. 论大众文化. 复旦大学学报，1994（3）：16.

善，而是以"维系公共的善或公共利益"① 为旨归，所以休闲生活的公共性本身就内含着秩序性要求。然而，目前民众的公共休闲生活却处于严重的无序状态，休闲并没有真正成为人们理想的社会生活模式和共用生活空间。休闲主体公私不辨，无法或不愿区分公共领域和私人领域，进而出现了"公共休闲私人化"和"私人休闲公共化"的现象：公共游泳区域裸泳有碍社会风化；饲养宠物影响邻里、街道、公共场所的环境卫生以及他人的人身安全；公园里鞭子啪啪响、小区里麻将声阵阵、街头的扑克城和象棋阵，声音嘈杂扰民安；地摊烧烤、大排档，炭火一扇满天烟，满地垃圾让人烦；"暴走族"占用机动车道，干扰正常交通，和车主发生矛盾，交通治安面临挑战；中国大妈在美国大跳广场舞，被起诉；中国游客卢浮宫前的水池中泡脚，被鄙视；膀爷搓脚吐痰、恋人搂抱接吻随处可见。时下越来越多的公共休闲生活不道德事件都根源于休闲主体公共意识、公共规范与公共美德缺失。社会上流行着错误的休闲价值观、休闲消费观和休闲荣辱观，因此，在公共休闲生活中，放纵、奢华、颓废、成瘾性休闲流行。休闲产业的经营不健康、不文明，以娱乐服务场所为据点或利用这些场所的便利条件，进行贩毒、卖淫、聚众赌博等活动，歌舞娱乐场所从事以陪酒、陪舞、陪唱等形式的营利性陪侍活动，甚至接纳未成年人进入场所进行不利身心健康的休闲活动，原本恢复繁忙的现代人之身心的休闲活动和场所成为道德沦丧之地，甚至成为罪恶的温床。一些管理职能部门对公共休闲场所的违法行为和丑恶现象不作为，甚至充当其非法经营活动的"后台"和"保护伞"。娱乐服务场所安全管理不到位，治安秩序混乱，安全隐患问题突出；旅游场所、公共聚集场所交通拥堵，桥梁踩踏、游客失踪的现象频发；酒吧、夜店、宾馆、网吧无规范制约，无法律监管，砍杀、械斗、非正常死亡的恶性事件时有发生。

三、实现休闲社会的伦理治理

休闲是民众生活质量水平高低的标志，是衡量文化发展、文明进步的标尺，是人类理想的社会公共生活空间。我国从 1995 年起实行 5 天工作

---

① 龚群. 论公共领域与公德. 中国人民大学学报，2008（1）：87.

制以来，中国社会日渐进入休闲主导的时代，民众整体休闲质量的高低直接关涉社会的发展和进步，因此，休闲与社会发展的互动关系问题日益重要。时下中国民众面临着严峻的休闲困境和危机，社会因其存在的秩序性要求，必然发挥其治理主体的能动作用，实现其价值导向和人文关怀的功能，对中国休闲社会的发展进行纠偏，以达到中国新型社会——休闲社会——的善治。

（一）树立健康休闲理念，打造高雅休闲文化

综观当前中国人的生活，人人都在赶时间，到处都要快节奏：手机在手，事务不断；时时"快进"，狂点"刷新"；寄信要快递，拍照要立取；坐车要高速，吃饭要快餐；做事要效率，赚钱要暴富；结婚要闪婚，幸福要瞬间。"提速""奔跑""匆忙""烦躁"成了中国人现代生活的标志，中国社会在普遍性的压力之下，隐藏着环境污染、交通瘫痪、食品安全、人际纠纷等诸多事故隐患。经济指数飙升带来的是人们的普遍疲惫与群体的亚健康；政治利益的获得以残酷的争斗为代价；休闲生活以及休闲时尚不是索然无味，就是充斥着暴力倾向和欲望要求。所以，我们需要在从社会层面倡导"慢生活"，从总体上提升民众的物质生活质量的前提下，减少对社会成员的量化、硬性的评价指标体系，减少工作与休闲的对立与区隔，使劳动成为社会的"乐生要素"，而不是"谋生手段"①；需要引导人们从对物质利益的关注转向对生活质量与全面发展的追求、对精神生活以及生命价值的渴望；需要更新人们的休闲观念，通过文化宣传、时尚引领、舆论导向传播健康、快乐、节约、绿色、文明的休闲理念和休闲价值观念；需要通过"国民休闲计划""国民休闲纲要"等具有全局性、指导性文件的制定和发布，引导人们充分合理地运用休闲时间，从事积极有益的休闲活动，培养人们的高雅志趣和积极向善的道德情操；需要倡导学习提高型休闲、生态环保型休闲、时尚创意型休闲、梦想实现型休闲，实现工作进步与享受生活相结合、潮流休闲与传统闲逸相结合、共趣休闲与个体自娱相结合、自由发展与社会文明相结合的时尚休闲生活

---

① 于光远. 论普遍有闲的社会. 北京：中国经济出版社，2005：13.

方式。

（二）开发绿色休闲资源，建设公平休闲空间

休闲作为当代人的一项基本的社会权利，已成为不争的事实。为人们提供休闲机会和必要的休闲条件，不仅是人类社会生活发展的需要，同时也是社会应尽的责任和义务。所以，首先，应制定相关政策，落实和保障人的休闲权利，实行具体有效的休假制度，为人们的非工作时间提供生活保障，鼓励和培养多种形式的休闲服务主体，为公共休闲提供支持和管理，保障公民的劳动权和休息权。其次，尽可能地为民众提供丰富多彩的休闲资源，如高雅、文明的休闲环境，配套设施齐全的休闲环境场所和基础设施，并根据地域、人群的需要对社会公共休闲资源进行公平合理的分配，保证休闲资源能够公民共享。最后，在市场经济利益最大化的驱动下，必须对休闲进行有效的管理，不要使之成为民众生活腐败化、流俗化、空虚化、低级化的助推器。所以，国家和政府应该致力于完善休闲产业的市场竞争与宏观调控机制，保证健康、绿色、文明的休闲产业的市场占有率；优化并净化休闲产业，对不利于民众身心健康的休闲产业坚决予以取缔，根除休闲场所中不健康、不文明的现象；根据休闲产业的经营特点、服务对象以及地理位置，对经营者、管理者、服务者、休闲主体制定较为详细和可以有效实施的职责规范与行为准则，推行休闲产业的法律法规建设。同时，对休闲产业的发展提出应然性的价值要求，以满足人的需要为目的，促进国民身心的健康发展，朝着符合个体人生幸福与社会整体发展的双重路径迈进。

（三）完善休闲教育体系，建构公共休闲伦理

当代中国社会的休闲越来越多地成为人们"公共生活空间"的行为。可以说，中国休闲社会的形成是与中国社会转型同步发生的，面对着注入了新生活元素——"休闲"——的新型公共生活空间，非道德主义泛滥、休闲价值观扭曲、休闲制度规范弱化，人们措手不及。"休闲是个体的，同时也是社会的。休闲对于个体来说，基本上是没有直接功利性目的的，

但对于社会来说则是功能性的。"① 所以，引导和规范个体休闲，建构起规范社会生活与个人行为的休闲教育，是现代"公共权力机构"应承担起的职责和义务。首先，培养多层次的休闲教育主体，实行多种形式的教育方式。家庭、社区、学校、企事业单位、社会团体和政府组织分别通过日常生活的引导、学科设置与正规教育，组织开展各类社会性的休闲活动教育。加强休闲场所的文化建设以及网络和媒体宣传，一方面培养专业的休闲教育工作者和服务者，另一方面普及符合新时代人们全面发展需要的休闲教育。其次，进行全民性休闲价值观教育。传统教育关注人们劳动技能的培养，现代教育更加关注人们正确休闲的品质。所以，休闲价值观教育的目的在于强化人们对自我需要的认知、对现实生活的理解，养成健康的休闲与生活的能力。通过培养和树立休闲主体自由、快乐、健康、和谐的休闲价值观，引导其对休闲生活的价值评价和休闲活动的理性选择，并对人们的休闲需要、动机、欲望和目的进行过滤，来规范和引导人们正确的休闲行为。最后，通过休闲生活实践，进行休闲行为规范的养成教育。当代社会公共休闲生活失范的根本原因在于休闲主体公共理性的缺失，所以，社会应在确立普遍性、公平性的伦理法则的基础之上，将公共空间的契约精神和市场经济的平等机制渗透到公共休闲生活中，在具体的休闲活动设计、休闲场所安排、休闲资源分配中加重规范制度的制约作用，让人们在生活的点滴中感受并习惯于公共生活的法则，在获得快乐体验的同时自觉承担对他人、对社会的责任，进而形成"人人为我，我为人人"的平等和谐的"生活世界"。

第五节　休闲生态伦理

近代社会以来，工业化给人类带来了丰富的物质，但也造成了全球性的生态危机。人类开始反思自身与自然环境的关系问题，从而突破"人类中心主义"的自我定位，将自然视为与人类平等的存在。20 世纪 80 年代

① 郭鲁芳. 休闲学. 北京：清华大学出版社，2012：358.

以来，随着休闲生活的规模化、普遍化，休闲产业的兴起、休闲项目的开发，休闲生活必然与周围的自然环境形成一个有机互动的系统，人、休闲活动和其自然环境之间不断进行着交流。由此，我们不得不思考休闲生活所必需的自然物质对于塑造人性、人格和人生的伦理功能，以及在处理休闲与自然环境的关系中人们应当遵循的基本理念和行为规范。

一、休闲：人与自然的共生之道

（一）生态：休闲与自然的共同本质

"生态"是家庭成员之间充满矛盾又彼此依赖的生存状态，后被援引解释为人类与自然之间的既有张力矛盾又和谐共生的关系，进而突出自然才是人类依归的家园。"生态"又指生生不息的生命存在状态。人的生存与创造离不开自然，自然的生成、演变与人的生命活动同步，所以人与自然作为生命共同体必然有着共同的本质，即"生态性"。休闲成为人类生活的重要组成部分，成为人类的一种生命样态，已是一种共识，人类通过休闲这种生命样态与自然共存、共生，人类与自然的生态性在休闲中得以体现，由此我们必须对二者进行"一种关系性的、生态性的理解"[1]。"生态性""呈现出两个基本特征，一是生成性，二是关联性"[2]，前者是有待发展、不断完善，后者是互相渗透、有机整合。"休闲本身就是生态的"，"休闲具有生态本质"[3]，主要表明休闲生活中人与自然的共同生成，以及人对自然的整体倾向。休闲首先是一个使人成为人的过程，人的自然生命、精神生命、价值生命在人类自身构成一个自足的生态系统，并与自然生态系统密切联系。人类在休闲生活中实现与完善自我的重要向度就是自然的存续和再造，以自然的丧失为代价所获得的欢娱和快感导致人类自我的毁灭，所以休闲同时是一个成为"生态的自然"的过程。人既作为生命

① ［美］大卫·雷·格里芬. 后现代精神. 王成兵，译. 北京：中央编译出版社，2011：226.
② 唐代兴. 价值生态：普世价值的存在论视域与方法. 陕西师范大学学报（哲学社会科学版），2008（6）：32.
③ 李世雁，吴爽. 休闲的生态哲学解析. 自然辩证法研究，2014（5）：124.

有机体的个体存在，同时又是具有群体性的关系存在，更是自然生态系统的重要组成部分。休闲因为是人的休闲，同时存在于这些系统中，通过人与其他要素的有机互动，实现系统整体的良性运转。所以，"休闲"不是个体性，也不是唯人类主义的，而是在生命共同体中实现的，人与自然在生命共同体中相依、相系，共生、共荣。

（二）休闲：人与自然的生命契合

依归自然，是休闲的本义。"几千年前的中国圣贤们，对'休闲'二字有着极其精辟的阐释，'休'，依木而休，强调人与自然的和谐；'闲'，娴静，思想的纯洁与安宁。"①"休"与"闲"的组合表明了休闲本有的一个向度，即人在与自然的融合过程中产生的宁静、祥和的心灵体验，这便是休闲所特有的文化内涵与价值意义。在中国圆融、贵和的文化土壤中，人们懂得人生天地间，应顺应天时、与大自然和谐共生，这种生态观念指引下的休闲追求自然与生命的完美统一。虽然西方对休闲的"生命共同体"特征有不同的诠释，更强调人与人、人与社会的互动，但在人与宇宙的合一中寻找至善同样是西方人休闲生活的一种面向，如斯多葛学派认为人的本性来自宇宙，合乎宇宙、自然的生活才是至善的，开启了西方社会对人与自然作为平等存在的认知。可以说，从某种角度而言，休闲的生态本质是自然生态特征的呈现，是在人与自然的生命契合中实现的。然而，现代休闲生活方式的商品化、人造化以及形式化，使得"高山流水""芳草落花""舞蝶游蜂""白鹿青牛"成为休闲的稀缺资源，人与自然的生命律动处于分裂和疏离状态，这是时下人们在休闲生活中遭遇困境的原因之一。工业社会高效的劳动造成了自然环境的严重危机，同时也带来了人类生命的劳顿与衰落。所以，积极、健康的休闲不仅能够减少人类劳动对生态环境和资源的冲击与压力，也是对人类生命存在方式和生活方式的有益调整。只有面向自然、融入自然，使人类的休闲生活与自然浑然天成，使人的生命律动与自然节律和谐一致，才能实现人类自身生命本质的真正

---

① ［美］托马斯·古德尔，杰弗瑞·戈比. 人类思想史中的休闲. 成素梅，马惠娣，季斌，冯世梅，译. 昆明：云南人民出版社，2000：14.

复归。

（三）自然：休闲生活的深度塑造

工业劳动占据了人们的休闲生活，剥离了人与自然的亲密关系，诗意地徜徉于自然之境的休闲生活已经可望而不可即。然而，"人不是在自然之上，或是在自然之外，而是在自然之中"①，所以人类自我的深度实现要在大自然的博大和生生不息中找寻。亲近自然，有助于锻造人类简朴而纯粹的休闲生活方式。只有崇尚和安于物质的简单，才能拥有真正的休闲，而只有拥有不为物所役的非功利休闲心态，才能安于和乐于简单的生活。二者相辅相成。休闲生活应该是超越的、非功利的，不刻意的、不做作的，而这种生活的获得要寄托于自然，道家讲究"顺应自然""复归于朴"，倡导简单、简朴、简约的生活方式。马克思是在"上午打猎，下午捕鱼，傍晚从事畜牧，晚饭后从事批判"② 中寻得人生乐趣。寄情于山光水色、流霞明月，沉浸于鱼虫畅乐、草长莺飞，依托于自然的休闲生活，不必然以物质消耗为条件，淡化人们对物质的欲念与追求，使人从异化的劳动中解放出来，以自然山水、宇宙万物为怀，随顺自然、安贫乐道、无执无欲、自得其乐。感受自然，有助于增加人类休闲生活的审美体验。"真正的休闲是一种被高度提升了的审美体验"③，"休闲的审美性给人的日常生存带来快乐和意趣"④。在逐物的社会生活中，人们似乎已经丧失了审美的需要、情趣和心境，所谓的休闲生活失去了典雅，充斥着庸俗。大自然呈献给我们一幅完美的图景，激起我们对天地造化的惊叹和赞美，在欣赏自然的美丽、体察自然的博大、领悟自然的宁静中恢复人的审美能力，升腾起舒适、愉悦的心灵体验。天地皆文章，自然有妙趣，融入自然，有助于实现人类休闲生活的生态情怀。巍峨的高山、湍流的江水、广袤的沙漠、无际的草原，让我们感受到的是人类的渺小和自然的伟大。休闲生

---

① 章海荣. 生态伦理与生态美学. 上海：复旦大学出版社，2005：214.
② 马克思恩格斯全集：第 3 卷. 北京：人民出版社，1960：37.
③ 赖勤芳. 休闲美学读本. 北京：北京大学出版社，2011：7.
④ 王景全. 论可持续发展的休闲观. 河南师范大学学报（哲学社会科学版），2007（1）：165.

活中与大自然的亲密互动，使人类重新思考、审视自己在自然中的地位，以及对于自然应该做些什么，并产生出尊重欣赏自然、关爱保护自然的生态意识和伦理情怀，至此，人类将自己的身体、心灵与大自然融为一体。

二、休闲异化：自然价值的消解

《辞海》将"休闲"定义为："农田在一定时间内不种作物，借以休养地力的措施。"可见，维护人们赖以生存的自然是休闲的本义。但这只是对人类休闲活动的理想性、应然性的理解。休闲具有保护生态环境的功能，是以其主体——人——能够对人与自然之关系进行合乎理性的把握和建构为前提的。人只有将自然作为与自己平等的存在，认识到人与自然是生命的共在，具有伦理关怀的生态意识，才能实现休闲的生态价值和意义。然而，时下所谓的"休闲"因人本身的分裂和异化而丧失了本有的生态本质，体现为人与自然之间片面性、极端性地发生联系。

（一）自然因素在休闲生活中隐退

随着人们生活方式的丰富、生活空间的拓展，休闲已然成为一个丰富多彩的生活空间。然而，与自然的休闲互动仅仅是万千种休闲方式中的一种。科学技术的发展极大地提高了工作效率，人们获得了更多的闲暇时间；另外，交通的便利提供了人们与自然亲近的可能性。然而，人们并没有因此而走进自然。一方面，人们沉湎于科技所带来的巨大物质利益，将大多数时间用于逐物，而不愿投入自然的怀抱，放松身心。以旅游为例，人们一度视其为奢侈的休闲项目，并不是因为人们没钱，而是没有时间。时至今日，当人们意识到休闲的重要性时，旅游又被人们极度热衷，"黄金周"旅游景点一票难求，游览人员超负荷造成桥梁踩踏等事件都表明自然性的休闲在不断地受到挤压。另一方面，人们在不断地运用科技力量创造着自己的休闲环境，如游乐场、海洋公园、发现王国、主题公园、文化广场、酒吧、歌厅、夜总会、球馆、健身中心等，多数人认为这些人造休闲环境的开放更适合人们快节奏的生活，更能使人产生畅爽的休闲体验，所以越来越多的人宁愿放弃在自然中寻找精神愉悦而选择在"快餐性""便利性"的人造休闲环境中"唱几首""跳几下""喝几杯""聊几句"，快速地消除工作中的疲惫。"工业文明淡化了人与大自然的脐带关联,人在钢筋水泥森林中格式化地生存"①,工业文明的生活方式将人与自然隔绝的同时,也从精神上解构了人对自然的崇敬和依恋。"人的生命与意义淹没在物欲之中,人的生命的内在性与整体性丧失了,人的感性生命破解了。"② 无暇顾及自然的美丽与壮观,不再惊叹于自然的神奇与伟大,更不渴望与自然往来的悠然心境,自然逐渐从人们的审美情趣和价值取向中褪去。

(二)自然的价值在休闲生活中工具化

马克思对人与自然的关系做出了应然性的理解,人与其他动植物一样"靠自然界**生活**"③,但人又不仅于此,因为人类意识的存在,人的生命活动不仅仅限于生存。如此,人类对自身与自然的关系进行了错误的定位,从对自然的敬畏、恐惧、依顺,到对自然的主宰、统治、征服,人类在与自然的二元对立关系中走向极端。人类是宇宙的中心,是一切价值评判与选择的依据和主体,自然的存在与和谐外在于人,故而自然成为一种工具性的价值。"休闲"作为人类的一种生活实践,崇尚一种相对自由的生活,目的在于体验人生价值、实现生命意义。可以说,休闲生活是人类主体性彰显、关注自身需要与价值诉求的表现。但这与休闲的生态特质不相背离,人首先是自然存在物,然后是社会存在物,再然后才是价值存在物。自然生命的维持是人得以"成为人"的前提,只有在整体上审视人与自然的关系,才能获得深层次的休闲体验,从而实现人类长久的幸福。所以,生态性与自由性作为一体两面,共同构成了休闲的整体。然而,人类利用科技使自己成为自然的主人,自然被"祛魅",丧失了其原有的"神圣性",而依附于人的极端发展,在休闲生活中表现为"见人不见物"、自然物质和自然环境的存在都是为了满足人们掠夺性的变态需求,人类逐渐丧失了对自然的道德责任感和伦理关怀而为所欲为。为了迎合现代人的休闲

---

① 李芳. 昆虫文化的生态休闲意蕴. 自然辩证法研究, 2012 (7): 121.
② [德]马克斯·韦伯. 新教伦理与资本主义精神(修订版). 于晓,陈维纲,等译. 北京:三联书店,1987: 46.
③ 马克思恩格斯文集:第 1 卷. 北京:人民出版社,2009: 161.

需要，对自然进行破坏性的人化设计，无限制地开发和利用自然，刻意修建度假村、生态园、生活馆、自然体验馆，打破了原有的生态平衡；野生垂钓、追捕猎物、撞树健身、草坪散步、海滨沐浴、野炊烧烤等新兴休闲方式直接践踏着自然环境；乱扔垃圾导致自然风景区被大规模污染；游客吸烟导致森林火灾；攀爬树木、乱涂乱画使原本如画的风景伤痕累累。现代休闲方式非但没有缓解自然的压力，反而成为破坏生态环境的杀手。人类在休闲中张扬自我的同时遭遇了前所未有的生存危机，自然以自己独有的方式报复着人类。

（三）与自然结合的休闲成为经济的附属物

现代工业文明给人们的休闲生活创造了无限的空间和可能。休闲越来越成为贯穿于生活始终的重要内容。人们对休闲形式、休闲质量的需求越来越高，由此产生了为满足人们的休闲需要，专门为人们提供休闲产品和休闲服务的经济形态——休闲经济。休闲从个体性的生命活动演变为商品化、市场化的产业系统。"迄今为止，我们的社会结构和社会生活一直围绕着经济活动而展开……'功利主义'无一不是在精心编织严密有效的经济网络。"[1] 人们在巨大经济利润刺激下必然最大限度地开发休闲资源，包括"能够满足休闲者需要的天然的自然界"[2]。由此，以自然、生态为主题的休闲场所和休闲产业，如地质公园、森林公园、观光农业园和牧场、度假宿营地、海岸游乐场等，如雨后春笋般产生，并出现融食、住、行、游、购、娱为一体的休闲产业集群化趋势。自然成为休闲经济的重要元素，极大地推动了国民经济的发展和人们生活质量的提高。然而，一些人"见利不见物"，只看到自然休闲、生态休闲所带来的经济利益，而不研究休闲本身以及人们在休闲过程中所应承担的对自然的责任和义务，融入自然的自由体验需要用货币进行交换才能获得，以金钱买断自然环境的结果是个别生态休闲场所的建设不遵循生态规律，武断地对自然环境进行人为修改，移山铺路、毁林造园、挖沟建渠、填海造岛，在自然的天然性

① 王小波. 工作与休闲——现代生活方式的重要变迁. 自然辩证法研究, 2002 (8): 59.
② 于光远. 论普遍有闲的社会. 北京: 中国经济出版社, 2005: 20.

基础上强加"人文因素"，破坏了原生态的和谐；盲目追求休闲人数的增加，以至于大量人口的践踏造成土质的变化，破坏性行为给自然造成巨大的压力和污染；人群集中造成噪声污染和空气污染，打破了生态休闲应有的宁静、悠然。自然作为休闲资源，对其无节制地开发将带来生态系统的无尽破坏，人们在找寻着"生态休闲"的生活方式，但却也在实践着对其本质的背叛。

三、生态休闲：可持续的生活方式

工业化大生产给人类带来了前所未有的生态危机，人们开始反思直接的物质生产及其产生的严重后果，由此，休闲的生态价值日益凸显。然而，人们对休闲的错误认知和实践，使得不科学、不道德、不文明甚至具有破坏性和自毁性的休闲方式泛滥，自然面临着新的劫难。所以，我们倡导"生态休闲"——一种可持续的休闲生活方式，倡导人与自然和谐共存、互相促进、共同发展，通过这一人类特有的生态思维方法、生态行为方式、生态伦理关怀，以保护自然环境为途径，实现人与自然的可持续发展。

（一）培养休闲主体的"家园意识"

美国当代著名的生态思想家托马斯·柏励针对人与自然共同体的一系列危机，提出"生态纪"的概念，他认为我们将进入"生态纪"，"只能由整体的生命共同体共同促进"[①]，需要实现以人类为中心向以地球为中心的转变，人类的存在和发展以生命共同体的存在为前提。从海德格尔阐述"此在与世界"之间是"人在家中"的关系以来，人们日渐认识到地球作为人类的家园，具有唯一性、有限性和不可逆性。所以，一种可持续的生活方式，是人类进入"生态纪"的必由之路。正如奥尔多·利奥波德所说，"发展休闲，并不是一种把道路修到美丽乡下的工作，而是把感知能力修到尚不美丽的人类思想中去的工作"[②]。所以，面对着人与自然在

---

① ［美］托马斯·柏励. 生态纪元. 李世雁，译. 自然辩证法研究，2003（11）：13.

② ［美］奥尔多·利奥波德. 沙乡年鉴. 郭丹妮，译. 长春：北方妇女儿童出版社，2011：50.

休闲生活中的分离，我们首要的工作就是在精神上实现向"家园"的回归、向自然的回归，主观上克服人与自然的对立。早期人类在"完全异己的、有无限威力的和不可制服的"① 强大自然力的压迫下，作为自然的对立物而存在。在现代社会，人类克服了对自然的恐惧与顺服，拥有了对自然至高无上的权力，作为自然的支配者而存在。20 世纪，生态环境的恶化，使得人与自然完全决裂，即使在具有生态性质的休闲生活中都难以弥合。严峻的生存环境使得人类意识到必须给自然以伦理关照，具有"生于斯，长于斯"的家园情怀，升腾起对"家"的珍爱和眷恋，肩负起对"家"维护和建设，唯有如此才能实现诗意的栖居，才能在休闲中获得安宁、幸福的休闲体验。树立起"非人类中心主义"的休闲生态价值观，以一种平等的心态来处理人与自然之间的关系，在休闲生活中不仅将感受、体验融入自然之境，而且将人类的存在与意义纳入自然生态系统中进行思考，时刻保有辅车相依、唇亡齿寒的忧患意识和整体责任感，并能够自觉地对人类自身的休闲行为予以检点和节制。

（二）建立生态休闲的制度保障

"市场经济的伦理信仰就是利润与效率，任何伦理道德在它面前都变得那么苍白无力。……市场经济中的理性个体难以自觉地受伦理道德的约束，自觉地尊敬自然、爱护自然。"② 所以，面对休闲生活中人与自然的伦理困境，我们不能完全寄希望于人类的个体救赎。人类"懂得按照任何一个种的尺度进行生产"③，也就必须对其共同的行为负责。所以，我们理所应当可以诉诸人类的群体意志，通过休闲制度、政策的完善与落实来保障可持续性的生产和生活。这就要求我们建立公平有效的劳息制度，处理好劳与闲在社会层面的关系。在市场经济条件下，制度设计的不合理导致人与人之间过度竞争，随之而来的是过度劳动对自然资源的过度占有和开发以及人们在与自然的短暂接触中的放纵与宣泄，自然在为人类社会内

---

① 马克思恩格斯选集：第 1 卷. 北京：人民出版社，1972：35.
② 王志平. 生命伦理的自然解读. 大连理工大学学报（社会科学版），2003（3）：67.
③ 甘绍平. 应用伦理学前言问题研究. 南昌：江西人民出版社，2002：102.

部的不和谐买单。所以，首先，要落实符合人类生理和自然规律的劳息制度，使人们充分享有休闲的权利。这不仅关涉个体生态和谐，更涉及生产与生存、生产与生活。其次，合理调节收入分配、缩小收入差距、健全社会保障、减少竞争压力，从而改变人们将自然作为资源提供者的认知，将自然作为人类幸福的栖息地。最后，制定有利于自然环境保护的休闲法规与公共政策，以法律来保障公正地对待自然，将生物法、环境法与休闲法相结合，监督并制约休闲产业的经营者以及休闲活动的参与者，以限制人类因对自然的忽视而对自然施暴，因追求利益而对自然肆意掠夺，为获得"享受"而对自然生态进行破坏。

（三）形成休闲社会的"意义经济"

休闲社会不仅是一种社会形态，更是一个时代特征。随着人类的生存方式由劳动到休闲的改变，人们必然终结以生产和消费为价值取向的工业社会，进入寻找知识和意义的后工业社会。与以追求物质积累的劳动不同，休闲作为人的生活方式，寻求人之为人的意义生成，关注人的精神世界和心灵空间，所以"必然催生与之相适应的新的经济形态——意义经济"①。"意义经济"虽然在我国目前社会还没有完全实现，但却以不同形式表现了其所代表的时代到来的必然性，如"美学经济""U 时代""创意时代"② 等的相继出现，人们不再以有形的物质产品和自然资源消耗作为休闲生活的必需品，而是以"美感""信息""激情""灵感"赋予休闲生活价值。休闲社会与劳动社会的根本不同在于"意义经济"，人们对知识、文化资源的开发将会取代对物质资源和自然环境资源的无尽攫取，从而成为促进生态休闲实现的可持续路径。所以，针对当前社会休闲生活中人与自然之关系的伦理失序，我们一方面要严格控制休闲产业对自然环境的开发和利用，尤其要对以自然、生态为主体的休闲产业的经营活动进行监管；另一方面更应该大力培养、开发具有精神和文化意义的休闲产业与休闲活动。我们要发挥文化产业包括电影、电视、音乐、报刊、图书、艺

---

① 王景全. 文明休闲与人的全面发展及可持续发展. 中州学刊，2005（4）：95.
② 郭鲁芳. 休闲学. 北京：清华大学出版社，2012：397.

术广告等的文化特性，增强人们的文化素养；利用电影院、戏院、音乐厅、图书馆、茶馆、文化宫、公园、游乐园等文化娱乐场所进行文化宣传和艺术熏陶，提升人们的文化品位；加强对舞厅、歌厅、沐足院、按摩院、保龄球馆、高尔夫球场、酒吧、陶吧等消遣性娱乐场所的文化引导，培养人们高尚的审美情怀，为人们提供文明、健康的休闲生活空间，以减少人们在休闲生活中对自然的过度依赖而给自然造成的压力，使低碳、生态、健康、绿色的可持续休闲生活方式成为社会的经济增长点。

第七章　娱乐伦理

　　劳动和闲暇，是人类社会生活的两个基本方面。创造活动和娱乐活动都能满足人们不同的需求。娱乐对提高人的生活品质和生命质量以及对人的自由全面发展有着重要意义。承认自己"玩"的天性、正视"玩"的渴望、认识"玩"的价值，对人们的社会行为有着重要意义。接受与享用娱乐文化，是人民大众的基本要求，也是人民大众的文化权利，在全面建设小康社会的新时代，政府应当对人民大众的文化利益给予充分的保障，为满足人民群众对美好生活的需求创造有利条件。

　　随着民众娱乐需求的增长以及科学技术水平的提高，更多的娱乐活动呈现在民众面前，这些娱乐活动既有从古代流传下来的，也有在现代科技条件下新产生的。随着娱乐的普及，产生了越来越多的问题。健康、积极的娱乐活动对于社会的发展和人类本身很有益处，而不健康、消极的娱乐活动则会阻碍社会的进步，毒害人们的身心健康。

　　现代社会中存在着很多错误或者说不健康的娱乐活动，这些娱乐活动对人自身和人际关系以及社会都产生了不良的道德影响。很多娱乐活动的流行，带来的是对个人道德观念以及社会道德风气的破坏，如暴力游戏、色情按摩、低俗影印制品等，这些娱乐活动虽然也带给人们感官上的刺激，但在潜移默化之间引导着民众思想走向社会道德的对立面，使民众沉迷于低俗欲望之中。尤其在青少年人群中，娱乐伦理的问题极其突出，很多青少年因为心智不成熟，在错误的娱乐思想引导下，产生了很多歪曲的道德观念和不当的行为，青少年因为沉迷暴力游戏而出现暴力倾向，在现实中伤人、杀人的例子层出不穷。由此可见，娱乐伦理是现代社会重要的伦理问题之一，在低俗娱乐泛滥的现今社会，对娱乐伦理的讨论探究显得尤为重要。

第一节　娱乐与娱乐伦理

对娱乐伦理问题进行全面系统的研究，是日常生活行为伦理学的重要内容，也是正确引导民众开展健康积极的娱乐活动的实践需要。何为娱乐？娱乐如何分类？娱乐伦理的内涵是什么？这些是我们首先要探讨的问题。

一、何为娱乐

（一）"娱乐"概念分析

《说文解字》中对"娱"的解释是"娱，乐也。从女，吴声"，有两个意思：一是形声，快乐、欢愉的意思；二是做动词使用，有使欢乐的意思。"乐"为异读字，作"yuè"时，表示"音乐"；作"lè"时，有"喜悦、愉快"之意，如"宜尔室家，乐尔妻帑"（《诗·小雅·常棣》）、"有朋自远方来，不亦乐乎"（《论语·学而》），都是指一种欢愉、喜悦的心理状态。

"娱""乐"两字单独使用都有欢愉、喜悦之意，而两个字作为词语连用最早出现于《史记·廉颇蔺相如列传》："赵王窃闻秦王善为秦声，请奏盆缻秦王，以相娱乐。""娱乐"一词在《辞源》里的解释为"欢娱行乐"，在《辞海》里的解释为"娱怀取乐、欢乐，亦指欢乐有趣的活动"。"娱""乐"连用，指代一种欢愉、喜悦的心理状态，也可以指代以快乐、愉悦为目的的活动。

英文"recreation""entertainment""amusement""disport"四个词都有娱乐的含义："recreation"译作"消遣，娱乐"，强调闲暇时间用来恢复身心、重新创造生活的消遣娱乐；"entertainment"更多是指通过欣赏文娱表演来助兴，多指晚会表演、助兴节目等；"amusement"强调纯粹的娱乐活动，像游戏、棋牌等；"disport"偏重玩耍、嬉戏、自娱。这些词都表达了"娱乐"的不同侧面的含义。

总之，娱乐是人以愉悦心身为主要或唯一目的的生命活动，是人们为满足自身的需求而进行的具有创造性和欣赏性的行为活动。这种活动不仅使人的身心得到放松与快乐，而且使人感到人生的幸福，因此，娱乐活动简单地说是一种乐生活动。娱乐具有这样几个特点：（1）在相对自由的时间进行；（2）出于自由、自愿的选择；（3）使人感到轻松、愉快、欢乐；（4）在过程中感受快乐；（5）能够获得情感的满足等。结合这些特点，娱乐即是"在相对自由的时间里，从外部压力中解脱出来，自由、自愿地选择能让自身感受快乐体验的活动，并借以恢复和愉悦身心，达到自我满足、自我认可的情感状态"。就形式而言，娱乐包括消遣、游戏、歌舞戏剧、曲艺杂技、竞技体育、文学艺术、电视电影、书画棋牌等能让人产生快乐体验的活动。娱乐能够将人从强制性的工作、劳动中解放出来，人们通过不同形式的娱乐活动来满足自己的娱乐需求，娱乐是人对强制性劳动的一种调节，是保持自己身心平衡的主要手段。如果没有娱乐，仅有单纯的工作和劳动，人就会觉得乏味且疲累，被强制性的生存内容所束缚，不能得到解放。娱乐，和衣、食、住、行一样，是天赋的权利，是人性的需求。娱乐活动已经成为人们日常生活中必不可少的一种重要活动和日常行为。

娱乐虽然是人的一种自然本能需求，但却是伴随着人类文明发展的进步而逐步受到重视的。在社会经济和文明不发达时期，生产力低下，资源匮乏，因此劳作被认为是维持生存的必要活动，娱乐则被斥为"玩物丧志""礼崩乐坏"。然而，随着生产力的提高，人们的生存压力减小，童年的游戏心理、人类的游戏冲动被唤醒，娱乐活动成为人们表现自我、人际交往的重要方式，也是社会进步的重要标志。人所创造的一切最终还是为了人的快乐与幸福，正如春秋初期的管仲所说："凡人之生也，必以其欢"（《管子·内业》），意思就是说人的一生一定要欢畅快乐。娱乐使人愉悦，人们在进行娱乐活动时，能够愉悦身心、宣泄感情、放松身体、调整心理。娱乐是人类必不可少的一种生命活动，人人都会拥有闲暇时间，但并非人人都能拥有娱乐生活。因为娱乐生活的价值在于享受生命的价值、生活的乐趣。

（二）娱乐与休闲的区别

说到"娱乐"一词，人们往往会联想到"休闲"，事实上，不论是在日常生活中还是在学术著作中，大多都将"娱乐"和"休闲"连用，统称休闲娱乐。但是"娱乐"和"休闲"实际上是两个相近的概念，二者所指代的内容既有交叉重合，同时也有各自不同的独立含义。

在我国古代，"休"与"闲"开始是分开使用的，"休"最早见于甲骨金文，"人依木而休"，其字形表现了在休息中人与自然的和谐相伴。在《康熙字典》和《辞海》中，"休"被解释为"吉庆、欢乐"，"闲"则与"娴"相通，有两个层面的含义：一是指范围，多指道德、法度，如"大德不逾闲"（《论语·子张》）；二是形容人休息与放松的状态，如"娴静而不躁"。从古代词意看，"休""闲"都表示精神的平静和身体的休息同时进行的一种状态。"休""闲"连用出现在现代，"休闲"有两个方面的意义：解除体力疲劳和获得精神缓解，使心灵得以休息。英语中表示"休闲"的词语是 leisure，词义是人们在劳动时间外的自由时间所进行的自由活动，强调必要劳动之外的自我放松。

由上面对"休闲"一词的解析来看，休闲是指在非劳动及非工作时间内求得身心的调节与放松，达到生命保健、体能恢复的一种生命活动。休闲是相对于工作来说的，必须在工作时间以外的闲暇时间进行休闲活动。休闲重在身体的休息和精神的平静，剧烈的身体运动和继续使用脑力的活动并不属于休闲。然而，娱乐可被看作一种通过表现个人情绪、展现自己和他人的技巧而带来喜悦的活动。大部分娱乐活动都需要身体动起来，这样，身体得不到静态的休息，但是可以做到身体的协调运动，使身体得到一种动态的放松与锻炼。现代医学认为，适度的负荷锻炼可以使人体释放一种多肽物质——内啡肽，它能使人产生欣喜和镇静。娱乐是使中枢神经系统得到适度的刺激，并产生快乐的活动。人们在进行娱乐活动后能感受到愉快的心情，这种效应既是及时性的，也可以是在多次活动之后有所体验。娱乐主体在进行娱乐活动时，往往追求一种和谐一体、轻松愉快的自娱自乐境界，达到身体活动与精神愉悦的统一。

娱乐不仅仅是身体上的放松，同时也包括心理上的愉悦，甚至更多地在于心理上的欢快和愉悦。比如下棋、打扑克以及近期比较流行的密室闯关游戏等，不但不能使精神放松，而且需要时刻保持大脑的高速运转来赢得胜利和破解谜题，这些娱乐活动都不能使人的精神放松，甚至可能会使之更劳累，但是这些娱乐活动却能给人带来愉悦，这是不同于休闲活动的地方。

如果说，休闲重在身体与精神的放松、缓解，那么娱乐则主要是身体的协调运动和精神世界的愉悦快乐。可以看出，休闲是相对工作而言的，更侧重劳累工作之后的放松肌体、缓解乏累，有着明显的时间区别，工作就是工作，休闲就是休闲，而且休闲侧重的是身体和心理上的平缓修复，稳定而不会过度。然而，娱乐侧重的是身体和心理的愉悦感，不同于休闲的平缓，娱乐往往会造成身体或心理的波动起伏，所以娱乐往往能给人带来极大的快乐，但是也需要注意适度原则，否则会造成身体和心理的疲累，适得其反。

休闲是通过使人身心保持平缓稳定的状态，从而使人的身体与精神都能和谐有序地运行。在这种情况下，人的欲望减少，心情上没有波动起伏，进入古人所说的无欲无求的生命状态，能更好地理解问题和感悟自然，使人在认识自我、感悟人生、回归自然中达到精神的升华。娱乐则使人的身体处于协调运动中或者使人的精神处于愉悦兴奋状态，以此来刺激身体激素的分泌，保持注意力集中，促进身心的良性发展，培育人们积极乐观的心态和健康活力的身体机能，使人们抵抗负面情绪和调控积极情绪的能力增加，进而使人们更好地在日常生活中进行其他活动，增加自身的幸福感。

休闲和娱乐都是人们日常生活必不可缺的生命活动。虽然休闲和娱乐形式不同、作用方式不同，但目的都是提高人们的幸福感，使人从日常生活的压力、抑郁、悲伤、愤恨等负面情绪中解放出来，让人能够形成积极阳光的生活心态、健康正面的人生观念，从而使人能够在日常生活中感悟更多的人生真理、认识自身的价值，与自然更融洽地相处以及帮助人塑造人格。

（三）娱乐的价值意蕴

娱乐是与人类文化发展紧密联系的生命活动方式，它促进了人类的发展与完善。荷兰文化学者约翰·赫伊津哈在对不同的文化形态进行考察后，认为在整个文化进程中都活跃着某种娱乐诉求，正是这种诉求促进人类社会生活产生了多种重要形式，从人类社会的发展历史来看，娱乐是人的天性，娱乐游戏在人类智力开发和艺术创造中起到了重要的作用。

从消遣的角度看，娱乐是人类游戏本能的自然宣泄，是人之生命价值和人生意义的重要体现。在人类历史长河中，娱乐诉求在相当长的时间内都是一个讳莫如深的话题，很多娱乐被斥为"玩物丧志""礼崩乐坏"，被看成声色犬马之事，人们的娱乐需求不能得到完全满足，本性被压抑。随着社会的不断发展进步，人性中的娱乐需求、游戏冲动被唤醒，娱乐是欲望的合理释放，是健康的原始生命力的自我更新。娱乐成为人们表达情绪、抒发心情的主要方式。娱乐虽不是物质意义上的生存活动，但能够放松心情、缓解压力、宣泄情绪。

娱乐并不排斥内涵与形式的审美性。能够体现人类生机活力、肯定人类生命价值并蕴含健康积极生活态度的娱乐活动，都具有美的意义，尽管层次有高低之别。

娱乐作为生命行为和社会活动之一，同样具有一定的伦理价值，包含着世界观、人生观、价值观的倾向性内涵和行为规范性指向。娱乐在不知不觉中"厚人伦，美教化，移风俗"，娱乐可以陶冶心性，达到教化的目的。

二、娱乐的分类

娱乐是人类生命活动中不可缺少的基本活动。在人类社会发展过程中，人类创造了丰富多彩的娱乐形式，"中国古代的娱乐行为或表现为皇家的狩猎、行宫、园林避暑消闲，或表现为游赏山水、寺庙、园林；或放松于市场、茶馆、酒楼、戏院、赌场、妓院之间，或隐居泉林、闭门读书、习字作画、下棋弹琴、玩赏古玩珍宝；或宴集宅第，吟诗作赋，或参加放风筝、打马球、滑冰、赛马、斗蟋蟀等民间游艺竞技体育活动。"①娱乐活动是上至皇室贵族、下至市井百姓都需要的日常生命活动。从参与娱乐活动的人数来讲，娱乐可以分为自娱自乐、群体娱乐和公共娱乐；从内容上来看，娱乐可以分为低俗娱乐、普通娱乐和高雅娱乐；从功能而言，娱乐可以分为肉体感官娱乐、精神心灵娱乐和身心结合娱乐。对娱乐进行一个明晰的分类是艰难的，几乎是挂一漏万的。笔者在这里把娱乐活动大致分为三个类型：享乐型娱乐、审美型娱乐、思智型娱乐。

（一）享乐型娱乐

享乐型娱乐出于感官快乐和情感皮层快乐的需求，是基于本能欲望的满足，获取感官刺激带来的愉悦和兴奋感，比如孩童间的嬉戏玩闹、成人间的暧昧调情以及纯粹的性行为，还有游戏、载歌载舞、体育活动、动作或枪战电影、蹦极、过山车、鬼屋等。这些活动基于人类满足感官需求后得到的快感以及感官的生理刺激，使人感到亢奋、激情以及快感，同时这类娱乐也能使人们的情感得到宣泄、压力得到释放，从而使人获得一定的情感皮层快乐。

享乐型娱乐的特点在于其时效性和强烈性。大多感官刺激的娱乐活动都只能做到一时的快感，因为其快感的获取基于感官刺激，而刺激一旦消退，快感也就随之退却，所以这类快感在活动结束后会很快消失，同样，由于作用层面较为低级，所获得的快感也缺乏回味性。所以，在感官刺激的快感消失后，人就会失去这种快乐感觉，比如坐过山车的时候，完全是特定环境下的超速和超重失重的交互体验刺激了人身体的反应，使人具有很刺激的快乐体验，但随着活动结束，人们光靠回忆不能实现超重等体验，所以也就无法感受到同样的快乐，除非再进行一次活动。所以，享乐型娱乐所获得的快乐都是有时效性的，一旦结束娱乐活动，快感就会在一定时间内迅速消失。

不过，感官刺激得到的快感具有强烈性。享乐型娱乐活动所获得快感的强烈程度要高于审美型娱乐和思智型娱乐。因为感官刺激往往更加敏

---

① 吴承忠. 中国古代的休闲娱乐. 邯郸学院学报. 2009 (2): 58.

感，所以获得的快感格外强烈，使人能很快进入亢奋激动的状态。除此之外，大部分的享乐型娱乐除了带来肉体快乐和心情愉悦之外，并不会带给人们实质性的收获。

享乐型娱乐是最基本的娱乐类型，不论社会文明和科技水平发展到何种地步，这类娱乐活动都不会消失。享乐型娱乐虽然处于较低层次，但并不是说这类活动就是低俗的，就不如后两类娱乐，仅仅是其快乐基础处于较低感官层次。但是，享乐型娱乐基于身体感官的快感，具有强烈性，因此更容易使人沉迷其中，使人陷入欲望而难以自拔，形成"瘾"，从而失去娱乐的正面意义。吃喝、男女之情、蹦迪这些活动，全部基于身体感官刺激的需求，适当地进行可以使人心情愉快、压力舒缓、忘却烦恼，但如果不加节制地沉迷其中，那么不仅伤害身体，而且对精神也是一种压力。暴饮暴食带来很多身体疾病，纵欲狂欢让人精神萎靡、无精打采。

享乐型娱乐的"享乐"，如果适当进行，自然使人乐在其中，但若过度，就会变成玩物丧志、沉迷酒色，因而需要个人理性把握和高度自律。享乐型娱乐重在"乐"字，是最基本的娱乐活动类型。

（二）审美型娱乐

在审美型娱乐中，情感皮层产生的快乐占主要部分，这类娱乐活动包括节日欢庆、音乐会演唱会、摄影摄像、古玩收藏、养宠物、杂耍、游山玩水等。这类娱乐活动主要追求的是精神的愉悦和放松，进而得到思想的升华和对自然的感悟。审美型娱乐注重的是"美"字，包括自然美景和人类生命活动所展现的美感等美好事物，人们感受这些美好事物、欣赏这种美丽，从中感受到生命和自然的美好、玄妙，增加人们对生活的感悟和理解，从而使人们在"美"的环绕中获得幸福感。

审美型娱乐又可分为观赏型和参与型。观赏型是通过观赏他人的表演或者自然景色，与他人或自然进行精神交流，得到感悟并获得情感层次的审美型娱乐，比如游山玩水、看杂耍、听音乐会或看歌剧、欣赏名家书画或者把玩古玩等。娱乐主体观赏自然风景或他人作品后，由于感受到美的存在，从而使情感产生波动从而感到快乐，同时也能从中得到感悟。这类娱乐中的娱乐主体并不需要过多的体力消耗，但是却需要集中精神来观赏和感悟，这样才能得到最大的快乐。自己唱卡拉 OK 和听演唱会是两种完全不同的快乐：K 歌是自己的一种本能需求，想要放声歌唱，唱出自己的情绪和感情，是一种情感的宣泄，自己唱功一般甚至跑调都无所谓，重要的是能从这种宣泄和欲望的满足中获得快乐，这种快乐就是享乐型娱乐所带来的快乐；听演唱会则不一样，人们在听演唱会的时候，演唱者优美的歌喉，使人沉醉其中，虽然自身的情感没有得到宣泄，欲望也没有得到满足，但是欣赏到了音乐之"美"，从天籁之音中净化了自己的心灵，感受到生命的美好，这种快乐就是审美型娱乐带来的快乐。参与型则是娱乐主体作为参与者进行的娱乐活动，可以陶冶情操、融入自然，更能将某门技艺锻炼到出神入化、令人叹为观止的地步。古代的蹴鞠、投壶以及现代的极限运动等，这些活动本身也许是某种享乐型娱乐，但是如果娱乐主体能够将相关的娱乐技艺锻炼到极致，那么这些活动就会变成欣赏性极高的、具有美感的娱乐表演，不但给观众带来欣赏"美"的快乐，而且自己也能获得成就感和自豪感这些情感皮层的快乐体验，并且娱乐主体自身能在技艺的锻炼中不断进步、不断突破，感受化凡为圣的快乐。

审美型娱乐的特点是持久性和启发性。持久性是与享乐型娱乐的时效性对立的，不同于感官层次的快感，情感皮层的快乐能够被人所铭记，然后通过回忆情感快乐从而延长快乐的时间，并从回味中体会新的快乐。"美"能够被人所铭记；与之相应，欣赏和感受"美"所带来的快乐感觉就能够被人记住。欣赏一位舞蹈家优美的舞姿后，即使回到家中，脑海中也能回忆起那种肢体协调运动所带来的美感，从而在回忆中再次感受舞蹈美感所带来的快乐。启发性则是指审美型娱乐活动带给人们新的感悟和认识，游山玩水时的"会当凌绝顶，一览众山小""孤山寺北贾亭西，水面初平云脚低"，欣赏名家作品时的启发和认识等，都能在人们欣赏美的同时，使人们得到思想的升华和人生的感悟，给人们以启发。手指舞、杂耍、摄影作品等，欣赏的人可以从这些"美"的活动中得到启发。手指舞出现以前，没有人发现原来手指也可以舞蹈，甚至舞得如此自然流畅，十指交错分合，充满节奏感和协调感，让欣赏者更能感悟美无处不在的道理。比如摄影，同样的景物，如果在不同的时间拍摄或者从不同的角度拍摄，得到的就是完全不一样的美景，这会增强人们对外部世界和人生的认识，启发人们的心智，增强人们的乐趣。

（三）思智型娱乐

思智型娱乐是人们在智力得到充分发挥后产生的快乐。思智型娱乐包括辩论、奥数等智力竞赛以及发明创造、下棋、玩桥牌等，是在人类智力上不断突破的活动，因此而引发的快乐就是约翰·斯图亚特·密尔所言的"苏格拉底的沉思的快乐"。人们在进行此类活动时，充分调动身心力量，注意力高度集中，突破现有的思维局限，激发自身的无限创造力和想象力，不断探索发现新的"世界"，从而获得智性的满足与快乐。思智型娱乐是社会进步和科技发展的源泉之一。也许会有人质疑发明创造、科研、奥数不是娱乐，在一般情况下，我们把这些活动看作工作、学习而非娱乐，然而根据前文将娱乐定义为"人们为满足自身的需求而进行的具有创造性和欣赏性的行为活动"，也可以在宽泛的意义上将之看作娱乐。可以想象，如果不是乐在其中并且以之为乐，谁会没日没夜、废寝忘食地去做一件事？视工作为娱乐是一种很高的人生境界，每个伟大的发明家或科学家就是沉浸在智力皮层所带来的快乐中才会不断地进行着发明创造以及科学研究，从这里感受到最高层次的思智型快乐，同时也是创造性劳动的快乐。《论语·述而》记载孔子的自我评价"发愤忘食，乐以忘忧，不知老之将至云尔"，就是这种合思智型娱乐与创造性工作为一体的人生境界的体现。

思智型娱乐的特点在于突破性和优质性。突破性是指思智型娱乐让人在不断挑战中突破自身极限。科研、奥数竞赛、发明创造、下棋，都需要娱乐主体不断开发自身的智力、不断打破自身思维的局限，最终得到突破，由此得来的成就感和快乐是以上两类娱乐活动不能比拟的。优质性则体现在思智型娱乐带来的快乐的质量上。密尔在《功利主义》中提到，快乐是有质量之分的，最低的是"猪的快乐"，最高的自然是"苏格拉底的沉思的快乐"，欧阳修在其诗《读书》中说："至哉天下乐，终日在几案。"这种快乐要远远高于肉体感官的快乐，娱乐主体能在进行娱乐活动时获取更多的知识，充分体现出人类的思维能力，使人在超越自我中得到升华和自由，体会到智力的快乐。

无论哪一类娱乐，都与人的身心健康息息相关。一个娱乐活动如果对人的身心起到负面作用，使人沉迷娱乐甚至放纵欲望，那么就不能算作健康的娱乐活动。因此，娱乐活动往往与道德思考相关，而关于娱乐的道德评价和相应的伦理准则就构成了娱乐伦理。

三、娱乐伦理的内涵

在娱乐活动的选择上，不同娱乐方式的选择体现的是不同的价值观和人生观。娱乐中的伦理观念直接反映和影响个人的道德修养水平。娱乐的伦理意识与价值评判早为儒家所重视，如儒家创始人孔子将"乐"分为"善乐"与"恶乐"。"善乐"自然是指符合儒家道德规范的乐，"恶乐"则是指违背儒家道德规范的乐。孔子把这两种乐各分为三类："益者三乐，损者三乐。乐节礼乐，乐道人之善，乐多贤友，益矣。乐骄乐，乐佚游，乐宴乐，损矣。"（《论语·季氏》）以得到礼乐的调节为乐，以述说别人的优点为乐，以结交许多良友为乐，那都是有益的；以骄傲自满为乐，以纵情游荡为乐，以饮食欢聚为乐，那都是有害的。同时，他把能使人产生色欲思想的"姚冶之容""郑、卫之音"称为"奸声""邪音"。就善乐而言，儒家认为："乐也者，圣人之所乐也，而可以善民心，其感人深，其移风易俗，故先王著其教焉。"（《礼记·乐记》）荀子告诫人们"君子耳不听淫声，目不视女色，口不出恶言。此三者，君子慎之"（《荀子·乐论》）。

娱乐作为人类生活中的一种重要活动，受到道德的规范和影响。娱乐主体在进行娱乐活动中，会自觉或不自觉地遵守某种道德规范，总是受到个人的道德意识的支配。社会无论肯定还是否定某种娱乐活动，都会受到一定的社会道德标准和价值观念的影响与评价，娱乐活动之价值取向、品位高低也是一定历史时期社会道德风尚和社会风气的折射与体现。娱乐作为人类重要的社会活动之一，具有浓厚的道德色彩。娱乐不同于工作或劳动，它完全是自觉的行为，不能用强制性的他律规范来调节，只能依靠个人自律的道德修养来调节。娱乐具有自由选择性，所以其道德属性尤为突出，对人的自律要求很严，道德的意义非常重要。

中国古代传统思想高度重视娱乐活动的伦理价值及其评判。比如同是围棋对弈，东汉史学家班固说围棋"上有天地之象，次有帝王之治，中有五霸之权，下有战国之事，览其得失，古今略备"，"局必方正，象地则也；道必正直，神明德也"（《太平御览》卷七五三《弈旨》）。可是，三国人韦昭却对弈棋行为持批判态度，他认为"其所志不出一枰之上，所务不过方罫之间；胜敌无封爵之赏，获地无兼土之实。技非六艺，用非经国；立身者不阶其术，征选者不由其道。求之于战阵，则非孙、吴之伦也；考之于道艺，则非孔氏之门也；以变诈之务，则非忠信之事也；以劫杀为名，则非仁者之意也；而空妨日废业，终无补益"（《三国志·吴书·韦曜传》）。虽然两人的观点完全相反，但是他们各自的判断依据却都出于道德判断，都以是否有利于社会风气、社会伦理为重要论据，而无关乎娱乐活动本身的价值、意义。可见，娱乐自古就与伦理密不可分，古人很早就意识到娱乐与社会风气、社会伦理等息息相关，娱乐的内容与其背后隐含的伦理指向，都会无形之中影响民众的伦理观念，所以古人才格外重视娱乐的伦理性，提倡能引人向善、符合社会伦理体系的娱乐活动，而制止误导、颠覆社会风气的娱乐活动。

总之，娱乐伦理是指人们在娱乐活动中形成并应遵守的价值观念、行为方式、伦理规范和良风美俗的总和。娱乐伦理表现在个体、人际和社会三个方面：从个体的角度看，娱乐伦理要求个人自觉用伦理道德观念与规范决定自己对娱乐方式的选择，以有利于维护自己的心理健康和人格尊严；从人际关系的角度看，很多娱乐活动都是多人一起进行的，因此，这是人类的一种特殊交往活动，这种群体参与的人类活动必然要求参与者遵守一定的伦理规范，以促使活动以伦理的形式健康进行；从社会的角度看，娱乐是时尚最重要的一种形式，其不适宜的内容、形式一定会对社会风气和道德形成反面的影响。

娱乐作为民众主要的行为方式和生活方式，在人类生命活动中占有重要地位，下面我们将从个人、人际和社会三个维度进一步分析娱乐伦理的本质与价值。

(一) 道德人格的培养

道德人格是指个体人格中的道德规定性，是个人的尊严、价值和品格的总和，是一个人比较稳定的内在精神结构，并由此产生出比较稳定的或一贯的行为倾向和生活态度。

人格影响主体对娱乐活动的选择与价值偏好，娱乐活动本身又影响、塑造一定的人格。娱乐活动作为一种生命活动，具有强烈的渗透性和塑造性。娱乐伦理则借助渗透性和塑造性影响着娱乐主体道德人格的形成。人们在进行娱乐活动时，通常会形成一套自己的独立思考方式，对于娱乐活动中遇到的问题都通过这套思考方式来解决，而思考方式则是在一定的娱乐伦理的影响下形成的。暴力游戏之所以会导致青少年犯罪，就在于暴力游戏给青少年传达了一种暴力解决问题的不道德思想，让青少年产生"事事都能通过暴力来解决"的思考方式，这样的暴力思想一旦形成，青少年在游戏之外的现实世界中就会受到影响，在遇到问题时的第一反应就是使用暴力。可见，娱乐伦理对民众道德人格的形成有着直接影响。通过娱乐活动，潜移默化地影响娱乐主体的道德人格塑造，使其思考方式、处世态度受到影响。

同时，娱乐伦理具有伦理价值导向性。娱乐主体在进行娱乐活动时，思想会潜移默化地被娱乐伦理改变，同时会依据娱乐伦理进行道德反省，以达到更高层次的道德水平，从而加强道德修养、提高道德境界、形成健康的道德人格。戏剧和音乐会等高雅娱乐活动，不但能提高民众的艺术欣赏能力，而且对民众的道德修养也有一定的提升作用。在中国传统社会，很多文化程度不高的人都是在观赏传统戏剧、听说书等娱乐活动中受到传统价值观与道德观的教育并形成自己的人格的。另外，高雅的娱乐活动都有相应的礼仪规范以及道德要求，比如在看戏剧和听音乐会时，保持安静是最基本的道德要求，同时，演出结束时的掌声也体现了个人的素质。民众经常进行高雅的娱乐活动，会增进自己的道德认识，通过对礼仪规范的遵守以及反思来提高自己的道德素养。久而久之，民众会更多地追求高雅文明的事物和行为，进而加强自己的道德修养和提高自己的道德境界。

（二）人际交往的和谐

娱乐活动大多是社会性的，所以娱乐主体都不可避免地要与社会上其他娱乐个体产生联系。娱乐活动作为日常生活的一部分，是娱乐个体之间交流和联系的媒介。个体在进行共同的娱乐活动时会形成共同的娱乐伦理，娱乐伦理的形成也影响着个体交往的和谐与否。一方面，娱乐伦理能够促进个体之间相互指导和相互帮助，从而使诸个体形成积极向上的精神面貌，培养诸个体互助友爱的道德品质；另一方面，通过群体性娱乐活动，娱乐伦理更容易在群体之间得到认同和传播，从而促进人们形成共同的价值取向和道德标准。娱乐群体通过轻松愉悦的娱乐活动，增强群体之间的互动交流，促进个体之间的互助和督导，依靠群体的力量指导个体树立正确的道德价值观。

不论在古代还是在现代，群体性娱乐活动总是占有高比例。群体性娱乐活动由于有多人共同进行，就需要一定的娱乐规则来指导，来约束人们的行为，从而使娱乐活动正常进行。娱乐活动的规则虽然因为娱乐活动的多样性而各不相同，但是在道德层面上，大部分娱乐活动都有着相似的道德规则，这些道德规则都依据娱乐伦理而确立。体育竞技是全世界广泛流行的娱乐活动，体现了人类通过竞技来完成对自身的超越。由于竞技娱乐的强对抗性特点，娱乐个体之间经常会发生冲突，如果没有正确的娱乐伦理来确立道德规则，娱乐个体之间的交往就可能恶化。正因如此，人们才确立了"友谊第一，比赛第二"的比赛规则，在这样一个规则下，竞技娱乐的个体之间才能保证良好的人际交往。此外，群体通过娱乐伦理的指导，能够加强个体之间的联系，加强群体凝聚力，实现道德上的共同进步。篮球、足球和近几年比较流行的团队拓展活动等，都是在娱乐的同时加强娱乐主体之间的人际关系和团队凝聚力。这些活动之所以受欢迎，正在于这些活动的共同本质——团结，娱乐主体必须通过与其他娱乐个体合作配合才可以在这些活动中获得胜利。在足球和篮球活动中，最让娱乐主体快乐的不是展现个人的精妙技艺，而是一次精彩的配合进球；团队拓展活动需要团队成员之间进行有效的交流，只有相互协作、互相信任，才能闯过一个个难关。这样的娱乐活动既增加了娱乐主体的合作成功感，使娱乐主体得到了快乐，又无形地增强了娱乐主体之间的默契感和团队凝聚力。

（三）社会风气的提高

娱乐主体在参与社会娱乐活动时，一方面其思想、习惯等容易互相影响，另一方面其娱乐价值观会受社会道德体系的影响。随着某一项娱乐活动在全社会的流行和普及，其独有的娱乐伦理会逐渐融入社会道德体系。娱乐伦理在融入社会道德体系的同时，也在改变着社会道德风气。健康的娱乐伦理对社会道德风气会产生积极正面的影响；反之，不良的娱乐伦理会破坏社会风气。某些大型相亲交友类节目自开播以来非常受欢迎，收视率一直居高不下，但是节目中很多嘉宾的言论却对社会风气造成了极其恶劣的影响。有位女嘉宾就曾有"宁在宝马车里哭，不在自行车上笑"的拜金言论，这类违背社会道德体系的言论使道德判断能力较低的观众容易产生错误的价值观与道德观，严重破坏了社会风气。在构建和谐社会中，娱乐伦理应弘扬社会正气、倡导科学精神、反对庸俗愚昧。

第二节　娱乐有德、成就人格

"暮春者，春服既成。冠者五六人，童子六七人，浴乎沂，风乎舞雩，咏而归。"（《论语·先进》）娱乐伦理对普遍人性的尊重，使人得到全面的发展。强健体魄、忘忧怡情、培育德性，这是娱乐伦理价值在个体修养方面的集中体现和价值所在。

一、强健体魄

娱乐活动，需要人们动起来，即身体的参与，因此，人们在娱乐活动中，身体能得到锻炼，包括体质的增强以及身体协调性的增加。中国传统文化主张身体锻炼由外达内、由表及里，肢体活动与心理活动相结合，强调"澄心如镜"和"守志如一"，所以中国古人纯粹追求身体外形的活动并不多，更多的是注重身体内部的和谐健康以及内外协调的运行。在身体健康的基础上，修身养性才能事半功倍，精神上的锻炼才更容易起到作用。

在锻炼身体、强健体魄的过程中，人体会分泌激素使人的心情感到愉悦。国内有调查发现，经常参加体育锻炼的学生的主观幸福感比不参加体育锻炼的学生高。调查显示，大学生进行了持续半年的体育锻炼之后，主观幸福感都得到了显著的提升。积极健康的娱乐活动对人的身体健康和心情愉悦都有着正面的影响，更能使人在娱乐活动中逐渐提高道德水平、塑造道德人格。因为锻炼身体需要一定的意志力、恒心与坚守，不能半途而废。

乐观快乐的心境，能有效调节身体激素分泌，从内而外地使身体健康。而健康的身体也是保持乐观快乐心境的重要前提。所以说，健体和乐生是相互影响、相互作用的，二者密不可分。

（一）乐以健体

早在原始社会，人们就意识到身体强壮健康的重要性，这不仅仅关乎打猎、族群争斗等群体利益的获取，更重要的是直接关系到个人的生存以及生活。人不仅要活着，而且希望健康快乐地活着，不断提高生命质量。

庄子提出过"至乐活身"（《庄子·至乐》）的思想，认为人生最大的快乐就是健康地活着，这其中首先指的是身体健康。《论语·季氏》提出君子有三戒："少之时，血气未定，戒之在色；及其壮也，血气方刚，戒之在斗；及其老也，血气既衰，戒之在得。"血气就是讲身体。这一段并不仅仅指在身体不同时期的修养功夫，更多还在于不同时期以不同的心性要求来保证身体健康，少年时的沉迷色欲、壮年时的好勇斗狠、老年时的贪得无厌，都直接地影响到身体健康，身体健康的缺失势必会影响日常生活的有序进行，以致影响做学问、尊礼仪等。庄子的"坐忘"、儒家的"修身齐家"、佛教的"禅定"，虽然重点在于精神修养，但都建立在身体健康无病痛的基础之上。身体病痛必然影响人的心理，没有健康良好的身体状况，再强的毅力和才智，也只会事倍功半，而强健的体魄使人的心理变得阳光积极，使人更容易感受快乐和幸福。因此，保证自己身体的健康无疾病同样是一种道德要求，"身体发肤，受之父母，不敢毁伤，孝之始也"（《孝经·开宗明义》）。身体健康无疾病，不仅是自身生活质量和生命价值的保证，而且是对自己相关之人的一种伦理责任，比如对于父母，我们如果没有一个健康的身体，就难以践行自己应尽的孝道。

在原始社会，人们在一天的劳作之后，聚集在一起欢笑、舞蹈、分享美食，那时并没有以科学的态度研究为什么人们需要快乐的体验，但是快乐是人们本能的需求。随着社会不断进步，人们对自然以及生命的认识逐渐加深，开始明白快乐愉悦的心情对身体的重要影响。快乐心情的最主要功能就是调节身体，使身体内部和谐有序地发育，从而避免身体感染疾病，保证身体能长期健康地运行。恐惧、抑郁等不良情绪会抑制中枢神经系统，随之身体器官和内分泌都会失调，导致代谢紊乱，人体就容易得病。快乐情绪的保持，能够增强人体的机能，调和内分泌；人体代谢正常，身体健康，疾病自然就无所入。

到了现代，体育娱乐活动逐渐兴起，人们开始选择各种体育娱乐活动，羽毛球、足球、篮球等都是有趣而且能有效锻炼身体的体育娱乐活动，人们对这些娱乐活动乐此不疲，这些活动给人们带来快乐的同时，也给人们带来了身体的健康和机能的增加。体育娱乐和纯粹的体育活动并不完全相同，体育娱乐是以快乐为目的、以体育活动为手段的娱乐活动，而纯粹的体育活动则纯粹以锻炼身体、超越极限为目的。体育娱乐的最大特点就是更注重内心快乐感的获得，人的身体都有承载极限，过量的体育运动并不能带来绝对的健康，往往还会导致身体损伤。体育娱乐则是以快乐为主的健体活动，快乐的心情帮助调节身体，使人在体育娱乐活动中得到更好的锻炼。

（二）健以乐生

"身体是革命的本钱"，身体健康是一切日常活动的基础，也是快乐幸福的基础。健体娱乐活动带给人的不仅仅是身体上的健康和形体上的优美，更重要的是，人们能从中感受到生理上的舒适和精神上的愉悦，进而幸福感增加。

第一，人的身体可以被看作幸福的载体，"身体是革命的本钱"，没有健康的身体作为依托，人的幸福感就会大大降低，甚至因为身体上的病痛而痛苦。健体娱乐活动能够锻炼人的身体。拥有一个健康的身体，是人们日常生活和社会交往的基本目标。有了健康的身体，幸福就有了基础，况且健康的身体本身就是一种足够的幸福。正如伊壁鸠鲁所说的那样，幸福就在于"身体的无痛苦，灵魂的无纷扰"。

第二，长期坚持健体娱乐活动能够改善人的心态和观念，增进娱乐主体的自我肯定度，减少生理和心理上的疾病。我们经常讲的"阳光型"男孩，就是指喜爱运动，外表看上去很健康并且充满活力的男孩。经常能看见青少年参加各种各样的运动，不论是竞技型的运动还是锻炼型的运动，最直观的效果就是身体健康，而往往有人忽略这些运动带给青少年的精神改变。我们说一个人很"阳光"，并不是单指外表，更多是指一个人的思想充满阳光，光明而不阴暗，对美好生活充满向往，这些都是健体娱乐活动带给人们的好处。面对现代社会的快节奏生活，健体娱乐活动的形式愈加丰富，为民众提供了缓解压力的不同形式，比如相对舒缓的瑜伽、太极以及禅坐等，或相对激烈的登山、球类运动等，都是现代社会流行的健体娱乐活动。静坐能够使人精神放松，使身体得到休息，并调理生理机能，恢复身体抵抗力以应对压力，不断提高抗压能力。

健体娱乐作为提高人类健康水平的活动形式，在不断改进和完善。现代健体娱乐中不断加入其他元素，形式和内容不断丰富，不仅给人带来身体上的健康，而且对人的审美、生活态度也有着积极正面的影响。艺术体操、冰上舞蹈、水上芭蕾等体育娱乐活动，都存在艺术审美等因素，竞技表演中创造了许多审美的内容，满足了人们的审美需求，提高了人们的审美能力，为娱乐活动添加了审美意义上的价值，在增强人身体健康的同时，对人的精神进行塑造，让人们在审美中提高生命愉悦度。人们在艺术体操等健体娱乐活动中提高了自身的审美能力和艺术品位，从而提高了对现实生活的认同感，产生了幸福快乐的感觉。

二、忘忧怡情

古代的健体活动多与军事活动有关，六艺中的"射""御"就是锻炼个人的体能和军事能力，其娱乐性并不是主要的。然而，从魏晋时期开始，受文人风气影响，健体活动开始偏重于娱乐性，健体娱乐活动对人的意义更多偏重于身体健康和其所带来的愉悦与幸福感。除了健体娱乐活动之外，审美型娱乐活动和思智型娱乐活动都能给人带来直接的精神影响，通过缓解压力、放松心情、升华思想境界等方式来让人直接感受到精神上的快乐。娱乐活动最初就是为了使人们从紧张中解脱出来，通过手舞足蹈的动作来宣泄心中的烦闷，从而使人们恢复良好的状态。到了生活富足的时代，人们更多是为了心情上的愉悦而进行娱乐活动，这时娱乐活动的作用已经不光是消除人们的烦恼，而更注重在忘忧怡情方面的作用，旨在通过娱乐使人们快乐与幸福。

（一）乐以忘忧

现代社会生活节奏快，竞争激烈，心理压力大，长期积累的压力如果得不到缓解就会对身心造成极大的伤害。心理学实验表明，适当娱乐具有减轻应激反应、降低紧张情绪、缓解压力的作用。正如《论语·述而》所言"乐以忘忧，不知老之将至云尔"。在娱乐过程中，对注意力的有效集中或转移，可以调节情绪。

在娱乐活动中，人们需要全身心地投入才能获得最大的娱乐体验。随着娱乐活动的进行，人们可以从娱乐活动的过程中得到愉快的娱乐体验感，激发自身积极的思维和情感，形成积极的自我认知，提高对自我价值的判断，增强自尊，从而进一步调节自己的心理状态，消解负面情绪所带来的消极影响，使自己的心情得到优化。

娱乐活动也能帮助个体进行不良情绪、压抑心理的合理宣泄，使人的精神恢复到平衡状态，消除心理上的抑郁、疲累、压抑等，促进心理健康，达到治疗心理疾病的目的。根据国外学者 Ryan A. J. 的调查，1 750名心理医生中，60%的人认为适当的身体活动可以起到治疗焦虑症的作用，80%的人认为娱乐活动能够有效治疗抑郁症。

运动型的娱乐活动能让人从生理角度减少焦虑，缓解压力。清雅的娱乐活动能让人从精神上真正忘却烦恼，解愁忘忧。

《荀子·乐论》中提到"君子以钟鼓道志，以琴瑟乐心"，音乐作为娱乐活动之一，对人的心情调节和道德修养都有重要影响。音乐作为审美型娱乐活动，调节人的心性情感，《礼记·乐记》中记载"礼乐不可斯须去身。致乐以治心"，即要通过"乐"来感化人的心灵，使人忘却烦恼、祛除欲望、净化内心。"乐行而伦清，耳目聪明，血气和平，移风易俗"（《礼记·乐记》），音乐可以净化人的心灵，心情好了，自然身体健康，从而做到"智者乐""仁者寿"。

（二）乐以怡情

娱乐活动是快感与美感相统一的活动，这是其使人们获得精神快乐的根源。在娱乐活动中人们会获得快感，快感是更高层次快乐体验的基础，马斯洛提出的"高峰体验"（peak experience）就是一种高层次的快感，它可以在事业的成功与日常的娱乐中获得。高峰体验强调人在进入自我实现状态时所感受到的一种极度兴奋的喜悦心情，让人获得一种发自心灵深处的战栗、欣喜、快乐、满足、超然的情绪体验，由此获得人性解放与心灵自由。马斯洛这样描述："他们沉浸在一片纯净而完善的幸福之中，摆脱了一切怀疑、恐惧、压抑和怯懦……他们觉得自己与世界紧紧融为一体，他们感到自己真正地属于这一世界，而不是站在世界之外的旁观者。"① 娱乐活动中的高峰体验使参与者的生命体验得以丰富和深化，是一种陶醉或"畅快"的最佳体验。卜商之《诗序》中也有这样的描绘："情动于中而形于言。言之不足，故嗟叹之；嗟叹之不足，故永歌之；永歌之不足，不知手之舞之，足之蹈之也。"

嵇康在《琴赋并序》中写道："可以导养神气，宣和情志，处穷独而不闷者，莫近于音声也。"这是说音乐可以怡神养性，让人心旷神怡。同样，嵇康也在《赠兄秀才入军诗》中对赋诗弹琴的怡神养神作用有所提及："乘风高游，远登灵丘。托好松乔，携手俱游。朝发太华，夕宿神州。弹琴咏诗，聊以忘忧。""琴诗自乐，远游可珍。含道独往，弃智遗身。寂乎无累，何求于人？长寄灵岳，怡志养神。"嵇康还在《声无哀乐论》中写道："和心足于内，和气见于外，故歌以叙志，舞以宣情。然后文之以采章，照之以风雅，播之以八音，感之以太和；导其神气，养而就之；迎其情性，致而明之；使心与理相顺，和与声相应；合乎会通，以济其美。"嵇康认为，这种综合了歌、舞、文的审美型娱乐可以导养神气、熏陶性情，娱乐主体可以通过与创作主体的意气相通而融入一种和谐美妙、融会贯通的精神境界。忘忧、自乐、怡情、养神，无疑是嵇康关于娱乐养神倾向的一种综合意识之表现，是嵇康娱乐养神倾向的一个高度概括与整合，

---

① ［美］马斯洛，等. 人的潜能和价值. 北京：华夏出版社，1987：366-367.

表明他已自觉地意识到娱乐对于人类之保生养命、修身养性的作用。

情感上的满足与快乐是人生幸福的重要条件，参与娱乐活动不仅能够健体，而且能够怡情，这样就大大提高了人们的快乐体验，从而使人们更加热爱生命及其过程，大大提高了人们的幸福感，从而使人们产生一种积极乐观的人生态度。这是娱乐活动对人的生命存在和价值的积极贡献，娱乐使人乐生，而快乐人生不仅是美的，而且是善的，是有助于维护人的生存价值与尊严的，从而是符合伦理道德的善举。

三、培育德性

英国社会人类学家马林诺夫斯基指出："成年人的游戏的主要功能是娱乐的，可是此外，它对于社会组织，对于艺术、技巧、知识和发明的发展；对于礼仪的伦理规律，自尊心理，及幽默意识的培养，也都有很大的贡献。"①

中西方历史上都有重视娱乐道德教化功能的思想，孔子提出的"尽善尽美""兴观群怨""乐得其道"，古罗马贺拉斯在《诗艺》中提出的"寓教于乐"等，都是重视娱乐道德教化作用的体现。古罗马诗人批评家贺拉斯从单纯"劝谕"的角度指出："诗人的愿望应该是给人益处和乐趣，他写的东西应该给人以快感，同时对生活有帮助。……寓教于乐，既劝谕读者，又使他喜爱，才能符合众望。"②

孟子认为，"人之有道也，饱食、暖衣、逸居而无教，则近于禽兽"（《孟子·滕文公上》）。可见，人若要从无异于禽兽的自然人状态蜕变，需要以道德涵养来提升自身的道德品质，从而成为品性完满的人。儒家强调发挥"乐"的涵养功能，真实地表达人们的内心感受，进而通过"乐"使人们的心境得到提高。

司马光的一大爱好就是"投壶"（古代士大夫宴饮时的一种投掷游戏，用箭投酒壶），他针对当时社会上兴起的"挟巧取奇"的现象，编写了《投壶新格》，为投壶制定了新的规则，使投壶游戏中的礼仪色彩更为浓

---

① ［英］马林诺夫斯基. 文化论. 费孝通，译. 北京：中国民间文艺出版社，1987：83.
② 伍蠡甫，等. 西方文论选. 上海：上海译文出版社，1979：114.

厚，尤为重视投壶游戏的伦理价值。"夫投壶细事，游戏之类，而圣人取之以为礼，用诸乡党，用诸邦国，其故何哉？"（《投壶新格》）司马光认为投壶是圣人取之为礼的，不但可以用在乡党之间，还可以用在国家大事上，原因在于"投壶可以治心，可以修身，可以为国，可以观人"（《礼记·投壶》），"夫投壶者，不使之过，亦不使之不及，所以为中也；不使之偏颇流散，所以为正也。中正，道之根柢也……由是言之，圣人取以为礼，宜矣"（《司马温公集编年笺注》卷六五）。司马光重新制定了投壶的规则并以其特性为基础，提出了通过娱乐活动来实现修身养性目的的娱乐观念，将投壶游戏看作治心、修身、为国、观人的方法，认为娱乐活动可以帮助人们完成治心、修身、为国、观人等重要人生修养，有助于人们道德素养的提升与社会道德规范和良好社会风气的形成，充分反映了"乐行而礼成"的价值取向。

儒家六艺中的"射"既是一种射箭的体育娱乐活动，更是涉及人的心志和礼仪的修养活动。"射者，仁之道也。射求正诸己，己正然后发，发而不中，则不怨胜己者，反求诸己而已矣。"（《礼记·射义》）可以看出，孔子倡导的并不是单纯的射箭活动或者某种竞技娱乐方式，孔子倡导的是一种"礼射"，更多在于让人们从射箭活动中体会到"礼"，进而领会"正己""反求诸己"的意义，身体锻炼反倒是其次。子曰："君子无所争。必也射乎！揖让而升，下而饮。其争也君子。"（《论语·八佾》）孔子眼中的射箭竞技是以礼为先的，整个竞技活动全部以礼为根本，竞技结束之后才能一起毫无芥蒂地畅饮。

可见，在快乐中体悟人间伦常之"道"，在"道"的修养中感受快乐，是我国传统思想中的重要观念，"乐"与"道"在物我浑融的精神修养过程中早已超越了单纯的教化之乐，实现了二者的交融。

（一）德以择乐

荀子在其《乐论》篇中提出，追求快乐和欢愉是自然之情，是人的本性需求，荀子肯定了追求快乐和欢愉的正当性。但荀子也说"乐则不能无形"，指出对快乐的追求总是要诉诸具体活动。但由于个人的修养和爱好兴趣不同，人们选择追求愉悦的方式也不同，有着雅和俗、高和下的分别。正因如此，荀子认为对人们的娱乐活动需要进行正确的引导和一定的限制，不然就"形而不为道，则不能无乱"（《荀子·乐论》）。荀子认为，娱乐活动的选择会导致人心的偏离，从而破坏个人的道德理性，降低个人的道德素养，最后导致"乱"。

《礼记·乐记》中指出："夫物之感人无穷，而人之好恶无节，则是物至而人化物也；人化物也者，灭天理而穷人欲者也。"受外界物质影响而产生的需求，是由人的自然本性导致的，虽然出于本性，但也会影响本性的正常发展，所以既不能完全克制，也不能完全放纵。所以，对出于人的自然本性的需求，应该在一定的道德规范下使之获得满足，不能完全克制，同时应该加以道德的约束和限制，对其满足不能超出道德规范。

中国传统的娱乐观念提倡"乐以其道"的"乐""教"结合，不能单纯地以享乐为目的，应当在放松身心、享受乐趣的同时培养娱乐主体的道德理性。古人认为，娱乐如果不以其道，虽然能享受到一时的乐趣，但是会因为方式的不当而影响个人的道德水平，使人在"靡靡之音"中沉迷沦丧。沉迷于淫词滥调，不仅不利于身心健康，而且会使人逐渐丧失道德。

（二）乐以育德

中国从古至今的娱乐活动中都有明确的德性要求，人们在进行娱乐活动时必须遵从这些要求，只有这样，才能从娱乐活动中感受到真正的快乐。射箭比赛中的"揖让而升"、象棋围棋中的"落子无悔"、饮酒作乐时"拜、祭、啐、卒爵"的酒礼顺序，以及玩乐游戏中的"玩法规则"、体育活动中的"动作规范"，这些要求有增加娱乐趣味性的，也有保证游戏公平性的，人们需要按照这些要求来进行娱乐活动。下棋为了公平，制定了"落子无悔"的规则，保证对弈双方的权益，但是为了杜绝大家争强好胜的风气，也制定了"退棋"的规则，以谦让作为最高准则。每个时代流行的娱乐活动，都必然是符合当时社会道德规范的，不论是劳作、休闲还是娱乐，都以社会道德规范为最高准则，不符合社会道德规范的娱乐活动被人们所唾弃和质疑。人们在这些娱乐活动规范的潜移默化影响下，通过对规范的理解和认识，加深了对道德的理解，进而培养个人的道德理性。

唐朝开始流行一种叫作"木射"的游戏，唐人陆秉为此专门著《木射图》一书，对这一活动做了十分详备的介绍。至宋朝时，晁公武读到了此书，因而在他的著作《郡斋读书志》中对《木射图》做了简短的介绍，为我们留下了对木射较为形象的描述。书中说："《木射图》，右唐陆秉撰。为十五笋以代侯，击地球以触之，笋饰以朱墨字，以贵贱之。朱者，仁、义、礼、智、信、温、良、恭、俭、让；墨者，慢、傲、佞、贪、滥。仁者胜，滥者负，而行一赏罚焉。"[①] 大意是说，将木头削成笋形，用来作为靶子，总计十五根。这十五根木头桩分为两大类：一类全部涂成红色，分别刻上仁、义、礼、智、信、温、良、恭、俭、让十个字，共十根；其余五根则全部涂成黑色，分别刻上慢、傲、佞、贪、滥五个字。活动时，将十五根木头桩立在平坦的场地一端，游戏者抛出木球去击打另一端的木桩，以击中红色柱子为胜，击中黑者则为负，最后谁击倒的红色柱子多，谁就是胜利者。原本仅以颜色区分即可的游戏规则，却非要将每个柱子冠以仁、义、傲、贪等道德范畴的字词，这使得原本只为嬉戏玩耍的游戏带有了道德规范和道德评价的意味，游戏过程也变成一种潜移默化地教化人心的道德教育过程。现在看来，或许朱色、墨色的涂抹同样暗含了"近朱者赤，近墨者黑"的伦理教化思想，可见古人对具有强烈德育意味的娱乐活动是极为支持的。将德育和娱乐联系在一起实行引导教化是古代普遍存在的现象。

中国古代在娱乐方面，更多的是注重娱乐背后的伦理观念，中国古代娱乐活动重"礼"轻"争"，先"德"后"艺"。以这种观念为主的娱乐活动，能使人在活动中时刻以"礼"为目的，而不是以输赢为首要追求，在锻炼身体的同时进行心性修养，提高道德水平，真正从娱乐中发展自我、提高自我。

（三）乐以树人

荀子谈到"性术之变"，即人的言谈举止能够反映人的性格特征。在必要劳动时间之外的自由时间里，在身心放松的娱乐活动中，人的自然本性更容易表现出来。人在身心放松的娱乐活动中会脱掉往常的伪装，依照

---

① （宋）晁公武. 郡斋读书志校证：下. 孙猛，校证. 上海：上海古籍出版社，2011：688.

自己内心真正的需求来进行活动。这时，一个人最真实的品行就会展现出来。正是根据这种理论，从一个人选择的娱乐活动就能看出其自身的道德修养和内涵。而且，娱乐活动不仅能表现个人的道德修养，同时也能培养个人的人格。人们在进行娱乐活动时，会形成一套相对固定的思维方式。思维方式一旦形成，就会对人的日常行为，包括道德行为和道德意识，产生影响，对一个人的人格形成具有重要意义。基于此，娱乐活动才具有"其入人也深，其化人也速"（《荀子·乐论》）的特点，是个人人格培养的重要助力。

《乐记·宾牟贾》记载了孔子对于《大武》的理解，孔子认为《大武》意在凸显武王的功绩，歌颂武王能在成功时深明仁义之道，并以大道治理天下，施行仁政并利于万民，因此，民众在观《大武》之舞时，知晓武王伐纣的历史，并明白武王伐纣的道义所在，武王的德行和思想通过乐舞而彰显于天下，百姓皆以武王德行为榜样，反省自身，使至善之道得以彰明，从而国家安乐、天下太平。乐舞教育通过乐舞的娱乐形式，使乐由心生，并以乐正心，实现教化育人的目的。习舞和观舞都能使人从乐舞中感受到仁义之道——文舞中树仁心，武舞中知大义，从而明白立身行道之法，达到陶冶情操、弘善抑恶、完善自我人格的目的。

古人正是意识到了娱乐活动"化人也速"的特点，制定了很多娱乐活动的规范，通过这些规范潜移默化的影响，塑造个人的道德人格，使其符合社会道德规范。人们在对弈时，既能从"落子无悔"中学到"三思而后行"和不要赖，也能从"退棋"中学到礼让和感恩，更是可以从"马走日，象走田"的象棋规则中体会"各司其职、各尽其责"的社会规范。下棋久了，自然会受到影响，将这些学到的行为规范和德性品质内化于自身，成为自己在社会生活中的行为规范，从而塑造自己的道德人格。

《礼记·乐记》云："正声感人而顺气应之，顺气成象而和乐兴焉。"意思是，中正之声乐可以使人产生和顺正直之气，进而使政和民顺，社会自然稳定。这里可以看出古人认为娱乐活动不但可以调节人的心情，而且可以通过娱乐活动的内容影响人的思维、改变人的价值取向。"正声"能产生"顺气"，而"奸声"则是产生"逆气"。正面健康的娱乐内容，使人在感受乐趣的同时，平复情绪，调节心理，行动有节，合乎道义，喜怒适

时，立身行事有操守，懂得培养自己高尚的性情，最后做到"智者乐""仁者寿"。

再如蹴鞠，本是一项体育娱乐活动，但古人却对之提出了很多伦理要求。规定"十要紧"，即"要明师、要口诀、要打点、要开发、要朋友、要论滚、要精明、要穿着、要讲明、要信实"[1]，"十不可"，即"不可轻师、不可欠礼、不可失信、不可是非、不可傲慢、不可逞斗、不可赌博、不可盗学、不可谈朋、不可戏色"[2]，除此之外还有"十不踢""十不赛"等。这些使人们意识到，蹴鞠不仅具有娱乐健身功效，更重要的是能培养人的仁、义、礼、智、信五种德性。"因为蹴鞠游戏须以仁存心，乃可虚心向学；以义制利，乃可同心协力；以礼行教，乃可尽得师承；以智取之，乃可获致成功；以信为主，乃可言行一致。凡无仁者不可与之同行，无义者不可与之同商，无礼者不可与之同居，无智者不可与之同谋，无信者不可与之同谈。同时，亦能戒酒色财气，因为嗜酒、好色、贪财、动气者，均难习好此技术。"[3] 民众在蹴鞠活动过程中一边进行娱乐，一边增强自己的道德认知。

第三节　娱乐有伦、和群有礼

大部分娱乐活动并不是一个人单独完成的，更多的是人们聚在一起共同进行一项或多项娱乐活动。娱乐活动把人们聚在一起，可以提供平等、友好、和谐的人际交往环境，使人与人之间互相产生亲近感，使个体社会交往的需求得到满足。人们在娱乐活动中找到志趣相投的知音，从而获得心理上的极大满足。娱乐活动有利于增强和改善人际关系。

娱乐活动大多是在公共空间进行的。在一定的公共空间中从事娱乐活动的人们应该遵守怎样的娱乐合作精神和场所伦理，甚至随着现代社会网

---

① 李屏. 中国传统游戏研究——游戏与教育关系的历史解读. 太原：山西教育出版社，2012：252.

② 同①.

③ 同①.

络技术的发展，在网络世界中如何进行正当且符合伦理的娱乐，是我们要予以关注和加以讨论的。

一、家庭交往中的娱乐伦理

家庭娱乐活动通常是与家人或者亲戚一起进行的娱乐活动。人们通过家庭文娱活动获取生动实际的知识，得到有益的休息，同时增进家人之间的感情。

（一）和家同乐

家庭是人类生活共同体的基本形式，是中国社会的基础。在现代社会，家人间的共同娱乐在一定程度上能进一步增进亲情与和谐，如家庭宴饮、野餐郊游、节庆游乐、家人一起出去旅游或者 K 歌都会增强亲情，促进和谐。家庭成员在共同娱乐游戏的时候，在轻松的环境下，相互了解、关爱彼此，充分享受天伦之乐，增强家庭内部的凝聚力，消除代际冲突和隔阂。

节日欢庆是家庭中最重要的娱乐交往活动，中国传统节日多以家庭为单位进行活动，除夕守岁、清明扫墓、中秋团圆等都是以家庭为单位来进行的。正是在这种节日气氛中，家庭成员间的娱乐交往更为密切，从而进一步增进了家庭成员间的感情。节日之时，除了进行传统活动外，家庭成员也会借着节日的喜庆进行一些其他的游戏来增加节日乐趣，增进彼此间的感情。不论进行何种娱乐活动，都需要遵守相应的伦理规范，比如"和为贵"的最高原则和长幼有序的循礼原则等。

"家和万事兴"，所以和睦是家庭交往的最高原则，同时也是家庭娱乐交往的最高原则。保证家庭成员间的和睦，既是娱乐活动的目的，也是娱乐活动的规则，家宴、节日出游等都是增进亲情、促进家庭和睦的重要方式。

循礼是家人间娱乐交往的另一重要伦理原则。家庭中最讲究长幼有序，尊老敬长，从而实现父慈子孝、兄友弟恭。举行家宴时，长者不动筷，其余人不能抢先吃；家庭出游时，以年长者为中心，不得长者同意，不能私自离开、自行游玩。中国传统社会强调亲子之间的长幼有序，现代伦理则更强调亲子之间的平等相待。如近年来，过春节时，有的家庭家人一起打扑克时，长辈如果输了，也被在脸上贴白纸条，或者被用指头在额头上弹击，这体现了在娱乐问题上现代亲子关系的平等，如果历史往前倒退几十年，这是不可想象的。如何同时坚持娱乐伦理的长幼有序和亲子平等，我们还应在实践中不断探索。

（二）正确引导

儿童对外界世界充满好奇，他们能最自由、最大胆地去游戏，游戏也成为他们首要的发现和表现自我的形式，所以游戏能帮助儿童发展自我力量；通过游戏，儿童可以解决本我和超我之间的冲突。游戏是由愉快原则促动的，是满足的源泉。游戏对儿童的影响在于儿童从各类游戏中进行社会模拟，获得对社会身份的期待和角色认同。以"骑竹马"为例，《后汉书·陶谦传》中记载了陶谦"骑竹马"的故事："（陶）谦少孤，始以不羁闻于县中。年十四，犹缀帛为幡，乘竹马而戏，邑中儿童皆随之。"在这一记载中，陶谦的身份是儿童竹马戏队的领导者，他在这一游戏中开始显示非凡的领导才能，故而苍梧太守甘公"见其容貌，异而呼之，与语甚悦，许妻以女。甘夫人怒曰：'陶家儿遨戏无度，于何以女许之？'甘公曰：'彼有奇表，长必大成。'"后来陶谦被授以徐州刺史、徐州牧大任，并屡建奇功。陶谦年幼时的游戏行为，在其潜意识里树立了骑马打仗、引领众人的未来期待，而之后的成就也多少受到这种自我实现的影响。游戏充当了儿童与他人交往的中介。在游戏中，儿童学会与他人交往的方式、方法，并在游戏规则的影响下加深自己的礼仪规范意识，进而发展出适应群体角色需要的情感和态度。

但是，儿童并不能很好地区分哪些游戏是正当健康的，哪些游戏是负面消极、玩物丧志的，所以家庭在娱乐伦理教育方面就显得尤为重要。

社会中的人最早接触到的娱乐价值观和娱乐行为方式就是家庭中家长的价值观和行为方式，所以一个家庭的娱乐教育对儿童建立正确的娱乐伦理有着奠基作用。家庭娱乐教育的承担者是家长，家长应该有意识地对孩子进行娱乐教育，注意观察孩子的兴趣爱好和娱乐倾向，培养孩子正确的娱乐观念，让孩子能够正确选择与合理安排自己的娱乐活动。家长要多让孩子参与写作、画画、弹琴、下棋、品茶、插花等能够陶冶情操的娱乐活动，培养孩子高雅的娱乐品位以及娱乐意识。

同时，家长还应该以身作则。如果家长光进行娱乐伦理教育，自身却没有做到，那么一方面孩子会跟着模仿不良行为，另一方面也会给孩子造成家长说一套做一套的印象。以家庭为单位的娱乐伦理教育不仅仅对孩子至关重要，对家长也至关重要。家长应该积极践行娱乐伦理，以起到榜样作用。

家长对孩子的娱乐伦理教育，不仅体现在告诉孩子应该如何正当规范地进行娱乐活动，更重要的是家长作为长者应该帮孩子选择正确健康的娱乐活动，对孩子进行正确的娱乐引导。儿童由于缺乏足够的理性自控和价值判断能力，所以在自行选择娱乐活动时，难免会沉浸于享乐型娱乐活动，被感官快乐所迷惑。在现代社会很多儿童都有沉迷电视动画或者电脑游戏的问题，就是因为电视动画和电脑游戏纯粹都是感官的快乐，儿童很容易从中得到快乐，由于缺乏自控力和判断力而沉迷其中。家长在这种时候就应当提供正确的娱乐伦理观念，引导孩子从感官快乐中逐步过渡到情感的和精神的快乐，减少享乐型娱乐活动，增加审美型娱乐活动或者思智型娱乐活动，丰富娱乐活动的内容，让孩子全面接触各种健康的娱乐活动，而不是沉迷于一种。

二、朋友交往中的娱乐伦理

娱乐活动丰富了人与人交往的方式，为参与者创造了更多与他人交流的机会，从而帮助其消除孤独感，获得被陪伴的安全和快乐感，间接满足了现代人对归属感的渴望。因此，娱乐活动绝不是生活的奢侈品，而是决定人生幸福的核心因素。

"人之有道也，饱食、暖衣、逸居而无教，则近于禽兽。圣人有忧之，使契为司徒，教以人伦：父子有亲，君臣有义，夫妇有别，长幼有序，朋友有信。"（《孟子·滕文公上》）朋友作为五伦之一，是中国传统人伦关系中不可缺少的一环，朋友间的娱乐交往自然值得关注和重视。

朋友就是志同道合的人自愿结成的具有亲密性情感的人际关系。志同道合指的是志向或者价值观等相同，同样也包括娱乐爱好相同。无论是哪方面的志同道合，朋友在交往中都会进行娱乐活动以联络和增进感情。朋友交往中的娱乐伦理直接影响着朋友间的感情，坚守娱乐伦理，不但能增进朋友间的感情和默契，而且能让双方在娱乐过程中获得愉快体验。

（一）以游增谊

孔子言："儒有合志同方，营道同术；并立则乐，相下不厌；久不相见，闻流言不信；其行本方立义；同而进，不同而退。其交友有如此者。"（《礼记·儒行》）志同道合、并立于世就都很高兴，彼此有上下也不厌弃，久不相见也不听信关于对方的流言蜚语，能做到这些就称得上知己了。但依然可以"同而进，不同而退"，表现了朋友关系的灵活可变性，朋友可以随个人喜好而结交或断交。朋友相处之初，相交不深，感情说不上有多好，互相也并不十分了解，只有在慢慢交往中互相增进感情，成为相知相交的好友。娱乐活动既能使人放松，也能让人在快乐轻松的环境下增进感情。

饮酒行令是中国人饮酒时用来助兴的一种游戏。酒令最早产生于西周，最初是为了维持酒桌上的秩序，有专门的人监督饮酒仪式，这就是酒官。《诗经·小雅·宾之初筵》中记载："凡此饮酒，或醉或否。既立之监，或佐之史。""监""史"指的就是酒官。在春秋战国时期，人们在宴会上经常举行射礼，后来演化成为投壶。投壶可以说是一种比较早的酒令形式。汉代的时候，出现了一种"觞政"，就是在进行酒宴的时候实行觞令。觞令要求人们喝酒时一口喝掉杯中的酒，如果喝不掉就要受到一定的惩罚。唐朝的时候，人们都极爱饮酒，酒令的形式有了巨大的发展，出现了很多新名目，如手势令、旗幡令、拆字令、不语令、急口令、四字令、言小字令、雅令、招手令、骰子令，等等。这些酒令都与社会上流行的游戏相关，给饮酒带来无限乐趣。古人的酒令方式多种多样，类似于现代的划拳等，但都是以游戏方式来让单纯的饮酒变得更有趣味，让朋友之间的关系更融洽。另外，宴饮聚会也是拉近不相熟之人的关系的润滑剂，相信我们大多人在参加宴饮聚会时都遇见过自己不太熟悉的人乃至第一次见面的人，如果自己或者对方不善言辞，那么彼此相处就难免会觉得尴尬，酒令在这时就能缓解这种尴尬，拉近彼此的距离。

志趣相投是朋友之间友谊牢固的根本，纯粹因为吃喝而聚在一起的人并不能成为长久的朋友，只能算是"酒肉朋友"。因此，在娱乐中若能得见相互性情、闻听各自理想抱负，便可以从情感上加固友谊。古代文人较为文雅的娱乐活动，出游、宴饮等，都离不开谈诗论道、对酒当歌，在轻松畅快的娱乐氛围中，每人都展现自己的才华、诉说自己的志向，相互之间有共鸣的人便能结为好友，这才是真正的朋友。李白和杜甫就一见如故，并相约漫游梁宋（今河南开封、商丘一带），在游乐中互相了解，在饮酒赋诗中结下了深厚的友谊。在群体娱乐活动中，娱乐者们结成一个团体，一个为了娱乐而结合在一起的团体，一起进行游戏，共同体验娱乐带来的快乐，并共同分享各自的乐趣，增强彼此之间的认同感，从而建立或增进彼此之间的友谊。

（二）尚德互学

明代顾宪成曾说："自古未有关门闭户、独自做成的圣贤，自古圣贤未有离群绝类、孤立无的之学问。"（《东林书院志》）所以，朋友是人的成长所必需的。朋友不仅是情感的寄托，而且是学习的榜样。在与朋友的交往之中，人们会下意识地学习朋友的行为，所以朋友的德性品质会无形中影响自己，而在娱乐活动中这种影响更明显。所以，在娱乐活动中，应该选择益友，"得贤者尚而友之，则闻其所不闻，见其所不见"（《性理大全书》）。

在古代，宴饮聚会是文人墨客之间的交流活动，文人墨客在宴饮聚会中以诗文为交流和竞技方式，这种方式不仅具有文雅的娱乐性，而且促进文人间的相互学习。朋友之间本来就会相互影响、相互学习，正如文人间的诗社、茶会等，相熟的好友一起寻一美景，煮酒烹茶，欣赏舞乐，与此同时，各自诉说心中的理想和志向，并以景为题，作诗赋词相互竞争，并在这种相互竞争中学习。诗词不仅是文人文采的体现，也是文人性格、思想的缩影。在这种聚会交流中，思维敏捷、视角独特的文人成为大家的学习对象。文人好友之间通过这种交流聚会，既能娱乐，也能学习对方的道德品行。

朋友间的娱乐活动，往往都是一群趣味相投、性情相似、道德学术修养相当之人在一起进行的，朋友间往往都以道德情操为重，宋代文人吕本中作诗《符离诸贤诗》，以夸赞诸友的德贤，其中说："德操青云器，议论辈前哲。外貌发英华，中心莹冰雪。介然特立士，劲气刚于铁。攘臂辨是非，孰能逃区别。信民粹而和，名利诚难悦。汩没稠人中，独抱云松节。伟哉二三子，实乃邦家杰。我来从之游，内顾惭疏拙。欣然对三益，放怀歌数阕。"① 在对朋友高洁风气的赞扬中，也表达了自己不与小人为伍的情操。"三人行，必有我师焉"（《论语·述而》），在与朋友的交流娱乐中，最主要的是学习朋友的道德品行，相互影响，相互学习，才能不断提高朋友圈子的道德水平。

三、公共交往中的娱乐伦理

现代社会不同于以往的熟人社会，每个人的生活工作、娱乐休闲都需要跟陌生人接触交流，而陌生人之间的伦理规范被称作"第六伦"，成为影响社会道德的重要因素。在现代社会条件下，我们应该研究陌生人之间的娱乐交往伦理。

（一）共乐守义

在公共交往中，人们经常参加各种各样的娱乐团体，在团体中接触、结识更多的陌生人。网络的发达，使这种娱乐团体的组建更为方便，也让每个人能更快速地找到志趣相投的娱乐朋友团体。在这种娱乐团体中，大家的兴趣点是一样的，都希望能从中得到愉悦体验。

首先是坦诚相待。这里的坦诚并不是把自己的情况和盘托出，而是指把自己的基本情况告知娱乐团体中的其他人，比如自己娱乐活动的水平、对娱乐活动的了解程度、娱乐活动的风格喜好等，这样才能使团体在进行分配时能依据每个人的情况做出合理安排。在竞技娱乐中，每个人都希望能与旗鼓相当的对手竞争，从而提高自己的水平。像摄影、绘画、文学研究等团体中就有各自不同的小组，都是根据每个人的研究方向和偏好决定

---

① （宋）吕本中. 东莱诗词集. 沈晖，点校. 合肥：黄山书社，1991：2.

的。例如，在一个文学社中，《水浒传》爱好者如果被分到《红楼梦》小组，恐怕会被弄得豪气难抒，明明向往大口吃肉大碗喝酒的豪爽生活，却被优雅温婉的诗词歌赋所淹没。所以，坦诚相待是娱乐团体中陌生人交往的基础原则，也是快速融入团体、被他人接受的方法。

其次是友善团结。这是陌生人组成的娱乐团体所必不可少的娱乐伦理。由陌生人组成的娱乐团体的最明显的缺点是脆弱、缺少凝聚力，团体中的大部分成员之间都是互不相识的陌生人，即使偶尔一起参加团体娱乐活动，也缺少足够的友情和凝聚力，所以一旦团体中发生矛盾，就很容易使团体分崩离析。但是，如果团体成员都能友善待人、团结互助，矛盾出现时相互友善地解决问题，那么这个团体就会很快凝聚起来，变成类似的朋友圈或小家庭，对每个成员的人格都有明显的正面影响，更能增加娱乐团体活动时团体中每个成员的快乐感和幸福感。

（二）乐场守规

娱乐活动是人们日常生活中解忧放松的快乐之道。单纯的家庭娱乐活动并不能满足人们的所有娱乐需求，所以专门提供娱乐活动的娱乐场所就应运而生了。

娱乐场所的发展建立在生活富足的基础上，所以唐宋时期的娱乐场所空前兴盛，各种各样的娱乐场所层出不穷，满足了人们不同的娱乐需求。

在中国传统社会，瓦肆勾栏是最具代表性的娱乐场所之一，是给众多职业艺人提供表演场地的专业演出场所，除此之外，酒楼茶馆、露台、彩楼、乐棚也是进行不同娱乐活动的场所。这类娱乐场所人流极大，人际交往频繁，所以这些场所中的娱乐伦理有着重要意义，会直接影响娱乐者的娱乐体验。

到了现代，娱乐产业更加兴盛，娱乐场所不断增加，一个城市的发展水平，从其娱乐场所的多寡也能看出一二。现代的娱乐场所类型比古代更丰富，如广场、歌厅、舞场、电影院、剧院、洗浴中心等，既有传承古代的娱乐场所，也有因为科技发展而新出现的娱乐场所。正当的娱乐场所，提供给人们的自然是积极健康的娱乐活动；但不正当的娱乐场所，往往游离在法律边缘，甚至直接违反法律，提供不良娱乐内容。这些不正当的娱乐场所看似让顾客得到快乐体验，但是这种快乐体验却会使人沉迷，从而违背了适度原则，伤身伤神，给人以错误的娱乐伦理观念导向。比如赌博等，提供给人的就是错误的娱乐活动，只会使人在短暂的快乐之后落入更大的悲剧中。所以，在选择娱乐场所时，应当明确娱乐场所提供的娱乐内容，健体乐生、忘忧怡情的娱乐内容都是值得选择的，反之则应该避而远之。

选择了正当的娱乐场所后，还应该注意娱乐场所内的人际交往。去娱乐场所进行娱乐活动，身边的人除了三五好友之外，更多的就是与自己有同样兴趣爱好的陌生人，大家带着共同的目的去娱乐场所进行娱乐活动，但资源、空间等的限制使各个陌生人相互接触，此时我们应该相互礼让，让娱乐活动能顺畅进行。很多娱乐场所都有明确的道德要求，如在正规音乐厅和剧院观看演出，为了保护演员的权益和不影响演出，一般不允许拍照，更不允许喧哗，在着装、鼓掌等方面均有其特定的要求。

第四节　娱乐有善、化民成俗

人类的娱乐活动不仅是个体性的、人际性的，而且是群体性的。各种节日娱乐活动，一定民族、地区和国家的嘉年华，中国的庙会，西方一些国家的彩车巡游等，都是群体性的娱乐活动。另外，不同民族围绕娱乐活动形成了不同的民俗，其中渗透的价值观念与行为规范、社会风气也是不同的，如西方的斗牛习俗、中国的放烟花等不一而足。这其中有什么样的历史与价值的合理性甚或是不合理之处？人们在大型的公共娱乐中应该坚持怎样的道德规范？如在观剧、观球赛等时应该遵守怎样的文明行为规范？在历史上不断变化的各种公共娱乐活动对社会风气起到了好的作用还是坏的作用？孟子向来就有"与民同乐"的民本理想，那么，如何以道德的方式保障与民同乐的实现，从而形成良好的社会风气，促进世风民俗朝着良善方向发展？这些都是本节要研究的问题。

一、公众人物的娱乐素养

娱乐最初并不是所有人都会进行的活动，在社会尚不发达时，很多人并没有足够的金钱、时间以及知识去进行娱乐活动，娱乐活动主要与有钱、有闲、有文化的社会上层人士相关。然而，随着社会不断发展、民众逐渐富足，娱乐活动的影响逐渐扩大，娱乐活动的群众基础越来越宽广。所以，越富足的时代，娱乐活动越丰富多彩。娱乐活动一旦普及到一定程度，娱乐风气就自然形成，娱乐风气的好坏会影响民众娱乐方式的选择和民众个人的道德修养，并对社会道德风气产生影响。

公众人物往往会引领娱乐风向，公民在娱乐活动中需要遵守相应的娱乐公德，一定社会的娱乐风气是社会风气的风向标。

（一）传统社会的娱乐引领者

在传统社会，由于生产力发展水平等因素，娱乐活动的主体多为社会上层人士，这类人包括帝王、群臣、富贾、文士等，传统社会娱乐公众人物并不以娱乐而为人所熟知，而是因为社会地位、阶层的原因，形成了对社会各种事物的领导地位，他们的一举一动都引领着百姓民众。《汉书·地理志》中说："凡民函五常之性，而其刚柔缓急，音声不同，系水土之风气，故谓之风；好恶取舍，动静亡常，随君上之情欲，故谓之俗。"统治阶级的喜好憎恶直接影响社会风气，其娱乐行为和娱乐伦理自然就具备教化与示范的价值。

远在周秦时期，巫觋、倡优、女乐都供奉于诸侯各国的国君与贵族，国君与贵族的娱乐喜好直接影响着民众娱乐风俗的走向，比如"吴王好剑客，百姓多创瘢"（《后汉书·马援列传》）。正所谓上有所好，下有所趋，吏民慕效，浸以成俗。出于对贵族生活的钦慕，在心理驱使下，普通百姓会效仿上层社会的娱乐偏好。因此，上层社会的娱乐活动如果有益身心、利于形成良风美俗，民众自然在效仿的过程中培养出优良的道德品格，形成良善的社会风气，反之，民众则会在堕落奢靡的统治阶级误导下，变得道德混乱，进而使社会整体风气粗俗不堪。

唐代初年，统治阶级认为，"百戏散乐，本非正声，有隋之末，大见崇用，此谓淫风，不可不改"(《旧唐书·孙伏伽传》)，"散乐巡村，特宜禁断。如有犯者，并容止主人及村正决三十。所由官附考奏，其散乐人仍递送本贯入重役"(《唐会要·杂录》)。在唐朝之前，没有哪个朝代对娱乐活动颁布法令禁止，可见从唐朝开始，上层人士已经意识到娱乐风气对社会稳定及社会伦理体系的影响。但是这些禁令慢慢地变得形同虚设，原因在于唐朝中期往后的国君、贵族为了满足自己的耳目之娱，实行双重标准，禁止百戏在民众中的流传，但是每逢宫宴或大型庆典，宫中总要举行百戏表演，这样不能以身作则，自然难以引领民众。

到了明朝，这种双重标准更为明显，明朝对娱乐活动都是明令禁止的，违者有严厉惩罚。但是，明万历年间，随着商品经济的初步发展和经济水平的提高，出现了进士以不工赌博为耻的风气。自士大夫以赌博为风流后，民间赌博之风开始盛行，先后创制了很多赌博方式，如马吊、叶子戏、升官图之类，这些对后代的赌博之风产生了深远的影响，可以说不光是影响了明朝的社会发展，更是为赌博业的发展添了砖加了瓦，为现在的赌博业奠定了基础。由此可以看出，当社会经济有相当发展时，社会的娱乐之风就会变得奢靡。

总之，在传统社会，娱乐风气主要是由统治者甚至是国君、贵族引领的，其言行会被民众效仿，从而影响整个社会的娱乐与社会风气。

(二) 现代公共娱乐人物

随着娱乐文化的发展，娱乐活动中逐渐出现因娱乐技艺而被人所熟知的娱乐人物，这类娱乐人物通过娱乐活动而成为公众人物，其所代表的往往是娱乐文化的风向。在中国传统社会，民众推崇的公共人物多是李白、苏轼这样的文人墨客，崇拜者多沉醉于他们的文笔之中，感触于他们的胸怀和志向。作为公共人物的文人墨客，其道德修养已经很好，民众在效仿这些人物的过程中能学到相关知识，并能提升自己的道德素养。

在现代社会科技飞速发展、泛娱乐化的大环境下，公共传媒和网络成为现代娱乐活动的主要载体。在这些娱乐活动中，公共娱乐人物成为引领娱乐活动风向的主体。这些公共娱乐人物以其独特的方式来吸引眼球，博得关注，出彩的形象、机智的反应、犀利的言辞、触动心弦的感情等，都是获得关注的方式。然而，随着泛娱乐化带来的审美媚俗化和品位低俗化，越来越多的公共娱乐人物采用过火的方式来获取关注。这些方式游离在道德和法律的边缘，但人们由于受泛娱乐化的影响，非但没有觉得这些方式过分，反而乐于看到这些方式，觉得这些方式带来了更多的观感刺激和心理波动。近些年来，明星炒作、走光露底、发表奇谈怪论、哗众取宠的怪异行为层出不穷，非但降低了自己的身份和档次，同样误导了大批关注他们的群众。所以，公共娱乐人物应当改善自己的娱乐方式，通过自己的影响力，使得整个社会的娱乐环境良好有序。

公共娱乐人物，应是社会娱乐文化、娱乐伦理的引领人物，是群众尤其是青少年心目中的光辉典范和学习对象。可是，现在很多公共娱乐人物仅仅是肤浅的、工具性的娱乐筹码而已，有的甚至是对群众造成恶劣影响的"黑星"，给群众提供了伪道德、不道德的恶的示范。演艺明星多起吸毒案的曝光，所揭露出来的这些失德艺人给社会以恶的示范，应该对这些失德艺人加以道德谴责。

公共娱乐人物，作为某种娱乐活动的表演者，以其高超的娱乐技艺取悦民众，使民众能从观赏中得到愉悦的审美体验，所以公共娱乐人物首先应该注重自己的娱乐技艺培养，同时要加强自己的艺德修养和做人修养。

中国古代各行各业都深受中国传统儒家崇礼敬德思想的影响，树立自己行业的道德规范，如练武讲武德、行医有医德、从师有师德、文士有士德，文艺娱乐自然也有相应的艺德，"德艺双馨"乃文艺娱乐界从艺者古今不废的理想和人生目标，这不仅体现在个人德性修养上，更体现在对自己所从事演艺事业的负责和尊重上。2013年，德云社在欧洲巡演，相声演员岳云鹏的父亲不幸病逝，他在上台演出前得到消息，但为了演出，强忍悲痛上台嬉笑，以轻松幽默的相声段子逗乐观众，其师父郭德纲发微博称："俗云：戏比天大。艺人之德尽显于此，有徒如此还复何求？"丧父之痛，可谓人间大悲之一，可是郭德纲一句"戏比天大"道出了相声演员的不易，同时显示了公共娱乐人物的艺德之所在。

老一辈的公共娱乐人物大多是戏曲名家、文艺大家，他们秉承传统，谨遵祖训，在注重提高自身才艺水平的同时，更关注自身的德性，将德艺双馨作为对自己的最高称赞，这不仅仅是对一个公共娱乐人物的技术性赞扬，更是对其品德的一种赞扬。但是现今社会，公共娱乐人物的才艺水平暂且不提，单就一个"德"字，大部分人都没有做到。相反，这些公共娱乐人物经常传播给大家的是婚变、出轨、吸毒、兄弟反目、姐妹成仇的失德行为，全靠这些失德行为来博取关注。

公共娱乐人物对整个社会的娱乐风气的影响是极为重要的，所以公共娱乐人物应该时刻明确自己的责任，规范自己的言行，提高自身的娱乐道德素质，做到以"德"为先、德艺双馨，使社会风气和娱乐风气变得越来越好！

二、民众娱乐公德

根据台湾大学历史学家陈弱水教授的研究，现代中国的"公德"概念是 20 世纪初从日本引入的。"公德"被介绍到中国，始于梁启超 1902 年 3 月发表的《新民说》。陈教授借鉴当代英国思想史家以赛亚·伯林区分自由的做法，从性质上把社会公德分为消极性社会公德和积极性社会公德。这里的消极性社会公德是指"有所守"的社会公德行为，积极性社会公德则是指"有所为"的行为。以此理论可以将娱乐公德分为以"敬"为主的"有所守"的消极性娱乐公德和以"义"为先的"有所为"的积极性娱乐公德。消极性娱乐公德包括不妨害他人娱乐权益、遵守娱乐场所秩序、爱护公共娱乐设施等，积极性娱乐公德则是指帮助他人获得娱乐体验、指正他人的不良娱乐行为等。

（一）娱"有所守"

陈弱水教授认为，尊重他人的社会意涵其实就是不侵犯他人之权益，如果这种态度普遍化，大多数人的权益就容易获得稳固的保障。在娱乐活动中，"敬"或"尊重"表现为尊重他人的娱乐权益、不干扰他人的娱乐体验。

《论语·卫灵公》中提到"己所不欲，勿施于人"。每个娱乐主体在进行娱乐活动时，都希望得到良好的娱乐体验，不希望出现影响自己娱乐体验的事情。娱乐场所是公共场合，其中的每个人都拥有平等的权利和承担相应的义务，我们在进行娱乐活动时，如果有其他娱乐者，首要原则是尊重他人的娱乐权益，互不干扰，互不影响。这就是为什么歌厅、球场、运动场等都分出不同的区域，以供不同群体娱乐。试想，如果唱歌时，周围房间的声音传到自己房间，影响自己的体验，自己如何尽兴？游山玩水拍照时，不断有人在你的镜头前经过，影响拍照留念，是否会影响你的游玩心情？近一段时期比较盛行的广场舞，之所以不断被批评和投诉，原因在于其严重干扰到其他人的娱乐活动和休息。娱乐是每个人的权利，没有一个合理的娱乐活动是建立在剥夺他人之快乐的基础上的。

除直接干扰他人的娱乐活动之外，还有一种间接影响他人娱乐活动的问题应当注意，即不遵守娱乐场所的公共秩序。娱乐场所是公共场所，每个在其中进行娱乐活动的娱乐主体都应遵守场所秩序，这些秩序都是基于尊重每个娱乐主体的权利而制定的，如听音乐会和在图书馆里看书要保持安静，需要排队的场所不能插队等等，如果违反公共娱乐秩序，就会影响他人的娱乐体验。

会饮是古希腊城邦的贵族们喝酒聚会、放松身心、消遣娱乐的一种重要娱乐活动。音乐舞蹈、诗歌吟唱、竞技游戏、猜谜、哲学探讨等作为希腊贵族们喜欢的娱乐项目，在会饮中都有体现，有时是职业表演者的演出，有的是贵族们自弹自唱，既有充满趣味的诗歌轮唱，也有彰显智慧的哲学讨论，还有力量与技巧相结合的竞技游戏。柏拉图《会饮》篇描写的就是人们在会饮中讨论"爱"的情形。会饮中，饮酒的方式、调酒的比例、谈话的顺序都由主持人决定，每个人都要听从主持人的安排，目的是加强对会饮活动的管理，使之有序进行，既使客人尽兴，又避免混乱和争执。节制饮酒、举止得体是好的会饮的标准，也是贵族内在修养的体现。为了让会饮中的每个人都能听从主持人的安排，保证会饮秩序，主持人往往都由团体中居高位者担任。由此可以看出，只有每个人都遵守娱乐场所的秩序，才能使娱乐场所中的每个人都得到完整的娱乐体验，使每个人都尽兴。

在现代社会，消极性娱乐公德是更为优先和重要的，做到了消极性娱乐公德，就能保证大部分人的权益。从娱乐公德角度看，如果大多人能做到不干扰妨害他人娱乐、遵守娱乐场所秩序、爱护公共娱乐设施等，那么娱乐活动就能有序、顺畅进行，每个人的娱乐权益也能得到保障。

（二）乐"有所为"

不同于"有所守"的消极性娱乐公德，"有所为"的积极性娱乐公德以"义"为基础和动力，在于主动地施为。在进行娱乐活动时经常会出现娱乐资源不够或者分配不均的情况，如娱乐器具的缺少、娱乐场地的局限、观赏位置的好坏等，这时就需要相互礼让，避免争抢。在娱乐活动中，相互礼让一方面是个人道德素质的体现，另一方面是为了保证娱乐活动的安全。争抢往往会导致暴力等恶性事件出现，如果发生这种情况，不论是谁占理，都会影响个人的娱乐体验，严重的上升到法律纠纷，更有甚者会伤害到自己或他人的生命安全，于人于己都是无益的。近年来，国内发生了多起娱乐场所的踩踏事件。在节假日，很多人会选择出游，所以各个名胜景区都会出现人满为患的情况，在这种情况下人们难免因为互相拥挤而心情焦虑烦躁等，但越是这种时候，越应该谨记礼让的娱乐公德，这样才能避免互相推挤而引发的混乱踩踏事件。

"有所为"的积极性娱乐公德更像孔子"己欲立而立人，己欲达而达人"（《论语·雍也》）的思想。做不到积极性娱乐公德，不一定会影响他人或者自己的娱乐体验，然而若能仗义出手，帮助他人，虽然不能增加娱乐体验，但却会得到心理上的快乐和幸福感。在《孟子·梁惠王下》中，孟子认为"与人乐乐"要比"独乐乐"好，而"与众乐乐"又比"与少乐乐"好。所以，如果在自己获得娱乐体验的时候，能帮助他人一起获得娱乐体验，那么这也是一种产生快乐的方法，比"独乐乐"好。

"有所为"还体现为娱乐主体间的互相监督、见义勇为。在公共娱乐活动中，每个人都有权利和义务监督、指正他人的不正当娱乐方式。在现代生活中，有些人主张"事不关己，高高挂起"，把自己置身事外。以"义"为动力和基础的积极性娱乐公德要求人们在遇见不正当、不道德的娱乐行为时仗义执言，而不是逃避。

另外，在娱乐活动中，帮助别人提高技艺，使之更快融入娱乐活动中，也是真正的乐"有所为"。在娱乐活动中，我们经常能看见刚刚接触这一娱乐活动的"新手"，与这些新手共同进行娱乐活动往往会影响到我们自己的娱乐体验。但是在这种时候，我们应该做的不是指责或者干脆将

"新手"踢出局，而是以自身的经验积极引导"新手"，带着"新手"更快地融入，这样既帮助了他人，使得娱乐活动更有乐趣，也无形中增进了人际关系，避免了因为娱乐而产生矛盾的可能。在娱乐活动中，经常能见到亦师亦友的关系。某个娱乐活动的"老手"教导刚接触这个娱乐活动的"新手"，传授自己总结出来的经验和心得，使得"新手"快速进入状态，"新手"成长起来以后再把自己的见解与"老手"一起分享，这样就会出现两人共同进步、亦师亦友的关系，两人都能更好地从娱乐活动中获得愉快体验。

三、社会娱乐风气

"风气"一词最早出现在《魏书·李琰之传》中："琰之虽以儒素为业，而语人言，吾家世将种，自云犹有关西风气。""风"有风尚的含义，"气"有气氛的含义，二者合用，意指社会中普遍流行而且有强势影响的习惯、爱好。娱乐风气则是指社会群体对娱乐活动的普遍性偏好和习惯。

（一）社会娱乐风气的历史演变

周朝重礼乐，周公著《周官》即《周礼》，开启了我国礼乐文明的先河，在这种文化环境下，宴饮、诗乐、歌舞和游戏等娱乐活动都与"礼"密不可分。"君子之近琴瑟，以仪节也，非以慆心也。"（《左传·昭公元年》）"乐师掌国学之政，以教国子小舞。"（《周礼·春官宗伯》）"投壶者，主人与客燕饮，讲论才艺之礼也。"（《礼记·投壶》）"古者诸侯之射也，必先行燕礼。卿、大夫、士之射也，必先行乡饮酒之礼。"（《礼记·射义》）音乐和舞蹈在周朝时被认为是用来维护礼仪制度、等级秩序的，礼乐、舞蹈本质上都是一种典章制度和礼仪，其目的是维护社会秩序，保证统治者的绝对权威。投壶和礼射同样被赋予了礼教色彩，射礼更被细分为大射、燕射、宾射和乡射。从这里可以看出，周朝时的娱乐风气以礼教为主，任何娱乐活动都是为了礼教，为了维护礼仪制度。

两汉时期，儒家学说和思想占据主导地位，受"独尊儒术"的德治精神影响，娱乐的道德性被崇尚弘扬，学者不再根据一项娱乐活动好玩与否来对其进行评价，开始以道德教化为主，将稳固封建统治、深化礼教思想作为娱乐活动好坏的评判标准。西汉桓宽在《盐铁论·崇礼》中将单纯以欢愉取乐为主的娱乐活动贬斥为"国疾"。在这种社会环境下，很多娱乐活动都带有强烈的道德性，因此，"投壶"作为集道德形式和娱乐性为一体的娱乐活动，在两汉时期成为宴饮时的主要娱乐活动。

魏晋时期，时局动荡，在众多的史书及后人的评价中被称为乱世。在这种环境下，礼教制度的约束作用急剧降低，文人名士不愿涉足政治，于是出现了众多个性张扬、我行我素、追求自然的文人名士，他们追求超越名教的束缚，摆脱世俗的禁锢，流行豪饮放歌。同时，魏晋文人名士强烈抨击儒家名教思想，意图挣脱道德束缚，所以选择的娱乐活动是道德性极为淡化的。"樗蒲"这种有悖儒家文化精神的赌博游戏开始流行，庾翼在《与僚属教》中说："顷闻诸君樗蒲有过差者，初为是政事闲暇，以娱意耳，故未有言也。今知大相聚集，渐以成俗，闻之能不忧然？"娱乐风气是自上而下传播的，文人名士的娱乐风气传播到民众中，民众只学到风气中消极的一面，颓废荒诞、纵欲享乐、遗落世务、无所作为等逐渐成为越来越普遍的社会现象。很多人以为学到这些就等同于成为文人名士，娱乐风气逐渐变得扭曲，加剧了儒家思想在魏晋时期的衰退现象，于是有了魏晋时期文人名士放浪形骸、个性乖张、违背伦常的形迹。魏晋文人名士追求自我、沉醉于纵情的态度，弱化了娱乐中的道德性，娱乐道德性的缺席，使得娱乐成为纯粹满足感官享受、身体刺激的低级活动，非但不能给人们带来至高的精神享受，而且会对人们的身体和精神造成伤害。

唐宋时期，国力强盛、文化繁荣、社会稳定、经济发达，为娱乐活动提供了很好的发展土壤，但唐宋时期的娱乐风气却略有不同。唐朝时期，是我国多民族相互融合发展的重要时期，唐朝注重国内外的兼容并蓄，体现在娱乐风气就是，胡乐成为最受欢迎的音乐形式，王建在《凉州行》中讲："城头山鸡鸣角角，洛阳家家学胡乐"，而雅乐则不受重视。同时，马球等外族娱乐活动传到唐朝，受到欢迎。文化融合，使唐朝娱乐风气逐渐开放，连唐代女子也积极参加各种娱乐活动，围棋、蹴鞠、骑射、马球都是女子经常进行的娱乐活动，唐朝还特意因为女子将马球演变为较慢适合女性娱乐的"驴鞠"。这种开放的娱乐风气，有效地促进了胡汉融合，借助娱乐活动的愉快体验很好地完成了民族融合。唐朝开放的娱乐风气，继承了魏晋时期追求自然开放的娱乐态度，同时在社会政治稳定和经济繁荣的基础上形成了良好的娱乐氛围，并在这种娱乐氛围下使得娱乐活动得到了极大的发展，平衡了娱乐活动的欢娱性和道德性，既没有像魏晋时期那样纯粹放纵、忽略道德，也没有将道德放在制高点，从而影响娱乐性。

宋代时期，由于唐末五代士风颓丧、道德败坏，宋从立国之初就实行"兴文教，抑武事"的文化政策，重视文治。士大夫从对功名的追求转向对道德精神的弘扬，这不仅表现在政治、学问上，而且表现在日常生活中道德行为的培养。娱乐在这种社会风气下开始向强调道德性的方向回归。投壶在周朝有强烈的礼仪色彩，司马光不满魏唐时期对投壶的歪曲，认为"世传投壶格图……非古礼之本意"（《投壶新格》·序），于是作《投壶仪节》和《投壶新格》，以对投壶的礼仪规范重新做出调整，并推崇能寓教于乐的正统娱乐活动。其他娱乐活动逐渐在这种社会风气下变得规范，而樗蒲这类赌博游戏则被禁止，《宋史·太宗本纪》云："淳化二年（991年）闰月己丑，诏：京城樗蒲者开封府捕之，犯者斩。"崇尚道德的娱乐风气逐步形成，即使有些粗俗娱乐活动还不能完全禁止，但社会的娱乐风气已经开始重新侧重弘扬娱乐的道德性。

明清两朝以来，一方面受商品经济的冲击，另一方面受西方列强的文化影响，娱乐开始发生变化，不论是娱乐的形式、内容还是娱乐观念都向着新的方向发展，商品化浪潮促使人们开始反思礼教观念，伦理开始更多地关注日常衣、食、住、行中的人伦物理，娱乐变得世俗化，娱乐伦理随之渗入民众的日常生活。同样，娱乐的教化功用和娱心功用得到很好的融合，不像以前那样偏重一点，而是提倡寓教于乐，同等重视娱乐的教化功能和使人快乐的功能，这对现代娱乐文化有着深远影响。

（二）娱乐伦理与社会风气的相互影响

从上述历史考察中可以看出，娱乐风气是社会整体风气在娱乐方面的体现，每个时代的娱乐风气都与当时的社会风气息息相关。娱乐风气在社会风气影响下形成，但娱乐风气也会反过来影响社会风气。娱乐活动对个人的道德理性、道德人格和人际交往间的礼仪规范都有影响。在不同的娱乐风气下会出现具有不同观念的人群，在娱乐活动中形成的道德人格会影响其在社会生活中的言行，从而影响社会风气。唐朝时期，统治者采取兼容并蓄、各族人民和谐共处的政策，各个少数民族的文化与汉族的文化相结合，形成了开放自由的社会风气，各族人民可以通婚、交易、游历、结交。在这种社会风气下，唐朝的娱乐活动带有浓重的少数民族特色，马球、胡乐等都是从少数民族引进的。在这些娱乐活动普及开来的同时，唐朝各民族在娱乐活动中不断融合，促进了社会开放自由风气的发展，更因各族人民的空前和谐，才有唐初的盛世气象。另外，唐朝娱乐活动改善了女性的地位，少数民族的思想通过娱乐活动逐渐渗透到汉族人民的思维中，弱化了封建礼教对女性的束缚。受少数民族的影响，唐朝经常有女性参与娱乐活动，随着这些娱乐活动的大众化，人们的思想发生了变化，从而影响了社会整体风气的发展方向。

由此可以看出，当政者很早就意识到娱乐对社会的重要影响，从周朝的礼射、投壶弘礼，到唐代以娱乐促进民族融合，再到宋朝以娱乐引导民众兴文教、重道德，可以看出娱乐风气在教化方面的重要功用。当政者将娱乐作为巩固统治的手段之一，提供并倡导民众开展有利于当政者统治的娱乐活动，而有悖道德、不利于统治阶级的娱乐活动都被禁止。

纵观我国历史上娱乐伦理的变迁，可以发现一个有趣的现象——娱乐的道德性即娱乐的伦理意蕴，均与倡导、推行儒家伦理息息相关。儒家思想前期为"周孔之教"，周代礼乐文明是儒家思想的先声。孔子以复兴周礼为己任，提倡的也是周朝时的礼乐文明。在儒家思想逐渐取得统治地位的两汉时期，娱乐活动具有鲜明的礼仪教化功能，甚至可以说那时的娱乐活动完全是为了维护上下有别、长幼有序的礼仪制度，即寓教于乐。魏晋时期，儒家纲常名教思想受到猛烈抨击，娱乐活动中蕴含的伦理内涵开始淡化，而娱乐本身的作用凸显，文人名士将娱乐作为抒情纵欲、追求自然之我的方式。唐朝时期，儒、释、道三教并行，甚至道为先而儒次之，但相对魏晋儒家地位有所提升，所以此时娱乐活动的道德性虽然依然被淡化，但是唐朝君主已经开始制定与娱乐相关的法令，以规范娱乐活动。宋朝开始，儒学得到极大发展，儒家开始复兴，与之相应，娱乐活动的道德性又开始被重视。从娱乐伦理和儒家思想的联系中可以看出，娱乐虽然是人类为了获取快乐体验而产生的生命活动，但是娱乐并非完全可以按照个人的意愿来进行，人们在进行娱乐活动时要遵守社会秩序，形成健康良善的娱乐风气，才能最大限度地发挥娱乐的价值和功用，使人们在享受欢乐的同时，提高自己的道德境界，促进社会和谐有序的发展。

总体来讲，在中国历史上以德为先的娱乐伦理是占主要地位的，娱乐活动首重其道德性，强调其是否具有有利于道德教化的功能。传统娱乐观念中，大多首重"德"后重"乐"，如果不是以德乐之，那么这种"乐"就成了孔子口中的"恶乐"，是让人精神产生疾病的靡靡之音，是丧志丧德的"乐"。在古代，以德为先的娱乐伦理体现在各种娱乐活动中。射礼虽然最初以军事为主要目的，但是随着时代发展，其娱乐性逐渐被人们重视，但射礼还是以道德教育为先，先重伦理教化的意义，然后才是心情的快乐。

探讨中国古代的娱乐伦理演变，对于分析现代娱乐伦理有着重要意义。现代娱乐伦理存在很多问题，既有时代遗留的娱乐风气影响，也有全球化发展所带来的影响，多种因素混杂，导致现代社会娱乐伦理频频出现问题。分析娱乐伦理的形成和演变过程，有助于对现代娱乐伦理的批判性建构，制定有利于社会发展同时又能增加娱乐主体的娱乐体验的娱乐伦理。

第五节　现代娱乐伦理批判

在现代社会，由于科学技术的发展，中国民众思想里的娱乐活动较古代而言有着翻天覆地的变化。依赖于高科技产品的娱乐活动逐渐增多，并且慢慢成为主流娱乐方式，电视、电影、网络世界等都是依赖科技的娱乐活动。娱乐活动的变化，导致娱乐伦理和风气发生变化。现代社会产生了很多娱乐伦理问题，所以对现代娱乐伦理进行批判性建构尤为迫切。

一、现代娱乐伦理问题

当代中国娱乐活动丰富多彩，呈现出"百家争鸣"的态势。随着社会生产力的提高和闲暇时间的增多，人们开始更多地关注娱乐，追求精神上的快乐愉悦。但是，娱乐活动带来的问题也很多，而且由于娱乐活动的地位提升，其中的伦理观念开始极大地影响着民众在日常生活中的思想观念，娱乐活动在成为人人追求、提倡的"香饽饽"的同时，也成为社会上众多伦理问题的根源。

（一）拜金化对娱乐伦理的消解

在当代中国，随着拜金文化的侵入渗透，人们开始信奉金钱至上，娱乐活动开始和金钱挂钩，甚至与之紧密相连。娱乐是人与生俱来的需求，和吃饭、喝水一样，是生活中必不可少的活动，所以人们愿意为了娱乐而支付一定的金钱。在这种情况下，为了快速获取金钱，越来越多的人用低俗的感官刺激娱乐去满足他人的娱乐需求，从而快速获取金钱，使娱乐拜金化，无形地消解了娱乐活动所应遵守的娱乐伦理底线，潜移默化地影响着人们的人生观、价值观、道德观。

金钱和欲望往往是联系在一起的。随着拜金主义的渗透，中国娱乐开始从享乐型娱乐、审美型娱乐、思智型娱乐并重的局面转向独重享乐型娱乐，享乐型娱乐又主要以满足个体欲望和感官刺激为主的低俗娱乐为重。娱乐活动逐渐变成了对财富的追求和炫耀，娱乐成了商人获取利益的噱头。随着娱乐活动以德为先的伦理内涵被金钱至上的观念所替代，人们的娱乐观念变得"拜金化"，极大地消减了娱乐活动的道德性，产生了更多缺乏道德的娱乐行为：娱乐场所的奢侈消费，导致社会资源被严重浪费；小商小贩公开售卖色情音像，赚取暴利；导游欺骗或强迫游客购物，不但影响游客旅游娱乐时的心情，而且会危害到游客的人身安全；鉴赏收藏古董时，造假欺骗等行为时有发生。拜金主义导致道德虚无主义和享乐主义，娱乐伦理在现代社会被严重忽视，社会风气随之变得低俗不堪。

20世纪中叶，在西方社会开始面临文艺商品化浪潮时，美国著名的作家辛克莱提出了"拜金艺术"这一概念，其含义是贪恋钱财的艺术和以钱为目的的艺术，"拜金艺术"正是拜金主义的雏形。后来，人们把对货币本身的盲目崇拜和疯狂追逐，把获得金钱视为最根本的生活方式，并且一切价值都要服从于金钱价值的思想观念和行为称为拜金主义。

马克思指出，货币"把坚贞变成背叛，把爱变成恨，把恨变成爱，把德行变成恶行，把恶行变成德行，把奴隶变成主人，把主人变成奴隶，把愚蠢变成明智，把明智变成愚蠢"①。一味地追求货币金钱，最终会将我们推向道德虚无主义，必然导致道德观念的淡薄。在某些娱乐主体看来，他们掏了钱就是为了享乐，而不是接受伦理教育，因此在拜金主义思想的影响下，人们开始有意识地弱化或忽略娱乐活动中的娱乐伦理。面对逐渐拜金化的娱乐观念，我们应该从中国传统的娱乐伦理中找到适合并切实有用的伦理观念，正确引导人们进行健康正当的娱乐活动，使人们从拜金主义的狂潮中解脱出来。

（二）泛娱乐化思潮

"泛娱乐化"一词是尼尔·波兹曼在《娱乐至死》中提出来的一个概念，是指传媒娱乐节目的媚俗化、低俗化，是以形式上的浮华炫目、手段上的嬉戏热闹、表现上的玩耍爆料等来解构审美取向、降低文化品位、消解人文精神，是大众传媒影响力空前强大时期客观存在的一种娱乐的异化形态。电视媒体以强大的娱乐功能成了泛娱乐化现象的最佳载体。电视媒体制作播出格调不高的娱乐类节目过多，人为制造的噱头、笑料、"恶搞"、"戏说"泛滥，连新闻、社教类相对严肃的节目也掺进"娱乐"元素，甚至用打情骂俏、相互调侃、大话"性感"、卖弄色相等较为暴露的情节、语言和夸张的画面来取悦观众，令收视率增高。

泛娱乐化是一股以消费主义、享受主义为核心，以现代媒介（电视、戏剧、网络、电影等）为主要载体，以内容浅薄空洞甚至粗鄙搞怪、噱头包装、戏谑的方式，通过"戏剧化"的滥情表演，来放松人们的紧张神经，从而使之体验到快感的思潮。

近年来，很多娱乐活动完全忽略娱乐的伦理内涵，转而追求极致的快感。《开心农场》、相亲节目、选秀节目等都具有这种问题。《开心农场》原本是让人体验农业、寻找乐趣的游戏，但是却加入了"偷菜"元素，辛辛苦苦种的菜一不注意就被其他网友偷走，自己也可以去偷别人的菜来扩建自己的农场，尽管这些只是虚拟世界中的行为，但由于娱乐具有潜移默化地影响个人道德人格的功能，所以难保虚拟世界中的行为不会成

---

① 马克思恩格斯文集：第1卷. 北京：人民出版社，2009：247.

为个人内心的价值取向和伦理观念，从而影响到现实生活。况且，说到底，偷盗的行为本身就是恶的，不论是在现实生活中还是在虚拟世界里，偷盗的恶都不在于偷到了什么，而在于有无偷盗之心。所以，即使是游戏，偷盗这种心理与行为也可能引起玩家之间的争端。据报道，晋江一对夫妇就曾因为相互偷菜而争吵，最后闹到了警察局。

相亲类和选秀类的电视节目是近几年盛行的娱乐形式，相亲节目自《非诚勿扰》开始，各大电视台纷纷开设自己的相亲节目，一时间，全社会都在讨论这些节目中的言论和行为。这些娱乐节目出于吸引观众、制造噱头的目的，出现了众多让人目瞪口呆的"奇葩"言论，如"宁在宝马车里哭，不在自行车上笑"的言论，直接引起了社会关于拜金主义的讨论，甚至有人纷纷支持这种言论，娱乐风气一时间成为关注热点。

娱乐已经变成日常生活中极为重要的一部分，娱乐开始出现在生活中的方方面面，而所谓的"泛娱乐化"，也从原本的电视媒体扩展到了社会各阶层的各种活动中。总的来说，泛娱乐化是当今普遍存在的一种社会现象，主要是指在经济、文化、政治、社会生活等领域，娱乐元素无处不在，甚至进行着无孔不入的渗透。

单就娱乐而言，娱乐并没有错，享受娱乐带来的快乐也没有错，但是古人讲"乐以其道"，不以正当的方式来娱乐，不仅容易让人沉迷其中，以致玩物丧志，更会影响一个人的个人品性和道德修养。《论语·八佾》中孔子谓季氏，"八佾舞于庭，是可忍，孰不可忍也！"季氏没有依据礼节规范来享乐，逾越了礼法，引起了孔子的愤慨，可见娱乐活动应以其道乐之。娱乐不仅有愉悦身心的价值，而且有寓教于乐的教化功能。

泛娱乐化的根本在于社会和大众媒体等都没有能正确看待娱乐，仅仅注重经济价值，出于吸引关注、获取经济利益的目的，使得娱乐变得拜金化和低俗化，消解了娱乐的伦理价值。

娱乐活动的形式多种多样，如果仅仅选择娱乐活动中最低俗的，那么就会出现泛娱乐化的现象，所有事物都被低俗娱乐充斥：媒体开始以低俗娱乐为噱头来吸引观众，新闻开始注重夸张恶搞的失实报道，网络开始充斥着色情暴力这种低俗娱乐内容等，汽车展览以低俗的露肉走光为噱头来吸引顾客，汽车展览变成"泳衣秀"。

人们追求娱乐的初衷并没有错，但是如果被引导着一味向低俗恶俗的娱乐活动靠拢，娱乐就会被人们唾弃。在现代社会，往往一提起娱乐场所，人们脑海里往往浮现的就是有着不良内容的色情场所。这种观念导致了人们对娱乐的误解，也会让娱乐的发展道路越来越狭隘。所以，在现代社会，人们应该回归传统娱乐观念，树立正确健康的娱乐伦理，从而有效抵御拜金化、低俗化对娱乐以及娱乐伦理的冲击。

二、现代娱乐伦理原则

娱乐伦理原则体现了娱乐活动的本质特征和内在道德要求，是娱乐价值合理性的评价依据，也是保证娱乐活动健康发展的伦理前提。适度成己、互尊合义、良风美俗应该成为我们追求和遵守的娱乐伦理原则，从娱乐个体、娱乐交往、娱乐风气三方面来规范指导人们的娱乐活动，这样才能保证娱乐伦理的有效建构，帮助人们选择正面健康的娱乐活动。

（一）适度成己

人的动物性本能驱使着人们趋乐避苦，人总是倾向于快乐，而不愿意接受苦难。娱乐作为产生快乐的生命活动，对人有着无限吸引力；但如果不加以节制，就会适得其反。人的生活在任何方面都需要节制，这也许就是"节制"成为西方四主德之一的原因。对于娱乐活动来说，适度节制显得更为重要。因此，娱乐伦理的首要原则是适度成己。把握好娱乐尺度，保持适当的娱乐活动，不让自己沉迷在娱乐活动中，以娱乐活动帮助自身舒缓情绪、陶冶情操、怡情养性，从而成就自己而不是损害自己。

在人们日益增长的娱乐需求推动下，娱乐活动出现"乱花渐欲迷人眼"的发展趋势，不同种类、不同内容的娱乐活动不断被创造出来，以满足不同人群的娱乐需求。丰富多彩的娱乐活动在满足人们的娱乐需求的同时，也带来了一个问题，即娱乐者不加节制地娱乐而带来的危害。科技的进步使得娱乐活动更加吸引人，其所带来的快乐让人欲罢不能；娱乐者逐渐沉迷，忽略了生活中的其他部分，慢慢脱离了现实生活。古人说"玩物丧志"，就是指娱乐者不加节制地沉浸在娱乐活动中，抛弃了生活的全面性，失去了奋斗、劳作的动力和意志。在现代社会，这种问题更为突出，娱乐的"乱花"迷住了部分娱乐者的眼，使之分不清现实与游戏，难以把握娱乐尺度，使娱乐者与现实生活脱节，影响了娱乐者的其他生命活动，给娱乐者带来了损害。因此，娱乐者需要从身体、精神、消费等各方面遵从适度原则，进行合理适度的娱乐，丰富自己的生活。

适度成己是现代娱乐活动中的重要原则之一。孔子所言"过犹不及"（《论语·先进》）就是如此。过度娱乐会影响人们的身心健康，影响人们的生命体验。适度娱乐不但能缓解人们的压力，更能让人们养成积极乐观的生活心态，有助于增强人们的抗压能力。但是，如果违背了适度原则，人们就会沉迷于娱乐活动之中，形成"瘾"，从而脱离日常生活，忽略日常生活中的其他重要内容，这对人们的社会生活以及身心健康都极为不利。因此，人们只有遵从适度成己的娱乐伦理原则，日常生活才能有序进行，不耽误其他活动，又能合理地获取快乐，使自身身心健康、人生幸福。

享乐型娱乐通过对身体感官的刺激来使人获得快感和快乐，但是身体和精神都有刺激极限，超过负荷就会适得其反，对人体产生极大的负担，使身体和精神受到损伤。现代娱乐活动中的唱歌、极限运动等都存在这种情况。唱歌作为现代娱乐活动，是比较受欢迎的一种娱乐方式，因为音乐不受年龄限制，只要喜爱音乐都喜欢去歌厅与朋友或家人一起娱乐放松一下，但是相较于专业人员来说，大部分人并不知道发音、保护嗓子等的技巧，只是单纯唱歌，在这种情况下就容易出现因时间过长、方法不对而导致嗓子不堪重负，出现沙哑发炎的情况，虽说不是大病，但对身体也有损伤，长期这样的话，会对身体造成比较大的伤害。

2015年，一篇名为《朋友圈拼步数，她差点失去双腿》的文章报道了南京市民杨女士，因为在朋友圈与朋友比拼步数，在身患糖尿病的情况下依然每天高强度行走，双脚被磨出血泡，继而发展成糖尿病足，甚至有截肢的危险。国家马拉松健将孙英杰曾在采访中说过，我们是为了健康、为了想享受运动的快乐才参与运动的，无论何时都不要忘了这是普通人参与运动的最主要目的。当下运动型的娱乐项目颇受民众欢迎，但是需要根据自身的身体状况和体能来进行，这样既能使身体得到锻炼，也不会伤到自己，更能享受运动带来的愉悦。

精神和身体一样，有着自己的承受极限，适量进行娱乐活动，精神获得适度的刺激，会使人感到快乐，心情愉快，对人的生活心态和思想观念有着积极正面的影响；但是过度的"乐"会造成精神的负担，损害精神。人的情志活动使人体生理正常活动，不会致病，但是情志过于激烈，超过精神限度，就会造成人体运行紊乱，导致脏腑经络、气血失调而发病，有时甚至直接伤害内脏，即所谓七情内伤，所以才有"乐极生悲"的故事。快乐的强烈程度和持续时间超过人体自我调控的范围，就会让人生病。因此，快乐要适度获取，不能超过自身的极限。

娱乐活动从本质上说，必须是正当娱乐，即必须是有利于人们身心完善而不是伤其身损其德的活动。所谓"成己"，就是指所从事的娱乐活动是有利于自己身心健康和人格尊严的，而不是相反。比如，"黄、赌、毒"是法律严令禁止的行为，最初的"黄、赌、毒"都是以娱乐的形式出现的。古代的风月场所、博戏樗蒲等，以及魏晋时期发明的五石散，可以被看作"黄、赌、毒"的雏形。人们根据自身的娱乐需求，发明了这些娱乐活动。但因为这些娱乐活动流于表面，以感官刺激等方式使人沉迷，让娱乐者无止境地沉浸其中，失去对尺度的把握，不能适度而行，最后丧失理性，沦为欲望的奴隶。所以，这些活动逐渐被国家法律严令禁止。

当然娱乐的"成己"原则需要良好社会娱乐环境的保障和支持。这要求政府有关部门加强对相关娱乐场所的管理，不允许提供低俗、色情、暴力的娱乐内容和相关设施。某些娱乐场所以色情服务为招揽手段来吸引顾客，触及法律，破坏道德，应被查处关闭。

（二）互尊合义

在娱乐活动中，大家的身份都是娱乐者，相互之间的贫富差距、知识高低以及社会地位并不能影响娱乐活动的正常进行。娱乐者如果想要从娱乐活动中获得愉悦体验并增进相互间的感情，就要抛开这些因素，这样方能使娱乐活动顺利进行。尊重彼此的娱乐选择以及娱乐习惯等是娱乐者在进行娱乐活动应该遵守的基本行为规范，互相尊重才能保证彼此的娱乐需求得到合理满足，才是符合道义的行为。在娱乐交往中，互尊合义原则能保证娱乐者之间的和谐交往，并通过合理正当的娱乐方式增进娱乐者之间的关系。

在娱乐交往中，互相尊重为第一要义。每个人有不同的娱乐习惯，喜好运动的人更喜欢体育类娱乐，喜欢音乐的人往往会约上朋友去歌厅尽情欢唱，甚至在同类的娱乐活动中每个人的娱乐方式也会有不同，尊重合义，就要尊重他人的娱乐选择和娱乐习惯，不以自己的爱好或便利为理由来强求他人甚至剥夺他人的娱乐权利。

私人关系间的共同娱乐，是深化彼此感情的有效方式，但是如果没有注意采用合理正当的方式，反倒会破坏感情。亲人之间有长幼之分，尽管在娱乐活动中也应当尊长爱幼，顾忌长者的身体和幼童的情绪，但若过分追求这种长幼差别，会使相互之间难以进入娱乐状态。例如长辈应该尊重儿童的娱乐天性，不能因为对方是心智未成熟的小孩就不尊重他们的娱乐需求。只有尊重儿童的娱乐需求，才能更好地教育他们，也能培养儿童尊重他人的优良品质。朋友之间更是需要互相尊重，彼此迁就，朋友并不全是因为娱乐喜好走到一起的，更多的是有相同的志向或理想，较为投机，因此成了朋友。性格、成长环境等都会有不同，这也决定了朋友之间的娱乐喜好或许并不一样，甚至会有对立和差别，两个朋友之间，一个喜欢热闹活力的欢快娱乐，一个喜欢安静平和的平缓娱乐，只要双方互相尊重，迁就彼此才能玩到一起，即使玩不到一起，也不能否定另一个人的娱乐爱好。娱乐是每个人的自由选择，都是出于自己的需求来选择合适且自己喜爱的娱乐，朋友之间可以相互学习，尊重彼此的娱乐形式和娱乐方式。

私人娱乐之外，陌生人娱乐是现代社会经常需要面对的情况，电影院、体育馆、音乐会、外出旅游，除了同行的朋友亲人之外，更多的是与陌生人一起欣赏游玩。这时，就更显互相尊重的重要性，互尊是拉近陌生人距离，展现友好的桥梁，只有尊重他人，他人才会尊重自己，互尊也是良好娱乐氛围的保证，相互尊重才能共同娱乐。

游乐场是儿童和年轻人都喜爱的娱乐场所，过山车、鬼屋、蹦极、海盗船等，既刺激又有趣，玩了一次还想马上玩第二次，但越是受欢迎的项目，玩的人也就越多，自然也就会排起长队，这时候就容易出现插队的现象，这是不懂尊重他人娱乐权利的行为。大家都是来娱乐的，在游乐场里，每个人的身份都一样，都是游客，排队是保持游乐场秩序的规范形式，如果违背规范，甚至引起了争吵，就会使双方的快乐体验都难以实现。

很多娱乐活动资源都有限，独自霸占的行为会影响他人的娱乐体验，比如足球或篮球比赛，经常会出现一种人——"球霸"，即占着球、不与他人合作、独自进攻的人，这类人毫无疑问是娱乐者共同讨厌的一类人。因为球类活动本就是团队活动，每个人的位置可能不同，但是大家都有着相同的娱乐权利。正是团队协作才会使这项娱乐更有趣味，自认为自己的球技很好，就一直霸占着球，让他人不能参与进来，这是一种错误且不道德的行为。

看电影时，所有观众都应当保持安静，不去打扰他人的观影，这是对他人以及自己娱乐体验的尊重，所有观众都带着观赏和体验的娱乐目的来观看电影，打扰他人就等于打断了他人的娱乐体验。换位思考一下，如果被他人打断了娱乐体验，自己也会很不高兴。尊重不仅要尊重他人的娱乐权利，还应当在他人的娱乐技艺偏低的情况下，不去嘲笑和诋毁别人。很多娱乐活动中，都需要娱乐主体具备一定的娱乐技艺才能获得更好的娱乐体验，比如团队娱乐中，如果每个人的水平都很高，那么团队也能在合作上更默契，娱乐体验也就越好，但是如果团队中出现娱乐水平偏低的队员或对手时，不去嘲笑和指责，而是安慰和鼓励，就是对他人最大的尊重，而这种行为也能使整体的娱乐环境更好，才会有更多的人加入娱乐活动。

相互尊重还包括不同娱乐群体之间的相互尊重。《论语·子路》言："君子和而不同，小人同而不和"，朱熹在《四书章句集注·论语集注》讲："和者，无乖戾之心；同者，有阿比之意。"和谐是不同事物之间的协调统一，不是无原则的附和，也不能随意贬低不同于自身追求的事物。娱乐活动丰富多彩，从古到今，娱乐方式千变万化，发展出众多的娱乐活动，创造了生机勃勃的娱乐世界，在娱乐活动的选择上，每个人都有所偏好，有人喜欢下棋时的运筹帷幄，有人喜欢打球时的挥汗爽快；有人喜欢观赏为主，有人喜欢亲身参与；有人喜欢呼朋唤友的众乐乐，有人喜欢自娱自乐的独乐乐。每个人的选择和偏好各有不同，相互之间不能因为推崇自己的喜好而贬低鄙视他人的娱乐方式，只要这些娱乐活动都符合健康良善的娱乐伦理，那么这些娱乐活动就都是正当的，不存在什么高低好坏之分。现代娱乐中，我们可以看到很多贬斥他人娱乐活动的情况，原本友好的两个人有可能因为喜欢不同的娱乐活动而相互鄙视。在面对不同于自己爱好的娱乐活动时，我们应该以"和"而不同的心态，看待他人的娱乐活动，喜欢打球的不嘲笑下棋的不爱动，下棋的也不讽刺打球的四肢发达、头脑简单。跟好朋友一起娱乐时，也不要觉得自娱自乐的人是不合群，每个人的喜好各不相同，不能要求每个人都和自己的喜好相同，只要是正当的娱乐活动，就值得提倡，这样不但丰富了娱乐活动，而且也促进不同娱乐群体之间的和谐共处。

在现代娱乐活动中，娱乐群体间相互诋毁的情况层出不穷，偶尔还会有暴力冲突等情况出现，这对于娱乐活动的多元化和娱乐和谐都不利，娱乐是每个人的选择，这种选择根据个人的爱好、兴趣、成长环境等而有所不同，每个人都有选择自己喜爱的娱乐活动的权利。同样，也应该尊重他人的娱乐选择，这才是符合娱乐伦理的做法。支持不同球队的球迷群体之间对骂甚至发生肢体冲突，爱听演唱会的看不起爱听相声的，娱乐消费大的看低娱乐消费小的，这些情况都是现代娱乐中不尊重他人娱乐选择的表现。其实，只要不是违反法律和娱乐伦理的选择，都应该受到尊重，不同的球队、"雅乐"与"俗乐"、昂贵与便宜都不能决定你的娱乐选择就比他人的娱乐选择高级。事实上，娱乐只有形式上的不同，任何一种娱乐形式，只要不违反法律、符合娱乐伦理，那就是值得人们追求的娱乐活动，都能使人在幸福快乐的同时，塑造良好人格。因此，对每个娱乐群体都抱有善意，懂得尊重他人的娱乐选择，才会获得他人的尊重。

尊重是行为规范，合义是道德基础。这就是说，尊重是建立在合乎道义的基础上的，尊重本身就是一种合乎道德的行为，互相尊重又是一种道德原则要求，尊重他人的娱乐选择权，尊重他人的人格尊严。同时，在娱乐活动中遵守道义规则，这也是合义的要求，各种娱乐活动都有其技术规则和道德规则，技术规则保证娱乐活动有秩序、合理地进行，道德规则则是娱乐行为的价值标准与准则，决定着这种娱乐活动是否有益于主体人格的塑造，是否有利于增进人际交流和良风美俗的形成等。因此，在共同娱乐的人际交往中，娱乐主体都应以遵守道义原则为价值和行为准则。

（三）良风美俗

娱乐作为社会民众共同的需求，是全民性的活动，其蕴含的娱乐习惯、娱乐形式、娱乐观念、娱乐禁忌等共同形成娱乐风俗，而娱乐风俗作为社会风俗的一部分，对社会风俗的形成有着重要影响。娱乐应当肩负起促进社会良风美俗形成的责任，而不是伤风败俗，一些违背道德的、有害的娱乐，会损害社会善良风俗，是需要娱乐者坚决杜绝的。娱乐者要通过合理适度的娱乐行为，培养个人的道德品性，规范人际交往，形成文明和谐、崇德向善的社会风俗，促进社会和谐和文明。

某些娱乐活动比如赌博，作为被严令禁止的娱乐活动，对社会风气危害性极大，破坏了社会公共秩序以及良风美俗。游戏间的输赢，本是增加娱乐趣味的一种方式，为了获得胜利，开动脑筋、全神贯注，赢者自然是开心，输者也会回味于激烈紧张的过程，这本就是充满乐趣的形式。但随着人们对快乐的强度追求，便又加入了彩头，胜利者不仅能获得精神上的赞赏，更能获得以财物为主的彩头，这彩头若仅是无伤大雅的小物件，也不会影响什么，但若超过一定的价值，人们原本单纯的娱乐就变成对财物的追求，乐趣全无，输赢只与财物的获得相关，游戏者不再以乐趣为第一追求，而是期望获取财物，赢者是高兴，但是输者却不能保持娱乐心态，而是懊悔于游戏的失利，使得自己与大量财物失之交臂，不再回味娱乐过程的美好，反而陷入自责和懊悔的负面情绪，赢者的快乐也不再是输赢的快乐，而是因为运气好获得了财物，这也无形助长了赢者的侥幸心理。这种情况在博戏出现后，更是将虚无缥缈的运气与财物结合起来，营造了可以凭运气不劳而获的假象，使得人们更加沉迷于赌博娱乐，寄希望于不劳动而又获得大量财富，这与提倡劳动的善良风俗相背，不但破坏了人们尊重劳动的优良品质，更使得赌博者沉迷其中，欢喜和悲伤在输赢之间不停转换，情绪急剧起伏，对自己身心伤害极大，更会因沉迷而影响自己的生活，因为赌博而家破人亡、妻离子散的例子数不胜数。

赌博最大的危害不在于损害个人身心，而在于会对整个社会风气产生不良影响。赌博提倡的是一种侥幸心理，难以捉摸的运气成为赌博获胜的关键，不用赌博者费脑子或者下功夫，是输是赢全交给运气来决定，久而久之，赌博者就形成了心理习惯，认为运气是决定成败的关键因素，将娱乐之外的其他生活内容也与运气相联系，认为生活的幸福与否全依赖自身运气，而忽略了努力、劳动、吃苦等品质的重要性，助长了赌博者的投机心理，这种心理对以劳动为荣的传统观念是一种消解。而投机行为难以预料结果，与国家法律给民众提供稳定行为预期的理念相背，赌博者对生活存有更多的不确定性，使原本安定有序的善良风俗受到破坏。更有甚者，难以抗拒财物的诱惑，又不能控制运气，便转以作弊的手段获取胜利，或与他人合伙利用投机心理欺骗其他赌博者，严重损害他人利益，败坏社会道德，影响社会公共秩序的良好运行以及善良风俗的形成。赌博的侥幸性，已经使得赌博脱离了小赌怡情的娱乐范畴，而沦落为以小博大的投机行为，助长了社会上好逸恶劳、不劳而获思想的滋生与蔓延，同时，赌博的行为对于原本勤恳吃苦、遵纪守法的善良民众也是一种刺激，打击了民众劳动的积极性，进而导致道德失范现象，最后使得社会善良风俗的形成受阻，并危害公共秩序。因此，赌博不仅是一种不道德的娱乐活动，而且是一种违法行为。

社会娱乐活动应当有助于形成社会善良风俗，以合理的娱乐方式、积极健康的娱乐内容，培养正当的娱乐观念，帮助民众形成积极良善的思想品质，完善自我并获取幸福生活。在现代社会，登高郊游、艺术欣赏、体育活动等益智怡情并强身健体的娱乐活动，能够培养娱乐者积极健康的生活心态，并形成全社会乐观向上、充满活力的风气，自然对于良风美俗的形成有正面影响。

现代娱乐伦理原则对于现代娱乐活动的选择、规范和评价都有着重要意义，适度成己、互尊合义、良风美俗是现代娱乐活动应当遵守的三个娱乐伦理原则，适度成己确保娱乐主体不会过度沉迷娱乐，而是以适度的娱乐体验成就自己的完善人格和道德品性，也能有效地避免享乐主义对娱乐伦理的消解，培养人们的自制力，既保证自己的娱乐活动更有价值，又保证自身身心良性发展；互尊合义的原则则旨在维护娱乐交往的和谐，保证娱乐者之间的友好相处，让民众在娱乐活动中广交朋友，并从娱乐同伴身上学习优良品质；良风美俗原则则促进良善有序的社会风气形成，娱乐作为日常生活活动之一，应当积极促进社会的公序良俗的形成，而不是伤风败俗，影响社会稳定。

三、现代娱乐伦理建构

现代的拜金主义、享乐主义严重污染了娱乐环境，尽管历史上的娱乐也有消极负面的内容，但是在社会道德体系的框架下，这些不正当的娱乐行为都被禁止。在现今社会，拜金主义、享乐主义成为不可忽视的思想潮流，影响着社会的方方面面。在这种情况下，娱乐的教化功能应该受到重视，娱乐伦理的建构对于我们抵制拜金主义等有着积极正面的影响，娱乐伦理显得格外重要。娱乐伦理是净化现代娱乐环境、规范现代娱乐活动的重要措施。因此，应该积极建构娱乐伦理，推动社会风气好转和道德文明进步。

（一）以仁爱之心维护人的尊严

"仁"是儒家思想的核心内容，樊迟问仁，子曰："爱人"（《论语·颜渊》）；仁爱是对他人的一种喜欢、亲近、需要，正是充斥着冷漠、互不关心的现代社会所需要的。提倡仁爱，有助于社会消除冷漠。娱乐伦理首先应该以仁爱为主，在娱乐活动中尊重他人、关爱他人，而不是嘲笑他人、伤害他人。娱乐可以有雅有俗，但这里的俗是通俗和世俗，而绝不是低俗、媚俗。我国某著名小品演员，以自己的独特风格给人带来了不少欢笑，但是其小品内容多以插科打诨的自嘲和嘲笑他人为主，2007 年在美国演出时，被批评为低俗下流，其拿嘲笑残疾人和智障者为笑点的行为令人尤为反感。纽约作家毕汝谐撰文说："节目内容庸俗，言辞粗鄙；……以嘲笑生理缺陷、插科打诨为能事。这样一个活宝，却成为观众的宠儿！呜呼！"纽约律师陈梅说："演出之后，我接了很多电话，很多人抗议他的演出内容，我个人也有同感。他们的演出无聊、下流。……演员上台一讽刺残疾人，二讽刺肥胖者，三讽刺精神病患者，他的演员把自己的欢乐建立在别人的痛苦之上，我认为如果……不改变内容，就不应该再出国了。"随着社会道德观念的强化，国内批评他的言论越来越多，多是指其表演内容低俗不堪。作为给中国观众带来了无数欢笑的老牌喜剧明星，不能否认其在戏剧方面的杰出贡献，但是我们必须明白的一点是，娱乐不能毫无底线，必须是正面积极的。仁爱的娱乐态度要求我们必须以关爱他人、尊重他人为娱乐基础，应当在娱乐活动中培养"爱人"的"仁德"，杜绝嘲笑他人，尤其是残疾人等。

（二）以礼让促进娱乐人际和谐

追求和谐是中国自古以来的价值目标，重点在于追求"人和"，"和"始终是人类的夙愿和理想。《论语·学而》有言："礼之用，和为贵，先王之道，斯为美。"《孟子·公孙丑下》也讲："天时不如地利，地利不如人和。"现代社会同样提倡构建社会主义和谐社会。"和"并不是一个人的事，虽关乎个人道德水平，但更多是人与人之间的交往规范。

在娱乐交往中，"和"德同样是最高追求，"揖让而升，下而饮，其争也君子"（《论语·八佾》），就描绘了这样一种和谐的娱乐观念，竞争之前相互行礼，做足礼数，然后不管结果如何，在竞技之后都能一起欢快畅饮。娱乐活动中总是存在竞争对抗的内容，而人们在得失心和求胜欲的影响下，往往会在对抗中发生口角争执，然后不欢而散，不但影响了自己的娱乐体验，而且破坏了与他人的交情。在娱乐活动中合理追求快乐，而在娱乐活动结束后就应该把娱乐过程中的对抗抛在脑后，不能将对抗心理带入结束后的相处中。在现代球类比赛中，不同队伍的球迷经常相互谩骂，甚至大打出手，被人冠以"足球流氓"等称号。观看球类比赛已经成为现代社会的一项大众娱乐，每次重要比赛都有成千上万人关注，比赛双方也希望能给观众带去精彩的比赛。观众们既然都是为了娱乐而去看比赛，那么何苦要相互谩骂，相互诋毁对方球队，甚至人身攻击呢？试想如果每个人都能坚持"和"的娱乐伦理，在比赛中和谐相处，那么就不会出现这些问题，也能够跟身边的人分享快乐，共同讨论比赛细节，何乐而不为？

（三）以道义促成娱乐良风美俗

"义"作为儒家思想的重要德目，同样应成为娱乐伦理的伦理基础，同样也是抗拒拜金主义文化的重要道德基础。《中庸》曰："义者，宜也，尊贤为大。"韩愈在《原道》中说："博爱之谓仁，行而宜之之谓义。"宜，就是善、正确、恰当，指对一件事物的裁断合于节度，处理一切事物合宜。如果从广义上讲，"义"在娱乐伦理方面表现为遵守秩序、乐以其道、尊重他人等，这里仅从"义利观"角度来讨论现代娱乐伦理的建构问题。

在拜金主义、享乐主义的侵蚀下，现代娱乐内容和形式等都淡化了道德性，甚至完全有悖于社会道德。如何抵抗拜金主义的侵蚀，让娱乐活动重新回到伦理正轨？要先培养"义"德，明确义利关系。

《孟子·告子上》中有言："生我所欲也，义亦我所欲也；二者不可得兼，舍生而取义者也。"最大的利莫过于生命，孟子在面临生命与道义的冲突时，宁死也要保义。《论语·里仁》提到"君子喻于义，小人喻于利"的观念，可见儒家思想中重义轻利的观念。金钱等确实是人生活中的必需品，但是不能为了金钱等利益而忽视"义"等道德观念，应该分清二者的先后顺序，应该"见利思义"（《论语·宪问》），符合道义之后，才能获取，这叫"义然后取"（《论语·宪问》）。儒家思想讲"以义制利"，坚持"义为利本"的思想。

在日常娱乐中，人们出于寻求快乐等目的而进行娱乐活动，不仅涉及经济利益，而且关乎精神利益，对二者的过度追求形成了拜金主义和享乐主义。在拜金主义影响下，很多娱乐场所将娱乐经济化，想要获得快乐就要付出相应的金钱，旅游景点"宰客"、导游强迫顾客消费、娱乐场所提供色情服务等，都是将娱乐与金钱挂钩，甚至不惜违法，严重地污染了娱乐环境。现代娱乐应该坚持"以义制利""义以生利"的伦理原则。在现代娱乐活动中，很多人为了眼前的利益，铤而走险，做出杀鸡取卵的蠢事，不但断绝了自己的财路，而且影响了他人的娱乐体验，可谓损人不利己。旅游景点若能提供优质的服务，还愁没有蜂拥而至的游客？娱乐场所若能提供更多物美价廉而且内容正当的娱乐活动，也一定能吸引更多的人。大众传媒若能踏踏实实地将制作良好电视电影节目作为自己的追求，杜绝为吸引眼球而将一切泛娱乐化，自然也能受到观众的喜爱。

　　坚持以"义"制"利"，进而做到以"义"导"乐"，娱乐必须在"义"的基础上进行，形成了这种观念，自然能在娱乐活动的选择与进行上做到抵制拜金主义和享乐主义，形成正确健康的娱乐风气，进而促进形成社会良风美俗。

第八章　生死伦理

生与死，是人生的起点与终点，在传统社会，生与死大多呈现为一种自然的生命、生活事实；步入现代社会之后，随着医疗科技手段的改进，生与死的方式有了更多的选择，也产生了诸多新的伦理问题。

医疗科技使人们对生命有了更多的了解，也意味着人们有了更多的选择权，不仅性别可以选择、干预，而且可以做试管婴儿、找代孕母亲，或许有一天我们还要面临"克隆人"，由此就可能产生许多新的伦理问题：父母的角色如何确定？父母与子女的伦常关系如何规范？"克隆人"与正常人如何相处共存？

对于死，人们同样面临种种困惑。植物人可以数十年维持生命、器官移植变得比较普遍、安乐死不再是技术难题。但是，伦理难题却出现了：是否可以允许安乐死？自杀是否是对伦理律令的侵犯？器官移植的次序如何选择？这些问题都需要我们重新反思。

第一节　生死伦理研究述论

一、生死问题研究的多维视角

生与死，是与人类共始终的人生现象。伴随着这种现象的不断重复，人们开始思考这种现象的意义。生死观成为哲学思考的重要问题，这一问题与哲学史相始终。以西方哲学史为例，其死亡哲学自古希腊到现代，俨然可以独成系统；中国也是这样，生死问题长期受到思想家们的重视，儒学的"杀身成仁""舍生取义"说、道家的生死自然观等就是其体现。

生死问题，作为一个独立的研究领域，是晚近的事。综观学界对生死问题的研究，其大概有如下特点：（1）将生死问题作为一门学科来研究。现在的死亡哲学、生死哲学、生死学、死亡教育、生死教育、生死智慧等都是这种研究的体现。（2）关于生死问题，不同研究强调的重点不同。比如死亡学与生死学和生命教育，虽然有许多内容上的重叠，但是强调的重点是不同的。中国学者在将西方的死亡学引进汉语思想界的时候加入了"生命"的维度，并且逐渐走向了生死教育领域。我们这里论述的生死伦理是从生活行为伦理学这种视角出发的，比较接近生命伦理学的论域，但是淡化其生物医疗科技因素而侧重其与伦理、生活、人生的关联性。我们会在汲取前述各种研究成果的基础上突出我们的视角和特色。我们先对相关的研究与问题做一简单的学术回顾。

（一）死亡哲学或生死观研究

对于大陆学界来讲，关于生死问题的探讨比较侧重死亡哲学和生死教育。

段德智教授的《死亡哲学》① 一书于1991年出版，1996年修订再版，此书的自我定位是"死而上学"，但是探讨的内容基本上属于对西方死亡哲学史的梳理。段德智教授认为，对于死亡问题可以有宗教学、生物学、医学、心理学、伦理学的讨论，"但是，死亡哲学作为哲学的一个分支，却既明显地有别于这些具体科学或精确科学，也明显地有别于罗斯维尔·帕克所开创的'死亡学'（thanatology）。例如，它并不具体地讨论'临床死亡'、'死亡的绝对体征'（如尸冷、尸僵和尸斑）、对垂危患者的高质量护理、安乐死的具体措施、植物人的死亡权利、死亡时间的确定、器官移植技术和器官遗赠道德、死刑的废除、死刑毒气室、死亡率和死亡税以及

① 段德智. 死亡哲学. 武汉：湖北人民出版社，1991.

核威胁与核讹诈、核污染和核扩散等问题，它甚至也不从社会心理学的角度来讨论'我的死'和'你的死'、'部分死亡'和'整体灭绝'以及伊丽莎白·库布勒-罗斯死亡过程理论等具体问题。死亡哲学作为哲学的一个分支，是对于死亡的哲学思考，它虽然也以人的死亡为研究对象，虽然也十分关注与人的死亡有着密切联系的种种自然现象和社会现象，但却旨在凭借哲学概念或哲学范畴对这些事实或现象进行总体的、全方位的、形而上的考察。换而言之，它是以理论思维形式表现出来的关于死亡的'形而上学'，或曰'死而上学'。因此，在死亡哲学里，我们讨论的是死亡的必然性与偶然性（亦即死亡的不可避免性与可避免性）、死亡的终极性与非终极性（亦即领会的可毁灭性与不可毁灭性）、人生的有限性与无限性（亦即'死则腐骨'与'死而不朽'）、死亡和永生的个体性与群体性、死亡的必然性与人生的自由（如'向死而在'与'向死的自由'）、生死的排拒与融会诸如此类有关死亡的形而上的问题。而且，也正因为它同研究死亡的各门精确科学或具体科学有这样一层区别，它才获得了一种独有的超越地位，既有别于宗教神学和文学艺术，又对一切有关死亡的形而下的研究有一种普遍的统摄作用和不可抗拒的指导力量"①。这段话比较典型地反映了死亡哲学的问题意识。段德智教授不仅沿此思路认为"死亡哲学是一种形而上学"，而且认为死亡哲学是"一种世界观和本体论"②；在具体的论述上，他基本上沿用了西方哲学史的写法，将死亡哲学分为"古希腊罗马死亡哲学、中世纪死亡哲学、近代西方死亡哲学、现代西方死亡哲学"，只不过它们隶属于"死亡的诧异、死亡的渴望、死亡的漠视、死亡的直面"③ 等不同阶段。这是一种有趣的分法，书后附录有"西方死亡哲学名言荟萃"。在 2006 年前后段教授还出版了《中国死亡哲学》一书，但就问题的探讨方式来看，其思路主要归属于依据哲学史的死亡哲学探讨。

在大陆学界，更多依据中国儒、释、道哲学智慧而慢慢走向一种生死

---

① 段德智. 西方死亡哲学. 北京：北京大学出版社，2006：7-8.

② 同①11.

③ 同①35.

智慧的学者首推郑晓江教授。他对死亡观的梳理近似于上述死亡哲学的思路，但是，郑教授的着眼点不在哲学，他试图基于传统生死智慧而给现代人一种认识死亡、平静看待死亡，从而珍惜人生、善待生命的引导。他通过"生死互渗"原理、"三重生命"原理来化解人们对死的恐惧，试图达到一种善生优逝的现代生死智慧。此种努力与耕耘，对于大陆的生死教育与当代中国人的生死观建构功不可没，有着更多的受众和影响。他的著作与思想在台湾也有着广泛的影响。

（二）生死学研究

与大陆学界不同，台湾学界的生死问题研究，不是接续西方哲学史和中国传统，而是从西方引进死亡学，进而将之改为生死学，落实为生死教育与管理。无论从大专院校的课程设置来看还是从安宁疗护机构的设立来看，无论从悲伤辅导来看还是从殡葬礼仪来看，台湾都取得了切实的成绩。台湾学界在引进西方的死亡学时，考虑到华人讳言死的传统，在死亡学中加进了爱和生的元素。但是，死亡学变为生死学进而变为生死教育，其实已经与死亡学距离很远了。

"thanatology"（死亡学）源自古希腊 thanatos 一词，通常被界定为死亡的学问。"死亡学"一词最早由动物学及细菌学家爱列梅其尼可夫于1903 年提出；美国纽约州立大学布法罗分校医学教授罗威·柏克于 1912年在美国医学协会期刊中开始介绍死亡学的概念。罗伯特·卡斯特邦在他编著的《死亡百科全书》中指出死亡学是研究与死亡相关的行为、思想、情感及现象的学科。死亡学，从不同的角度探讨与死亡相关的现象和行为，如死亡的原因、生命及与死亡的意义、临终者的内在经验、丧亲者的悲伤过程、丧葬及哀悼的社会风俗、生命权伦理难题之抉择、临终病人及家属的照顾及服务（包括缓和治疗及安宁照顾）、不同宗教信仰的生死观、死亡教育的实施等主题。① 对于死亡学具有标志性的专著则要推赫尔曼·

---

① Charles A. Corr，Clyde M. Nabe，Donna M. Corr. 当代生死学. 杨淑智，译. 丁宥允，校. 吴庶深，审定. 台北：洪叶文化有限公司，2004：导读 1.

菲费尔于1959年出版的《死亡的意义》①，它可作为"区别近代死亡与濒死学问的分水岭"②，此书综合了各式各样的学术观点，围绕死亡的理论假设、文化上的观点、死亡的真实情景而架构成一本关于死亡经验的著作。随后，关于死亡学的研究成果大量出现，比如1959年茜西莉·桑德斯出版的《照护濒死者》、1961年路易斯出版《关注丧亲悲伤》，等等。1969年伊丽莎白·库伯勒·罗丝出版了《死亡和濒死》，此书极为畅销，成为经典之作。随后关于死亡与濒死的书籍风起云涌，而关于这方面的杂志就有数种，如《死亡与濒死杂志》《死亡哲学》等。③ 围绕死亡问题展开的研究，其中很大一部分在讨论"濒死"和"死后世界"的问题。④

生死学（Life-and-Death Studies）由傅伟勋教授于1993年提出。傅伟勋教授对于台湾的生死学研究有着开创性的影响，一方面他对西方的死亡学非常熟悉，另一方面他对现代生命医学伦理问题有着较敏锐的把握，他自觉地将原有的死亡学称为生死学，有某种重建意义，他在《死亡的尊严与生命的尊严》一书的序言中说：

> 本书的一个特色是在，从科学整合的宏观角度把"死亡学"连贯到精神医学、精神治疗、哲学、宗教学乃至一般科学（如心理学与文化人类学），以便提示"死亡学"研究的现代意义。本书的另一特色是在，我从美国现有的"死亡学"研究成果，再进一步配合中国心性体认本位的生死智慧，演发一种我所说的"现代生死学"，且根据"生死是一体两面"的基本看法，把死亡问题扩充为"生死问题"，即死亡的尊严与生命的尊严息息相关的双重问题，如此探讨现代人的死亡问题的精神超越，以及生死的终极意义。这是我所以稍改原先书名（《死亡的尊严——现代人的死亡问题及其精神超越》），定为《死亡的

---

① Herman Feifel, ed. The Meaning of Death. New York：McGraw-Hill，1959.
② Lynne Ann Despelder, Albert Lee Strick Land. 死亡教育. 黄雅文，等译. 台北：五南图书出版公司，2006：34.
③ 同③36.
④ ［美］穆迪，生命不息. 林宏涛，译. 北京：世界图书出版公司，2013；［美］魏斯. 前世今生. 谭智华，译. 北京：光明日报出版社，2011；［美］罗斯. 生命之轮：生与死的回忆录. 范颖，译. 重庆：重庆出版社，2013.

尊严与生命的尊严——从临终精神医学到现代生死学》的主要理由。①

死亡学的问题域是以死亡为中心的，但是考虑到华人思想传统中避讳言死的心理，傅伟勋教授加入了生。学者吴庶深对此有着明确的自觉："无论是'生死学'或'死亡学'，都以生命关怀为出发点，因此这两个名词的概念是可以相通的。然而在国际学术交流的研讨会中'死亡学'一词已被普遍接受并使用；反观我们国内因受文化、习俗等因素之影响，谈论'死亡'一直被视为是一个社会禁忌，因此用'生死学'代替'死亡学'可能较易被国人所接受，因为'生'的喜悦可冲淡'死'所带来的恐惧。"② 同样的思路，傅伟勋教授还提到"以'爱'的表现贯穿'生'与'死'的生死学探索，即从'死亡学'（亦即狭义的生死学）转到'生命学'，面对死的挑战，重新肯定每一单独实存的生命尊严与价值意义，而以'爱'的教育帮助每一单独实存建立健全有益的生死观与生死智慧"③。由此而来的生死学更多是生命学和生死智慧。死亡的本质与濒死经验都不是生死学和死亡学的主题，平静地看待死亡、珍惜生命才是生死智慧的旨归。

(三) 生死教育研究

傅伟勋教授的《死亡的尊严与生命的尊严》一书不仅引发了台湾学界对生死学的关注，而且将美国的死亡教育引入了台湾，逐渐打破了华人社会对死的忌讳。死亡教育的具体内容借鉴了美国等西方国家死亡教育的现有课题与经验，主要包括：

(1) 提供学习和死亡与濒死有关的事实，使学习者获得正确知识与讯息。

(2) 认识死亡和文化的关系，并了解对不同文化的人而言，死亡

---

① 傅伟勋. 死亡的尊严与生命的尊严——从临终精神医学到现代生死学. 台北：正中书局，1993：序言 20—21.
② 林绮云. 生死学. 台北：洪叶文化有限公司，2000：吴庶深序.
③ 傅伟勋. 论人文社会科学的国际整合探索理念及理路. 佛光学刊，1996（1）：126.

是不同的事情。

（3）了解有关死亡系统（death system）的人员角色及该系统的运作情形（包括医疗服务、丧葬仪式及费用……的资讯）。

（4）协助获得有关死亡与濒死的历程、哀伤、丧亲等资讯。

（5）了解与死亡相关的特殊议题，如安乐死、堕胎、自杀、死刑……议题的伦理思考。①

但是，在华人社会谈死是为了善生，所以生死学很容易进向生死教育，渐渐地生死教育又演绎成生命教育，因此生命教育便具有极为丰富的外延。死亡学和死亡教育本来以死亡为中心，但现在却被过多地引向了生命关爱，由于对生命关爱的凸显反而淡化了死亡教育原有的职能。

钮则诚教授认为，"把死亡学运用到人的生活上，需要把死亡教育扩充为生命教育，即令死亡历程和人生历程相互通透，使之彼此辉映。科学家认为死亡与临终乃是一项可以进行科学研究的'事实'，但是这项事实的当事人却终其一生在从事'价值'判断与抉择。基于'知德合一'的理念，我建议死亡学者在对于死亡的科学研究中，吸纳人文关怀的主题和方法。我心目中经过扩充的生命教育，即是在人本精神观照下，对包含死亡在内的生命议题进行教学与研究"②。

但是，生命教育却有着较为确定的界限，与之近似的概念是"通识教育"（general education）、"博雅教育"（liberal education）、"全人教育"（holistic education）③，其产生的背景之一是"知识与生活整合的智慧教育"，避免人过多地注重知识、技术而忽视生命自身的价值。就台湾实际的教育实践层面来讲，生命教育逐渐变得广义和开放，钮则诚教授说："目前台湾的生命教育至少有七种取向：伦理教育、宗教教育、生死教育、健康教育、生涯教育、性别教育、环境教育。"④ 这基本已经走向应用和教育实践，与学术界关于生死问题的探讨不在同一语境了。

---

① 尉迟淦. 生死学概论. 台北：五南图书出版公司，2000：67.
② 钮则诚. 殡葬与生死. 台北："国立"空中大学出版社，2007：60.
③ 陈德光. 生命教育与全人教育. 台北：幼狮文化股份有限公司，2010：13.
④ 同②61.

总括上述，我们可以看到国内外学界关于生死问题的研究有两条线索：第一条是大陆学者基于西方哲学史和中国儒、释、道精神所做的关于西方死亡哲学和中国生死智慧的进路。第二条是起源于美国的死亡学传统，主要以死亡为中心，讨论死亡、濒死等问题，进而演进为死亡教育的理路，引导人们关注悲伤辅导、安宁疗护等议题。傅伟勋教授接续此死亡学传统，将其创造性地引入台湾学界，这便是生死学学科的确立；由此台湾的生死学研究逐渐凸显生命关爱的层面，在名词上也多有本土化调适，基于死亡学的死亡教育被称为生死教育，逐渐被纳入生命教育的范围。大陆学者基本延续基于传统儒、释、道思想资源的生死智慧，引导今人善生优逝，对由现代死亡学而来的悲伤辅导、安宁疗护、安乐死等议题少有讨论。大陆学界关于安乐死、自杀、"克隆人"、器官移植等问题的讨论，基本被纳入邱仁宗所引介的生命伦理学或者说生命医学伦理学。大陆学者和台湾学者虽然对生死问题的探索有着不同的线索、起源和进路，但是殊途同归，最终都指向了生死智慧，通过对死亡的体认逐渐达到理性地看待死亡并更加珍惜生命的意义。

二、生死伦理问题的突显

生死伦理之所以在现代成为突出的伦理问题，其成因大概在于：

第一，死亡教育或生命教育无法回应现代医疗科技带来的伦理挑战。死亡学以及死亡教育更多是一种生命教育，对现代以来的种种生死问题、对人类伦理原则所提出的种种挑战少有回应；而且，死亡学更多是关注以死亡为中心的问题，对生基本少有关注；但是，在现代社会，生的方式已经发生了很大变化，比如说试管婴儿、代孕母亲以及逐渐严重的堕胎现象，同样值得关注；而对于死，生死学固然提供了较丰富的资源，但是自杀、安乐死、器官移植、遗体捐赠等都不是仅仅通过教育层面就可以解决的问题，尤其是新的生死方式使原有的伦理道德遭遇了前所未有的挑战。

第二，生命伦理学更多侧重对与医疗科技相关的问题进行分析而缺乏伦理学视角。生命伦理学或生物医学伦理学对生死问题确实有着较为广泛的讨论，但是，其侧重点往往集中在生物医学与生物科技所带来的种种技术讨论、法律争议上①，以独立的伦理学视角去回应这些现代挑战，还显得不足。比如，"克隆人"问题，随着医疗科技逐渐进步，或许不再是个技术难题；但是，克隆出来的人，如何看待他？如何界定他与其他人的关系？如何界定他与克隆母体的关系？这些问题都是伦理问题，需要从伦理学角度给予研究。

第三，生死伦理重在研究生死的伦理挑战与问题。现代以来标榜的自由、人权基本成为新的"金科玉律"，但是，人有没有堕胎的权利？自杀是不是一种人权？这些不仅仅是法律争议，因为法律很难干涉这些，或者说通过技术处理，许多行为可以逍遥法外。但是，是不是"应该"？这又是个伦理问题。比如说安乐死，医生为避免被起诉，完全可以引导病人通过安乐死机器来自助安乐死，这样，法律就没有办法追究了。但是，在伦理上是否"应该"？这是我们需要追问的。人和人的伦理关系，随着现代科技的细化而变得更为焦灼，表面上是疏远了，但实际上是更紧密了。人与人之间应该如何相处？面临现代的种种医疗科技手段，人生还有没有意义？人是否还有追求幸福的可能？显然，这些都是需要伦理学深入研究的问题。

基于以上理由，我们认为在死亡学、死亡哲学、生死学、生死教育、生物医学伦理学之外有必要提出生死伦理的研究新维度。

三、生死伦理及其研究意义

（一）生死伦理的意涵

生死伦理作为日常生活行为伦理学的一个分支，面对现代社会中生与死的种种新现象（比如试管婴儿、代孕母亲、"克隆人"、自杀、安乐死、遗体捐赠等），审视生、死的新的行为方式对传统人际关系的挑战与影响，通过研究形成新的、合理的生死伦理价值观念与行为规范，并使现代人受其规范与引导，从而以符合现代新伦理的行为方式来对待、处理人类的生死问题。

---

① 邱仁宗. 生命伦理学. 北京：中国人民大学出版社，2012；再版序1.

基于上述分析，可尝试将生死伦理学界定为：以现代人生活行为中的出生（方式）与死亡（方式）为研究对象，探究现代人新的人伦关系及其合理性，回应试管婴儿、代孕母亲、"克隆人"、自杀、安乐死、遗体捐赠等现代生物医学所带来的伦理挑战，由此建构一种善生优逝的生死观与彼此敬重的现代人际伦理关系。

生死伦理的研究视角与维度，与死亡哲学不同。它不仅关注死亡，而且关注出生；对死亡的关注也不重点探究有关死亡的形而上的问题，而重点关注死亡对人与人之关系的影响及其伦理意义。

生死伦理也不同于生死学或死亡学。它虽然要以生死学或死亡学提出的具体问题为前提，但其探讨重点却在于讨论这些问题所提出的伦理难题及其价值评判与应对策略。

生死伦理也不同于生死教育。无论是死亡教育还是生死智慧，最终都指向关爱生命，这一点也是生死伦理研究的归宿，但是，生死伦理却不是主要研究教育普及，其重点在于关注生死问题与伦理的关联性。

与生死伦理学比较接近的学科，是生命伦理学或者生命医学伦理学。生命伦理学或者生命医学伦理学与生死伦理学有着部分重叠的问题论域，但是研究侧重点不同：生命伦理学或者生命医学伦理学重点研究生命医疗科技所带来的种种困惑，比如对死亡的认定、对临终者的安宁疗护，当然也包括关于安乐死的伦理争议；生死伦理学则以医疗科技为背景，重点讨论伦理挑战，并尝试给出伦理学的回应。

以伦理学的基本方法而论，我们的生死伦理研究，既有元伦理的根源性探讨，也有规范伦理的讨论，最终落实到对现代生死问题的应用伦理的回应与分析。

（二）生死伦理研究的意义与价值

第一，面对死的不可改变性寻求善生的可能。现代医疗取得了迅猛发展，但是，就可以预期的情形来看，死亡仍是人生不可避免的事件。那么面对死，人生的意义将依然是一个值得持久审视的问题。生死伦理研究将向我们揭示，即便面对有死的不可变性，追求善生也是可能的；换句话说，正是死亡的存在使人生有了边界和可能，有了善生的必要，这意味着人的共生共在性是值得珍惜和善待的，他者是需要敬重和以礼相待的，因为正是在与他者的交往中，他者（或与他者的关系）给予了我们幸福。

第二，生死伦理研究将引导人们解决当代人的生死困惑。现代人的生死困惑不是因为生死方式、医疗手段、现代科技而产生的，工具无法产生意义与困惑，问题的根源在于人在人伦关系与人生意义方面的迷失、错乱。

现代社会出现了新的生的方式比如试管婴儿、代孕母亲等，出现了新的死的方式比如安乐死等，这些新方式带来的挑战要求我们更自觉、更理性地看待生、死，以维护人性尊严与人生意义。解决现代生死困惑，或许就是生死伦理研究的目的与价值所在。在现代种种自由、人权等普世价值的维护下，在现代种种医疗科技的支持下，试管婴儿、"克隆人"、自杀、安乐死、器官移植等有什么不可以？尤其是自杀问题，既然现代的主流思潮是人的解放和自由主义，那么，自己感到痛不欲生，一切都是徒劳，为何不可以自杀？什么样的伦理规范值得遵循？

人类的生死行为之所以需要以伦理价值观念与规范予以范导和规范，就在于任何个体的产生和存在都是一种伦理关系的存在，因此对伦理规范的遵循是必然的；这是基于人性自身的需要，而非外在的强加。在此种意义上，我们可以说，无论生物医疗科技发展到何种地步，遵循基于人性的伦理规范都是必要的。

第二节　生命伦理研究

生命的存在和生命意义的寻求是生活伦理的基础与根本追求。如何理解生命？生命是否神圣？当生命与生活质量不佳时人是否有放弃生命的权利？现代医疗科技背景下产生的试管婴儿、代孕母亲等现象，是否会给现代人的生活伦理带来某种混乱？如何化解和应对？对于器官移植、人体试验等现代议题所带来的伦理争议，应当如何面对？这些问题将是本节要加以讨论的。

一、生命与生命伦理

（一）生命

这里所说的生命自然是指人的生命存在，它不仅是神圣的，而且是人类一切活动、价值产生的自然前提。生命诚可贵，维护生命的存在是最高的伦理价值。

我国研究生死学的知名学者郑晓江教授论及人的生命时曾说，其实，每个人的生命除了实体性的生理生命之外，还蕴含着三重内容：血缘性亲缘生命、人际性社会生命、超越性精神生命。血缘性亲缘生命是人类生命存在的物质基础，是人际性社会生命和超越性精神生命实现的前提；而人的人际性社会生命和超越性精神生命则更能体现人类生命的本质。[①] 此种说法体现了人类生命的本质，无论作为生命基础的血缘生命还是作为关系存在的社会生命，都是在伦理关系中产生的；而对于精神超越性的追求不仅仅表现为人的精神创造，同时还表现为人生命的不朽性。一般而言，生理性实体生命和血缘性亲缘生命成长的最高目标是健康地成长；人际性社会生命成长的最高目标是和谐幸福；超越性精神生命成长的最高目标是丰富创新。人们依靠超越性精神生命生产出许许多多创新之物，通过精神的永存来超越死亡，并最终达到生命的不朽。所以，超越性精神生命最能体现人之生命的本质：永不止息的探索，永无满足的创新，永不熄灭的精神之光。[②]"死是生活的终止，生命可以永存。"[③] 对于任何一个个体来讲，死亡只是生活（实体生命的存在）的结束，他的人际生命（亲友怀念）和精神生命（对他人的影响，比如说德、功、言）是一直存在的。

这里我们至少可以看出：（1）人的生命具有生长性特质，无论血缘性生命还是人际性生命，都是动态的，都是过程中的建构。（2）关注人的生命品质，使人的生命存在和生命活动更加健康、幸福，这也是生命伦理的

---

① 郑晓江. 生命与死亡：中国生死智慧. 北京：北京大学出版社，2011：6.

② 同①9.

③ 郑晓江. 生命教育演讲录. 南昌：江西人民出版社，2008：105.

关怀之一。正如生死学家波伊曼所说:"生命品质观念无论用道义论或功利主义来加以解释,人类的价值都是来自理性的自我意识或享乐的能力,因此他们的生存权利都不应该遭到剥夺。这并不否认生命的重要性,因为生命本身就足以获得一切正面的价值。根据生命品质的原则,生存是产生其他价值的必要条件。因此它可以构成保护生命观点的有力支撑。生物性的人类生命并没有绝对价值,但是没有它,其他的好结果统统免谈。"①(3) 人的生命具有社会性的特点,无论人际性社会生命还是超越性精神生命,都不是封闭自守的,而是社会性存在,其价值与意义是他人和社会赋予的。因此,必然受到伦理的影响与制约。正是在这个意义上,关注生命伦理并主动建构生命规范就是必要的。正是人的伦理自觉建构与规范,成就了人生和人间的幸福秩序。

(二) 生命伦理

美国《生命伦理学百科全书》将"生命伦理学"(bioethics) 定义为:运用伦理学的方法,在跨学科和跨文化的条件下,有关生命科学和医疗保健的伦理学,包括道德见解、决定、行为、政策等的系统研究。需要留意的是生命伦理学的生物科技背景,如同邱仁宗先生所说,生物医疗技术大大增强了专业人员的力量和知识。过去人们不能做的事现在能做了,如使垂死的病人继续存活、在产前检查出胎儿的疾病、移植身体的器官,等等。于是就提出了这样的问题:我们应该干这种事吗?由于知识的增加,我们可以预测原来不可预测的行动后果,这有可能迫使我们做出道德决定。例如,有严重遗传病的夫妇所生育的后代,有身心缺陷的可能性非常之大,是否可做出不允许他们生育的决定?力量和知识的增加带来了许多好处,如某一器官衰竭的病人可以获得代替的器官,但这又提出了资源的公平分配问题。不许伤害病人是一条传统的医学伦理原则。那么,关闭一个脑死病人的呼吸器是不是伤害病人?不让一个有严重缺陷的胎儿出生是不是伤害病人?不去抢救一个没有存活希望的无脑儿或脊

---

① [美]波伊曼. 生与死——现代道德困境的挑战. 江丽美,译. 香港:桂冠图书股份有限公司,1997:33.

柱裂婴儿是不是伤害病人？因为得不到供体肾而使肾衰竭病人死去是不是伤害病人？[①]

　　据沈铭贤教授的分析，"生命伦理学的范围相当广泛，通常分为五个研究领域：理论生命伦理学、临床伦理学、研究伦理学、政策及法制生命伦理学、文化生命伦理学。理论生命伦理学可以理解为生命伦理学概论或通论，侧重于理论层面的阐释。临床伦理学包括临床各科和护理的伦理问题及规范。研究伦理学指生命科学和医学研究中的伦理学，包括药物临床试验规范，同时拓展到生命科学前沿研究的伦理。政策及法制生命伦理学属于管理和制度层面的伦理学，不仅政策和法律要符合和体现伦理，而且伦理的传播和实施要有政策和法律的保障。文化生命伦理学研究文化和生命伦理的关系，以及不同的文化和宗教对生命伦理的不同理解与沟通"[②]。这五个研究领域的划分，基本上涵盖了生命伦理学的主要范围。

　　生活伦理视角下的生死伦理包含生命伦理与死亡伦理，它与生命伦理学并不等同，尽管二者有着较丰富的重叠领域，但是二者的视角和出发点不同；生命伦理学主要的针对背景是现代生物医疗技术，而生死伦理的着眼点却在于回归生活主题，生死伦理面对的问题不是技术而是生活。对生活伦理的关切是对人自身的尊重和对个体追寻幸福生活的尊重与建构。在现代背景下，生物技术对人们生活有着广泛而深刻的影响，因此生活伦理视角下的生死伦理研究自然不可能完全摆脱生物技术因素的影响。但是，生死伦理不等同于医学伦理，也不等同于生物技术伦理，而与生命伦理学中的第五个分支文化生命伦理学有较多的契合点，即不仅面对现代技术进步条件下所产生的生命问题，更要将其放在文化的大背景下加以讨论，以形成一种合理的生死观念与生死伦理。当然不可否认，生命伦理问题的提出，具有很强的现代性，正是现代技术的挑战使其成为一个伦理问题。

---

　　① 邱仁宗. 生命伦理学. 北京：中国人民大学出版社，2012：2.
　　② 沈铭贤. 生命伦理飞入寻常百姓家：解读生命的困惑. 上海：上海科技教育出版社，2011：42.

邱仁宗先生在《生命伦理学》一书中，将生命伦理学的议题归结为生殖技术、生育控制、遗传和优生、有缺陷的新生儿、死亡和安乐死、器官移植、行为控制、政策和伦理学等主题①；而程新宇教授在《生命伦理学前沿问题研究》中探讨的生命伦理问题包括生殖技术、安乐死、基因干预、器官移植、人体试验等。② 由此可见，生命伦理学有自己大致确定的关注议题。在日常生活行为伦理学的视角下，重新审视生命伦理，我们会看到关于生命伦理的现代议题，试管婴儿、代孕母亲等，将会得到重新的诠释和解读，并且将获得更多伦理向度的关注。

生命伦理之所以是一个现代议题，是因为它关注的问题大多以现代医疗科技为背景。比如生殖技术问题，没有现代医学的发达，人工授精、体外受精、代孕母亲等都是不可想象的。生殖技术用通俗的话讲，便是非自然生殖，意思是有医疗科技干预下的生殖。自然生殖下产生的父母子女关系相对简单，生殖技术协助下产生的父母子女关系相对复杂，由此而来的伦理问题纷繁复杂。医生面临更多的是生殖技术的改进与安全保障，伦理学家关注的问题则是新的生殖技术背景下产生的伦理挑战。

与生命产生方式相关的现代议题包括：（1）人工授精；（2）体外授精；（3）代孕母亲；（4）无性生殖（克隆技术等）；（5）性别选择；（6）生育控制（堕胎、绝育等）；（7）遗传和优生（基因重组等）；（8）有缺陷新生儿；（9）器官移植。除却第九个问题器官移植涵盖范围不限于出生方式干预之外，其他都是生命产生时遇到的现代困扰。此种困扰不仅仅是技术上的不稳定，更多是伦理学上的困惑、挑战以及由此而来的潜在影响。比如性别选择问题，在传统上也有生男生女秘方问题，但是，就准确程度而言，都无法与现代技术媲美；随着生物科技对染色体认知的加深，在性别选择问题上基本可以做到准确无误。但是，技术改进带来的依然是伦理叩问：是否应该？有何伦理影响？当一个社会侧重生男时，是否是一种重男轻女观念的延续？男女比例失调情形下，性别选择对社会伦理问题又有着何种影响？

---

① 邱仁宗. 生命伦理学. 北京：中国人民大学出版社，2012.
② 程新宇. 生命伦理学前沿问题研究. 武汉：华中科技大学出版社，2012.

二、出生方式的伦理问题：试管婴儿与代孕母亲

现代生物技术赋予了现代人更多的选择和可能，比如生殖问题就出现了试管婴儿、代孕母亲等，使一些无法自然生育的夫妇能够拥有自己的小孩，但选择可能性的丰富带来了同样丰富的困惑，自由度的扩大意味着有更多的困扰。试管婴儿技术的成熟，意味着夫妇双方的孩子可能其精子或卵子来自第三方供体，或者整个受精卵都来自他人，那么问题在于：这样出生的孩子，到底谁是他们的父母？是血缘父母还是生养父母？对于将出生的孩子，他又当如何看待此种错综复杂的关系？一般来讲，供体方的信息是隐瞒的，但是，若彼此知道了对方信息，那又当如何看待此种关系？这些问题在传统社会是不存在的。这时候涉及的伦理问题便不仅是谁是孩子的父母的问题，而且包括精子与卵子是否可以成为商品的问题等。另外，在特别重视孝悌观念的中国社会，由供体受精卵而产生的婴儿如何尽孝悌之道？换句话说，到底谁才是他的父母？

程新宇教授在提到精子、卵子捐献时所遇到的伦理问题困扰时说："精子、卵子、胚胎的捐献是否合乎道德？精子、卵子和胚胎的捐献和献血、捐献器官有什么不同？用捐献的生殖细胞生孩子是否有损人类的尊严，是否对即将出生的孩子造成伤害？血缘关系真的不重要吗？生殖细胞捐献者的个人资料是否应该保密？"[①] 其实，这里面涉及的问题更复杂，比如此种体外授精合成生命的方式是否有悖于人性？此种生命体的诞生方式是否会流于商业操作？而且，由此造成的父母关系将变得更为复杂。与此相应，代孕母亲的出现使这种生物父母和社会父母的分离典型化了，而且其中的商业化运作也更典型，由此而来的父母子女关系如何界定？人的生命产生方式是否会因过多的商业运作而变得有损人性、尊严？程新宇教授指出："替代妊娠的伦理争论的重点主要集中在如下几个方面：（1）替代妊娠是否存在剥削；（2）替代妊娠是否把妇女和婴儿商品化，损害人的尊严；（3）替代妊娠是否破坏婚姻家庭。"[②] 我们从日常生活伦理的视域

---

① 程新宇. 生命伦理学前沿问题研究. 武汉：华中科技大学出版社，2012：12.

② 同①18.

去审视这些伦理困扰，认为主要问题集中在生物父母（精子、卵子的供体或代孕母亲）、社会父母（新生儿的抚养者）与新生儿的关系上。

任何社会群体的行为都将具体落实为个体的行为，就生殖技术来讲，无论人工授精还是体外授精，都是父母个体对生殖方式的选择，即便是精子捐献也是一种个人自愿的行为；更极端一点，代孕母亲问题，排除特殊案例，一般的界定也是自愿情形下的个体行为，是自愿的、个体的、无伤他人的，所以这不涉及非法行为。再比如性别选择，若仅从父母个体来讲，这也是对自己后代的期待，最多是一个家庭行为。还有优生问题，对有缺陷胎儿的堕胎以及有缺陷婴儿的抛弃等，从某种意义上讲，都是个体行为。就出生主体来讲，更是一种个体性行为，无论以何种方式受孕，生命个体的出生都是个体行为，具有不可替代性。

任何个体的出生都不仅仅是个体性问题，从其受孕方式到出生都是一个社会行为，更为关键的是生命诞生后整个生活空间都是社会性的。比如说性别选择问题，就单个人来讲，似乎无可厚非，但是考虑到人的社会性，这个问题就变得举足轻重了；而且，从伦理上讲，这也涉及对人性的界定与人性尊严的维护。"生儿育女"不只是父母个人的事，也不仅仅是一个家庭的事；在传统社会，这涉及整个家族或者宗族的小群体，而且在家国同构的社会里，家族的事与国家的事是相互联系的，这意味着"生"的个体性逐渐淡化，个体的"生"在关系确认中才成为真实，人际关系、人的社会性关系赋予了"生"真实性。生儿育女受到社会制度与文化的强烈影响，比如，在中国传统社会，由于农耕经济需要壮劳力，也由于男尊女卑的价值观念影响，人们多希望生男孩，这是涉及家族香火传递的大事，因此，未生养男孩的妇女就有可能被夫家"休"弃。而在当下男女平等、"生男生女都一样"的文化环境下，这种重男轻女的观念虽然还未绝迹，但却比较淡化了。

"君子之道，造端乎夫妇"，就中国传统家庭而言，新生儿的出生，更具有某种神圣意义，对于家族来说，意味着"香火传递""家族延续"；对于父母来讲，意味着自己家庭的确立；对于母亲来讲，可能关乎自身的地位和去留。怀上孩子是"见喜"，那不是"一个人的事"，而是父母、祖父母以至于整个家族的"喜事"；"生"，不仅仅是新生儿的诞生，更预示了种种伦理关系的强化。而且，此种伦理关系不限于家族，周边邻居也会因为某家添了儿子而对之刮目相看，这种影响是决定性的。当婴儿降生之后，我们会看到，要向街坊邻居"报喜"，要做"满月宴"，有"纳吉礼""百天纪念""周岁抓阄"等种种仪式，这种种仪式代表着对原有规范的继承与践行。"生"前，已经存在着种种"伦理性"关系，这可能体现在准父母的男女关系结合上，可能体现在祖父母的期待中，也可能体现在整个家族的继承人选择中；而且，无论他以何种方式"出生"，都无法影响此种"先天"存在的"伦理性关系"。就西方来讲，同样如此，比如说基督教家庭的"洗礼""割礼"等，就体现出基督教这一文化传统对人口生产生命活动的影响。

在"生命"的三重界定里面，我们看到一个人的特质更多体现在"亲缘性""社会性"和"精神性"中，此种后天父母的"亲缘关系"培养优先于精子、卵子的血缘性关系；而且后天的社会性生命也凸显了生命伦理关系的形成与巩固。所以，我们可以这样说，回到日常生活的伦理情境中，即便一对夫妇所怀的孩子是通过试管婴儿技术得自第三方供体，这个生命体出生后由这对夫妇养育，那么这个孩子的父母就是确定的，那就是将他抚养成人的这对夫妇，至于他的血缘性供体父母只是具备"名义"的性质，对他的亲缘生命、社会生命没有任何影响，因此不具备父母的资格与权利。当然，我们的这种看法，可能会受到抱有传统观念的人的质疑。很多人还是坚持认为血缘关系更为根本，血缘生物父母重于后天养育父母。

邱仁宗教授说："我们可以从中分出生物父母和社会父母两类。遗传父母、孕育父母均属生物父母，而养育父母属于社会父母。当完全父母分解时，社会父母应该是道德和法律上的合法父母，因为我认为养育比提供遗传物质更重要，也比提供胚胎营养场所更重要。亲子关系是通过长期养育行为建立的。"[1] 我们基本同意邱先生的看法，同时我们也看到他的提醒，此种新型的生殖方式需要对应的观念开放和宽容，而且要留意此种新型生殖方式对父母关系以及婚姻家庭的影响。

"遗传父母"也许只是精子或者卵子的提供者，孕育父母可能是基于

---

① 邱仁宗. 生命伦理学. 北京：中国人民大学出版社，2012：33.

商业利益产生的代孕母亲，她们可能也有体力付出，但她们为利益所驱使，如果得到了利益，那就在一定程度上得到了回报，对新生儿的恩情已经大打折扣了。长期承担养育之责的社会父母应该得到伦理和法律的支持与尊重。在传统社会，没有出现"基因父母"和"孕育父母"分离的可能，所谓的"亲生父母"就是指上述二者的合一，而社会父母或者养父母，较之"亲生父母"，在人们的心理上，由于传统血缘关系的深刻影响，人们从伦理与道义上尊重、感谢养父母，可是在情感上又总是怀恋亲生父母，这在传统社会也是可以理解的一种情感，因为血缘关系是根源，生育是基础，没有这个前提，我们的生命就不可能存在，生命的存在是先在于养育的。但是在现代社会，由于"遗传父母""孕育父母"都成了独立环节，加之都可能成为一种商业利益交换行为，因此，人们更应该尊重与爱戴自己的养育和社会父母，这是现代生命伦理的基本和核心价值。

三、生命维护的伦理问题：器官移植与抢救生命

我们可以假设 A 是一位 19 岁男性，车祸后一直处于昏迷中，靠呼吸机维持生命，他在生前表示死后愿意捐献器官。此种情况下，我们（1）能否宣布他死亡？（2）是否可以撤除呼吸机？是否要经过其家属同意？（3）是否可以摘取器官？是否需要获得其家属同意？（4）若他生前没表示捐献意愿，其家属是否可以代为捐献？（5）家属是否可以明码标价出售其器官？（6）国家是否可以规定，只要没有明确表示拒绝捐献，死后皆可由器官登记中心根据需要摘取器官？这些问题比较典型地反映了器官移植的复杂性以及多重伦理困扰。若上述生殖方式问题只是对于人伦关系的影响的话，那么器官移植则直接涉及人的生命，以及对死亡的判定。比如说依照脑死亡标准，宣布某人死亡，并且摘取其器官；但是，单单依据脑死亡是否可以判断一个人的死亡，他是否有活过来的可能？一旦宣布其死亡，并且对于心脏等关键器官进行摘取的话，他就无论如何也活不过来了；问题在于：是否可以这样做？

具体来讲，器官移植是指将某一个体的器官用手术的方法完整地或部分地切下，移植到自体或同种另一个体或不同种另一个体的相同部位或不

同部位。根据供体和受体的遗传学上的关系，可以将器官移植分为自体移植、同种异体移植和异种异体移植。① 还可以根据器官供体的生命情况而将器官移植区分为活体器官捐献和尸体器官捐献。二者涉及的问题同样复杂。国际器官移植学会前主席、英国剑桥大学教授罗伊对活体器官捐献提出了三个具体问题：（1）活体亲属器官的捐献必须考虑"捐献极限"问题。换句话说，一个器官提供者最多能捐献多少器官，或者能捐献一个器官的多大部分？（2）父母捐献器官给子女容易接受，子女捐献器官给父母则应该慎重。（3）非亲属活体器官捐献更应该慎重，因为很容易由此造成器官买卖。② 这些都是极为具体并且影响重大的问题，器官捐献涉及供体的生命安全，由此必然影响供体和受体的伦理关系。尸体器官捐献的伦理问题更加容易引起争议，因为：（1）如何判定一个人的死亡？尤其是在现代生命维持技术比较发达的情形下，如何判定呢？我们知道 2002 年 5 月凤凰卫视主持人刘海若一度被宣称脑死亡，但是 6 月接回北京宣武医院后，慢慢复苏，这使医学界比较认可的脑死亡标准变得更复杂。（2）如同上面所说，若生者曾有遗嘱同意器官捐献，死后是否还需要征得家属同意？（3）是否可以不考虑家属意见而"推定同意"死者为器官捐献者？这里我们可以看出，器官捐献问题，至少涉及两个人的生命，任何的差错、判断失当带来的危险都是灾难性的，这里面有更多的不可控因素，不仅仅是技术上的不可控，更多是伦理判断上的"悖论"。

当然，还需要考虑到可供移植的器官在任何国家都是稀缺的，这又涉及伦理上的正义与公平问题。我们可以看一个案例：我国某著名演员 2004 年 8 月被确诊为肝癌晚期，9 月在某医院进行肝脏移植手术。2005 年 6 月因病情复发，进行第二次肝脏移植手术，8 月 30 日不幸去世。此事在学界和公众中引起了热议。这位著名演员当然值得尊敬和同情，但问题在于，一年不到，进行两次移植手术，是否公正，是否符合伦理？众所周知，器官移植的器官来源十分紧缺，我国尤甚，每 100～150 个需要移植器官的人，只有一个供体。而这位演员作为名人，却在一年之内做了两

① 程新宇. 生命伦理学前沿问题研究. 武汉：华中科技大学出版社，2012：85.
② 同①94.

次肝移植。特别是，第二次肝移植从医学指标来看，已明显不符合肝移植标准。医生们其实心里也很清楚，做也是白做，但还是要做。那些需要移植、符合移植标准的人，却得不到供体，只能在痛苦的折磨中走向死亡。这个案例，引起了社会大众对公正方面的思考。①

在抢救生命方面，我们遇到同样多的伦理困惑，比如说被评为"2007年中国十大宪法事例"之一的事件：2007年11月21日，孕妇李某在其未婚男友肖某陪同下，到北京朝阳医院看急诊，经诊断为难产，需做剖宫产手术，否则母婴将生命不保。肖某在长达三个小时的抢救过程中，始终拒绝在手术同意书上签字。没有家属的签字，医生不敢贸然手术，结果两条生命死亡。此事引起全国大讨论。2010年12月3日，孕妇吕某从另一家医院转入广州华侨医院看急诊。经诊断有胎盘早剥症状，急需手术分娩，否则母婴皆有生命之虞。但吕某面临生命危险，仍坚持不同意剖宫产。在此紧急情况下，医院医务部门负责人代表院方签字，并诚恳郑重地对产妇说："我代表医院来挽救你的生命。"同时做通了产妇丈夫的工作，签字同意手术。结果因贻误了时机，新生儿重度窒息，经抢救无效死亡，但产妇的生命得以挽救。沈铭贤教授面对此百感交集的事件提出：能否知情同意，在何种特定条件下可以免除知情同意？② 我们知道"知情同意"问题不仅仅是抢救生命手术时常遇到的问题，在上面论述器官移植的伦理困惑时我们同样遇到这样的问题，比如说：生前有捐赠器官意愿，那么他去世后是否还需要家属同意捐赠？这里面涉及的问题是：相应的医学手续或法律手续与抢救生命相比，到底如何把握、权衡与拿捏？

在上面的几个案例中，体现出若干伦理原则的冲突，如生命价值优先原则与主体自主、知情同意的冲突，实质正义与程序正义的冲突，器官资源稀缺所引起的分配与利用正义问题等。

生命伦理自然以维护生命的存有为最高价值原则，天地之性人为贵，人命大如天，一切人的行为和医务工作者的工作目标与原则都应该以维护

① 沈铭贤.生命伦理飞入寻常百姓家：解读生命的困惑.上海：上海科技教育出版社，2011：51.

② 同①85.

人的生命存在为至上价值。这是天赋人权、人道主义、灾难救援所秉持的基本价值观,是人类文明的核心价值,也是人们行为的实践规则。我们常常看到,在诸如地震灾害发生的黄金救援期,各个文明国家的通行做法,无不以不讲代价地抢救人的生命为首要的价值追求。生命是最高的价值,在生命价值与其他价值比如道义相冲突时,某些价值观要求我们"生命诚可贵,爱情价更高,若为自由故,二者皆可抛",但这毕竟是在生命价值与道义有严重冲突的特殊情境下才要人们做出的选择,在日常生活中,我们并无这种价值冲突,维护人的生命存在将是我们行为选择的首要原则。

器官移植和生命抢救,都是人的生命遇到疾病威胁的情况下所面临的问题,因此,必然涉及患者和医者的关系问题。在传统社会,医患关系被看作一种父爱主义的关系,病人对医生像对父亲一样地信任,医者以抢救患者的生命为天职,会像对待自己的孩子那样全力以赴,这种良性的父爱主义的医患关系,使现代的诸多伦理冲突难以产生。而现代自由主义哲学将医患关系看作一种双方独立、平等的商业契约关系,这才产生了所谓自主同意、知情权问题、医疗签字同意、程序正义甚至还要通过视频监督医生的手术过程,这种关系是以极度不信任和防恶机制为前提而设定的,给生命维护和医患关系带来的负面影响确实不小。如同上面的案例,出于某种原因,家属不签字,医生不做手术,在程序上是合法的,但结果却是大家都不愿意面对的,那是一个彻底的符合程序的悲剧;第二个案例,固然有医院强行手术的嫌疑(不过最终做通了家属的工作),但我们却是认可和赞同的,这是因为它符合医疗行为的首要原则。

这种维护生命存在的首要原则在医学伦理上常常被称作行善原则优先。"行善原则"(the principle of beneficence)又称有益或有利原则,我国台湾学者将之译为仁爱原则。医疗,在我国传统社会被看作"仁术",救人一命是最大的行善,正如佛教所言"救人一命,胜造七级浮屠",功莫大矣,所以成为医学的传统和宗旨,也是生命伦理学的首要原则。生命科学技术和医疗要为人类造福,增进人类的健康,增长人类的寿命,有利于人。具体而言,行善是直接或间接地对生命或病人施以有利的德行,以促进他人必需而且重要之利益,并尽可能地避免、减少伤害和风险,比如认真地治疗、细心地护理、必要地援助等。上述案例中,在抢救生命情境中的当机立断,那样的决定是对孕妇、胎儿包括家属的一种行善，程序是为了人，而非相反。具体到抢救生命来讲，在知情同意与行善原则冲突时，我们理应考虑行善优先，在生命抢救关头，此种次序的选择决定了生死存亡。

同样，基于行善原则，对于器官移植来讲，我们会鼓励并引导社会个体积极参与"器官捐赠"，比如说积极填写"器官捐赠同意书"；人生的意义不仅仅在于肉体生命的维持，关键在于对伦理生命（亲缘、社会、精神）的丰富，因此，当肉体生命终结或遭遇不测时，我们捐赠器官便是我们最后的仁爱践行，便是对他者尤其是那些急需移植器官的他者最后的礼物和善意，此种器官捐赠意义重大。是让自己的器官销毁、慢慢腐烂还是让它在另一个生命里继续发挥光和热，决定于我们的选择。因此，维护生命原则或者行善原则，不仅仅是医护人员的优先原则，也是任何一个生活个体的首要考量。

另外在器官移植问题上，医生需要考虑到资源配置和公正使用问题，仅仅行善是不够的，还要考虑到可行性与公正性，比如上面所举著名演员的例子，尽力抢救固然践行了行善原则，但是，一些医生明明知道第二次移植做也是白做，继续做而影响其他患者的移植机会，这便是一种行善失当。这个领域恰恰是需要严格制定程序避免悲剧继续发生的，在这里严格审核程序的制定，恰恰是为了维护行善原则的优先性，而非让行善失当。

尽管现代生物技术日新月异、医疗手段突飞猛进，但是，无论技术走多远都要不断回到人性的源头，都要回归维护人的生命存在这个基本价值，维护生活中的善与爱，否则，技术便成为一种灾难；技术一旦失却了方向，它就不仅是盲目的，而且是可怕的；伦理规约为技术手段指明了正确方向和伦理原则，因此，在现代医疗技术不断发展的条件下，更应该重审生命伦理的基本原则。

第三节　死亡伦理研究

鲁迅先生曾经说过，人生唯一可以确定的是前面的"坟"。无论贫富贵贱，无论生时何等光彩绚丽，最终都难逃一死；美国《独立宣言》开篇称"人生而平等"，但是，事实上，无论在哪里，人生都有太多的不平等；面对死，人人才真正平等，没有例外。知名作家李怀特曾说了一个故事：有一个很穷的老人偷了一只鸡放在锅里炖，外面有敲门声，他问是谁？答曰：是上帝，想吃一点东西。老人说：不给，因为你对人很不公平，在人间厚此薄彼。过了一会儿，又有人来敲门，自称是圣母玛利亚，想吃一点东西，老人也不给，说她对人间也不公平，许多好人好心没好报，坏人却经常嚣张。又过了一阵子，死神来敲门要东西吃，老人反而说："是死神吗？那我可以给你，因为你很公平，富人、穷人、好人或坏人，你都是公平对待，一视同仁。"① 从最终意义上讲，人皆有死，这似乎是最公平的。

正是死，让我们有反思生的必要；正是死，让我们看到珍惜生的意义。正是死，让我们懂得生活中什么是珍贵的，什么是粪土，什么是持久，什么是过眼烟云；正是死，让我们更清楚地审视人生；正是死，让我们看到生活的意义；也正是死，让我们反思人类社会的是是非非。从某种意义上说，死是人类社会文明发展和前进的反思性动力。

本节主要讨论四个议题：第一，什么是死亡？如何界定死亡？现代社会较为发达的急救技术，让过去注定死去的状况有了起死回生的可能，那么什么才是确定的死亡？议题的复杂性彰显了人道标准的细化与谨慎。第二，我们有权选择安乐死吗？我们试图讨论现代社会安乐死所引发的伦理争议，当绝症病人感到存在只是一种折磨时，他是否可以选择安乐死？我们是否会接受此种安乐死？如何看待临终关怀（安宁疗护）的缓解方？仅是肉体痛苦缓解还是也包括心理咨询与辅导？第三，杀人者一定死吗？杀人偿命曾是我们认为天经地义的事情，但是，如今很多国家废除了死刑，为什么会这样？为什么选择宽恕？为什么试图终止以暴制暴？第四，自杀可以吗？在什么情况下自杀是可以得到理解和尊重的？

一、死亡与死亡伦理

什么是死亡？在传统社会，这似乎不是个问题，但在现代社会，随着医疗技术的发展，死亡问题变得越来越复杂。

---

① 冯沪祥. 中西生死哲学. 北京：北京大学出版社，2002：53.

　　传统上判定"死亡"的依据是呼吸和心跳的停止。此种方法在许多民俗中都存在，甚至在现代社会，此种判定方法还在被沿用，比如1951年美国布莱克法律词典对"死亡"的界定便是："血液循环的完全停止，呼吸、脉搏停止。"我国出版的《辞海》也把心跳、呼吸的停止作为判定"死亡"的重要标准。医学上实用的传统死亡标准是心搏、呼吸、血压的停止或消失，接着是体温下降，尤其是心搏消失。

　　但是，此种心死标准遇到了一些难堪的特例，比如：在西南非洲卡拉哈里沙漠中，人们把心死的人埋在浅墓中，但是有很多"死人"从墓中爬出；1962年苏联物理学家兰道遭车祸，心跳停止，但经抢救又活过来，后来他还经历了3次心死复活，直到1968年才真正死去。这些个案都使心死标准遭到挑战。另外，使心死标准遭到挑战的是现代生物科技和医疗抢救技术，比如呼吸机的使用、人工心脏的使用、器官移植的使用。

　　脑死亡标准的提出。现代技术的进步一方面让濒危人士得到更多的救治机会，另一方面让我们看到什么才是真正的"人"，界定人活着的不是物理性的心脏跳动、血液循环、呼吸而是他的意识，换句话说，是人的脑神经。判定一个人死了，不是说他的心脏死掉了，而是说他的"脑死"了。由此，1968年，美国哈佛医学院特设委员会发表报告，把死亡定义为不可逆的昏迷或"脑死"，具体标准如下：（1）没有感受性和反应性；（2）没有运动和呼吸；（3）没有反射；（4）脑电图平直。要求对以上四条的测试结果在24小时内无变化。尽管哈佛的脑死亡标准也招致了激烈争论，比如说符合上述标准的不可逆昏迷病人有些血压、脉搏、呼吸还正常，那将如何处理？是否能宣布其死亡？另外，对于脑死的技术判定，是全脑死亡还是大脑皮质死亡？这些又存在着判定差异。问题在于，大脑皮质死亡的人，一个人的意识基本失去；但是，若依照全脑死亡观点，那些不可逆的昏迷者、植物人等便会被认定还活着，曾有一个植物人昏迷了长达37年。

　　脑死亡标准固然存在上述细节争议，但与心死标准相比，这是死亡判定上的"范式"转换，意义重大，反映出现代社会的新人道标准。脑死亡标准的提出，照顾到了病人、家属与现代救治技术等多重因素，而且隐含着现代社会对"人"、对"自我"认识的深化。

围绕死亡，还有诸多伦理问题与争议，随着现代医疗科技的发达，种种绝症被克服，种种顽症被治愈，医生更加了解病理，通过仪器能更清楚地判断病灶，因此种种"奇迹"在不断上演，比如：器官移植，这在过去是不可想象的；早产儿，在过去也几乎预示着不幸；天花等传染病，现在基本可以杜绝；植物人，现代医疗设备可以数十年让他"活着"，这在过去也是不可想象。然而，医疗的进步远远赶不上人性的期待，对于许多疾病，现代医疗并不能做到药到病除，比如癌症、艾滋病。随着医疗科技的进步，死亡变得更加不确定。比如说，癌症是绝症，大多数末期患者都面临告别人间，但是也有"治愈"的或者能活过来的；"植物人"，一般只是"等死"，但是有些确实恢复了意识。若没有现代医疗技术的协助，这些都是无法产生的"奇迹"。

综上所述，死亡伦理的现代议题包括：（1）死亡标准；（2）安乐死；（3）自杀；（4）死刑；（5）他杀；（6）遇难；（7）临终关怀；（8）器官移植（主要涉及死后捐赠器官者）。死亡标准问题更多是医疗技术上的争议，生死伦理更多只是选取一种较为认可的脑死亡标准。安乐死问题在现代社会变得比较棘手，这个问题与临终关怀逐渐重叠，无论赞同还是反对，都有相应的理由。安乐死问题非常复杂，不仅涉及将安乐死作为手段来获取非法收益的法律争议，而且涉及从临终关怀角度实施安乐死的伦理争议。自杀与人类共始终，但是人们很难认可自杀，原因在于自杀造成对生命存在价值的放弃和现实人伦关系与责任的抛弃。死刑存废问题不仅是法律议题，同样也是伦理议题。他杀和因事故而遇难虽然涉及死亡，但更多是外力因素造成的，我们不做过多分析。很明显在涉及生死伦理的现代议题中，最典型的是自杀问题，最复杂的是安乐死问题，而死刑问题则涉及社会层面对死刑犯的人道主义对待方式。

二、安乐死与临终关怀

"安乐死"源自古希腊文 euthanasia，原意为好死、无痛苦地死亡；在现代语境中的含义是，有意引致一个人的死亡作为提供给他的医疗的一部分。"安乐死"有时也被翻译为"无痛苦致死术"，比如《牛津现代高级英汉双解词典》对"安乐死"的界定是："患痛苦的不治之症者之无痛苦地死亡；无痛苦致死之术。"

我们可以看一个案例，这是我国首例安乐死诉讼案。1986年汉中市夏素文女士患肝硬化腹水、肝肾综合征住进汉中传染病医院。当天，医院发出了病危通知，随后几天常规治疗，病情恶化，疼痛难忍；其子王明成知道病情无救，又不忍母亲受此折磨，母亲曾呼喊寻死，他多次找院长和主治医生，请求采取紧急措施让母亲无痛苦地死去，院方不肯；王明成又多次请求，并说可以在处方上签字，最后院方同意，为夏女士注射100毫升复方氯丙嗪，6月29日凌晨，夏素文去世。

这是比较典型的安乐死个案：（1）不治之症；（2）痛苦难忍；（3）医疗措施干预下无痛苦地结束生命；（4）病人或家属有意于此。当然上述诉讼案的复杂性在于王明成的大姐和二姐由于一些费用纠纷将医院上告，在安乐死不合法的背景下，法院受理此案，法院的判定颇遭争议，认为院方和王明成属于有意结束他人生命，剥夺公民生命权利，但是其情节不构成犯罪。不得不说，此一判案兼顾了法理和人情。我们看到，安乐死不同于谋杀，但又确实属于剥夺生命权的行为，正是此种争议性，让安乐死在现代社会得到更多的关注。

对安乐死之一般议题的讨论极为棘手，具体争议如下：（1）就病人自身来讲，他主动提出安乐死，医院是否有此义务？（2）对于昏迷病人来讲，家属是否可以代替他提出安乐死申请，医院是否可以接受？（3）对于以救治生命为天职的医生来讲，通过医疗措施结束生命是否应该？（4）人们是否有死亡权？争议或困惑还不止这些，还有很多特殊情况，比如绝症病人误诊或奇迹恢复的状况，那么安乐死对他们无疑是自杀失当；家属为免除救治负担积极参与安乐死申请；安乐死立法的技术性难题，什么情况是允许的。当然上述四个疑问，构成了安乐死争议的主要议题。尤其是，人们为了生命的尊严而选择死去，是否可以？若生命不是一项义务，那么是否可以说人有选择死亡的权利？若没有放弃的权利，那就意味着生命是一项义务，生命权的说法就很难成立，一般来说权利是可以放弃的，不能放弃的权利只是义务的变相表达。

安乐死一般可分为基于自由意志的自愿安乐死和基于家属意愿（主要指无法表示意见的病人，比如植物人）的非自愿安乐死。在具体执行上，我们又将安乐死分为积极安乐死和消极安乐死。两相结合，我们将安乐死分为以下四类：（1）基于自由意志的消极安乐死，比如拒绝接受进一步治疗；（2）基于自由意志的积极安乐死，比如主动提出申请希望医生协助仁慈杀人，无痛苦地死去；（3）基于非自由意志的消极安乐死，比如停止治疗；（4）基于非自由意志的积极安乐死，比如仁慈杀死无行为能力残障婴儿或植物人等。

消极安乐死，一般会比较容易得到认可。比如对于绝症患者，没有更好的救治方案，慢慢衰竭并在痛苦中死去；比如残障婴儿不积极采取进一步救治方案；但是，若主动注射毒针或氯丙嗪如上面的案例，或者主动拔掉植物病人的饮食管，这就令人难以容忍；其实，结果都一样，只是在行为方式上一个是被动等死一个是主动仁慈杀死。提倡积极安乐死的人给出的理由是，与其看着他们在痛苦哀号中受尽折磨而死，何不送上一程，请他们安心上路，无痛苦地、有尊严地离开，难道不是最后的人道关怀吗？知名的库普医师是所有婴儿都应得到治疗的坚定支持者，但是他也认为用以维持生命的治疗不适应于如下三种情况：（1）婴儿天生没有大脑；（2）大脑严重出血，以致离开呼吸机无法生存，并且永远无法辨认他人；（3）婴儿的消化道严重发育不全，以致只有通过静脉滴注营养品才能维持生命。与其让他们在饥饿中慢慢死去，不如采取措施让他们无痛苦地静静离开，这不更人道吗？积极安乐死，在一些个案里，我们确实看到了它的合理合情处；然而，问题在于，积极安乐死方案是个一般性措施，一旦被认可，任何的绝症患者就都有可能被待之以积极安乐死的方案，但是积极安乐死是不能被作为一个普遍化手段予以执行的。

安乐死问题折射出现代医疗困境，一方面人们对于人类机体有着更深入的认识，对于病理结构有着更清晰的认识，对于病症诊断有着更明确的说法，但是，与此同时，医疗技术又往往满足不了人们的期待。对人更加看重，但是，技术的限度让人也倍感无奈。一方面是维持植物人数十年活着的医疗技术，另一方面是数十年也无法救活的无奈。这在传统社会是不存在的，因为没有现在发达的急救技术也没有健全的维护技术，所以死去或活着不是有太多争议的问题。然而，现代社会，先进的医疗技术提供了更多的救治可能，但是，对于更多可以维持却无法救治的病人则显得无能为力，此种活着实际却死去的病人长时间的存养，一方面让人看到了现代医疗技术的发达，另一方面也让人看到了医学的尴尬，生和死变得棘手。有这样的技术不用，似乎不人道；用这样的技术，又没有进一步的救治方案，似乎更不人道。插上呼吸机是令人欣慰的，但是，若没有进一步的救治方案，谁来拔下呼吸机？这是现代医疗科技发达下的伦理难题。到底什么是对一个人的尊重？什么是对病人的关爱？从技术上讲，许多绝症能够确诊，但是，主动仁慈杀人，我们却很难做到，这正是上述王明成案的纠结所在。安乐死不仅是技术争议问题、医院要不要协助的问题，而且是我们当如何善待绝症患者的问题。许多情况下，即便是病人自身，也知道将无法救治，但是，问题在于在此绝望的边缘，除了安乐死方案之外，对病人自己、对病人家属，医院是否还可以提供其他更人道的关怀或服务。我们并不苛责医生对绝症的无能为力，但是我们可以期待在人性绝望的边缘看到人道主义关怀的曙光。

什么是临终关怀？它指的是对临终病人身心的照顾与呵护，最初发端于西方，主要是协助临终病人缓解痛苦、赎罪悔改，最终灵魂得救。其主要特征表现为：（1）大致确定临终时限比如 6 个月以内或更少，医疗救治无效，呵护身心与医疗适当救助；（2）主要目的在于缓解病人的疾病痛苦、心理孤苦绝望，使之灵魂得救；（3）在以上基础上不过度投入医疗无效救治，协助病人平静、尽量少痛苦地安详离开。临终关怀最早可以追溯至 12 世纪，当时有许多朝圣者，慈善者为这些辛苦的朝圣者建立了沿途供休息、充饥、养病的驿站。约在 1879 年，都柏林玛莉·艾肯修女将其修道院主办的 Hospice 用作专门收容癌症和末期病患的处所，以宗教的爱心来关怀照顾他们。1905 年，伦敦圣约瑟安宁疗护机构被改造为专门收容癌症末期病患的机构。1967 年，西西里·桑德斯医师及其同仁在伦敦郊区共建圣克里斯托弗安宁疗护医院，其他西方国家相继开展了临终关怀服务。① 我国台湾和香港也陆续有类似的医院与服务，一般翻译为"宁养服务""善终服务"等。

上述临终医院的实际运作与宗旨，即临终关怀，主要是向临终病人及

---

① 郑晓江. 生命教育演讲录. 南昌：江西人民出版社，2008：225.

其家属提供包括医疗、护理、心理和社会等各方面的照护，使临终病人的症状得到控制，痛苦得到缓解，生命质量得到关照，生命受到尊重。同时，病人家属的身心健康也能得到关照，最终使病人能无痛苦、无遗憾、安详或舒坦地告别亲友与人世。临终关怀的性质要求医护人员一方面要掌握、控制、减轻病人疼痛的高超技巧，另一方面要具备抚慰病人因孤单、怕受遗弃、怕被视为家属之负担以及心愿未了等所导致的心理问题的本领，以防止病人沮丧、抑郁等情绪的恶化……临终关怀的一个主要特点是：既不盲目地投入大量医药、设备去救治回天无望的病人，也不简单草率地处置病人。[1] 这里我们可以看出，临终关怀在缓解痛苦安详死亡方面与安乐死的初衷是一致的，但是，在对待临终病人的方式上则与安乐死不同，区别在于：临终关怀更多考虑到病人作为"人"的一方面，这包含对病人身、心、灵的全人呵护，而且包括对病人家属的关心、缓解；安乐死的侧重点在"病"的无望上，因此寻求一个结局上的无痛苦。

临终关怀或许被称为"安宁疗护"更为准确，其具体实施，要看到人是人伦关系中的人，生命处于人伦之网、意义之网中，因此，对病人，尤其是绝症患者，不仅仅要看到他的"病"，更要看到他的"人"，一个有生命的人、一个还在生活之网中的人。这样，我们对安宁疗护的界定为：（1）对于临终者而言，身体病痛的缓解自然是最直接的协助，另外身体容貌之整洁、衣冠之条理同样也在关心范围之内，人难免有死，但是，体面地、安详地离开是人性最后的光辉；心的安慰，无论对绝症的介绍、病友分享、家人的不离不弃还是对病人自身心理的开导、抚慰、沟通，都是必要的；灵的呵护，要考虑到临终者的信仰因素，要合乎其信仰诉求，给予灵性沟通、和解与照顾，灵性的安顿才能使患者有终极的平静。（2）安宁疗护的对象包括临终老人、绝症患者、植物人和患有先天致命性疾病的婴幼儿。中国有了第一家儿童临终关怀中心——英国女士金玲在长沙创办的婴幼儿临终关怀中心"蝴蝶之家"。（3）对于病人家属的开导和安慰。许多医院限于财力无法照顾到病人家属的心理重创，但是对于安宁疗护医院来讲，其主旨不是医治疾病而是呵护身、心、灵，其侧重点是关心病人及

---

[1]　徐宗良. 面对死亡：死亡伦理. 上海：上海科技教育出版社，2011：55-56.

其家属的身、心、灵的沟通问题。事情只能循序渐进,但是将病人家属的痛苦提上呵护日程是必要的。

临终关怀的困境非常明显:(1)临终时间如何确定?生命是有机体,许多患者其临终时间只是个约数,很难确定,这还是个问题。(2)缓解痛苦与不盲目投入大量医药设备救助,也是个很难把握的问题。(3)人力、财力、物力限制,医疗资源有限,一般的安宁医院很难具有充足的人力、财力、物力去切实执行对临终者及其家属的身、心、灵的全人呵护。

虽然临终关怀服务有如上难题,但我们还是可以看到现代医疗服务的多元与人性曙光的显露。现代医疗服务,不仅关注人的病,而且关注病的"人",认识到病人是处在人伦之网、意义之网中的,是有生命的个体,是活生生的人,所以对其进行医疗服务,就不能单单侧重在"病"上,还要对其身、心、灵进行全人呵护。从此种理念的转换,确实可以看出现代医疗服务的进步与人道关怀的进一步落实。人总是要死的,但是,如何死,以何种方式善待临终者,这是对人的生命价值和尊严的最后一步的维护与尊重。

三、死刑存废的伦理争议

在中国传统社会,杀人偿命被认为是天经地义的事情,当然也有一些例外和特权,比如说传统上父母杀子女是不受死罪惩罚的,杀了人的皇亲国戚可以通过八议制保护而免死。[①] 但中国传统的价值观念认为"杀人偿命、借债还钱"是社会正义的体现,通过死刑来剥夺杀人者的生命是维护社会正义和社会秩序的必要手段。

在现代社会,死刑存废问题引起了一些伦理争议。据一些学者的研究统计,截至 2004 年 10 月,全世界共有 81 个国家废除了所有犯罪的死刑,12 个国家废除了普通犯罪的死刑,35 个国家事实上废止了死刑(即至少 10 年内没有执行过死刑),三者加在一起是 128 个国家。也就是说,世界上大多数国家已经废除和中止了死刑。其他还没有废除死刑的国家大多实

---

① 张宁. 考论死刑//赵汀阳. 年度学术 2004:社会格式. 北京:中国人民大学出版社,2004:169.

际上也很少执行死刑。但是，据说目前中国的死刑执行数占到了世界的70%，有中国法官建议，是否可以慢慢降到与我国人口占世界比例相称的20%呢？① 这是一个令人深思的问题。

围绕死刑存废，提出的质疑和问题是：若杀人是不对的，为何国家杀人是对的？若生命是神圣的，人的生存权是不可侵犯的，为何公权力杀人是合法的？对于杀人者、犯罪者，社会发展到今天，是否消灭其肉体才是唯一的解决方案？

支持死刑的典型理论，除了上面杀人偿命的心理外，主要是惩罚报应理论和功利主义理论。惩罚报应理论的具体说法是：（1）所有犯罪的人都应该受到惩罚；（2）只有犯罪的人才应受到惩罚；（3）对罪犯的惩罚必须达到当事人罪行的严重程度。这意味着，谋杀犯应该接受死刑的惩罚。康德的典型说法"犯了谋杀罪，他就得死"，是最常见的、最典型的杀人偿命的说法。功利主义理论认为，死刑一方面可以惩罚犯罪者，另一方面可以吓阻人成为谋杀犯。② 但是，问题在于死刑是否能阻止犯罪？这是个很难统计的问题，因为我们见到废除死刑的国家，其谋杀犯罪率并没有提升；而保留死刑的国家，其犯罪率却不断攀升。③ 近些年许多学者对死刑的坚持不再那样单一固执，而一般是"应然的废除论者与实然的存置论—限制论者"，比如北京大学陈兴良教授认为，"因为从物质文明程度上来说，中国是一个发展中国家……在这种物质条件落后的情况下，生命价值同样保持在一个与物质条件相对应的较低水平上。犯罪对社会造成的危害就显得比较大……犯罪对社会的危害在一定程度上是与经济发达程度成反比例关系的。进一步引申，经济发达的社会对于犯罪具有更大的容忍性。而且，物质文明程度提高以后，抗制犯罪的物质条件也大为改善……因此，在物质文明程度较低的社会，人们往往将惩罚犯罪放在第一位，而死刑则被视为一种最为节省成本的刑罚支出……除物质文明程度以外，对于死刑废止来说，精神文明程度也十分重要。事实证明，在一个精神文明程度较

---

① 何怀宏. 死刑三问//生生大德. 北京：北京大学出版社，2011：44-45.
② ［美］波伊曼. 生与死——现代道德困境的挑战. 江丽美，译. 香港：桂冠图书股份有限公司，1997：116.
③ 何怀宏. 死刑三问//生生大德. 北京：北京大学出版社，2011：46.

低的社会，报应观念愈是强烈，对于死刑的认同感也就愈强……我国目前精神文明程度也还在一个较低的水平上，废止死刑缺乏广泛的社会认同。尤其是在中国传统法律文化中，杀人者死之类的报应观念源远流长……它对死刑的废止起着强烈的阻却作用"①。张宁先生的质疑在于，此种基于物质文明和精神文明以及民俗心理来论证死刑存废的依据是值得商榷的：很明显日本平安朝停止死刑已经350年，这说明不是物质文明是否发达的问题；法国废除死刑时60%的民众反对，这说明不仅仅是精神文明的问题；我们已经看到传统中国并没有严格遵循"杀人者死"的原则，而是有很多例外，这说明也不仅仅是民俗心理的问题。②

对于反对死刑的理论，我们可以借助波伊曼的梳理，看到如下三种：(1) 死刑只是在渴望复仇，这在道德上是不能被接受的。(2) 由于人类很容易犯错，很可能将无辜的人定罪而判处死刑，因此死刑应该废除。(3) 死刑否决了犯错者为人的基本尊严，无论一个人变得多坏，无论一个人的行为有多恶劣，我们都还是必须把他当人看，因为一个人生而有尊严。这些反对死刑的理论同样值得商榷，比如说那些"校园屠夫"、那些纵火投毒者，人们很难心平气和地去维护他们的尊严。但是，问题在于，当悲剧发生的时候，死刑是否可以挽回悲剧或者制止悲剧？以暴制暴是否可以实现？另外，通过国家权力杀人，公开、合法杀人，对民众的心理是否会有嗜血、残忍的不良影响？受害者的复仇心理是可以理解的，但问题在于，对于某些罪犯，是否有宽容的可能？死刑惩罚真的是我们唯一的选择吗？

何怀宏先生在《死刑三问》中提出了令人深思的疑问：死刑究竟意味着什么？他举了加缪和丹诺的例子，两人提到一个儿时对父辈的记忆，当地要处决一个死刑犯，大家义愤填膺，他们的父亲也早早地去看；伴随着行刑过程，加缪的父亲大呕起来，当时所想的不是那些可怜的被杀的受害者，而是那副在断头台木板上扭动的身躯……丹诺的父亲再也看不下去，

① 陈兴良. 中国死刑检讨. 北京：中国检查出版社，2003：绪论.
② 张宁. 考论死刑//赵汀阳. 年度学术2004：社会格式. 北京：中国人民大学出版社，2004：169.

并且一生都为人类竟然要使用杀死同类这种残忍的惩罚方式而感到羞耻。依照生活伦理的视角，生活中的此种例子，比上面反对死刑的理论更加令人深思。我们或许要换个角度来想问题：不是为何要废除死刑，而是执行死刑对人类的生活意味着什么？我们知道在很长一段时间内，死刑是在公共空间执行的，执行时有很多人围观，然而，目睹杀死同伴的过程，对于生者意味着什么？对于生者的心理有何种影响？为何最初兴致勃勃、义愤填膺，对于谋杀犯总想绳之以法，但是目睹其死亡过程，却会觉得恶心、惨不忍睹？这是极需要留意的生活情境。我们需要关注死刑执行对生者的心理影响，而不仅仅是讨论那些冠冕堂皇的理由。1905 年，清廷同意沈家本的申请，将凌迟、枭首、戮尸等残酷死刑方式永远废除，这是考虑到此种残忍方式对生者的残忍影响：生者会不会因此而变得暴戾、嗜血、残忍？生者内心如何平静、安宁？

死刑能否达到赋予它的目的？我们通常认为，死刑对于遏制犯罪是极为有效的，比如上面提到的功利主义者就认为，死刑将会有效地遏制犯罪率，尤其是涉及死刑的犯罪率。但是，问题在于，我们看到死刑存留的国家，其犯罪率是逐年上升的，而废除死刑的国家则显示出犯罪率没有上升反而下降。18 世纪意大利法学家贝卡利亚曾说，刑罚最残酷的国家和年代，往往就是行为最血腥、最不人道的国家和年代，因为支配立法者双手的残暴精神恰恰操纵着杀人者和刺客们的双手。何怀宏先生指出，死刑的威慑效果实际上是很难证明的，而且"让我更为担心的还有死刑对人们心灵和行为的另一方面影响，即它也有可能使人们对生命掉以轻心乃至麻木不仁，甚至有可能推动暴戾和残忍的积习，强化以消灭肉身来一劳永逸解决问题的思维和行为定式"[1]。

死刑在何种意义上是正义的？许多认同死刑的人的情绪实际上与正义无关。从历史上来说，死刑的两个前身是以血还血的复仇和活人祭祀，二者都与追求正义无关。而且，何怀宏先生给我们提供了另一个视角，即那些实际上被执行死刑的人恰恰是边缘人士，他说："我们还要考虑刑事犯罪的死刑最多是落到哪些人头上，其实还是大多落到那些本来就是边缘

---

[1]　何怀宏. 死刑三问 // 生生大德. 北京：北京大学出版社，2011：47.

人、穷人、畸零人的人头上。"① 这是一个很引人注意的视角。我们发现许多一时间被视为十恶不赦的人恰恰是通常的善良人、边缘人,很多谋杀只是一时冲动、生活绝望的表现,杀人固然难以原谅,但是杀人的原因我们是否需要考虑?进一步讲,死刑方案是否可以消除杀人背后的原因?我们看到对于这些绝望的人来讲,死刑对他们构不成任何恐惧心理,"民不畏死,奈何以死惧之?"这是需要我们认真考虑的因素。

许多死刑只是隔靴搔痒,表面上一时大快人心,实际上从长远看只是在不断积累杀伐之暴戾,"还有后来人",那些临终面带笑容的杀手使我们看不到死刑对他们有任何效果;而且,作为一个人,他们自身生前所受到的不平等待遇、歧视与压抑是否都不用去考虑,只因为他们最后的杀人行为?我们看到一些杀人行为只是个人不公待遇的结果,那么他们生活中的不公与压抑的原因我们是否应该予以追溯?

另外,死刑这一肉体消灭方式到底对生者有何种影响,是一种对死刑的恐惧而不敢为非作歹?还是对人心的残忍、暴戾性伤害而让人变得杀气十足?这些都是需要考虑的问题。至少有一点,我们若认为杀人不对的话,作为一个国家的公权力是否只有一种方法将自己降低到杀人者的层次来惩罚他才是唯一的解决方案?还是我们可以有其他可能,比如选择宽容?我们已经见到很多受害者家人选择宽容而不同意对施害者执行死刑的例子。

总之,死刑是一个很复杂的问题:(1)此种惩罚是不可逆的,而且在判定量刑上也确实会有误判的时候;(2)此种惩罚是肉体消灭,若在非常时期,它是有效的,所谓"乱世用重典",但在一个常态社会,死刑是需要慎之又慎的;(3)抛开死刑的功效与惩罚的报应论争议,我们需要看到执行死刑对生者的心理影响,看到死刑对生者人心的伤害与残忍性影响,我们还需要考虑那些实际被执行死刑的人往往更多是边缘人的事实,而且我们需要考虑杀人罪背后的原因;否则,我们就只是徒增了许多新的"杀人行为",那些被侮辱与被损害的还会不断地抗争而被合法的处决。

---

① 何怀宏. 死刑三问//生生大德. 北京:北京大学出版社,2011:51.

对死刑存废的重新反思，本身已经说明我们社会的人道主义精神的觉醒，从一个特殊的切入口呼唤人们更加重视生命价值高于社会正义价值的优先性，但死刑问题不仅是伦理问题，而且是法律与社会秩序问题、文化心理与习俗问题，应该在全社会进一步提高人们尊重生命的意识。笔者曾在一个微信群里看到过不知如何泄露出来的几个美女毒犯被执行枪决的视频，看的时候心里确实有恶心和悲痛之感，心里在埋怨泄出和传播这种视频的人，这说明我们社会还需要进一步强化人道主义意识，强化对生命权和人的包括死者的隐私权的保护。当然，死刑存废首先是一个法律问题，一定的良法总是以一定合理的价值观念与伦理观念作为前提的，但作为一种法律实践和法条存废，可能要涉及更多的社会因素，因此，中国法律中死刑存废的利弊可以继续讨论，如上海某名校医学院研究生在水中投毒害死同屋同学，马加爵杀同舍四同学，这样的案例如果不判死刑，恐怕难以符合民众的期待和社会正义之诉求，死刑存废的伦理反思需要不断深化。

四、自杀的伦理评价

相关研究表明，中国近年来的自杀人数不断上升，自杀成为第五位死因。从世界范围来看，自杀已成为十大死因之一，而且每一分钟就有一人自绝生命。

自杀与安乐死不同，与死刑也不同，这是因为：（1）自杀者往往是健康的人；（2）自杀者往往没有伤害他人的行为；（3）自杀是自己主动结束自己的生命。如果说，死亡是对人伦关系的极大冲击，那么我们对于安乐死、死刑尚可以有某种心理承受力，那么对于自杀，则无论如何是难以接受的，因此，日常生活伦理学的生死伦理研究不能不关注自杀问题。

我们首先看一下反对自杀的理由：（1）自杀是不道德的。康德认为人是目的，而且人的行为倘若不符合普遍模仿的标准，那么此行为便是不道德的，他用此种方法来论证不可说谎，同时也用之来论证反对自杀。这在一般意义上是对的。正如我们前面所说，人的生命存在是人类一切价值活动的基础，维护生命的存在是每个人的伦理责任，除非我们的自杀是为了实现一个更高的道德价值，比如有这么一个案例：苏格兰南极探险队病弱的队长不想连累队员自行离营出走，类似于自杀式行为，我们知道不能说这是不道德的，这恰恰是出于一种道德考量，再比如中国"舍生取义"的说法，也恰恰是为了"义"而舍"生"。（2）自杀是对上帝的悖逆。这是反对自杀的宗教论证，在西方有着广泛的影响。基督徒认为生命来自上帝，是神圣的、不可自决的，只能通过上帝之手，人自身没有处决的权利。他们用同样的思路来否定死刑、堕胎和自杀。（3）自杀违背自然律，希望生存与促进生命才是合乎自然的行为。这是基于生命神圣的论证。

自杀引发讨论的问题在于：人是否有死亡权？什么人才有死亡权？比如中小学生的自杀、老人的自杀，我们看到很明显这不是他们厌恶生命的原因，而是生活深处的其他理由导致他们绝望、孤独而最终选择了不归路。只有回到生活情境中，才可以对不同的自杀状况给出言之成理的分析，否则，对自杀者的抱怨或诅咒、对生者的归咎等似乎都偏离了自杀问题的重点。波伊曼讨论了"理性或道德上许可的自杀"：（1）此人已经确实做过评估，判断自杀是对自己最好的做法；（2）此人花了合理的评断时间；（3）自杀的结果对他人所造成的伤害不会超过此人为自己免除的痛苦。① 这三条原则看似合理，但进一步考察其实都难以成立：第一条原则判断自杀是对自己最好的做法，但在正常情况下我们都不知道如何做对自己是最好的，何况是处于自杀状态下的人，我们看到大量的自杀行为因为抢救失效而让人含恨而终，农村喝农药自杀的例子最为典型（比如因夫妻吵架、婆媳吵架、母子吵架而喝农药自杀），近些年逐渐增多的中小学生、大学生自杀也是如此，我们可以看到他们的判断并不是对他们最好的选择（比如因考试不好、学习压力大、失恋而自杀）②，许多自杀行为都是冲动型自杀。第二条原则看似合理，但实际上对于有自杀倾向的人来讲，无论判断还是时间，在他们的视域下都已经发生了变化，有自杀倾向的人的总体判断思路已与常人不同，想法也不同，因此期待他们进行冷静的考量是

① ［美］波伊曼. 生与死——现代道德困境的挑战. 江丽美，译. 香港：桂冠图书股份有限公司，1997：60.
② 郑晓江. 生命教育演讲录. 南昌：江西人民出版社，2008：171-175.

很难的。当然，并不是没有特例，像王国维先生那样的为文化捐躯，我们往往将之与一般的自杀行为区分开来对待。我们关注的日常生活中的自杀，不是为了民族大义、不是为了自由真理而蓄意结束自己的生命。说到第三条原则，对于有自杀倾向的人，他连自己都顾不得了，怎么会充分考虑对他人的伤害，自杀者对他人的伤害，往往只有亲友才能体会和真实估量。因此，上述三条原则都是无法令人接受的。

我们不仅不能同意上述主张自杀的理由，而且应对自杀进行道德谴责，并对自杀人群给予更多的关心。女性、老人、青少年这些弱势群体是有待关心的对象，我们看到他们的自杀所造成的伤害是不可逆的，对人对己都是悲剧，这些自杀行为极大地破坏了人伦关系。我们应设身处地考察这些群体的生活情境、生存处境，更多关心这类群体的生活，这才是缓解中国自杀问题的主要出路。

有些人自杀是因为觉得人生没意思，把人生当作一种无意义的游戏。就个体来讲，若感觉游戏无聊，完全有放弃的权利，然而问题在于，人生不是游戏，放弃人生，从来都不是一个人的事。自杀不是解决现代人生意义问题的有效途径。

死对诸多伦理关系造成剧烈冲击。很多人自杀只是想解除自己的痛苦，而并不想伤害别人，但实际上不计后果的自杀给生者带来了严重的伤害。按照现代自由主义的理论，我的生命是我自己的，我有权决定放弃这种生命，我无须对别人负责。但人的生命从来都不是孤立存在的。按中国的孝道理论，"身体发肤，受之父母，不可损伤"，我们的生命与身体是父母给的，只有倍加珍惜身体和生命才是对父母行孝，也才有可能履行孝道义务，白发人送黑发人被中国人普遍看作人生的大不幸、大悲哀。对于自杀，我们虽不能像以前那样将之看作"背弃了党和人民"的反社会行为，但自杀总是对人生责任的抛弃，自己是否真能解脱还值得怀疑，但给亲人带来的巨大痛苦却是实实在在的。有一位名校的研究生，父母独女，一直品学兼优，刚毕业一年，毕业后在名校任辅导员，可仅因为不能忍受上级领导常要其喝酒而跳楼自杀，刚能挣钱回报父母二三十年的养育之恩，却自杀了，这能对得起父母的养育之恩吗？坚持一个人有权放弃自己的生命，显然是片面的、不负责任的。

在中国传统社会，儒家坚持人生要有意义感、道德感、责任感；道家则遵循道法自然的原则，认为生死是自然而然的事。随着现代科学技术的发展，人们生的方式与死的方式复杂化，使生死伦理遭遇了新的挑战，探讨生死伦理的最终目的是要人们树立珍惜生命的意识，维护生命的存在，尊重人的尊严与权利，使人道主义精神更为彰明，使我们的生活更加美好！

参考文献

一、中文文献

马克思恩格斯选集：第 1 卷. 2 版. 北京：人民出版社，1995.

马克思恩格斯选集：第 3 卷. 2 版. 北京：人民出版社，1995.

马克思恩格斯选集：第 4 卷. 2 版. 北京：人民出版社，1995.

马克思恩格斯全集：第 30 卷. 2 版. 北京：人民出版社，1995.

马克思. 1844 经济学哲学手稿. 北京：人民出版社，1985.

毛泽东选集：第 3 卷. 北京：人民出版社，1952.

习近平谈治国理政. 北京：外文出版社，2014.

黄帝内经. 姚春鹏，译注. 北京：中华书局，2010.

诗经译注. 周振甫，译注. 北京：中华书局，2002.

荀子. 安小兰，译注. 北京：中华书局，2007.

（战国）吕不韦. 吕氏春秋. 陆玖，译注. 北京：中华书局，2011.

（西汉）董仲舒. 春秋繁露. 凌曙，注. 北京：中华书局，1975.

（西汉）贾谊. 新书校注. 阎振益，等校注. 北京：中华书局，2007.

（西汉）刘安. 淮南子. 陈广忠，译注. 北京：中华书局，2012.

（西汉）司马迁. 史记. 北京：中华书局，1999.

（东汉）班固. 汉书. 颜师古，注. 北京：中华书局，2005.

（东汉）刘熙. ［清］毕沅，疏证. 王先谦，补. 释名疏证补. 祝敏彻，孙玉文，点校. 北京：中华书局，2008.

（东汉）许慎. 说文解字. 北京：中华书局，1963.

（东汉）许慎. 说文解字注. 段玉裁，注. 上海：上海古籍出版社，1981.

（三国）陈寿. 三国志. 陈乃干，点校. 北京：中华书局，1982.

（晋）郭璞注. 尔雅. 杭州：杭州古籍出版社，2011.

（西晋）张载. 张载集. 章锡琛，点校. 北京：中华书局，1978.

（北魏）贾思勰. 齐民要术. 缪启愉，缪桂龙，译注. 上海：上海古籍出版社，2009.

（唐）孙思邈. 备急千金要方. 焦振廉，校. 北京：中国医药科技出版社，2011.

（唐）房玄龄，注. 管子. 上海：上海古籍出版社，1989.

（魏）王弼. 周易正义. ［晋］韩康伯，注. ［唐］孔颖达，正义. 北京：中国致公出版社，2009.

（唐）长孙无忌，等. 唐律疏议. 岳纯之，点校. 上海：上海古籍出版社，2013.

（南朝宋）范晔. 后汉书：上、下. 李贤，等注. 北京：中华书局，2005.

（北宋）程颢，程颐. 二程集. 王孝鱼，点校. 北京：中华书局，1981.

（北宋）孟元老，等. 东京梦华录·都城纪胜·西湖老人繁盛录·梦梁录·武林旧事. 北京：中国商业出版社，1982.

（北宋）陶谷. 清异录·饮食. 李益民，王明德，王子辉，释. 北京：中国商业出版社，1985.

（南宋）吴自牧. 梦梁录. 傅林祥，注. 济南：山东友谊出版社，2001.

（宋）朱熹. 四书章句集注. 北京：中华书局，2011.

（宋）朱熹. 朱子全书：第15册. 朱杰人，等编. 上海：上海古籍出版社，2002.

（宋）李诫. 营造法式. 邹其昌，点校. 北京：人民出版社，2011.

（元）贾铭. 饮食须知. 张如青，丁媛，评注. 北京：中华书局，2011.

（元）脱脱，等. 宋史：卷四九六. 长春：吉林人民出版社，1995.

（明）龙尊叙. 饮食绅言. 陈光文，注释. 北京：中国商业出版社，1989.

（明）王守仁. 王阳明全集：卷二. 北京：红旗出版社，1997.

（明）徐光启. 农政全书. 石声汉，校注. 上海：上海古籍出版社，1979.

（明）姚舜牧. 药言. 台北：台湾新文丰出版公司，1985.

（清）戴震. 孟子字义疏证. 何文光，整理. 北京：中华书局，1982.

（清）陈实功. 外科正宗. 北京：中医古籍出版社，1999.

（清）戴震. 戴震文集. 北京：中华书局，1980.

（清）范祖述. 杭俗遗风. 上海：上海文艺出版社，1989.

（清）蘅塘退士，编选. 唐诗三百首. 北京：人民文学出版社，1998.

（清）顾禄. 清嘉录. 台北：台湾商务印书馆，1983.

（清）郭庆藩. 庄子集释. 王孝鱼，点校. 北京：中华书局，2004.

（清）蒋伊. 蒋氏家训//丛书集成新编. 台北：台湾新文丰出版公司，1985.

（清）焦循. 孟子正义. 沈文倬，点校. 北京：中华书局，1987.

（清）李淦. 燕翼篇//［清］王晫，张潮，编撰. 檀几丛书. 上海：上海古籍出版社，1992.

（清）李渔. 闲情偶寄. 杜书瀛，评注. 北京：中华书局，2007.

（清）刘宝楠. 论语正义. 高流水，注解. 北京：中华书局，1990.

（清）彭定求，等. 全唐诗. 北京：中华书局，1960.

（清）石成金. 传家宝：上册. 长春：吉林出版集团有限责任公司，2005.

（清）孙希旦. 礼记集解. 沈啸寰，王星贤，点校. 北京：中华书局，2010.

（清）孙诒让. 周礼正义. 王文锦，陈玉霞，点校. 北京：中华书局，2000.

（清）孙诒让. 墨子闲诂. 孙启治，点校. 北京：中华书局，2001.

（清）王聘珍. 大戴礼记解诂. 王文锦，点校. 北京：中华书局，1983.

（清）王士雄. 随息居饮食谱. 周三金，注释. 北京：中国商业出版社，1985.

（清）王先谦. 荀子集解. 沈啸寰，王星贤，点校. 北京：中华书局，1988.

（清）王先慎. 韩非子集解. 钟哲，点校. 北京：中华书局，1998.

（清）薛宝辰. 素食说略. 王子辉，注释. 北京：中国商业出版社，1984.

（清）袁枚. 食经. 李三，译注. 北京：中国纺织出版社，2006.

（清）袁枚. 随园食单. 陈伟明，编著. 北京：中华书局，2010.

（清）张廷玉，等. 明史. 北京：中华书局，1974.

（清）章学诚. 文史通义校注. 叶瑛，校注. 北京：中华书局，2004.

北京大学《荀子》注释组. 荀子新注. 北京：中华书局，1979.

陈鼓应. 老子今注今译. 北京：商务印书馆，2003.

陈鼓应. 老子注译及评介. 北京：中华书局，2009.

陈鼓应. 庄子注译及评介. 北京：中华书局，2009.

陈戌国. 四书五经（校注本）. 长沙：岳麓书社，2006.

程树德. 论语集注. 北京：中华书局，1990.

高流水，林恒森，译注. 慎子、尹文子、公孙龙子全译. 贵阳：贵州人民出版社，1996.

李学勤，主编. 十三经注疏·周易正义. 北京：北京大学出版社，1999.

李学勤，主编. 十三经注疏·春秋左传正义. 北京：北京大学出版社，1999.

李学勤，主编. 十三经注疏·尚书正义. 北京：北京大学出版社，1999.

李学勤，主编. 十三经注疏·礼记正义：上、中、下. 北京：北京大学出版社，1999.

李学勤，主编. 十三经注疏·周礼注疏：上、下. 北京：北京大学出版社，1999.

李学勤，主编．十三经注疏·仪礼注疏：上、下．北京：北京大学出版社，1999.

李泽厚．论语今读．北京：三联书店，2004.

梁启雄．荀子简释．北京：中华书局，1983.

汪受宽．孝经译注．上海：上海古籍出版社，2004.

王斯睿．慎子校正．上海：商务印书馆，1935.

王文锦．礼记译解．北京：中华书局，2001.

王先谦．荀子集解．沈啸寰，王星贤，点校．北京：中华书局，1988.

吴毓江．墨子校注．北京：中华书局，1993.

许嘉璐，分史主编．二十四史全译·后汉书．上海：汉语大词典出版社，2004.

许维遹．吕氏春秋集释：上、下．北京：中华书局，2009.

杨伯峻．论语译注．北京：中华书局，2006.

杨伯峻．孟子译注．北京：中华书局，2008.

周赋靖．丛书集成初编（0723）黄帝宅经．北京：中华书局，1985.

周天游，辑注．八家后汉书辑注．上海：上海古籍出版社，1986.

周振甫．诗经译注．北京：中华书局，2007.

周振甫．周易译注．北京：中华书局，2007.

朱谦之．老子校释．北京：中华书局，1984.

宗福邦，陈世铙，萧海波．故训汇纂．北京：商务印书馆，2003.

辞源．北京：商务印书馆，2009.

邓伟志，主编．社会学辞典．上海：上海辞书出版社，2009.

杜继文，黄明信，主编．佛教小辞典（修订版）．上海：上海辞书出版社，2006.

汉语大词典．上海：上海辞书出版社，2007.

惠宇，主编．新世纪汉英大词典．北京：外语教学与研究出版社，2004.

彭克宏，等主编．社会科学大词典．北京：中国国际广播出版社，1989.

宋希仁，陈劳志，主编. 伦理学大辞典. 长春：吉林人民出版社，1989.

王力，岑麒祥，林焘，编. 唐作藩，蒋绍愚，张万起，增订. 古汉语词典（第4版）. 北京：商务印书馆，1998.

夏征农，陈至立，主编. 辞海（第六版彩图本）. 上海：上海辞书出版社，2009.

夏征农，陈至立，主编. 辞海（第六版缩印本）. 上海：上海辞书出版社，2010.

现代汉语大辞典. 上海：上海辞书出版社，2009.

［英］霍恩比. 牛津高阶英汉双解词典（第四版增补本）. 李北达，编译. 北京：商务印书馆，2002.

中国社会科学院语言研究所词典编辑室，编. 现代汉语词典（第5版）. 北京：商务印书馆，2005.

朱贻庭，主编. 伦理学大辞典（修订本）. 上海：上海辞书出版社，2011.

包利民. 生命与逻各斯——希腊伦理思想史论. 北京：东方出版社，1996.

包铭新，李薇. 暴露还是遮羞？——中西服饰的当代解读. 上海：上海书画出版社，2005.

包笑天. 衣食住行的百年变迁. 苏州：政协苏州市委员会文史编辑室，1988.

边菲. 制服设计. 上海：东华大学出版社，2010.

蔡丰明. 游戏史. 上海：上海文艺出版社，1997.

蔡元培. 中国人的修养. 北京：中国工人出版社，2008.

蔡元培. 中国伦理学史. 北京：东方出版社，1996.

常卫国. 劳动论——马克思恩格斯全集探义. 沈阳：辽宁人民出版社，2005.

陈德光. 生命教育与全人教育. 台北：幼狮文化股份有限公司，2010.

陈芬森. 西方饮食在中国. 北京：中国社会科学出版社，2007.

陈鸿彝. 中华交通史话. 北京：中华书局，2013.

陈来. 古代思想文化的世界——春秋时代的宗教、伦理与社会思想. 北京：三联书店，2012.

陈来. 古代宗教与伦理. 北京：三联书店，2009.

陈来成. 休闲学. 广州：中山大学出版社，2009.

陈麟书. 宗教伦理学概论. 北京：宗教文化出版社，2006.

陈茂同. 中国历代衣冠服饰制. 天津：百花文艺出版社，2005.

陈少峰. 正义的公平. 北京：人民出版社，2009.

［英］陈少琪. 阶层：中国人的格调与阶层品味分析. 北京：大众文艺出版社，1999.

陈兴良. 中国死刑检讨. 北京：中国检查出版社，2003.

陈瑛. 中国伦理思想史. 长沙：湖南教育出版社，2004.

陈瑛. 中国古代道德生活史. 北京：中国社会科学出版社，2012.

陈宇. 劳动科学体系通论. 北京：中国劳动出版社，1993.

陈振鹭. 劳动问题大纲. 上海：上海大学书店，1934.

程建强，黄恒学，主编. 时尚学. 北京：中国经济出版社，2010.

程立显. 伦理学与社会公正. 北京：北京大学出版社，2002.

程新宇. 生命伦理学前沿问题研究. 武汉：华中科技大学出版社，2012.

曹刚. 道德难题与程序正义. 北京：北京大学出版社，2011.

曹中平. 儿童游戏论——文化学、心理学和教育学三维视野. 银川：宁夏人民出版社，2000.

崔北方，祝大安. 中国人的关系. 北京：中国社会出版社，2009.

邓启耀. 民族服饰：一种文化符号——中国西南少数民族服饰文化研究. 昆明：云南人民出版社，1991.

邓启耀. 衣装密语——中国民族服饰文化象征. 成都：四川人民出版社，2005.

杜家骥. 中国古代人际交往礼俗. 北京：商务印书馆，1996.

杜莉，孙俊秀. 西方饮食文化. 北京：中国轻工业出版社，2009.

杜莉，等. 筷子与刀叉·中西饮食文化比较. 成都：四川科学技术出版社，2007.

杜维明. 儒家思想：以创造转化为自我认同. 曹幼华，单丁，译. 北京：三联书店，2013.

杜晓勤. 二十世纪中国文学研究：隋唐五代卷. 北京：北京出版社，2001.

段德智. 死亡哲学. 武汉：湖北人民出版社，1991.

樊浩. 文化与安身立命. 福州：福建教育出版社，2009.

方家良，王宝珠. 文化娱乐市场学. 北京：北京航空航天大学出版社，2011.

方同义. 中国智慧的精神. 北京：人民出版社，2003.

费孝通. 乡土中国. 北京：人民出版社，2008.

冯沪祥. 中西生死哲学. 北京：北京大学出版社，2002.

冯友兰. 三松堂全集：第5卷. 郑州：河南人民出版社，2000.

傅华. 生态伦理学探究. 北京：华夏出版社，2002.

傅佩荣. 哲学与人生. 北京：东方出版社，2005.

傅伟勋. 死亡的尊严与生命的尊严——从临终精神医学到现代生死学. 台北：正中书局，1993.

甘绍平. 应用伦理学前言问题研究. 南昌：江西人民出版社，2002.

甘绍平，余涌. 应用伦理学教程. 北京：中国社会科学出版社，2008.

高成鸢. 中国的尊老文化探究. 北京：中国社会科学出版社，1999.

高成鸢. 饮食之道——中国饮食文化的理路思考. 济南：山东画报出版社，2008.

高春明. 中国古代的平民服装. 北京：商务印书馆，1997.

高国希. 道德哲学. 上海：复旦大学出版社，2005.

高兆明. 伦理学理论与方法（修订版）. 北京：人民出版社，2013.

高兆明，李萍. 现代化进程中的伦理秩序研究. 北京：人民出版社，2007.

高兆明. 黑格尔《法哲学原理》导读. 北京：商务印书馆，2010.

龚鹏程. 生活的儒学. 杭州：浙江大学出版社，2009.

辜鸿铭. 中国人的精神. 哈尔滨：北方文艺出版社，2006.

顾红亮. 儒家生活世界. 上海：上海人民出版社，2008.

关东升. 中国民族文化大观. 北京：中国大百科全书出版社，1994.

郭泮溪. 中国民间游戏与竞技. 上海：上海三联书店，1996.

郭泮溪. 长乐未央——娱乐. 济南：山东教育出版社，2009.

郭景萍. 情感社会学：理论·历史·现实. 上海：上海三联书店，2008.

郭鲁芳. 休闲学. 北京：清华大学出版社，2012.

郭于华. 居住的政治. 桂林：广西师范大学出版社，2014.

郭元祥. 生活与教育. 武汉：华中师范大学出版社，2002.

何怀宏. 良心论. 北京：北京大学出版社，2009.

侯外庐. 中国思想通史. 北京：人民出版社，1957.

胡大平. 崇高的暧昧——作为现代生活方式的休闲. 南京：江苏人民出版社，2002.

胡同庆，王义芝. 敦煌古代游戏. 兰州：甘肃少年儿童出版社，2012.

华梅. 人类服饰文化学. 天津：天津人民出版社，1995.

华梅. 服饰与中国文化. 北京：人民出版社，2001.

华梅. 服饰社会学. 北京：中国纺织出版社，2005.

华梅. 新中国 60 年服饰路. 北京：中国时代经济出版社，2009.

华梅. 中国服饰. 北京：五洲传播出版社，2010.

华梅，王春晓. 服饰与伦理. 北京：中国时代经济出版社，2010.

华梅，朱国新. 服饰与人生. 北京：中国时代经济出版社，2010.

华梅，赵静. 服饰与信仰. 北京：中国时代经济出版社，2010.

黄建中. 比较伦理学. 济南：山东人民出版社，1998.

黄能馥. 中国服饰通史. 北京：中国纺织出版社，2007.

黄士龙. 中国服饰史略（新版）. 上海：上海文化出版社，2007.

黄士龙. 现代服装文化概论. 上海：东华大学出版社，2009.

黄显中. 公正德性论——亚里士多德公正思想研究. 北京：商务印书馆，2009.

黄玉顺. 儒学与生活——《生活儒学》论稿. 成都：四川大学出版

社，2009.

　　季鸿昆. 食在中国——中国人饮食生活大视野. 济南：山东画报出版社，2008.

　　季乃礼. 三纲六纪与社会整合——由《白虎通》看汉代社会人伦关系. 北京：中国人民大学出版社，2004.

　　江畅. 德性论. 北京：人民出版社，2011.

　　荆惠民. 中国人的美德——仁义礼智信. 北京：中国人民大学出版社，2006.

　　亢雄. 旅游者幸福研究. 北京：科学出版社，2014.

　　旷文楠，胡小明. 中国武术文化概论. 成都：四川教育出版社，2010.

　　赖勤芳. 休闲美学读本. 北京：北京大学出版社，2011.

　　黎虎. 汉唐饮食文化. 北京：北京师范大学出版社，1998.

　　李波. 吃垮中国？——口腔文化的宿命. 北京：光明日报出版社，2005.

　　李波. 口腔里的中国人. 上海：东方出版中心，2007.

　　李波. 中国食文化批判. 北京：华龄出版社，2010.

　　李长莉. 晚清上海社会的变迁——生活与伦理的近代化. 天津：天津人民出版社，2002.

　　李长莉. 中国人的生活方式：从传统到近代. 成都：四川人民出版社，2008.

　　李当岐. 服装学概论. 北京：高等教育出版社，1998.

　　李当岐. 西洋服装史（第2版）. 北京：高等教育出版社，2005.

　　李工真. 德意志道路：现代化进程研究. 武汉：武汉大学出版社，2005.

　　李画. 中国人的人情世故. 南昌：江西人民出版社，2008.

　　李红雨. 一本书读懂中国古代休闲娱乐. 北京：中华书局，2014.

　　李建华. 走向经济伦理. 长沙：湖南大学出版社，2008.

　　李景林. 教化视域中的儒学. 北京：中国社会科学出版社，2013.

　　李经纬，林昭庚. 中国医学通史：古代卷. 北京：人民卫生出版

社，2000.

李岚. 行旅体验与文化想象——论中国现代文学发生的游记视角. 北京：中国社会科学出版社，2013.

李连利. 玩死的帝国：唐伯虎与大明娱乐业. 广州：广东人民出版社，2015.

满意，李宁. 服饰美学. 大连：辽宁师范大学出版社，1996.

李琪明. 伦理与生活. 台北：五南图书出版股份有限公司，2009.

李士靖. 中华食苑：第1集. 北京：经济科学出版社，1994.

李士靖. 中华食苑：第7集. 北京：中国社会科学出版社，1996.

李书崇. 水中日月：东西方沐浴文化随笔. 成都：四川文艺出版社，2004.

李文阁. 生活价值论. 昆明：云南人民出版社，2005.

李文阁. 复兴生活哲学——一种哲学观的阐释. 合肥：安徽师范大学出版社，2010.

李霞. 生活方式的变迁与选择. 北京：人民出版社，2012.

李小娟. 走向中国的日常生活批判. 北京：人民出版社，2005.

李友友. 民间玩具. 北京：中国轻工业出版社，2005.

李泽厚. 中国古代思想史论. 北京：三联书店，2008.

李泽厚. 伦理学纲要. 北京：人民日报出版社，2010.

梁景和. 中国社会文化史的理论与实践. 北京：社会科学文献出版社，2010.

梁实秋. 梁实秋散文. 杭州：浙江文艺出版社，2000.

梁漱溟. 中国文化要义. 上海：上海人民出版社，2005.

梁漱溟. 乡村建设理论. 北京：商务印书馆，2015.

林纯如. 马丁路德天职观研究. 北京：人民出版社，2013.

林乃燊. 中国饮食文化. 上海：上海人民出版社，1989.

林绮云. 生死学. 台北：洪叶文化有限公司，2000.

林莹，毛永年. 西餐礼仪. 北京：中央编译出版社，2010.

林英男. 旅行的历史. 北京：希望出版社，2007.

林永匡，王熹. 清代饮食文化研究. 哈尔滨：黑龙江教育出版

社，1990.

林永匡. 饮德·食艺·宴道——中国古代饮食智道透析. 南宁：广西教育出版社，1995.

林语堂. 中国人的饮食. 北京：中国书店，1982.

林语堂. 吾国与吾民. 长沙：岳麓书社，2010.

刘艾玉. 劳动社会学教程. 北京：北京大学出版社，2004.

刘翠. 休闲旅游文化基础. 北京：清华大学出版社，2008.

刘华. 灵魂的居所. 北京：商务印书馆，2014.

刘进才. 劳动伦理学. 上海：华东理工大学出版社，1994.

刘诗白. 政治经济学. 成都：西南财经大学出版社，2004.

刘伟. 旅游学. 北京：高等教育出版社，2014.

刘翔. 中国传统价值观诠释学. 上海：上海三联书店，1996.

刘荫柏. 中国文化史知识丛书：中国古代杂技. 北京：商务印书馆，1997.

刘玉生，杜振汉. 德性人生——个人生活伦理引论. 厦门：厦门大学出版社，2009.

刘越. 图解黄帝内经素问. 北京：人民卫生出版社，2003.

卢峰. 休闲体育学. 北京：人民体育出版社，2005.

卢风，肖巍. 应用伦理学导论. 北京：中国人民大学出版社，2008.

鲁芳. 道德的心灵之根：儒家"诚"论研究. 长沙：湖南师范大学出版社，2004.

《伦理学》编写组. 伦理学. 北京：高等教育出版社，人民出版社，2012.

罗开玉. 丧葬与中国文化. 海口：三环出版社，1990.

骆崇骐. 中国历代鞋履研究与鉴赏. 上海：东华大学出版社，2007.

马惠娣. 休闲：人类美丽的精神家园. 北京：中国经济出版社，2004.

马戎. 民族社会学——社会学的族群关系研究. 北京：北京大学出版社，2004.

曼丽. 天职——美国员工创业精神培训读本. 北京：中央编译出版社，2004.

毛新志. 转基因食品的伦理问题与公共政策. 武汉：湖北人民出版社，2010.

茅于轼. 中国人的道德前景. 广州：暨南大学出版社，2008.

缪良云. 中国衣经. 上海：上海文化出版社，2000.

倪宝诚，倪珉子. 布玩具. 上海：上海远东出版社，2010.

牛洪宝. 美学概论. 北京：中国人民大学出版社，2003.

钮则诚. 殡葬与生死. 台北："国立"空中大学出版社，2007.

庞杰，邱君志. 中国传统饮食文化与养生. 北京：化学工业出版社，2009.

彭林. 中国古代礼仪文明. 北京：中华书局，2004.

齐鲁膳艺餐饮研究院. 餐饮《论语》——孔子礼食箴言. 济南：齐鲁书社，2010.

钱穆. 中国思想通俗讲话. 北京：三联书店，2002.

钱穆. 中华文化十二讲. 北京：九州出版社，2011.

秦红岭. 建筑的伦理意蕴. 北京：中国建筑工业出版社，2006.

秦永洲. 中国社会风俗史. 济南：山东人民出版社，2000.

瞿明安. 中国饮食娱乐史. 上海：上海古籍出版社，2011.

秋浦. 鄂温克人的原始社会形态. 北京：中华书局，1962.

邱仁宗. 生命伦理学. 北京：中国人民大学出版社，2012.

任放，杨华，冯天瑜. 中国文化史. 北京：高等教育出版，2007.

尚秉和. 历代社会风俗事物考. 北京：中国书店，2001.

佘正荣. 中国生态伦理传统的诠释与重建. 北京：人民出版社，2002.

沈从文. 中国古代服饰研究. 上海：上海书店出版社，2011.

沈可. 中国老年人居住模式之变迁. 北京：社会科学文献出版社，2013.

沈铭贤. 生命伦理飞入寻常百姓家：解读生命的困惑. 上海：上海科技教育出版社，2011.

沈善洪，王凤贤. 中国伦理思想史. 北京：人民出版社，2005.

施惠玲. 制度伦理研究论纲. 北京：北京师范大学出版社，2003.

史凤仪. 中国古代的家族与身分. 北京：社会科学文献出版

社，1999.

　　史幼波. 素食主义. 北京：北京图书馆出版社，2004.

　　华梅，要彬. 西方服装史（第2版）. 北京：中国纺织出版社，2008.

　　宋希仁. 西方伦理思想史. 北京：中国人民大学出版社，2004.

　　宋镇豪. 商代社会生活与礼俗. 北京：中国社会科学出版社，2010.

　　苏山. 中国趣味娱乐文化. 北京：北京工业大学出版社，2012.

　　苏生文，赵爽. 西风东渐——衣食住行的近代变迁. 北京：中华书局，2010.

　　苏醒. 风尚百年. 长春：吉林出版集团有限责任公司，2007.

　　孙惠芬. 生死十日谈. 北京：人民文学出版社，2013.

　　孙立群. 中国古代的士人生活. 北京：商务印书馆，2003.

　　孙中山. 建国方略. 沈阳：辽宁人民出版社，1994.

　　唐代兴. 公正伦理与制度道德. 北京：人民出版社，2003.

　　唐代兴. 生存与幸福——伦理构建的知识论原理. 北京：中国社会科学出版社，2010.

　　唐凯麟，曹刚. 重释传统——儒家思想的现代价值评估. 上海：华东师范大学出版社，2000.

　　田文富. 环境伦理与和谐生态. 郑州：郑州大学出版社，2010.

　　万建中，周耀明. 汉族风俗史. 上海：学林出版社，2004.

　　万建中. 中国饮食文化. 北京：中央编译出版社，2011.

　　万俊人. 道德之维. 广州：广东人民出版社，2000.

　　万俊人. 寻求普世伦理. 北京：商务印书馆，2001.

　　万君宝，袁红林. 管理伦理. 上海：上海财经大学出版社，2005.

　　汪怀君. 人伦传统与交往伦理. 济南：山东大学出版社，2007.

　　汪中求. 中国需要工业精神. 北京：机械工业出版社，2012.

　　王二. 中国人应该知道的那些事（Ⅳ）　人情风俗探由来. 北京：电子工业出版社，2011.

　　王二. 中国人应该知道的那些事（Ⅰ）　衣食住行探由来. 北京：电子工业出版社，2011.

　　王贵祥. 中国古代人居理念与建筑原则. 北京：中国建筑工业出版

社，2015.

王国有. 日常思维与非日常思维. 北京：人民出版社，2005.

王海明. 新伦理学. 北京：商务印书馆，2001.

王海明，孙英. 美德伦理学. 北京：北京大学出版社，2011.

王辉. 中国古代娱乐. 北京：中国商业出版社，2015.

王继平. 服饰文化学. 武汉：华中理工大学出版社，1998.

王连海. 北京民间玩具. 北京：北京工艺美术出版社，2011.

王连海，王伟. 民间玩具. 北京：中国文联出版公司，2009.

王明德，王子辉. 中国古代饮食. 西安：陕西人民出版社，1988.

王仁湘. 饮食与中国文化. 北京：人民出版社，1993.

王仁湘. 往古的滋味——中国饮食的历史与文化. 济南：山东画报出版社，2006.

王晓东. 日常交往与非日常交往. 北京：人民出版社，2005.

王昕. 饮食健康与食品文化. 北京：化学工业出版社，2003.

王昕杰，乔法容. 劳动伦理学. 开封：河南大学出版社，1989.

王学泰. 华夏饮食文华. 北京：中华书局，1993.

王学泰. 中国饮食文化简史. 北京：中华书局，2010.

王学泰. 中国游民. 上海：上海远东出版社，2012.

王雅. 当代中国日常生活伦理建构——以儒家伦理与传统中国日常生活的关联为参照. 北京：中国社会科学出版社，2012.

王宇清. 冕服服章之研究. 台北：中华业丛编审委员会，1966.

王宇清. 万古中华服饰史. 台北：辅仁大学出版社，1998.

王永平. 游戏、竞技与娱乐——中古社会生活透视. 北京：中华书局，2010.

王振林. 人性、人道、人伦——西方伦理道德问题研究. 北京：中国社会科学出版社，2011.

王子今. 中国古代行旅生活. 北京：商务印书馆国际有限公司，1996.

韦政通. 伦理思想的突破. 成都：四川人民出版社，1988.

韦政通. 中国思想史. 长春：吉林出版集团有限责任公司，2009.

吾淳. 中国社会的伦理生活——主要关于儒家伦理可能性问题的研究. 北京：中华书局，2007.

吴飞. 自杀作为中国问题. 北京：三联书店，2007.

吴飞. 浮生取义：对华北某县自杀现象的文化解读. 北京：中国人民大学出版社，2009.

吴良镛. 中国人居史. 北京：中国建筑工业出版社，2014.

吴言生. 中国禅学：第 2 卷. 北京：中华书局，2003.

夏明月. 劳动伦理研究：和谐劳动关系与和谐社会构建. 北京：人民出版社，2012.

夏伟东. 道德本质论. 北京：中国人民大学出版社，1991.

向达. 唐代长安与西域文明. 北京：三联书店，1957.

肖群忠. 孝与中国文化. 北京：人民出版社，2001.

肖群忠. 伦理与传统. 北京：人民出版社，2006.

肖群忠. 中国道德智慧十五讲. 北京：北京大学出版社，2008.

谢定源. 中国饮食文化. 杭州：浙江大学出版社，2008.

谢伦灿. 文化娱乐产业的评价和发展. 北京：中国经济出版社，2009.

熊培云. 自由在高处. 北京：新星出版社，2011.

熊四智. 中国人民的饮食奥秘. 郑州：河南人民出版社，1992.

熊四智，唐文. 中国烹饪概论. 北京：中国商业出版社，1998.

徐复观. 中国人性论史. 上海：华东师范大学出版社，2005.

徐海荣. 中国饮食史：卷一. 北京：华夏出版社，1999.

徐静. 中国服饰史. 上海：东华大学出版社，2010.

徐儒宗. 人和论——儒家人伦思想研究. 北京：人民出版社，2006.

徐式宽，吕金变，等. 华人教养之道——若水. 台北：心理出版社，2008.

徐向东. 自由意志与道德责任. 南京：江苏人民出版社，2006.

徐新. 现代社会的消费伦理. 北京：人民出版社，2009.

徐宗良. 面对死亡：死亡伦理. 上海：上海科技教育出版社，2011.

许嘉璐. 中国古代衣食住行. 北京：北京出版社，2011.

许烺光. 中国人与美国人. 台北：南天书局有限公司，2002.

许文涛，黄昆仑. 转基因食品社会文化伦理透视. 北京：中国物资出版社，2010.

许序雅. 中外主要宗教文化概论. 合肥：安徽大学出版社，2012.

薛麦喜. 黄河文化丛书：民食卷. 太原：山西人民出版社，2001.

阎步克. 服周之冕：《周礼》六冕礼制的兴衰变异. 北京：中华书局，2009.

严复. 论事变之亟//严复集. 北京：中华书局，1986.

颜坚莹. 组织行为学. 广州：暨南大学出版社，1999.

颜绍沪. 竞技体育史. 北京：人民体育出版社，2006.

杨春宇，左文超，刘孝蓉，刘晴. 旅游环境哲学——理论与实践. 北京：科学出版社，2013.

杨国荣. 伦理与存在——道德哲学研究. 上海：华东师范大学出版社，2009.

杨国荣. 善的历程——儒家价值体系研究. 上海：上海人民出版社，2006.

杨宽. 古礼新探. 北京：中华书局，1965.

杨美惠. 礼物、关系学与国家. 南京：江苏人民出版社，2009.

杨明. 宗教与伦理. 南京：译林出版社，2010.

杨威. 中国传统日常生活世界的文化透视. 北京：人民出版社，2005.

杨向东. 中国古代体育文化史. 天津：天津人民出版社，2000.

杨孝鸿. 中国时尚文化史：宋元明卷. 济南：山东画报出版社，2011.

姚伟钧. 中国饮食文化探源. 南宁：广西人民出版社，1989.

姚伟钧. 玉盘珍馐值万钱：宫廷饮食. 武汉：华中理工大学出版社，1994.

姚伟钧，刘朴兵，鞠明库. 中国饮食典籍史. 上海：上海古籍出版社，2011.

姚文放. 审美文化学导论. 北京：社会科学文献出版社，2011.

姚瀛艇. 宋代文化史. 郑州：河南大学出版社，1992.

要彬，龙玉珠. 服饰与个性. 北京：中国时代经济出版社，2009.

叶立诚. 服饰美学. 北京：中国纺织出版社，2001.

衣俊卿. 现代化与日常生活批判——人自身现代化的文化透视. 北京：人民出版社，2005.

聿君. 学人谈吃. 北京：中国商业出版社，1991.

于光远. 论普遍有闲的社会. 北京：中国经济出版社，2005.

俞世伟，白燕. 规范·德性·德行——动态伦理道德体系的实践性研究. 北京：商务印书馆，2009.

余仕麟，刘俊哲，李元光，魏新春. 儒家伦理思想与藏族传统社会. 北京：民族出版社，2007.

余玉霞. 西方服装文化解读. 北京：中国纺织出版社，2012.

尉迟淦. 生死学概论. 台北：五南图书出版公司，2000.

袁贵仁. 马克思的人学思想. 北京：北京师范大学出版社，1996.

袁仄，胡月. 百年衣裳——20世纪中国服装流变. 北京：三联书店，2010.

苑洪琪. 中国的宫廷饮食. 北京：商务印书馆，1997.

曾钊新，吕耀怀，等. 伦理社会学. 长沙：中南大学出版社，2002.

臧长风. 服饰的故事. 济南：山东画报出版社，2005.

翟学伟. 人情、面子与权利的再生产. 北京：北京大学出版社，2005.

詹石窗. 道教与中国养生智慧. 北京：东方出版社，2007.

詹世友. 公义与公器：正义论视域中的公共伦理学. 北京：人民出版社，2006.

张博颖. 当代中国公民道德建设——国家伦理与市民社会伦理的视角. 天津：天津社会科学院出版社，2007.

张岱年. 中国哲学大纲. 北京：中国社会科学出版社，1982.

张岱年. 中国伦理思想研究. 南京：江苏教育出版社，2005.

张岱年，方克立. 中国文化概论. 北京：北京师范大学出版社，2014.

张德，吴志明. 组织行为学. 大连：东北财经大学出版社，2002.

张德胜. 儒家伦理与社会秩序. 上海：上海人民出版社，2008.

张繁文，韩雪松. 中国时尚文化史：清民国新中国卷. 济南：山东画报出版社，2011.

张光直. 中国青铜时代. 北京：三联书店，1983.

张继军. 先秦道德生活研究. 北京：人民出版社，2011.

张金霞. 旅游学导论. 北京：北京大学出版社，2012.

张竞琼. 从一元到二元：近代中国服装的传承经脉. 北京：中国纺织出版社，2009.

张竞琼，曹喆. 看得见的中国服装史. 北京：中华书局，2012.

张君劢. 儒家哲学之复兴. 北京：中国人民大学出版社，2006.

张立文. 和合学. 北京：中国人民大学出版社，1995.

张起钧. 烹饪原理. 北京：中国商业出版社，1985.

张群. 居有其屋：中国住房权历史研究. 北京：社会科学文献出版社，2009.

张苏串. 中国文化情境下的工作伦理研究. 北京：经济科学出版社，2014.

张伟. 弗洛姆思想研究. 重庆：重庆出版社，1996.

张锡勤，柴文华. 中国伦理道德变迁史稿. 北京：人民出版社，2008.

张彦. 价值排序与伦理风险. 北京：人民出版社，2011.

张一兵，等. 资本主义理解史：第 6 卷　当代国外马克思主义与激进话语中的资本主义观. 南京：江苏人民出版社，2009.

章海荣. 生态伦理与生态美学. 上海：复旦大学出版社，2005.

赵超. 衣冠五千年：中国服饰文化. 济南：济南出版社，2004.

赵汀阳. 论可能生活：一种关于幸福和公正的理论（修订版）. 北京：中国人民大学出版社，2004.

赵汀阳. 年度学术 2004：社会格式. 北京：中国人民大学出版社，2004.

赵荣光. 中国古代庶民饮食生活. 北京：商务印书馆，1997.

赵荣光. 中国饮食文化史. 上海：上海人民出版社，2006.

赵绥生. 职业道德概论. 西安：陕西人民出版社，2002.

郑巨欣. 世界服装史. 杭州：浙江摄影出版社，2000.

郑淑媛. 先秦儒家的精神修养. 北京：人民出版社，2006.

郑晓江. 穿透死亡. 南昌：江西教育出版社，2000.

郑晓江. 学会生死. 郑州：中州古籍出版社，2007.

郑晓江. 感悟生死. 郑州：中州古籍出版社，2007.

郑晓江. 生命教育演讲录. 南昌：江西人民出版社，2008.

郑晓江. 生命忧思录：青少年生命教育刻不容缓. 福州：福建教育出版社，2011.

郑晓江. 生命与死亡：中国生死智慧. 北京：北京大学出版社，2011.

郑晓江. 中国生死智慧. 南昌：江西人民出版社，2013.

郑晓明. 组织行为学. 北京：经济科学出版社，2002.

钟明华，李萍. 人学视阈中的现代人生问题. 北京：人民出版社，2006.

周长城. 全面小康：生活质量与测量——国际视野下的生活质量指标. 北京：社会科学文献出版社，2003.

周辅成. 西方伦理学名著选辑：下. 北京：商务印书馆，1987.

周梦. 传统与时尚：中西服饰风格解读. 北京：三联书店，2011.

周天. 中国服饰简史. 北京：中华书局. 上海：上海古籍出版社，2010.

周锡保. 中国古代服饰史. 北京：中国戏剧出版社，1984.

朱伯崑. 先秦伦理学概论. 北京：北京大学出版社，1984.

朱光潜. 朱光潜美学文集. 上海：上海文艺出版社，1982.

朱光潜. 西方美学史. 北京：人民文学出版社，2002.

朱光潜. 谈修养. 桂林：广西师范大学出版社，2008.

朱和平. 中国服饰史稿. 郑州：中州古籍出版社，2001.

朱宁红. 节日娱乐. 北京：中国物资出版社，2005.

朱伟. 旅游文化学. 武汉：华中科技大学出版社，2011.

朱筱新. 中国古代的礼仪制度. 北京：商务印书馆，1997.

朱永和. 中国饮食文化. 合肥：安徽教育出版社，2003.

朱贻庭. 中国伦理思想史. 上海：华东师范大学出版社，2003.

诸葛铠. 文明的轮回——中国服饰文化的历程. 北京：中国纺织出版

社，2007.

庄华峰，等. 中国社会生活史. 合肥：合肥工业大学出版社，2003.

《中外书摘》编辑部. 分享雅致生活. 上海：上海人民出版社，2007.

邹游. 职业装设计. 北京：中国纺织出版社，2007.

佐斌. 中国人的脸与面子. 武汉：华中师范大学出版社，1997.

劳政武. 佛教戒律学. 北京：宗教文化出版社，1999.

［澳］露辛达·霍德夫斯. 礼貌的力量：从礼仪到人生态度. 王贤平，译. 北京：中信出版社，2010.

［丹麦］索伦·克尔凯郭尔. 克尔凯郭尔日记选. 晏可嘉，姚蓓琴，译. 上海：上海社会科学院出版社，1992.

［德］爱德华·福克斯. 情色艺术史. 杨德友，译. 西安：陕西师范大学出版社，2004.

［德］弗里德里希·包尔生. 伦理学体系. 何怀宏，廖申白，译. 北京：中国社会科学出版社，1998.

［德］爱德华·傅克斯. 欧洲风化史·文艺复兴时代. 侯焕闳，译. 沈阳：辽宁教育出版社，2000.

［德］贡特尔·希施菲尔德. 欧洲饮食文化史. 吴裕康，译. 桂林：广西师范大学出版社，2006.

［德］哈贝马斯. 公共领域的结构转型. 曹卫东，等译. 上海：学林出版社，1999.

［德］赫尔曼·施赖贝尔. 羞耻心的文化史：从缠腰布到比基尼. 辛进，译. 北京：三联书店，1988.

［德］黑格尔. 法哲学原理. 范扬，张启泰，译. 北京：商务印书馆，1961.

［德］黑格尔. 美学（全四册）. 朱光潜，译. 北京：商务印书馆，1979.

［德］卡尔·雅斯贝尔斯. 时代的精神状况. 王德峰，译. 上海：上海译文出版社，1997.

［德］康德. 实践理性批判. 邓晓芒，译. 北京：人民出版社，2003.

［德］康德. 道德形而上学原理. 苗力田，译. 上海：上海人民出版社，2005.

〔德〕克劳斯·克莱默. 欧洲洗浴文化史. 江帆，等译. 海口：海南出版社，2001.

〔德〕莱辛. 拉奥孔. 朱光潜，译. 北京：人民文学出版社，1984.

〔德〕利奇德. 古希腊风化史. 杜之，常鸣，译. 林立生，陈加洛，校. 沈阳：辽宁教育出版社，2000.

〔德〕路德维希·费尔巴哈. 费尔巴哈哲学著作选集. 荣振华，王太庆，刘磊，译. 北京：商务印书馆，1984.

〔德〕马克斯·韦伯. 经济与社会：上卷. 林荣远，译. 北京：商务印书馆，1997.

〔德〕马克斯·韦伯. 支配社会学. 康乐，简惠美，译. 桂林：广西师范大学出版社，2004.

〔德〕马克斯·韦伯. 新教伦理与资本主义精神（修订版）. 于晓，陈维纲，等译. 西安：陕西师范大学出版社，2006.

〔德〕米歇尔·鲍曼. 道德的市场. 肖君，黄承业，译. 北京：中国社会科学出版社，2003.

〔德〕莫泽斯·赫斯. 赫斯精粹. 邓习议，编译. 南京：南京大学出版社，2010.

〔德〕齐奥尔格·西美尔. 时尚的哲学. 费勇，等译. 北京：北京文化艺术出版社，2001.

〔德〕席勒. 美育书简. 徐恒醇，译. 北京：中国文联出版公司，1984.

〔德〕约瑟夫·皮柏. 节庆、休闲与文化. 黄藿，译. 北京：三联书店，1991.

〔法〕阿尔贝特·施韦泽. 文化哲学. 陈泽环，译. 上海：上海人民出版社，2008.

〔法〕阿兰·科尔班. 身体的历史：第 2 卷 从法国大革命到第一次世界大战. 杨剑，译. 上海：华东师范大学出版社，2013.

〔法〕菲利浦·阿利埃斯，乔治·杜比，主编. 私人生活史Ⅰ：古代人的私生活. 李群，等译. 海口：三环出版社，2006.

〔法〕菲利浦·阿利埃斯，乔治·杜比，主编. 私人生活史Ⅱ：肖像. 洪庆明，等译. 哈尔滨：北方文艺出版社，2007.

［法］菲利浦·阿利埃斯，乔治·杜比，主编. 私人生活史Ⅲ：激情. 杨家勤，等译. 哈尔滨：北方文艺出版社，2007.

［法］菲利浦·阿利埃斯，乔治·杜比，主编. 私人生活史Ⅴ：现代社会中的身份之谜. 宋薇薇，刘琳，译. 哈尔滨：北方文艺出版社，2008.

［法］丹纳. 艺术哲学. 傅雷，译. 北京：人民文学出版社，1986.

［法］费朗索瓦斯·德·博纳维尔. 原始声色：沐浴的历史. 郭昌京，译. 天津：百花文艺出版社，2003.

［法］菲利浦·阿利埃斯. 儿童的世纪：旧制度下的儿童和家庭生活. 沈坚，朱晓罕，译. 北京：北京大学出版社，2013.

［法］格罗. 回眸时尚：西方服装简史. 治棋，译. 北京：中国纺织出版社，2009.

［法］亨利·法约尔. 工业管理与一般管理. 周安平，等译. 北京：中国社会科学出版社，1982.

［法］亨利·勒菲弗. 空间与政治. 李春，译. 上海：上海人民出版社，2008.

［法］卡特琳娜·茹贝尔，萨拉·斯戴尔. 请为我宽衣：日常衣着行为心理分析. 边静，译. 上海：东方出版中心，2007.

［法］鲁尔·瓦纳格姆. 日常生活的革命. 张新木，戴秋霞，王也频，译. 南京：南京大学出版社，2008.

［法］罗歇·苏. 休闲. 姜依群，译. 北京：商务印书馆，1996.

［法］米歇尔·德·塞托，等. 日常生活实践：居住与烹饪. 冷碧莹，译. 南京：南京大学出版社，2014.

［法］乔治·维伽雷罗. 洗浴的历史. 徐宁舒，译. 桂林：广西师范大学出版社，2005.

［法］乔治·维加埃罗. 身体的历史：卷一 从文艺复兴到启蒙运动. 张竝，赵济鸿，译. 上海：华东师范大学出版社，2013.

［法］让-雅克·库尔第纳. 身体的历史：卷三 目光的转变：20世纪. 孙圣英，等译. 上海：华东师范大学出版社，2013.

［法］瓦诺耶克. 奥林匹克运动会的起源及古希腊罗马的体育运动.

徐家顺，译. 天津：百花文艺出版社，2006.

［古希腊］柏拉图. 理想国. 郭斌和，等译. 北京：商务印书馆，1986.

［古希腊］赫西俄德. 工作与时日——神谱. 张竹明，译. 北京：商务印书馆，1997.

［古希腊］亚里士多德. 尼各马科伦理学. 苗力田，译. 北京：中国社会科学出版社，1999.

［古希腊］亚里士多德. 政治学. 吴寿彭，译. 北京：商务印书馆，1965.

［韩］孙海植. 休闲学. 朴松爱，李仲广，译. 大连：东北财经大学出版社，2005.

［荷兰］赫伊津哈. 游戏的人. 何道宽，译. 北京：中国美术学院出版社，1996.

［美］简·雅各布斯. 美国大城市的生与死. 金衡山，译. 南京：译林出版社，2012.

［捷克］卡莱尔·科西克. 具体的辩证法. 傅小平，译. 北京：社会科学文献出版社，1989.

［美］阿尔伯特·爱因斯坦. 走近爱因斯坦. 许良英，王瑞智，编. 沈阳：辽宁教育出版社，2005.

［美］阿尔文·施密特. 基督教对文明的影响. 汪晓丹，等译. 北京：北京大学出版社，2004.

［美］阿克列斯·施瓦兹. 美国住房政策. 陈立中，译. 北京：中国社会科学出版社，2012.

［美］E. 弗洛姆. 健全的社会. 孙恺详，译. 贵阳：贵州人民出版社，1994.

［美］弗洛姆. 弗洛姆文集. 冯川，等编译. 北京：改革出版社，1997.

［美］奥尔多·利奥波德. 沙乡年鉴. 郭丹妮，译. 长春：北方妇女儿童出版社，2011.

［美］保罗·富赛尔. 品味制服. 王建华，译. 北京：三联书

店，2005.

[美] 保罗·福塞尔. 格调. 何纵，译. 西安：世界图书出版公司，2011.

[美] 保罗·福塞尔. 恶俗. 何纵，译. 西安：世界图书出版公司，2011.

[美] 彼得·布劳，马歇尔·梅耶. 现代社会中的科层制. 马戎，时宪明，邱泽奇，译. 上海：学林出版社，2001.

[美] 查尔斯·汉迪. 工作与生活的未来. 方海萍，译. 北京：中国人民大学出版社，2006.

[美] 成中英. 合内外之道——儒家哲学论. 北京：中国社会科学出版社，2001.

[美] D.P. 约翰逊. 社会学理论. 南开大学社会学系，译. 天津：国际文化出版公司，1988.

[美] 大卫·雷·格里芬. 后现代精神. 王成兵，译. 北京：中央编译出版社，2011.

[美] 丹尼斯·朗. 权力论. 陆震纶，等译. 北京：中国社会科学出版社，2001.

[美] 凡勃伦. 有闲阶级论. 蔡受百，译. 北京：商务印书馆，2009.

[美] 菲利浦·津巴多. 路西法效应：好人是如何变成恶魔的. 孙佩妏，陈雅馨，译. 北京：三联书店，2010.

[美] 弗洛姆. 逃避自由. 陈明学，译. 北京：工人出版社，1987.

[美] 福塞尔. 格调：社会等级与生活品味. 梁丽真，乐涛，石涛，译. 北京：中国社会科学出版社，1998.

[美] 古德诺. 解析中国. 蔡向阳，等译. 北京：国际文化出版社，1998.

[美] 哈德罗·孔茨，等. 管理学（第10版）. 张晓君，等译. 北京：经济科学出版社，1998.

[美] 哈里特·沃斯利. 西方女装百年图鉴. 谢冬梅，黄芳，译. 上海：上海人民美术出版社，2010.

[美] 汉娜·阿伦特. 人的境况. 王寅丽，译. 上海：上海人民出版

社，2009.

　　［美］汉斯·摩根索. 国际纵横策论——争强权. 求和平，卢明华，等译. 上海：上海译文出版社，1995.

　　［美］杰弗瑞·戈比. 你生命中的休闲. 康筝，译. 昆明：云南人民出版社，2000.

　　［美］杰里米里夫金. 工作的终结——后市场时代的来临. 王寅通，等译. 上海：上海译文出版社，1995.

　　［美］K. G. 克利斯蒂安. 媒体伦理学. 姜桂华，译. 北京：华夏出版社，2000.

　　［美］卡斯滕·哈里斯. 建筑的伦理功能. 申嘉，等译. 北京：华夏出版社，2001.

　　［美］凯瑟. 服装社会心理学. 李宏伟，译. 北京：中国纺织出版社，2000.

　　［美］L. S. 斯塔夫里阿诺斯. 全球通史——1500 年以前的世界. 吴象，等译. 上海：上海社会科学出版，1988.

　　［美］克里斯多夫·爱丁顿，陈彼得. 休闲：一种转变的力量. 李一，译. 杭州：浙江大学出版社，2009.

　　［美］丽贝卡·索尔尼. 浪游之歌：走路的历史. 刁筱华，译. 北京：新星出版社，2013.

　　［美］理查德·T. 乔治. 企业伦理学（原书第 7 版）. 王漫天，唐爱军，译. 北京：机械工业出版社，2012.

　　［美］理查德·谢弗. 社会学与生活：插图修订第 9 版·普及版. 刘鹤群，房智慧，译. 北京：世界图书出版公司，2009.

　　［美］罗伯特·基欧汉，等. 权力与相互依赖. 门洪华，译. 北京：北京大学出版社，2002.

　　［美］罗伯特·路威. 文明与野蛮. 吕叔湘，译. 北京：三联书店，1984.

　　［美］罗伯特·W. 福勒. 尊严的提升. 张关林，译. 上海：上海人民出版社，2008.

　　［美］约翰·罗尔斯. 正义论. 何怀宏，何包钢，廖申白，译. 北京：

中国社会科学出版社，1988.

［英］马立克·科尔钦斯基，［美］兰迪·霍德森，［英］保罗·爱德华兹. 工作社会学. 姚伟，马永清，译. 北京：中国人民大学出版社，2012.

［美］玛里琳·霍恩. 服饰：人的第二皮肤. 乐竟泓，等译. 上海：上海人民出版社，1991.

［美］马修·克劳福德. 摩托车修理店的未来工作哲学. 粟之敦，译. 杭州：浙江人民出版社，2014.

［美］麦金泰尔. 德性之后. 龚群，戴扬毅，等译. 北京：中国社会出版社，1995.

［美］麦克利什. 人类思想的主要观点——形成世界的观念. 查常平，译. 北京：新华出版社，2001.

［美］曼纽尔·G. 贝拉斯克斯. 商业伦理：概念与案例（第 7 版）. 刘刚，等译. 北京：中国人民大学出版社，2013.

［美］孟旦. 早期中国“人”的观念. 丁栋，张兴东，译. 北京：北京大学出版社，2009.

［美］尼尔·波兹曼. 童年的消逝. 章艳，吴燕莛，译. 桂林：广西师范大学出版社，2004.

［美］尼尔·波兹曼. 娱乐至死. 章艳，译. 桂林：广西师范大学出版社，2004.

［美］尼尔·波斯曼. 技术垄断：文化向技术投降. 何道宽，译. 北京：北京大学出版社，2007.

［美］乔治·克洛斯科. 公平原则与政治义务. 毛兴贵，译. 南京：江苏人民出版社，2009.

［美］乔治·麦克林. 传统与超越. 干春松，杨凤岗，译. 北京：华夏出版社，2000.

［美］乔治·梅奥. 工业文明的人类问题. 陆小斌，译. 北京：电子工业出版社，2013.

［美］琳达·K. 屈维诺，凯瑟琳·A. 尼尔森. 商业伦理管理（第 4 版）. 何训，译. 北京：电子工业出版社，2010.

〔美〕R. T. 诺兰，等. 伦理学与现代生活. 姚新中，等译. 北京：华夏出版社，1988.

〔美〕史蒂文·卢坡尔. 伦理学导论. 陈燕，译. 北京：中国人民大学出版社，2008.

〔美〕史蒂文·达克. 日常关系的社会心理学. 姜学清，译. 上海：上海三联书店，2005.

〔美〕詹姆斯·雷切尔斯. 道德的理由. 杨宗元，译. 北京：中国人民大学出版社，2009.

〔美〕汤姆·L. 彼彻姆. 哲学的伦理学. 雷克勤，等译. 北京：中国社会科学出版社，1990.

〔美〕托马斯·古德尔，杰弗瑞·戈比. 人类思想史中的休闲. 成素梅，马惠娣，季斌，冯世梅，译. 昆明：云南人民出版社，2000.

〔美〕W. 安德鲁·霍菲克. 世界观的革命. 余亮，译. 北京：中国社会科学出版社，2010.

〔美〕威尔·杜兰. 世界文明史：第 2 卷　希腊的生活. 幼狮文化公司，译. 北京：东方出版社，1999.

〔美〕雅克·蒂洛，基思·克拉斯曼. 伦理学与生活（第 9 版）. 程立显，刘建，等译. 周辅成，审阅. 北京：兴界图书出版公司，2008.

〔美〕亚瑟·亨·史密斯. 中国人的德行. 陈新峰，译. 北京：金城出版社，2005.

〔美〕伊丽莎白·赫洛克. 服饰心理学——兼析赶时髦及其动机. 孔凡军，等译. 北京：中国人民大学出版社，1990.

〔美〕尤金·N. 安德森. 中国食物. 马孆，刘东，译. 南京：江苏人民出版社，2003.

〔美〕余纪元. 德性之镜——孔子与亚里士多德的伦理学. 林航，译. 北京：中国人民大学出版社，2009.

〔美〕约翰·凯利. 走向自由——休闲社会学新论. 赵冉，译. 昆明：云南人民出版社，2000.

〔美〕约翰·R. 凯里. 解读休闲：身份与交际. 曹志建，李奉栖，译. 重庆：重庆大学出版社，2011.

［美］珍妮弗·克雷克. 时装的面貌：时装的文化研究. 舒允中，译. 北京：中央编译出版社，2000.

［挪威］拉斯·史文德森. 时尚的哲学. 李漫，译. 北京：北京大学出版社，2010.

［日］岸野雄三. 古希腊希波克拉底养生法. 吕彤节，译. 北京：人民体育出版社，1984.

［日］板仓寿郎. 服饰美学. 李今山，译. 上海：上海人民出版社，1986.

［日］沟口雄三. 中国的公与私·公私. 郑静，译. 北京：三联书店，2011.

［日］石毛直道. 饮食文明论. 赵荣光，译. 哈尔滨：黑龙江科学出版社，1992.

［日］中山时子. 中国饮食文化. 徐建新，译. 北京：中国社会科学出版社，1992.

［瑞典］奥维·洛夫格伦，乔纳森·弗雷克曼. 美好生活：中产阶级的生活史. 赵丙祥，等译. 北京：北京大学出版社，2011.

［苏］谢·亚·托卡列夫. 人类与宗教. 魏庆征，编译. 北京：中央编译出版社，2009.

［匈］阿格妮丝·赫勒. 日常生活. 衣俊卿，译. 重庆：重庆出版社，2010.

［匈］格奥尔格·卢卡奇. 历史与阶级意识. 杜章智，等译. 北京：商务印书馆，1999.

［意］马志尼. 论人的责任. 吕志士，译. 北京：商务印书馆，1995.

［英］安东尼·吉登斯. 现代性与自我认同. 赵旭东，方文，译. 北京：三联书店，1998.

［英］彼得·伯克. 历史学与社会理论. 姚鹏，等译. 上海：上海人民出版社，2000.

［英］彼得·梅尔. 有关品位. 张勤，译. 西安：陕西师范大学出版社，2006.

［英］伯特兰·罗素. 俗物的道德与幸福. 文良文化，编译. 北京：

华文出版社，2004.

　　［英］伯特兰·罗素. 罗素谈人的理性. 石磊，编译. 天津：天津社会科学院出版社，2014.

　　［英］查尔斯·汉迪. 空雨衣. 江慧琴，赵晓，译. 北京：华夏出版社，2000.

　　［英］戴维·英格利斯. 文化与日常生活. 张秋月，周雷亚，译. 北京：中央编译出版社，2010.

　　［英］弗兰西斯·培根. 培根哲理美文集. 李瑜青，王西元，编. 何新，译. 合肥：安徽文艺出版社，1997.

　　［英］霍布斯. 论公民. 应星，冯克利，译. 贵阳：贵州人民出版社，2003.

　　［英］劳伦斯·赖特. 清洁与高雅——浴室和水厕趣史. 董爱国，黄建敏，译. 北京：商务印书馆，2007.

　　［英］理查德·唐金. 工作的历史. 谢仲伟，译. 北京：电子工业出版社，2011.

　　［英］罗伯特·彭斯. 彭斯诗选. 王佐良，译. 北京：人民文学出版社，1985.

　　［英］罗素. 西方哲学史：上卷. 何兆武，李约瑟，译. 北京：商务印书馆，1963.

　　［英］马利克·科尔钦斯基，等. 工作社会学. 姚伟，马永清，译. 北京：中国人民大学出版社，2011.

　　［英］皮库克. 西方服装通史经典图鉴（简体中文珍藏版）. 刘瑜，译. 上海：上海人民美术出版社，2008.

　　［英］普兰温·科斯格拉芙. 人类炫耀自我 3500 年：时装生活史. 龙靖遥，张莹，郑晓利，译. 上海：东方出版中心，2004.

　　［英］齐格蒙特·鲍曼. 工作、消费、新穷人. 仇子明，李兰，译. 长春：吉林出版集团有限责任公司，2010.

　　［英］乔安妮·恩特维斯特尔. 时髦的身体：时尚、衣着和现代社会理论. 郜元宝，等译. 桂林：广西师范大学出版社，2005.

　　［英］琼·娜. 服饰时尚 800 年：1200～2000. 贺彤，译. 桂林：广

西师范大学出版社，2004.

［英］莎士比亚. 莎士比亚经典喜剧. 朱生豪，译. 北京：京华出版社，2006.

［英］托尼·奥沙利文，等. 住房经济学与公共政策. 孟繁瑜，译. 北京：中国人民大学出版社，2015.

［英］托马斯·卡莱尔. 拼凑的裁缝. 马秋武，冯卉，等译. 桂林：广西师范大学出版社，2004.

［英］西季威克. 伦理学方法. 廖申白，译. 北京：中国社会科学出版社，1993.

［英］亚当·斯密. 道德情操论. 蒋自强，钦北愚，等译. 北京：商务印书馆，1998.

［英］约翰·密尔. 论自由. 许宝骙，译. 北京：商务印书馆，2010.

［印］拉哈·查哈，［英］保罗·赫斯本. 名牌至上：亚洲奢侈品狂热解密. 王秀平，顾晨曦，译. 北京：新星出版社，2011.

二、外文文献

Adrian Thatcher. Living Together and Christian Ethics. Cambridge University Press，2002.

Aileen Ribeiro. Dress and Morality. London：Bloomsbury Academic，2003.

Albrow，M. The Global Age. Cambridge：Polity，1996.

Alexander，C. The Timeless Way of Building. New York：Free Press，1979.

Alister E. Mcgrath. A Life of John Calvin：A Study in the Shaping of Western Culure. Oxford：Blackwell，1990.

Andrew Wicking. Religion and Ethics in a Globalizing World：Conflict, Dialogue，and Transformation. Palgrave Macmillan，2011.

B. Devall and G. Sessions. Deep Ecology：Living as Nature Mattered. Gibbs M. Smith，Inc. ，1985.

Bachelard，G. The Poetics of Space. Boston：Peguin，1964.

Barbara MacKinnon. Ethics: Theory and Contemporary Issuess. Bei-Jing: Peking University Press, 2000.

Ben Mepham. Food Ethics. Routledge, 1996.

Bernard Rollin. Animal Rights and Human Morality. Buffalo, N. Y.: Prometheus Books, 1992.

Bronwyn Cosgrave. The Complete History of Costume & Fashion: From Ancient Egypt to the Present Day. Checkmark Books (Reprinted edition), 2001.

Cathy Rozel Farnworth, Janice Jiggins, Emyr Vaughan Thomas. Creating Food Futures: Trade, Ethics and the Environment. Gower Publishing, Ltd, 2008.

Christian Coff. The Taste for Ethics: An Ethic of Food Consumption. Springer, 2006.

Cordelia Warr. Clothing, Charity, Salvation and Visionary Experience in Fifteenth-century Siena// Art History. April 2004, Vol. 27 Issue 2.

Daniel. T. Rodgers. The Work Ethic in Industrial America 1850 - 1920. The University of Chicago Press. 1978.

Daryl Koehn. The Ground of Professional Ethics. London: Routledge, 1994.

Donaldsom, Thomas and Patrica Werhane. Ethical Issues in Business: A Philosophical Approach. Englewood Cliffs, NJPrentice-Hall, 1979.

Erik Marcus. Vegan: The New Ethics of Eating. Mcbooks Press, 1998.

Herbert Applebaum. The Concept of Work: Ancient, Medieval, and Modern. New York: State University of New York Press, 1992.

Karen Tranberg Hansen. The World in Dress: Anthropological Perspectives on Clothing, Fashion, and Culture// Annual Reviews, 2004 (33).

Kwong-loi Shun, David B. Wong. Confucian Ethics: A Comparative

Study of Self, Autonomy and Community. Cambridge University Press, 2004.

Lefebvre, H. The Production of Space. Trans. Donald Nicholson-Smith, Blackwell Publishing, 1991.

Mae-Wan Ho. Genetic Engineering-Dream or Nightmare. Continuum International Publishing Group, 2000.

Margaret F. Rosenthal: Cultures of Clothing in Later Medieval and Early Modern Europe// Journal of Medieval and Early Modern Studies, Fall 2009.

Marion Nestle. Safe Food: The Politics of Food Safety. University of California Press, 2010.

Mark Mathew Braunstain. Radical Vegetarianism: A Dialectic of Diet and Ethic. Panasea Press, 1993.

Martin Luther. Martin Luther, Selections from His Writings. edited by John Dillenberger. Garden City, New York: Doubleday & Company, Lnc., 1961.

Mary Geach, Luke Gormally. Human Life, Action and Ethics: Essays by G. E. M. Anscombe. Imprint Academic, 2005.

Mike W. Martin. Happiness and the Good Life. Oxford University Press Inc., 2012.

Ovadia Ezra. Moral Dilemmas in Real Life: Current Issues in Applied Ethics. Springer-Verlag New York Inc., 2006.

Patrizia Calefato. The Clothed Body. Berg. Publishers, 2004.

Paul Pojman, Louis P. Pojman. Food Ethics. Wadsworth Publishing, 2011.

Perec, G. Species of Spaces, in Species of Spaces and Other Pieces, trans. John Sturrock. London: Penguin, 1997.

Peter Corrigan. The Dressed Society: Clothing, the Body and Some Meanings of the World. SAGE Publications Ltd., 2008.

Peter Singer. How are We to Live? Ethics in an Age of Self-interest.

Random House Australia，1997.

Peter Singer. One World：The Ethics of Globalization. Yale University Press，2002.

Peter Singer，Jim Mason. The Ethics of What We Eat：Why Our Food Choices Matter. Rodale Books，2007.

P. D. Anthony. The Ideology of Work. London：Tavistock Publications，1977.

Pfeiffer J. Managing with Power. Boston：Harvard Business School Press，1992.

Rokeach M. The Nature of Human Values. New York：Free Press，1973.

Ros M.，Schwartz S. H.，Surkiss. Basic Individual Values，Work Values，and the Meaning of Work// Applied Psychology：An International Review，1999.

Sharon Beder. Selling the Work Ethic：From Puritans Pulpit to Corporate PR. New York：Zed Books Ltd. 2000.

Soja，E.，Tobin，R. The Geography of Modernization：Paths，Patterns，and Processes of Spatial Change in Developing Countries. New York：Free Press，1974.

Stephen Nottingham. Eat Your Genes—How Genetically Modified Food is Entering Our Diet. London & New York：Zed Books Ltd，1998.

Steinbeck，J. Of Men and Their Making. Harmondsworth：Peguin，2003.

Super D. E. A Life-space Approach to Career Development// Journal of Occupational Psychology，1980.

Thomas Fleming. The Morality of Everyday Life：Rediscovering an Ancient Alternative to the Liberal Tradition. University of Missouri Press，2004.

Tyler T. R.，Byes R. J. Beyond Formal Procedures：The Interpersonal Context of Procedural Justice// Carroll ed. Applied Social Psychology and Organizational Settings. Hillsdale, N. J. : Lawrence Erlbaum, 1990.

Tyler T. R. , Lind E. A. A Relational Model or Authority in Groups// Snyder ed. Advances in Experimental Social Psychology. New York: Academic Press, 1992.

V. Ann Paulins, Julie L. Hillery. Ethics in the Fashion Industry. Fairchild Books, 2009.

William J. Bouwsma, John Alvin. A Sixteenth-Century Portrair. New York: Oxford University Press, 1988.

后　记

本书是教育部人文社会科学重点研究基地重大项目"中国民众日常生活伦理研究"（HJJD720017）的最终研究成果，是我带领的研究团队集体研究的成果。各章任务承担与完成情况如下：

问题和核心概念的提出，研究计划与提纲的制定，研究过程的组织指导，序言、导论部分的研究写作，全书的统筹、通稿、定稿等工作都是由我担任并负责的；

第一章"服饰伦理"，费丹丹（中国人民大学哲学博士、河南中医药大学讲师）；

第二章"饮食伦理"，韩作珍（中国人民大学哲学博士、兰州财经大学副教授）；

第三章"居住伦理"，陈丛兰（中国人民大学哲学博士、西安工业大学副教授）；

第四章"行旅伦理"，姚楠（中国人民大学伦理学专业博士生）、杨建强（中国人民大学伦理学专业博士生）。

第五章"工作伦理"，刘永春（中国人民大学哲学博士、湖南师范大学道德文化研究中心讲师）；

第六章"休闲伦理"，郝玉明（中国人民大学哲学博士、中国社会科学出版社副编审）；

第七章"娱乐伦理"，吕浩（中国人民大学伦理学专业博士生）；

第八章"生死伦理"，张永超（北京大学哲学博士、上海师范大学副教授)。

　　另外,本书的出版得到了中国人民大学为庆祝建校八十周年而专题征集的科研成果专项资金的支持。在中国人民大学出版社学术出版中心主任杨宗元编审的努力下,本书作为"当代中国社会道德理论与实践研究丛书"之一,受到了 2017 年度"国家出版基金项目"的资助。我充满感恩,唯愿本书对推动当代中国伦理学研究视角与方法转型、伦理学理论创新起到促进作用,对推动伦理学研究贴近生活、贴近民众、贴近实践起到促进作用,为提高中华民族的整体道德素质发挥积极推动作用。

　　本书是多人合作之作,在学术质量、文字风格方面都不尽相同。当然整个研究思路和方法甚至写作提纲都是在我的指导下确定的,且成稿后我数度修改并最终定稿,因此,全部的学术责任应该由我负责。文中肯定有诸多不完善之处,恳请方家不吝赐教,共同推动中国伦理学的进步和民族道德素质的提高,则幸甚矣。

肖群忠

2017 年 3 月 16 日于北京

图书在版编目（CIP）数据

日常生活行为伦理学/肖群忠等著. —北京：中国人民大学出版社，2018.10
（当代中国社会道德理论与实践研究丛书）
ISBN 978-7-300-26369-4

Ⅰ. ①日… Ⅱ. ①肖… Ⅲ. ①伦理学 Ⅳ. ①B82

中国版本图书馆 CIP 数据核字（2018）第 236531 号

国家出版基金项目
当代中国社会道德理论与实践研究丛书
主编 吴付来

日常生活行为伦理学
肖群忠 等 著
Richang Shenghuo Xingwei Lunlixue

出版发行	中国人民大学出版社			
社 址	北京中关村大街 31 号	邮政编码	100080	
电 话	010 - 62511242（总编室）	010 - 62511770（质管部）		
	010 - 82501766（邮购部）	010 - 62514148（门市部）		
	010 - 62515195（发行公司）	010 - 62515275（盗版举报）		
网 址	http://www.crup.com.cn			
	http://www.ttrnet.com（人大教研网）			
经 销	新华书店			
印 刷	天津中印联印务有限公司			
规 格	160 mm×230 mm 16 开本	版 次	2018 年 10 月第 1 版	
印 张	35.75 插页 3	印 次	2018 年 10 月第 1 次印刷	
字 数	544 000	定 价	118.00 元	